本书为“十三五”国家重点出版物出版规划项目

《围棋全书》编纂指导委员会

《围棋文献集成》编辑委员会

王国平　总主编

棋文化全书

围棋文献集成（九）

坐隐先生订谱全集　弈正　弈薮

弈时初编　弈选　眉山墅隐

浙江古籍出版社

棋文化全书总序

中国棋院杭州分院的棋文化研究项目起步于2013年10月份在杭州举办的首届中国杭州国际棋文化峰会。从那时起，我们动员了国内外一大批专家、学者，开始大规模、系统性、广泛性，有目标、有组织、有计划、有支撑的棋文化研究。在此之前，我们只有一些自发的、零散的、小规模的研究。

分院为什么要开展棋文化研究？这是分院成立10余年来孜孜探索不断努力的自然结果；是分院人厚积薄发、只争朝夕，在责任感、使命感催促下的本能驱动；是杭州这座历史文化名城，在新形势下、新机遇中，秉持弈林繁盛的传统，绘制蓝海新图，全力打造全国文化创意产业中心，打造中国棋类运动副中心的必然要求。

在10余年探索历程中，分院紧紧围绕“提高老百姓的棋文化生活品质”和“打造棋类全国乃至世界冠军的摇篮”两大宗旨，逐步确立了以打造八大标志性成果为体系的棋类事业和产业发展大格局。这八大标志性成果分别是：第一，以围甲为代表的三棋男女甲级队；第二，以围棋学校学生冲段为代表的三棋专业棋手的培养；第三，以三棋棋王争霸赛为代表的国内顶尖级业余赛事；第四，以棋博会和峰会为代表的最大的棋类会展品牌；第五，以天元大厦和兼容性中国围棋博物馆为代表的棋文化产业；第六，以“棋文化全书”为代表的棋文化研究；第七，以天才儿童发现计划为代表的棋琴书画新国艺；第八，以第二课堂为代表的棋类活动载体。

这当中，打造一批以棋文化全书为代表的棋文化研究成果，则可谓重中之重。为此，分院在2013年决定成立中国杭州棋文化研究中心。经过两届峰会讨论，我们形成一个判断，就是当今棋文化研究处于“公说公有理，婆说婆有理”的现状。棋文化研究的众多问题，特别是涉及理念、思路、目标等重大问题，没有统一，没有达成共识。因此，非常有必要通过一揽子的规划来解决这些问题。这正是成立中国杭州棋文化研究中心的初衷。我们志在抛砖引玉，努力尝试去破解这一命题。

和其他学科的学术研究一样，棋文化研究也一定是百花齐放、百家争鸣，而且会体现深厚的地域特色。中国杭州棋文化研究中心，跟北京、跟其他地方可能成立的研究中心也必然要有定位上的差别。分院确定的抓手就是编纂“棋文化全书”。

我们认为，棋文化全书是保护中国棋文化的基础，推进中国棋文化建设的前提，进行国际棋文化交流的保障，弘扬中国棋文化的依据，研究中国棋文化的载体。没有这样的定位，一切无从谈起。

以此为基础，我们明确开展棋文化研究、编纂棋文化全书要着力办好7件事：

1. 明确目标。希望通过10年努力，形成有国际视野、中国特色、杭州特征的棋文化研究体系，形成棋文化研究的杭州学派，把杭州建设成为国内领先、世界一流的棋文化研究中心、交流中心、信息发布中心和人才培养中心。这是总目标。但棋文化研究绝对不可能只有杭州一派，我们的任务是努力说好杭州学派的一家之言。

2. 创新思路。棋文化研究要想后来居上、后发制人，就必须要创新思路，做到“五个坚持”：一要坚持“1+4+5”的棋文化全书编纂成果展示体系。二要坚持党政、企业、专家、媒体、市民相结合的保障体系，形成能够有效整合资源的“五位一体”的研究主体。要以改革的思路面向全社会组织开放性的研究，充分吸收各方面的专家力量，集聚各方面的资源形成合力。三要坚持打好杭州牌、浙江牌、中华牌和国际牌相结合，形成“四牌共打”的运作模式。四要坚持权威性、系统性、学术性、普及性相结合，形成专家叫好、百姓叫座的研究效果。五要坚持有章办事、有人办事、有钱办事和有房办事相结合，形成良好的研究保障体系。

3. 编纂全书。棋文化研究的所有成果，彰显的主要载体，就是“1+4+5”的全书。“1”是指全书总名称为“棋文化全书”；“4”是指全书又包括“四大子全书”，分别是围棋全书、象棋全书、国际象棋全书和其他棋类全书；“5”是指每一部子全书还要分成五大类，分别是文献集成、丛书、研究文库、通史和辞典。

五类书的定位各有侧重：一是文献集成定位为史料集，突出“全”字，做到“应收尽收”，采用“存书”和“存目”两种办法。一般情况下，改革开放以后出版过的书，就不再重印，只存目；改革开放以前出版过的但已经绝版的（一般都是绝版的），而且存世很少的，可以重印；重点是1949年以前没有出版过的史料，多是在私人手里、博物馆馆藏的史料，经过编纂出版，让专家、市民、棋类爱好者享用。二是研究文库定位为论文集，突出“专”字，要围绕重大工程实施、通史编纂、遗产申报等相关内容来确定文库计划。三是丛书定位为通俗读物，突出“俗”字，做到有特色、有卖点、有市场。四是通史定位为史书，突出“信”字，要体现系统性、学术性、规律性和权威性。五是辞典的定位是工具书，突出“简”字，做到简明扼要、准确权威、便于查询。

全书编纂是一项浩大的工程。首先，要统一规划、统一大纲、统一规范、统一体例，做到“四个统一”；其次，要注重发挥全书存史、释义（对重大概念、观点进行解释）、资政（对当今的棋类事业发展起到镜鉴作用）、育人的作用。

4. 搭建平台。要搭建好四大平台：一是“一刊”，即办一本棋文化研究的学术刊物，搭起棋类专家高水平的棋文化研究交流平台。二是“一网”，即办好中国棋院杭州分院网，要和国内各大网站、知名网站进行合作。三是“一峰会”，即中国杭州国际棋文化峰会。四是“一会展”，即中国国际棋文化博览会。峰会和博览会要年年举办，且越办越好。

5. 培育人才。研究工作关键在于人才。中国杭州棋文化研究中心将坚持培养与引进并举、专职与兼职结合的为围棋强国，不仅竞技水平要超过日韩，棋文化研究也应该超过日韩，特别是超过日本。扩大交流是后发制人、后来居上、跨越式发展的好办法。开放合作、扩大交流也是做好棋文化研究的必由之路。我们会面向国内外开展广泛的学术交流，吸引国内外棋文化研究领域的专家来杭州研修，提高中国杭州棋文化研究中心的学术水平和国际影响力，同时也拓宽杭州棋文化研究中心人员的研究视野。

7. 加强领导。棋文化研究是一项量大面广的系统工程，必须要加强领导形成合力。杭州市委市政府设有中国棋院杭州分院领导小组，四大班子和各有关部门均有领导参与，是分院建设的统一领导机构。中国杭州棋文化研究中心将在该领导小组的领导下，和分院实行一套班子两块牌子，整合杭州市所有资源来做好棋文化研究工作。

上述内容主要源于我在第一届（2013）和第二届（2014）中国杭州国际棋文化峰会闭幕式上的讲话。恳请各界批评指正，也希望大家积极参与分院的棋文化研究和棋文化全书编纂工作。

代为序。

2015 年 9 月

本册目录

坐隐先生订谱全集……1
弈正……185
弈薮……277
弈时初编……405
弈选……509
眉山墅隐……559

坐隐先生订谱全集

（明）汪廷讷 著

樊红霞 张尧 吴健康 点校　王坚 制谱

明万历三十七年刻本

点校说明

晚明时期商人士夫及一般上流社会也往往以围棋附庸风雅。这种风气往往见于晚明诸家别集，其中汪廷讷所著《坐隐先生订谱全集》最具代表性。

《坐隐先生订谱全集》全称《坐隐先生精订捷径奕谱》，二卷四册，环翠堂刻印。后又汇编入八卷本《坐隐先生全集》，作为其一部分：金、石卷。汪廷讷，字昌朝，一字无为，自号坐隐先生，又号无无居士，安徽休宁人。汪廷讷家族早岁经营盐业以致巨富，曾任盐官，汪氏多才多艺，工诗善画，又能作戏曲，著有杂剧多种；投身书坊业，家有环翠堂，所刊行杂书版画皆称精美，风行一时。诸种身份之外，汪廷讷还是一个资深的围棋爱好者。

本次点校以明万历三十七年刻本《坐隐先生全集》之金、石二集为底本。

题汪鹾使坐隐集

夫坐隐不易当，故不易名，然当之者必其名实相符，意在彼有所寄乎？客有持新安玉朝汪鹾使《坐隐集》来，余拭目胜阅，累累数万言，凡十二卷，诗文各体无不毕，是乃知阎立本观画于僧繇，始而疑，既而信，终而寝食其上下。嘻！亦难矣。夫庖丁解牛，游刃而目无全牛，痀偻承蜩而善于不脱，此何以故？总之，各诣其圣神之极致也。鹾使早工古文辞，兼精公车，举其著述，林林为宇内艳赏。经济之才，奇瑰过人，汶澹然金焉。掩花弄月，凿玉湖而构环翠，有象无象，若歇若隐，三百枯棋，游神寓目，变化无端。坐隐其中，以味至道。游戏于弈而不知有弈，斯亦玄之又玄矣。巴邛二老不可见，而今见于鹾使，若鹾使者，其亦宇宙之一人乎哉？世之强其所不能而论能者之得失，不亦疏乎？又当如周茂叔太极无极并观，斯得坐隐之心矣。

金庭居士朱赓。

坐隐先生集序

汪昌朝氏博雅嗜古，谢去尘棼，辟园居以领湖山之胜，辑文坛列俎以搜古今之奇。时与人较弈，汇选旧谱而品订之，《订谱》成而赠以言者盈帙。昌朝氏复即各体以抒藻思，出入于经传老释之间，备极夫风雅显微之变。而昔人所称坐隐者，仅在一局中，今且流溢于简篇内矣。蕃性迂质，钝于博弈，诸具一无所通晓，仅能循行数墨，于所谓《坐隐集》者，窥见昌朝氏之一斑。乃搦管为之，叙曰：柯烂橘乐，慕仙者侈言之，然不数见于世，悟河图数，识先后着，玄解者独得焉，吾不知其蕴也。予有味乎昌朝氏，所谓无能生有，有复归无，窃叹其进乎技矣，非深得坐隐之道者未易几矣。横编中所称举皆有也，皆有古人之所已有而昌朝氏不自为有也。不自为有，即无也。无己之所无，而后乃能有古人之所有。究之古人，亦未尝有而皆有，天地间之所自有，是凡有皆无也。十九行中，三百六十有一着中，历千百十年之久，而人无同局，局无同变，变无同着。然无之不能不有，有之不能不归于无，则一而已矣。握其一者以为隐，则无乎不隐，奚辨于坐不坐乎？操其无者以为一，则无乎不一，又奚待坐而后隐，隐而竟有事于坐乎？吾还以叩之，昌朝氏因为弈而始有文耶？抑因为文而始有弈耶？当弈之时，岂暇及于文思？而捉笔吮墨时，岂能兼为弈耶？即弈与文可时相无而不可并相有也，可互相有而未始不可两相无也。无弈无文，无隐无坐者，昌朝氏所以不能不有而终不可自认为已有者乎？即谓蕃于《坐隐集》，哓哓为之序，亦序其未始有而不可不有者而可已。

万历乙酉孟秋朔日，赐进士及第、奉训大夫、右春坊右谕德、掌南京翰林院事、前翰林院修撰、记注起居、编纂章奏、管理诰敕、钦差正使朝鲜、赐一品服金陵友人朱之蕃撰并书。

坐隐先生集序

世之品人者常府臭金马，芬馨山泽，故多左祖幽潜之苦节，而以肉食为鄙；考言者钦崇谟训，挥斥卮言，故多击节经史之唾余，而以谐笑为秽。讵知善隐者不必山泽，善言者不必谟训，通达放旷之儒，立闲适圆融之论，此佛氏所谓称性之谈也。斯人也，余上下古今所愿推毂者也。汉东方曼倩以岁星隐金门，垂二十余年，拜太中大夫，随帝左右，言无不用，宠亦极矣。然而笑傲公卿，辞谐口给，风流玩世，下至割肉、射覆之事，于君父前，令人绝倒，故人以隐名之。至读其论，《设客难》、《非有先生论》、《封泰山》、《责和氏璧》诸作，沥沥乎与昔之谟谋定保简直庄静者不可同日语，卒之讽时刺世，转移人主于顷刻，又何其言之有用哉？以余观于余友汪昌朝，甚矣其人之似曼倩也。昌朝富于春秋，通籍鹾使，足不践市尘，身不偶冠盖，有园一区，有湖数顷，偃仰其间而逊名处晦，惟以局戏自娱，昌朝可谓避世金马门矣。其所为传奇种种，引商刻羽，排调诙谐，言言有致，他如《无如子赘言》、《人镜阳秋》、《文坛列俎》、《环翠堂集》诸书亦浸浸乎驾轶作者之林也。至《订谱》成而有《坐隐集》，曰传，曰记，曰志，曰解，曰论，曰说，曰录，曰谈，曰对，曰客难，曰解嘲，曰或问，曰原弈，曰弈旨，曰弈品，曰弈几，曰易弈辩，曰简书，曰随录，曰书事，曰杂纪，以至赞、颂、偈、箴、铭之类而诗之，诸体称之。鳞次胪列，如入金谷而数奇葩，排武库而检宝玉，反复玩味，调雅而体霞举之间。余故曰昌朝之似曼倩。然而曼倩二十时上书自荐，待诏公车，殷懃日夕，而昌朝方小憩名园，进退绰绰。则昌朝之遇又逸于东方生矣。集成而属余为序，余敢以知昌朝者而弁诸首。

时万历三十六年一阳月，赐进士出身、亚中大夫、四川按察使司川西参政、前南京户部郎中候官友弟曹学佺顿首拜譔。右史李维楫书。

坐隐先生集序

汪大夫无如先生以坐隐名，其隐者耶？非隐者耶？隐则不宜通籍于朝，非隐则不以坐隐名，无如善非隐而隐，乃所谓隐者乎？无如生为百代异才，□□深远，小筑名园，几席丘壑，藏精神于坟典，寄心志于虚恬。挥麈高谈，据梧长啸。禅而侠，儒而仙。友千古之人，而不友一时；求此心之是，而不求□。是故好事者不能窥其面，善鉴者不能测其里，卓哉其坐隐也！乃□者曰："身将隐□，焉用文之？则何以集为？"不知言者心之声也，有心则有言，有言则有文。心之孤愤者，其言忿狷；心之豪宕者，其言极壮；心之激□者，其言□忱；心之长厚者，其言醇□；心之栖逸者，其言超绝；心之放诞者，其言旷达。无如隐则隐，其岂无心，成大教以出世心，行世间法，一切愤世嫉俗之言，牢骚沉痼之思，牵缠淟涊之念，都不入于脏腑。而衣带薜萝，胸襟风露。故其言琢六艺之精，锄百家之秽，闲闲洒洒乎，肃肃萧萧乎。其挫弄似谈谑，而非工媚也；其敷陈似经术，而非腐谭也；其旁引似博文强记，而非夸闻也；其清言似逃名玩世，而非枯槁也。总之，如漫漫松篁，风来则响；嘤嘤林鸟，春至则喧。又如威凤自仪，朝阳则鸣；山猿自□，夜深或啸。夫□□之而又□史之哉？今人展卷，如披惠风，如饮甘露，即□大见之未有不击节解颐者。集行而人构之，如□颔鱼肠。故夫江南皆贵善隐其身而不隐其言，正世之善隐者哉？倘不无如文以无如隐，乃或无如文以不必无如隐，此所常□见，不知无如之圆通者也。□善因读无如集而叙大隐之致，讵为无如解嘲哉？

皇明万历岁在强圉作噩顺州守蜀人梅友竹叙于若壶官署。

中岳山人詹景凤书

坐隐先生订谱全集　石

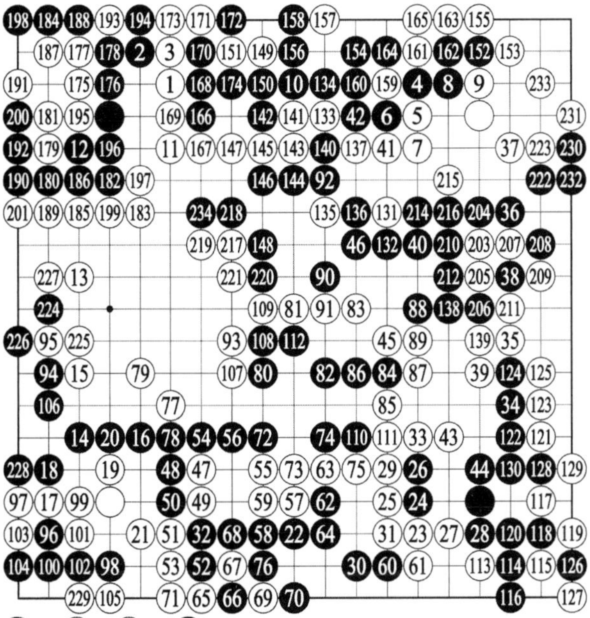

202 = 193；213 = 38

对手第一局

234 着

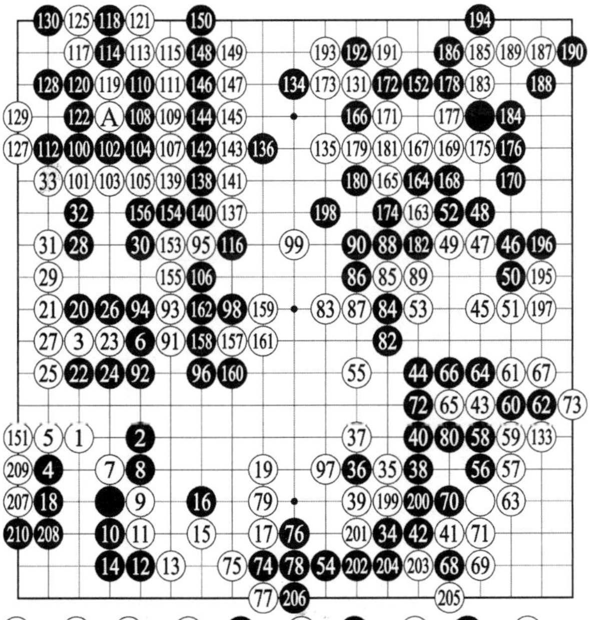

81 = 43；123 = 119；124 = A；126 = 119；132 = 65

对手第二局

210 着

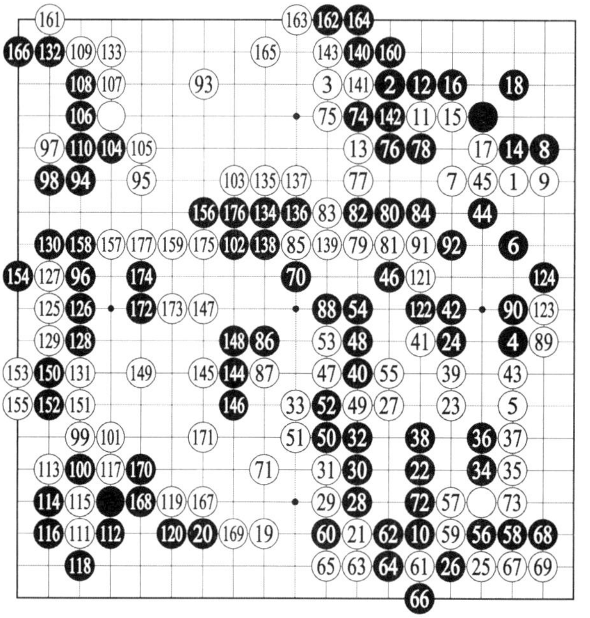

对手第三局

177 着

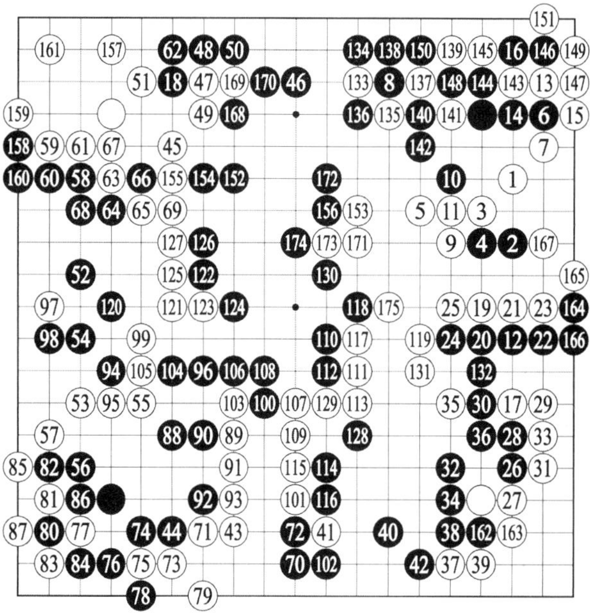

对手第四局

175 着

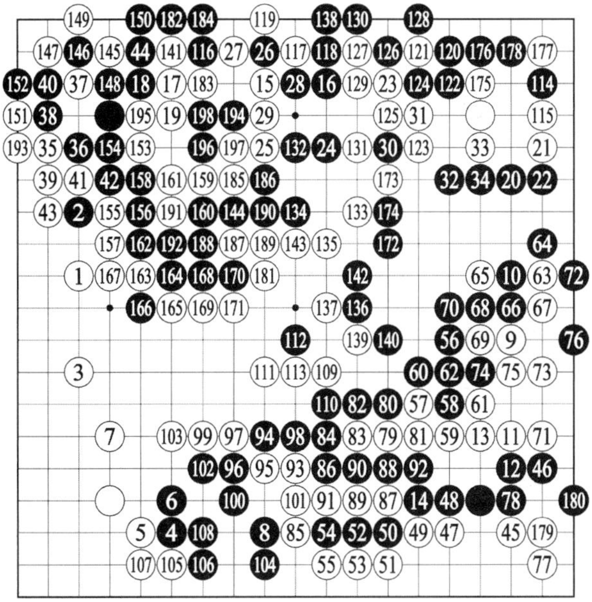

对手第五局

198 着

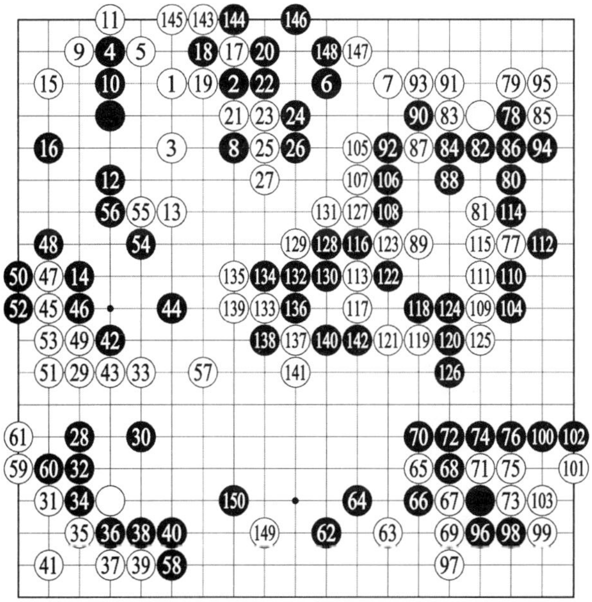

对手第六局

150 着

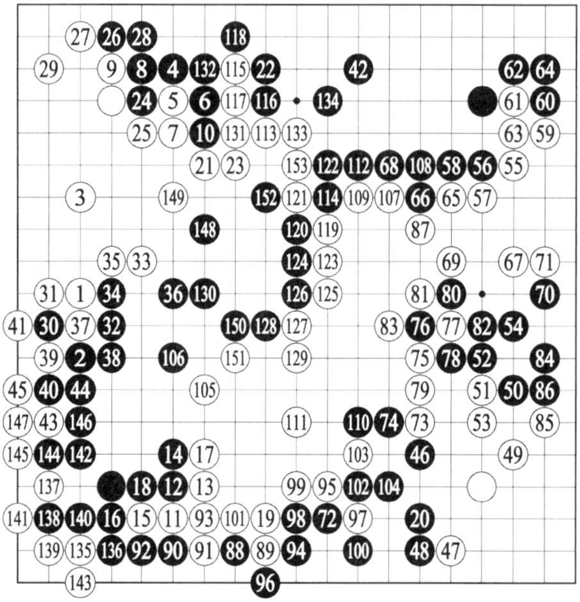

对手第七局

153 着

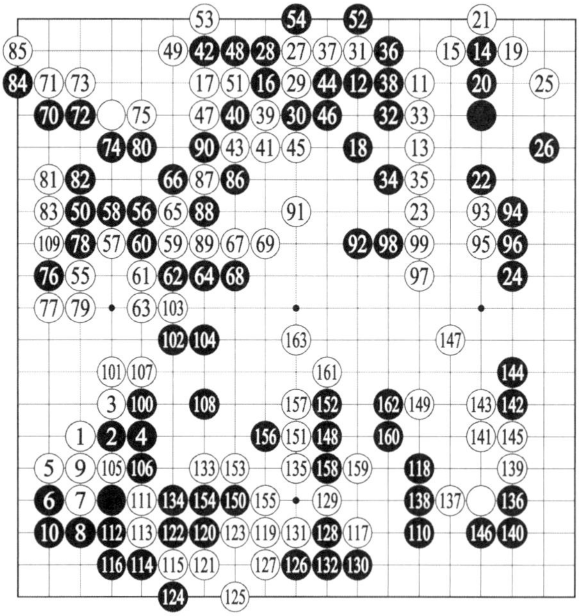

对手第八局

163 着。

80贪。

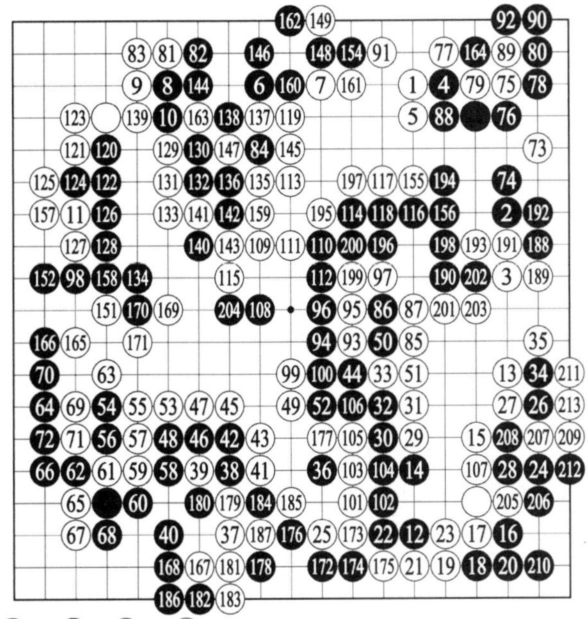

150 = 84; 153 = 147

对手第九局

213 着。

90妙。

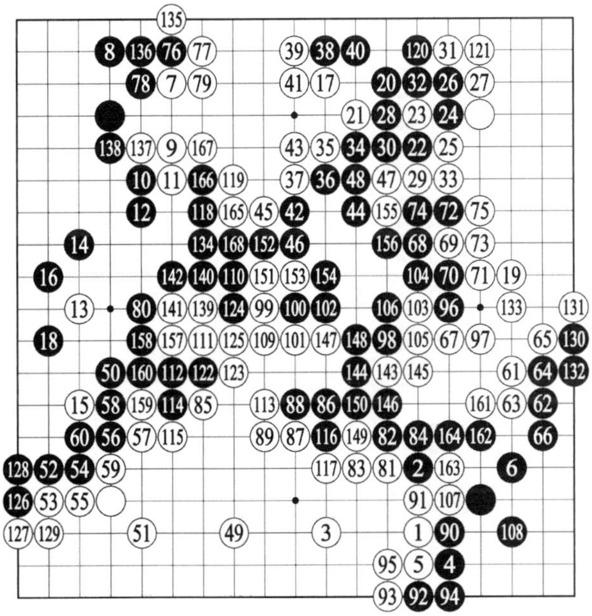

对手第十局

168 着。

16见小失势，后收拾着着功夫。

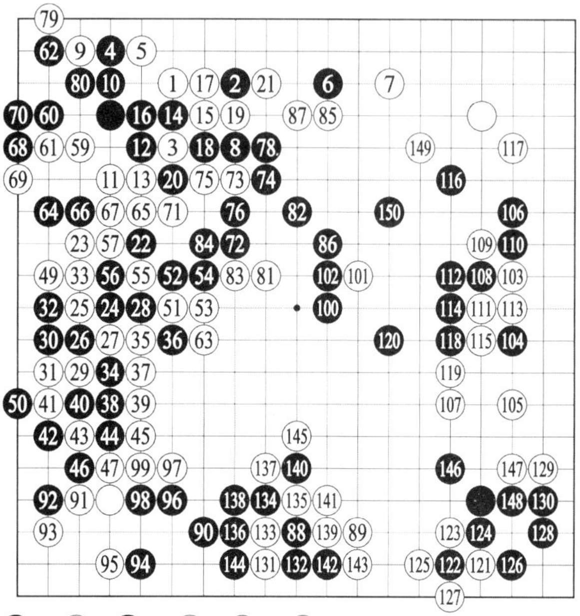

48 = 43; 58 = 55; 77 = 3

对手第十一局

150 着。

63贪。

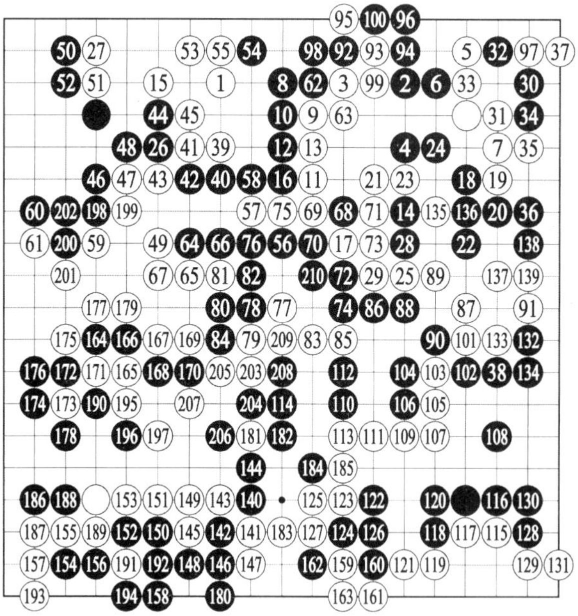

对手第十二局

210 着

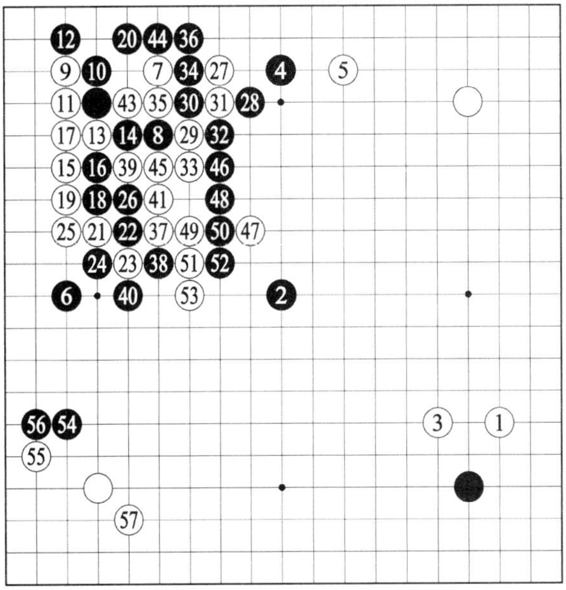

42 = 23

对手第十三局

57 着。

37妙，39妙，41妙，47妙，49妙，51妙。

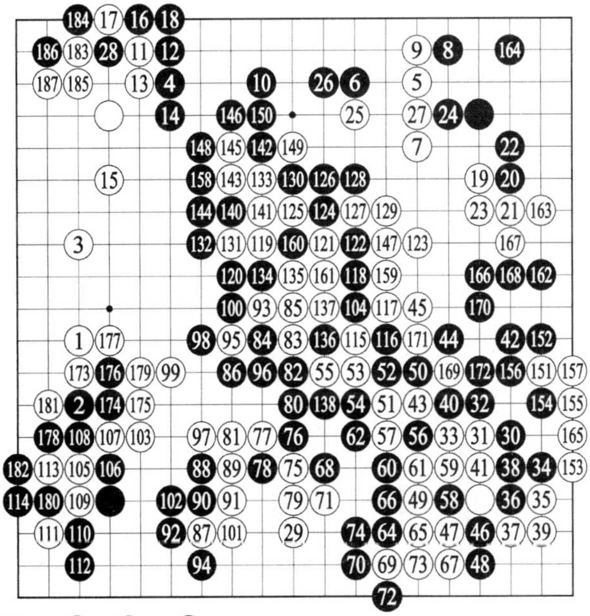

63 = 56； 139 = 136

对手第十四局

187 着

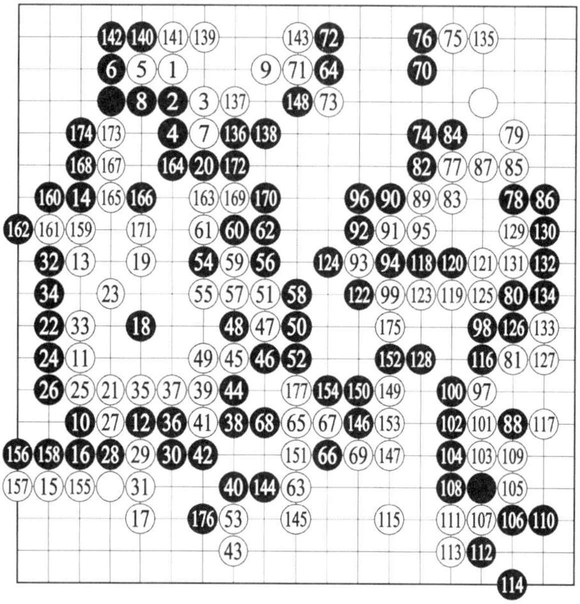

对手第十五局

177 着。

176大失。

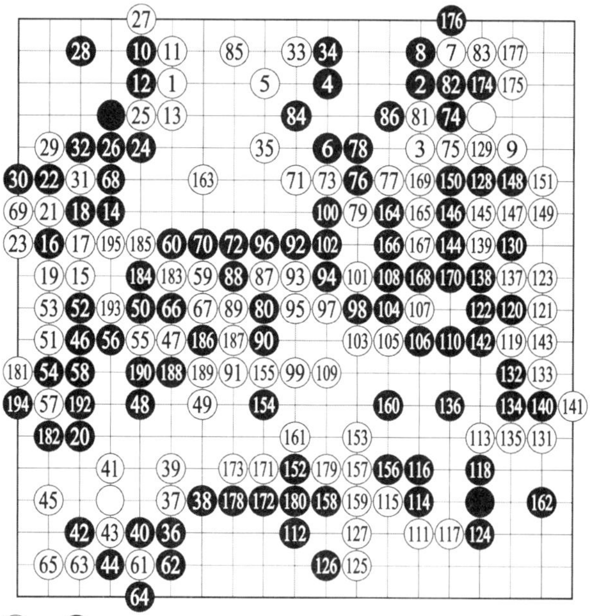

191 = 186

对手第十六局

195 着

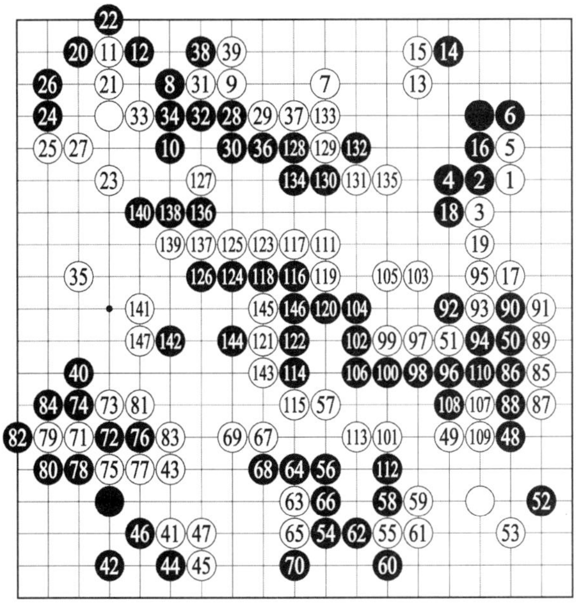

对手第十七局

147 着

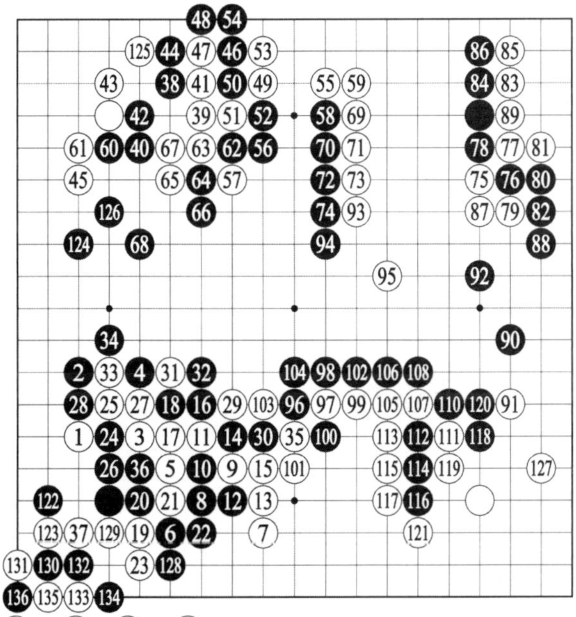

(109) = (11); (137) = (135)

对手第十八局

137 着。

(133)、(135)活妙。

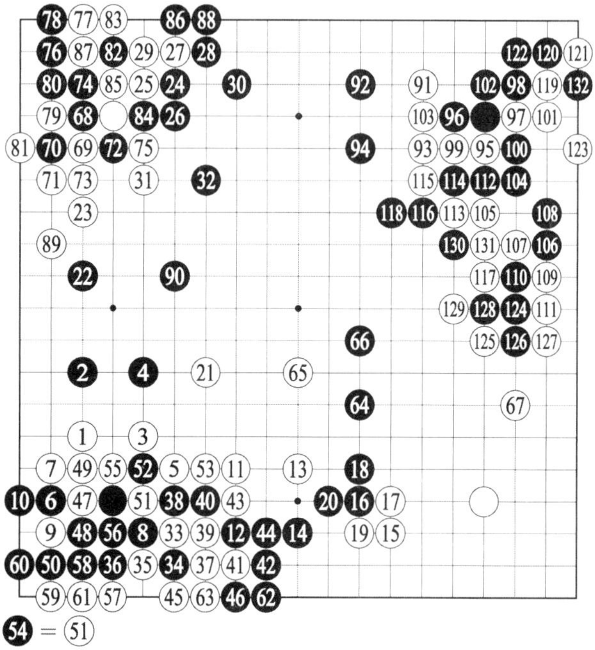

对手第十九局

132 着

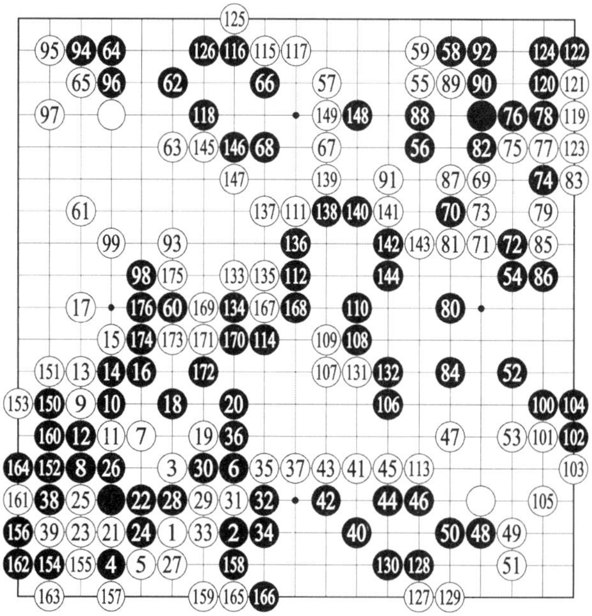

对手第二十局

176 着

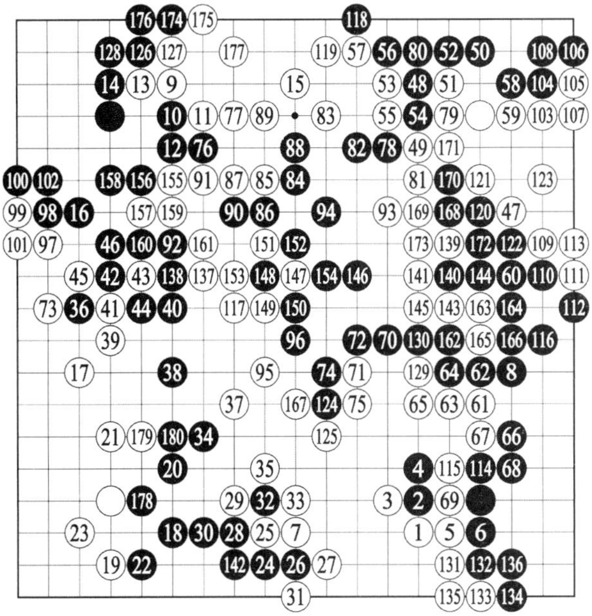

对手第二十一局

180 着

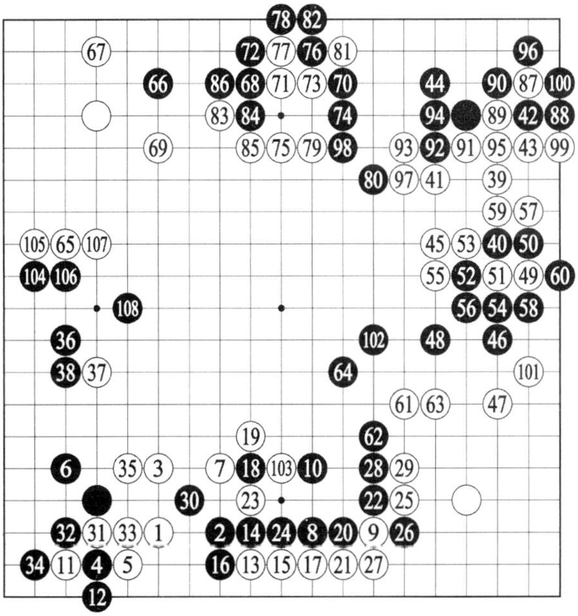

对手第二十二局

108 着

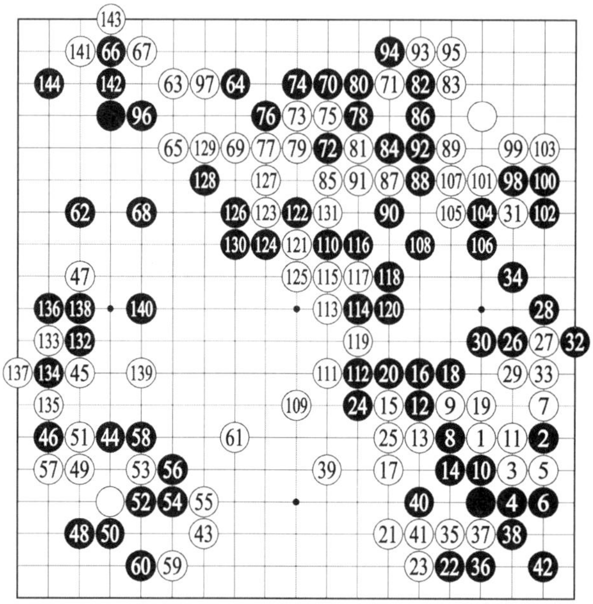

对手第二十三局

144 着

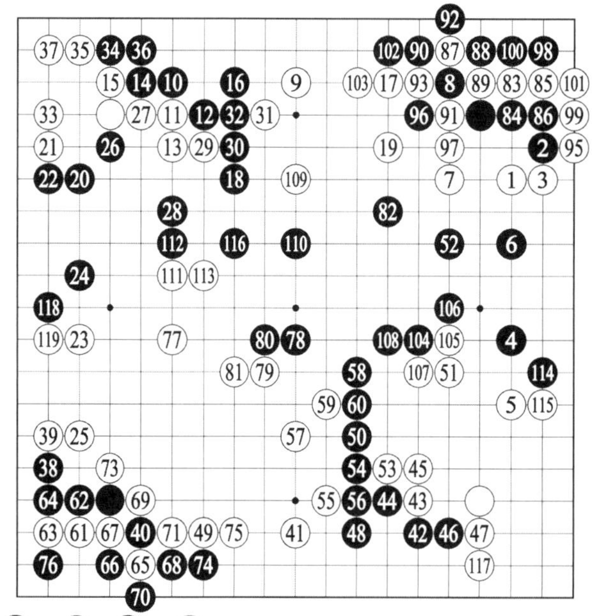

❼❷ = ⑥⑤; ❾❹ = ⑧⑦

对手第二十四局

119 着

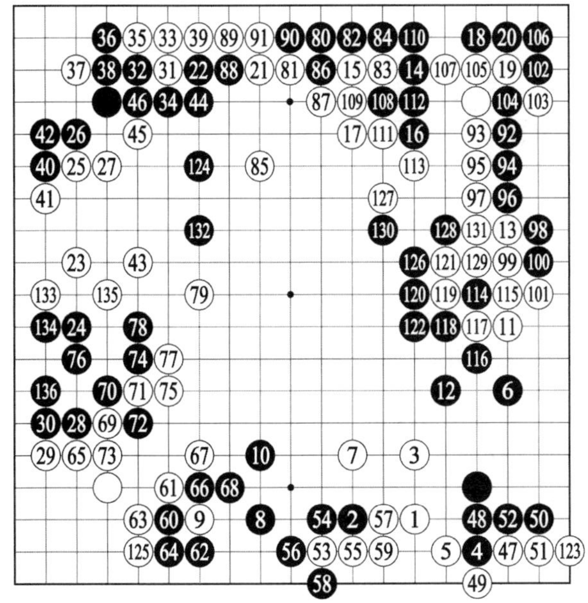

对手第二十五局

136 着

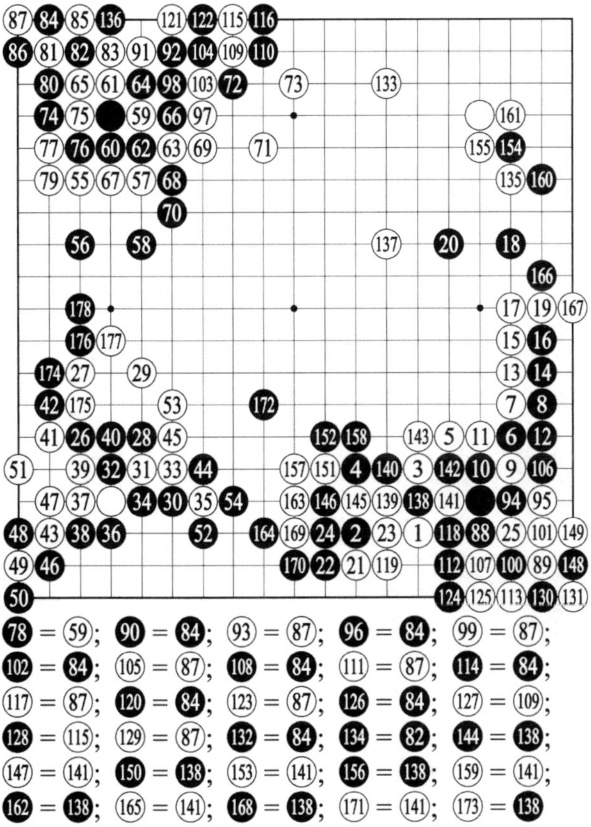

78 = 59; 90 = 84; 93 = 87; 96 = 84; 99 = 87;
102 = 84; 105 = 87; 108 = 84; 111 = 87; 114 = 84;
117 = 87; 120 = 84; 123 = 87; 126 = 84; 127 = 109;
128 = 115; 129 = 87; 132 = 84; 134 = 82; 144 = 138;
147 = 141; 150 = 138; 153 = 141; 156 = 138; 159 = 141;
162 = 138; 165 = 141; 168 = 138; 171 = 141; 173 = 138

对手第二十六局

178 着

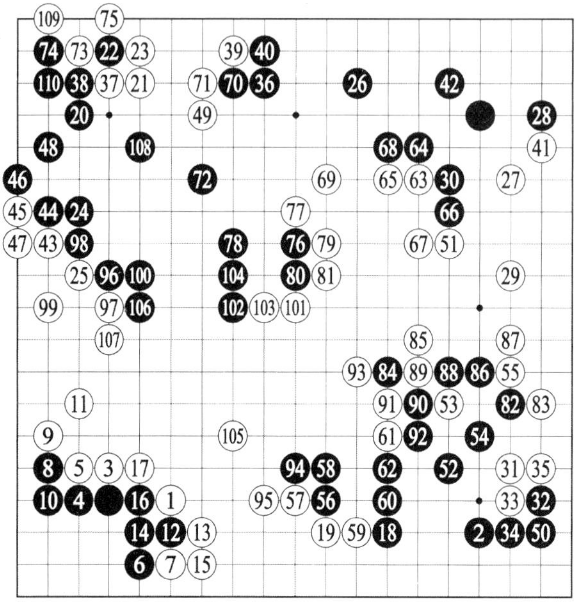

二子第一局

110 着

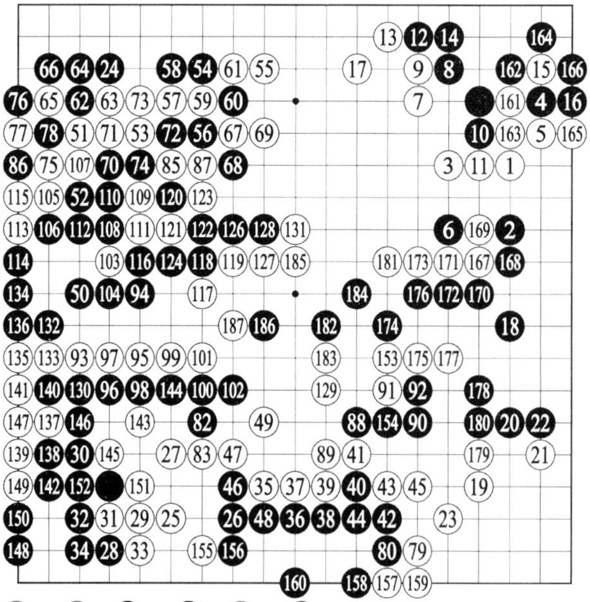

81 = 65; 84 = 78; 125 = 120

二子第二局

187 着

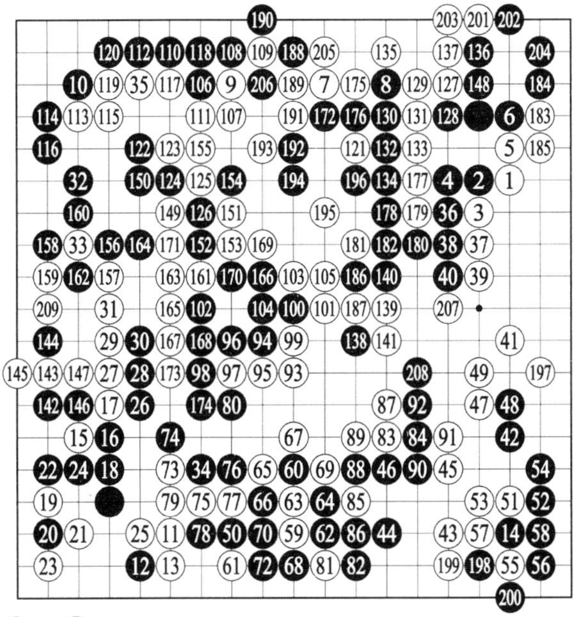

71 = 60

二子第三局

209 着

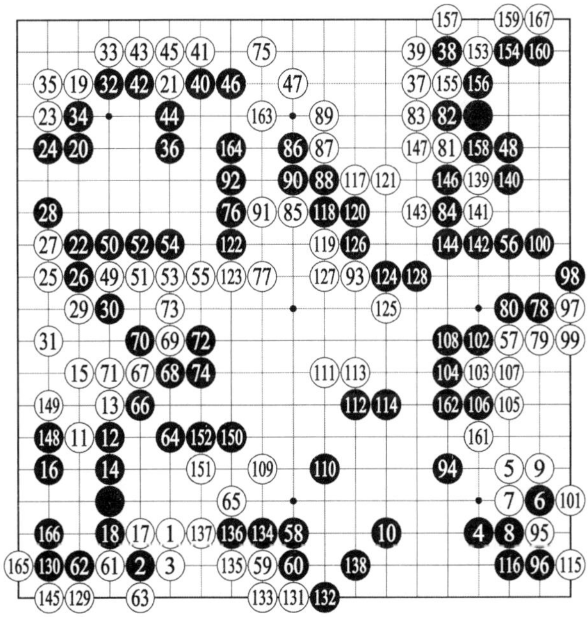

二子第四局

167 着。

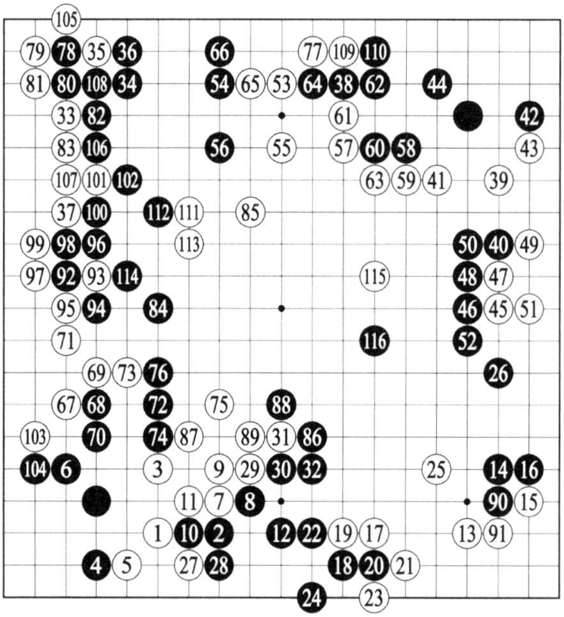

二子第五局

116 着

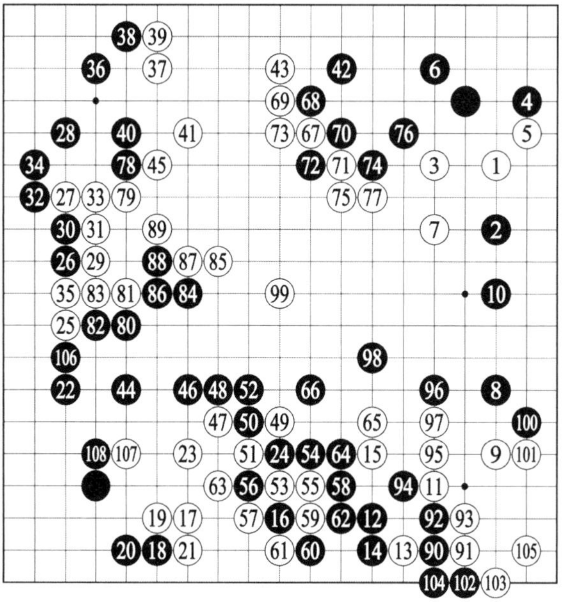

二子第六局

108 着

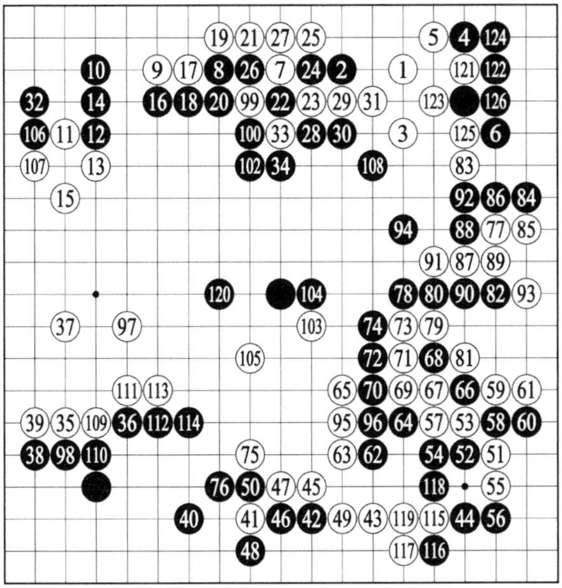

101 = 22

三子一局

126 着

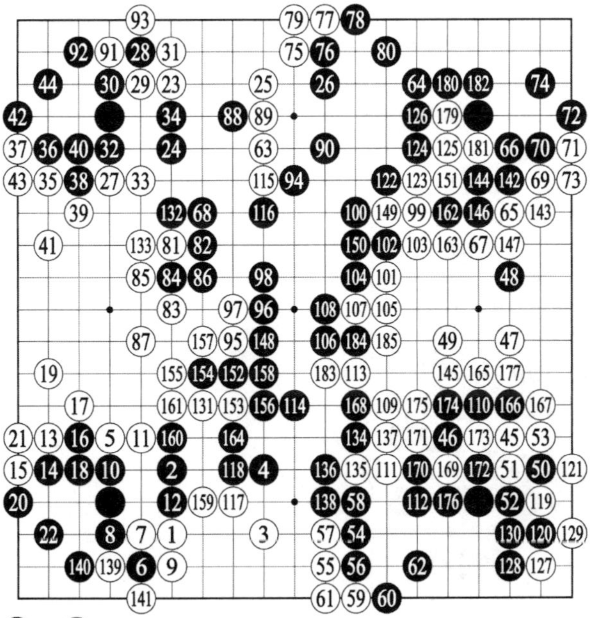

178 = 169

四子第一局

185 着

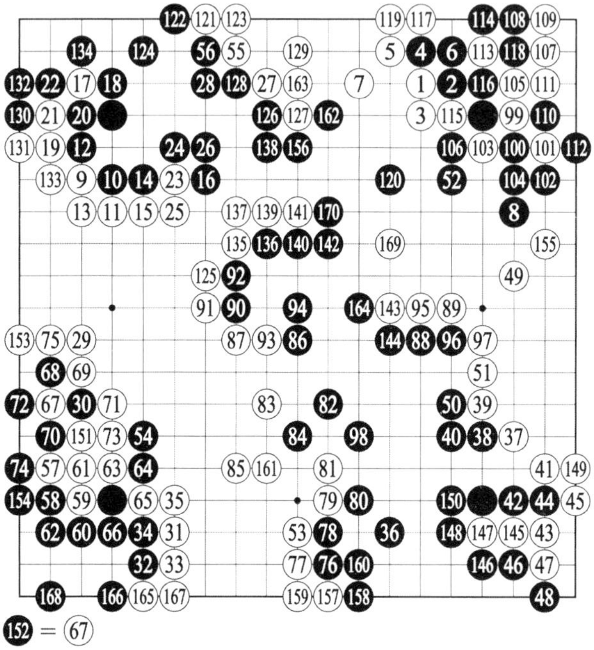

四子第二局

170 着

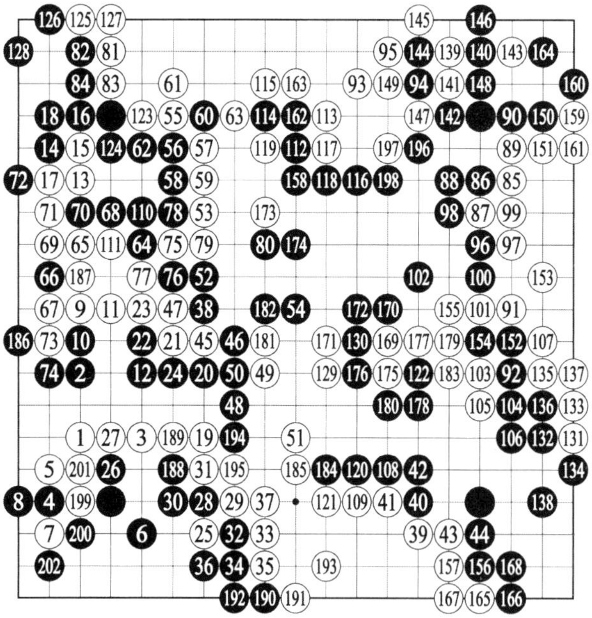

四子第三局

202 着

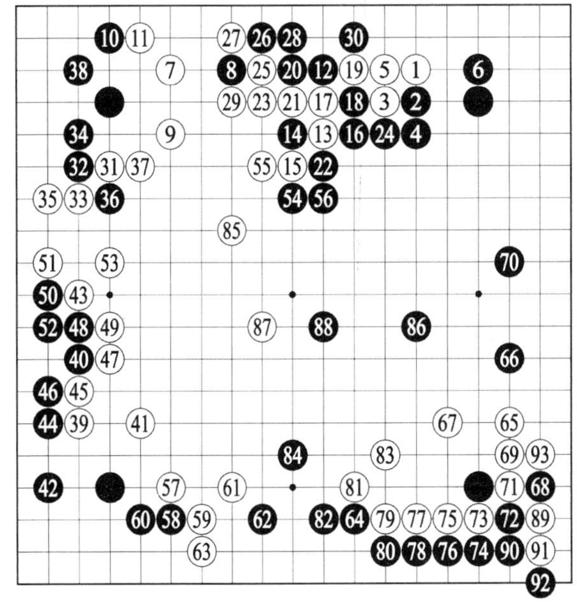

四子第四局

93 着

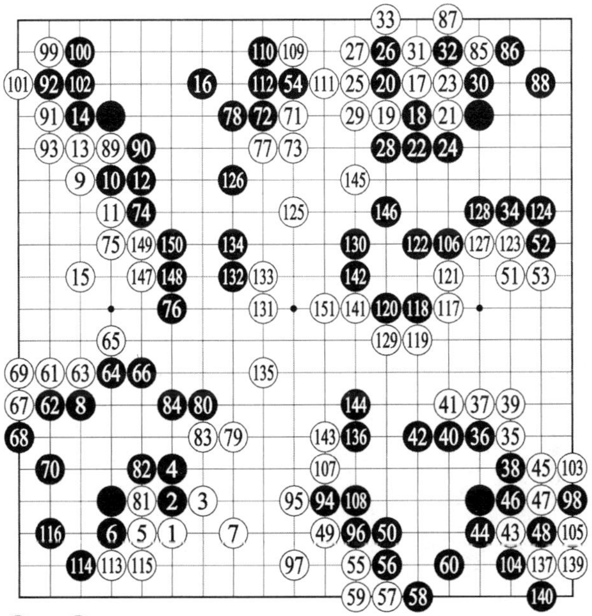

138 = 43

四子第五局

151 着

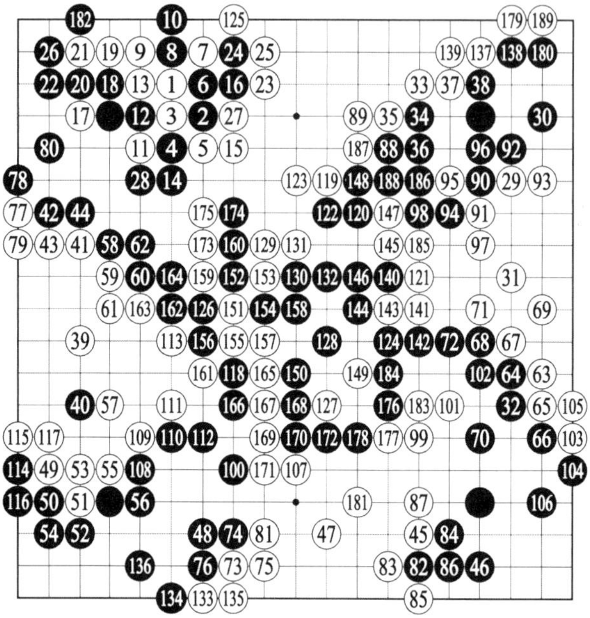

四子第六局

189 着

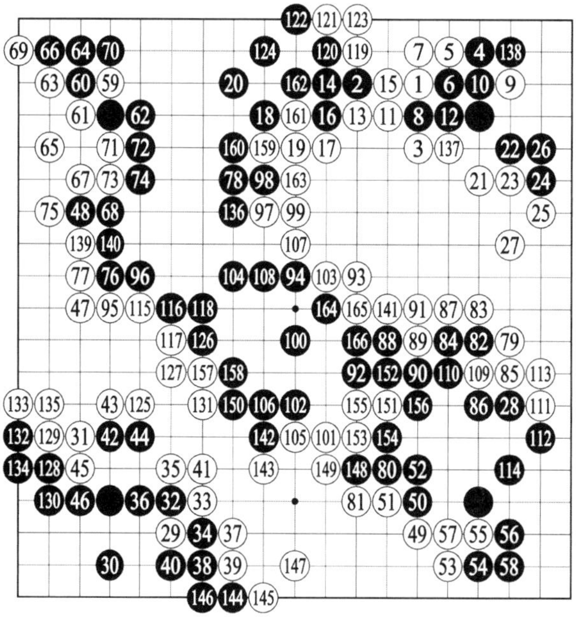

四子第七局

166 着

长生类

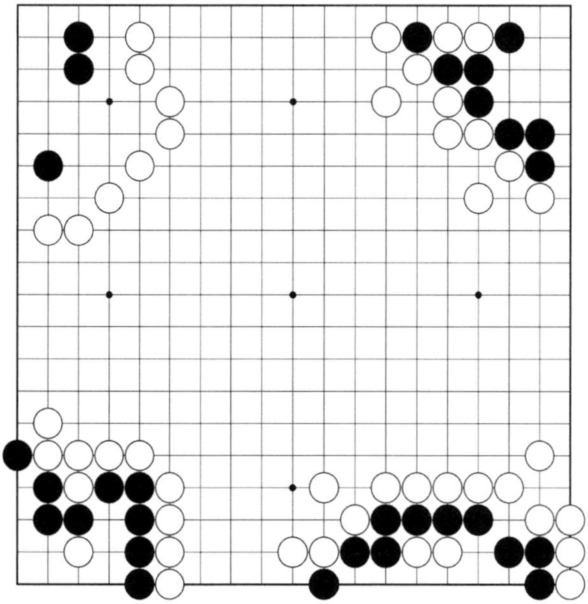

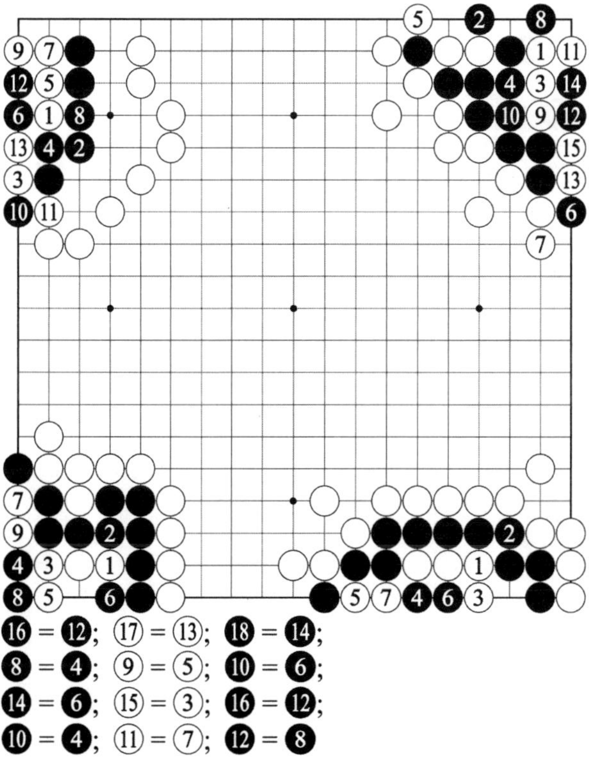

⓰ = ⓬；⑰ = ⑬；⓲ = ⓮；
❽ = ❹；⑨ = ⑤；❿ = ❻；
⓮ = ❻；⑮ = ③；⓰ = ⓬；
❿ = ❹；⑪ = ⑦；⓬ = ❽

赫眼类

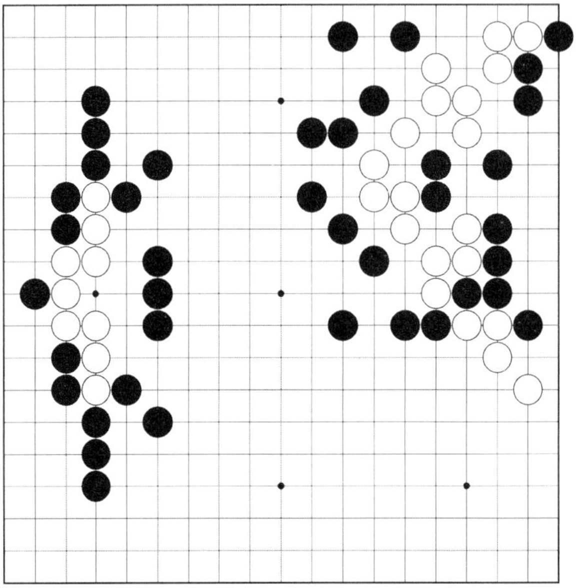

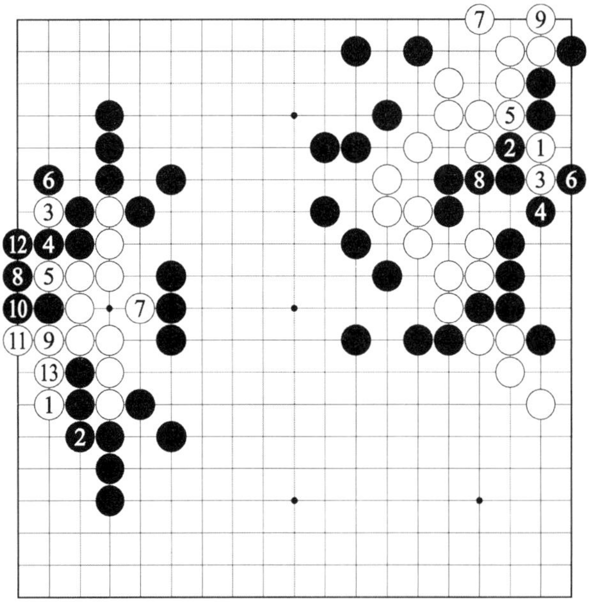

坐隐先生订谱全集　石

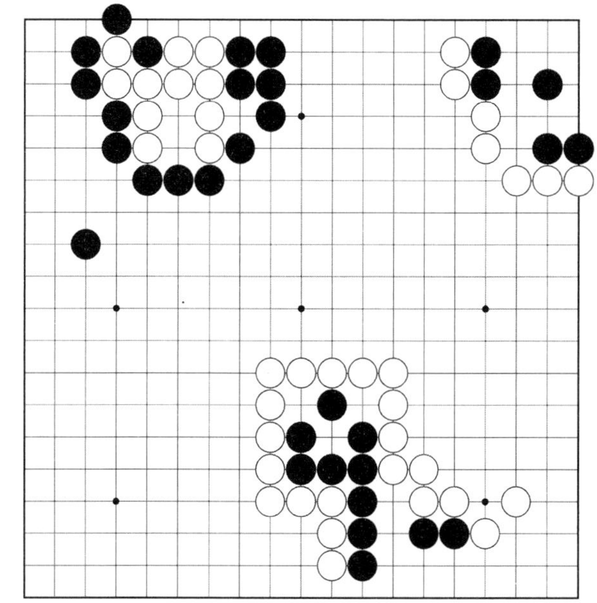

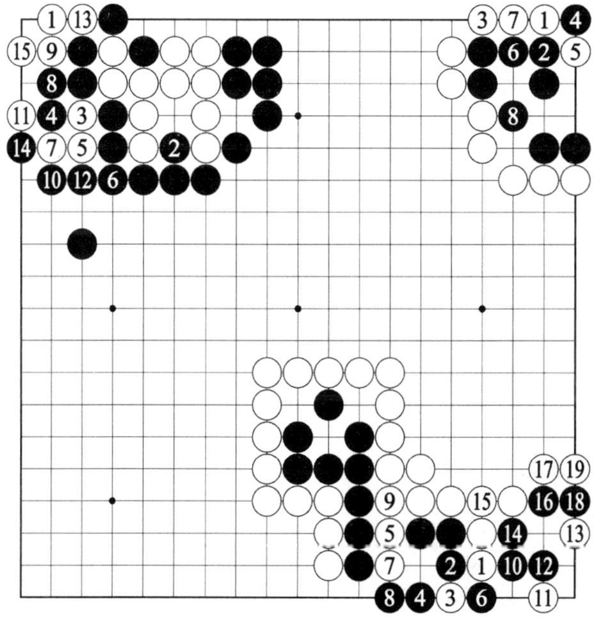

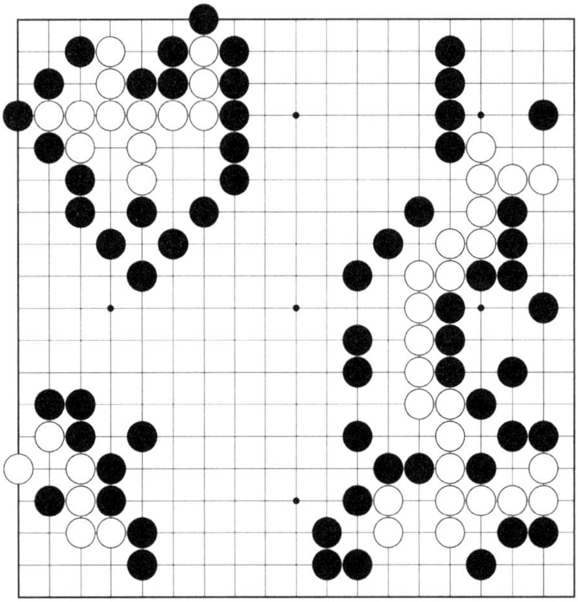

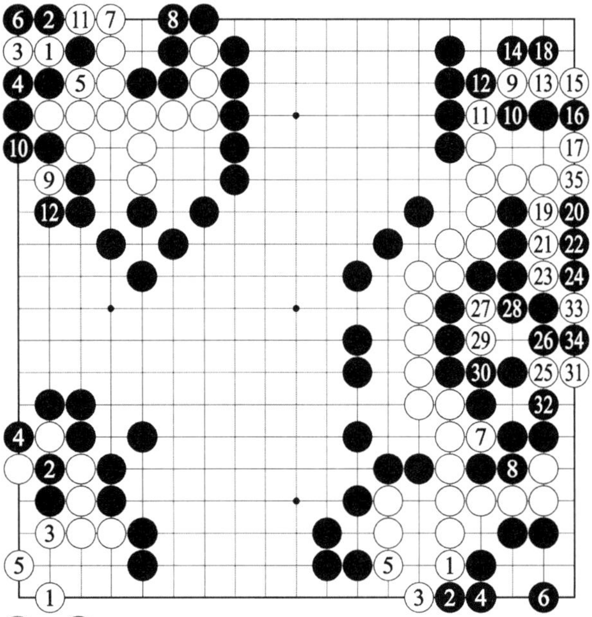

⑬＝①

坐隐先生订谱全集

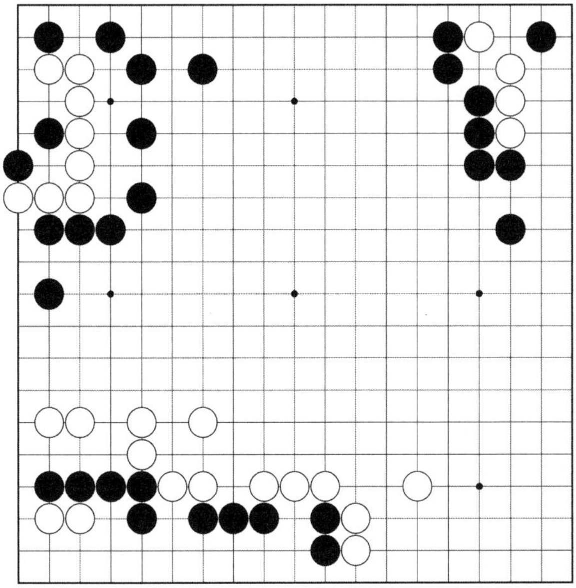

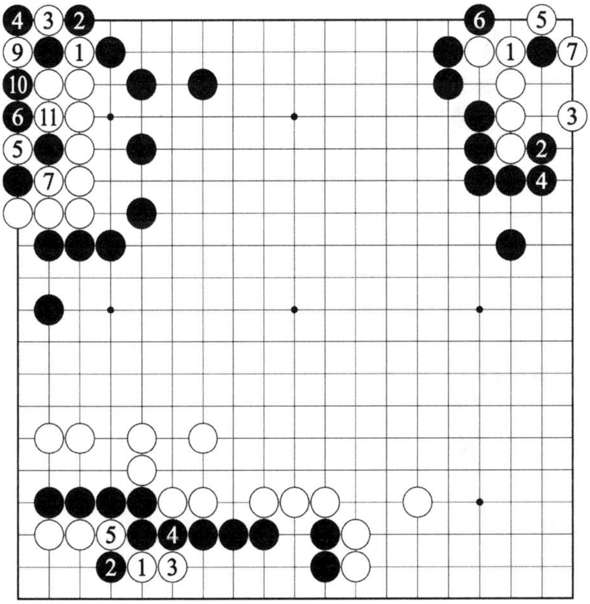

❽ = ⑤

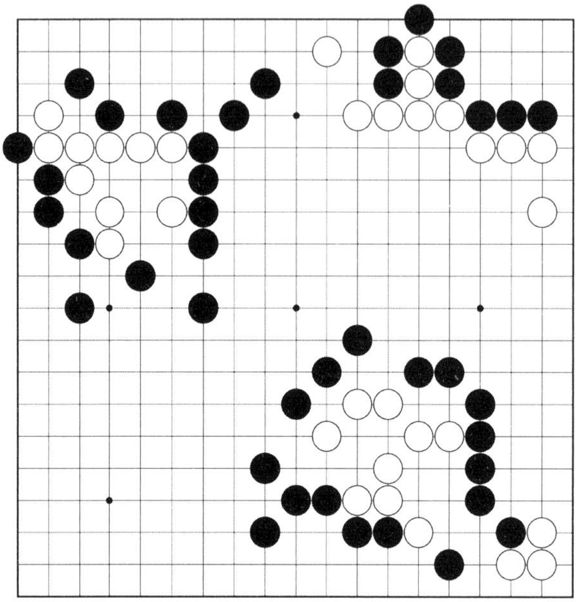

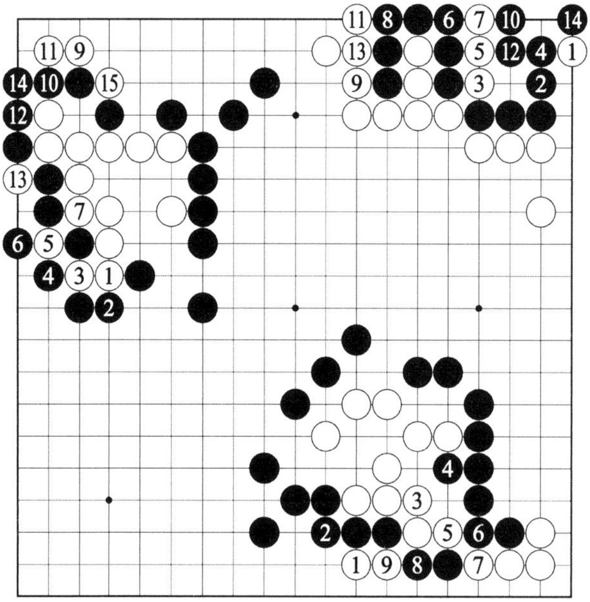

❽＝⑤

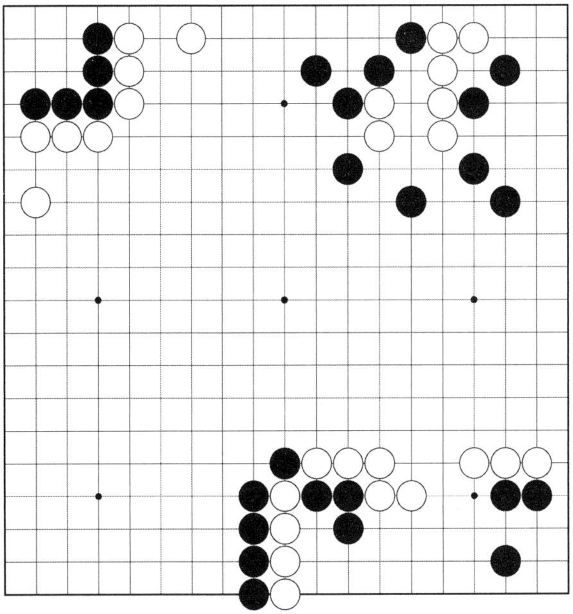

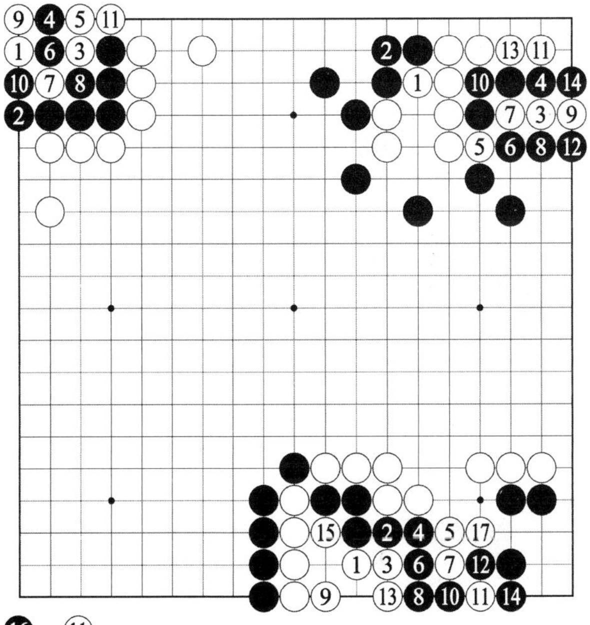

16 = 11

12 = 6

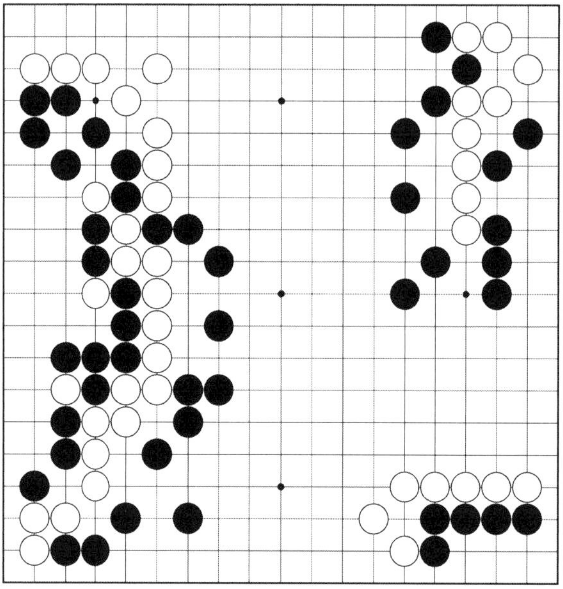

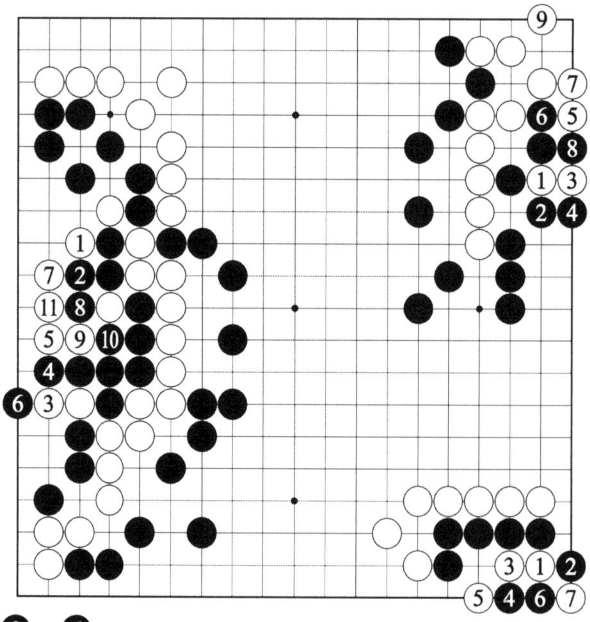

❽ = ❻

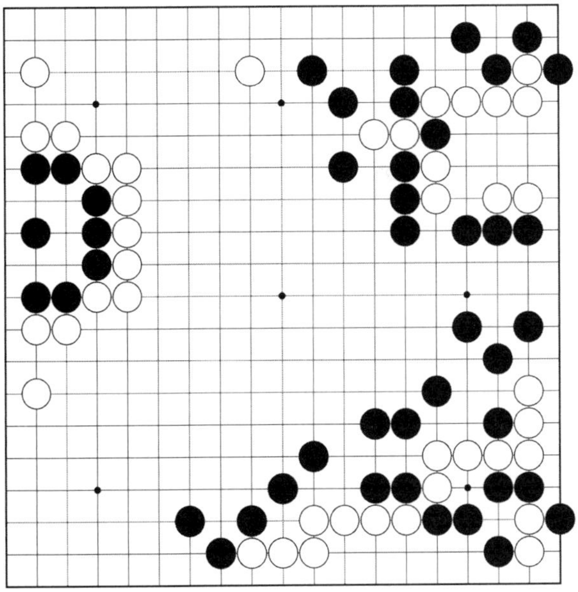

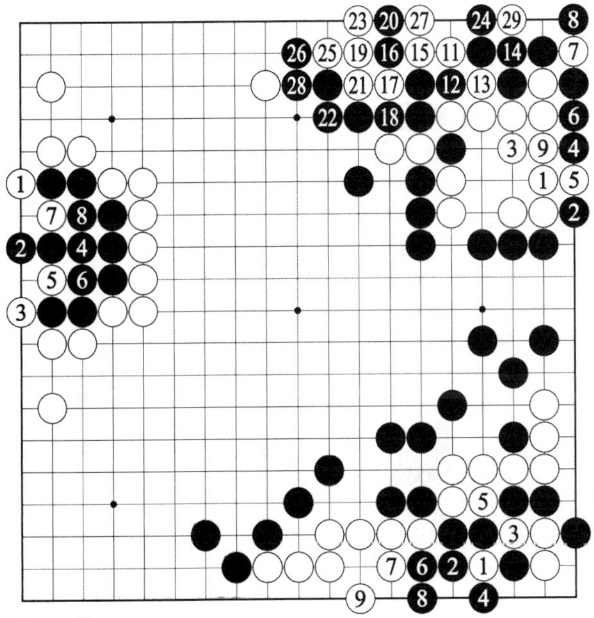

❿ = ⑦

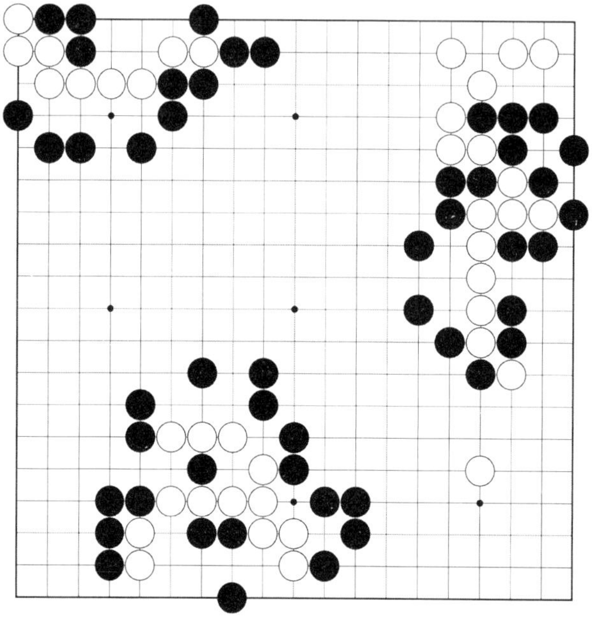

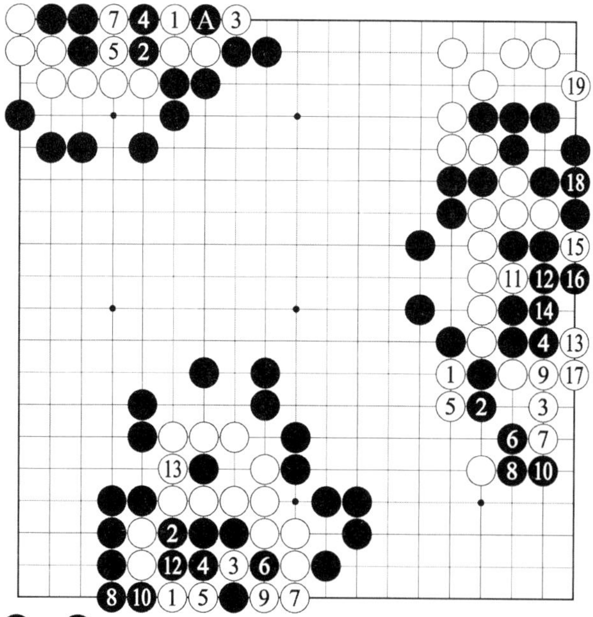

6 = A

11 = 3

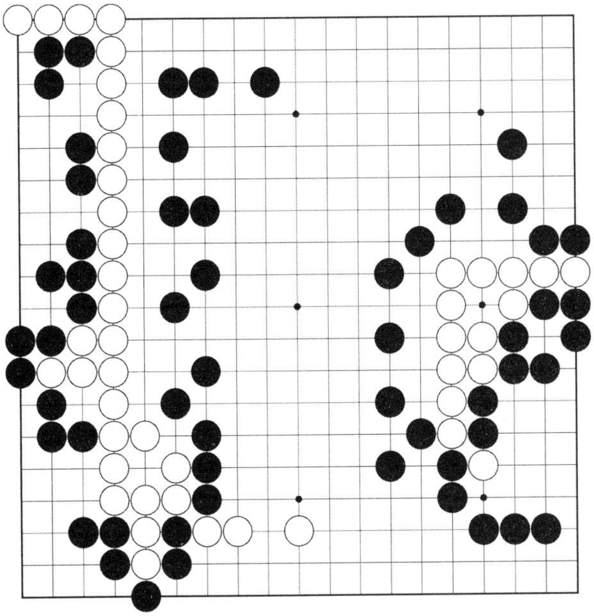

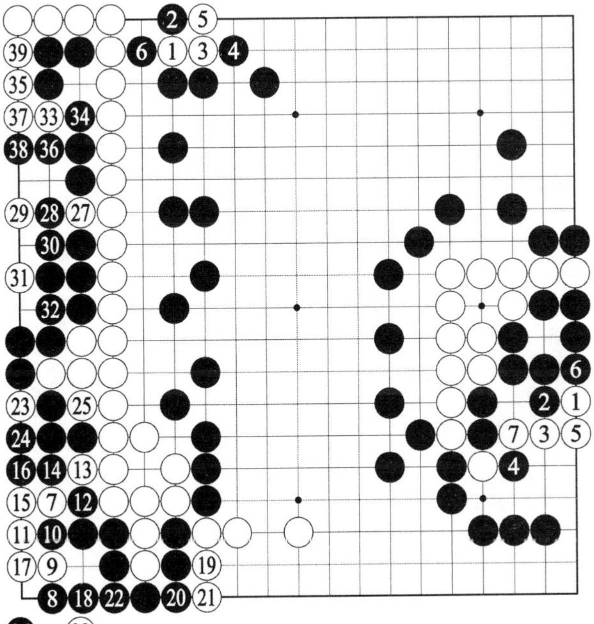

26 = 23

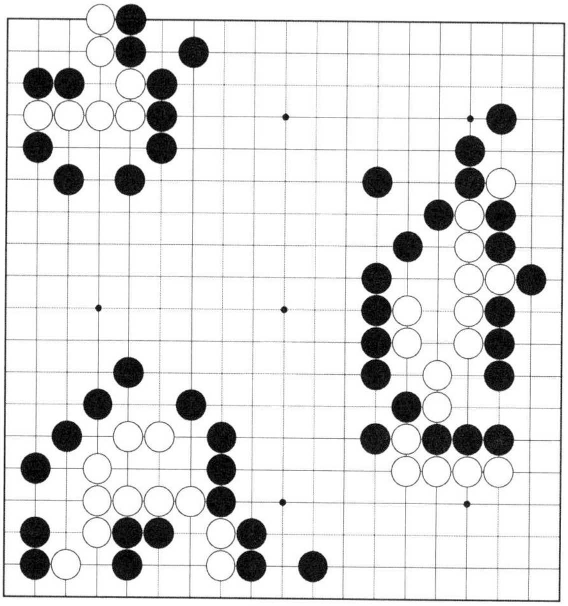

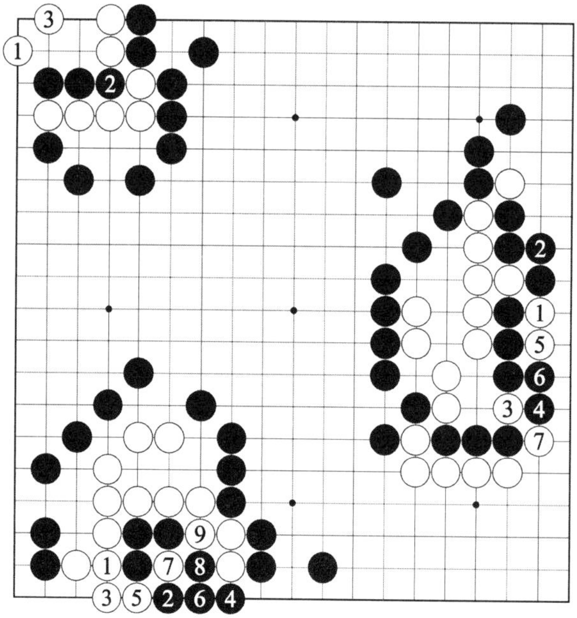
3
1
2
2
1
5
6
3
4
7
9
1
7
8
3
5
2
6
4

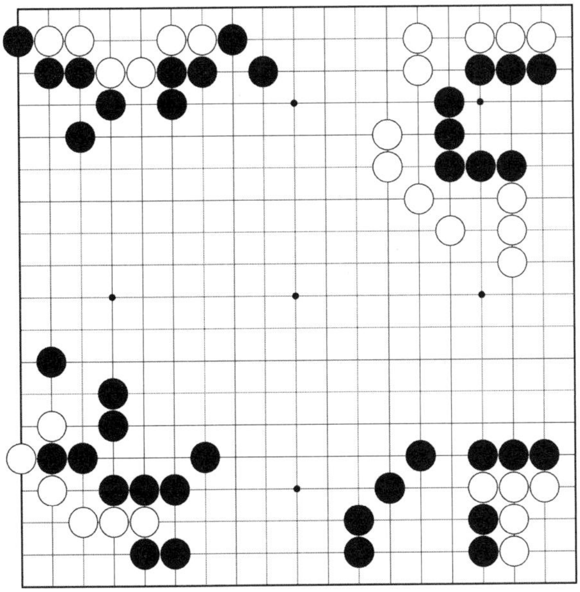

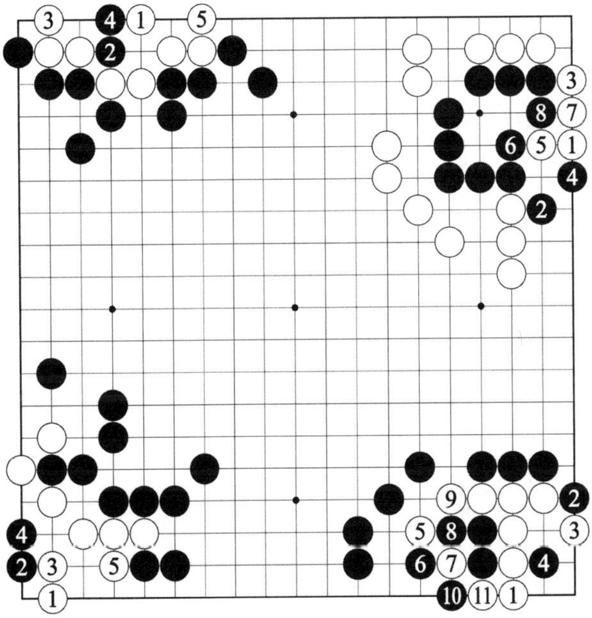
3
4
1
5
2
3
8
7
6
5
1
4
2
9
2
4
5
8
3
2
3
5
6
7
4
1
10
11
1

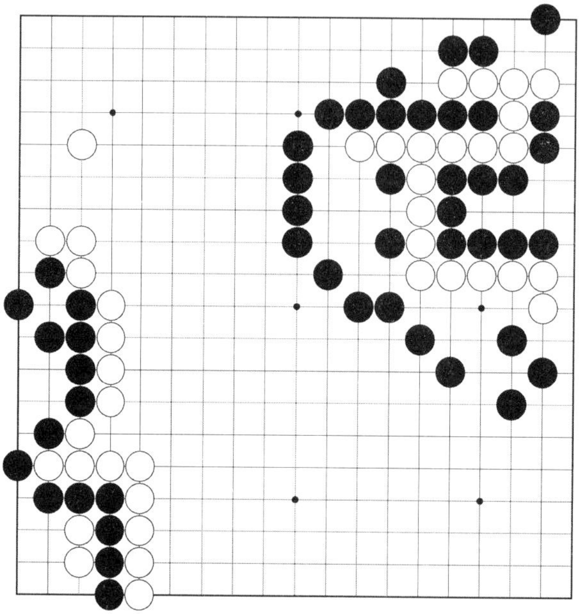

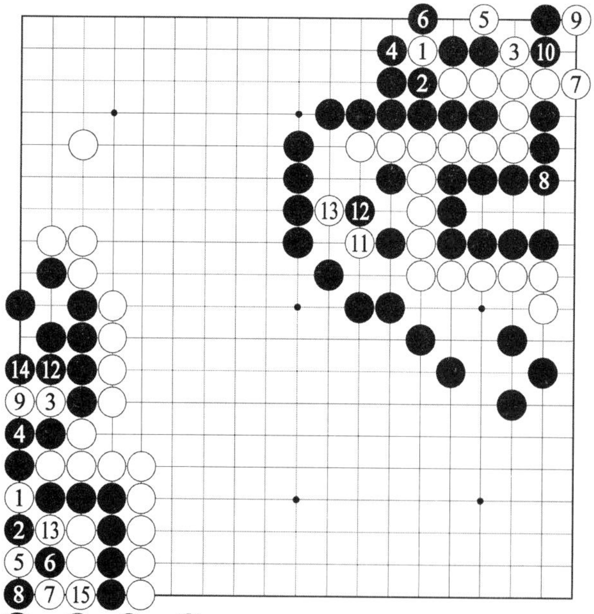

❿＝①；⑪＝⑤

坐隐先生订谱全集

点眼类

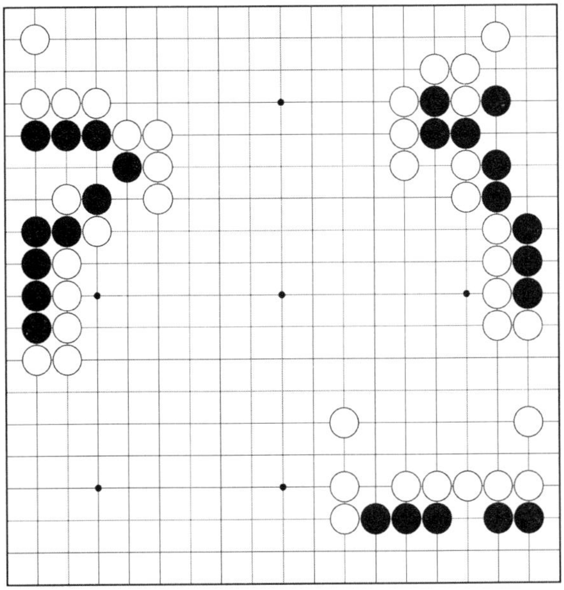

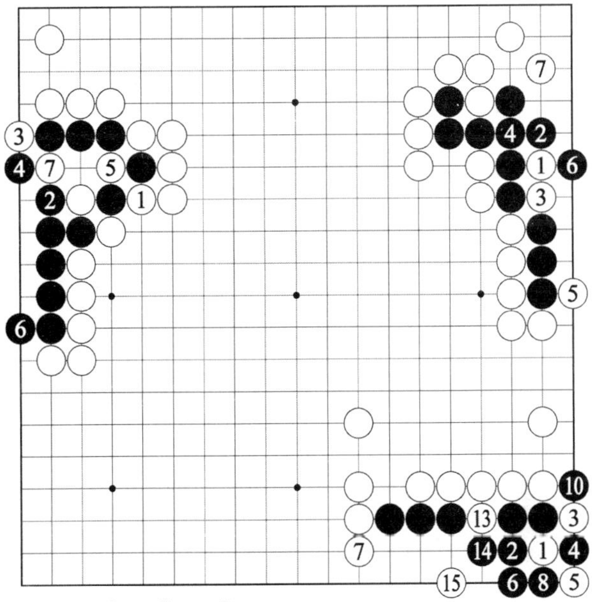

⑨⑪ = ❹; ⓬ = ③

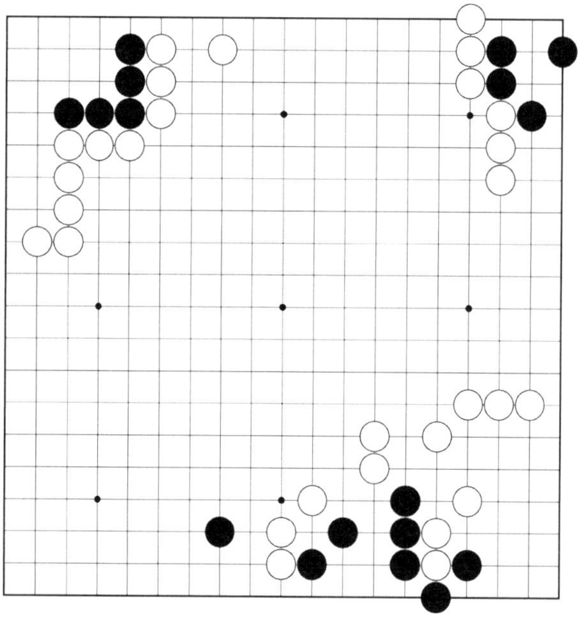

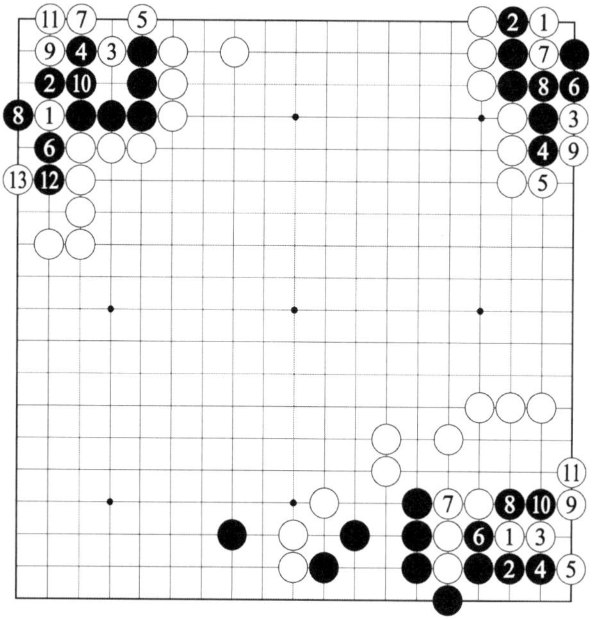

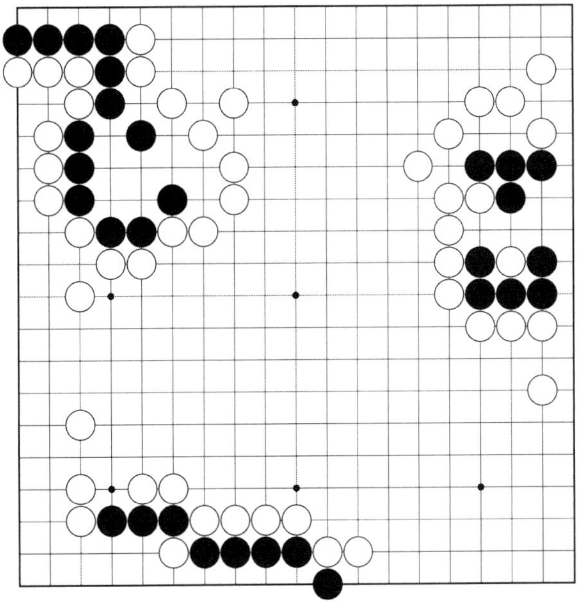

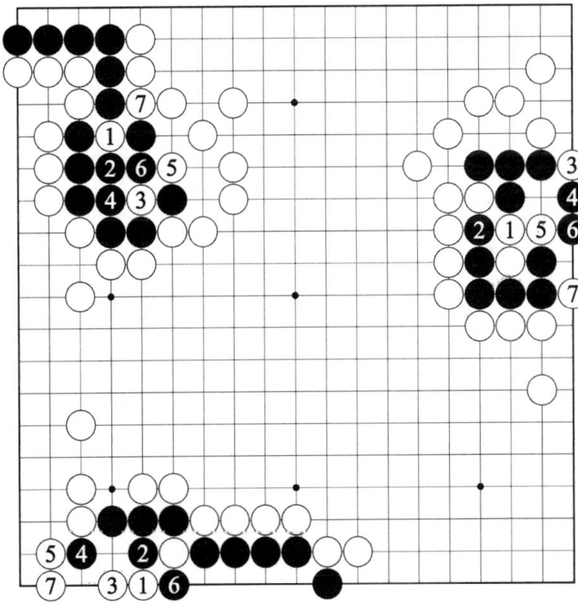

1 2 3 4 5 6 7
1 2 3 4 5 6 7
1 2 3 4 5 6 7

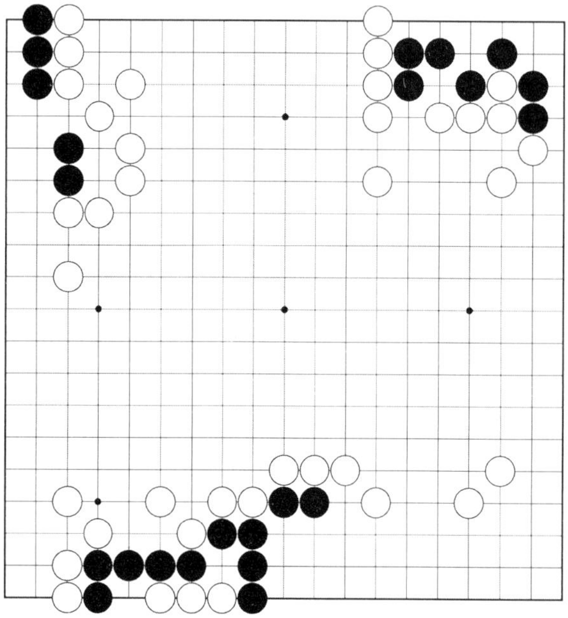

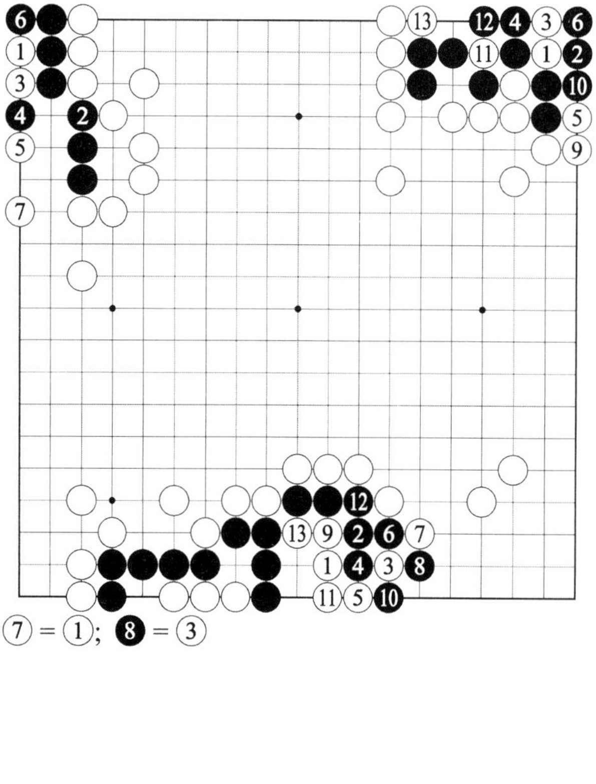

⑦＝①；❽＝③

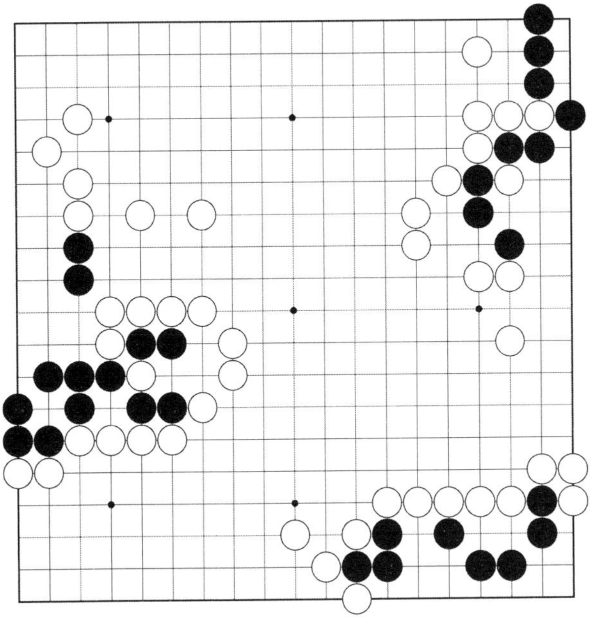

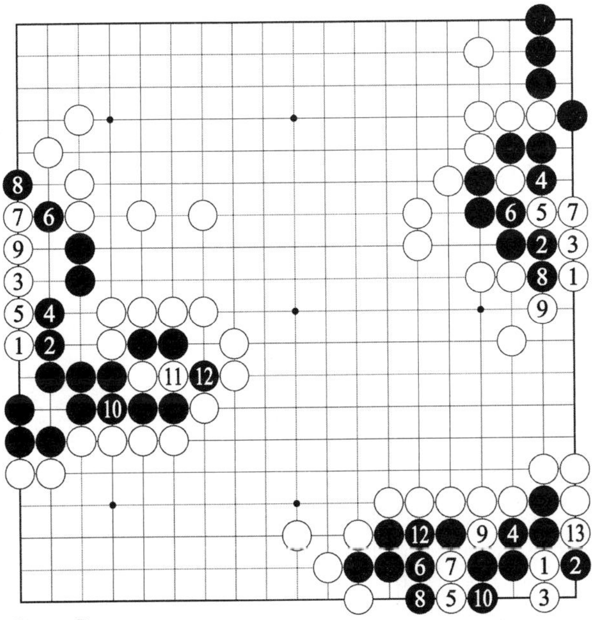

⑪＝⑦

⑬＝⑪

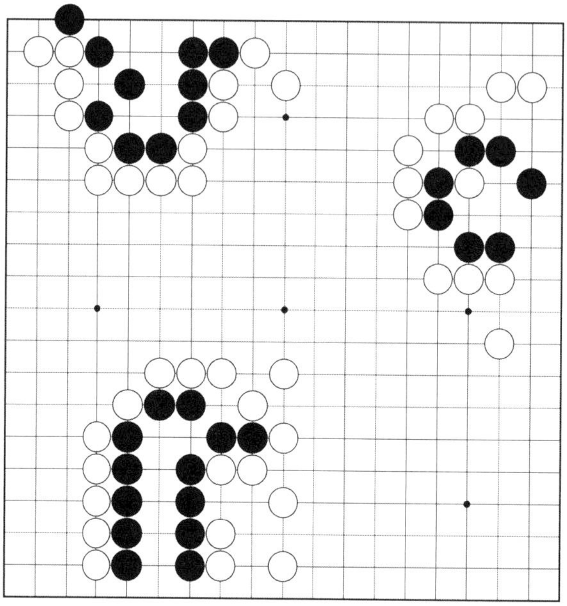
1
2
3
4
5
6
7
8
9

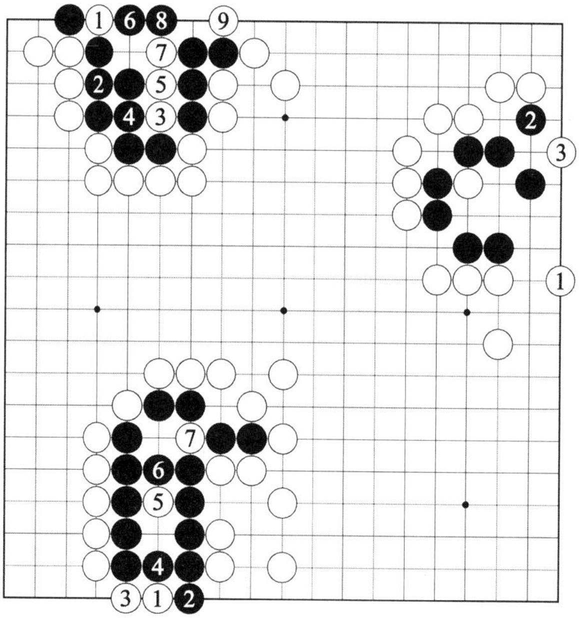
1
6
8
9
7
2
5
4
3
2
3
1
7
6
5
4
3
1
2

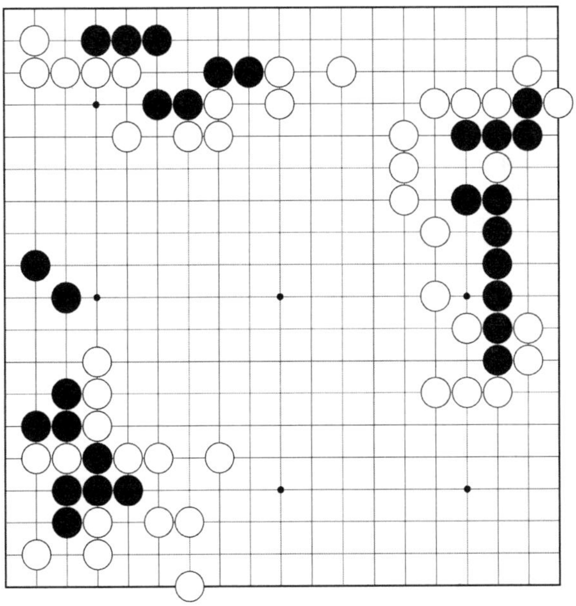

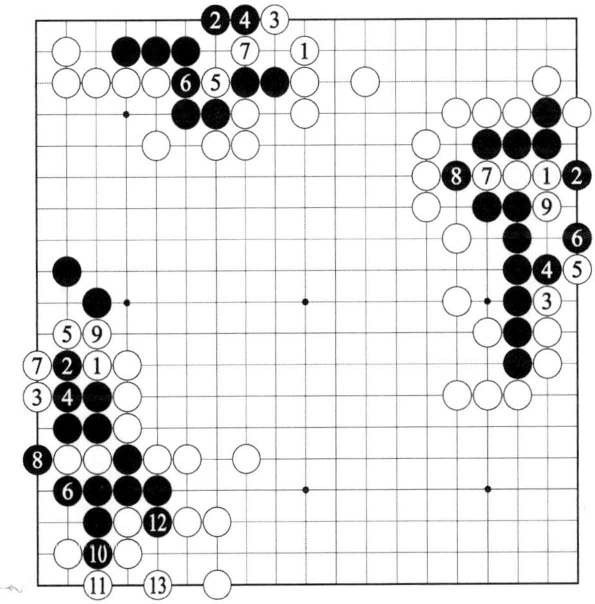
2
4
3
7
1
6
5
8
7
1
2
9
6
4
5
3
5
9
7
2
1
3
4
8
6
12
10
11
13

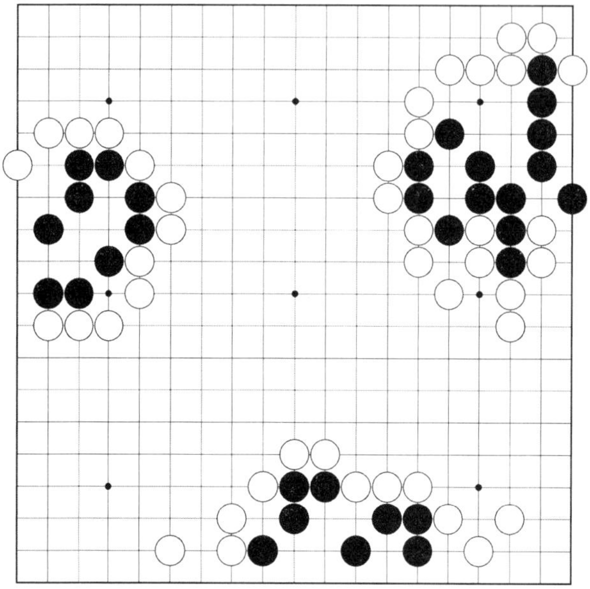

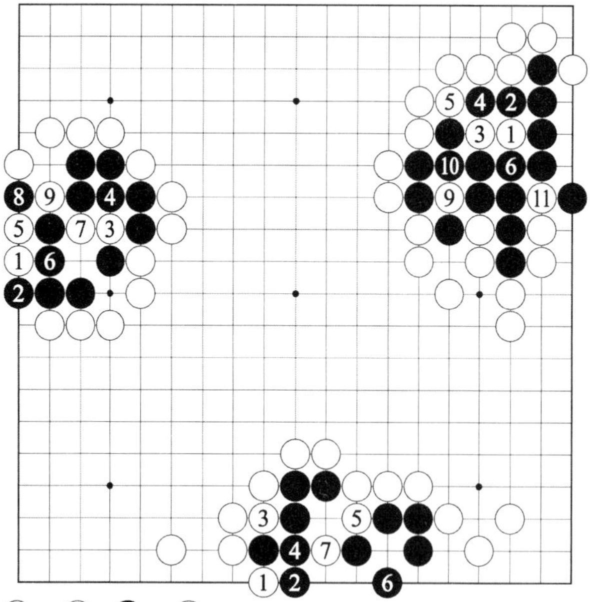

⑦＝③；❽＝①

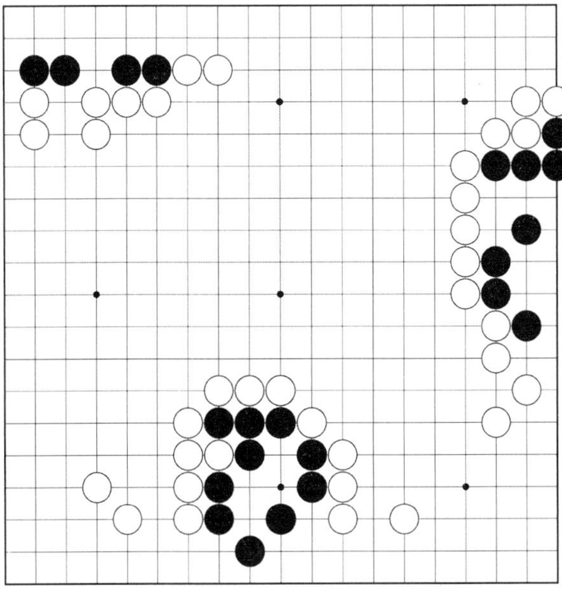

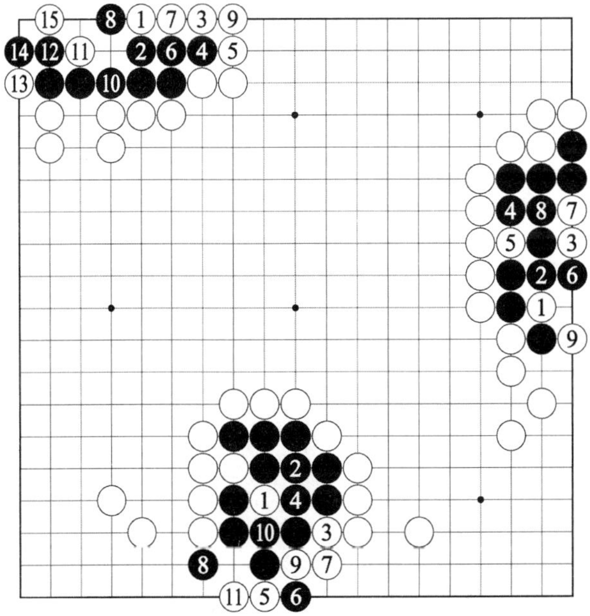

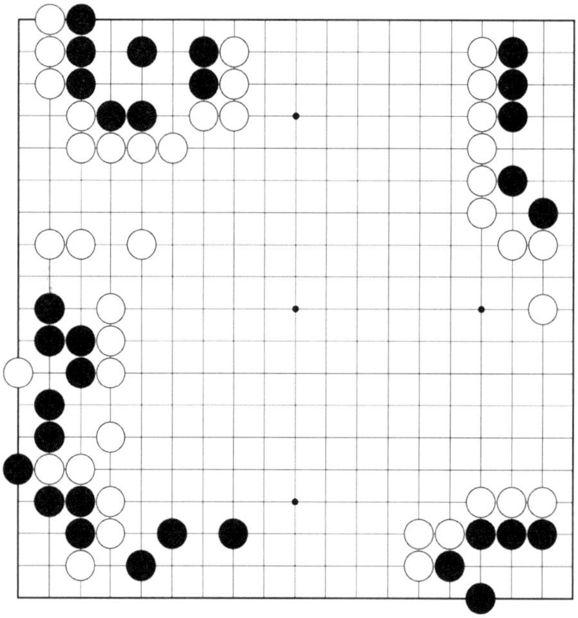

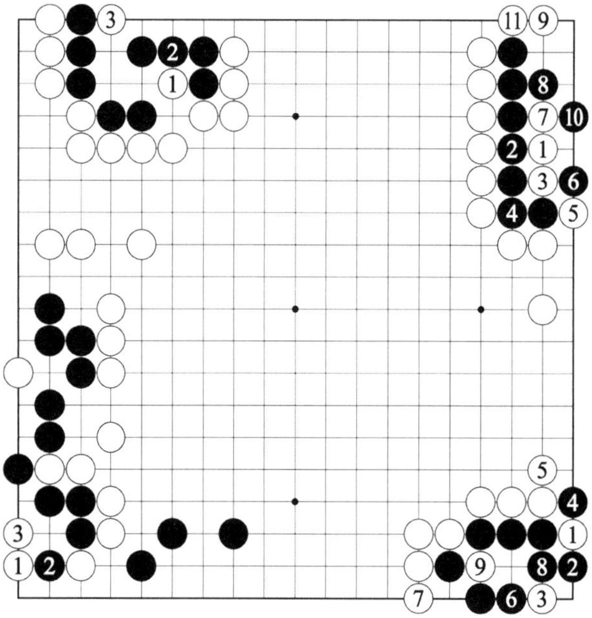

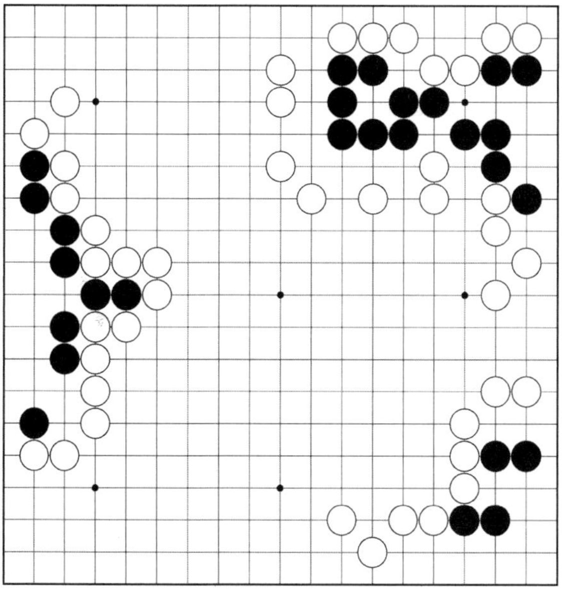

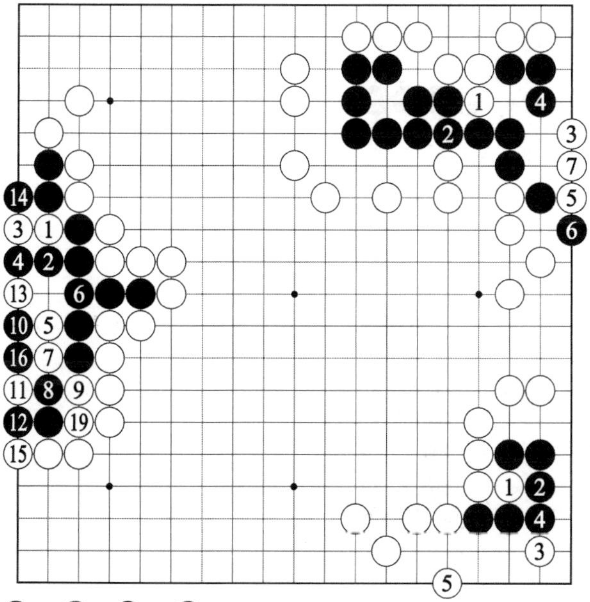

⑰＝⑪；❽＝❻

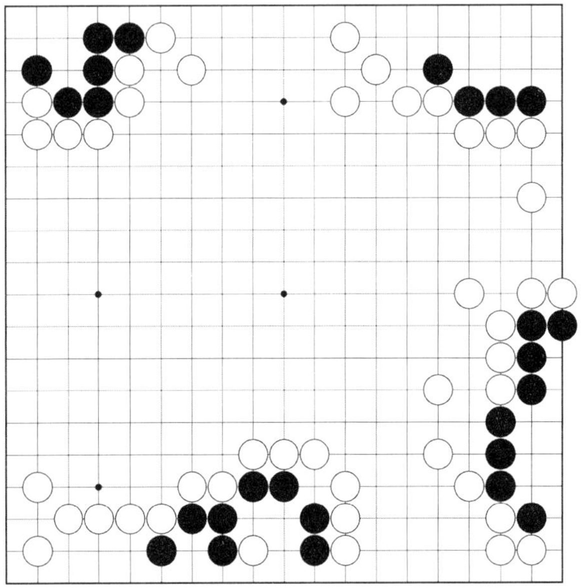

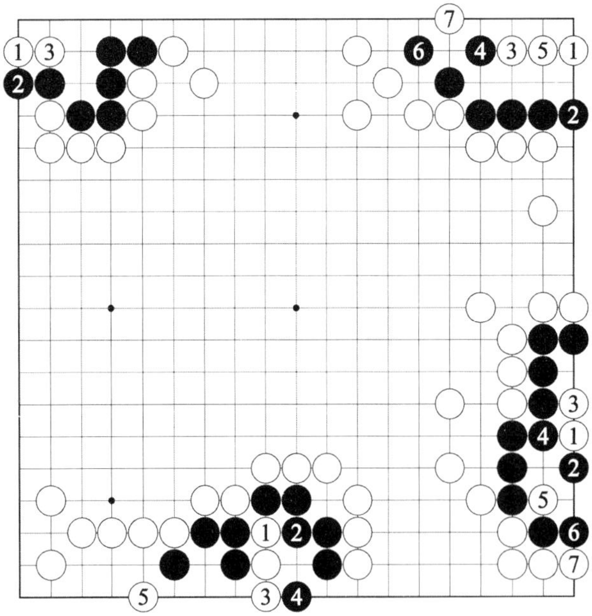
7
1
3
6
4
3
5
1
2
2
3
4
1
2
5
1
2
6
7
5
3
4

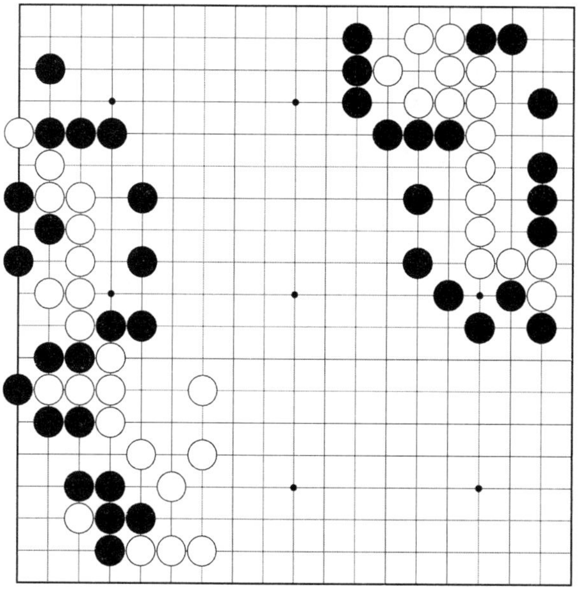

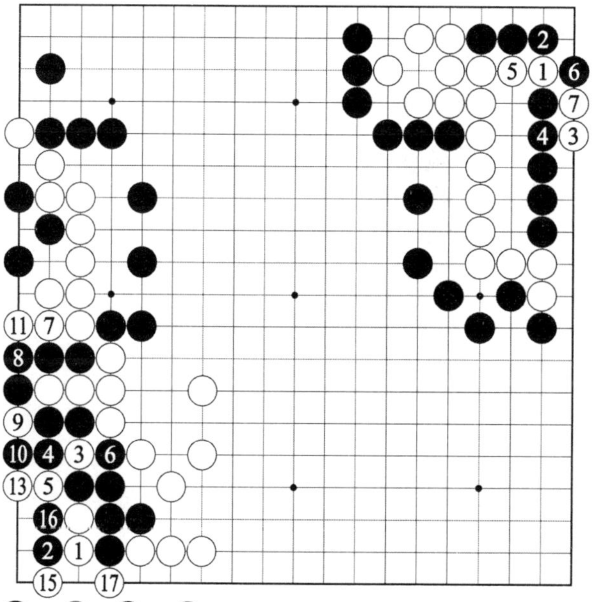

⓬ = ⑨;　⓮ = ③

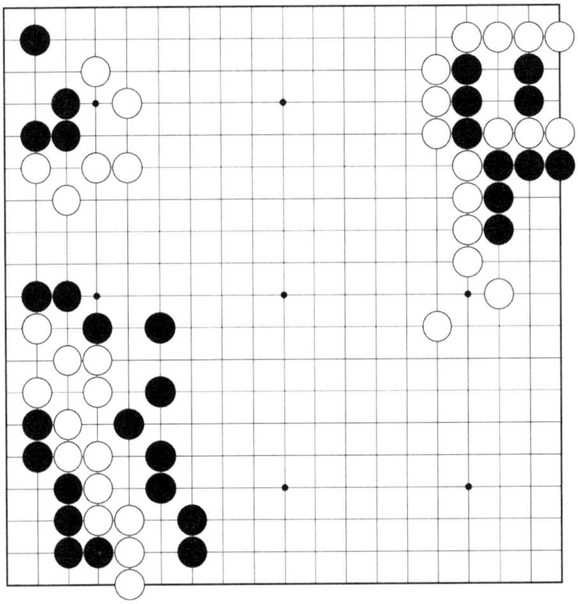

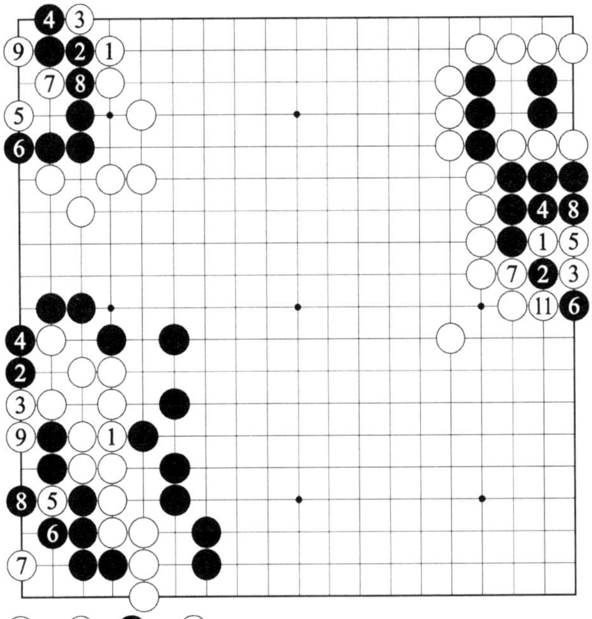

⑨＝⑤；❿＝①

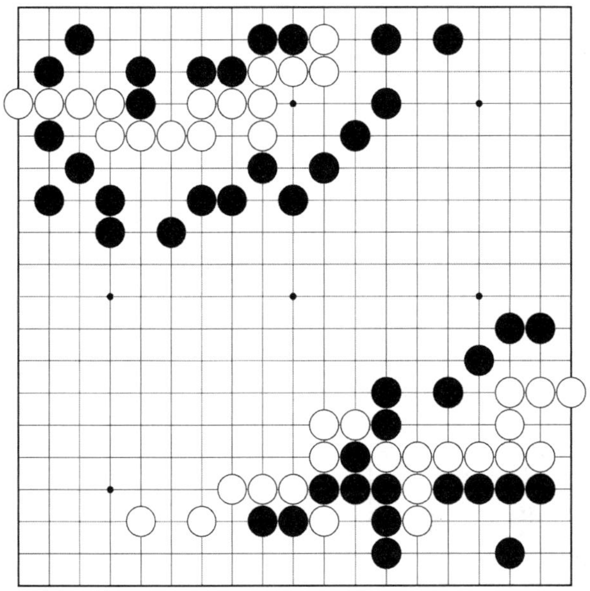

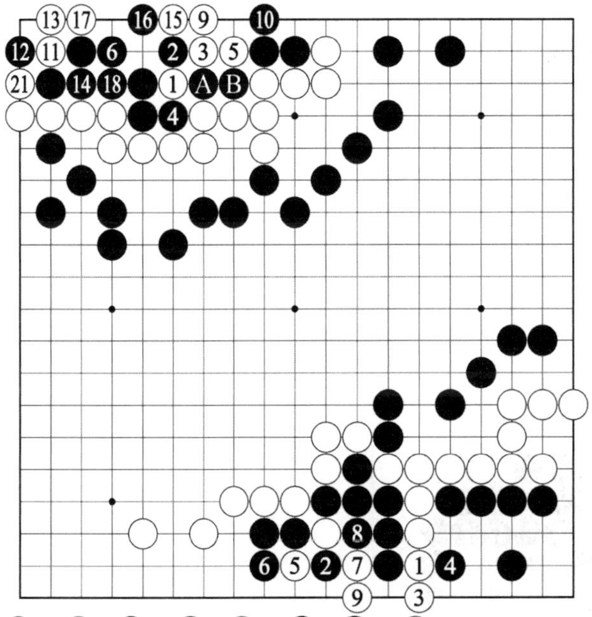

⑦ = ①；❽ = Ⓐ；⑲ = Ⓑ；⑳ = ①

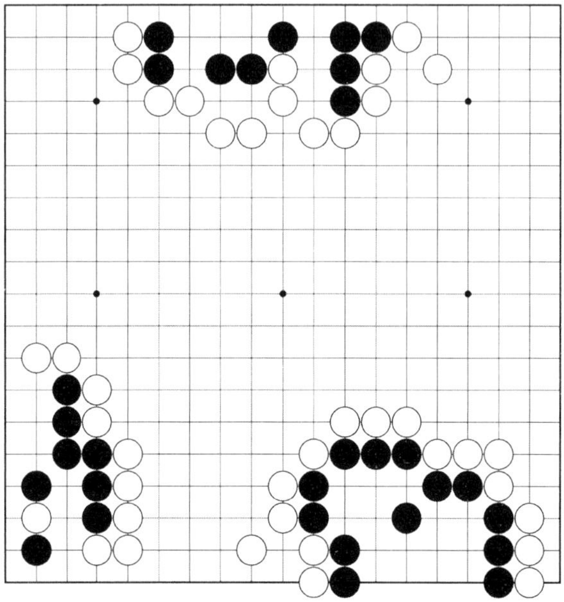

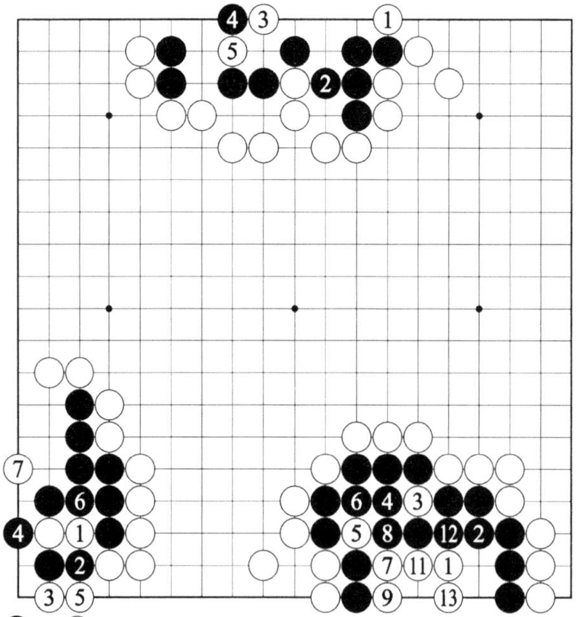

❿ = ⑤

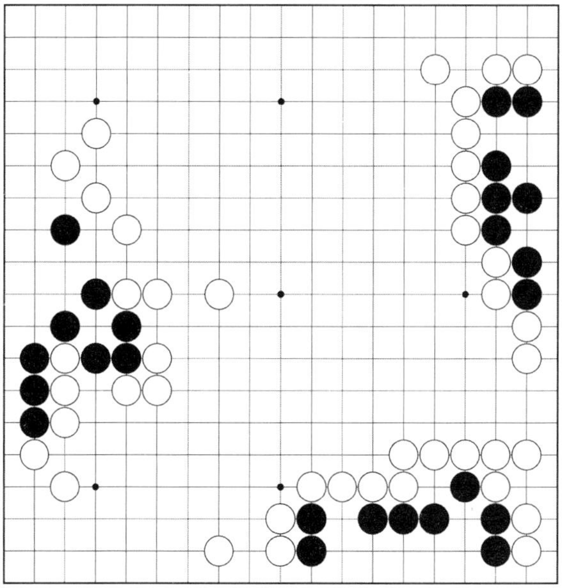

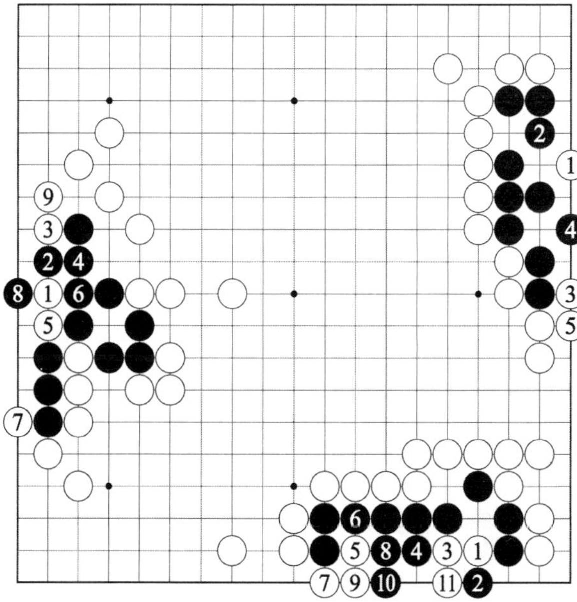

1
2
3
4
5
6
7
8
9
10
11

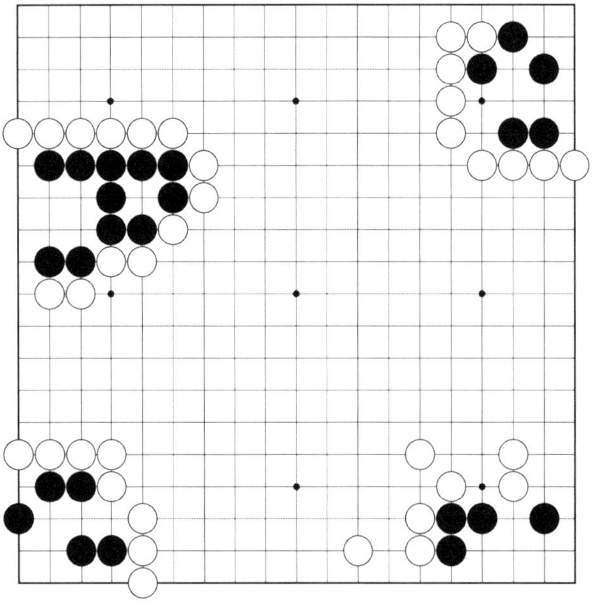

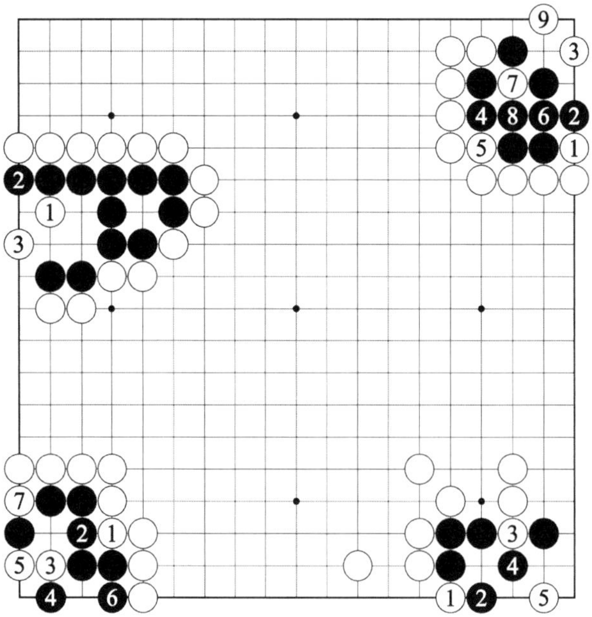

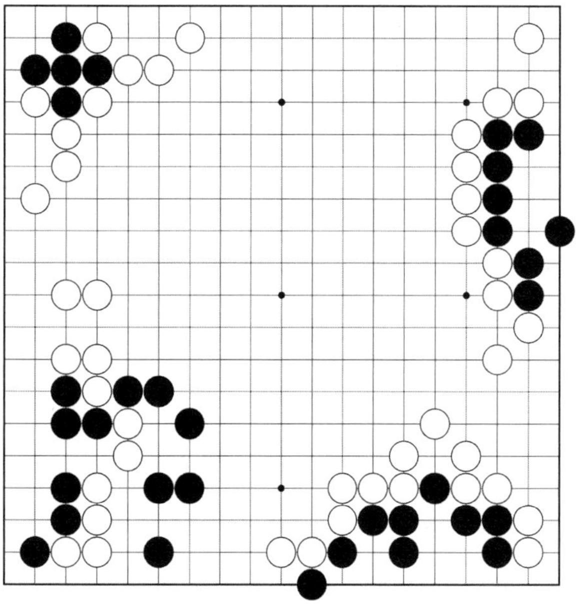

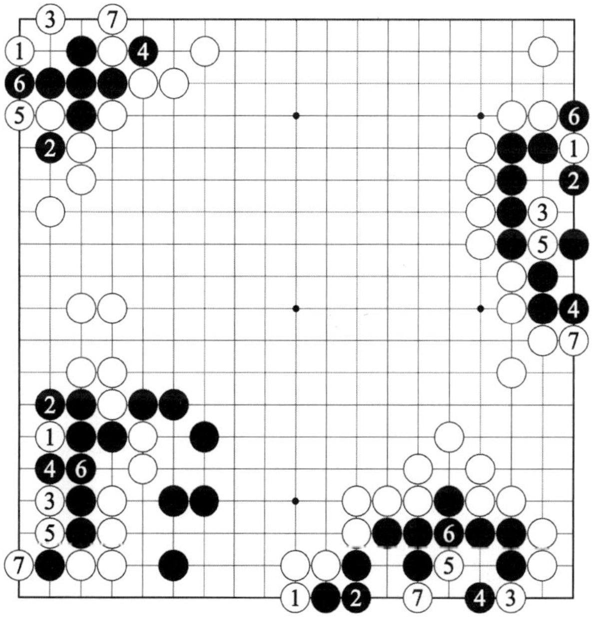

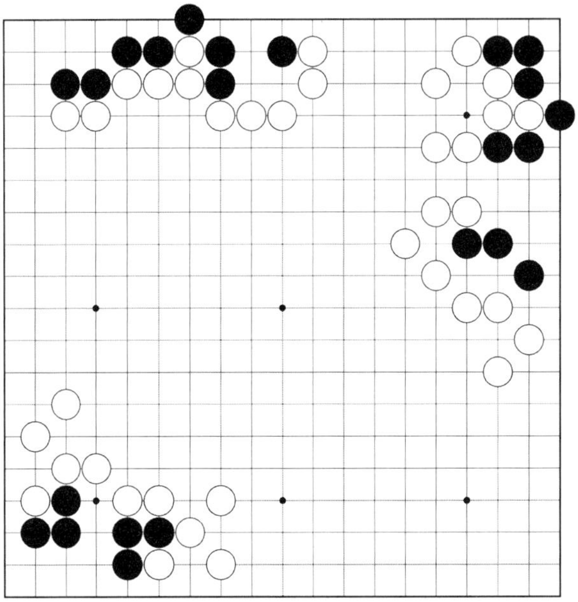

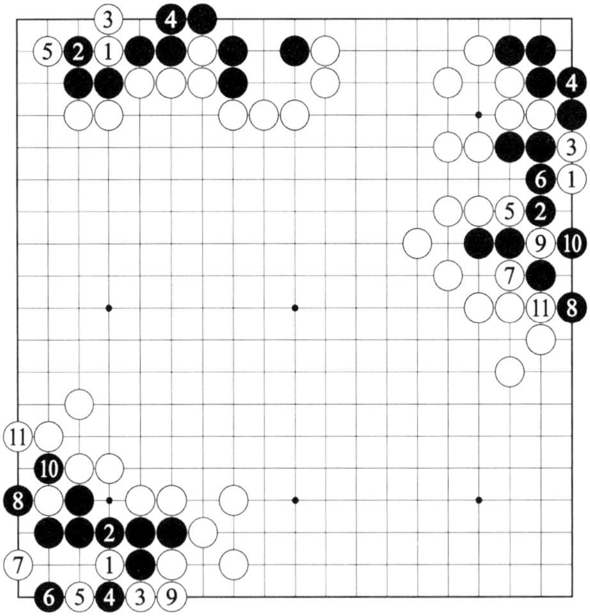
3
4
5
2
1
4
3
6
1
5
2
9
10
7
11
8
11
10
8
2
7
1
6
5
4
3
9

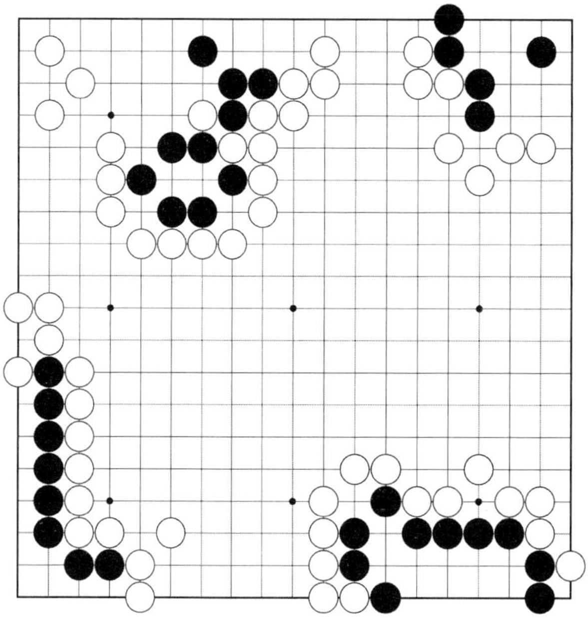

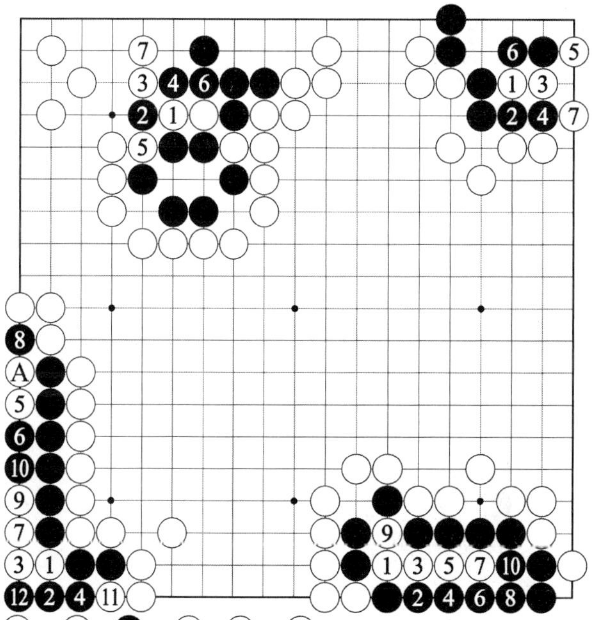

⑪＝⑤； ⓬＝③； ⑬＝⑨

⑬＝⑦； ⓮＝①； ⑮＝Ⓐ

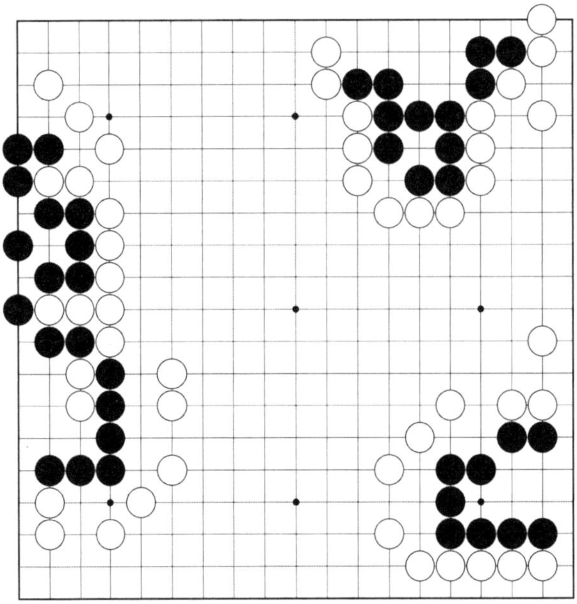

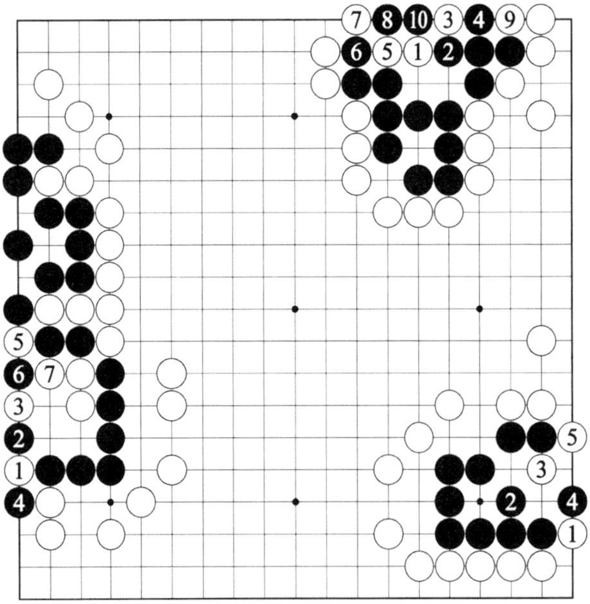

⑪＝③

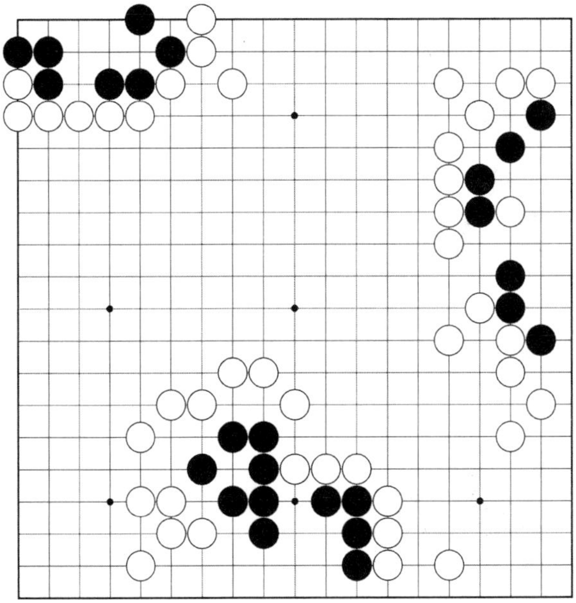

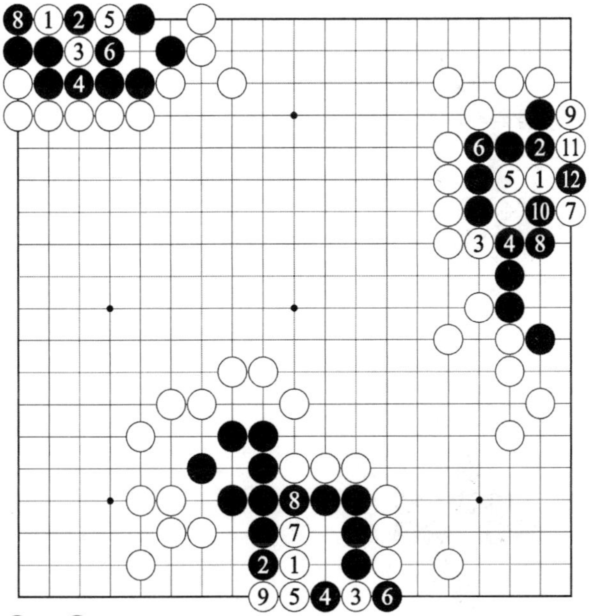

⑬＝①

⑦＝❷；⑨＝❷

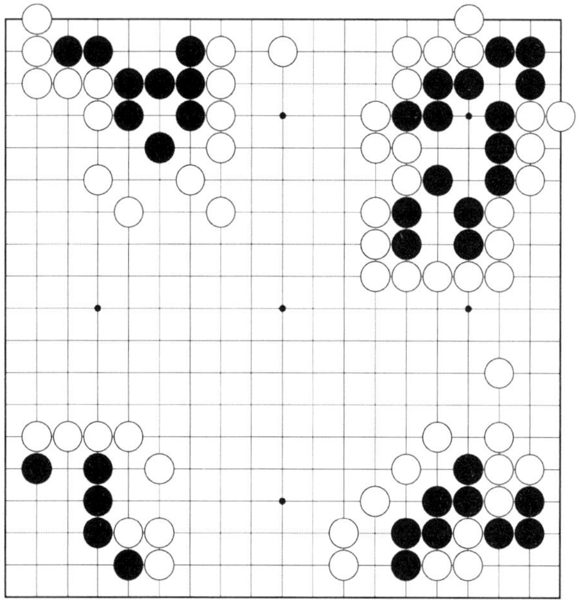

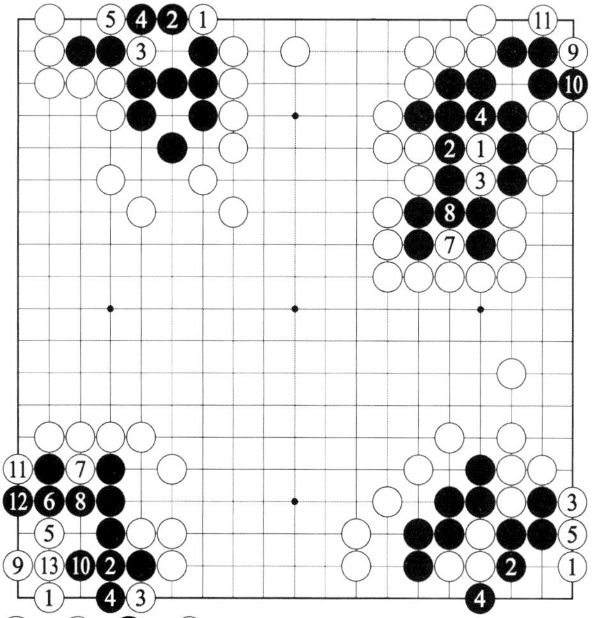

⑤ = ③； ❻ = ①

坐隐先生订谱全集

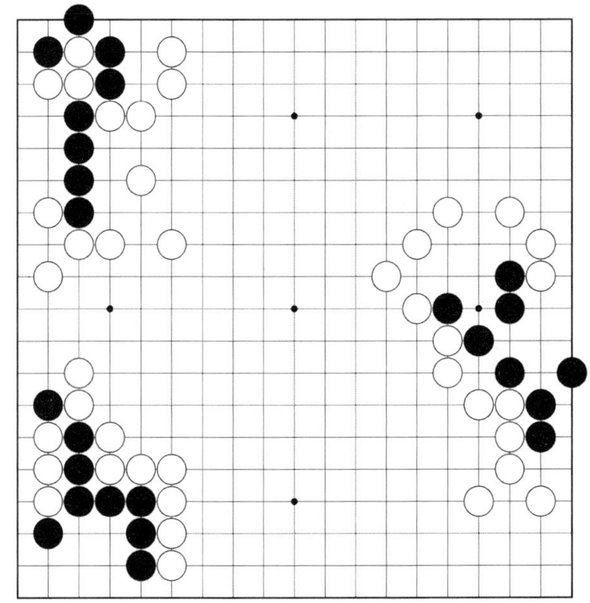

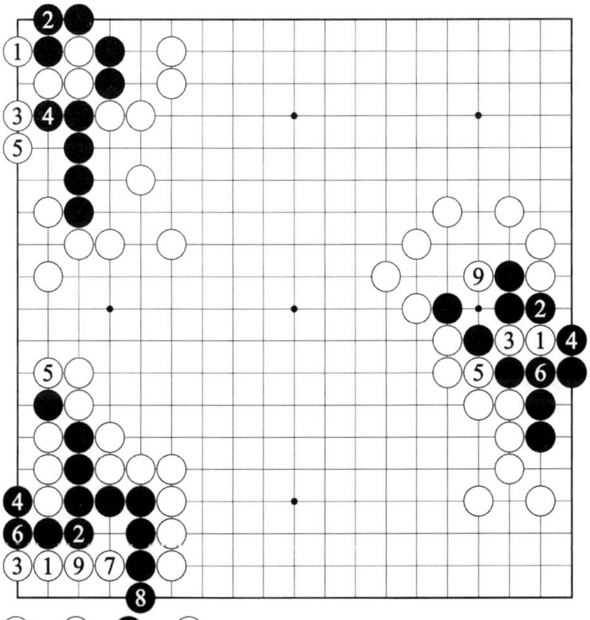

⑦=③；❽=①

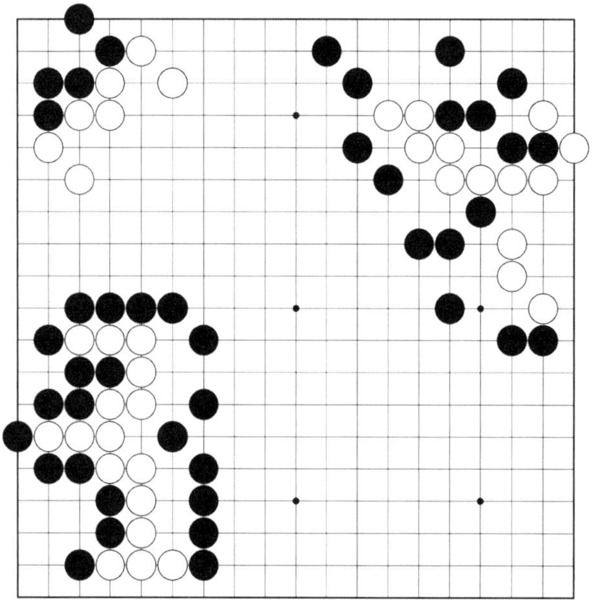

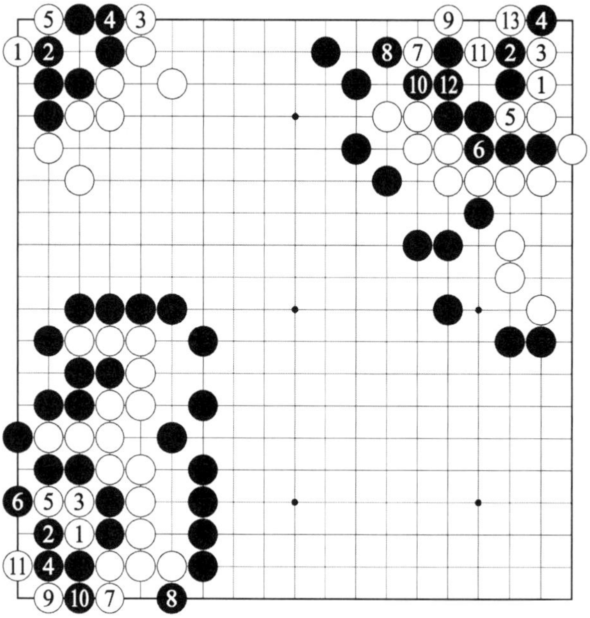

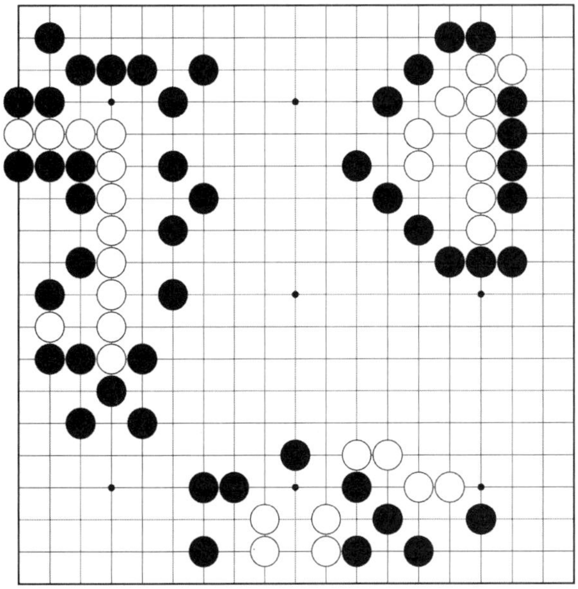

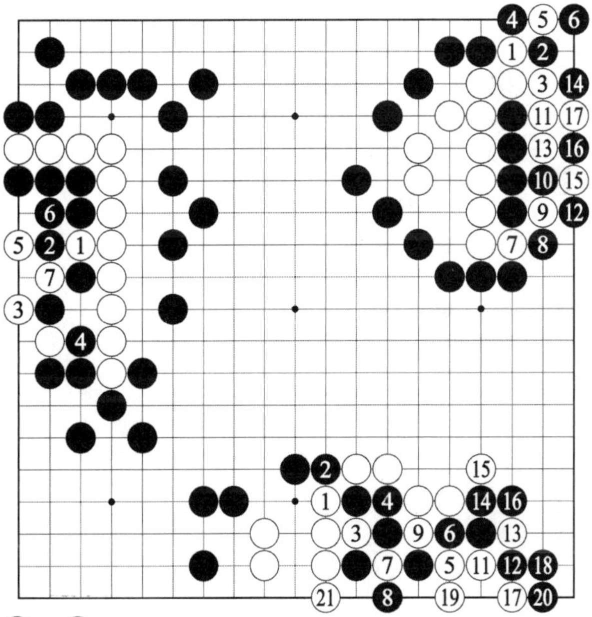

❿ = ⑦

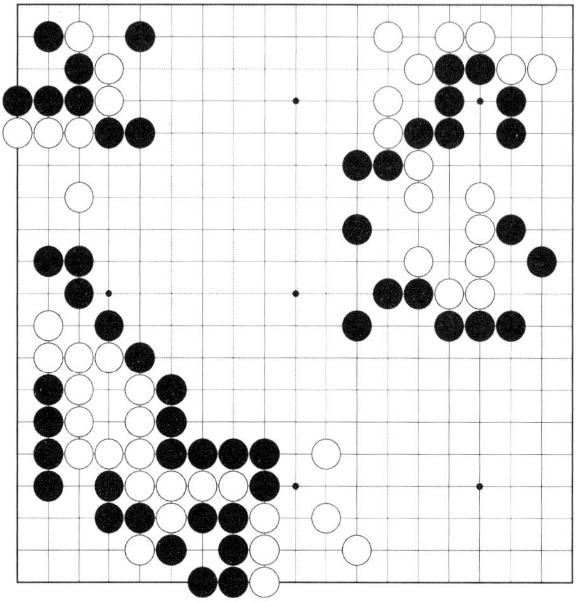

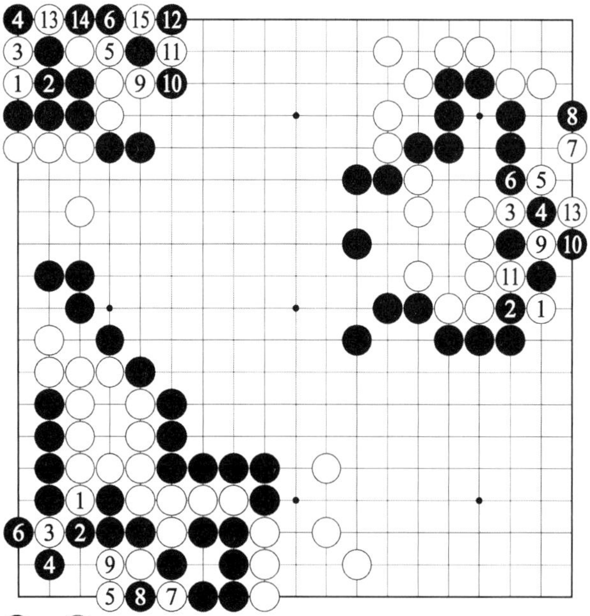

⓬ = ⑨;

⑦ = ③; ❽ = ①

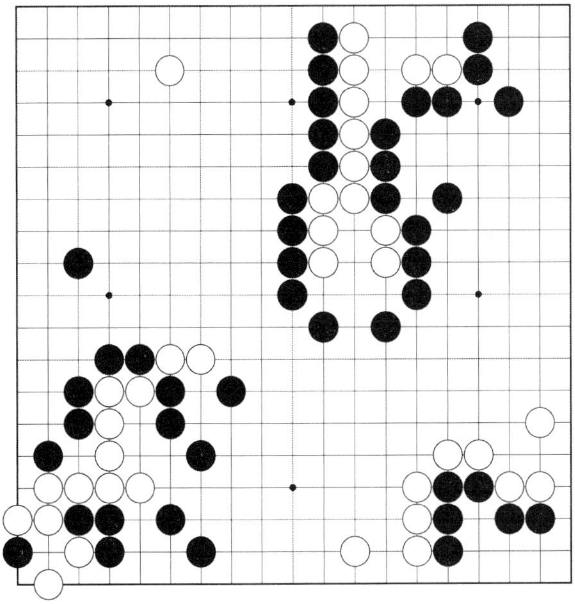

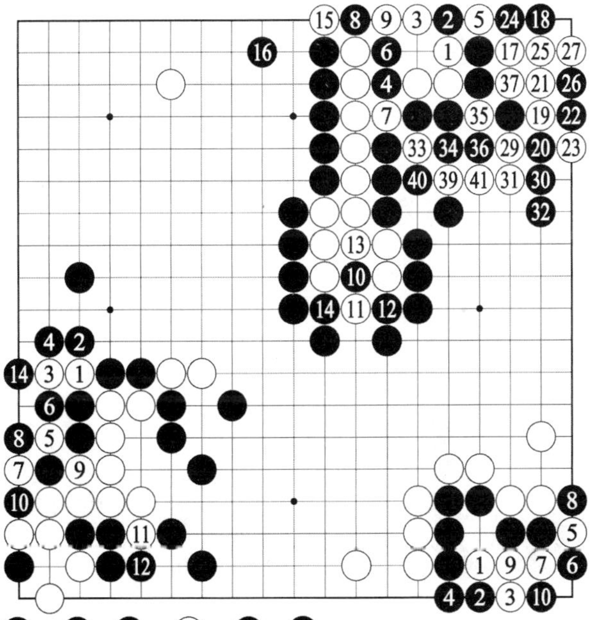

28 = 22;　38 = 35;　42 = 2

13 = 7;　15 = 5

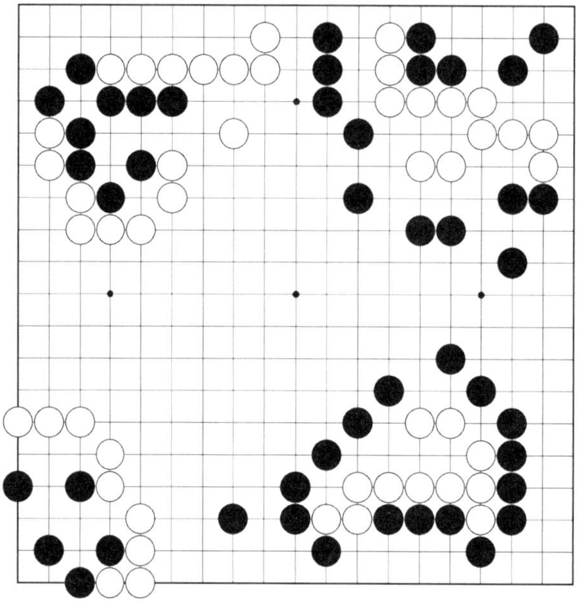

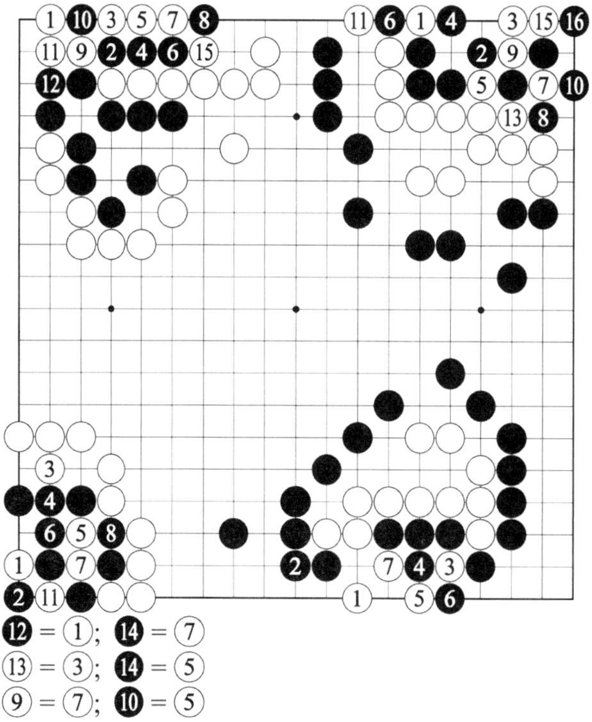

⓬ = ①；⓮ = ⑦
⑬ = ③；⓮ = ⑤
⑨ = ⑦；❿ = ⑤

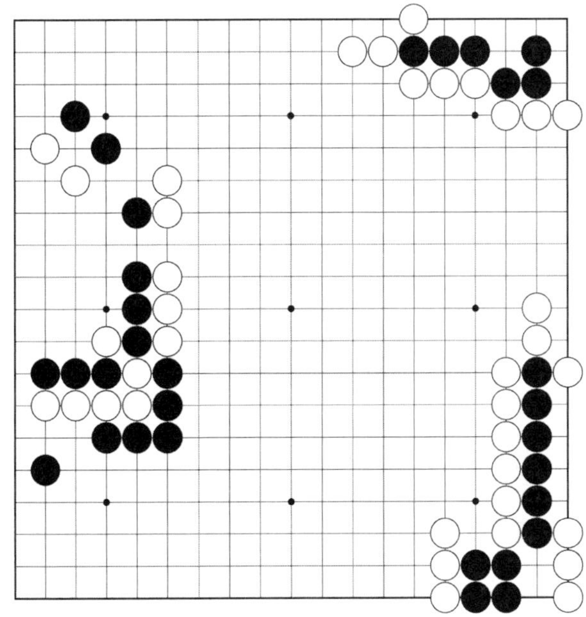

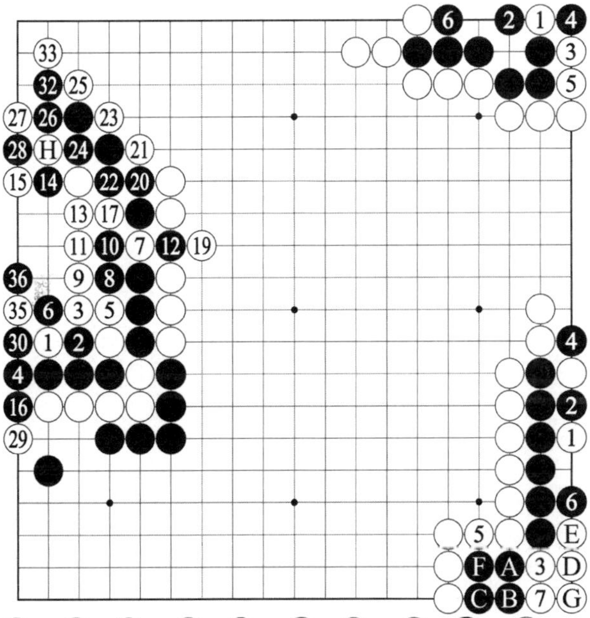

❽＝🅐；⑨＝🅑；❿＝🅒；⑪＝③；⓬＝⑦；
⑬＝Ⓓ；⓮＝Ⓔ；⑮＝🅕；⓰＝Ⓖ；⑰＝③；
⓲＝Ⓓ；⑲＝🅑
⓲＝⑦；㉛＝Ⓗ；34＝28；㊲＝Ⓗ

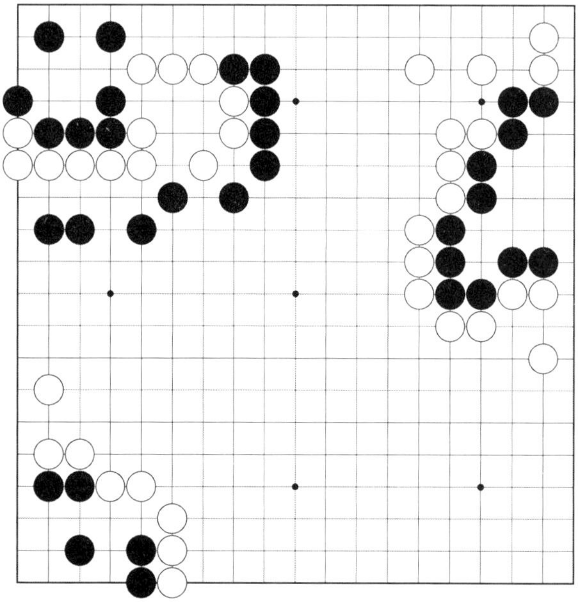

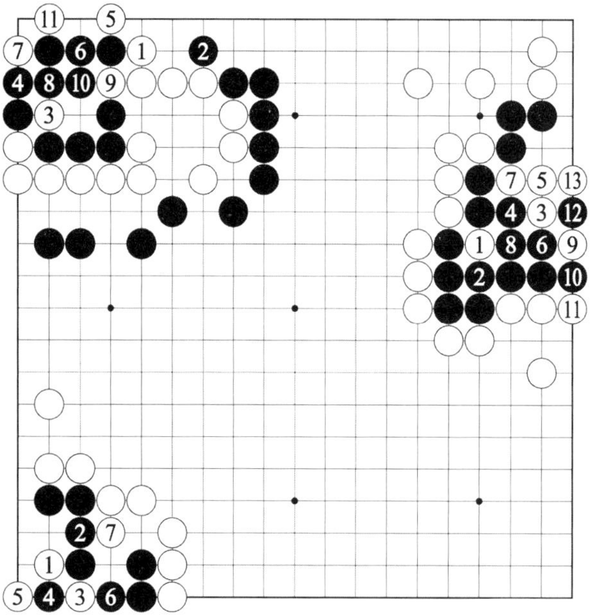
11
5
7
6
1
2
4
8
10
9
3
7
5
13
4
3
12
1
8
6
9
2
10
11
2
7
1
5
4
3
6

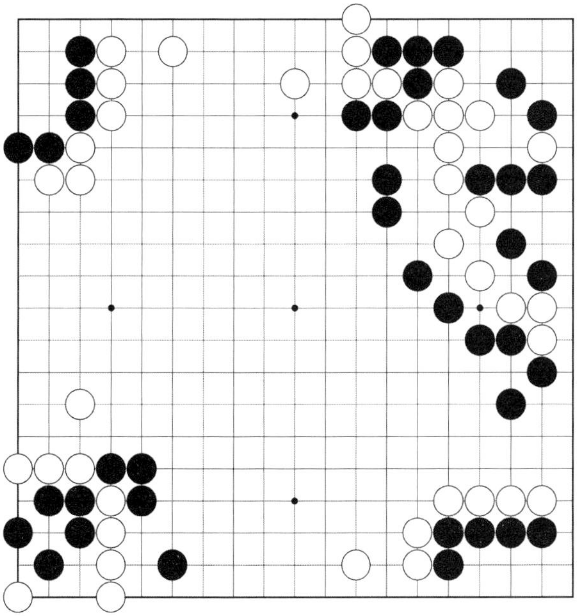

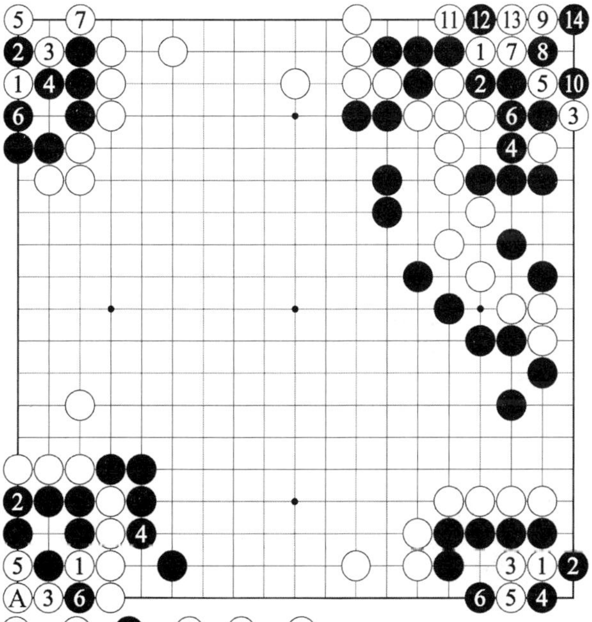

⑦ = ⑤；❽ = Ⓐ；⑨ = ③

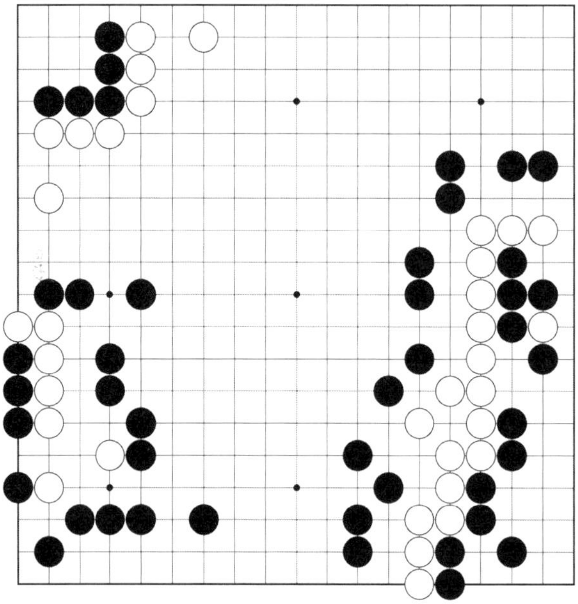

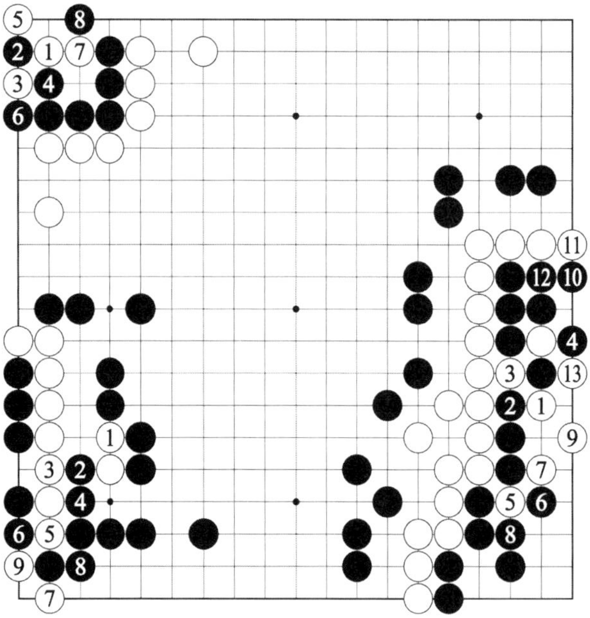

坐隐先生订谱全集　石

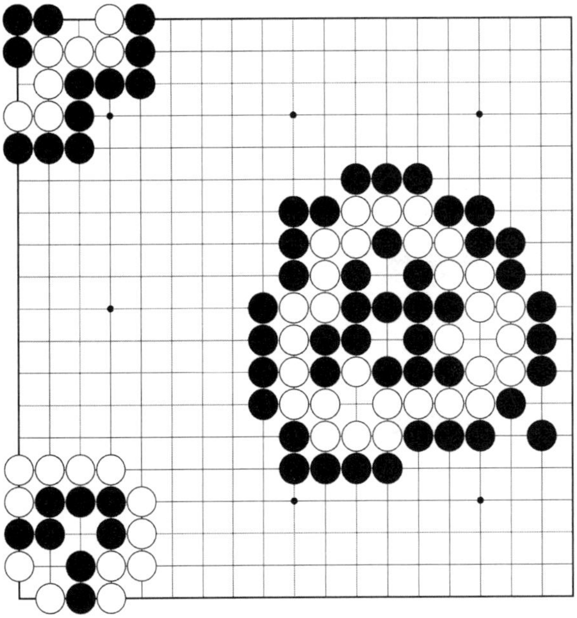

经云：劫有金井辘轳无休之势，乃有眼与无眼相持，有眼得一劫，无眼得二劫。

经云：盘角曲四，局中乃亡，盖言二各收劫意也。倘一角各有一眼相持，则不能收尽，劫后有生机矣。此古人未尽之旨，今特为补录之。

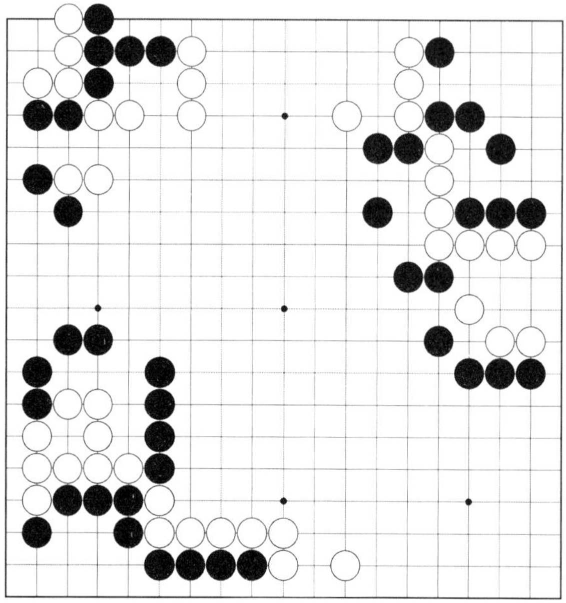

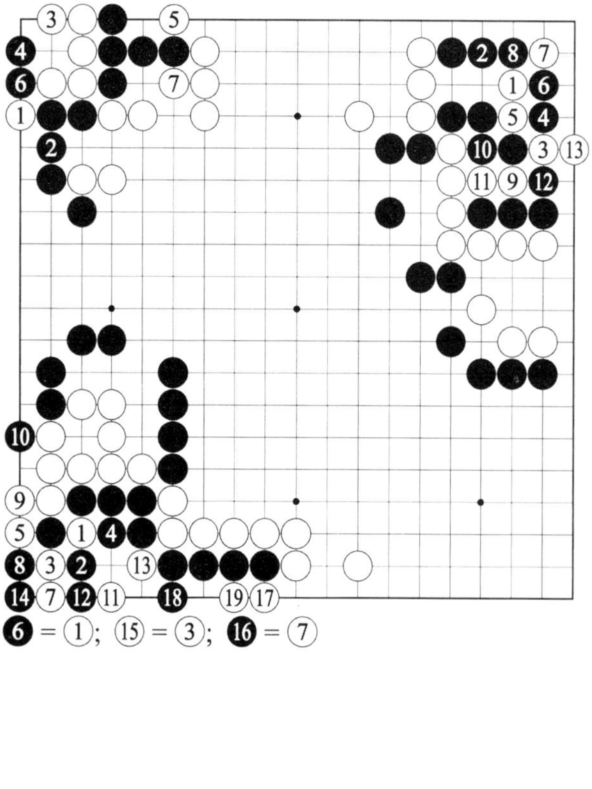

❻ = ①；⑮ = ③；⓰ = ⑦

坐隐先生订谱全集

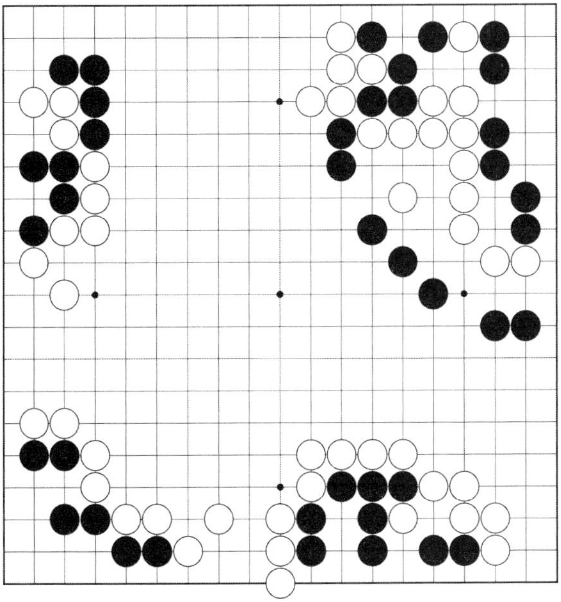

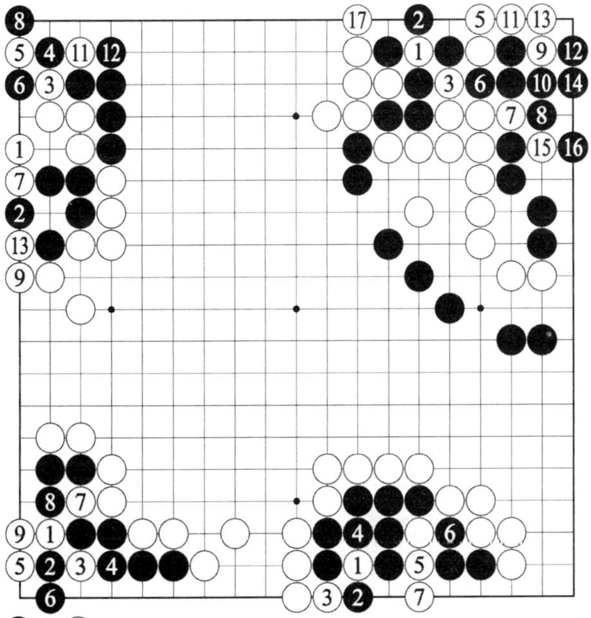

❹ = ①;
❿ = ⑤

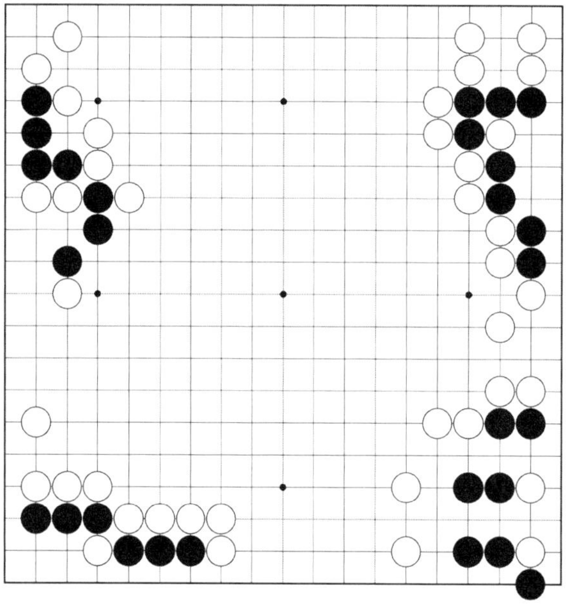

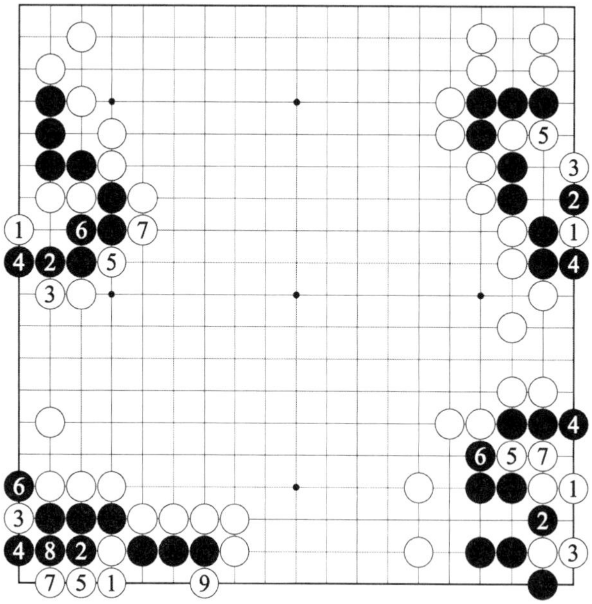
1
6
7
4
2
5
3
5
3
2
1
4
4
6
5
7
1
2
3
6
3
4
8
2
7
5
1
9

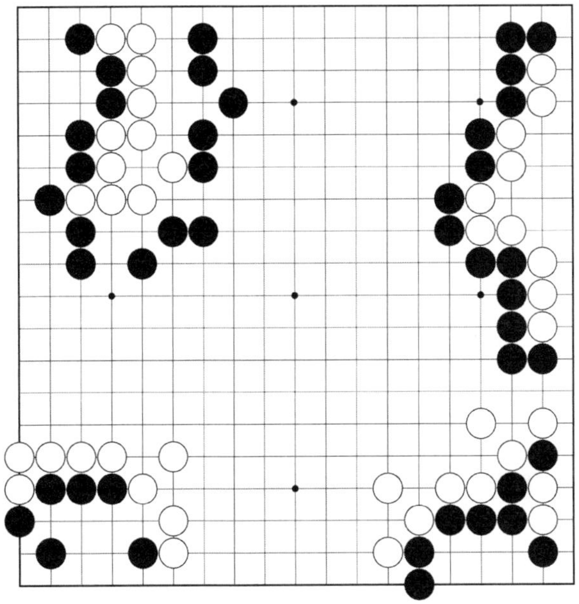

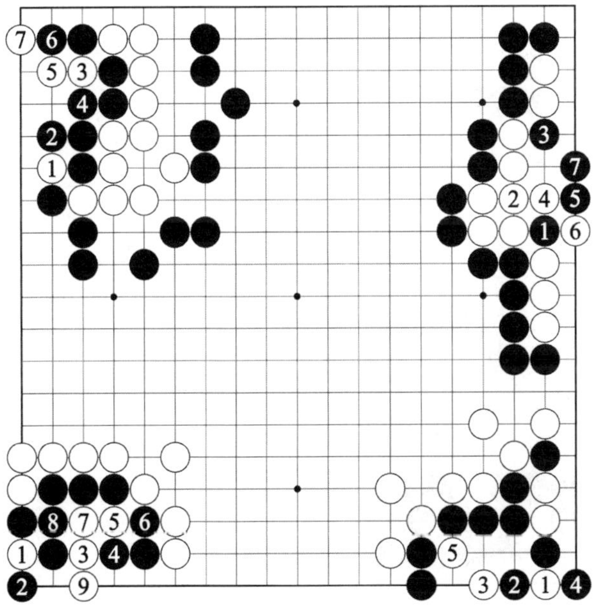

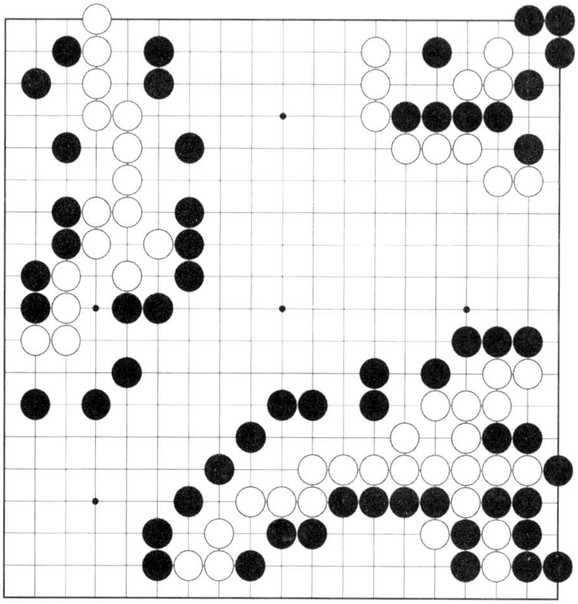

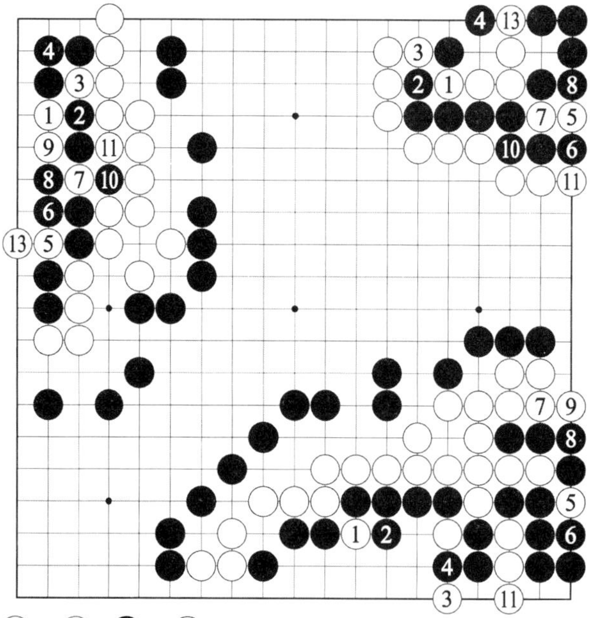

⑨＝⑦；⓬＝⑤
❿＝⑤
⓬＝⑦

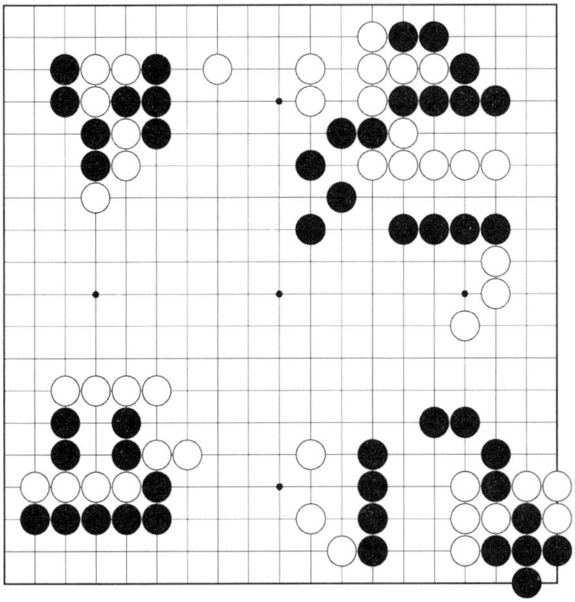

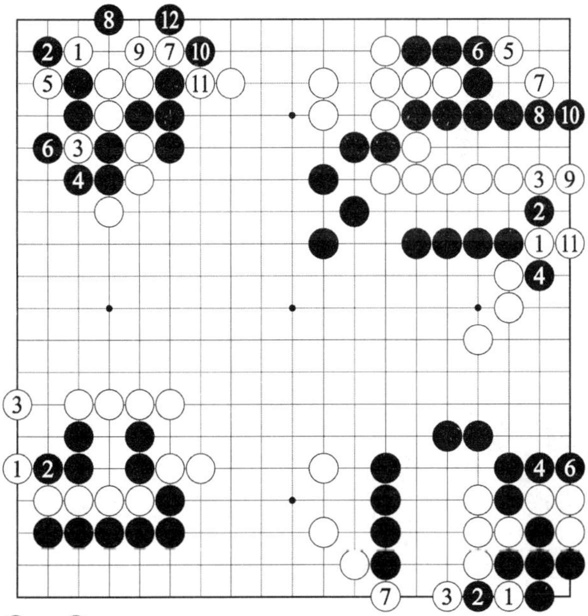
⑤＝①

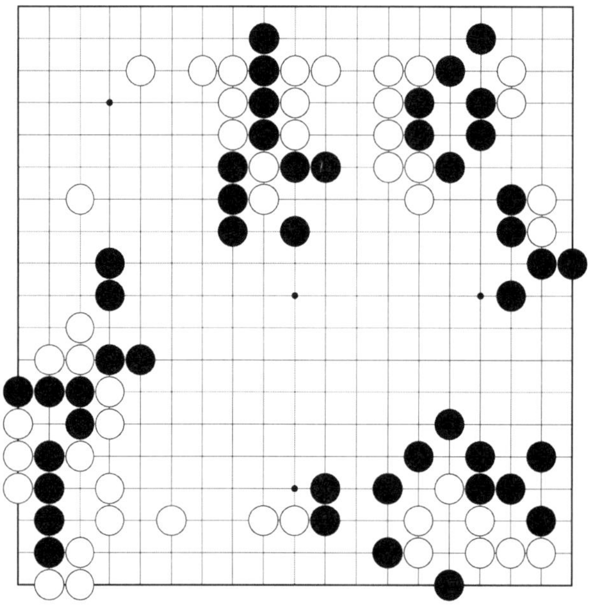

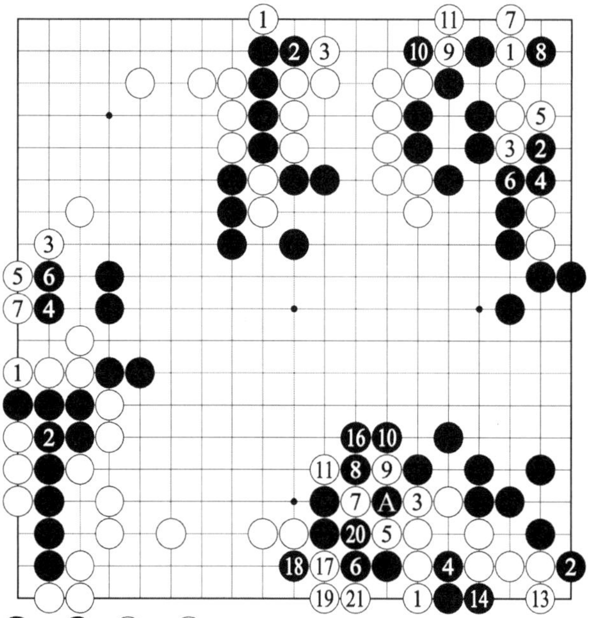

⓬ = Ⓐ; ⑮ = ⑨

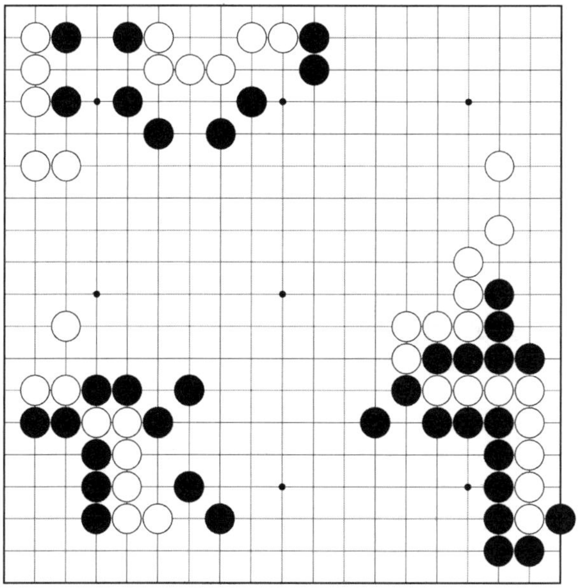

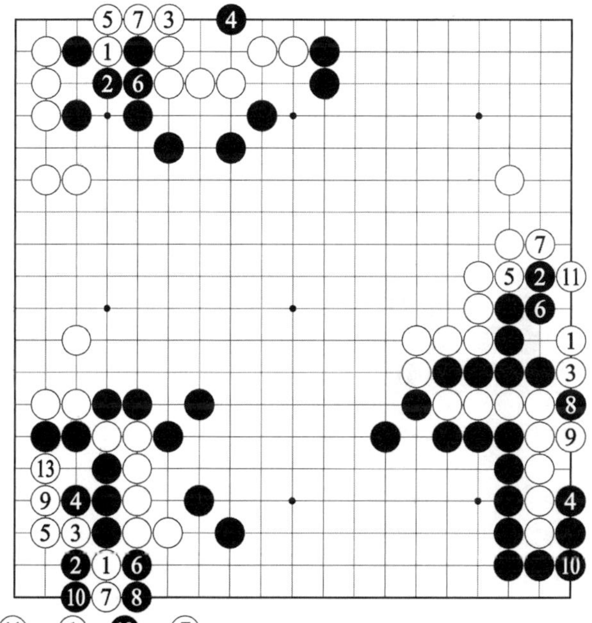

⑪ = ①；❿ = ⑦

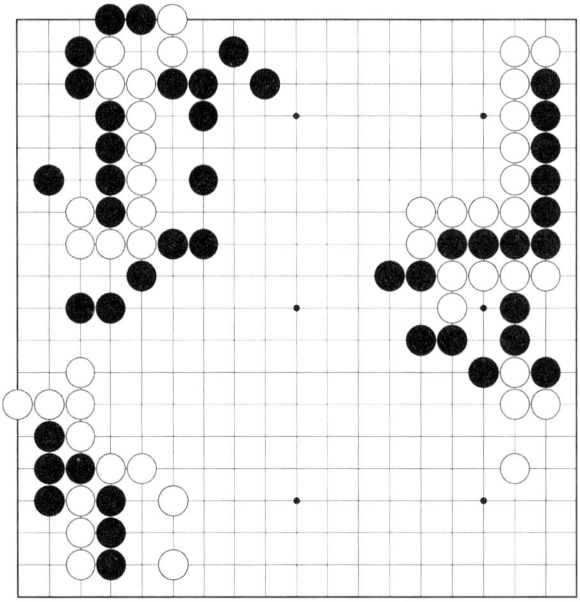

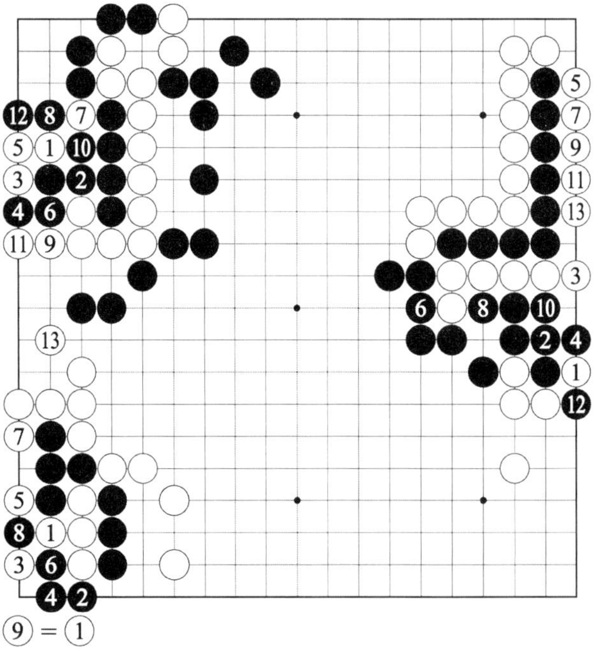
⑨＝①

脱骨类

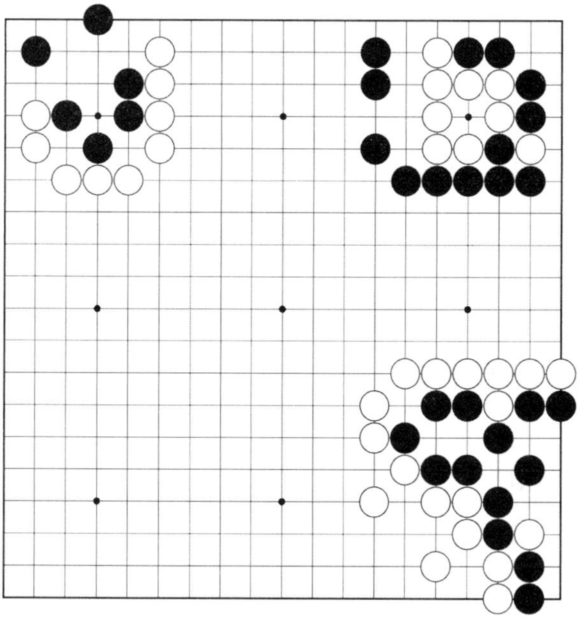

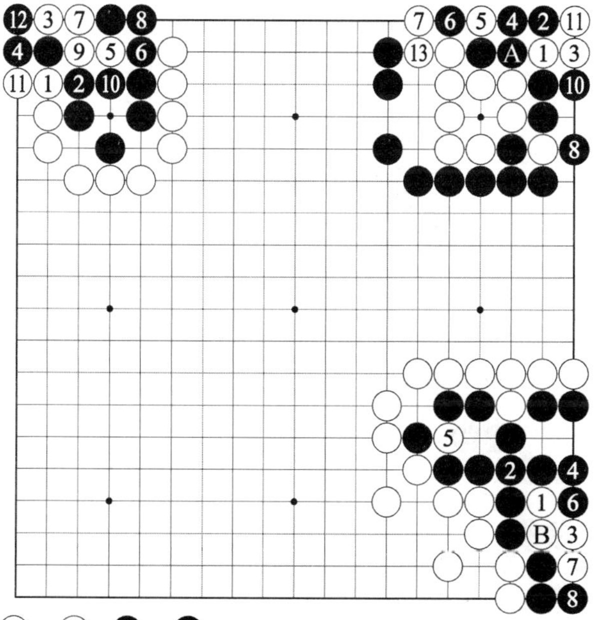

⑨＝⑤；⓬＝Ⓐ

⑨＝Ⓑ

⑬＝⑨

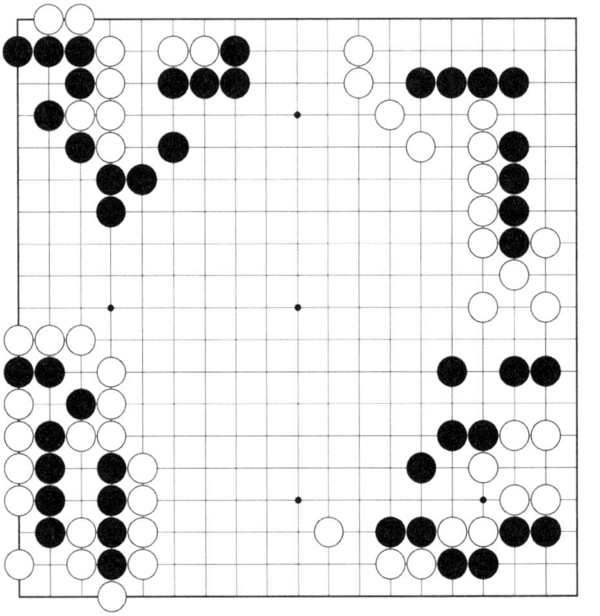

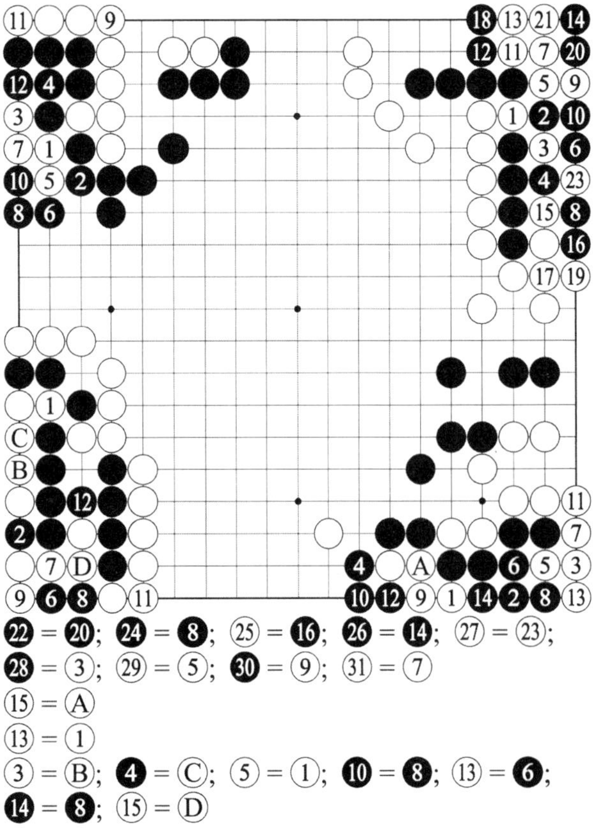

22 = 20； 24 = 8； 25 = 16； 26 = 14； 27 = 23；
28 = 3； 29 = 5； 30 = 9； 31 = 7

15 = A

13 = 1

3 = B； 4 = C； 5 = 1； 10 = 8； 13 = 6；
14 = 8； 15 = D

坐隐先生订谱全集

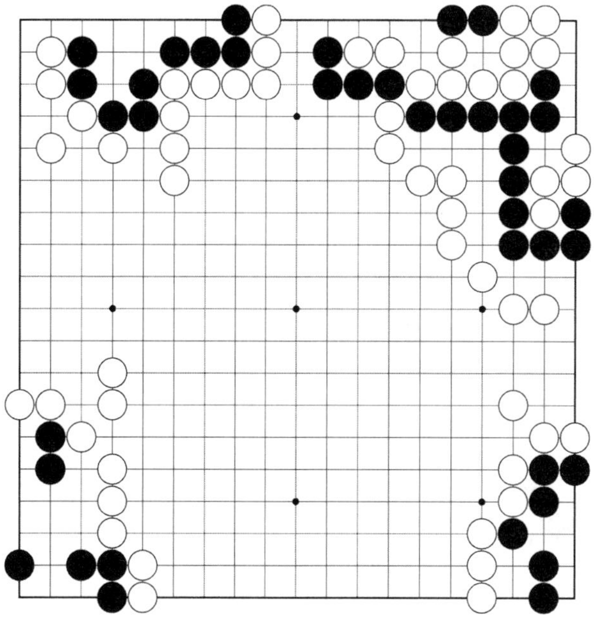

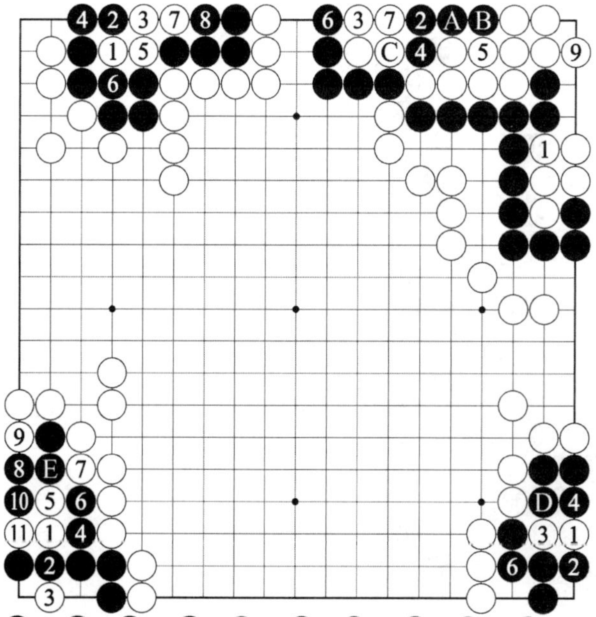

❽ = Ⓐ; ❿ = ❹; ⑪ = Ⓑ; ⓬ = ❷; ⑬ = Ⓒ

⑤ = ③; ⑦ = ①; ❽ = Ⓓ

⑨ = ⑤

⓬ = Ⓔ

征枷类

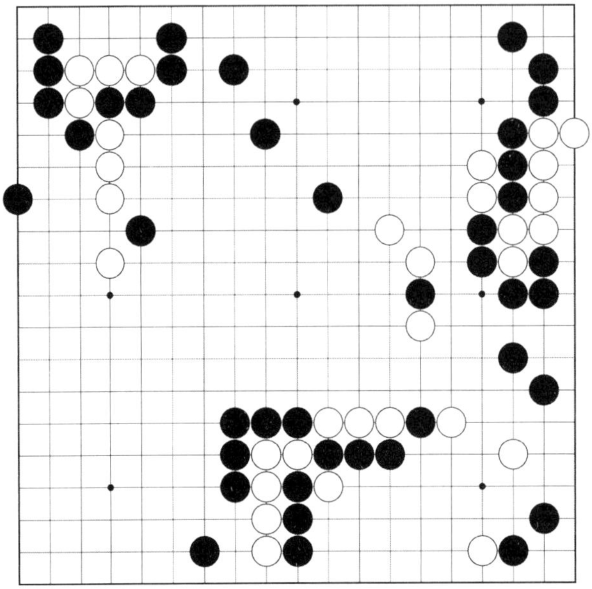

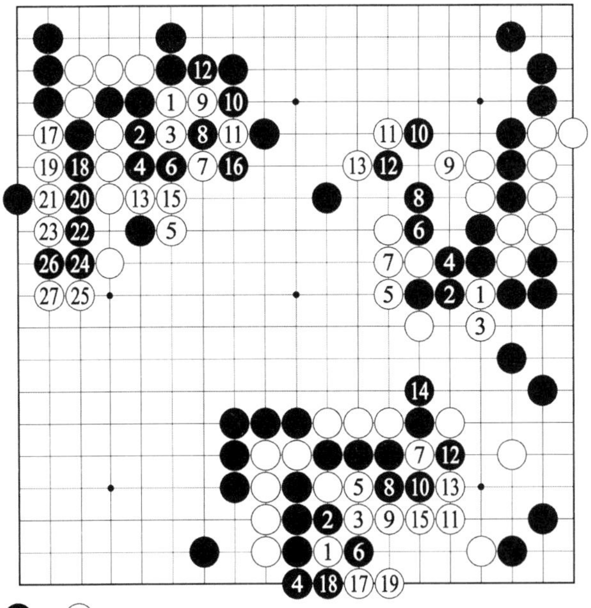

❻=⑦

⓮=❽

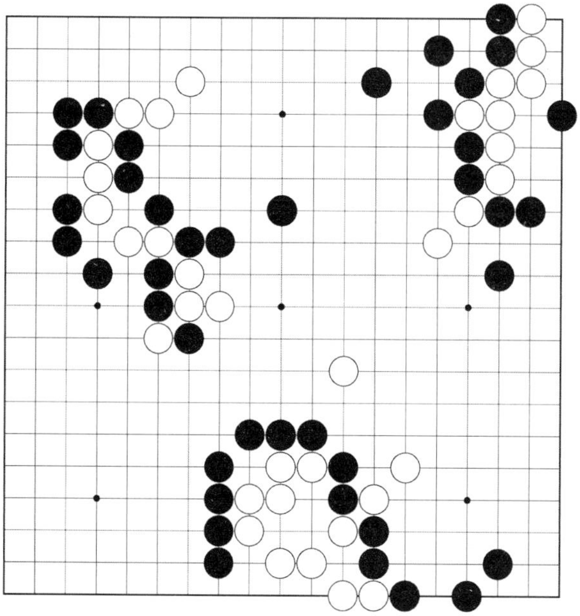

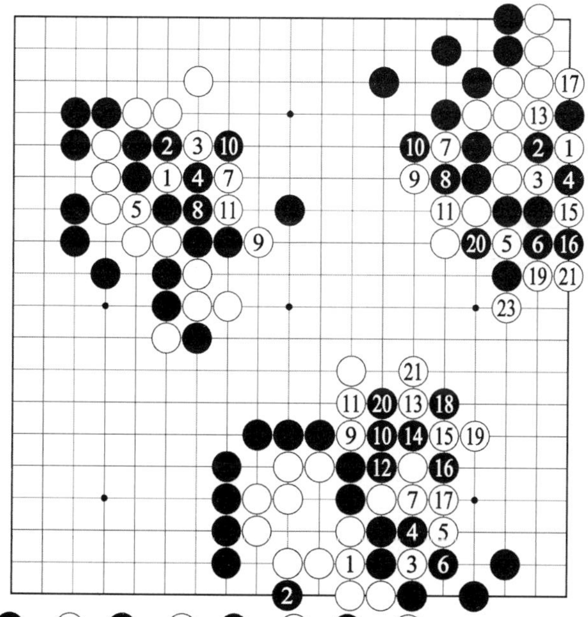

❶❷ = ⑦；❶❹ = ①；❶❽ = ⑮；❷❷ = ⑤
❽ = ③
❻ = ①

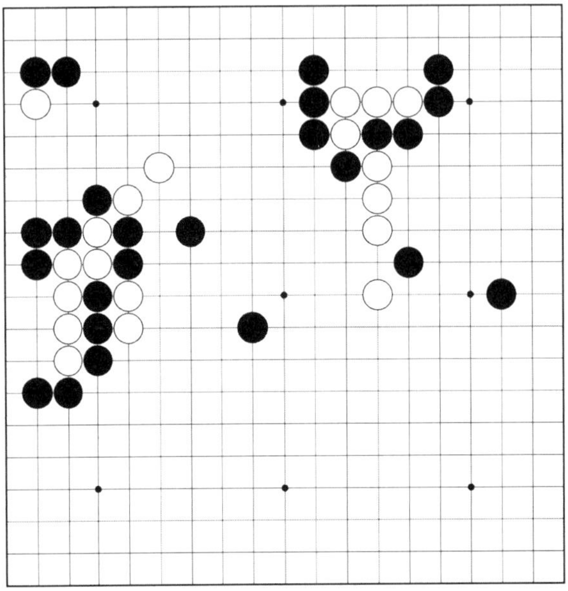

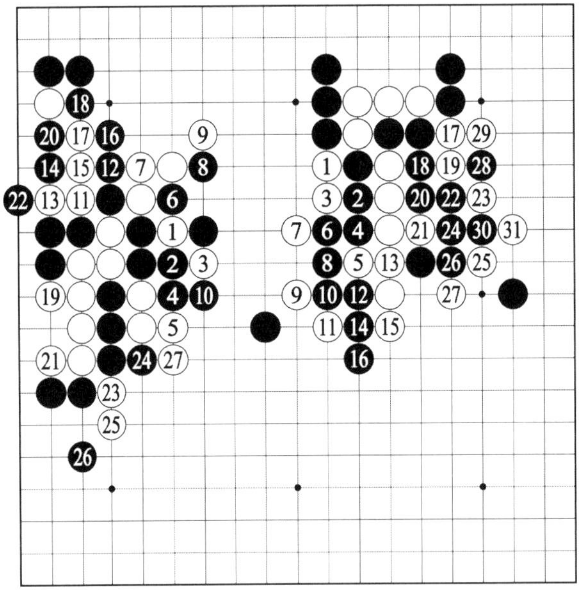

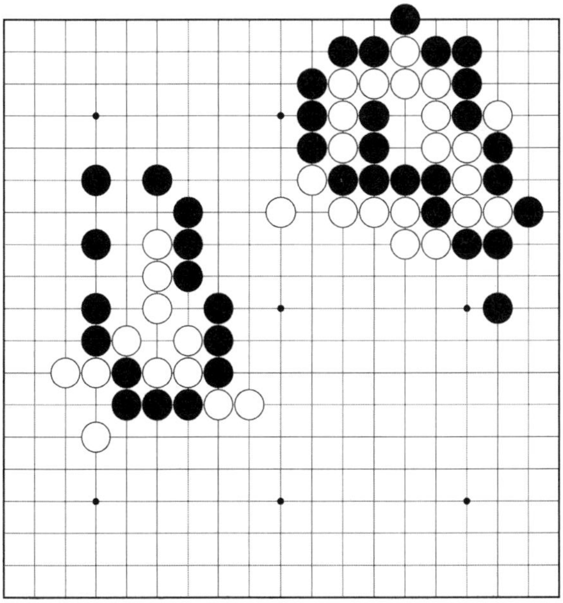

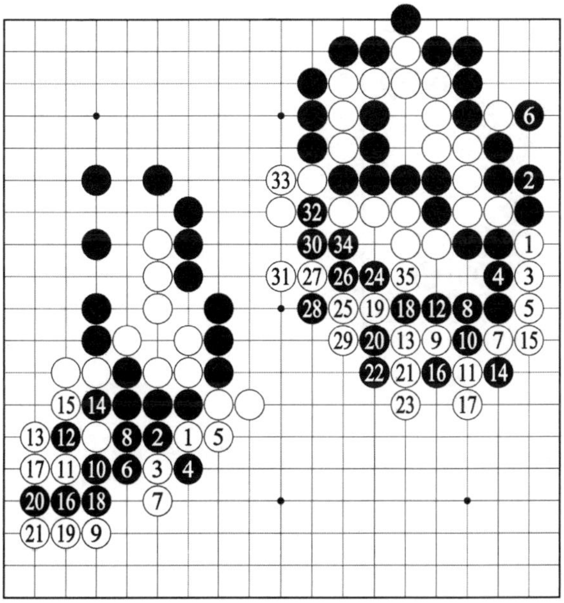

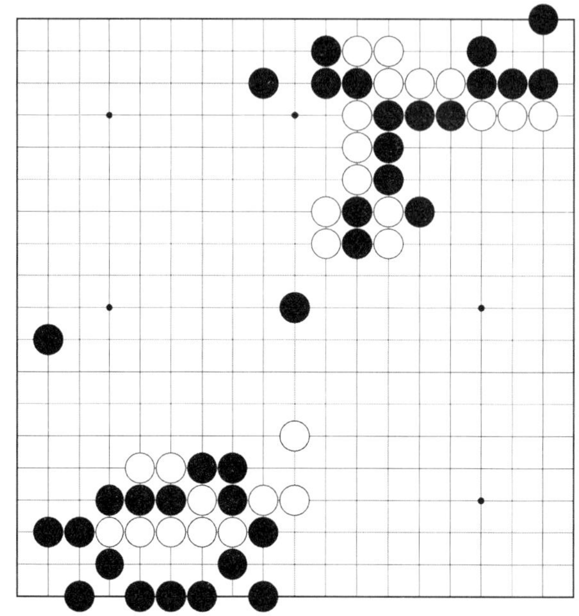

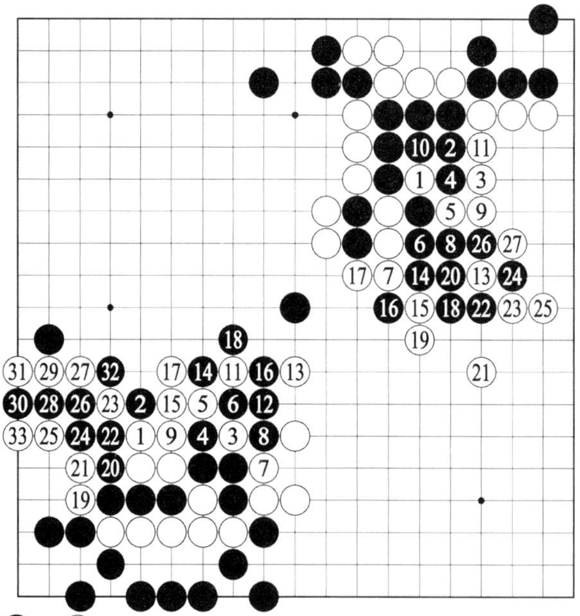

❿=③

扑跌类

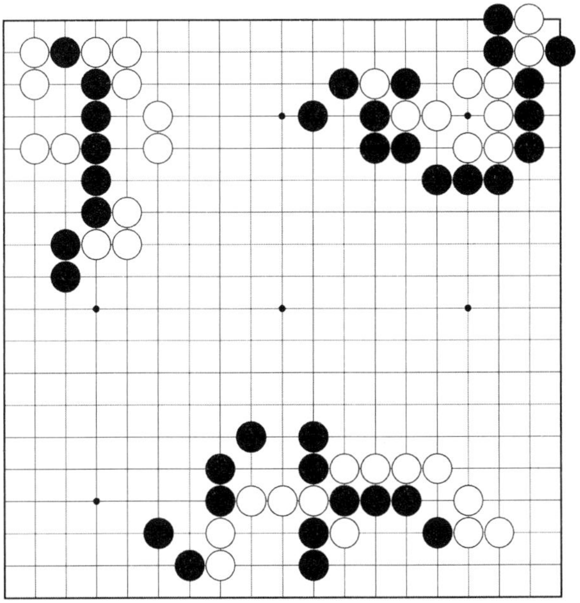

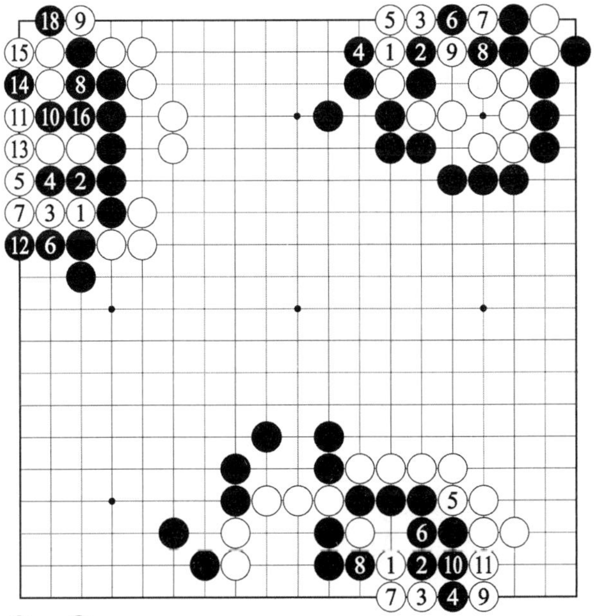

⑰ = ⓮

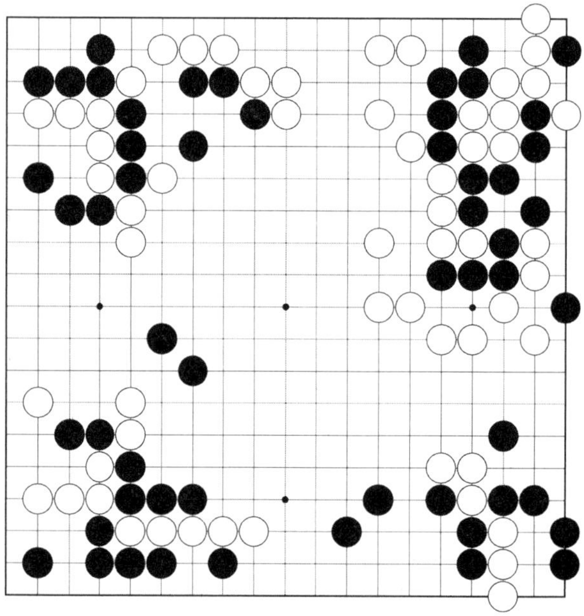

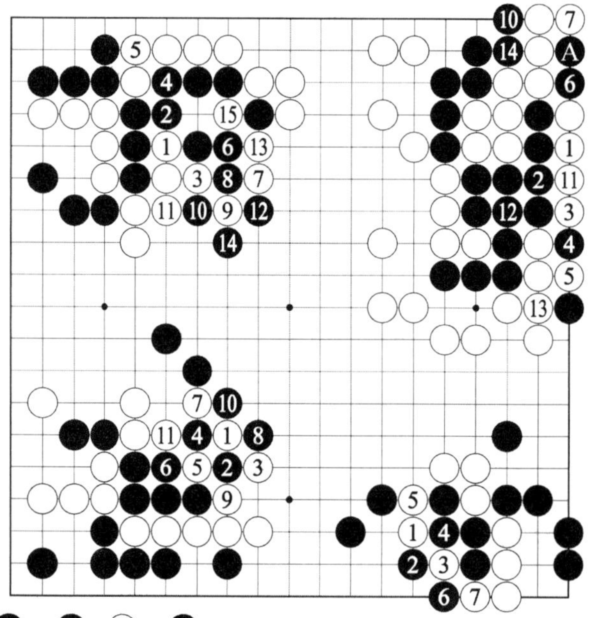

❽＝❻；⑨＝Ⓐ

坐隐先生订谱全集

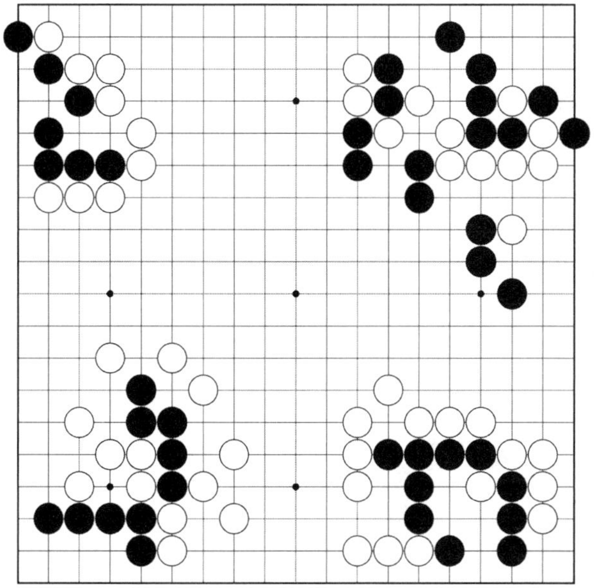

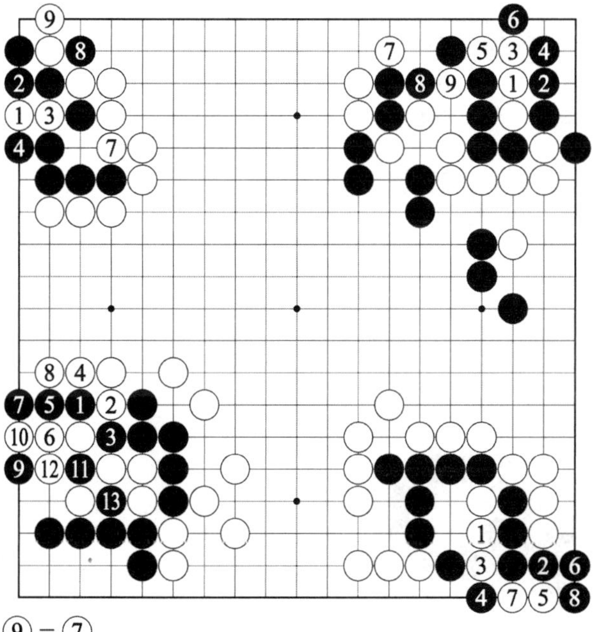

⑨＝⑦

⑤＝③；❻＝①

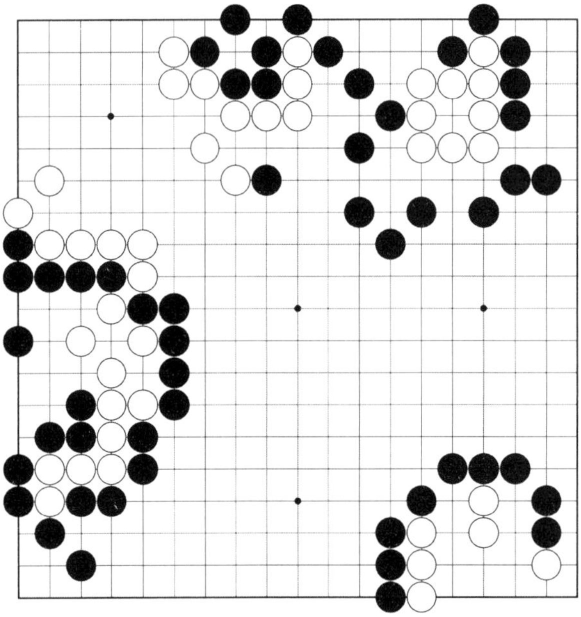

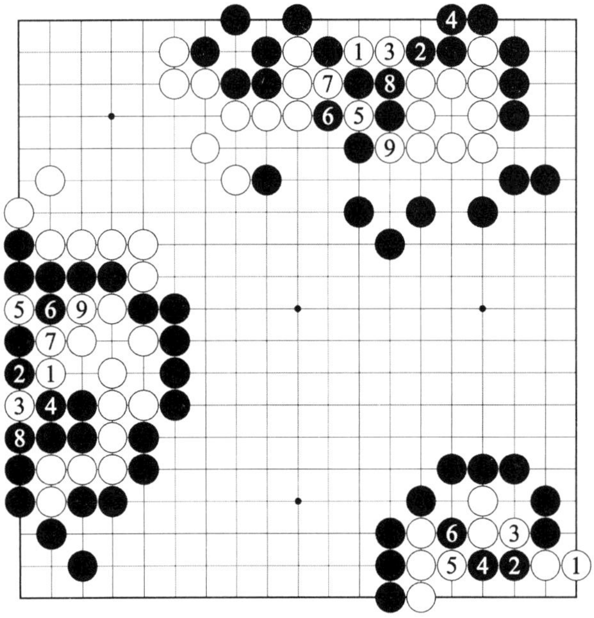

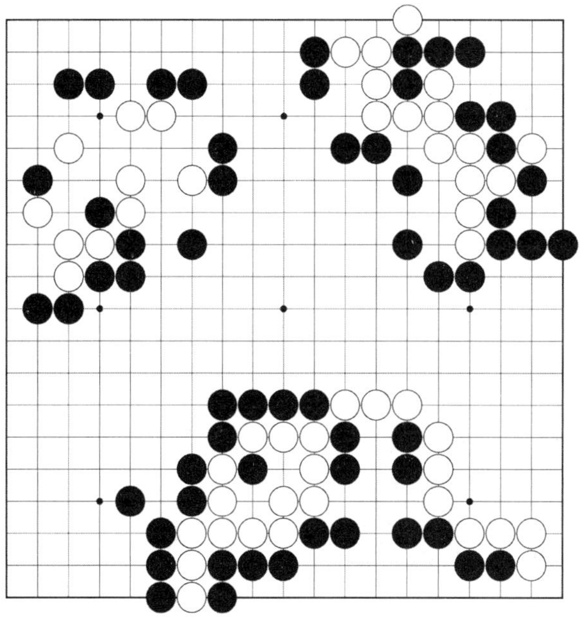

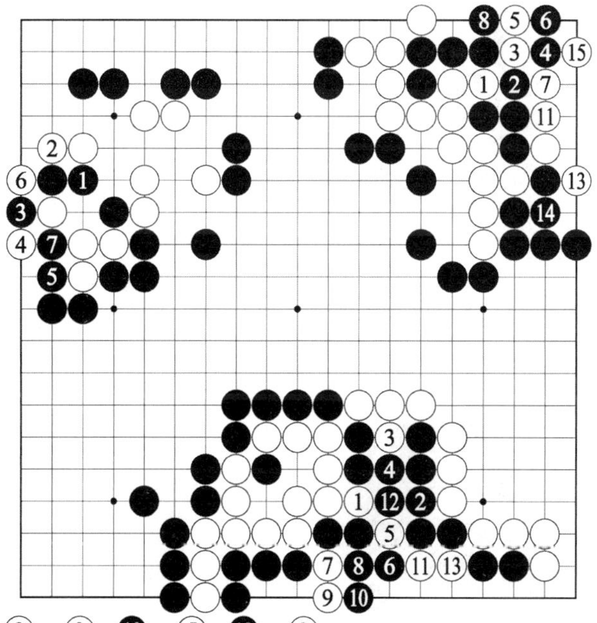

⑨＝③；❿＝⑤；⓬＝③

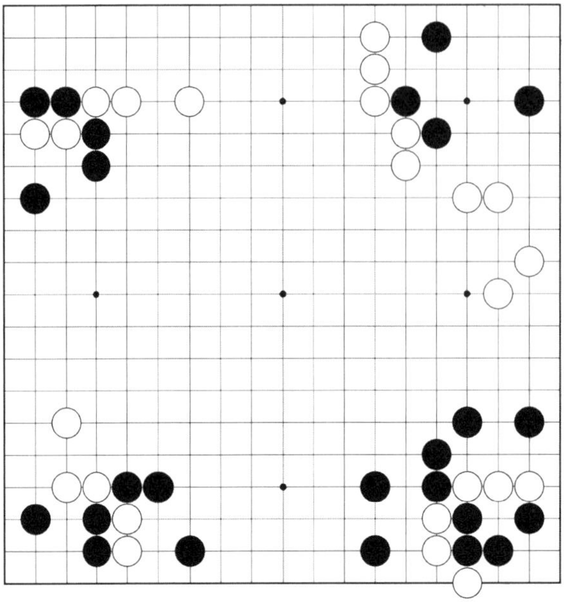

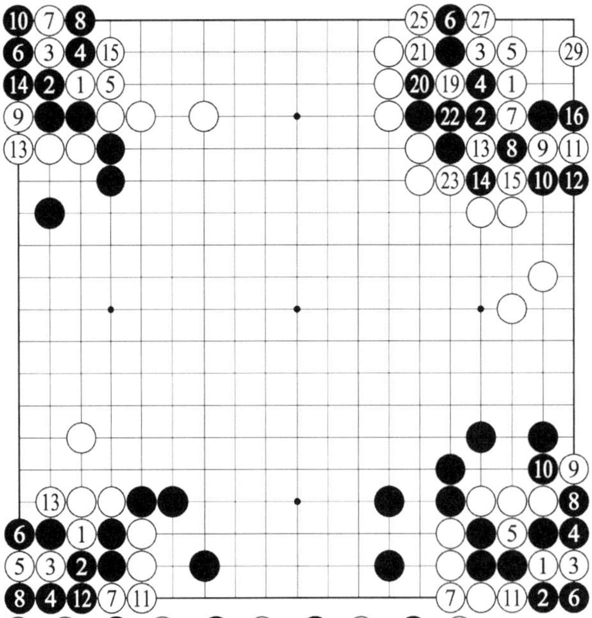

17=9； 18=11； 24=13； 26=19； 28=9；

11=3； 12=7；

9=3； 10=5

坐隐先生订谱全集 石

聚点类

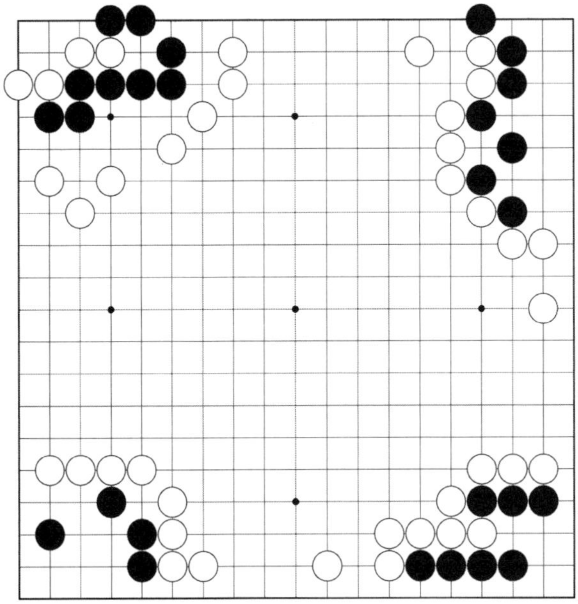

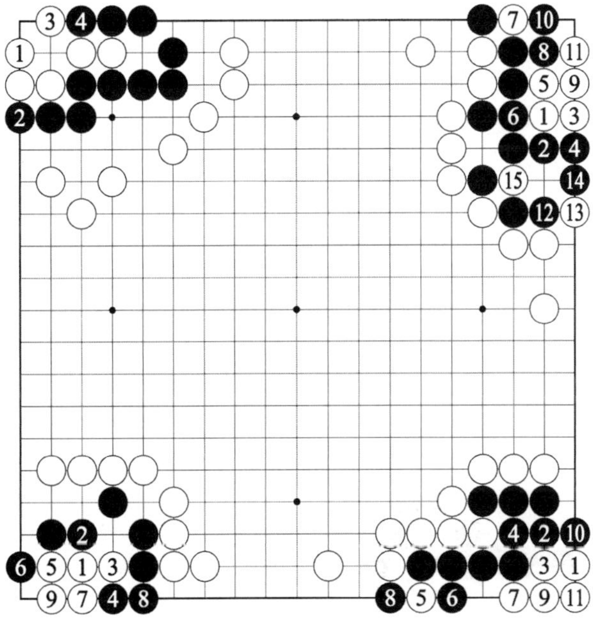

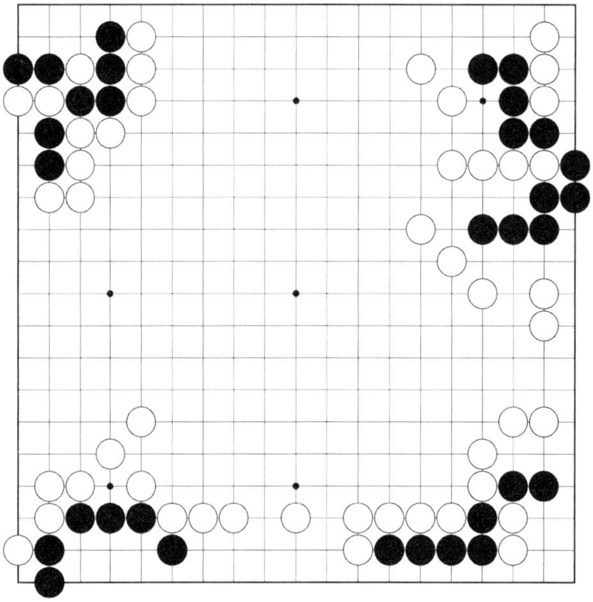

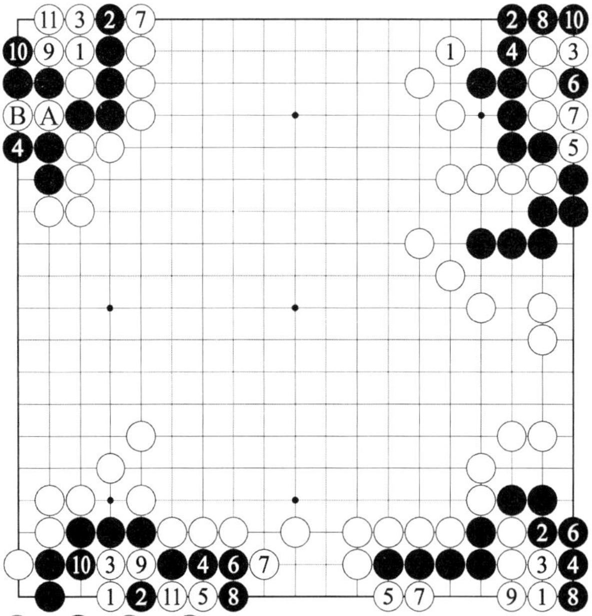

⑨ = ❻；⑪ = ⑤

⑤ = Ⓐ；❻ = Ⓑ；❽ = Ⓐ

⓬ = ❷；⑬ = ⑪

连环类

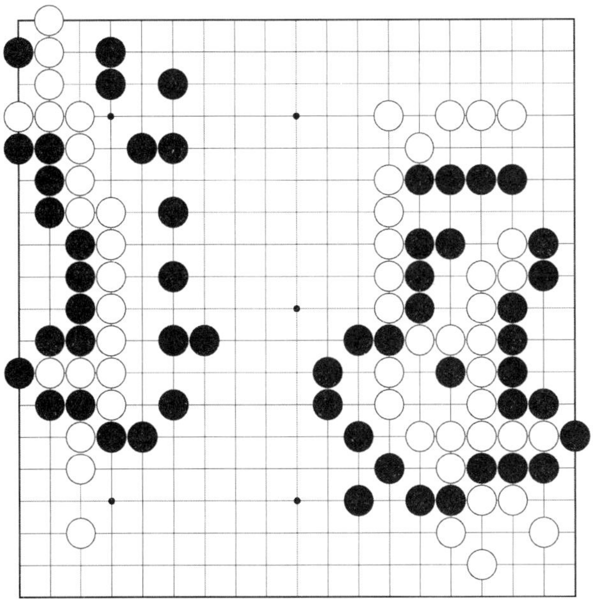

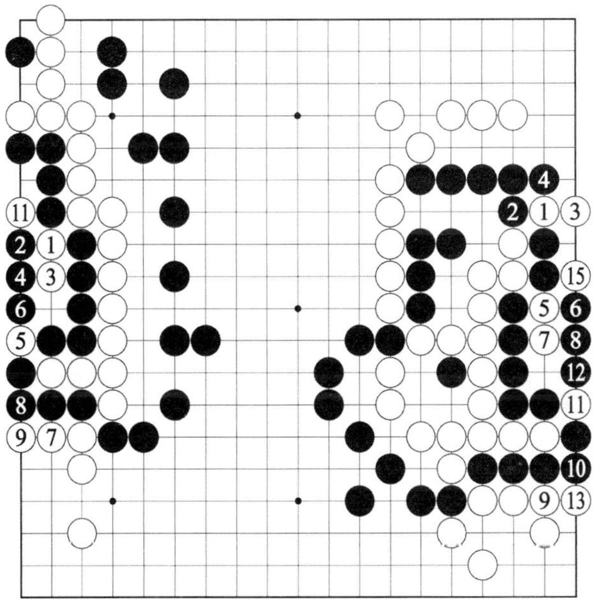

14 = 11

10 = 5

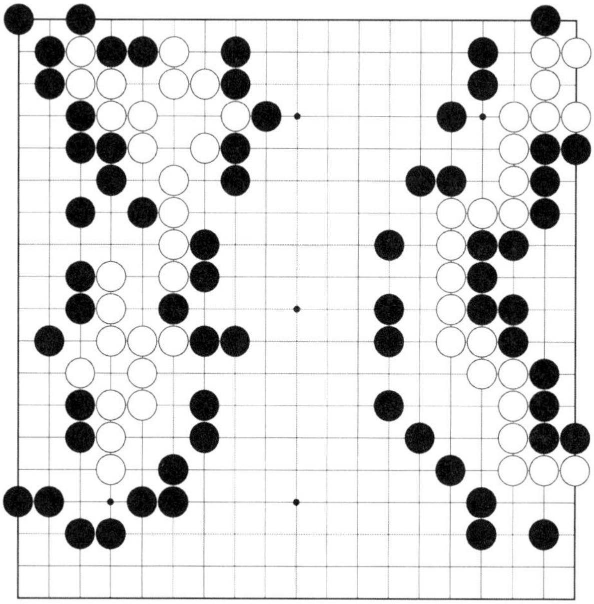

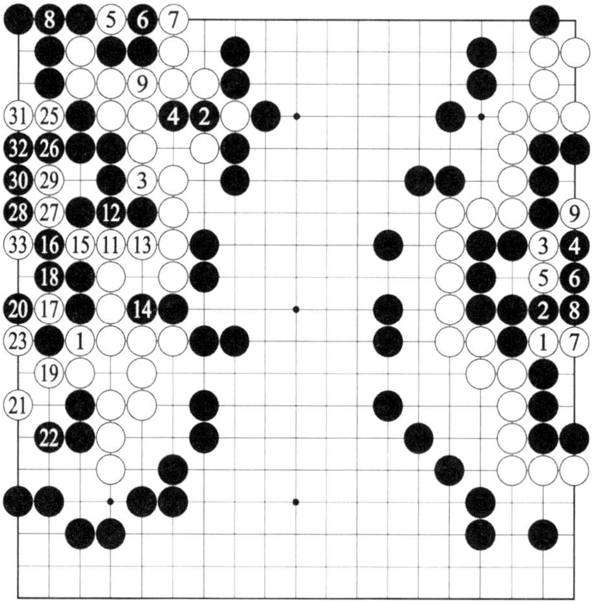

❿ = ⑤； ㉔ = ⑰

断杀类

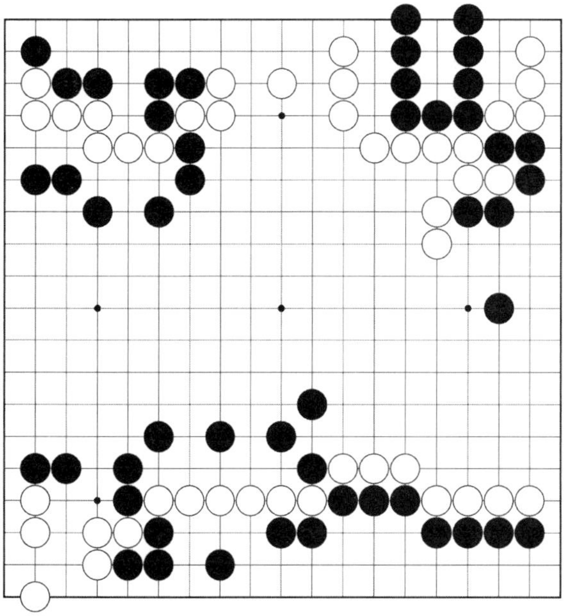

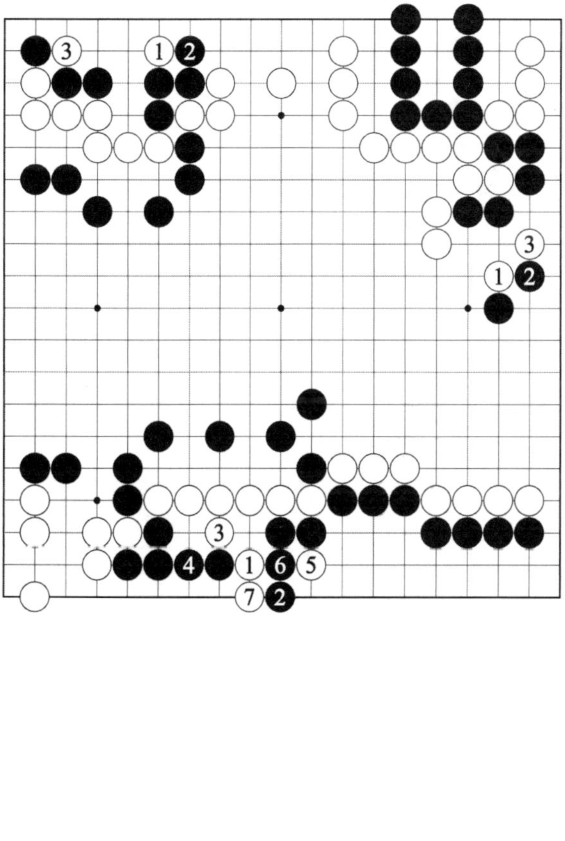

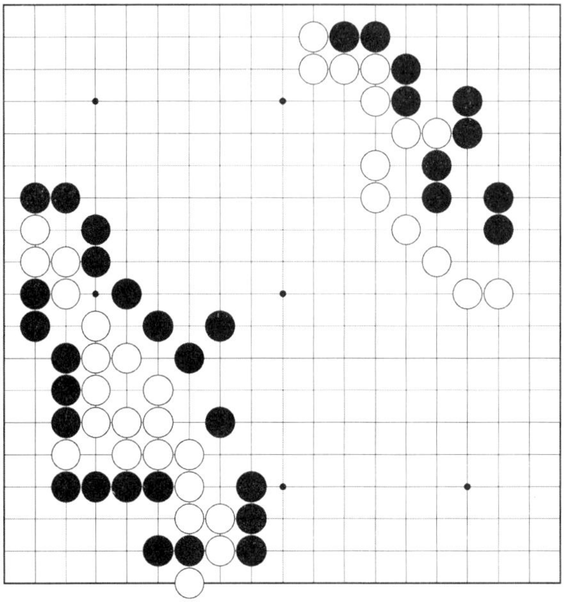

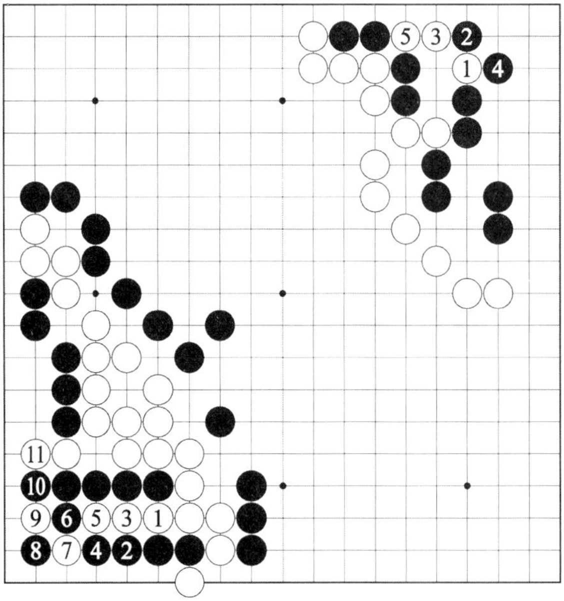
5
3
2
1
4
11
10
9
6
5
3
1
8
7
4
2

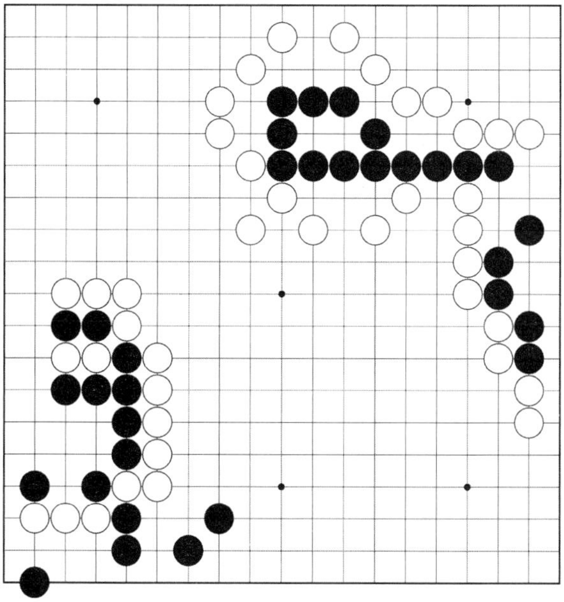

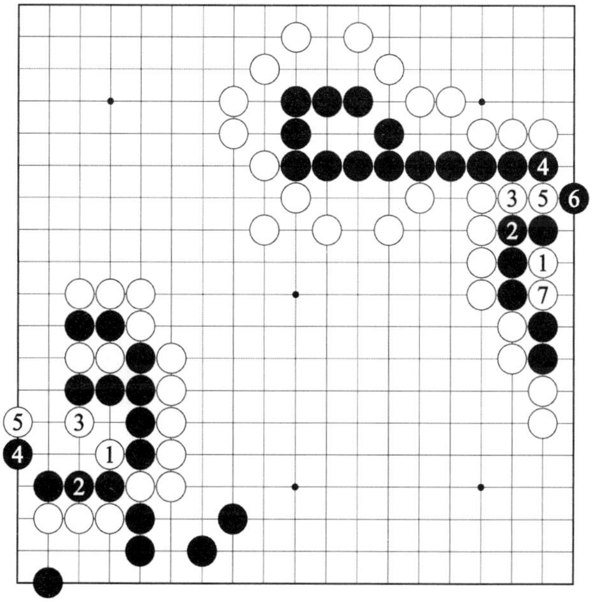
1
2
3
4
5
6
7
1
2
3
4
5

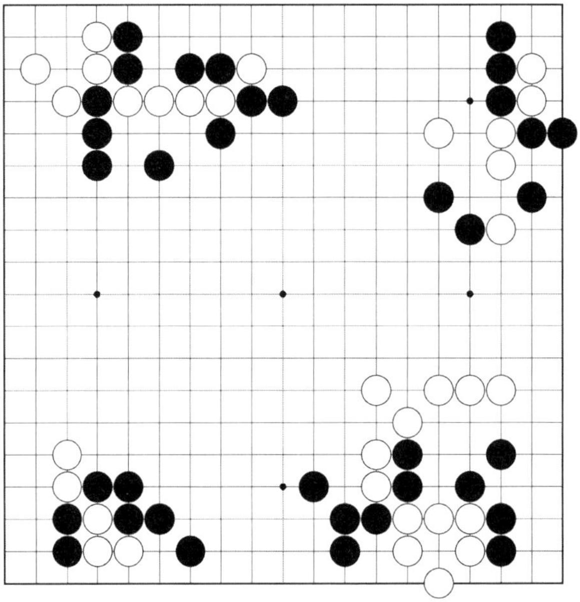

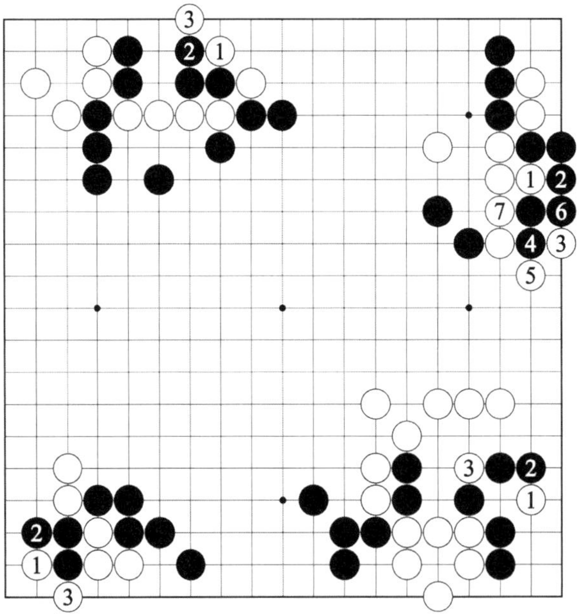

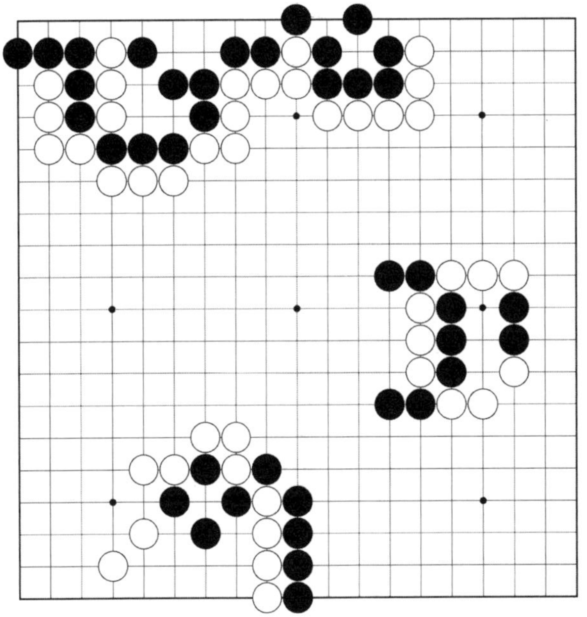

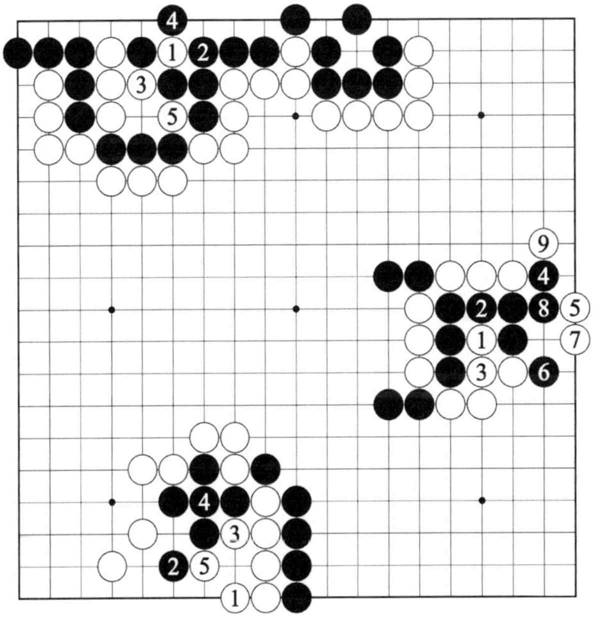

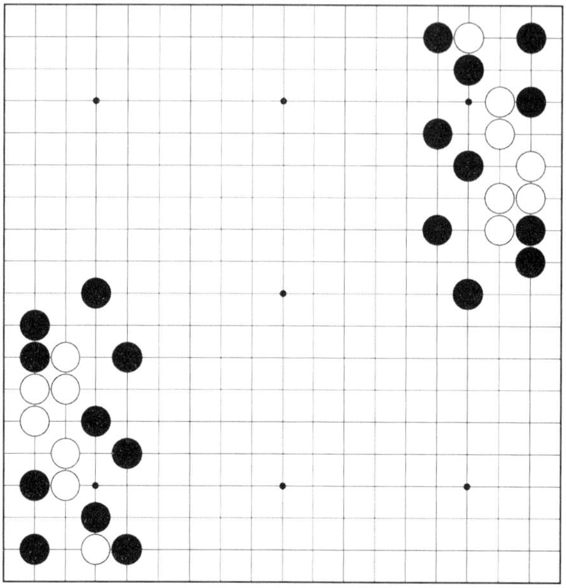

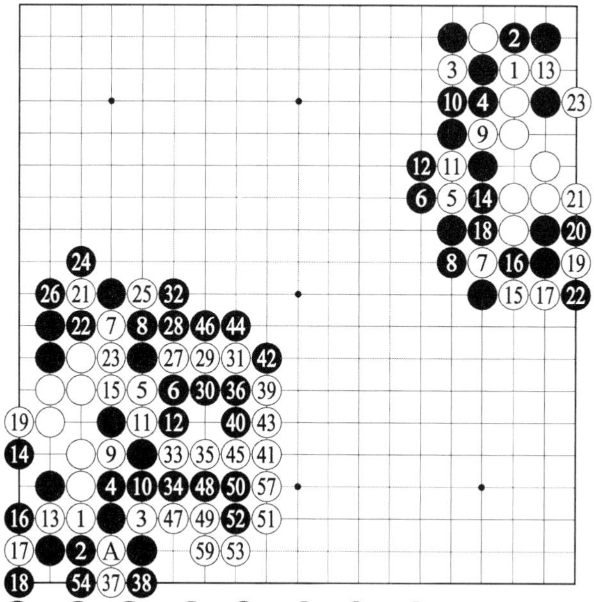

❷⓪＝⑰；㉟＝Ⓐ；❺❻＝㊲；❺❽＝Ⓐ

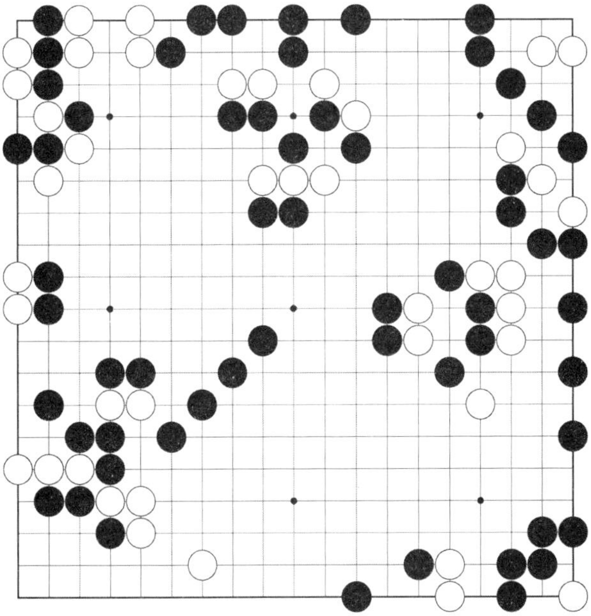

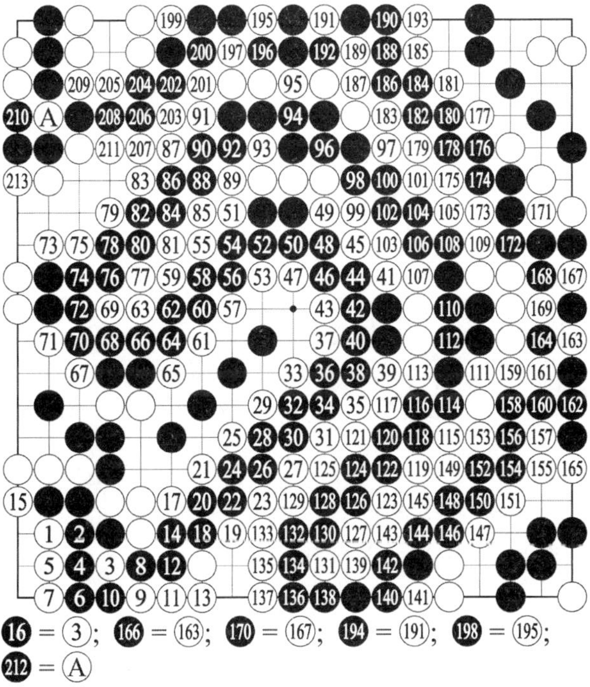

一图

213 着

16 = 3；166 = 163；170 = 167；194 = 191；198 = 195；
212 = A

坐隐盘中诗有引

坐隐园中有景题名凡百三十，余因集作盘中诗，效苏伯玉妻云。

君不见黄山白岳郁相望，嘉树长林环翠堂。高士里深霞曲曲，昌公湖阔水汪汪。君子林幽堪坐隐，达生台净近玄庄。灵鹫观空因朗悟，清虚全一藉琼房。悬珠大慈慧，朝彻参真谛。一切愿无居，洗心持半偈。贝叶译金经，圆通水月明。天花空巷落，面壁悟无生。明真缘漱玉，正气自中行。玄津梁抵青莲窟，白藏冈回紫竹林。龙伯女来珠欲献，鹤巢雏大唳清音。洞灵庙次玄通院，嘉福无穷仁寿见。冯闳小有鸿宝书，秘阁所藏彝鼎砚。果园菊径入山庐，茶丘药圃接云区。素亭琴案鸣环珮，桃坞花丛万锦铺。梅里静芬飘玉几，绮屏赤壁隐霞垆。桂岭蕉林凝碧树，剑门斜谷束葫芦。松院嘤鸣疑石鹤，云扉独立眺蟾蜍。天放解嘲笑尘俗，钓鳌奋翮终当最。五老九仙羽化时，西山万石留棋局。百鹤冲天三岛遥，龙门砥柱回澜蹙。六桥曲曲到湖心，飞布湖家一叶轻。烟道水光如玉带，隐鳞瞥见钓矶清。高阳悬榻延仙客，广莫山高上玉京。凭萝阁望沧州趣，金竹常闻栖凤鸣。牡丹花贵人欣笑，东壁兰亭集长少。图画天开万象新，无如订谱闲消暇。

无无居士汪廷讷著

观订谱

移纸上于局中多不合，惟订谱合，是在默而识之。

万历卅五年八月十二日秦舜友、高文华同观。

对弈思谱，是以局为谱；按谱了弈，是以谱为弈。以谱为弈者神，以局为弈者形，惟人自得之。丁未孟冬日李登、沈凤翔、薛应和同观。

参谱当说人所不必说，订谱能说人所不能说，是谓心谈。戊申秋日□□□馨同观

坐隐先生订谱小跋

棋为谱，医之方，兵之略也。订谱不独以方略授人，而活法生机，恍然心目，盖不啻与长桑卫霍叔面证与？胡梦麟

百狐之腋以为裘，但见一裘；众人之精以为谱，但见一谱。衣裘者逸，聚腋者难。方策

古人之传神守照正在阿堵中，阅订谱，在当今为阿堵。□生题

订谱成而精理极，是江海为百谷王矣。杨日森

昌朝先生，江南侠烈。词笔风云，著书不为。溪窦坐隐，出入玄宗。禔躬又得忠孝之正，真奇绝人豪，不当以凡品题其券。太原王秩登题

大夫围棋，智妙入神。会心象外，注意天君。寄金门，乃韬光咀菁华，编盈箱。庖丁游刃，轮扁玄行。书非糟粕，宇宙名将。潘纬

空空道象罔，何以生黑白？色成何自染？玄味君安得？君自观化融，鸿濛开有象。象入罔象中，道一化黑白。鹤峰山人黄羽夫

谱会阴阳，坐隐体易。变化无方，游戏山水。白雪时讴，乐养性真。若人也，天地生成妙用，我无以穷其名。江之汉

汪昌朝先生大隐者也，其故以坐隐名之。寓物若阮生之屐，嵇生之钬，素负忠孝节义。中囊万象，按图见旨，有老氏守黑冥会乎道，立言玄矣。黄卢而下，观昌朝谱，若对昌朝也，岂托名也哉？长沙张凤翼书

万里□□其中似隐

□□

光壁太玄二物，先生变幻真神。文星烟霞磊落，却为坐隐高人。许獬

天马随游，月凉生座。君絿絿为石室中仙客。蒲相

君也含灵孕异，体静用动，妙法天星。谱焉图焉，观迹而会其神。襟韵瑰丽，文质纯雅，而化入形相，纤细不有。托迹世缘，真得喜如。唐之英

坐隐先生订谱跋

汪夫无如与余称方外友．顾余自逃禅以来，不乱以人我起见，校□生心。经卷香烟外，一切谢却。殆草札蒙尘，楸枰生绿。□□夫则异于是。□研内典，不□外论。以其汗牛充栋者罗而收之，□□凡所著非疑，今长安纸贵□则□其绪余。探古人石室，坐隐之奇所，其□胜者订为棋谱，其中虎窟蛇穴之形，马目雁行之势，结角缘边之巧，张甄布□之机，一展在目前也。间出以示余，余始而疑之，得小数无关大道。及谈欧阳文忠□浮山因棋说法，山令挝鼓登座曰："若论此事，如两家弈棋相似。敌手知音，当机不让。若是缀五饶三，又始得通一路。"又云："吾等祇解闭门作活，不会夺角冲关，思行则往往生粘，粗心而时时头撞。"末云："赢局输筹即不问，且道黑白未分时，一着落在甚么处？"良久曰："从来十九路，迷悟几多人。"非悟明心地，安得有此妙旨？故文忠加叹，悟禅語非虚诞也。乃知此中，纵横教活可以发灵机，致志专心可以□妄念，□对□而胜负都忘，□□而盈虚总安。又大有禅于□持悟□也。余自□余乘小，见输使君一筹，□使君笑而不言，余为浅之未曾。

万历戊申□冬日秣陵何湛之题并书于玄对□中

坐隐先生订谱全集 金

本堂刻行订谱，细心校雠，点画无鱼鲁之讹；重直雕缕，体制有晋唐之遗。简良工而聚业，历岁月以成集。既专且久，诚都以丽。恐有无知之徒、罔利之辈，假名目以妄梓，希混淆而欺世。潦草错误，奚便览读？具只目者，必能鉴定；徒任耳者，或至受诬，诚本堂之深恨，实士林之共愤。今刻九鼎为记，尚冀买者辩之。

万历己酉孟秋乞巧日新都环翠堂识

坐隐先生精订捷径奕谱

订谱全书乃活套分类，全局棋谱并海内名公赠言、诗词歌赋，真草篆隶无不备具，共计伍百玖拾陆张。买者须查足数，方为全完。

徽郡汪衙环翠堂识

围棋之制，始出于巴邛之橘、穆王之墓，继出于石室，又见于商山，乃仙家乐道养性之具，非纤巧小智所能窥其交奥。棋经十三篇，包含蕴蓄，至妙至玄，輓近如《适情录》《秋仙遗谱》《石室秘传》等书汗漫杂陈，令观者眩瞀，莫知所从。兹汪衙环翠堂复为考核精严，择其必用者分为各类，类之中又加详焉。期于简要，不期于闳肆。得失判于目前，胜负列之掌上。持此临局，万无一失，消余咎而谢尘嚣，无复有逾于此。

星源詹国礼督梓歙黄应组绣镌

坐隐先生谱集叙

坐隐先生起家新都，牵丝仕籍，结驷连骑，拖绅飘缨以游于士大夫有日矣。顾不名仕而名隐，不隐于他而隐于奕也。且谱之咏之，闻者又从而和之叙之，何居乎？澹园老人曰：“龙德而隐，市朝皆隐也。倘非其人，岩居川观非隐也。”以彼弢鸣鹤之和声，羡渐鸿之高举，指西山以寄兴，托南郊而遐处。裳编芰荷，佩结兰芷，此徒有待而为，唯迹是拟者耳。若夫寓形闾里，抗志烟云，执圭不以耀，丹食不以珍，从□不以移步，丰屋不以怵神，独杳冥以弃道，恣汗漫而同尘，则何显非约，何器非神？此之为隐，盖无往而不真也。吾□班固有奕旨之论，蔡洪有围棋之赋，以其含奇正之情，体希微之趣，动乃适变，静反其素。繇此观之：天为圜奁，地设方局，分井无斜，直道不出，象三才也；五聚六花，列区陈轨，徘徊鹄翔，参差群起，法八阵也；张甄俟敌，明挑暗截，或蛇行以逡巡，或隼击而超绝，准化机也；得不自荣，丧不为僇，虽畜锐以将取，必居谦而自牧，合大道也。况乎王粲藉之示敏、费祎因而明度，法远指之而谈禅，大讹拍之而成悟。此为哲人所寄怀，而非国器之末务。故曰：奕之时义大矣哉！先生业为之而□贤，六稡之而成谱。摸其纵横，悉其部伍，即交争如楚汉，挞伐为汤武，盖皆驰骛于须臾，而又奚择乎今古？然则一枰讵少，万务匪多，不必揆端居之策，作招隐之歌，同巢父于箕颍，及涓子于岩阿，而其意固已远矣。宜乎冠冕之客，衿带之儒，疏以诗礼之渊，碎以词赋之途，弭节四始之表，秉耒五字之墟，摇笔而咏，编竹为书，优哉游哉，聊以自娱。先生乃抗手而起曰：“有是哉！昔问一而得三，蒙因小而明钜，冀书绅以自铭，请援豪而为叙。”

万历己酉岁六月琅琊焦竑书于所居之恬愉馆中

坐隐先生订谱全集序

尝谓富贵功名，造化于人，不甚爱惜；而一丘一壑，寔以靳之。若乃薄功名而重道德，复道德而栖园林，体阴阳，探理学，颉颃一世，不桎梏于芬埃，非游心天外者，曷克臻斫？余畴为南水部，榷芜关门下，士多楚楚，阮生声甫为殿最。迨阮生为光禄，而余又秩黔南，光禄亦黔南游焉。晤询故好，独亟称于汪使君昌朝。操行极高，著作甚富，且构有环翠园。山水佳丽，花木繁奇，绝胜辋川。诸概载观，出《坐隐订谱全集》，定款分汇，核关玄键，大超宇内荐绅鉴赏者。中备诗、赋、传、文、赞、说、铭、诵，若赤城之霞标，瀑布之飞注焉！涉波斯琳琅错萃，诚又恍余应接于山阴道上也。阅其书，想见其人，必其肠吞云梦，咀英吸瀣之流者与！且会心处不在远，竹韵松涛皆其音律，鸟鸣泉响皆其吟咏，江霞林月皆其文章。昌朝以奕悟法而寓意于坐隐者，讵可以以伎俩小之哉？盖隐无不显，微无不彰。会天地之精、通万物之变、效人心之灵，则艺亦道也，器亦神也。昌朝其何以得此耶？光禄谓昌朝尝从事于杨复所先生之门，业已朗照超异，环翠之堂，洵乃炉锤阴阳之室矣。昔王子敬闻顾辟疆未识其主，迳造其园，指点潇洒而去。余欲为子敬不可得，即谱而神游之，有不待目击而深契矣，矧弱子就成均时与昌朝善，极能悉昌朝者，光禄又与昌朝三世知交，谊咸嘉美，宁不欣欣？复阐其秘而足其请于首。

万历戊申仲春之吉，兼督湖北川东提督军务右都御史兼兵部右侍郎青螺郭子章拜撰门人阮汝鸣书

汪鹾使坐隐订谱全集序

夫人间世有尽于数、穷于技者，只谓之器。至于奕，数也，而非数之所能□技也而凡技能之所能穷则谓之器，不可谓之非器。不可器与凡器之间，其有玄解存乎？此必待非常之人批却导窾而复得其解，非浅智近识、役役于楸枰者所能窥也。余友汪君无如，风姿秀异，根器卓朗，少好读书，负大志。每枕籍经史，泛滥淹贯，自谓大道不在是，欲得教外别传，以证名理。生平事吕祖甚谨，有梦中授记之异。后遇了悟禅师一指点之，心意豁然，从前睹记一剖无余。乃有所为订谱者，则奕之书也。汪君之为奕，盖游戏三昧，聊以适情云尔。及受而展卷阅，

其大都即有谱有图，其中集众长要独至，不离经而为妄说，不泥经而拾唾。余一切阴阳动静之机、攻守奇正之术、坚壁掩袭之法、疏密聚散之方、恢恢乎游奕之奥也，广大矣，精微矣，观可以止矣。再阅之，而海内诸名公揄扬其人而羽翼其谱者，缤纷联络，熙暎简编。文则传、序、志、记、诵、赞、箴、铭，诗即乐府、歌行、律、排、绝句，凡墨林艺苑之所具者，无不璨然备也。余一目而愕然曰："汪君何以得此哉！"尝闻瞿昙氏说经之义无多而赞难者众，合之赞叹，亦即为经，盖法之妙、信之真也。又再阅之，即汪君之所自为诗文，诗无不备而极于□体，文无不具而穷于闲话，复沥沥乎大倍于诸名公者，藻丽纷郁，芳悒清真，见作者之性情也。且或各因一事而发，若于奕无关，而细阅之皆足以尽奕之致者，譬如千门万户，气象不同，总之达于琼圃，疏枝劲干，树木区别，合之充乎邓林。是书也，虽其简秩累累，此谁能为奕理而发者乎？乃知汪君之为人也无不备者，蕴藉无不通者，聪明无不能者，知见而复命归根，空诸所有。故精于数，不拘于数；妙于技，不囿于技。谓汪君无心于奕乎？则所著述、所歌咏者是何物也？彼且托迹于奕之中，谓汪君有心于奕乎？即眼前身世，彼且以棋局视之，尚安肯以奕为眷恋耶？然则订谱者盖游艺之微意也。汪君夙参禅理者，请以禅喻，经曰：终日穿衣，一丝不挂体；终日吃饭，一粒不粘牙。此者可以识订谱之大旨矣。

万历三十七年岁在屠维作噩春二月花朝日赐进士第亚中大夫福建承宣布政使司分守漳南道左参政前南京礼刑二部郎中邑人程朝京撰姻氏王尚张哲镜远书

坐隐先生订谱题辞

左太冲作《三都赋》，得皇甫士安为之序，而人莫不敛衽赞述。此见其书成而藉名高之士以为重也。汪无如先生有不然者。每一著述，书成则纸为之贵，即先生足迹不到之处，知与不知争传而读之，如枵腹而茹八珍、渴吻而尝甘露。今日之四海，他日之千秋也，煌煌乎！序赞诗歌之属，卒不倚为前驱，此何以说？盖先生心存好生，德勤善济，其干局则称雄才，特立则称强项，容纳则称汪度；居此方则庇此方，居他方则庇他方。凡一有言，则德充之符而精蕴之绪，如根饫而吐华，源深而衍派者也。故人不觉其信之真也，然而识本达生，气多闲旷，有不能与世浮湛者，故又戏为乐府种种，或亦鸣其敖玩不平之意耳。议者谓其辞秽不经，不宜出于高贤之口，岂知人惟见道则浪谑诙谐，飞扬实义，輙如万石蒲牢，大扣则大鸣，小扣则小鸣，岂以听者异声而谓之非钟韵哉？以乐府为鄙秽，腐儒之说也。今订谱书成，先生方以此称坐隐，又岂得以末艺而忽之？卓吾子曰：“艺安能累人？凡艺之极精者，神也。况翰墨之为艺乎？”先生之局戏，盖化艺而为道矣，是为性天自得之趣，圣贤不泄之秘所在。方有神物护持者，讵忍私之而不传也乎哉？虽然，坐隐之名亦先生自名者耳。若夫文章行谊，璀璨宇宙，不可缕指。人且忘其名先生者，而大烹之一脔，瀚海之一沤，何足以尽先生哉！余与先生为忘年交，而私窃爱慕之，敢以数语弁诸简端云。

赐进士第比部郎历三州牧云间通家侍生袁福征顿首拜撰

洪士英女含甫书

叙汪鹾使坐隐先生订谱

士有心游象外而迹寄方内者，此非可以一隅索，索之众妙乃可得之。余夙交无如汪鹾使，无如尝引余涉其园，登环翠堂，泛昌公湖，意便豁然如入山阴道，应接不暇，徘徊久之。翠曷为环？昌公谁氏子哉？五色黄白互藏，翠交之，其环无端。吕纯阳不名，以昌虚中名。其名无如，即景谛义，出化入神，不必求其他，心迹盖具是已。

夫鹾政关军国重务，圣天子方以督鹾大任任之无如，无如有而不居，坐隐是命，不知者谓其乐乎技也，即知者谓其进乎技，亦未为深知。循技而进，是尤有技者在，无如讵止技中人耶？伦之酒、稽之琴、阮之屐，直为三子寄，而三子本无寄。想其大倪浑浑，有以观窍，无以观妙。超然与造化游，象帝之先，且河图以一乘六五生数，统五成数，纵横变化，不出一元。无如胸中洞然，匪但识先后着，直于前一着下落处，更见得分明。彼且坐而忘坐，彼且隐而忘隐，彼且坐隐而非坐隐，特借王中郎清谈以自晦，为养玄守真之具耳。玄家静摄工夫，正须从动处操炼，务使其静亦静，动亦静，性定神闲，是为无上妙诀，善乎！

班孟之论奕曰："无为默识，净泊自守。"通是说者，可以合道器而一之，可以识无如之为人矣。虽然，无如悬书国门，其《人镜阳秋》《文坛列俎》诸编，荐绅扬诩备至，寔与环翠昌湖相表里。世之读其书者，咸想慕其高标。是坐隐谱一出，宁不又作一法眼观样耶？余匏系官守，不获同无如晤谈，作谢傅山墅乐事，徒披其谱，忆当年涉园雅致，宛然如昨。目中久不见嵯大夫，嵯大夫其拍碎金面、局揖东方曼倩而上之者哉？柱史橘叟有神，尚翩翩函关玄圃而来，与无如为知己友。

赐进士奉议大夫刑部四川清吏司郎中前奉敕审录山东等处通家侍生尽继震顿首拜撰金汝诚书

坐隐先生订谱序

余淹守闽之海滨，好搜寓内书籍以消永日。新安汪坐隐先生编刻颇繁，余获遍观，亟加击节，尝恨无繇荆识。近从年友祝无功氏，乃得交欢，因叩其近集。先生以订谱示，余作而叹曰："何先生之旁通众技而又进乎技也！"夫奕之为道也，数也，而神载之机也，而天行之。聚散如云，出没如龙。寥寥一局，了在心目之间，而实超心目之外。此非寻常知见可捧手而告之人也，乃先生之谱不拾唾余，自发玄解，豁然一指点中，令初机者一目可了，而深识者弥寻弥永，正班孟坚所谓"为之诚而守之以默"者乎！先生手自编书，名满天下，即穷荒绝域皆想见其为人，而先生自处澹如也。及遇了悟大师开导，而一切雕龙绣虎之业，且以沤相视之矣。其所未忘，独谈棋一事。信手拈来，头头是道。彼且参破黑白未分前一着，彼且直证无上菩提，则一局楸枰，宛然庭前柏树子矣。所谓订谱者，岂区区为一奕而注疏乎？先生自闻道以来，孤清似陈仲举而不以介名，节烈似鲁仲连而不以侠名，游情似谢安石而不以逸名，萧远无迹，圆朗不拘，此先生之为人耶！而今且以大夫起家矣，坐隐之名，疑不可解，不知此正先生之所以为大隐也。嗟夫，世名娑婆，谁分朝野？境无实相，谁分显晦？是以庄叟寄迹于漆园，曼倩藏身于金门，古来真人达士往往而是。隐心不隐身，先生之意，其在兹乎？若徒随俗论迹，离岐隐显，是恶知先生也者？

赐进士中宪大夫知福建汀州府事通家友人李自芳顿首拜撰 祝纯一书

自叙

余性不偕俗，妄意好古，尝尽展家藏书涉猎之，虽未能窥其奥，亦粗了其大义。窃有志圣贤之学，尽敛生平侠气，而轨之中和。居常好游扬人，而人多毁我；好缓急人，而人多负我；好赴人之难，而人多中伤我。以此反照，大求忏悔，安分知机，不与俗竞。由是世外之情熟，丘壑之兴浓，道义之念笃，是非之心淡。每月照昌湖，上下一碧，命驾小舟，泛湖心亭，任其荡漾；间命童子歌吾曲以进酒，酒数行而怀益洒然。月旦之评，乡曲之誉，置之不问也。以故深惟二氏之学，释则修性，玄则修命，判若两途。余自了悟，指心纯阳示梦之后，因互参玄释，知性以命为寄，命得性而觉，修性者立命之根，修命者尽性之极。故玄之大还与释之大定，初无二理。

迩年以来，习出世之因，觅还丹之旨，日坐无无居，懒渐成癖，闲与性宜。经月杜门，科跣自放，不事逢迎，差可避俗。内设全一龛，为瞑目趺坐之具。室无长物，惟蒲团、麈尾、石磬、楸枰之类。每一放参，辙与知己者二三人，或倚徙，或闲坐，其所陈说则太上清静之事。孤壑云飞，空林霞映，雨窗竹响，风夜雁声，相对言之，以快心目。其一切是非毁誉、少涉尘情者，决口不谈。间中有谈者，即相与奕棋，以洗其尘嚣，祛其世味，惟知奕之可盘桓也，遂号坐隐先生。盖坐隐虽中郎故事，而余命号之，意则不徒习晋人风流，实有与玄通者。

夫玄门，全一守真，尊生至要，托奕为坐隐者，不过陶汰俗念，温养性灵，为止静之工夫、藏机炼神之活法也。且以坐字之义释之，夫一土二人。二人者，非二人对奕之谓乎？即本身不动，而婴儿出神之义也。土者，非既静之谓乎？即蓬莱方壶与天地共不朽之义也。以一隐言之，入定一隐，隐为养阴；出定一隐，隐为养阳。对奕为动，动为纯阳；端坐为静，静为纯阴。一阴一阳，相禅于奕中，正全一守真之大道也，岂世之所谓黑白伎俩乎？

至此万念俱灰，百伎尽释，空空若鄙夫耳。顿觉诸刻之无与于性真也，独其劫习未了，厥有订谱之辑。然已缄之石函不复传于世矣，近好事诸君再三索之，盖恐沉沧海之珠、埋豊城之剑，秘至宝以干造化之忌也。因启函视之，其汇萃神奇，可谓发仙家之秘，正前人之失，破千载之疑，为栖真乐道之一要诀也。

余允其请而付之剞劂，追惟畴昔海内贤豪长者，序赞揄扬，诗篇特赠，沥沥乎天禄石渠之笔、考槃迈轴之因，璨若日星，烂如云锦。间一披诵，若奏天球，不啻十朋珍之，而鸠兹之役，十散六七。今同社诸君欲取仅存者而附之订谱，余以华言过情，谨辞谢诸君曰："太史公云：'砥行砺名者，非附青云之士，乌能声施后世？'李青莲曰：'一经品题，便作佳士。'今足下之赠言盈笥，夫非以品题之重而附青云之士哉！且诸公之美意弗彰，作者之名言未著，几于自匿，亦以匿人，甚非同侪所敢闻也。请从之。"余遂手汇而次第之，附于订谱之后。书成，反复自颂曰："是书也，若谓假曼倩之玩世，为市朝之大隐，则吾岂敢？独以余立身霄壤，与私人为徒，寒蝉之洁所不能，腐鼠之污所不屑。清浊之间，隐显之迹，余惟自信已耳。知我罪我，亦奚必问耶？"托诸生而自白其梗概，如雁唳鹤鸣，非有意于人，听者幸毋以文视此篇也。

万历己酉春三月戊子 清痴叟汪廷讷序

坐隐先生传

先生汪姓，名廷讷，字昌朝，别号无如，休宁之汪村里人也。家世好行德，母孕时梦笙籁羽幢拥入其室而生。先生生而警敏特甚，垂髫慕古，过目辄诵于口，了于心，父笃爱之。长益博学，多所睹览，自七略九流诸书，以逮神经怪牒、丹篆竺典，靡不敦悦而研味焉。尝偃息山庐，刳心古文辞，客闲有操奕以进者，先生辄与之角，角又辄胜。客乃瞿然曰："君殆所谓坐隐者。"人遂因以是目之，惟先生亦以是自愉快，它务夷然不屑也。先生学有元本，内行修洁而风流标置。追迹古人，始黄门祝公为邑令，先生从之游，学所以尽性至命者，公为著为人说以示之。少宗伯复所杨先生讲德南都，先生复执贽而禀学焉。闲以所得质，先生大器重之，因授号“无无居士”，且为之解。时等辈中往往目摄汪先生为虚左席，逊矣。

先生事父母孝，其精感神明。丁酉试棘闱，忽忽心动，亟投牍归，父果病，乃哀嚎籲天，祈身代，无何病良已，父丧，毁疾几灭性，见者至为感动。父故有爱姬，先生庄事之若母，比其殁，自数百里外返榇祔父兆。人相谓曰：“孰有不欺死父而厚所爱如先生者哉！”于是先生遂秉家政矣。客有从叟更张规厚利者，谢曰：“吾忍改父之臣与父之政耶！”谨守之讲若画一。父尝许以千金庄严湖阴圆照寺，未就而卒，至是先生捐囊装施焉俾竟。前志乡族有困厄者，往往缓急其人而不居德。月授糈，岁授衣，人人倚先生为外府矣。仆有屋，豪有力者将夺之，先生为出金直其事。其好为节侠多此类，于是缙绅题其所居曰“高士里”以褒之。里北枕松萝，西眺白岳，川原映带，欲吐烟霞，先生于其最胜处构堂，颜曰“环翠”，它珍台华馆、奇花名石称是。复凿池百余亩环之，好事者指为“昌公湖”。先生徜徉其中，一觞一咏，人谓致不减辋川云。

先生工临池，远宗魏晋，尝与吴门王百谷氏论书。王为之心服。雅意著述，手自排缵，行于世者，有《人镜阳秋》二十二卷。少司成晴峰沈先生叙之，谓霄壤间不可一日无此人，则不可一日无此书；《文坛列俎》十卷，太史澹园焦先生序之，谓其擅文苑之大观，极词人之巨丽。它如《华衮集》，如《无如子正续赘言》《环翠堂集》三十卷、《乐府传奇》数十种，或以垂映苕华，或以抡芬子夜，咸为名流所赏激。悬之国门，纸几为贵焉。

生平直谅好义，性不能茹非道，顾已则忘之。遇事有不平者，感慨往赴，至身劳怨不避。迨游德栖真，抗心物表，扫除旧习，冥会性宗。尝卧百鹤楼中，梦与纯阳子游，谈参同契中事，授号“全一真人”，复许之生子，已而果然。自是玄修纯固，推分忘怀，即有阴中先生者，恬然安之，弗与校也。盖尝蹑屐鸠兹，放舸西湖，历览名胜，所至或与荛夫渔子相暱，人亡有识其为先生者。而先生旧尝游武当，遇了悟禅师谈佛乘。归来趺坐全一龛，阅数寒暑，隐隐有趺迹。复与吾乡如真李先生论心学，玄理益达畅。丙午春偶疾，医奏禁方不效，会了悟至，示以心法，病乃霍然起。自是所得益邃，人几莫窥其际焉。

予往从友人陈荩卿氏习先生之素，心向往之，后得论行缔交。先生居恒，谓予："公幸知我者，试一撰其生平俾予，藉以券其所至。"予唯唯，因掇行事之大者论次之。然先生业拜大夫，爵于朝，世急先生才，且进用公度。其迹非终隐者，其名位德业固未有□。世之名先生者屡更而逾进，今称坐隐，盖因寄所托以见志云。

史元曰："予尝读班氏《奕旨》，其言奥衍恢奇，极才人之致。彼岂排诡不经者耶？至末乃归之，外若无为，默而识，净泊自守，以道意行象，虞仲信可喜，而后知孟坚之为笃论也，无如子以奕悟法，融道伎而一之，至为仙灵之所冯依，固非仅仅戒鸿鹄之坐驰者。彼王中郎之所目，毋乃意有所避？阳以寄之，为若嵇生之铁、阮生之屐者，非乎？无如子之为隐也，深远矣。"

万历丁未岁仲秋月几望，赐进士及第翰林院国史编修文林郎记注起居编纂章奏江宁友人顾起元顿首拜撰 秣陵魏之璜书

题坐隐先生传后

先圣曰："君子无入而不自得。"子舆氏曰："禹稷颜子，易地则皆然。"盖言无所不通之谓道，随遇而安之谓心，升沉聚散、反复无端之谓遇。惟是君子道以宅心，心以一遇，则庙堂可，江湖可，以庙堂而暂憩于江湖可，以江湖而久升于庙堂亦可。此正无入而不自得之说也。

无如汪先生，髫时警颖，博洽群书，长有才鉴，性不偶俗。近且通籍于朝，从大夫之后也。时里居自适，静修禅观，默然照大千于蒲团，大契玄宗，卧览十洲于半榻。水月松风，暂结人间之净土；匏冠鹤氅，习成方外之闲身。兴云致雨，且淹物表之烟霞；浴日补天，漫引壶中之岁月。此际之逍遥具见，异日之设施可窥。乃陈一局，聊见输赢，盖订谱得之传心，坐隐从乎自好。其知者以为托物寄兴，不徒游艺之精；不知者以为即事穷理，欲植博综之誉。总之，以管窥天，以蠡测海之见也，何足以知坐隐哉？乃先生者，一于道，得于心，忘乎遇，宛若神龙。大之而乘风云，撼江海，霖雨万方；小之而盂盎之中，游泳自怡不知也。此

正先圣之所谓无入而不自得者也，倘易松萝于玉螭金凤之间，有不皆然者耶？余稍知先生，特表而出之于传后。

闽中林世吉顿首拜纂

书坐隐先生传后

杜夫子论奕曰：“精其理可以大裨圣教。”余窃疑其言。及读顾太史之传坐隐先生，则爽然自失也。汪先生颇好奕而善之，其于九道十势，觇缮绝荡，为之揆方，为之参变，具在订谱者，良可寓目。传言先生尝从祝李讲性命之学，从篸峰受记禅蒴，又从吕祖赍全一之□于琼蕊之寤言。是三大圣人之教旨，先生皆游衍其端，调剂其用，以环应于无方，即坐隐直寄焉尔而迹。先生之生乎，頫首揖志，诵学淹赡，多撰术，质行峻节。太史公纚纚乎极意发抒，咸以为词无溢美，则壹归于儒。绝诣卓识，超然系表，谓藉奕为束心止念，犹有待者也，何了悟为今先生□大夫任在盐筴，异日以才地，征入为侍从之臣。金沟清泚，铜池摇颸，当得剧棋，且特以文辞相应，较东方生之俳优畜倍胜焉，讵必蒿蓬之下称隐哉？

然余闻围棋高张疏远，或遮截争便，或守边移作，寔寄兵法。比者滇失内地，辽左虏方警，倘有荐先生，待以不次，宁复得嗒，焉坐隐乎？东山之赌墅，汉中之对戏，信可人也。虽然，先生已□杨宗伯命□无矣，若有以为而无以为，即为国家当一面，殚力策勋，亦直寄焉尔矣。

万历戊申长至日戊戌 宣城梅鼎祚撰

坐隐先生赞有序

无如子发奋下帷，潜心大业。偶以燕坐对客谭棋，豁然悟道。客漫取王中郎故事，号为“坐隐先生”，而先生亦既应明时，排金门隐之义，疑于可解不可解之间。第先生实大隐，大隐者，浑隐显；善奕者，超道器。昔人谓墙壁瓦砾皆说无上妙义，矧兹枯棋三百，头头显露，班孟坚氏旨在无为默识，净泊自守，知言哉！故为叙坐隐之因，而系之以赞。先生讳廷讷，冯大司成字之曰昌朝，杨少宗伯授别号曰无无居士。赞曰：

修博士之业，擅高士之声，迹寓对棋，大雅不争于黑白；神怡六艺，一枰何见于戏成？据槁梧，谢尘棼，人得诧之为坐隐；辟名园，弄烟月，世孰解之为天行？豪吟而百篇迭奏，醉舞而长剑双鸣，掩关立言，探酉阳而伟丽，临池挥字迫魏晋而峥嵘。孝允孚于宗党，惠先逮于惸茕。谊比隆于节侠，心益暴于忠诚。以故闻其风者，愿缔朋于耐久；而征诸梦者，亦授记于神明。全一观空，契金言于三昧；栖玄玩世，拾瑶草于九茎。同籍儒绅而不减山林之趣，依光魏阙而堪作廊庙之桢。余将为公拍碎金面棋局，令东方曼倩复起，亦呼公为坐隐先生！

赐进士及第奉议大夫、右春坊右喻德、掌南京翰林院事前翰林院修撰，编纂章奏记注起居管理，制敕正使朝鲜赐一品服金陵友弟朱之蕃书 时万历三十五年年月日偕属丁未并记此事

坐隐图赞

汪无如先生淹贯百家，倒翻二氏，盖留心大业者。而以其暇奕于名园，人称坐隐先生。因为之赞曰：

名园窈窕，三径委蛇。二仲孔良，一局自怡。巧先知白，胜而守雌。市朝大隐，正在于斯。

赐进士出身奉直大夫刑部湖广清吏司郎中友人姚履素顿首拜赞

坐隐图跋

夫简策有图，非徒工绘事也，盖记所未备者，可按图而穷其胜；记所已备者，可因图而索其精。图为贡幽阐邃之具也。海阳汪坐隐先生，青云其踪而烟霞其心，有《坐隐集》行于世，而弁图于首。其山亭池馆俨是辋川，竹坞柳堤宛然曲水；其中置一坐隐先生，所谓景中人者，非耶？千载而下，当与兰亭、金谷并传也。

潜江友人欧阳东凤

书坐隐图后

古人有所纪述而冠图于首者，不下数十家，其镌勒金石，百代如新，则莫若兰亭称最。盖为其传写水竹之胜，摹仿觞咏之清，即造化尔，忌其太逼真也。昔贤所谓至宝，是宝者非耶？然自定武之后，旧刻则薄蚀断坏，新刻则笔意太远。果哉，善本之难得！遂使晋人风流不见于笔端，于是图为绝响，乃汪无如先生订谱成而镌《坐隐图》于中，见其林木生动，湖水澄鲜，高瞩而楼阁切其堂冥，近寻而斋室延其间旷，倚徙而阶除呈其芳洁，茂对而禽鱼快其飞跃。至于明月在天，薜萝罥石，苍松浥露，玄鹤依云，则又在牝牡骊黄之外者，一披阅而令人精神驰遂于清泠境界也。以坐隐而奕于其间，则坐隐之超尘绝俗，此不可以概见乎！说者曰："兰亭征诗，坐隐对奕。艺之移人，贤者不免其趣。想尔有同为者，则兰亭环翠可以合并观乎！"不知坐隐智窥性命，学究天人，心中了然无一物，而无物不具。触世则为经济，鸣籁则为辞章，举而措之，无所不可。真博学而无所成名者哉！奕特游戏三昧耳，何定以尽无如？无如书成示余，余受而藏之山房，每窗明几净，历一纸，进一觞，不觉颓然卧游其境，此之至味，奚啻山珍海错也哉？赏心之极，敢赘数语于简末云。

云台外史陆云卿

订谱小叙

古今之谭奕者伙矣。韵人骚客、冠盖缙绅、道侣缁流，每一睹面，必相对奕，至忘寝食。然而称国手者，辙如牛毛麟角，千百中仅一见。此何以故？盖具夙慧者动即师心，薄法程之为庸；好奇袤者肆力野战，嫌矩矱之为拘。无惑乎精诣之为难也！夫经者有十三篇作于宋翰林学士清河张公拟。公之文章政事，照耀一时，观光集称。其英姿卓识，特立风尘，则以其余而著之为经，其妙不必言矣。然经之辞不无浩瀚艰深，概收则巅末难举，节取则挂漏孔多。余于穷经读史之暇，乃冥会全篇细绎大义，芟其繁冗，摭其要领，取棋经而汇其粹，以成夫订谱一书。如铸金者须百炼，则金精而不必多；制锦者须择取，则锦美而不必杂。一目击间，而纯金之体、众锦之会尽之此矣。

是故经有三十二法：特下曰“立”，连子据边直下曰“鹗立”。连走曰“行”，两棋并行曰“紧”，行自行曰“慢”。行斜行一路曰“尖”，斜隔一路曰“飞”，隔二路曰“折二斜飞”。行隔一路曰“关”，倍而并之曰“双关”，隔二路曰“折二单关”。关住敌子曰“门”，隔二路曰“大门”。当其关隘视之曰“觑”，防其冲断连之曰“粘”，遇搒而连之曰“实粘”。连子入关曰“冲”，接子入关曰“干”。沿边侵取敌路曰“绰”，沿边遮绝敌路曰“约”。自上而下邀住敌子曰“捺”，自下而上邀住敌子曰“跷”。抱敌子两下曰“夹”，夹而不杀曰“虚夹”。劫敌子连度曰“盘”，一举而接曰“小盘”。捽其头以当遏之曰“顶”，搕其吭以凌夺之曰“握”，一名“松”，松也者，取其玲珑通达、疏而不漏之义。隔绝敌路或分取之曰“断”，邀截敌路以次断之曰“辥”，即可纽断之曰“紧辥”。击杀之曰“打”，逐杀之曰“征”，敌两路被征曰“双征”，既征之且受觳搒而复征之曰“漏征”。蹙杀之曰“搒”，提取之曰“觳”，既觳而又受觳曰“复觳”。投子索劫曰“札”，递相复觳曰“劫”。劫而不受杀者，有金井辘轳及重鋾舞剑诸势。两棋相围而皆不生不杀曰“持”，有各一眼者，有各一劫者，有两路各一眼者，有各一劫者，有两路各一眼、一路无眼。间其中而持者填塞敌路，使可点而杀之曰“聚”，有聚三、聚四、聚五、聚六至聚七。成持深入敌地破其眼曰“点”，旁通而点之曰“透点”。投入敌地亢破其眼曰“扑”，冲其要路使无眼曰“刺”，束其要路使无眼曰“勒”。经有十诀：一不得贪胜，二入境宜缓，三攻彼顾我，四弃子争先，五舍小就大，六逢危须弃，七慎勿轻速，八动须相应，九彼强自保，十势孤取和。

夫法者，如行军之阵，行伍森然，不得不然，而名之者也。诀者，如帷幄之奇，料敌决胜，万全万中，而名之者也。不越一纸而清河公之经义了然，如轮匠之准绳，如泛海之指南，运之掌上而可以成万物、致万里者，皆在于是，盖至约而至备，至简而至悉者哉！说者曰："斲轮之甘苦疾徐，父不能喻之其子，子不能承之于父，得之手而应之心，长年三老识风水之宜，其绥急操纵旨在临时取捷。"然则准绳与指南可缺而不讲乎？曰："是不然。弃准绳则失其方圆，废指南则迷其东西。是必不得之数也。"余谓即此可为棋家之定论，敢叙其大旨于简端云。

时万历戊申莫春月上浣 坐隐先生纂于环翠堂

坐隐先生棋经汇粹

夫棋始以正合，终以奇胜；最要变通，不宜执一；下子布势，务相接连；自始至终，着着求先，宁输数子，莫失一先。随手而下者，无谋之人也；不思而应者，取败之道也。击左则视右，攻后则瞻前。欲强外，先攻内；欲实东，则击西。绪勿多，多则势分，势分则难救。投不欲迫，迫则使彼实而我虚；虚则易攻，实则难破。择地而侵，无碍则进。局势已赢，专精求生；局势已弱，锐意侵绰。路虚而无眼，则先觑无害；于他棋则做劫粘子，勿先弃子。思后两生勿断，俱活勿连。两势相围，先蹙其外：彼众我寡，先谋其生；我众彼寡，务张其势。势孤援寡，则勿走；机危阵溃，则勿下。与其恋子以求生，不若弃之而取胜；与其无事而强行，不若固之而自补。

善胜者不争，善阵者不战，善战者不败，善败者不乱。沿边而走，虽得其生者败；知已之害，而围彼之利者胜。不战而屈人者胜，识众寡之用者胜，以虞待不虞者胜。持重而廉者多得，轻易而贪者多丧，弱而不伏者愈屈，躁而求胜者多败，不争而自保者多胜，务杀而不顾者多败。因败而思者，其势进；战胜而骄者，其势退。求己弊而不求人之弊者益，攻其敌而不知敌之攻己者损。目凝一局者，其思周；心役他事者，其虑散。行远而正者吉，机浅而诈者凶。能自畏敌者强，谓人莫己若者亡。意旁通者高，心执一者卑。高者在腹，下者在边，中者占角。赧莫赧于易，耻莫耻于盗，妙莫妙于用松，昏莫昏于复劫。品之上者，沈思而远虑，因形而用权，神游局内，意在于先；品之下者，举无定思，虑动则变诈，或用手以影其势，或发言以泄其机。胜不言，败不语，振廉让之风者，君子也；手势翩翩，言辞喋喋，起愤怒之色，小人也。

诀曰："远不可太疏，疏则易断；近不可太促，促则势羸。以实击虚，以逸待劳，则攻必胜、战必克矣。"

起好手活套

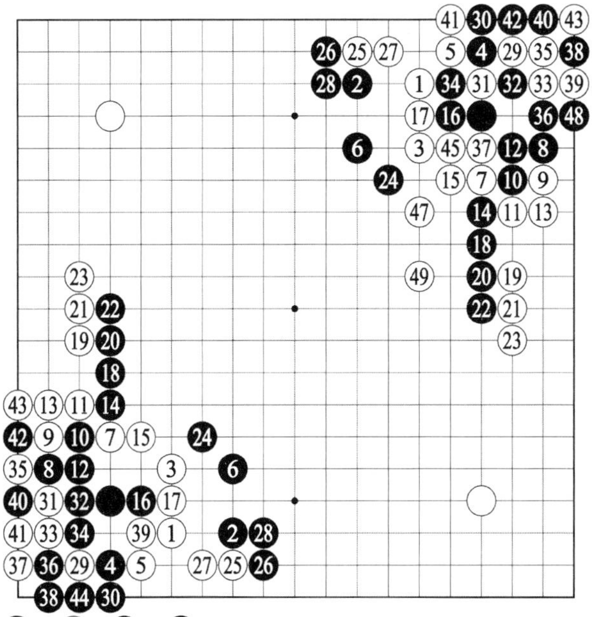

第一变

51 着

数着造劫得出妙

第二变

44 着

24妙，32妙，34妙

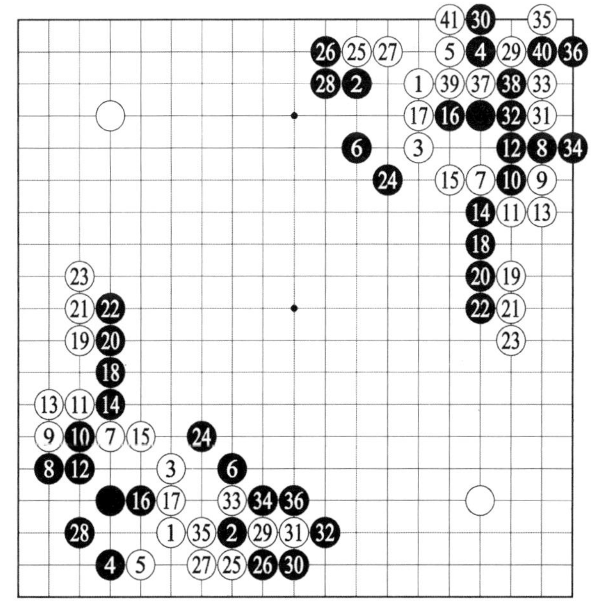

第三变

41 着

35妙脱靴

第四变

36 着

28稳角，让彼自活外，又得势。

经云：以逸待劳者胜。

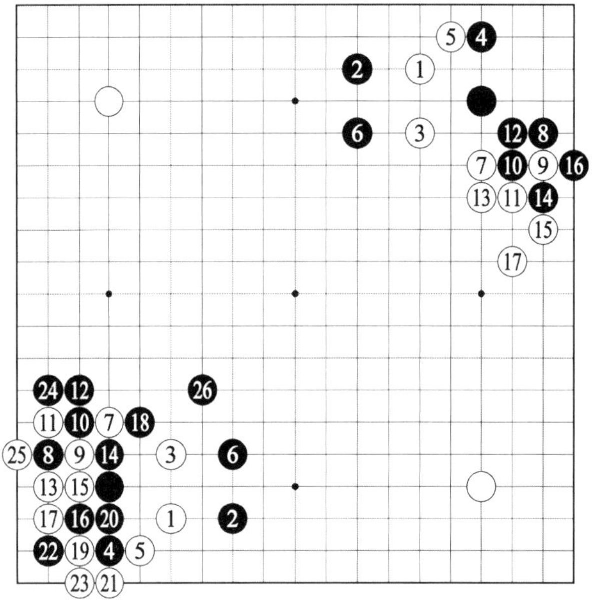

第五变

17 着

弃子争先

第六变

26 着

❿妙，取外势。

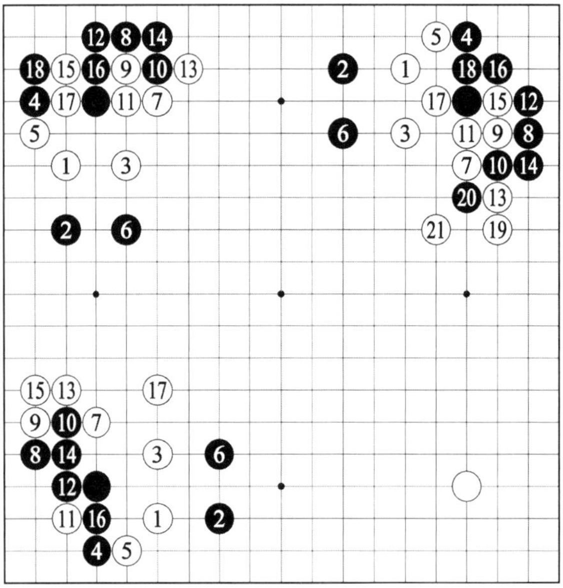

第七变

21 着

❿妙，⑲妙，㉑软征妙。

第八变

16 着

❿妙，⓲妙。

第九变

17 着

⑪着先侵角，使彼无暇断我。

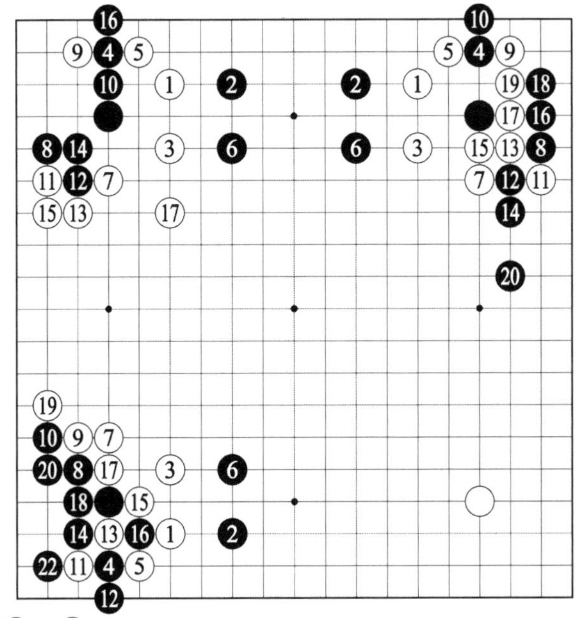

㉑ = ⑬

第十变

20 着

⑨先夹妙

第十一变

17 着

⑨先夹得先手

第十二变

22 着

收法白略得便宜

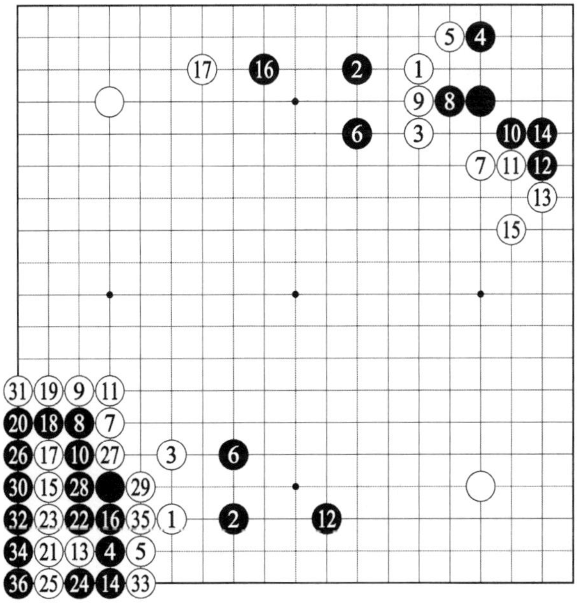

第十三变

17 着

此变妙在❽着先侵，使彼外不实，又得先手。

第十四变

36 着

此收角㉒着

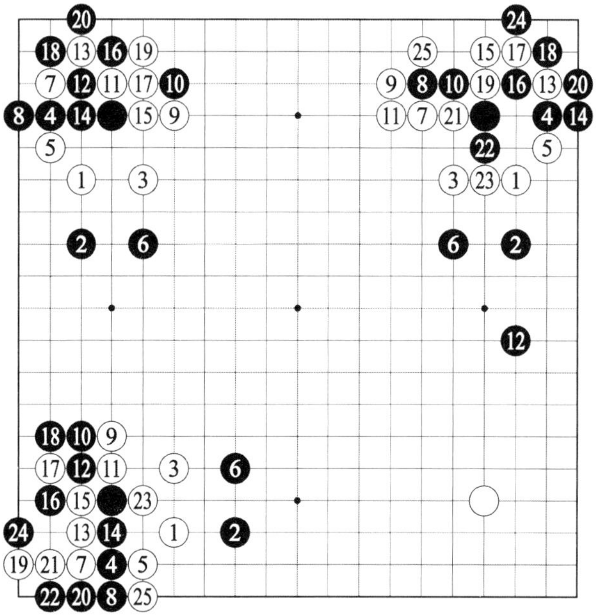

第十五变

25着

弃子争先

第十六变

20着

⑪妙

第十七变

25着

金鸡独立，⑰妙，⑲妙。

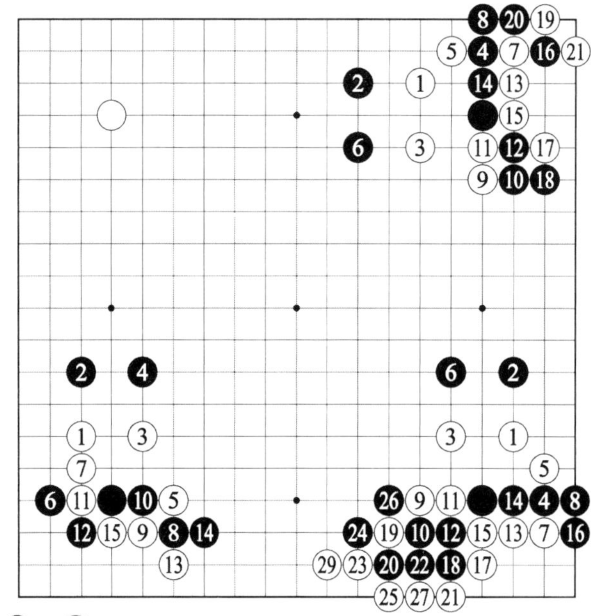

❷❽ = ⑲

第十八变

32着

劫

第十九变

29着

⑰立妙在过渡。

第二十变

15着

⑬妙

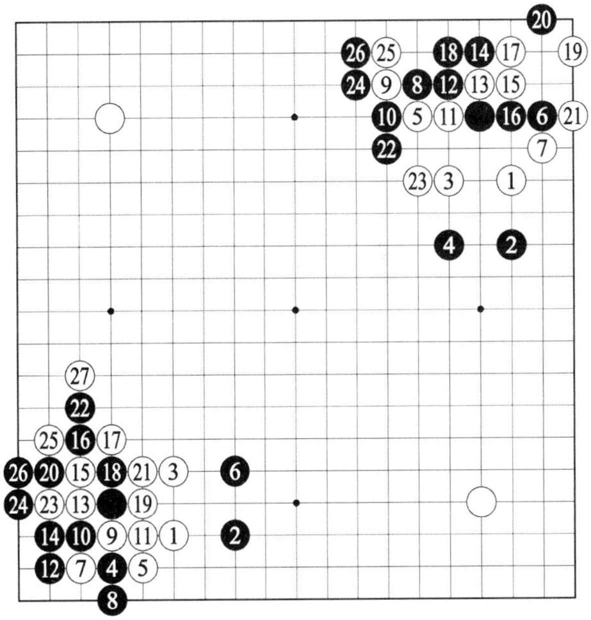

第二十一变

26 着

⑲妙，㉑妙。

第二十二变

27 着

㉗妙

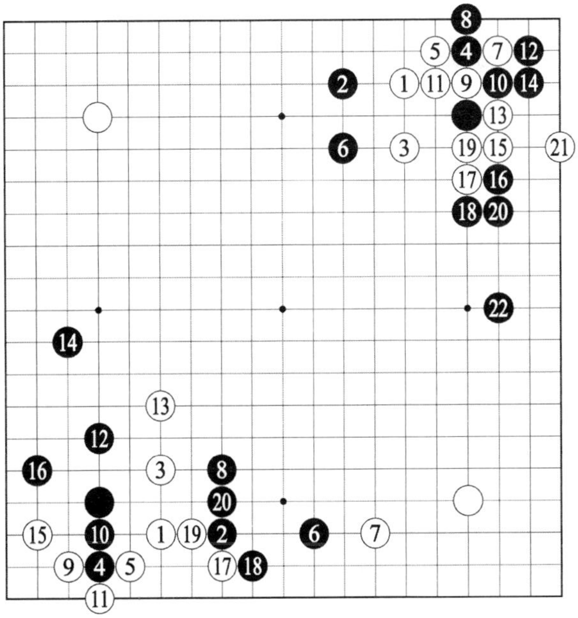

第二十三变

22 着

两分

第二十四变

19 着

弃角两分，则强弱勿论。

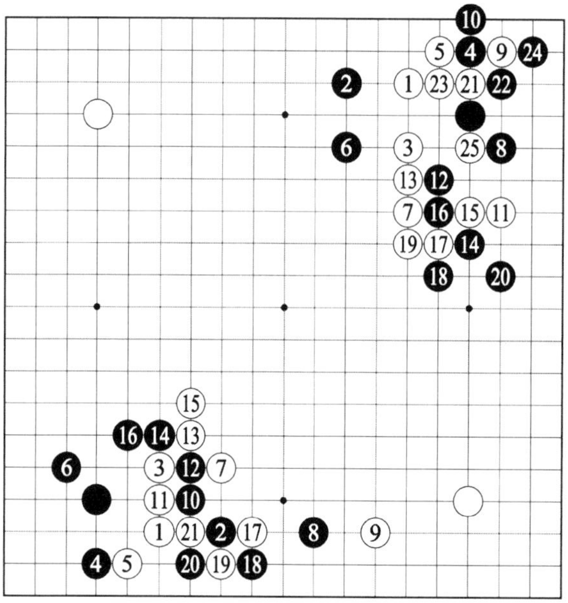

第二十五变

25 着

㉑妙，㉓妙，㉕妙

第二十六变

21 着

⑮妙，⑰妙，⑲妙。

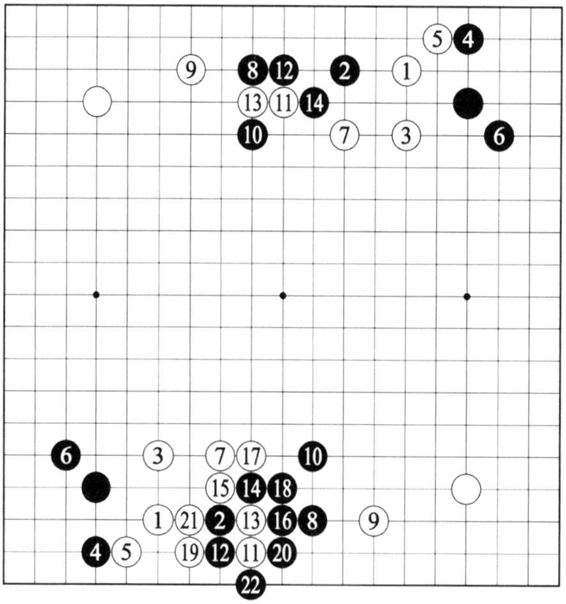

第二十七变

14 着

⓬着妙

第二十八变

22 着

二各生根

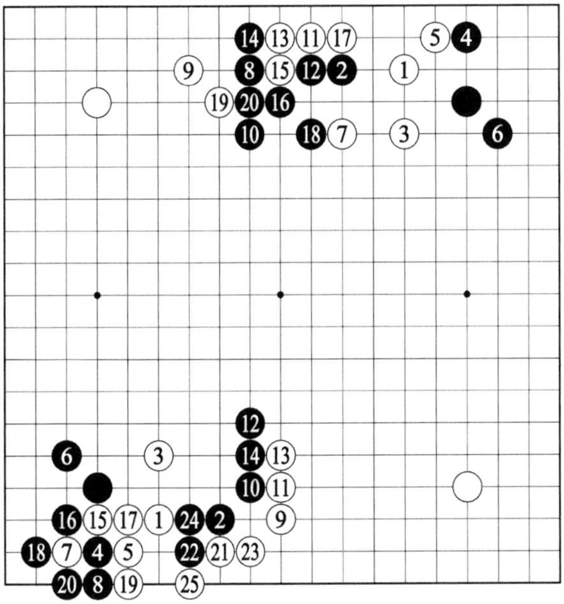

第二十九变

20 着

第三十变

25 着

隐然过渡妙

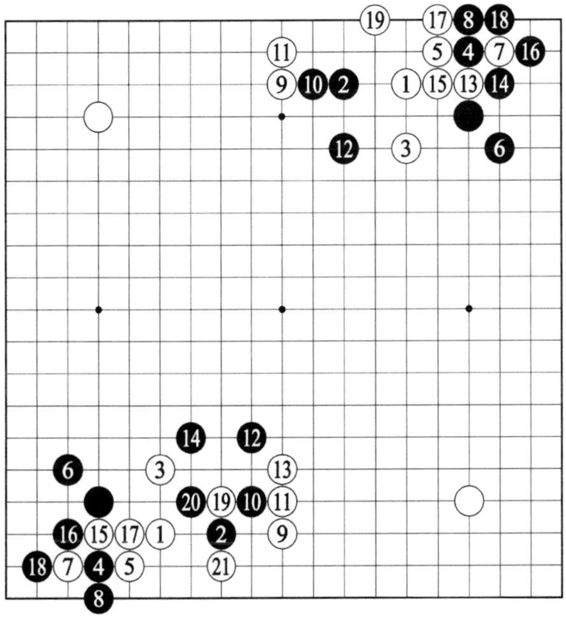

第三十一变

19 着

过渡

第三十二变

21 着

过渡

钓竿活套

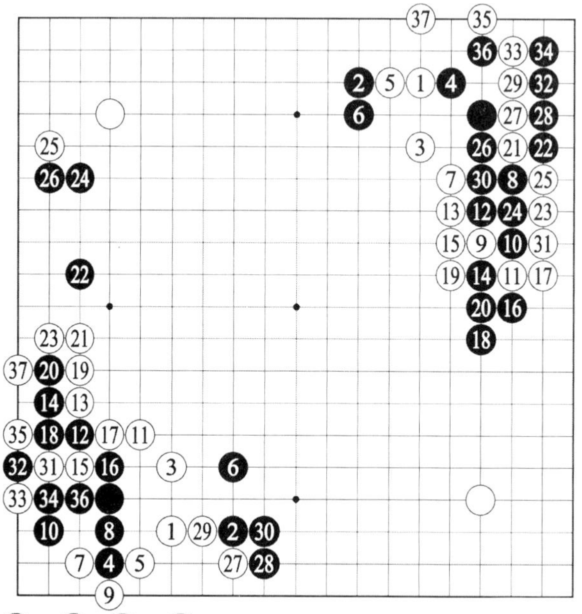

❸❽ = ❸❷; ㊴ = ㉛

第一变

37 着

㉑妙，㉓妙，㉕妙，㉗妙。

第二变

39 着

㉗、㉙实外攻内，㉝妙，㉟妙，㊴妙。

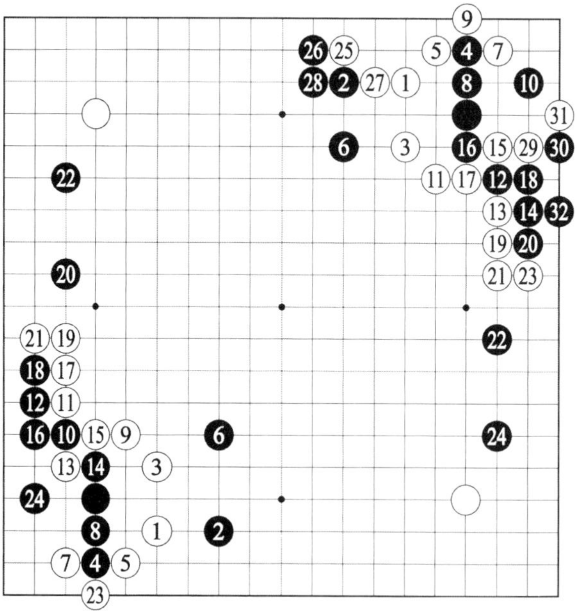

第三变

32 着

缓劫

第四变

24 着

24妙活

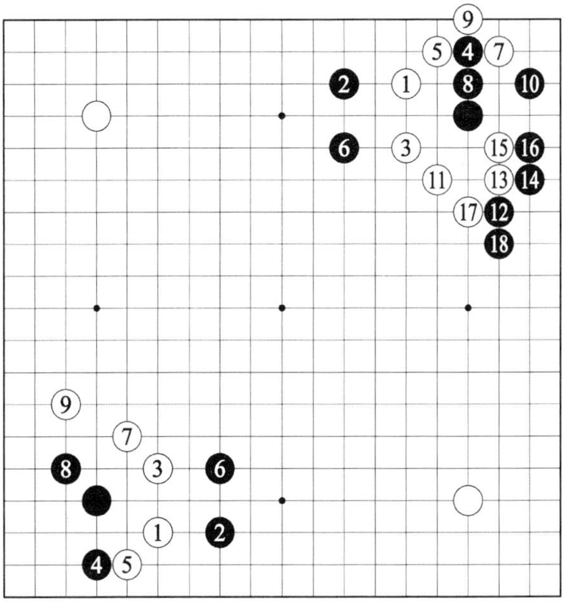

第五变

18 着

⑫乃合经云：近不必比，远不必乖。

第六变

9 着

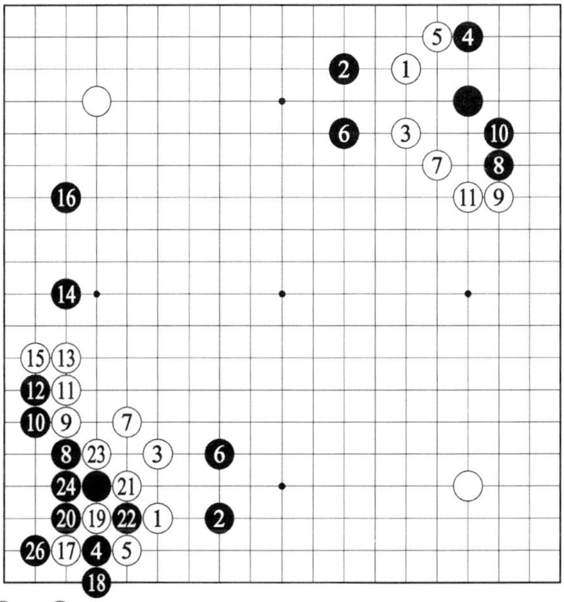

㉕ = ⑲

第七变

10 着

⑩妙

第八变

26 着

收妙

立仁活套

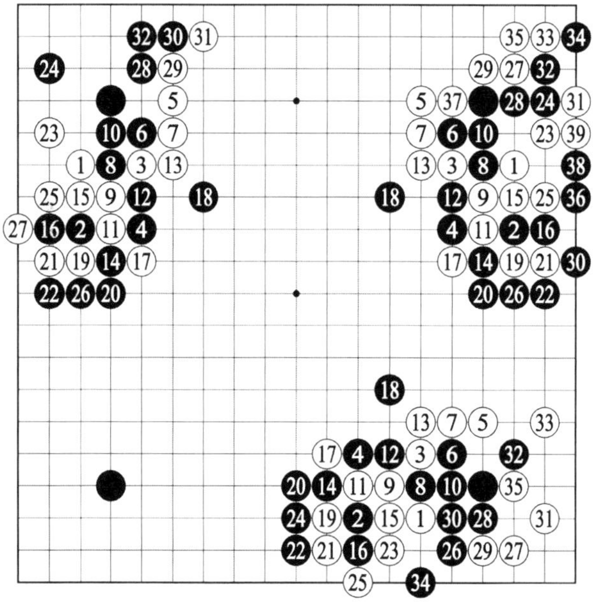

第一变

39 着

㉛妙

第二变

35 着

㉗妙，㉛妙，㉝妙，㉟妙。

第三变

32 着

24退守，二各生根。经云：不争而自保者胜。

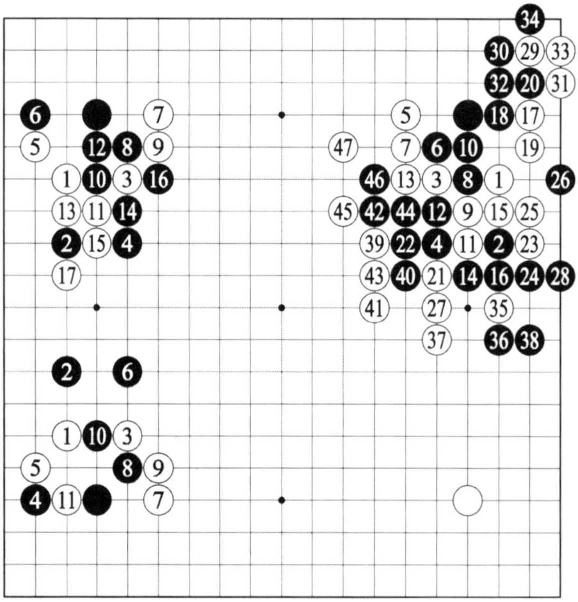

第四变

47 着

若三面受敌，未免有失。经云：失棋绪多则势分，分则难救。

第五变

18 着

两分换

第六变

11 着

⑪妙

大角活套

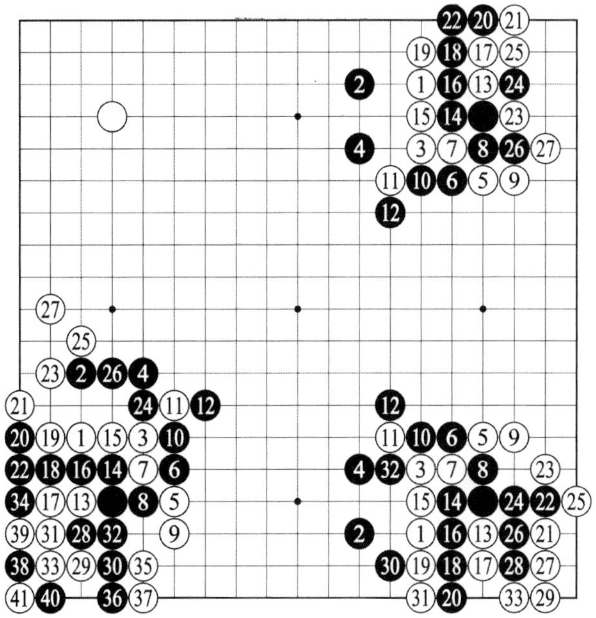

第一变

27 着

⓬妙，⑰妙，㉑妙，㉓妙。

第二变

33 着

⓬妙，㉑妙。

第三变

41 着

⑰妙，㉙妙劫。

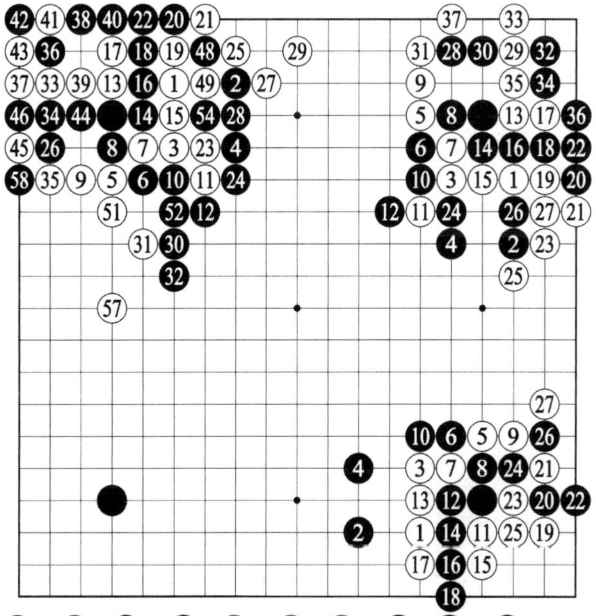

第四变

37 着

⑰妙，㊲过渡尤妙。

第五变

27 着

⑮妙，㉓妙

第六变

58 着

劫

㊼＝㊶；㊿＝㊷；53＝㊶；55＝㊽；56＝㊷

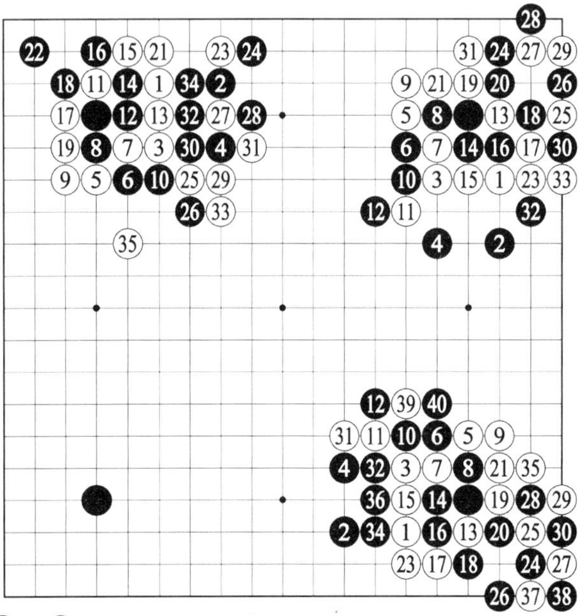

22 = ⑬
22 = ⑬；㉝ = ㉕；㊶ = ㊲
20 = ⑪

第七变

33 着

㉕妙，㉗妙。

第八变

41 着

劫

第九变

35 着

㉗妙，㉝妙，㉟妙。

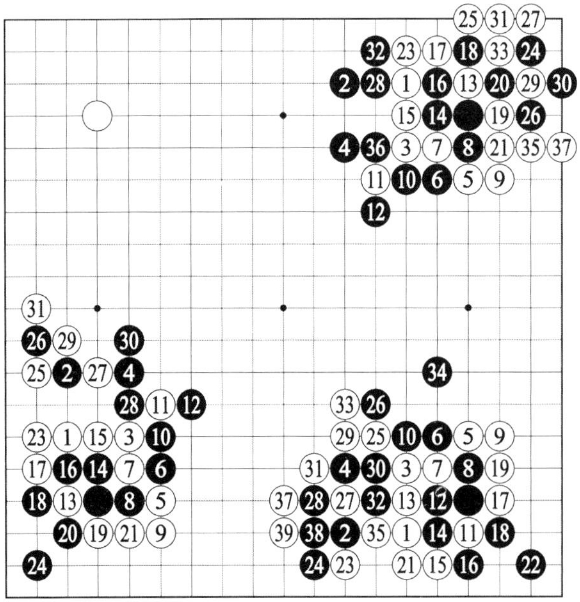

22 = ⑬；34 = ㉙
20 = ⑪；36 = ㉗
22 = ⑬

第十变

37 着

第十一变

39 着

㊲妙，㊴妙，㉛妙。

第十二变

31 着

㉗妙，㉙妙。

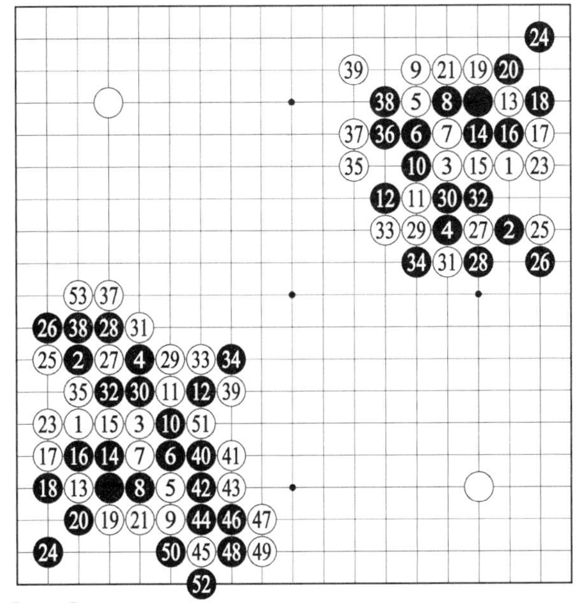

22 = ⑬
22 = ⑬；36 = ㉗

第十三变

39 着

㉗妙，㉟妙，㊲妙，㊴妙。

第十四变

53 着

㊶妙，㊸妙，㊺妙，㊼妙，㊾妙，51 妙。

小角活套

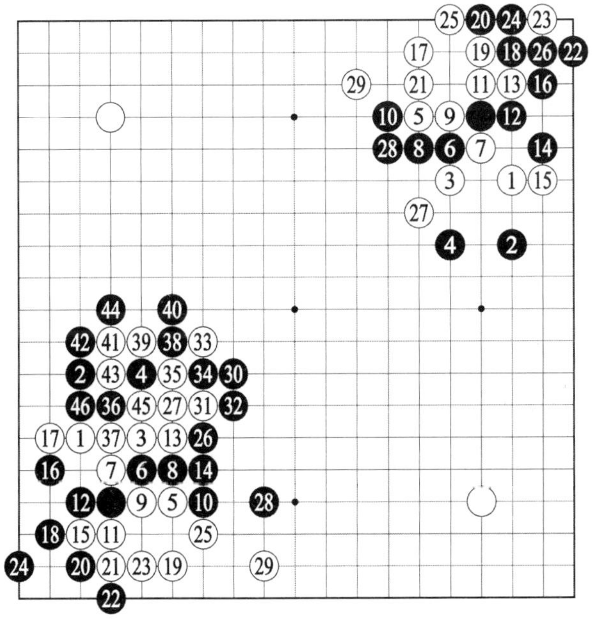

第一变

29 着

第二变

46 着

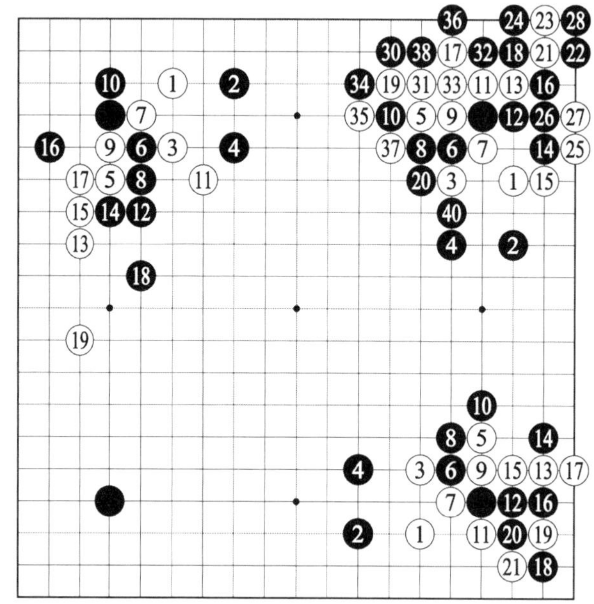

⑳ = ㉑；㊴ = ❿

第三变

40 着

❸❿妙

第四变

21 着

⑲妙，㉑妙。

第五变

19 着

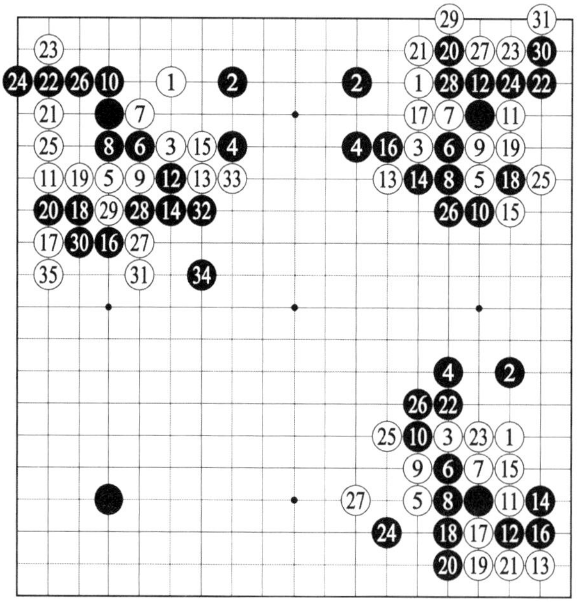

第六变

31 着

第七变

27 着

⑬妙极入神。

第八变

35 着

㉕妙，㉛妙。

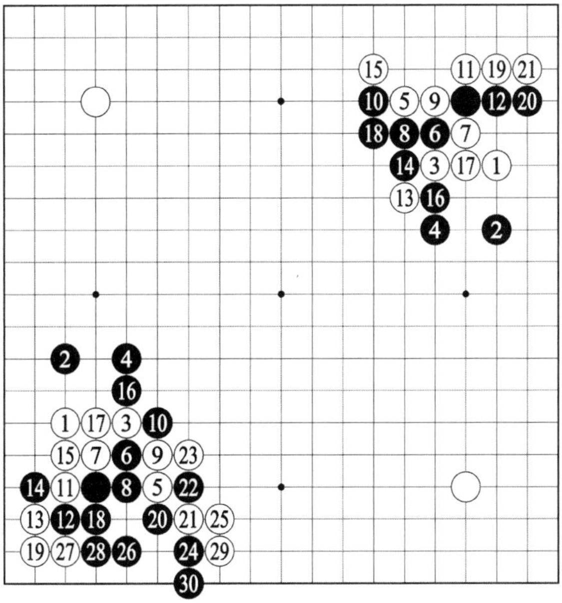

第九变

21 着

第十变

30 着

压梁活套

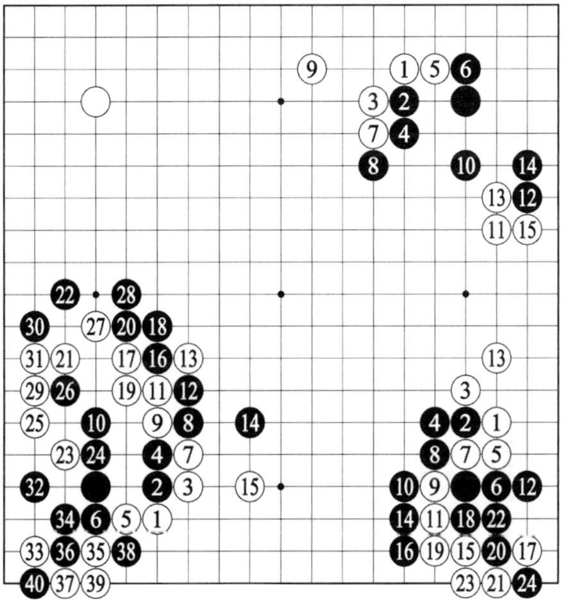

第一变

15 着

⓮自退得先。经云：妙莫妙于用松。

第二变

24 着

⓬妙

第三变

40 着

⑨及⑬太欺，⓮妙，34妙。

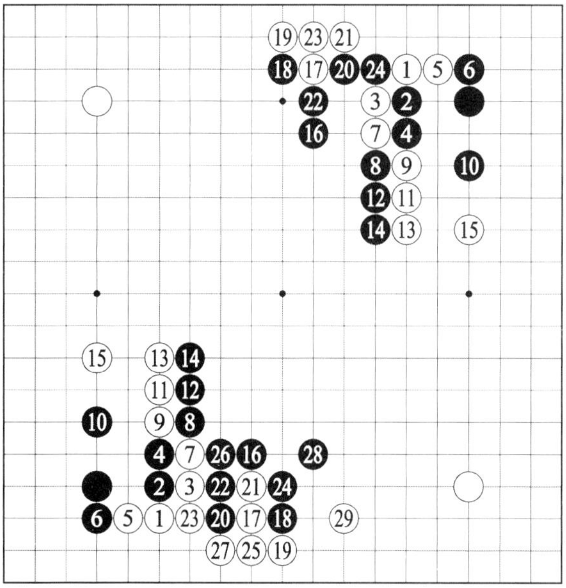

第四变

24着

❶⑯妙，❷⑳妙，㉑太弱

第五变

29着

㉑妙，㉓妙。

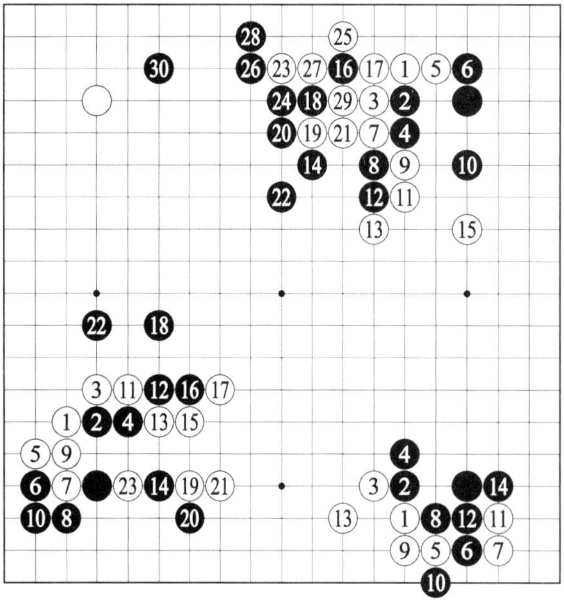

第六变

30着

⑲妙极，㉑妙。

第七变

14着

❽妙，❿妙。

第八变

23着

⑲妙，㉑妙，㉓妙入神。

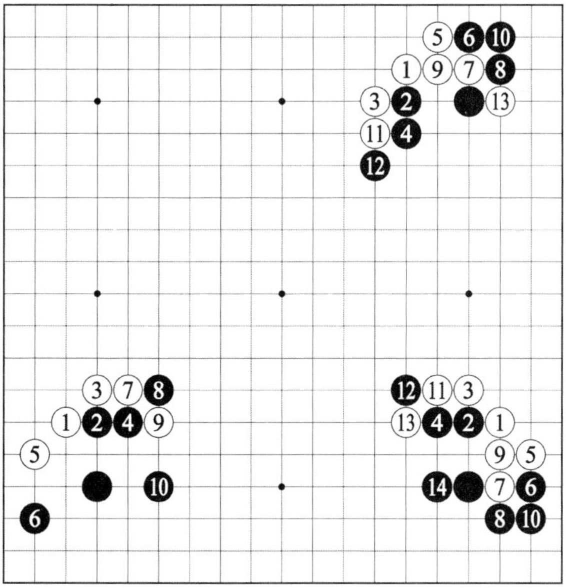

第九变

13 着

⑬妙

第十变

14 着

⓮稳

第十一变

10 着

❻妙

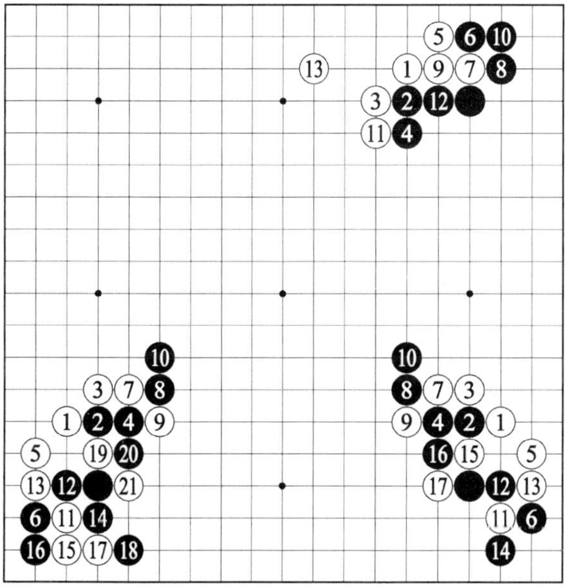

第十二变

13 着

⓬闭得先

第十三变

17 着

⑪妙，⑮妙，⑰妙

第十四变

21 着

⑪妙，⑲妙，㉑妙

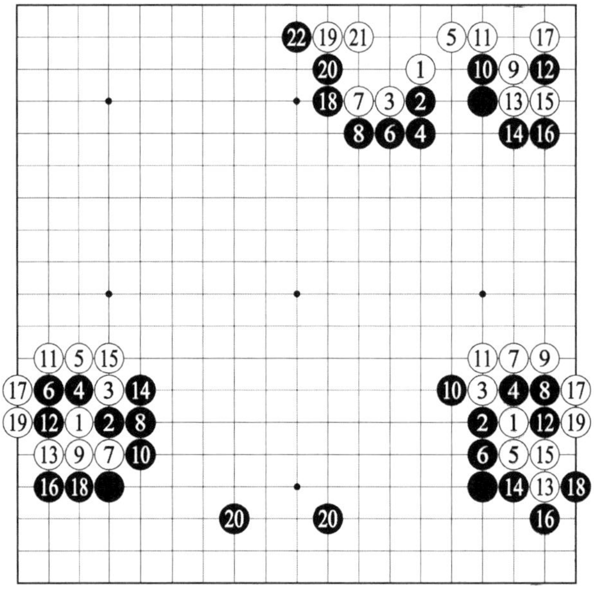

第十五变

22 着

⓬妙

第十六变

20 着

收法

第十七变

20 着

收法

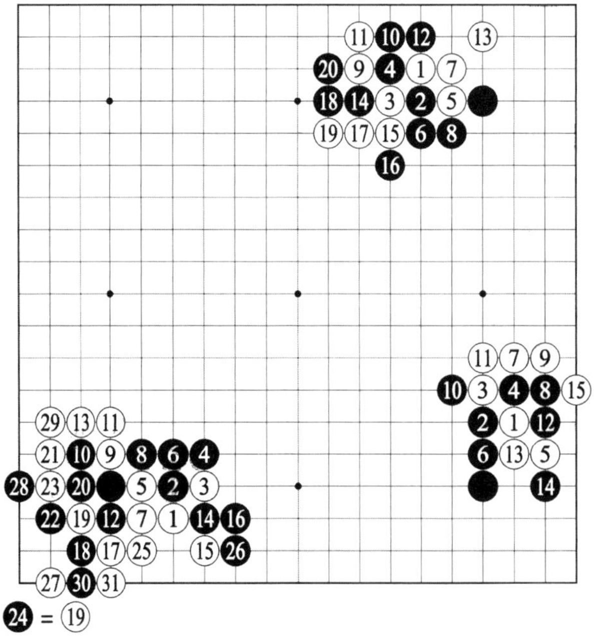

第十八变

20 着

⑬贪

第十九变

15 着

⑤着巧，❻着善于应答与前收同。

第二十变

31 着

㉑妙，㉓妙，㉗妙。

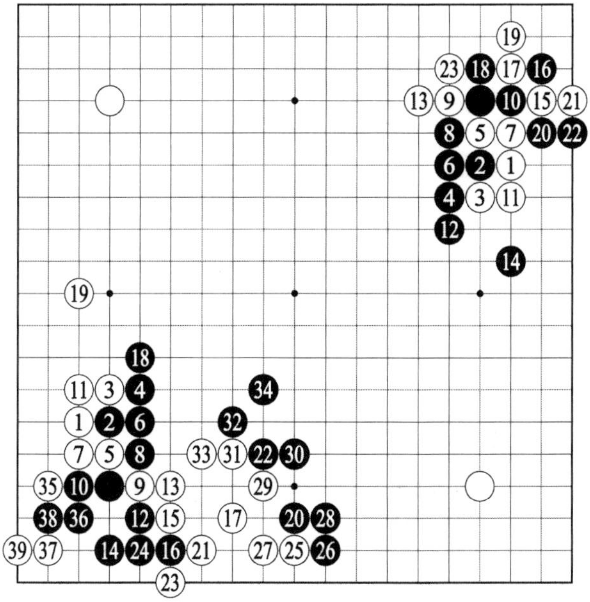

第二十一变

23 着

❹贪，⑰妙

第二十二变

39 着

㉟妙，㊲妙，㊴更妙。

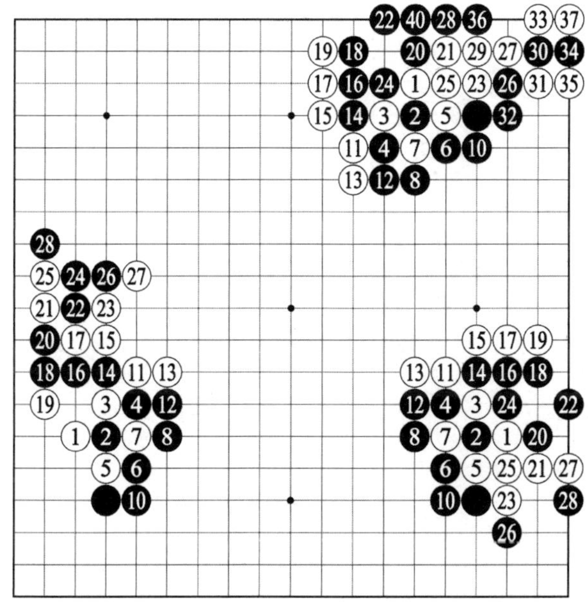

第二十三变

40 着

⓴妙，㉒妙，㉚妙，㉞妙。

第二十四变

26 着

⓴妙，㉒妙，㉘妙。

第二十五变

28 着

⑨ = ❷；㊳ = ㉚；㊴ = ㉞

⑨ = ❷

⑨ = ❷

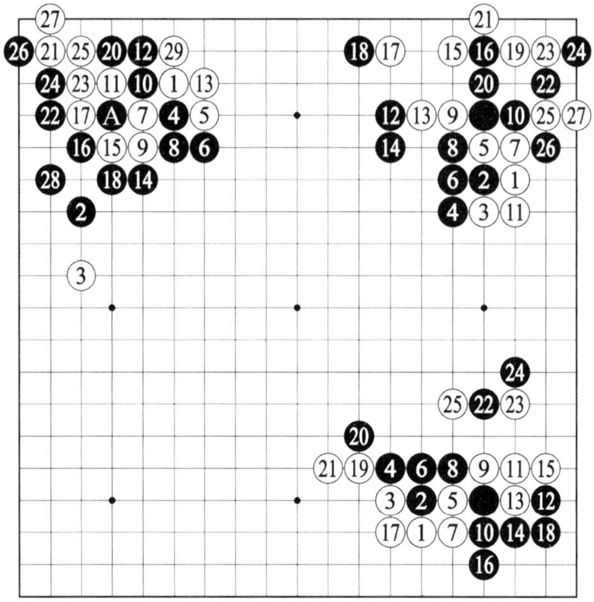

19 = A

第二十六变

27 着

25妙，27妙。

第二十七变

25 着

23妙，25妙。

第二十八变

29 着

29妙极，27尤妙。

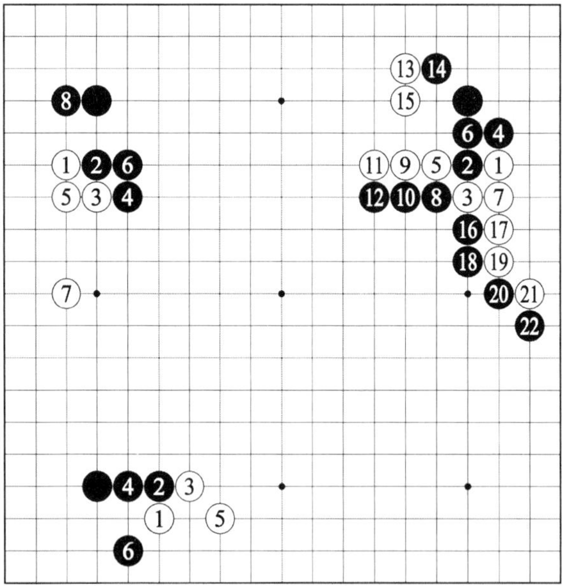

第二十九变

22 着

16妙，20妙，22妙。

第三十变

8 着

8妙

第三十一变

6 着

6妙

镇神活套

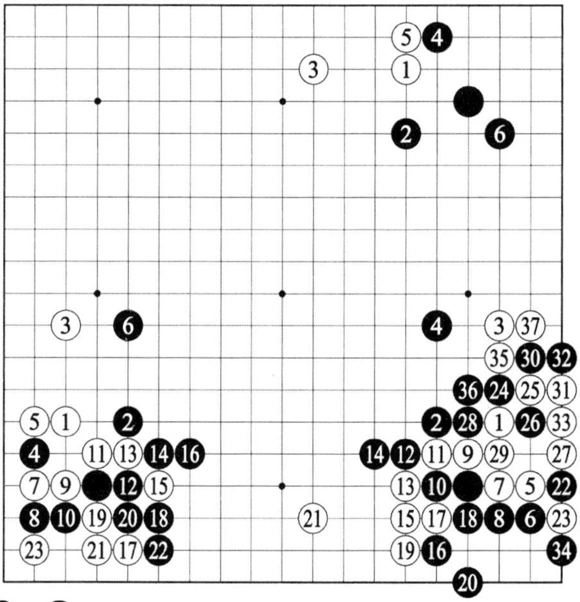

38 = 22

第一变

6 着

二各一定之规范

第二变

38 着

二各着着劲敌，愈出愈奇，乃知弈中变态多端。

第三变

23 着

17妙

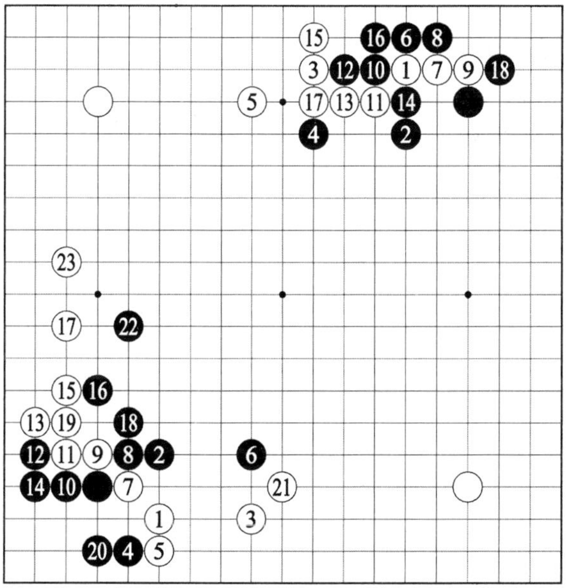

第四变

18 着

6妙，8妙，10妙，12妙，18妙。

第五变

23 着

10妙，12妙。

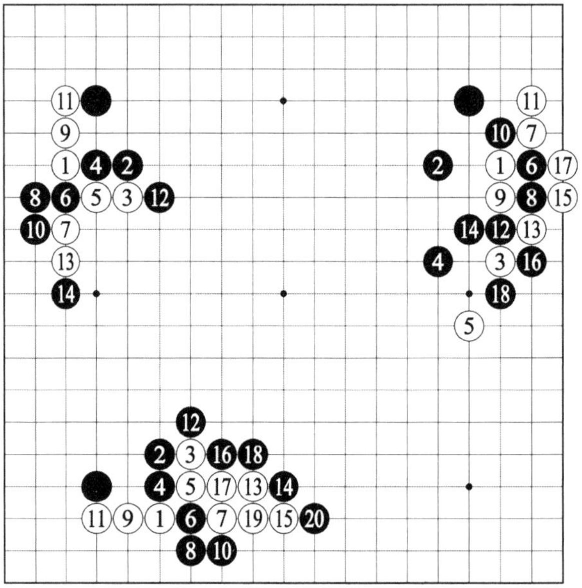

第六变

18 着

❻妙，⓬妙。

第七变

14 着

⓮妙

第八变

20 着

⓬妙，⓮妙。

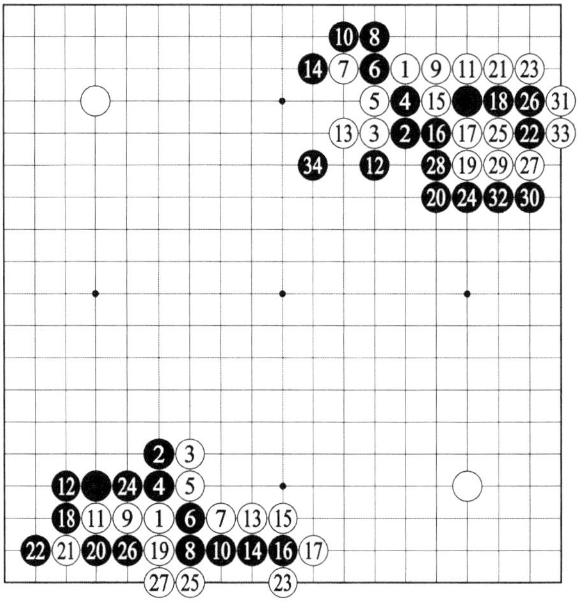

第九变

34 着

22妙，24妙，28妙，30妙。

第十变

27 着

㉑妙，金鸡独立。

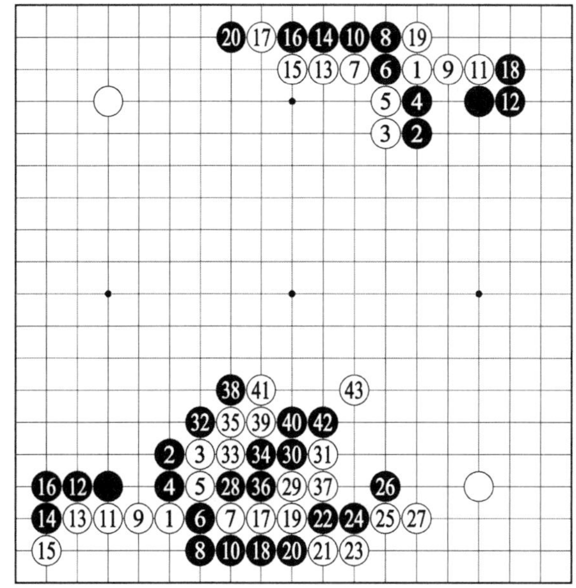

第十一变

20 着

20妙

第十二变

43 着

43乃一子解两征，此王子之妙算

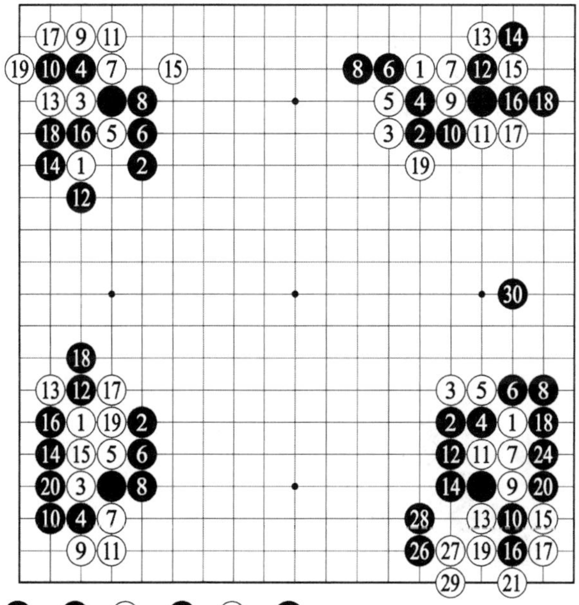

22 = 10; 23 = 16; 25 = 10

第十三变

19 着

15妙，17妙

第十四变

30 着

18妙，26妙

第十五变

19 着

两分

第十六变

20 着

13贪，14妙

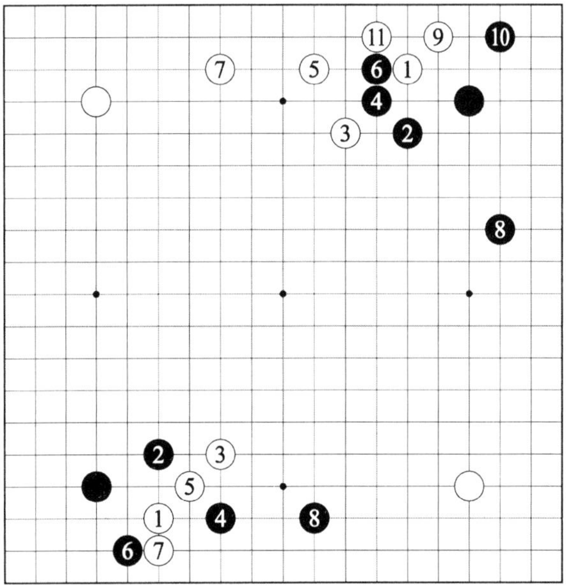

第十七变

11 着

③妙，⑨更妙

第十八变

8 着

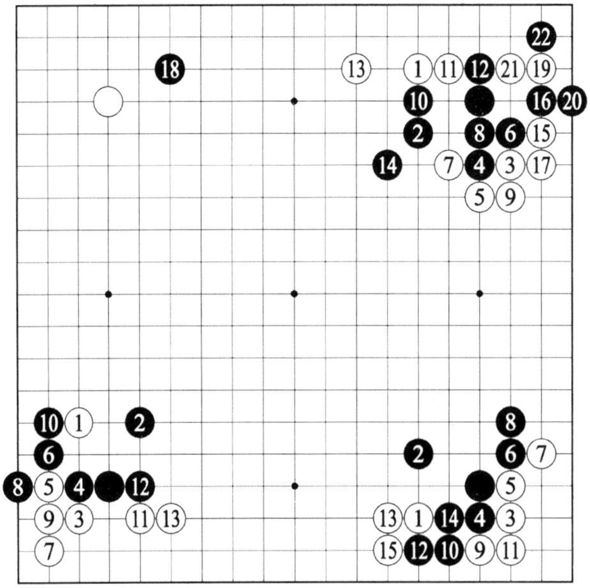

第十九变

22 着

22妙

第二十变

15 着

第二十一变

13 着

5妙，16妙

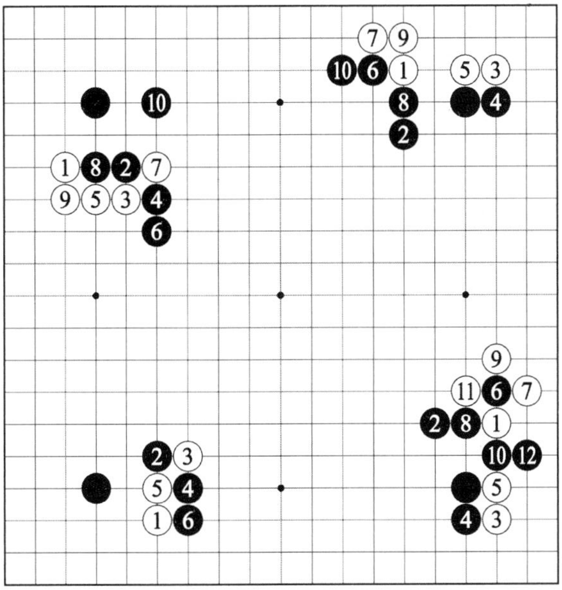

第二十二变

10着

6妙，8妙

第二十三变

12着

6妙

第二十四变

10着

8妙

第二十五变

6着

变做垂帘

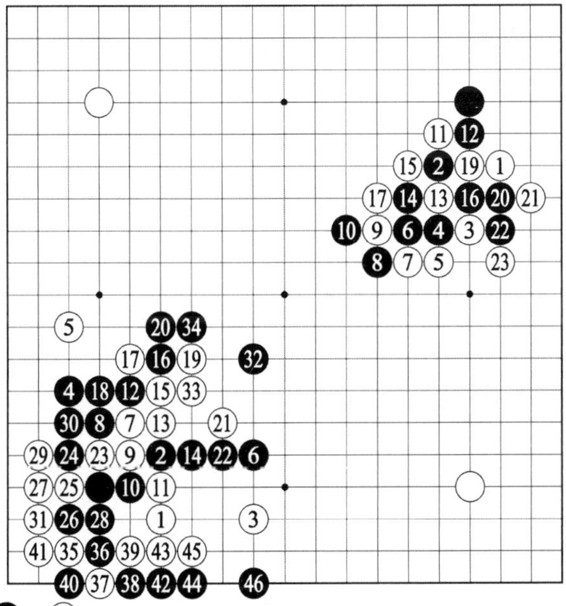

18 = 13

第二十六变

23着

8贪，11妙，13妙

第二十七变

46着

32妙

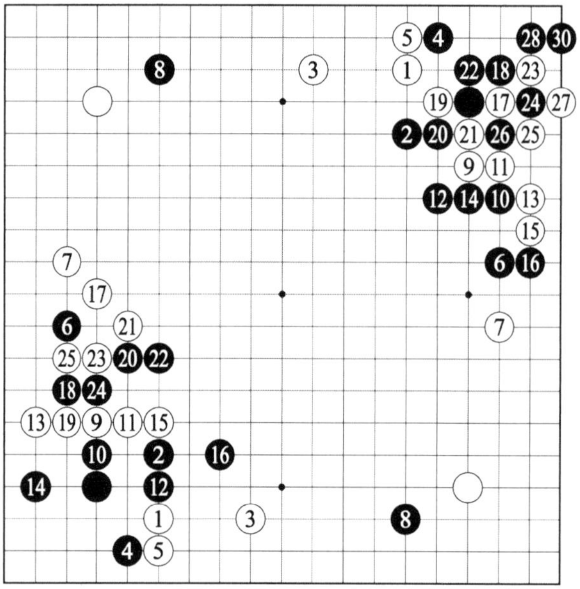

29 = 17

第二十八变

30着

第二十九变

25着

㉑妙，㉓妙。

垂帘活套

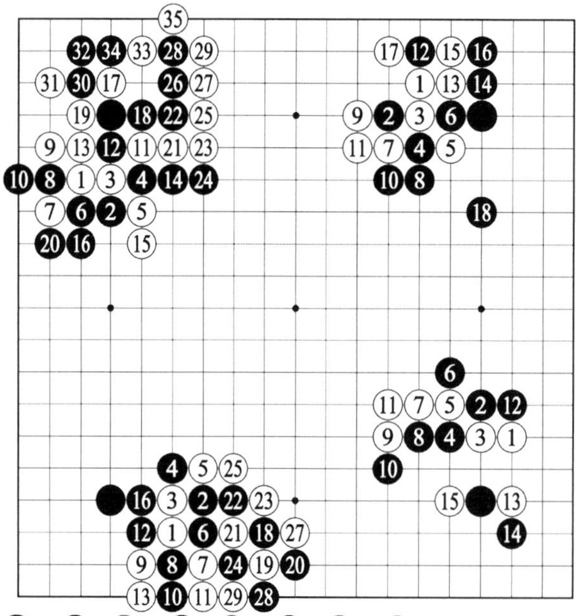

14 = 8；15 = 10；17 = 8；26 = 21

第一变

18着

12妙

第二变

15着

⑬妙，⑮妙

第三变

35着

⑰妙，㉟妙

第四变

29着

20关之太急，故犯。务杀而不顾者，多败。

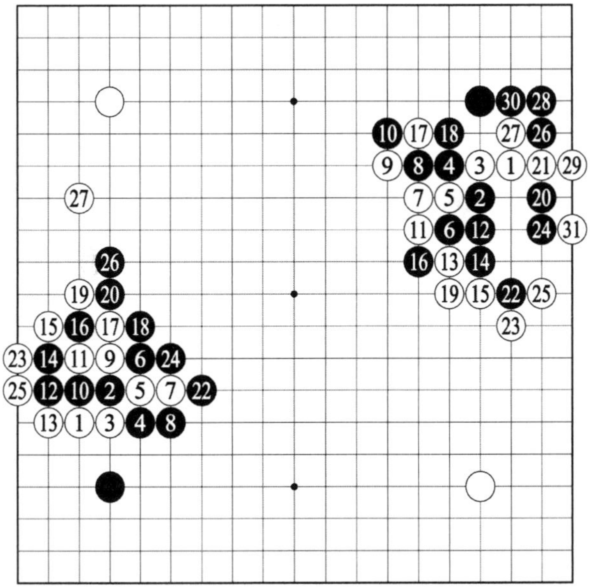

⑳=⓰

第五变

31 着

⑰妙，㉛妙

第六变

27 着

⓲妙，⓴妙，㉒妙。

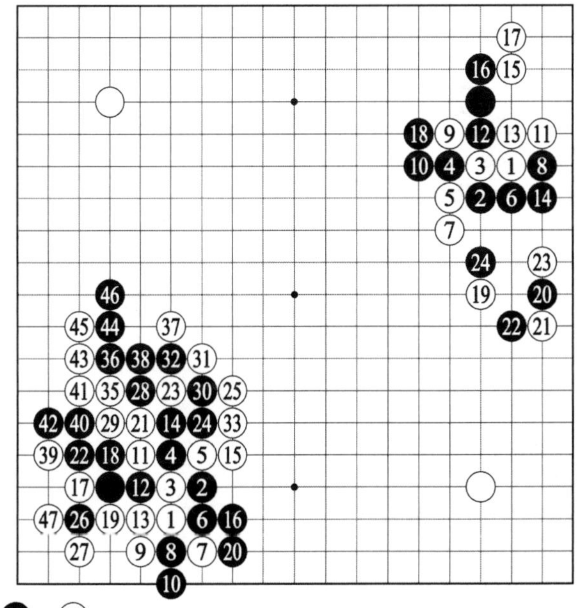

㉞=㉓

第七变

24 着

㉔妙

第八变

47 着

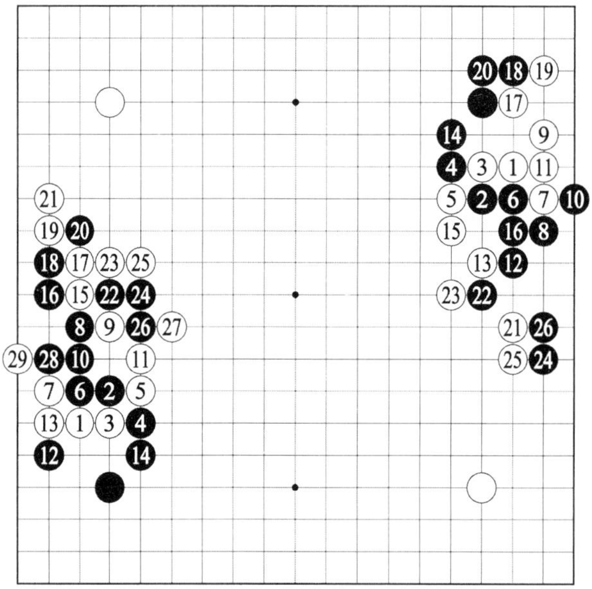

第九变

26 着

24妙

第十变

29 着

27妙

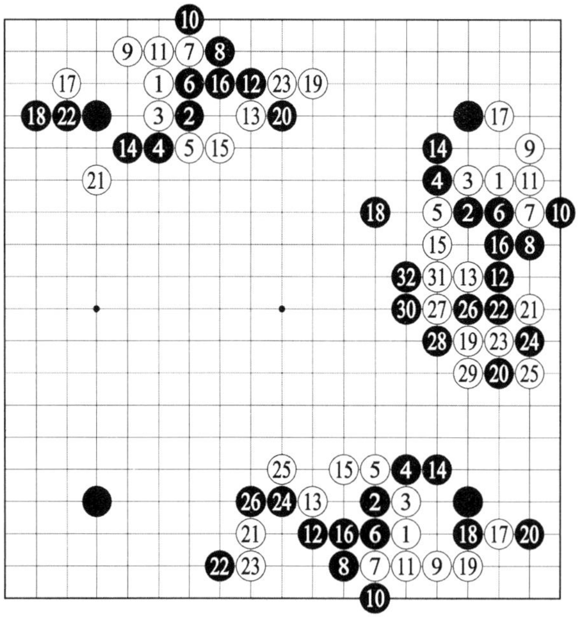

第十一变

32 着

20妙，24妙

第十二变

26 着

20妙，22妙，24妙。

第十三变

23 着

21妙

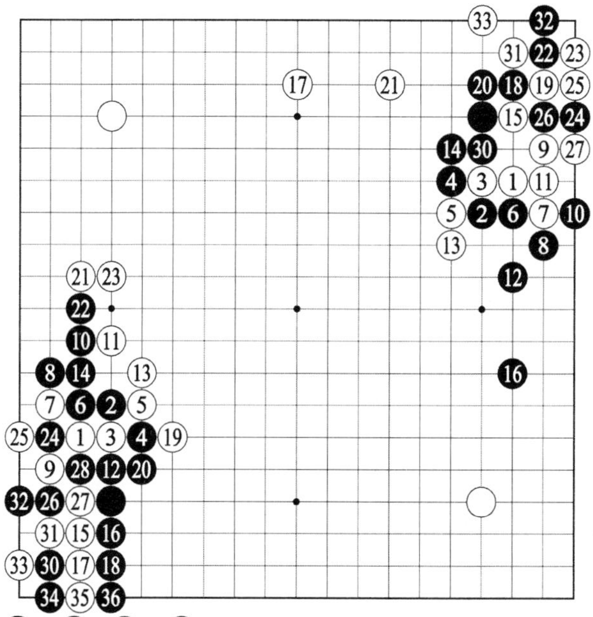

28 = 26；29 = 24

29 = 24

第十四变

33 着

23妙活

第十五变

36 着

24妙，30妙，金鸡独立。

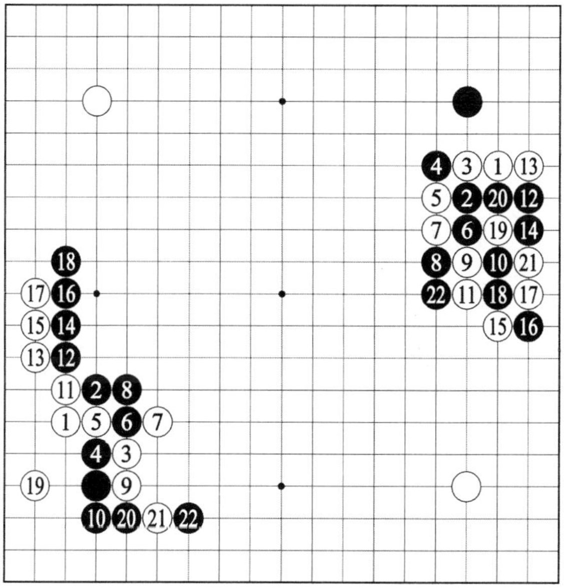

第十六变

22 着

19妙，22更妙。

第十七变

22 着

22妙

金井栏活套

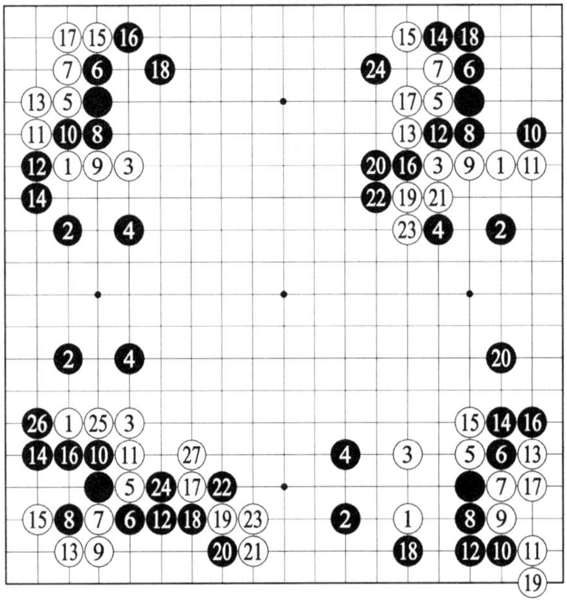

第一变

24 着

6着自逸后着着次序，妙算无穷。

第二变

20 着

白得便宜

第三变

18 着

6妙，12妙

第四变

27 着

17妙，19妙，21妙。

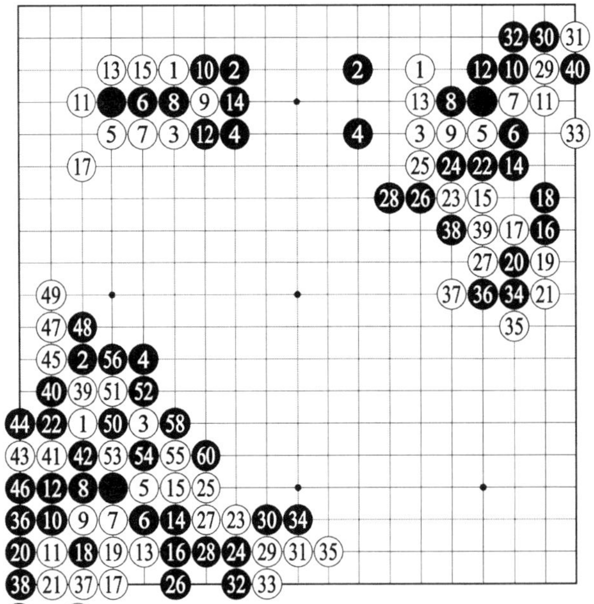

16 = 9

57 = 50；59 = 54

第五变

40 着

34妙，36妙，38妙，40妙。

第六变

17 着

收角

第七变

60 着

卷帘活套

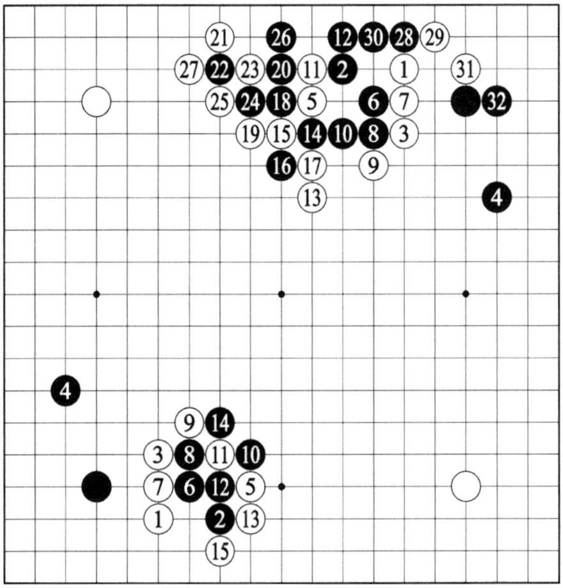

第一变

32 着

㉑妙，㉓妙。

第二变

15 着

⑬妙

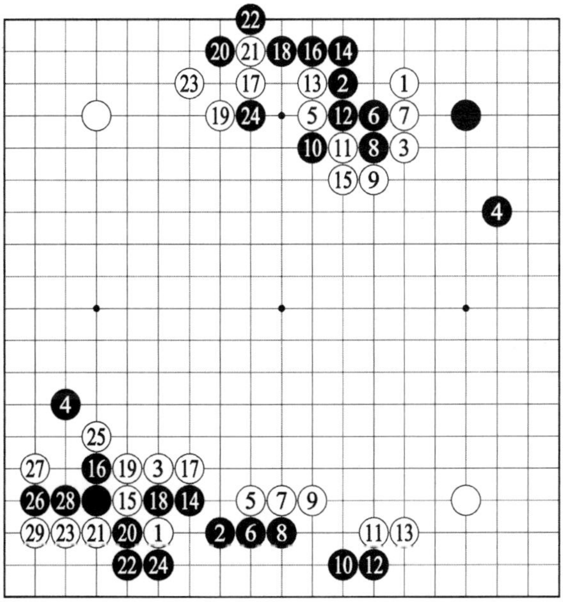

第三变

24 着

❷❹妙

第四变

29 着

⑮妙，㉓妙，㉕妙，㉗妙。

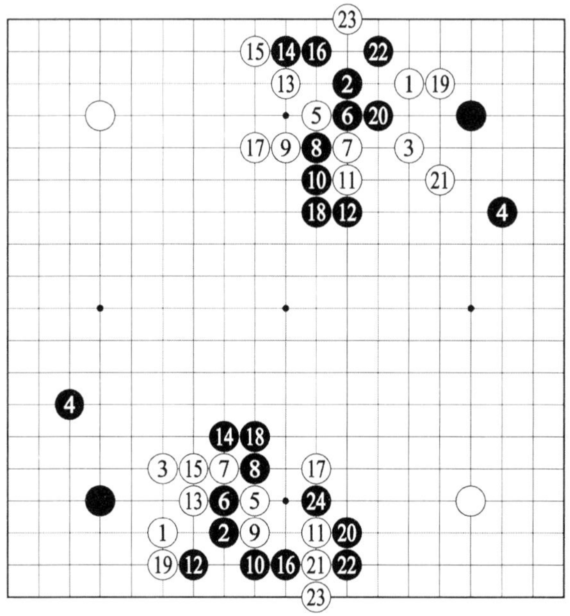

第五变

23 着

⑰妙，⑲妙

第六变

24 着

20妙，24妙。

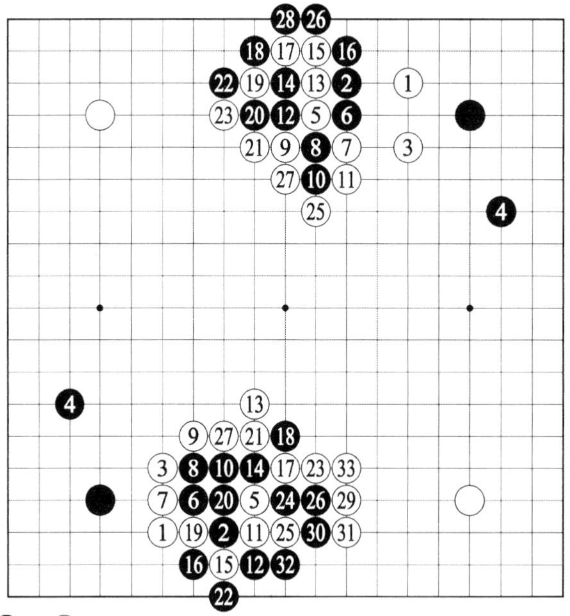

24 = ⑲

28 = ⑮

第七变

28 着

⑲妙，㉑妙，

第八变

33 着

⑮妙

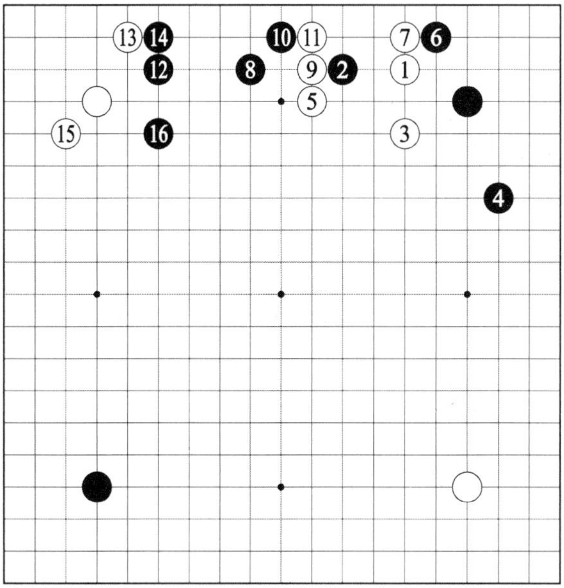

第九变

16 着

弃子两分

六四活套

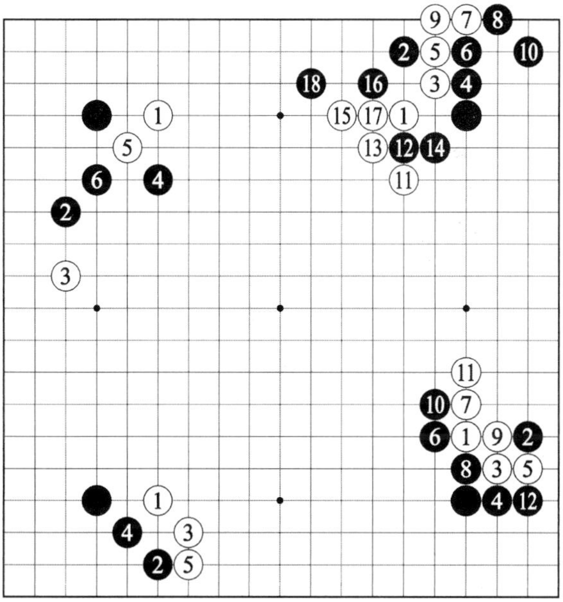

第一变

18 着

⓬妙，⓰妙，⓲妙。

第二变

12 着

❷妙，❻妙。

第三变

6 着

❹妙，❻妙。

第四变

5 着

旧谱以五二穿，则彼角实，令变七三尖，彼角未实，我势未伤。

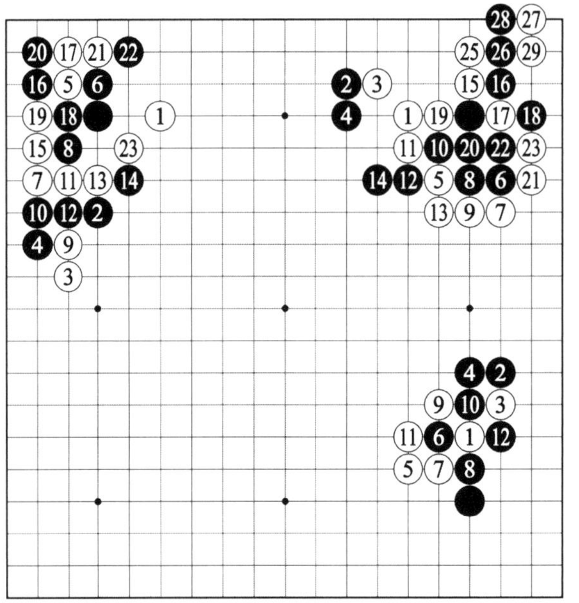

❷❹=⑰

第五变

29 着

⑰妙，㉗妙，㉙妙。

第六变

12 着

❻妙，❽妙，❿妙。

第七变

23 着

⑰妙，㉑妙。

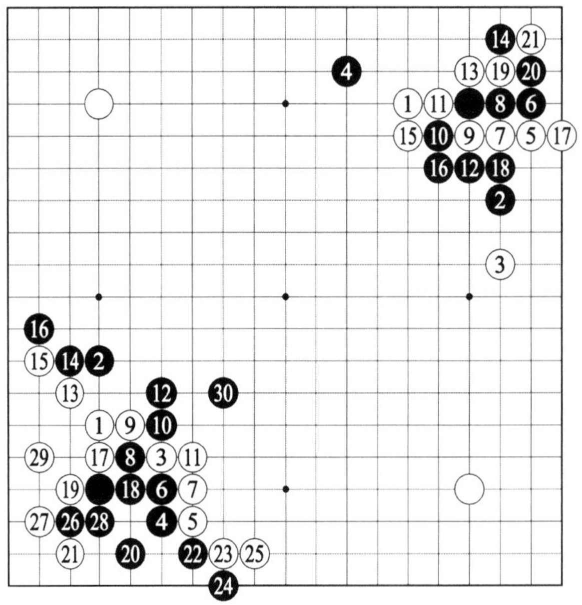

第八变

21 着

⑰妙极

第九变

29 着

❷⓿妙

七三活套

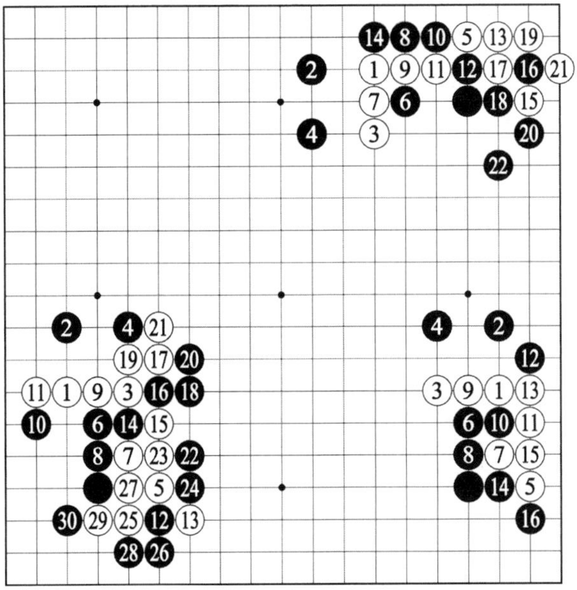

第一变

22 着

6妙，8妙，16妙，18妙。

第二变

16 着

7妙

第三变

30 着

16妙，18妙，22妙，28妙，30妙。

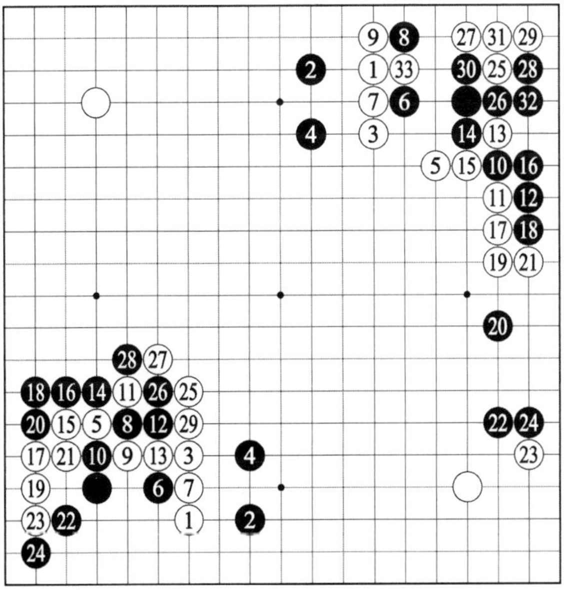

30 = 11

第四变

33 着

25妙，27妙。

第五变

30 着

6妙，8妙。

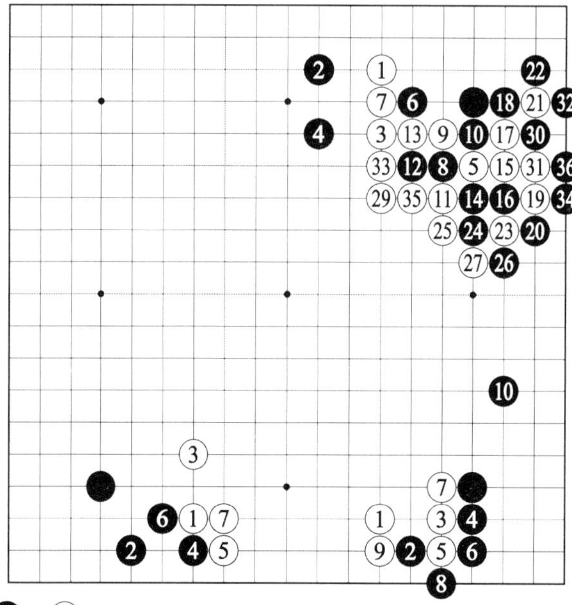

❷❽ = ㉓

第六变

36 着

⑰妙，㉑妙，㉓妙。

第七变

10 着

弃子实角

第八变

7 着

❹妙，❻妙。

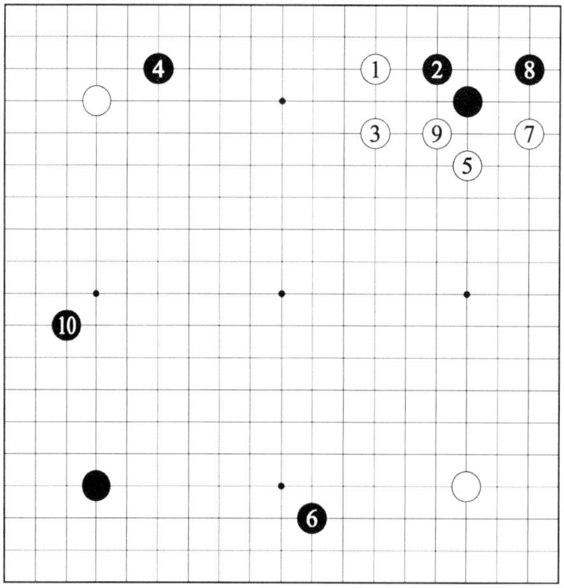

第九变

10 着

此三着不应角

八三活套

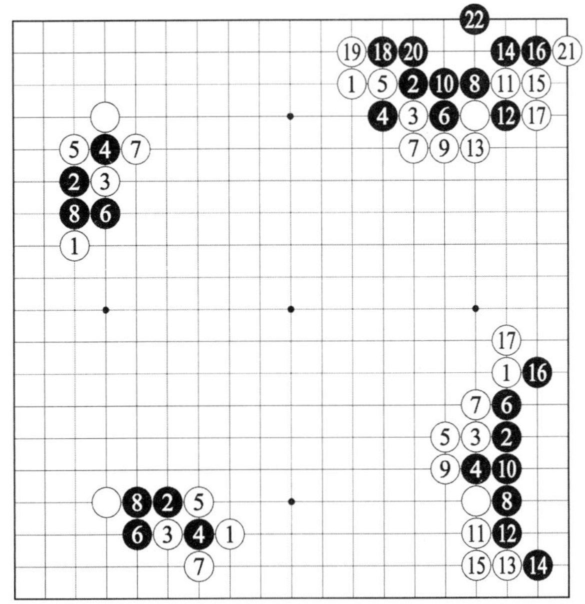

第一变

22 着

铁网数变皆因早投，以至失势。

故经云：入界宜缓。

第二变

17 着

第三变

8 着

第四变

8 着

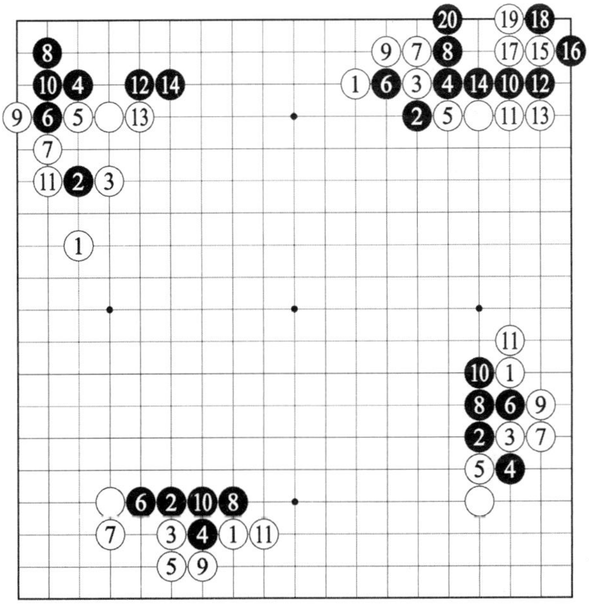

第五变

20 着

缓劫

第六变

11 着

第七变

14 着

❽妙

第八变

11 着

⑤妙

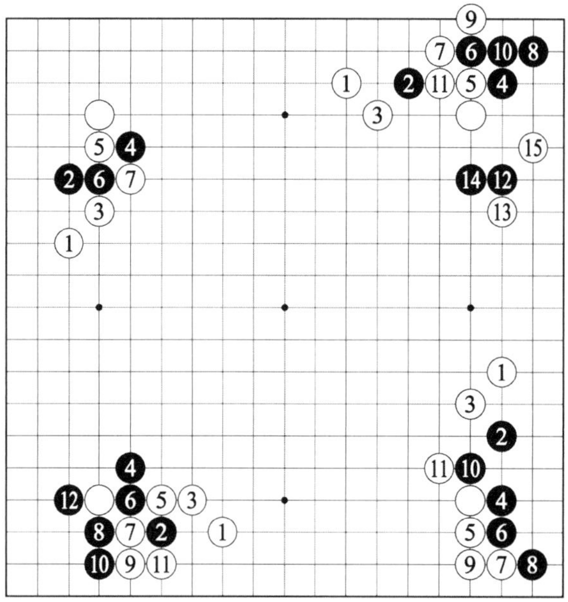

第九变

15 着

⓬妙，⑮妙。

第十变

11 着

第十一变

7 着

第十二变

12 着

九三活套

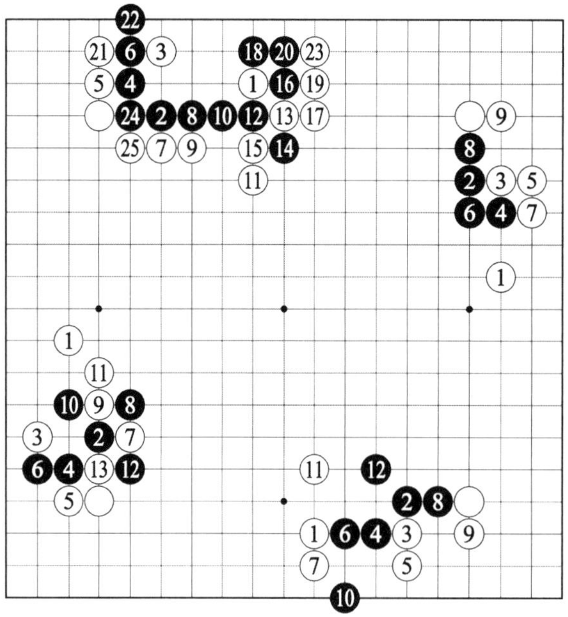

第一变

9 着

第二变

12 着

❻妙

第三变

25 着

第四变

13 着

③妙，⑨妙。

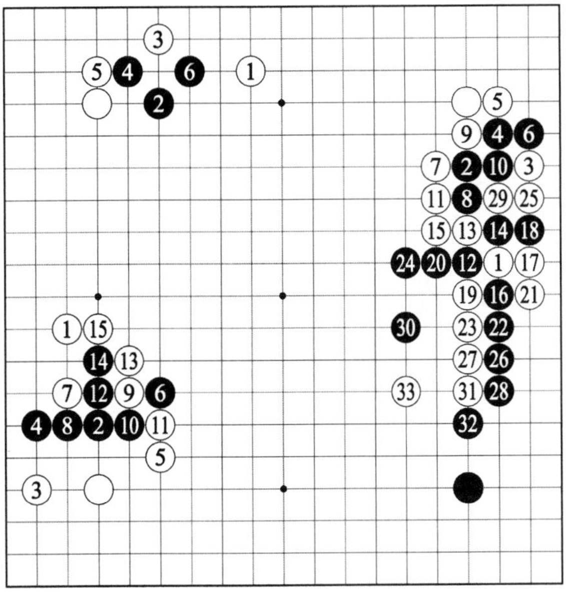

第五变

33 着

(23)妙

第六变

6 着

❻妙

第七变

15 着

(7)妙

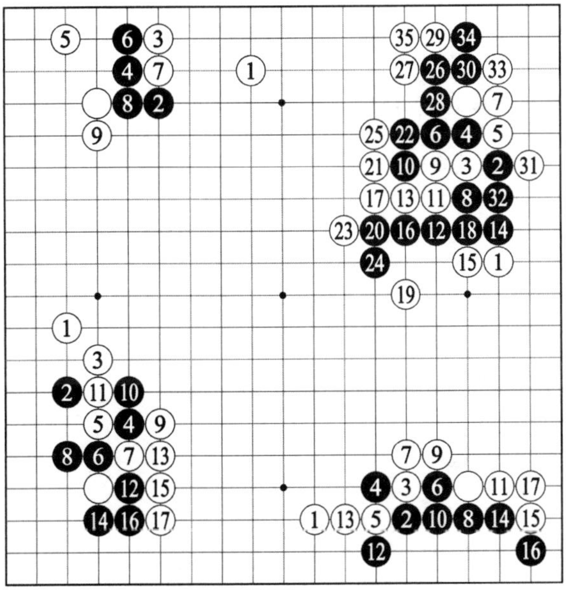

第八变

35 着

(27)妙，(29)妙。

第九变

17 着

(5)妙

第十变

9 着

(3)妙，(5)妙，(7)妙。

第十一变

17 着

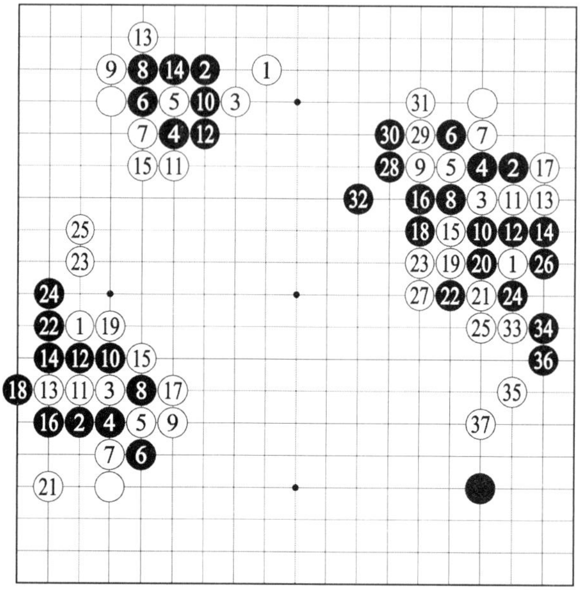

⓴ = ❽

第十二变

37 着

第十三变

15 着

⑨妙

第十四变

25 着

㉕妙

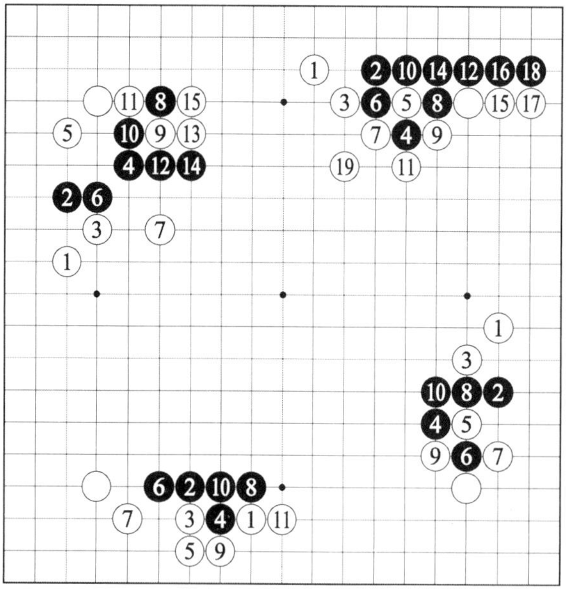

⑬ = ⑤

第十五变

19 着

第十六变

10 着

第十七变

15 着

⑨妙，⓮贪

第十八变

11 着

十三活套

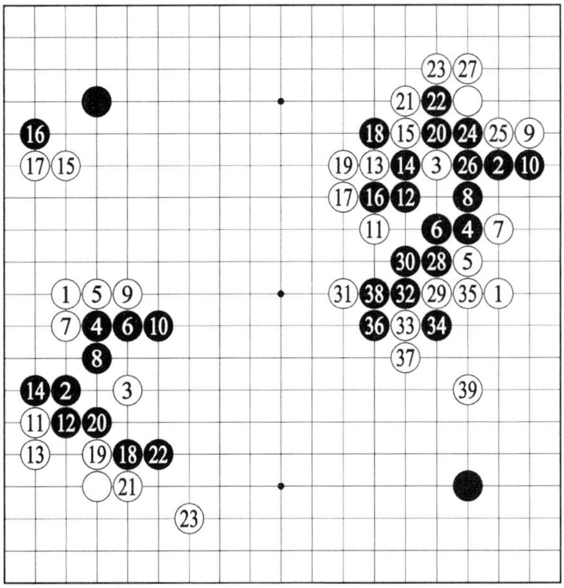

第一变

39 着

⑪妙，⑬妙，㉓妙，㉕妙，㉗妙。

第二变

23 着

黑子自始至终着着求先。

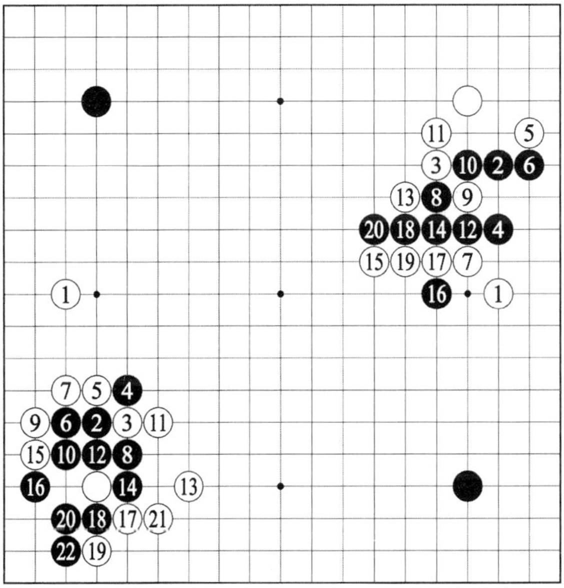

第三变

20 着

⑨妙，⑮妙，⑰妙，⑲妙。

第四变

22 着

取势妙

十四活套

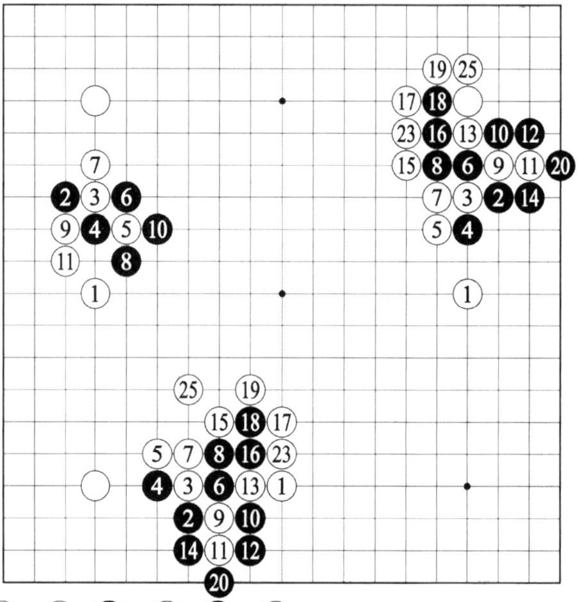

㉑ = ⑨；㉒ = ⑪；㉔ = ⑨

㉑ = ⑨；㉒ = ⑪；㉔ = ⑨

第一变

25 着

③妙，⑤妙。

第二变

11 着

第三变

25 着

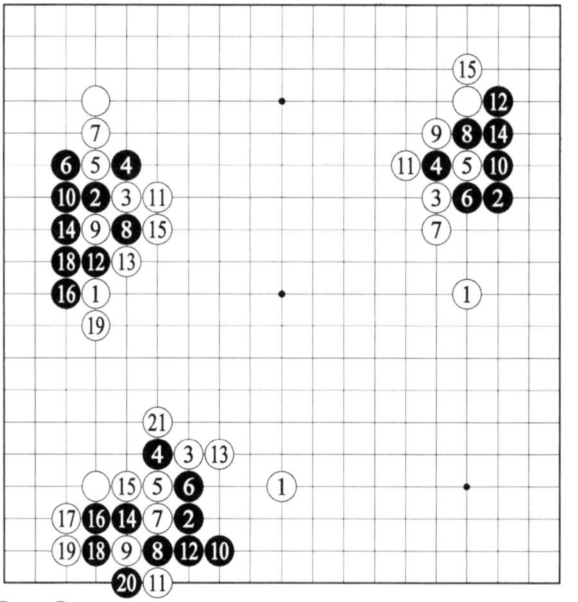

⑬ = ⑤

⑰ = ⑨

第四变

15 着

第五变

19 着

第六变

21 着

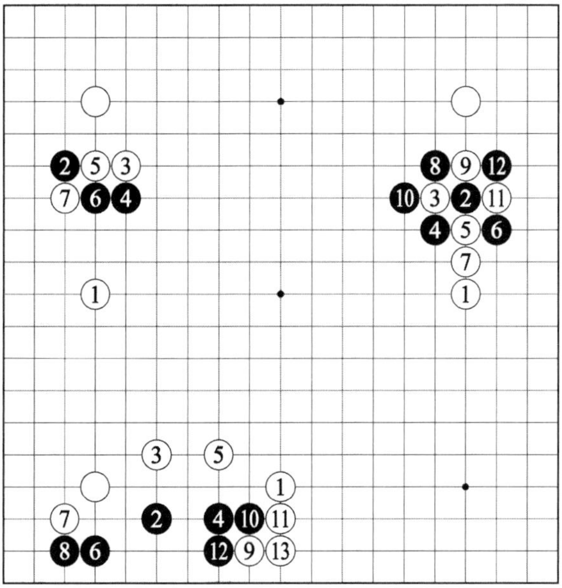

第七变

12 着

劫

第八变

7 着

第九变

13 着

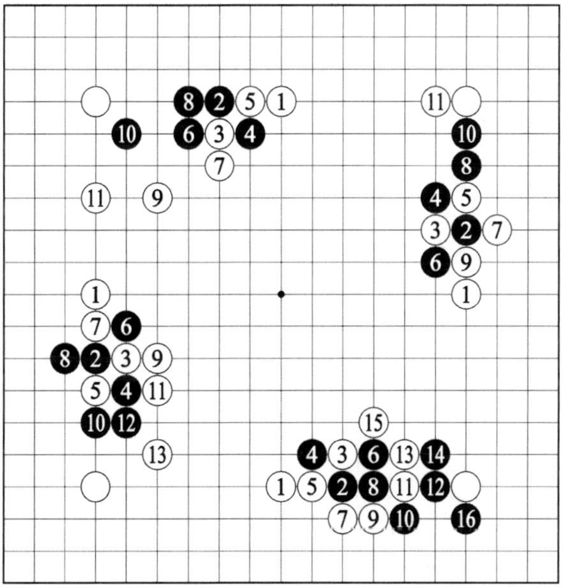

第十变

11 着

第十一变

16 着

第十二变

11 着

第十三变

13 着

双飞活套

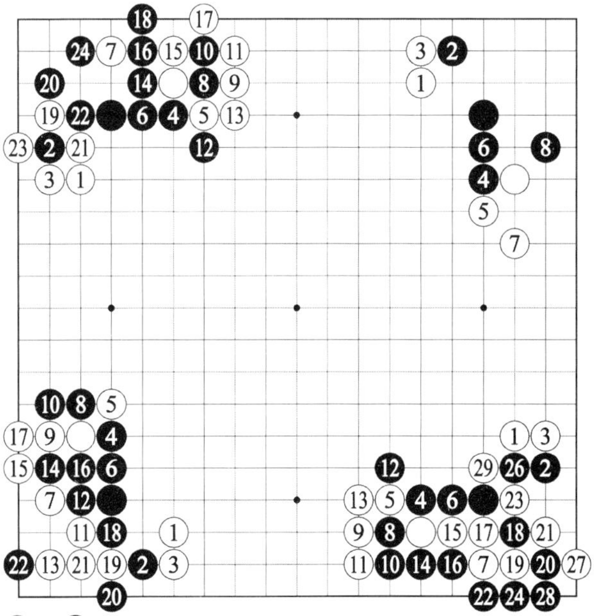

㉕ = ⓲

第一变

8 着

❻妙

第二变

29 着

金鸡独立，㉗妙，㉙妙。

第三变

24 着

第四变

22 着

22妙

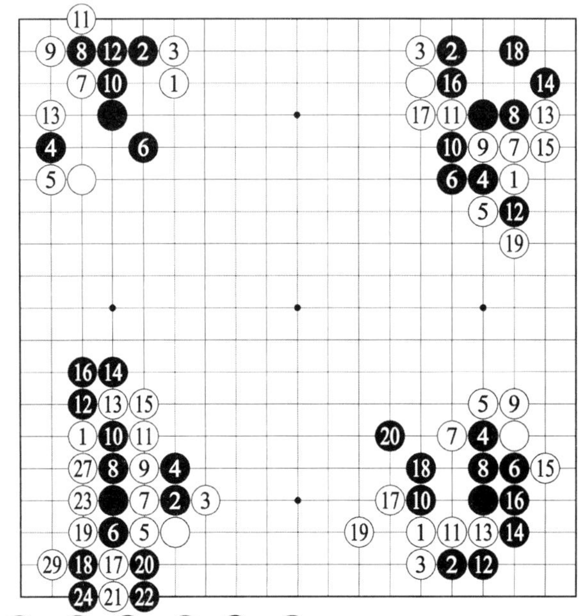

㉕ = ⑰；**26** = ㉑；**28** = ⑰

第五变

19 着

⑬妙，⑮妙。

第六变

20 着

⑮妙

第七变

13 着

第八变

29 着

⑰妙，⑲妙，㉑妙。

空花活套

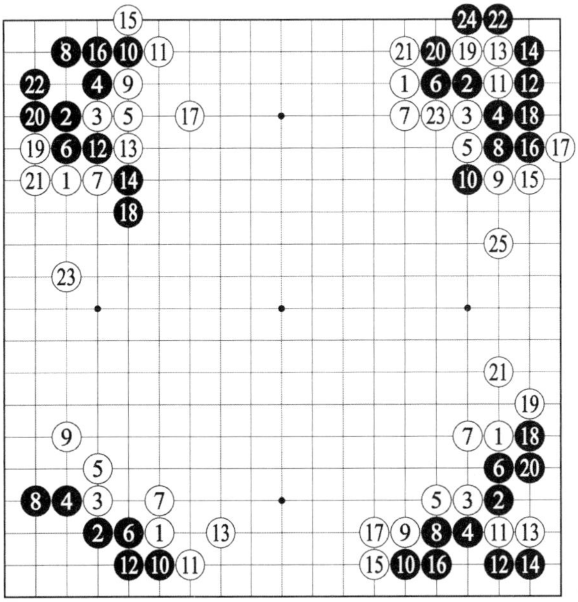

第一变

25 着

受二三子切要

第二变

21 着

⑪妙，⑬妙。

第三变

23 着

⑰妙，㉑妙。

第四变

13 着

❽妙

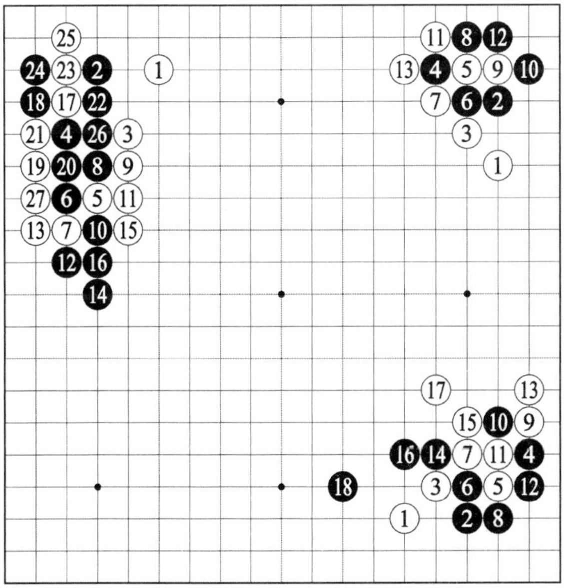

第五变

13 着

⑤妙，⑨妙，⑪妙。

第六变

18 着

❹妙，❿妙。

第七变

27 着

⑰妙，⑲妙，㉑妙。

十字活套

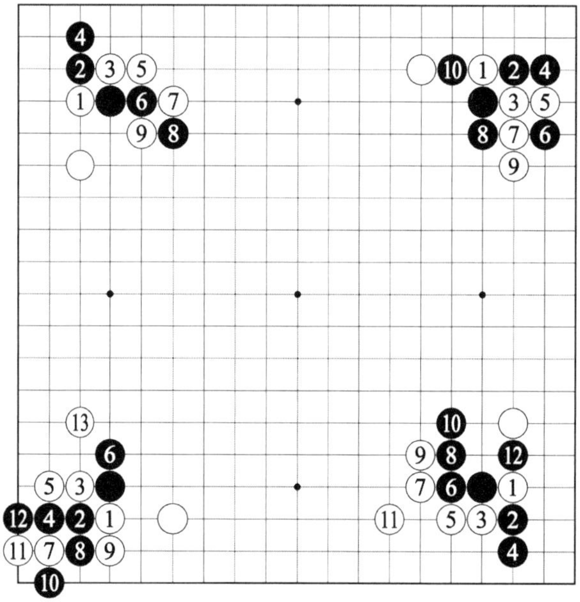

第一变

10 着

❹妙，❻妙，❽妙。经云：十字不可先扭，扭即打，故多不敢犯。

第二变

12 着

❹妙，❻妙，❽妙，❿妙。

第三变

9 着

❽贪，⑨妙。

第四变

13 着

❻缓，⑦妙，⑨妙。

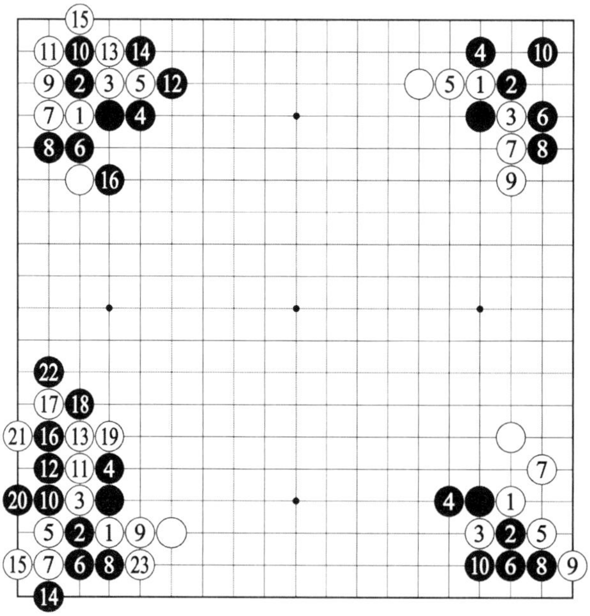

第五变

10 着

第六变

10 着

⑦退妙，得先手。

第七变

16 着

打换。

第八变

23 着

⑮妙

侵分活套

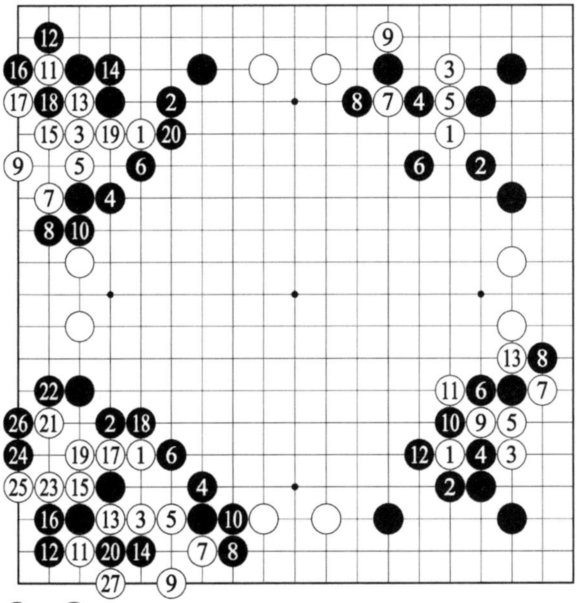

㉑ = ⑪

第一变

9 着

凡侵分不可先动，否则失势。

故经云：施行未成，不可先动。

大局以定，然后侵法得行。

第二变

13 着

①妙

第三变

21 着

劫

第四变

27 着

⑮妙，㉕妙，㉗妙。

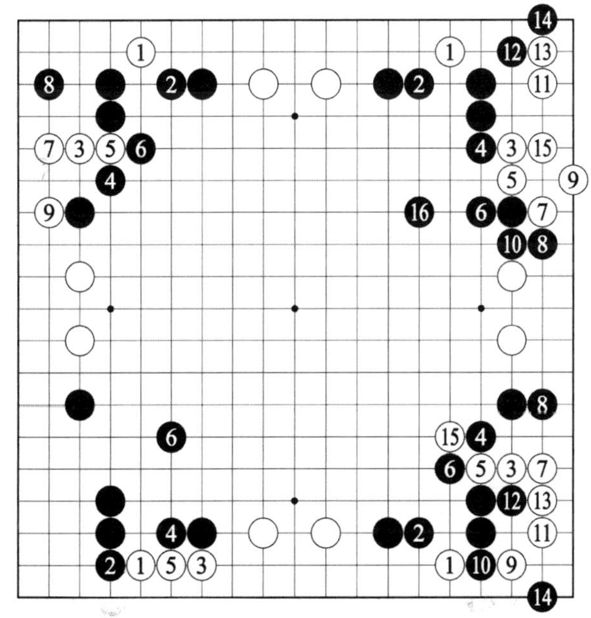

第五变

16 着

第六变

15 着

⑤妙，⑦妙。

第七变

9 着

第八变

6 着

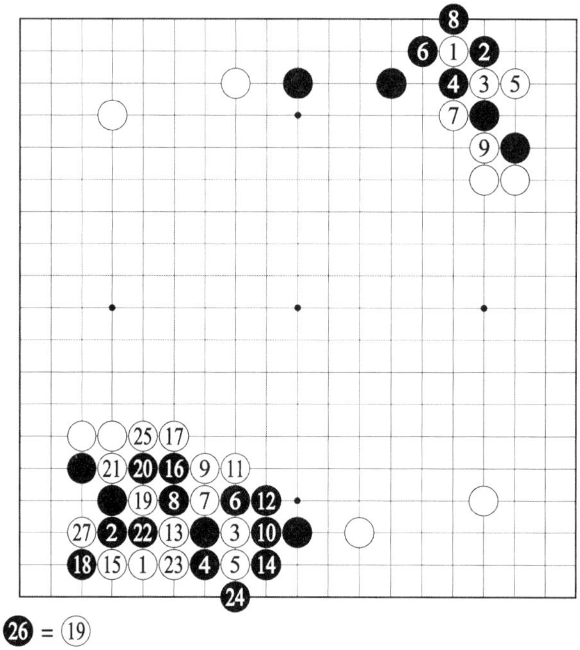

第九变

9 着

③妙

第十变

27 着

③妙，⑲妙，㉗妙。

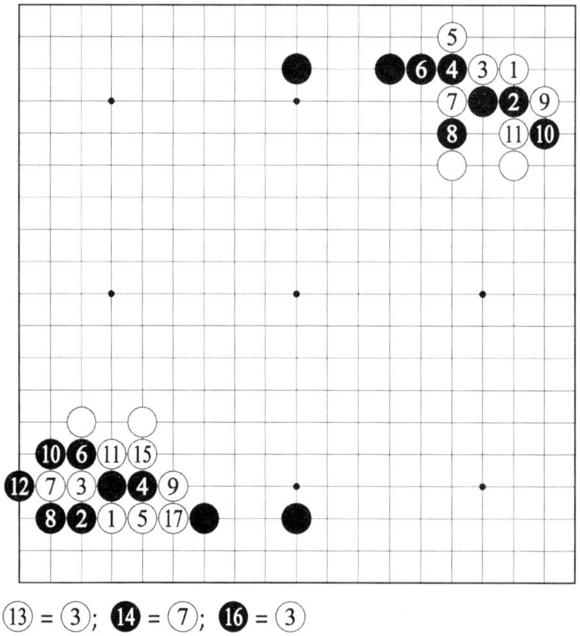

第十变

11 着

第十二变

17 着

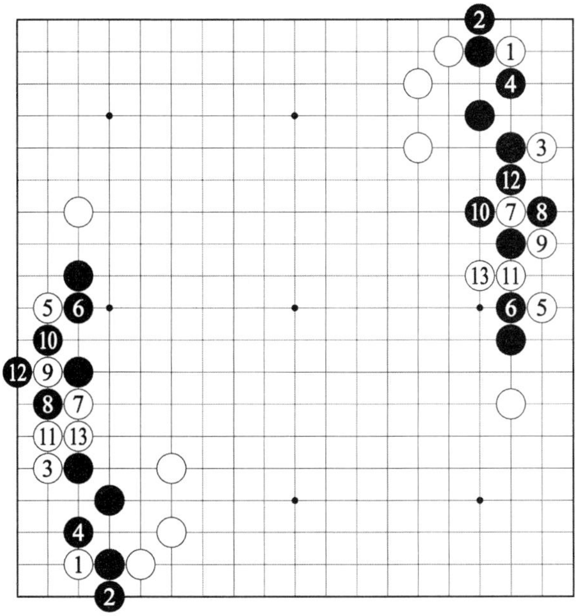

第十三变

13 着

③妙，⑤妙，⑦妙

第十四变

13 着

③妙，⑦妙，⑨妙。

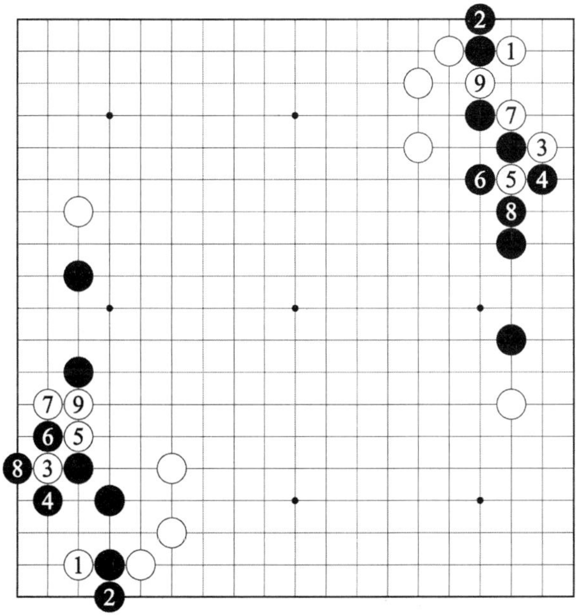

第十五变

9 着

第十六变

9 着

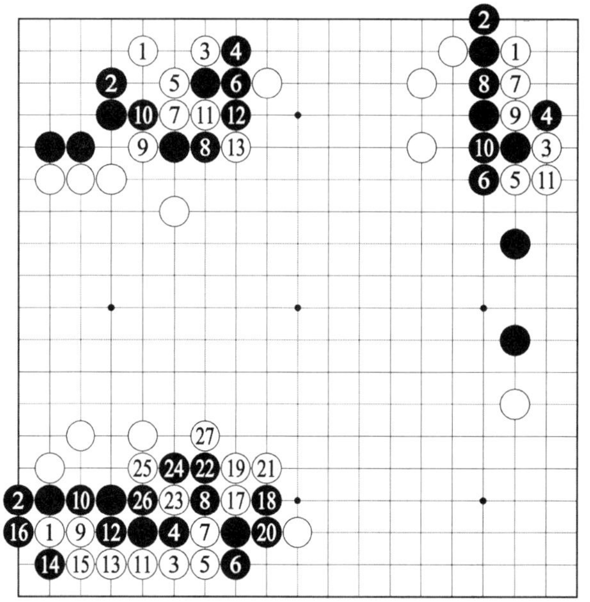

第十七变

11 着

第十八变

27 着

㉑妙，㉓妙，㉕妙。

第十九变

13 着

⑨妙，⑬妙。

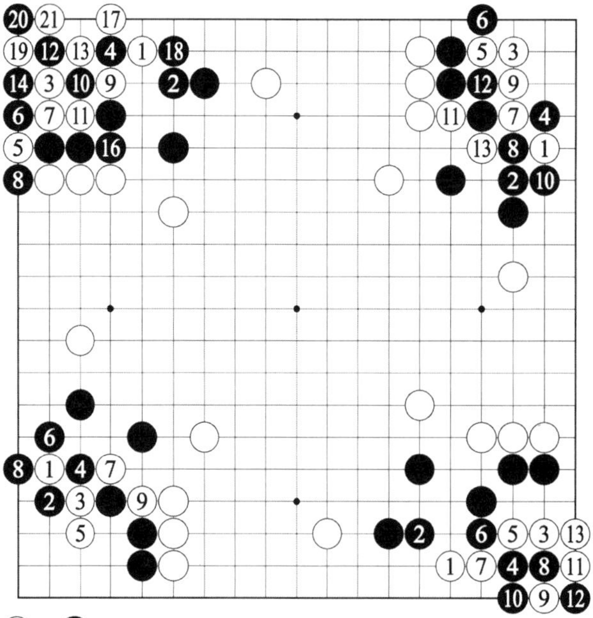

⑮ = ❿

第二十变

13 着

⑤妙，⑦妙。

第二十一变

13 着

⑨妙

第二十三变

21 着

劫

第二十三变

9 着

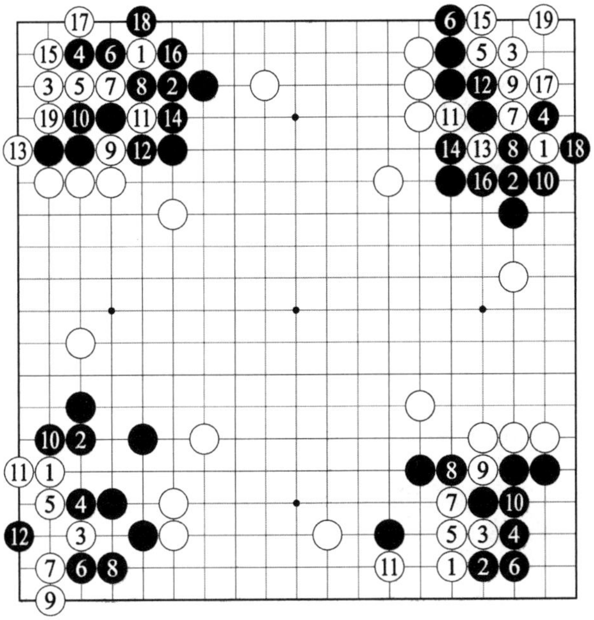

⓴ = ⑪

第二十四变

19 着

⑪、⑬催活妙。

第二十五变

11 着

第二十六变

20 着

第二十七变

12 着

❽妙

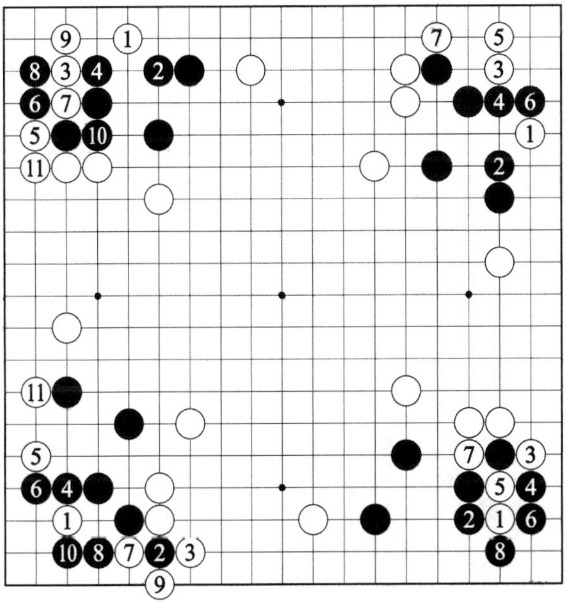

第二十八变

7 着

五妙

第二十九变

8 着

❹妙，❻妙

第 30 变

11 着

第三十一变

11 着

⑤妙

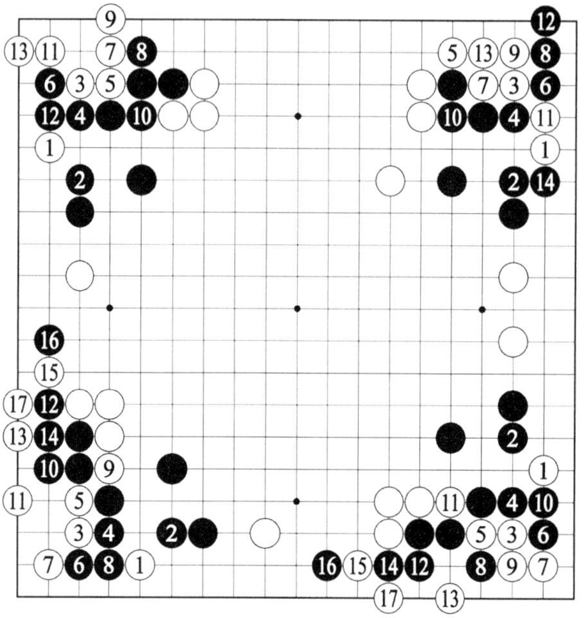

第三十二变

14 着

⓬妙极

第三十三变

17 着

⑬妙，⑰妙。

第三十四变

13 着

⑨妙

第三十五变

17 着

⑪妙，⑬妙，⑰妙。

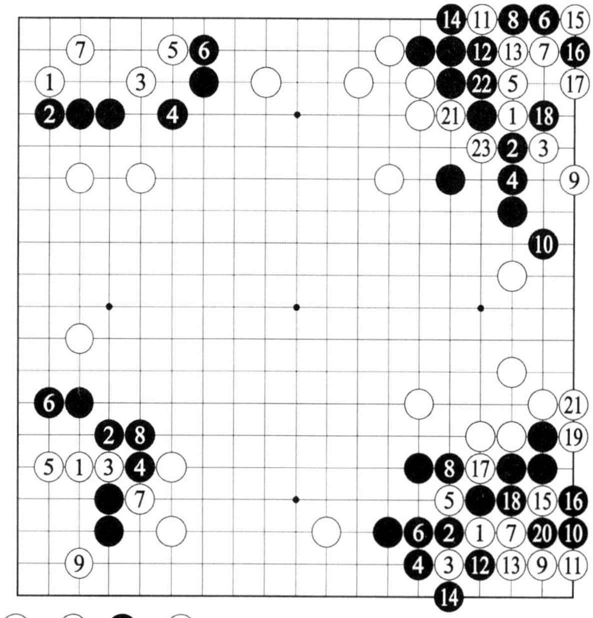

⑲ = ⑮；⓴ = ⑪

第三十六变

23 着

⑨妙

第三十七变

21 着

⑨妙，⑪妙，⑲妙，㉑妙。

第三十八变

7 着

⑦妙

第三十九变

9 着

⑤妙，⑨妙

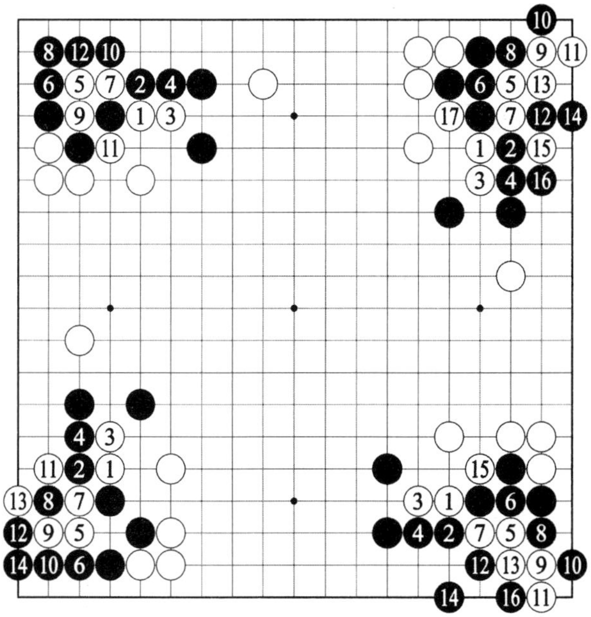

第四十变

17 着

金鸡独立，⑪妙，⑮妙。

第四十一变

16 着

劫，⑪妙。

第四十二变

12 着

❻妙，❽妙。

第四十三变

14 着

❻妙，❽妙，❿妙，⓬妙。

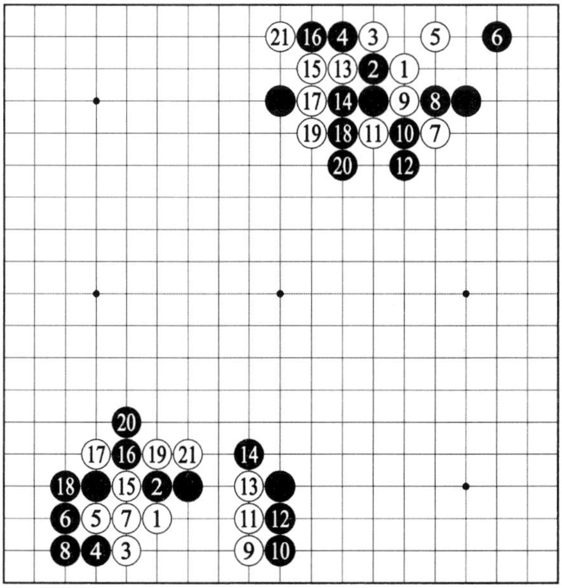

第四十四变

21 着

第四十五变

21 着

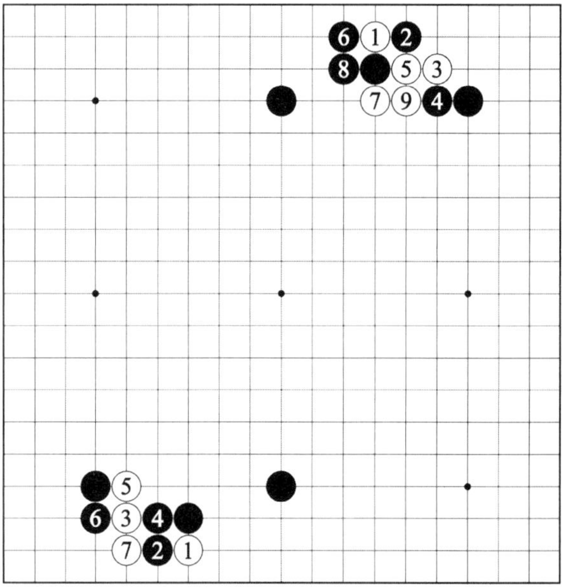

第四十六变

9 着

③妙

第四十七变

7 着

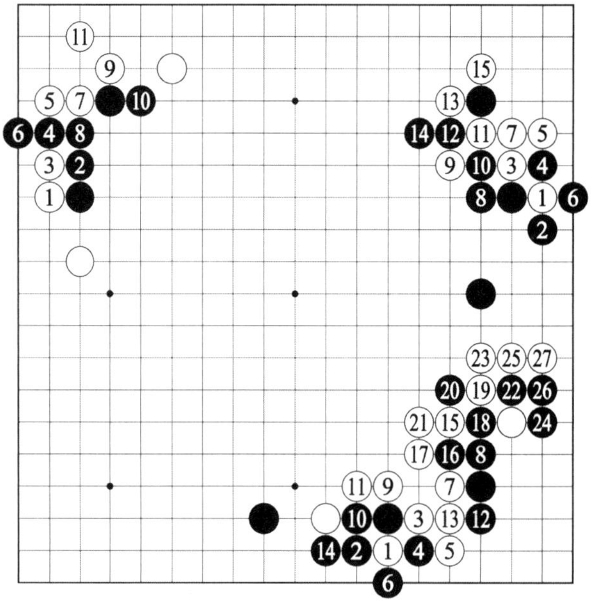

第四十八变

15 着

第四十就变

27 着

第五十变

11 着

⑪妙

弈正

（明）雍皞如 著

王坚 点校制谱

明刻本

点校说明

《弈正》由明代棋手雍皞如所著。雍皞如，字熙世，一作熙日，号穆野，南直隶无为人。序由明代书画家陈继儒撰。《弈正》一书平易朴实，全书共分为上下两卷，上卷满局说、起手说，下卷侵分说、残局说，并对前人所著《萃弈搜玄》、《弈微》、《秋仙遗谱》、《弈选》诸谱部分变式进行了精悍的评析，本次点校本缺“满局说”。

序

固陋寡所闻见，而班孟坚《弈旨》首言："局必方王，象地则也；道必正直，神明德也；棋有黑白，阴阳分也；骈罗列布，效天文也。四角既陈，行之在人，盖王政也。"政者，正也。兰台令史已先标正之旨矣。即子振之微，与皞如相发明，要皆以正出之，未有不正而可入微者，匪直一弈为然。象山先生言，自是正理。虽有知巧，莫之能易，唐一行四句乘除语，庶几近之，彼吊诡之徒，冷暖玉，龙凤形，吞三卷，记九枰，天帝取棋，樵人烂柯，则诚无稽，第供诨谐耳。如曰老傖拾腐儒余唾，试观皞如会戏下子，便知非妄，但恐头作到家悬风槌也。

大泌山人李维桢本宁父

弈正序

世人不好弈，伧藏拙于孙太子和韦庶子曜论中，甚则如陶荆州猪奴之戏，王临川野狐之目。非特不韻抑，何其不广也。古者名士辨贼，异人识英雄，往往从棋局谈笑间得之。其次或往复说易，纵横论禅，精微所在，手不能言，若以喻兵法，又其粗者已。余曩从王元美先生游，客有李釜以寓公老于娄，称国手。前李而为敌者，鲍与颜；后李而为敌者，程、岑与方。仅六人，而余独识李翁甚习。李累岁主王侯中贵将相之家，未尝涉毫发家事及臧否。元美先生爱重之，无所忤，亦无所讳避。间常与谈弈，曰弈以奇谋，人以巧思，参是犹有童心焉。奇之极而后造于平淡，巧之极而后诣于自然，非真平淡自然也，乃正之至也。陈子闻而心识之。而嗣是见一二佻少年与人弈，弈又负，时名旁观者注目赞叹，以为天下之奇巧莫此人若也。已佻少年当耦敌，则胜负半，当坚敌，披靡北矣。盖奇巧有余，而正不足耳。垂三十年而今始得皞如雍君，君所著《弈正》有初局，有满局，有分局，有残局，皆博取古势□参订之，去繁就简，去难就易，去奇巧而悉禀于正，若使起李翁诸曹而与之角，走鹿穴虎，未必不落雍君手中，近者方藏刀林善割王，范左右格斗，皆推轂雍君不去口。而君又精思好古，不废法而能不法法，不法法而又能拈示人以法，异矣哉。惜侠隐布衣识君者鲜，而姑借《弈正》一编，以寓其深湛，牢骚之意可叹矣。林逋不解弈，子瞻差解而又劣，余在两公季孟，闻辄以自愧，安所得授。书而更进之，昔有梦吞《棋经》三卷者，其指授皆出人意表，吾将饱啖君《弈正》书而后与君战，君能挑我否也。

云间眉公陈继儒撰

凡例

一、是谱以《弈正》名者，谓尽弈之道，悉皆正。正之外无余法，有余法即非正也。

一、弈与易通理，最简易，即正之谓也。故《弈正》以平易为主。

一、诸谱所取式极多，盖谓博而能尽其变也。然多变则多疵，反不足以为法，似犹不若简者之无弊，故以就简为正。

一、立谱之意，原悉采诸谱中之善者，分门析类而正之。然若起手，若满局，若侵分皆不著出某谱者，为顺其头绪，不能一一书也。惟残局则有半出己意变之者，故仍旧谱之名，在留心斯道者详之。

一、诸势中互有是非，不徇私意，即云某着妙、某着非者，亦就其势而正之云耳。

一、《弈正》于诸谱中片长必录，微疵必议者，盖可否惟尽其在我，至是非愿俟之将来云。

卷之上

起手说

起手势，入门法也。道正则所趋亦正，否则莫知堂奥之在何许。故曰：正道本无歧，多歧非正道。弈之为道，亦然也。何者？弈之有谱也，便初学者也。既谓初学，则识见有未真，趋向有未定，若更以多变而俾其效法之，是犹欲其入而乱其门户也，又安能望其升堂入室哉。余故于古边角势中取其平正可法者，每势变惟取二，多不逾四，盖欲就简去繁，一归平正云耳。

起好手式

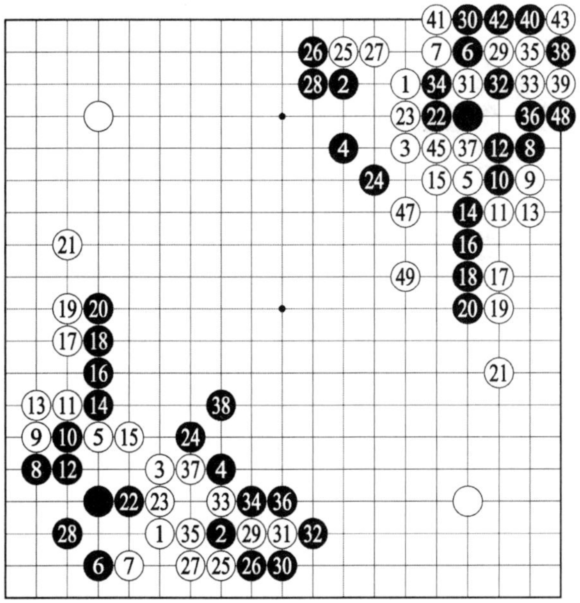

44 = 31; 46 = 38

第一变

第二变

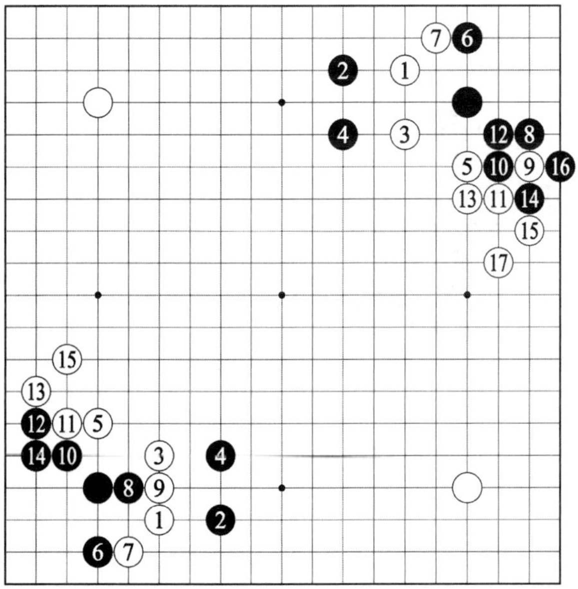

第三变

前二式非失外势，则受内劫，盖录⑬之恋子也。此后二式简妥，皆当取法。

第四变

小角图式

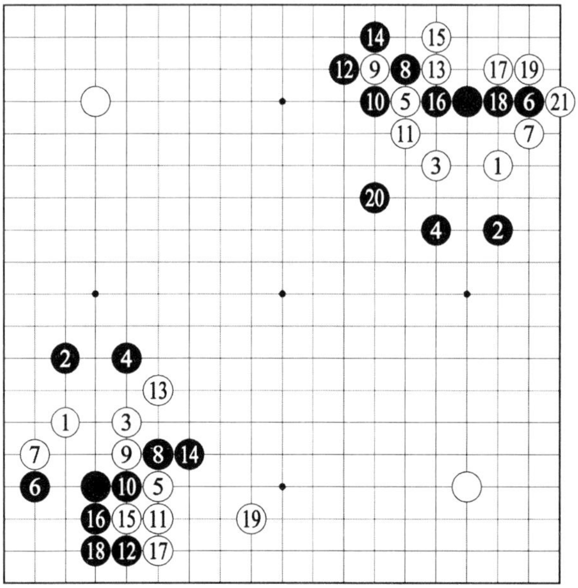

第一变

第二变

立仁角式

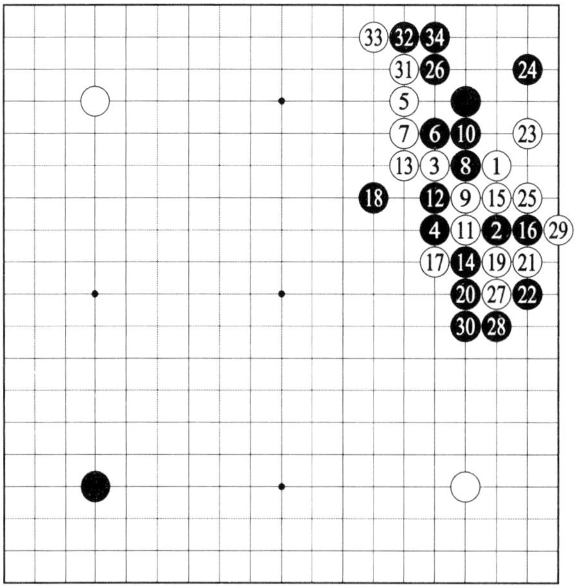

□□变虽多，总不若此式两分为妥。

背绰角式

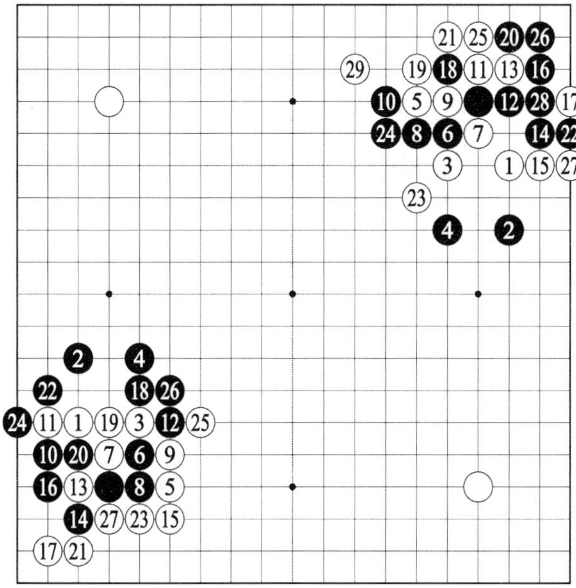

❷❽＝⑬

第一变

⑰好。

第二变

⑰好。

大角图式

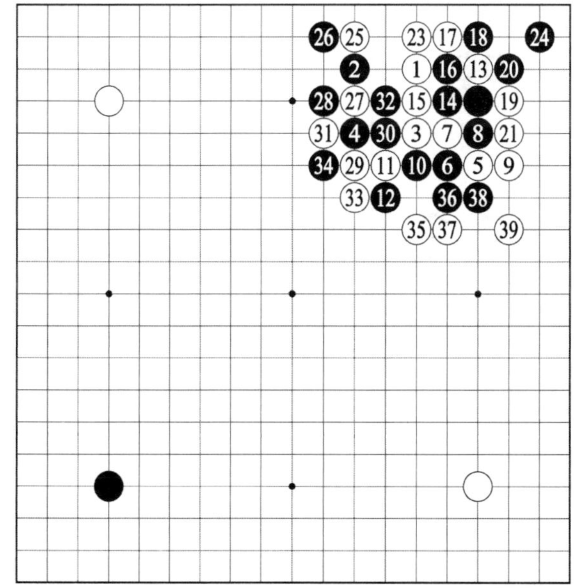

❷❷＝⑬

㉟好。

金井栏式

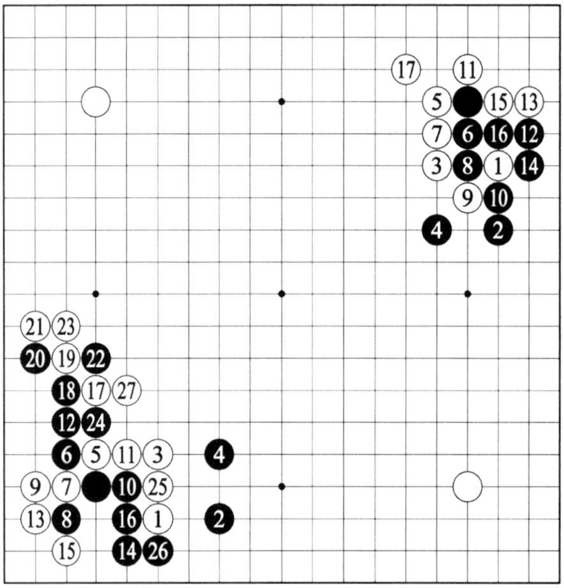

第一变

第二变

㉑好。

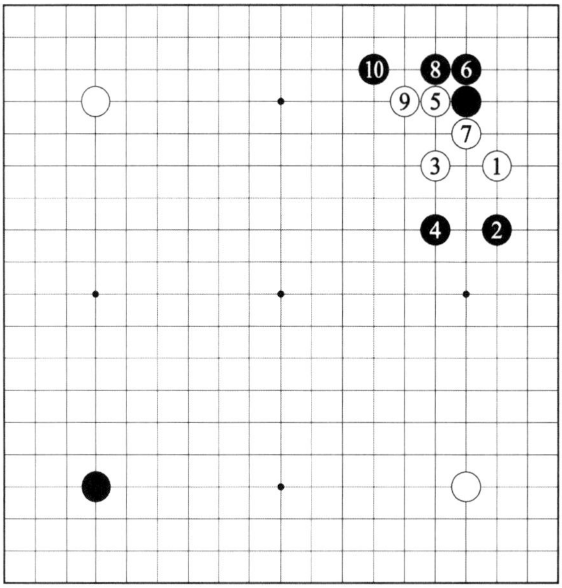

第三变

此式两分可法，出《玉局》，好。

钓竿式

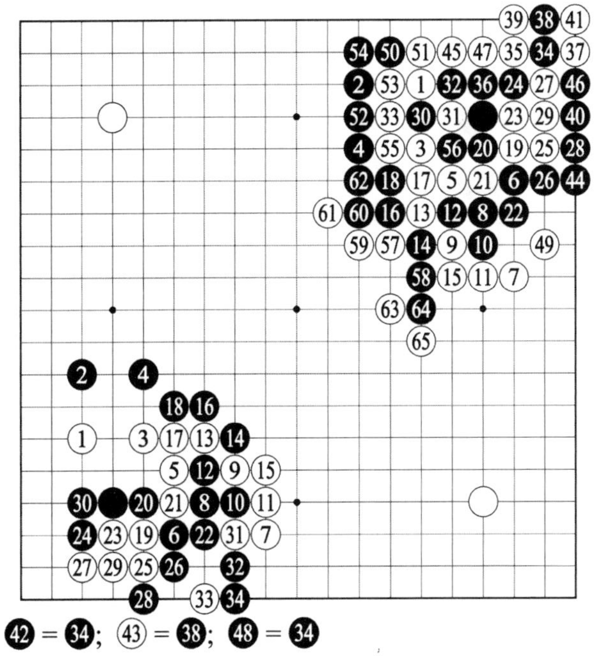

第一变

此玉局中第四变也。原评：白玄妙莫测，着着皆优，所谓置之亡地而后存，鄙意不然，故正之于后。

变前式

前式惟30用巧，乃以取败，若余变此，则白不能两全。意者可为用巧之戒耶。大概此式⑲，若先于14上觑，则黑势破矣。为其侵角太早，故有是病。

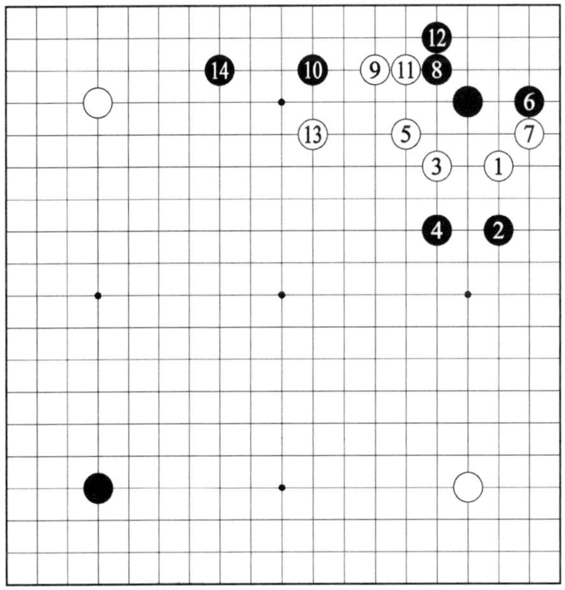

第三变

大压梁式

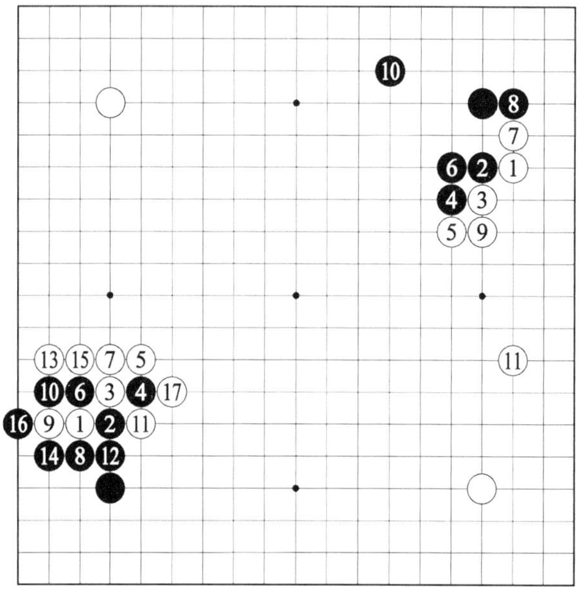

第一变

第二变

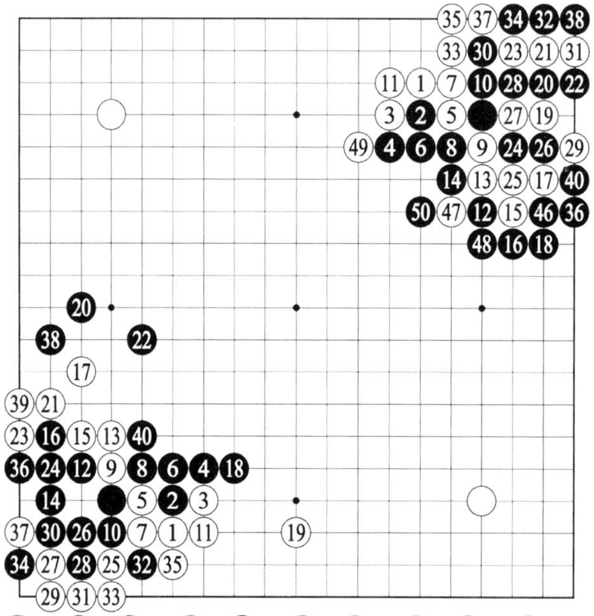

39 = 21；41 = 23；42 = 31；43 = 23；44 = 26；
45 = 24

第三变

出《萃弈搜玄》

18、24俱好。

第四变

此式诸谱止于 29 着，谓黑败矣。予因其意而演之至 40 着，而黑复胜，遂增录之。

倚盖式

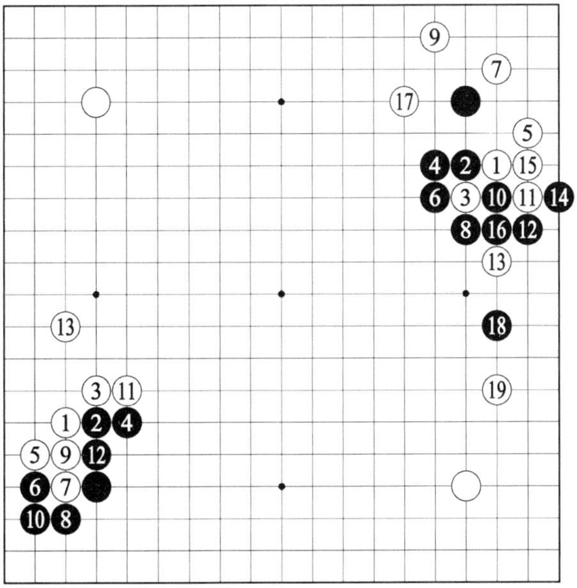

第一变

第二变

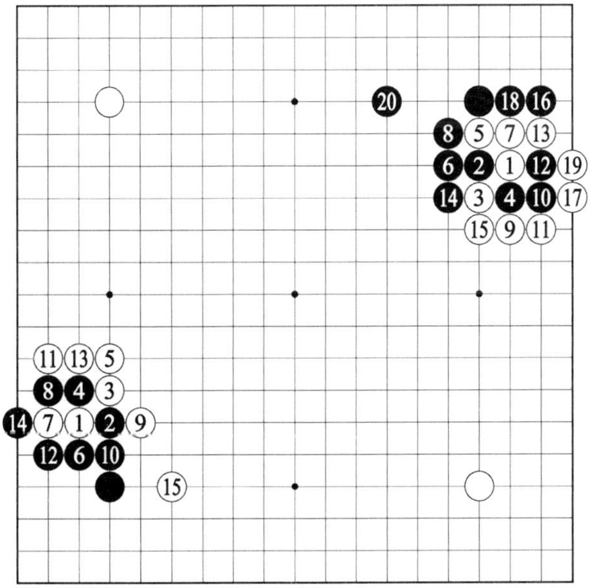

第三变

⓬好。

第四变

⑤好。

倒垂莲式

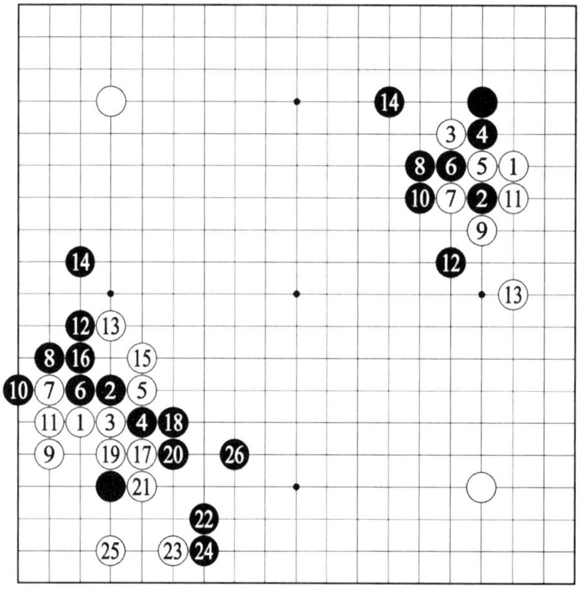

第一变

第二变

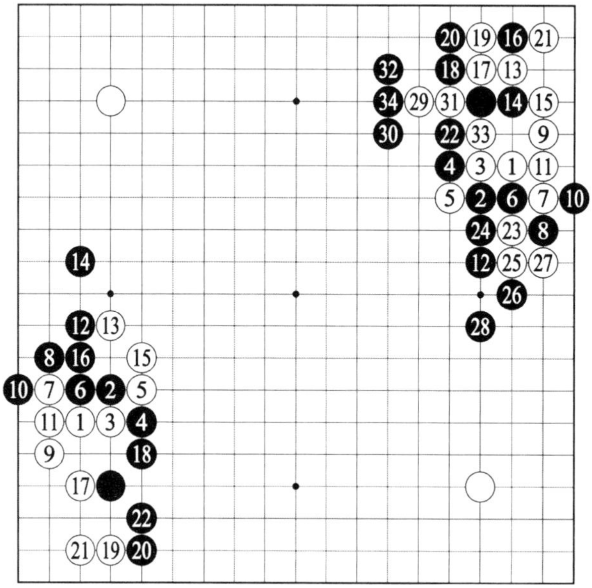

第三变

⑯、㉚好。

第四变

镇神头式

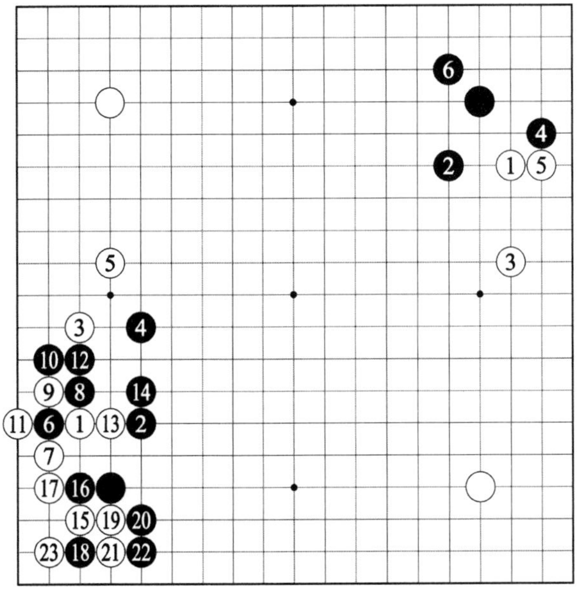

第一变

第二变

❻、⓲俱好。

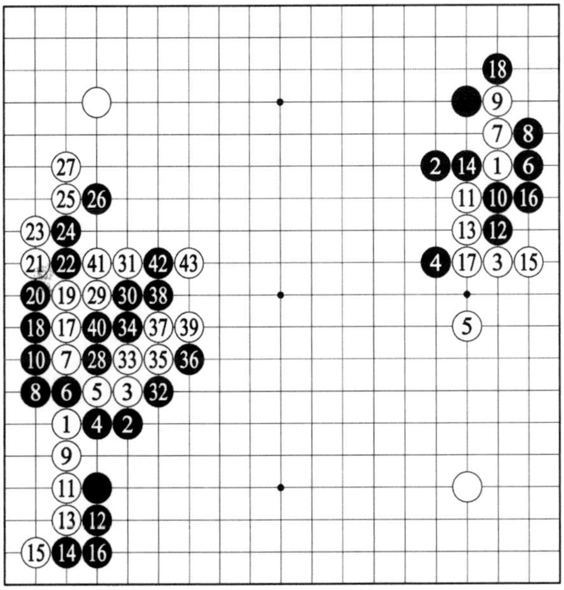

第三变

第四变

顾师言一子解双征图，㊸妙。

卷帘边式

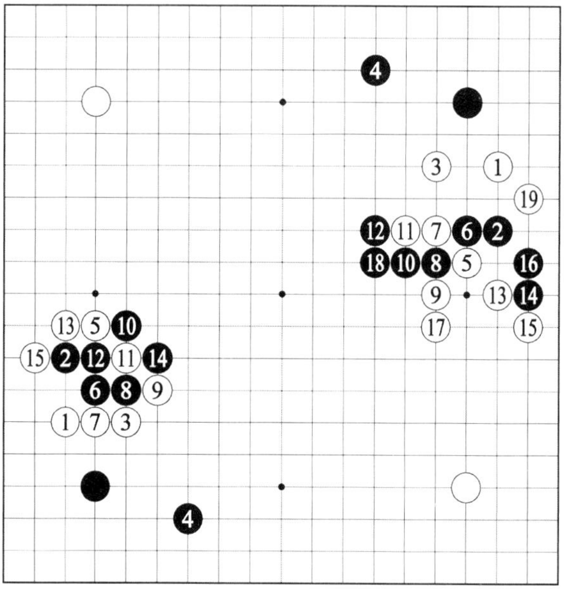

第一变

⑰好。

第二变

⑬好。

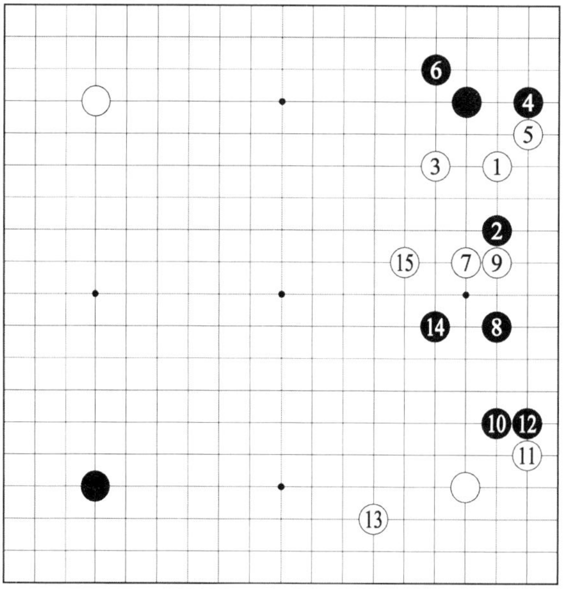

第三变

□好。

平关斜飞式

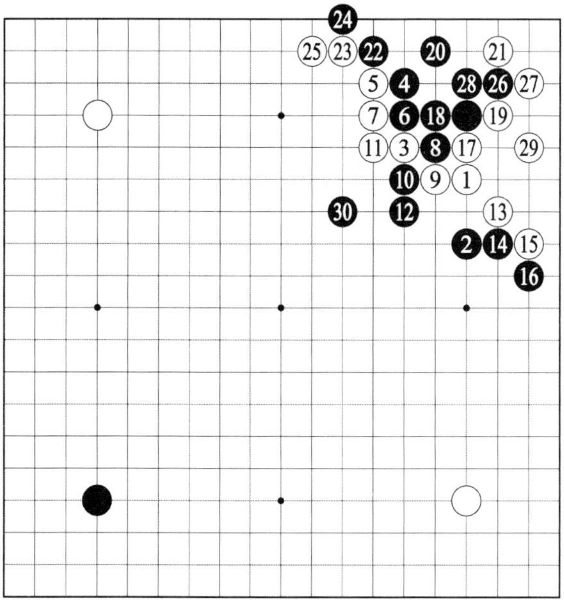

⓴好。③恐非平正。

破象眼势

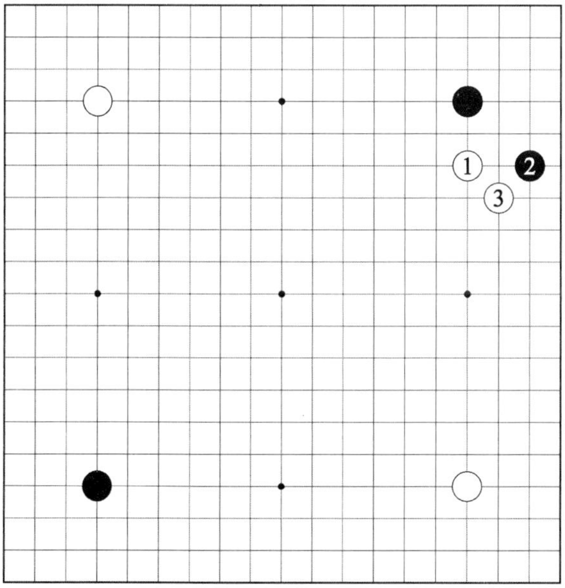

玉局评：❷设网入，多于五三穿，即堕术中，今变七三尖，则彼角未实，我势未伤，极是。

空花角式

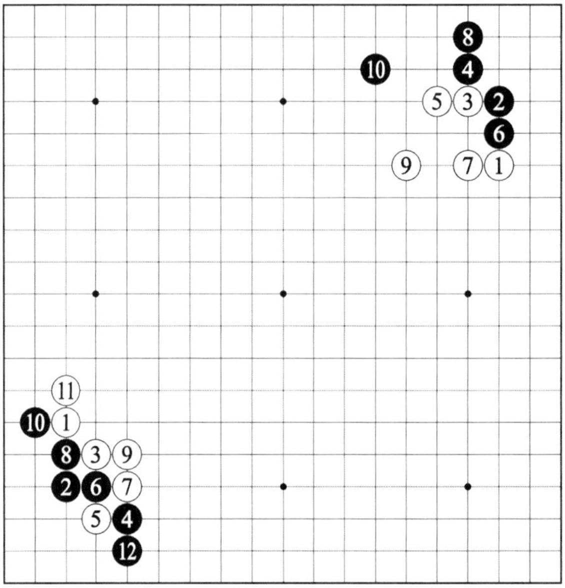

第一变

诸谱变俱失势，予恒对局得二式，非若诸谱之太促，故录之。

第二变

❽好。

大铁网式

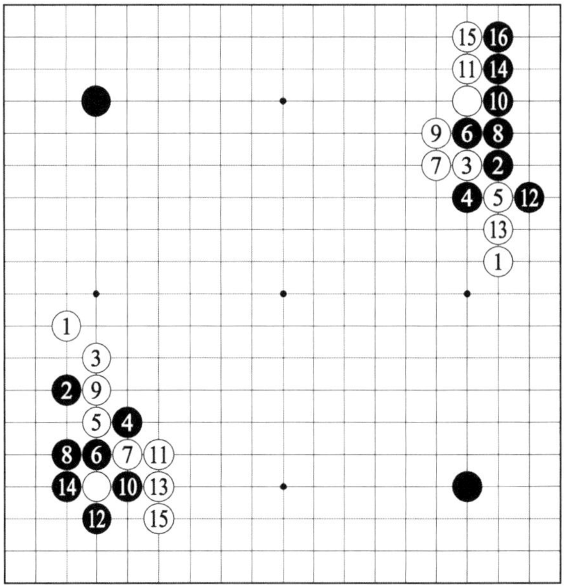

第一变

第二变

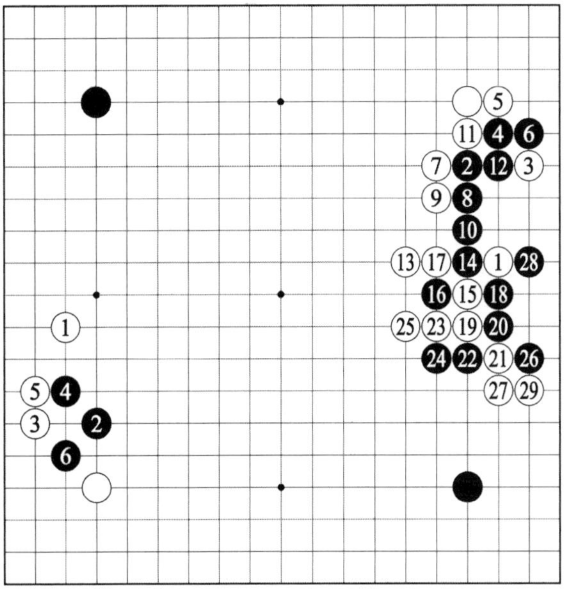

第三变

第四变

玉局评：铁网诸变皆因投早，以致失势者。诚然。此式❹不入套，而外势复不伤，较之诸变为简。

十三起手势

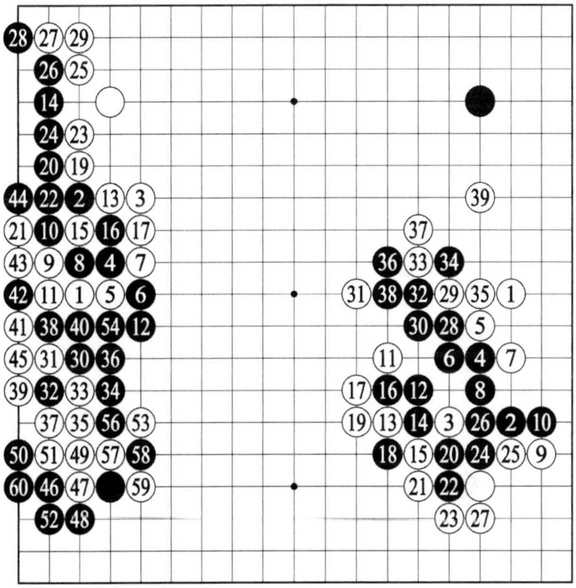

❽=⑮；㊺=㊷

第一变

此王友谅与李棋童对局图也。玉局评：投早失势。固是。予谓置⓲于五五虚断，或不致若此其促也。

第二变

即玉屏风势，争杀至60着，成赶粘不及固巧，然㉗着当先于七三拆活，则外势两得，今恋杀太急，取败宜矣。

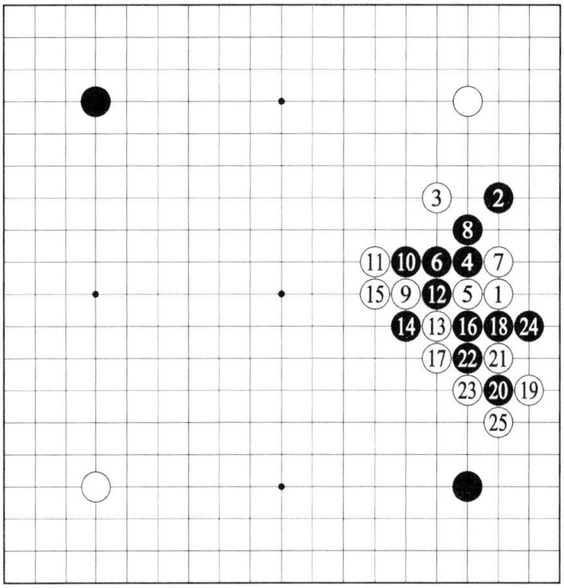

第三变

⑲好。⓴太入套。⓮亦当于九四虚断。

玉栏杆

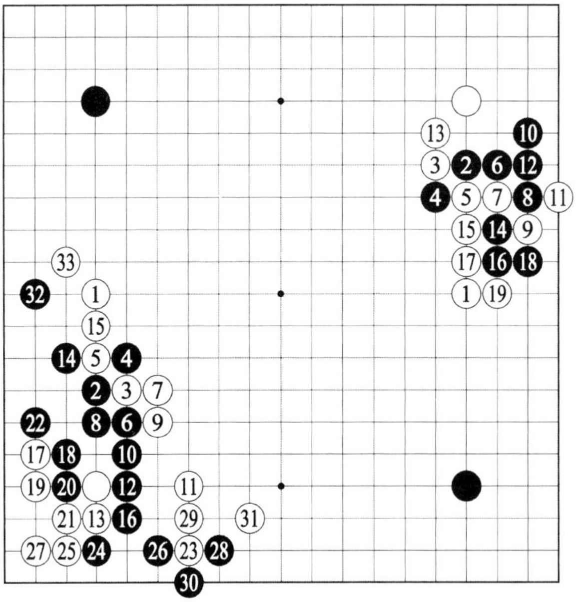

第一变

第二变

⑪好。

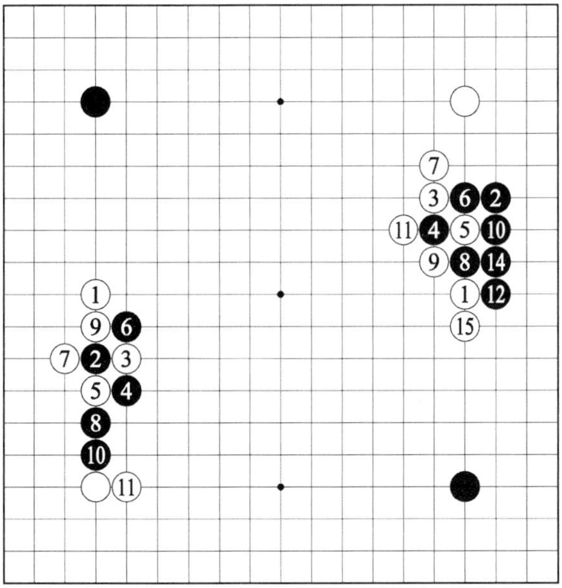

第三变

第四变

⑬ = ⑤

守城

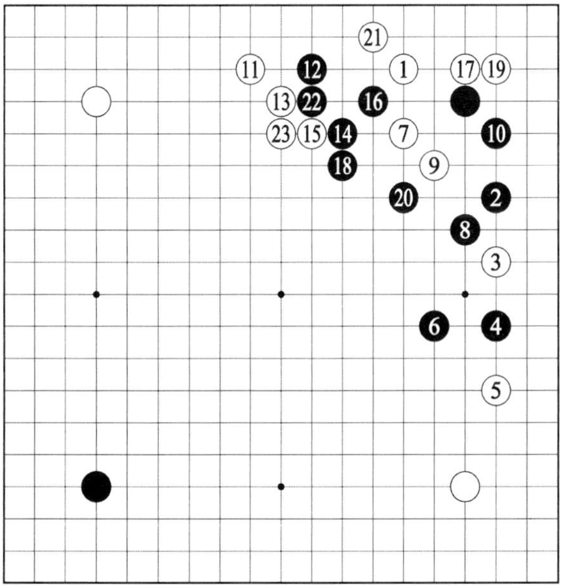

出《弈微》

转换边

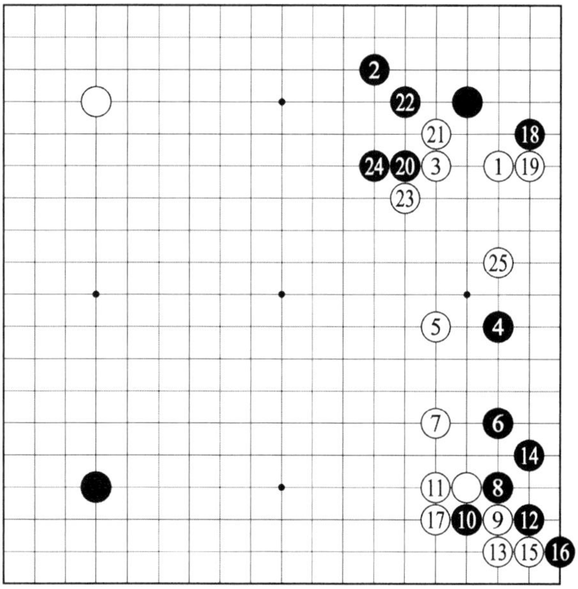

卷之下

侵分说

侵分者，谓两势已定，彼有隙可投，因侵入而分之者也。然有可侵不可侵者焉。经不云乎，有侵之而利者，有侵之而害者。度其必可分而侵之，是侵而利之矣；若徒实彼虚，而我无益，是侵而害之也。又奚取侵焉。

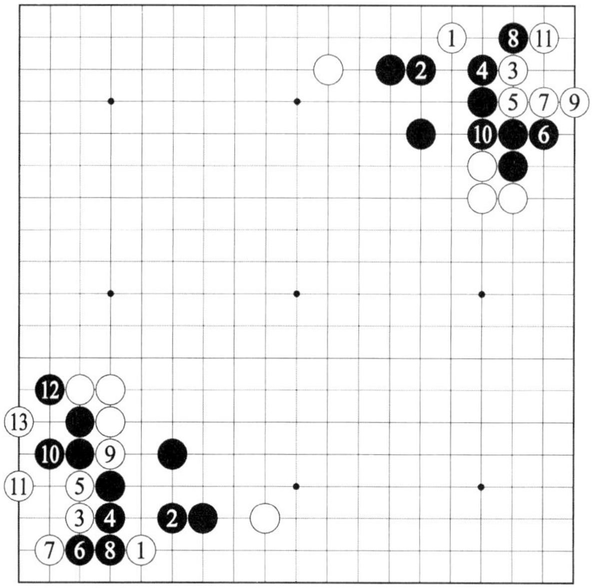

第一式

⑨好。

第二式

⑪、⑬好。

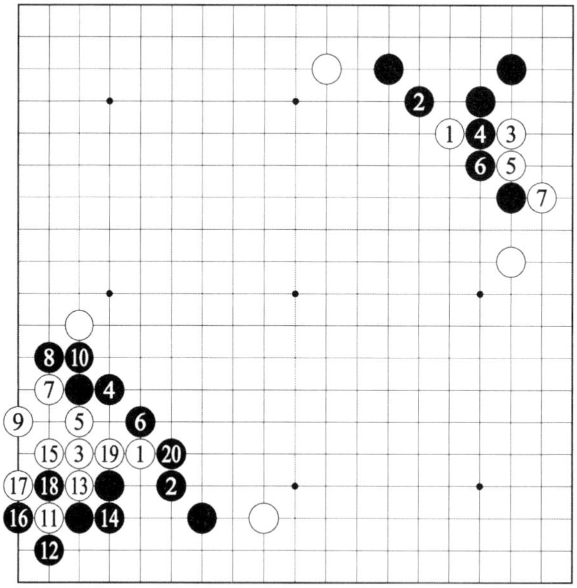

㉑＝⑪

第三式

①好。

第四式

此式出《弈选》，若❿于五二先点则杀，当以⑨置五二方可劫活。

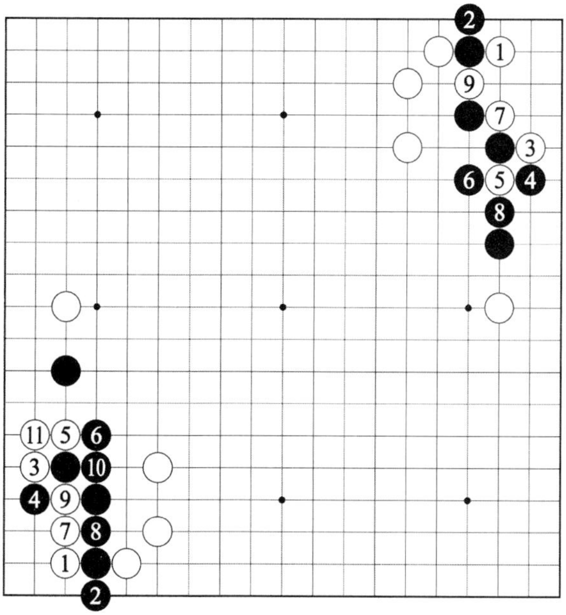

第五式

第六式

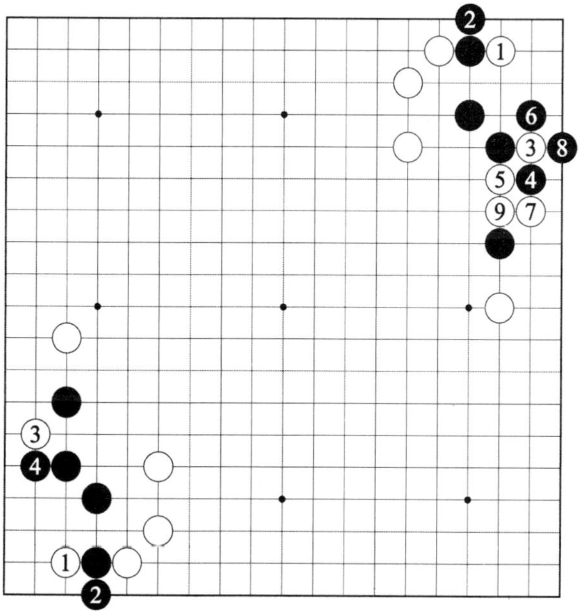

第七式

第八式

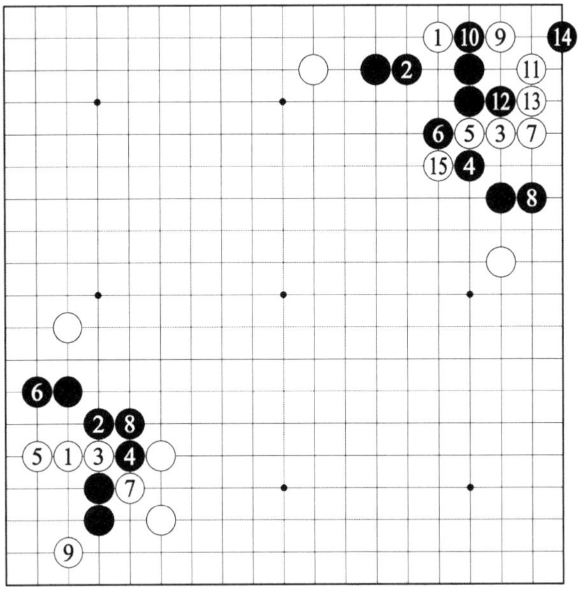

第九式

⑦、⑨好。

第十式

⑤好。

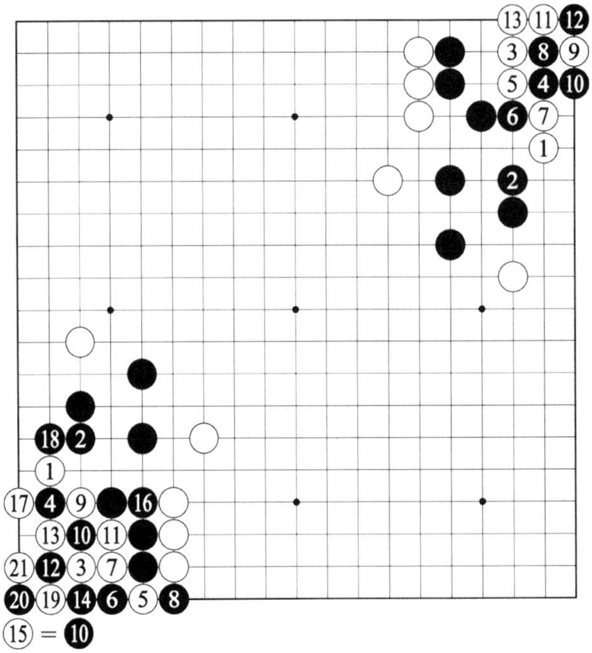

第十一式

第十二式

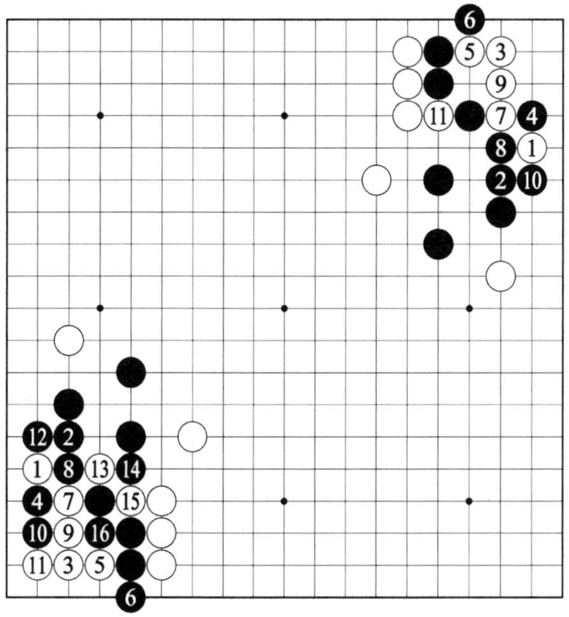

第十三式

出《弈微》

变前式

❻好。⑨不粘，犹可劫活。

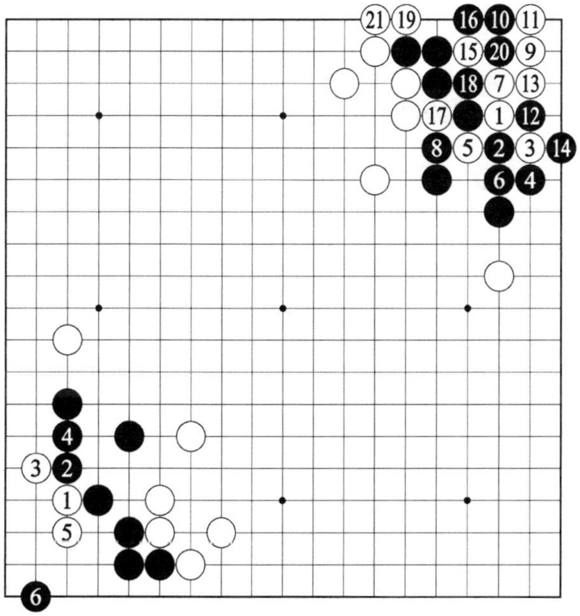

第十四式

出《玉局藏机》

变前式

❹、❻好。

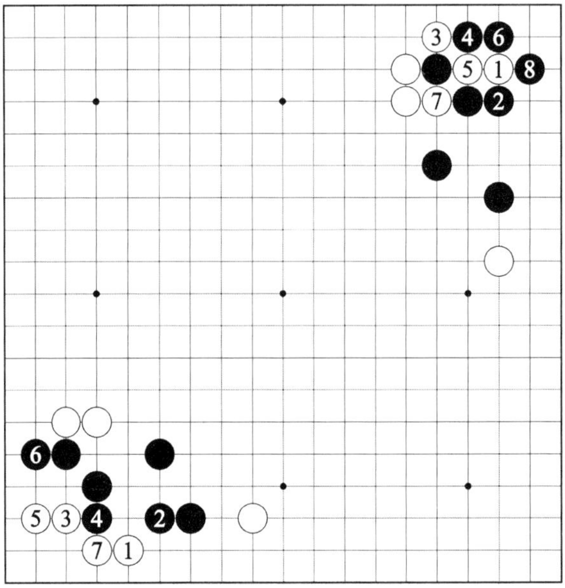

第十五式

❻好。

第十六式

⑤好。

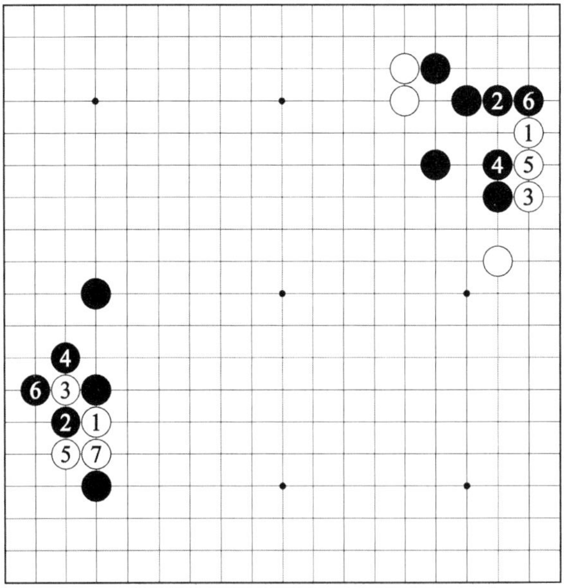

第十七式

第十八式

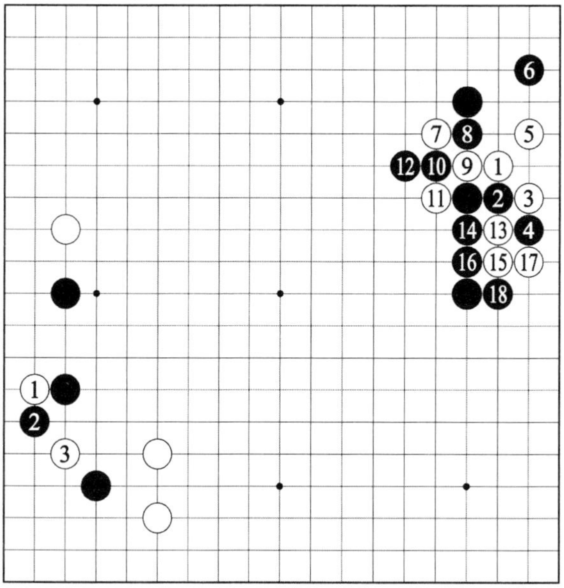

第十九式

第二十式

③好。

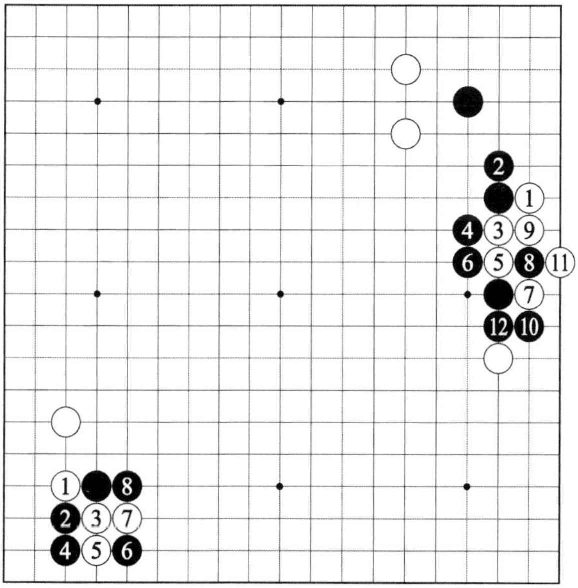

第二十一式

扭十字

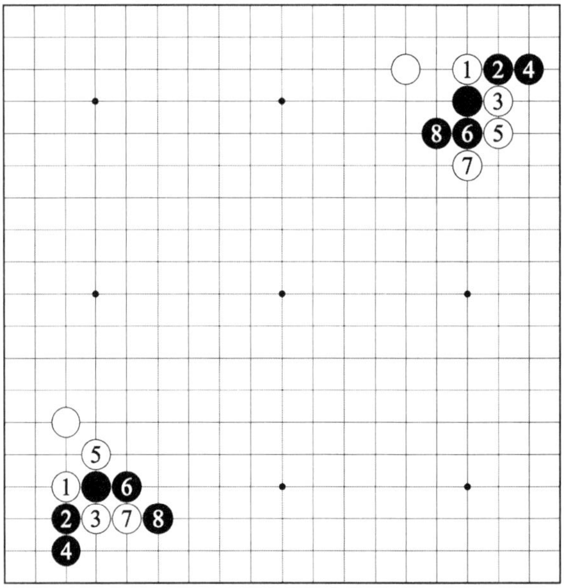

第二变

第三变

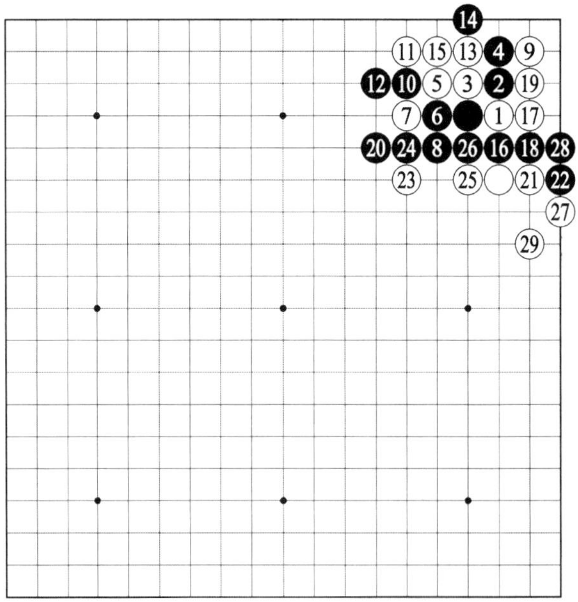

第四变

前三变俱黑胜，出《玉局》中汪心斋新变也。予见友人演此变，纵使⓰断去，而白外势亦可两分，缘⑨之妙，故并录。

残局说

弈有残局，补起手，满局意有未尽者也。故每局必毕力以思之，使杀者杀，生者生，无余蕴而后始可为法也。若杀可复变生，生可复变杀，草草耳何取耶。余择诸谱共得若干势，订其误者三十五，表其正者四十一。

豹韬势

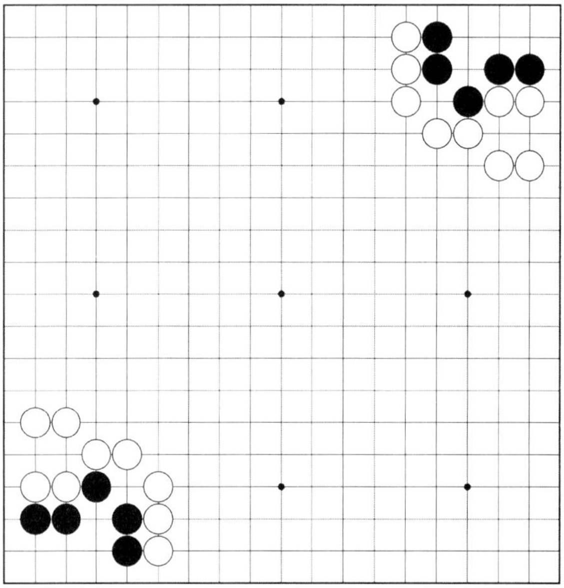

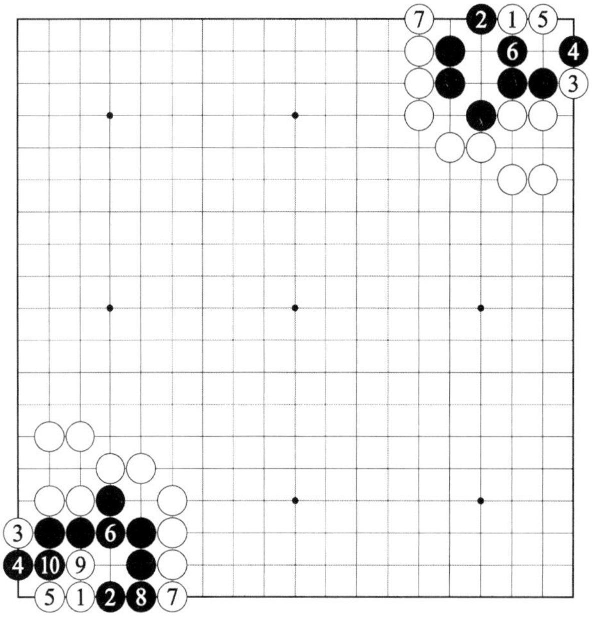

豹韬势

以下四势出《秋仙遗谱》。

变前势

❻好。

过关势

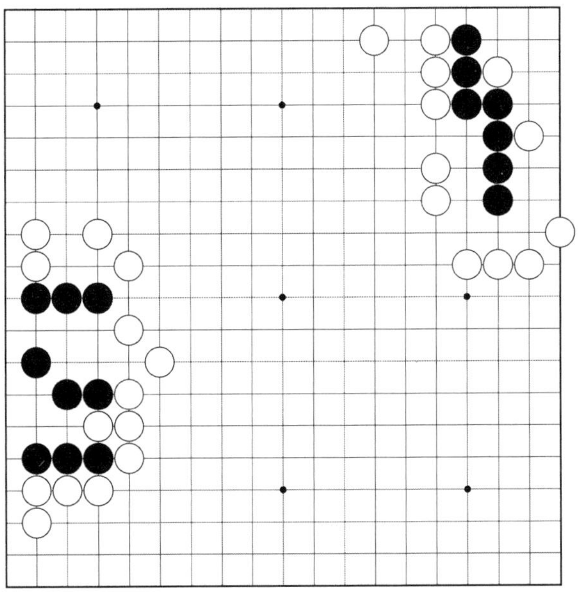

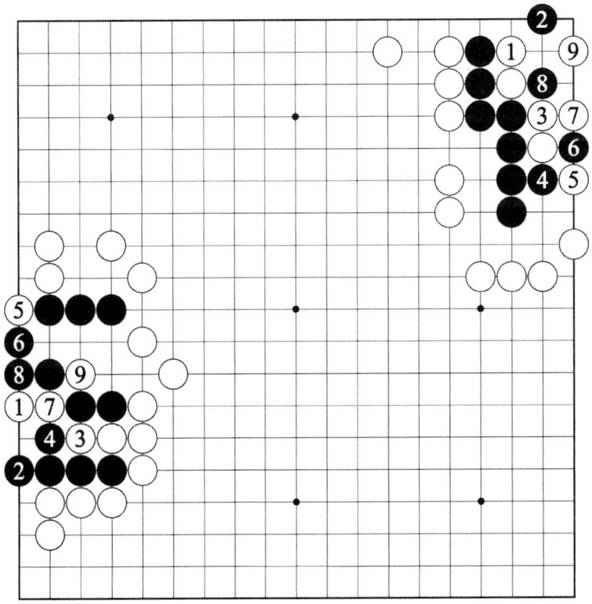

过关势

❻扑，取杀。若先断，则劫活。总之非也。

变前势

①、⑤好。杀。

得隽部

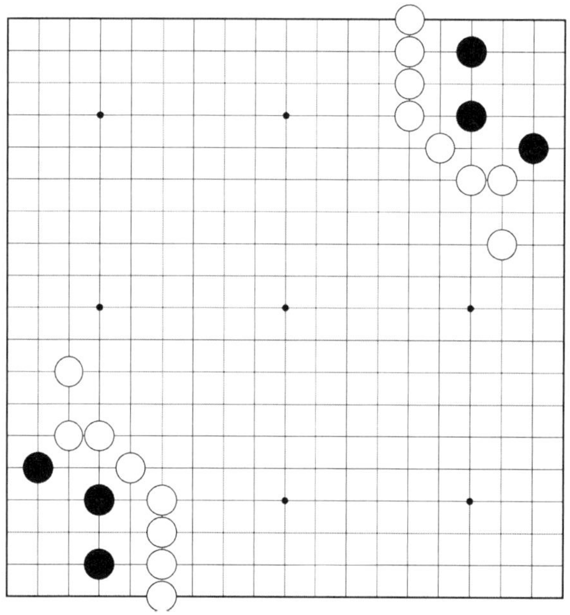

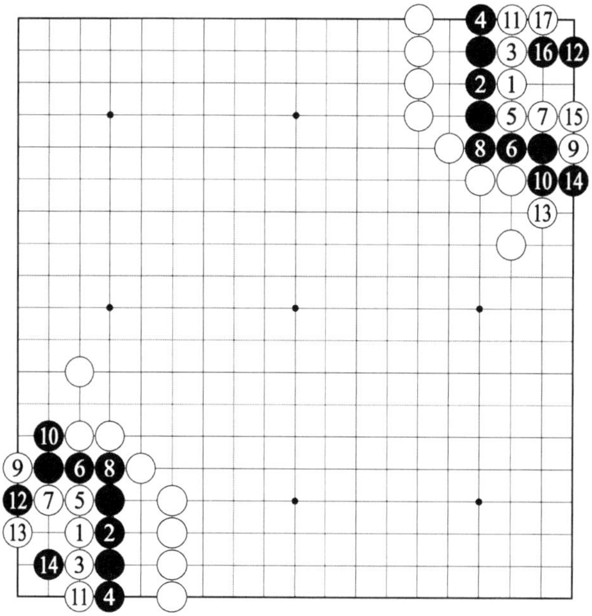

得隽部三三第三局

以下十四局出《适情录》。

变前局

⑫好。

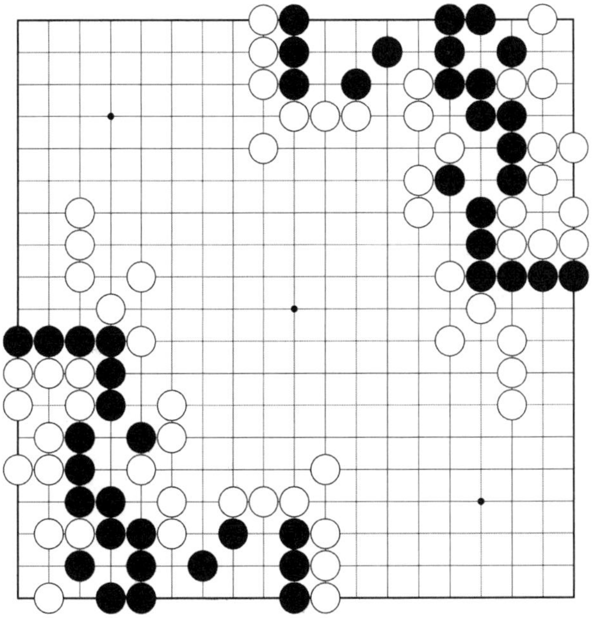

得隽部一五第十局

❹拙，故杀。若于三九粘，即活矣。

变前势

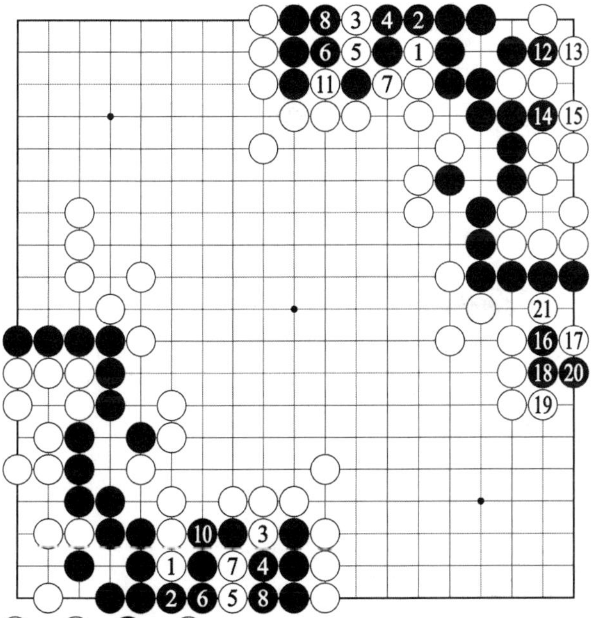

⑨＝⑤；❿＝③；

⑨＝⑦；⑪＝⑤；⓬＝❹

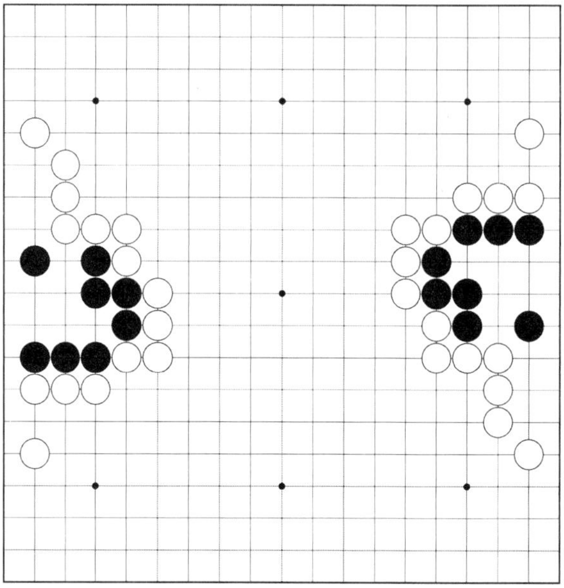

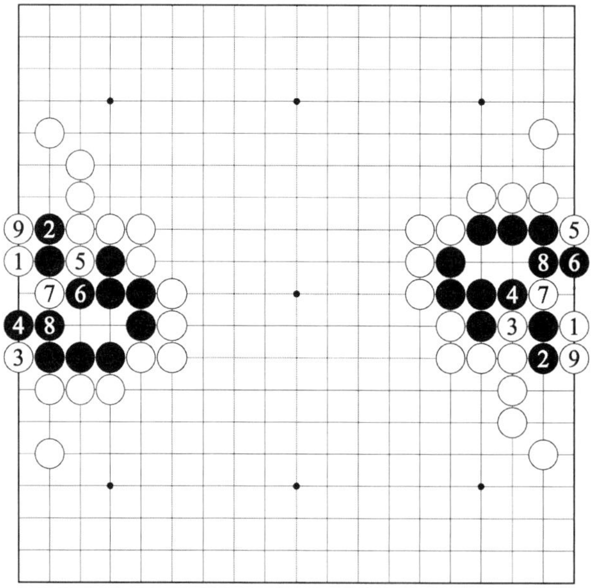

得隽部二三第五局

❻误，若约在十一上，即活矣。然杀局也。③非。

变前局

稳杀。

解围部

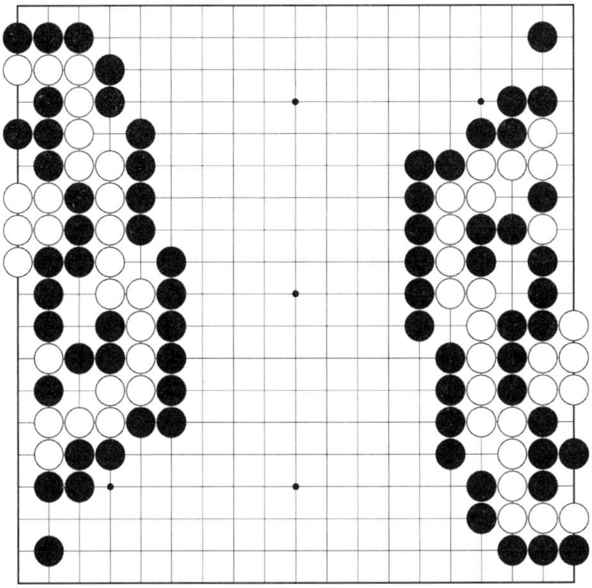

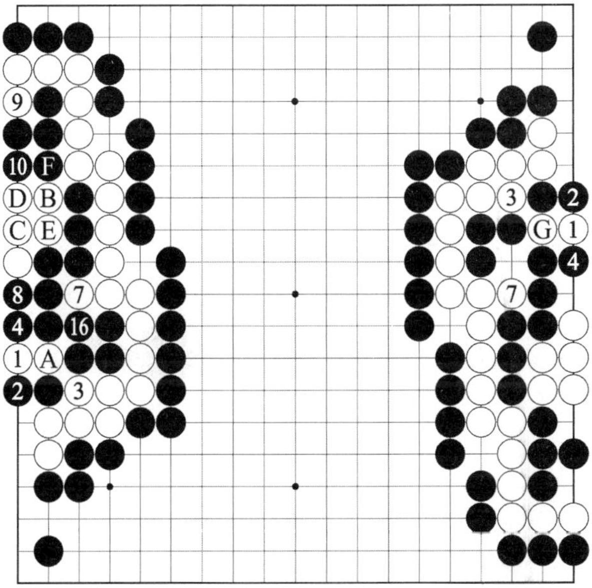

⑤ = Ⓖ; ❻ = ①
⑤ = Ⓐ; ❻ = ①; ⑪ = Ⓑ; ⓬ = Ⓒ; ⑬ = Ⓓ;
⓮ = Ⓔ; ⑮ = Ⓕ

解围部一二第四局

此偕活局也，谓黑败者非，因正之于后。

变前局

黑活

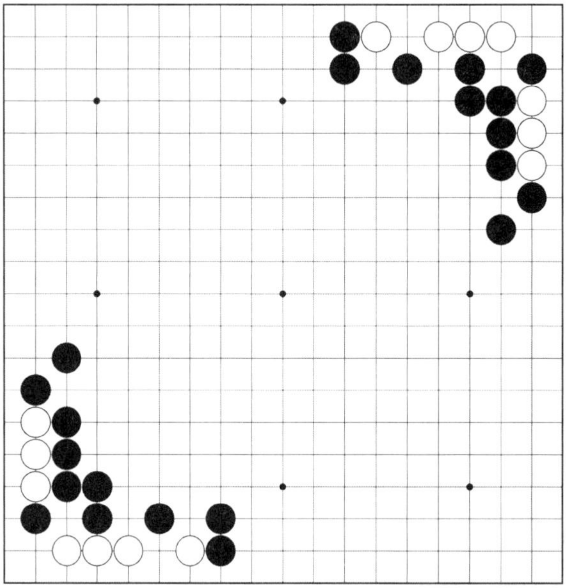

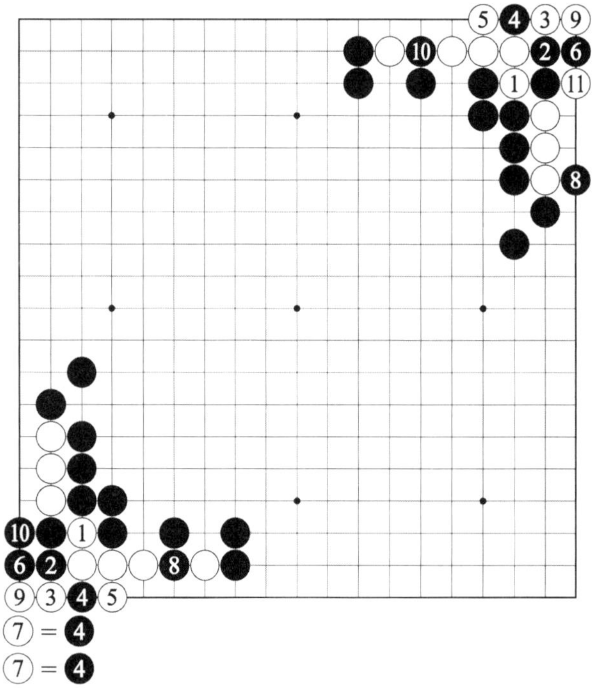

解围部一二第七局

活

变前局

杀

若置③于二一可变劫活。

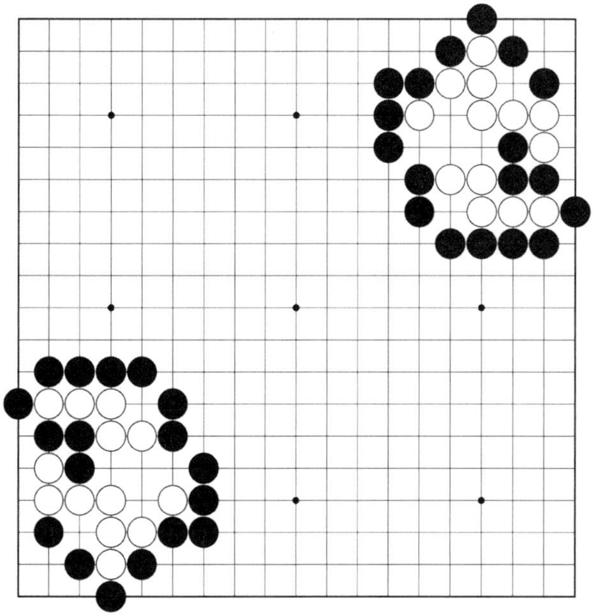

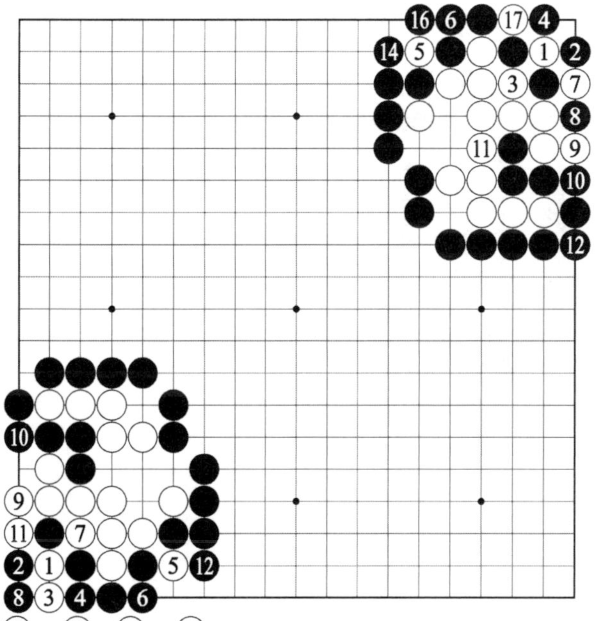

⑬＝⑦；⑮＝①

⑬＝①

解围部一三第六局

此局黑若以❿于三一粘，则白败矣。然就此作白劫活者，亦非。故正于后局。

变前局

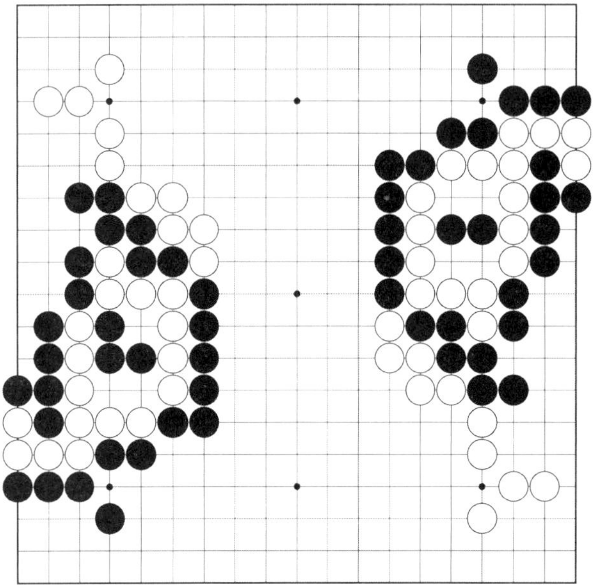

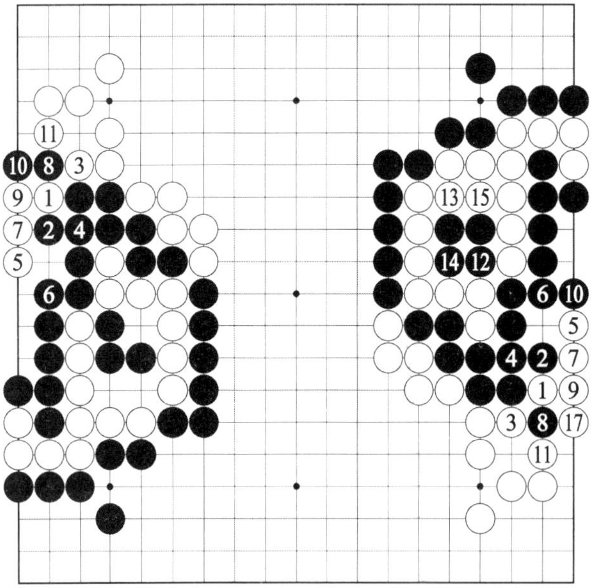

16 = 12

解围部二二第十局

白胜

变前局

黑胜

得隽部

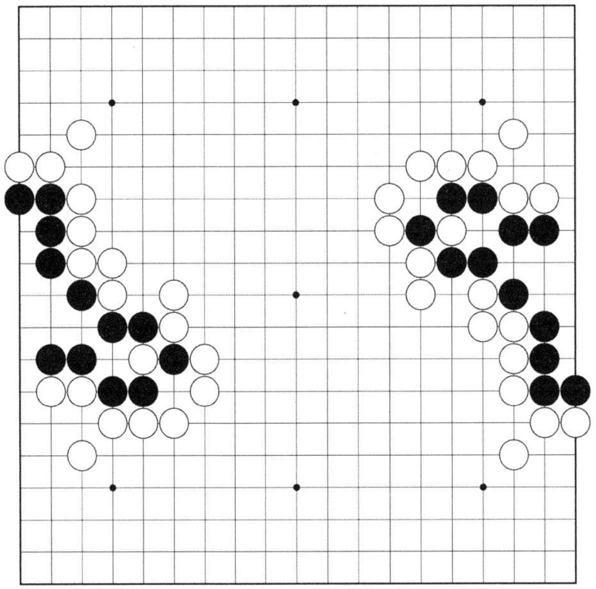

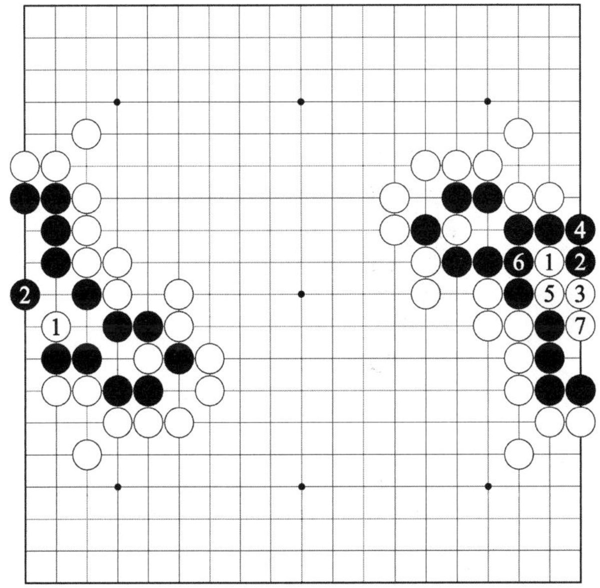

得隽部二四第三局

杀

变前局

此局宜置①于十二劫杀为当活。

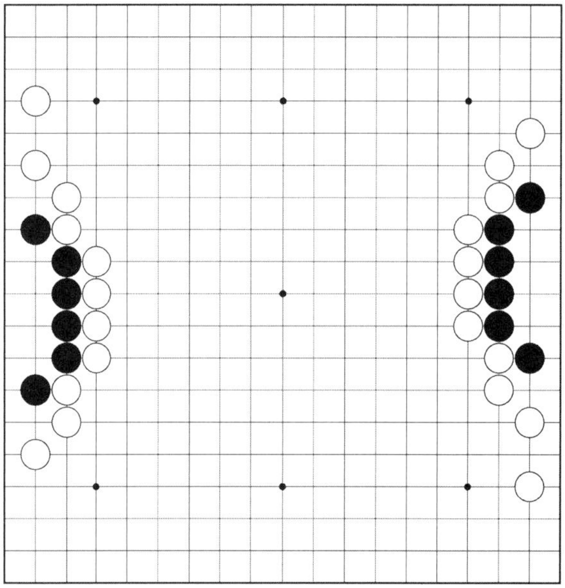

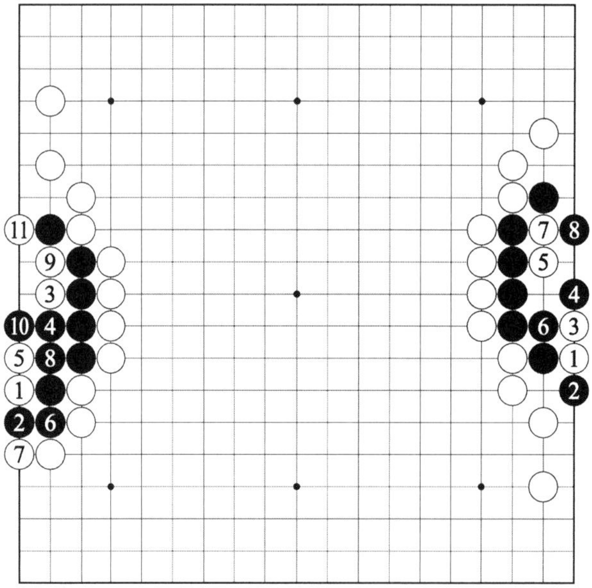

得隽部二一第二局

活

变前局

③好。

杀

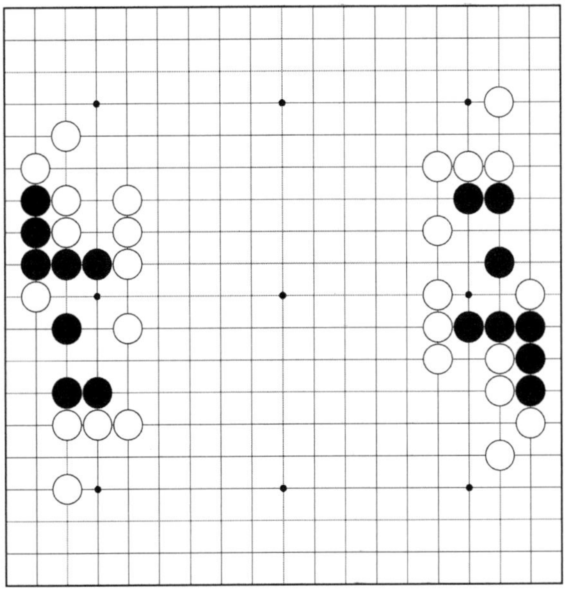

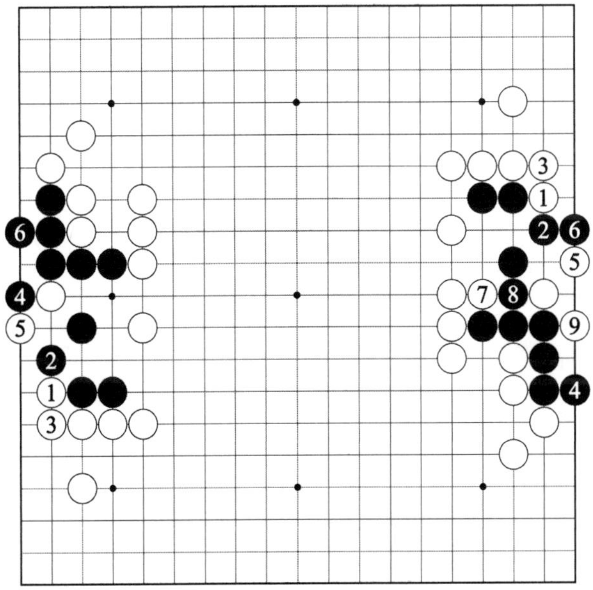

得隽部二四第五局

杀

变前局

此局当如此劫活，虽云缓劫，然本身寻劫处颇多，白亦不能尽补。故从此变为胜。

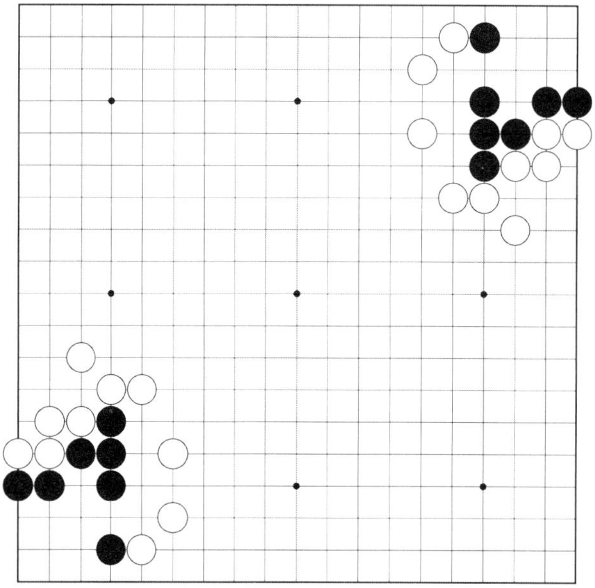

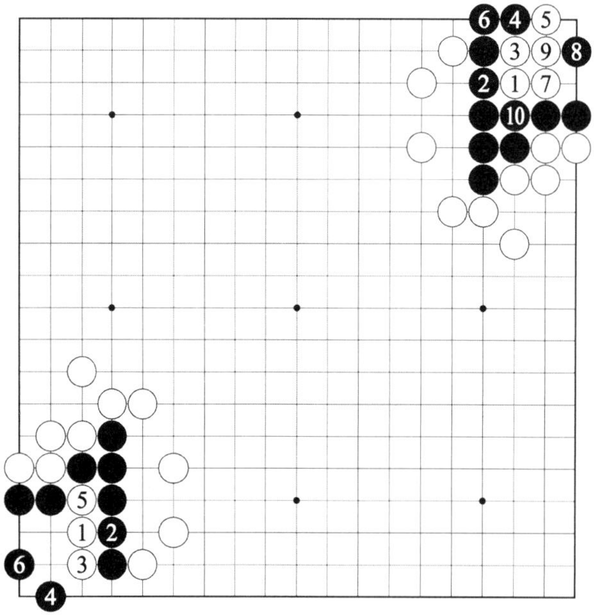

得隽部一第三局

杀

变前局

活。❹、❻好。

解围部

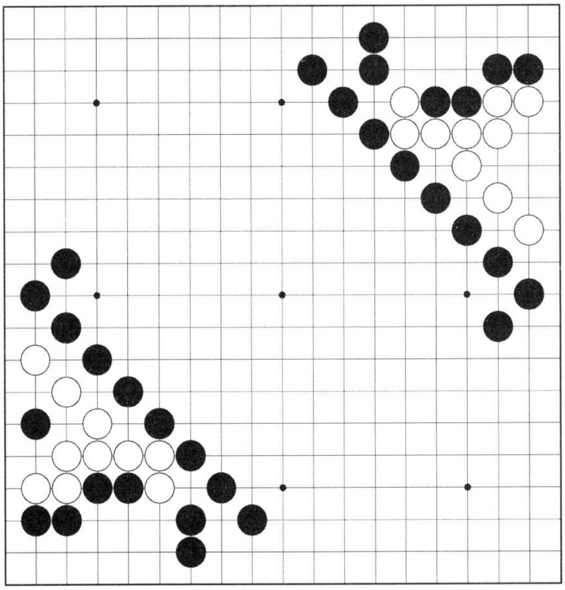

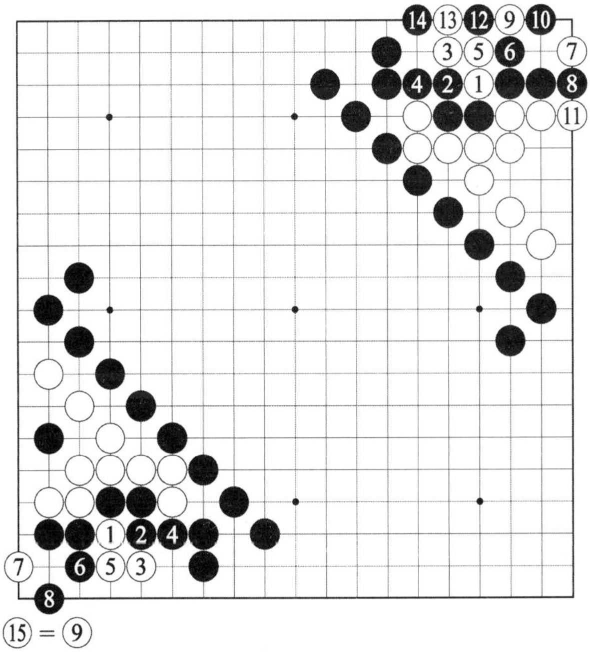

解围部一四第一局

劫活

变前局

❽好。

杀

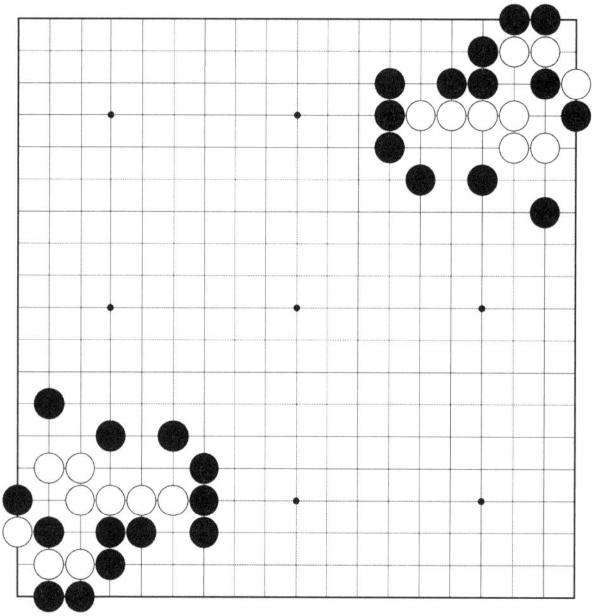

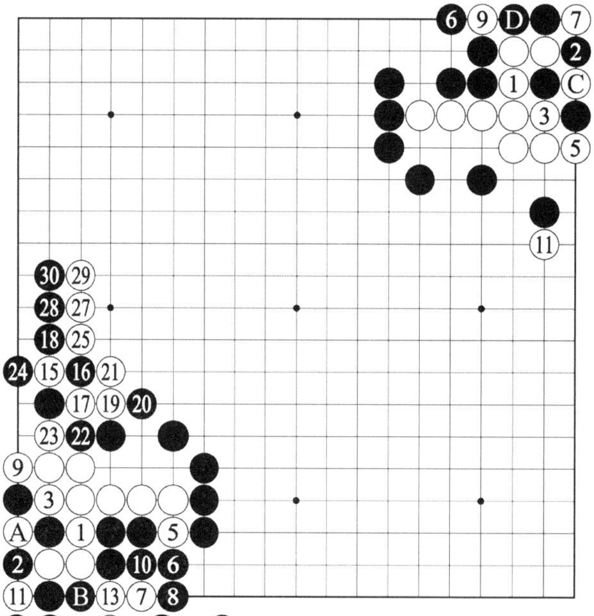

❹❽＝Ⓒ；❿＝Ⓓ
❹⓬＝Ⓐ；⓮＝Ⓑ；㉖＝⑮

解围部一第九局

□录十一举即止，意将谓白活耶，因变杀于左。

变前局

杀

得隽部

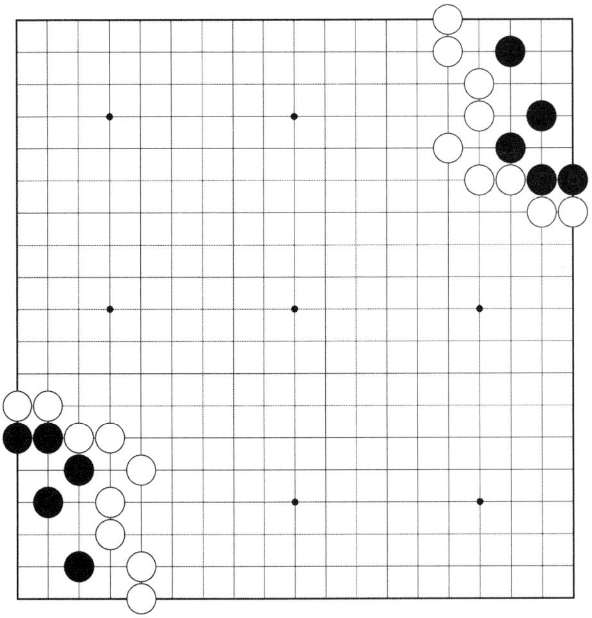

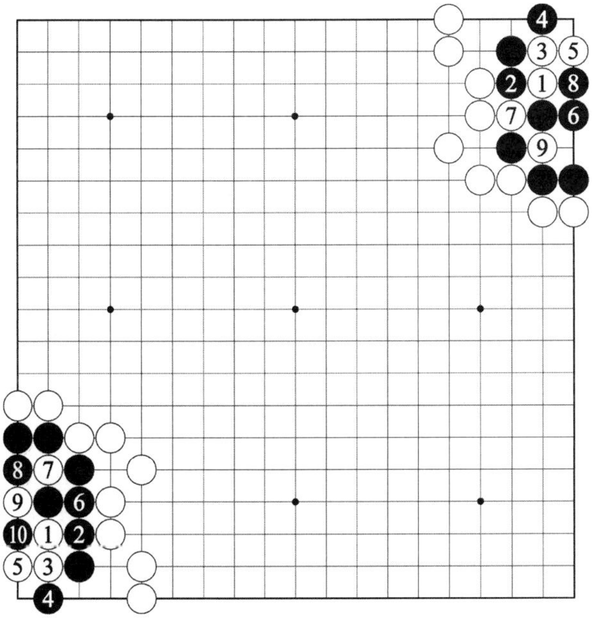

得隽部——第十局

杀

变前局

劫活

❻好。

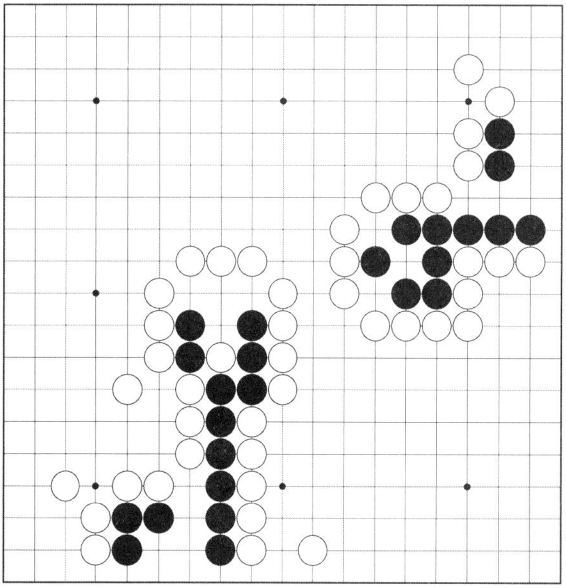

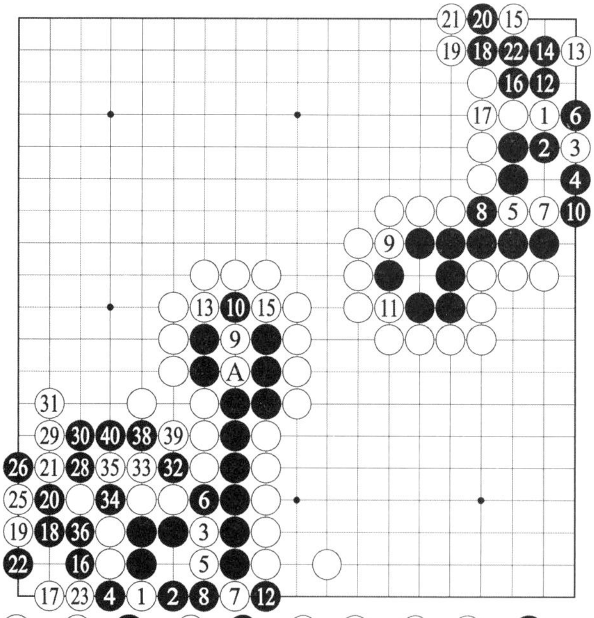

⑪＝⑨；❹＝Ⓐ；㉔＝①；㉗＝㉕；㊲＝㉞

入山采药势

⑮若扑于三一，即成劫杀。今过于巧而反不能取胜，乌所用巧哉。

以下五势出《石室秘传》。

变前势

出《秋仙遗谱》

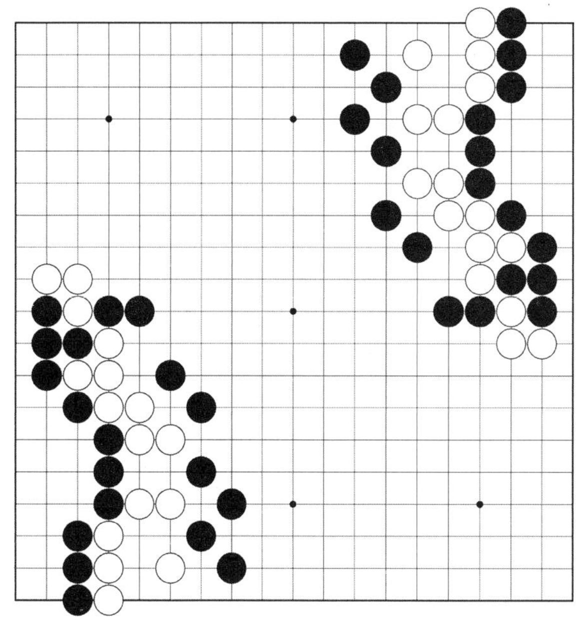

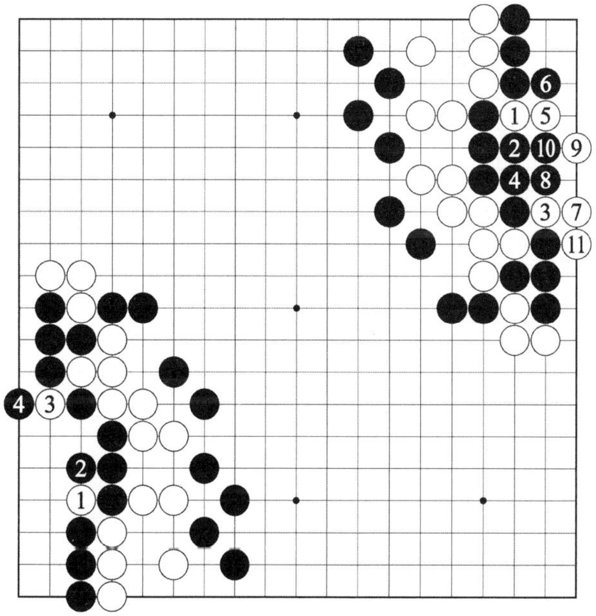

白起破围势

即秋仙通关势也。❹拙，故杀。

变前势

❹好。

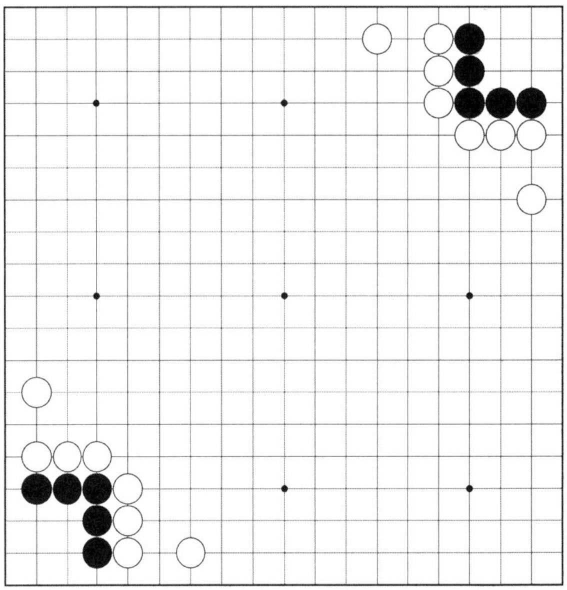

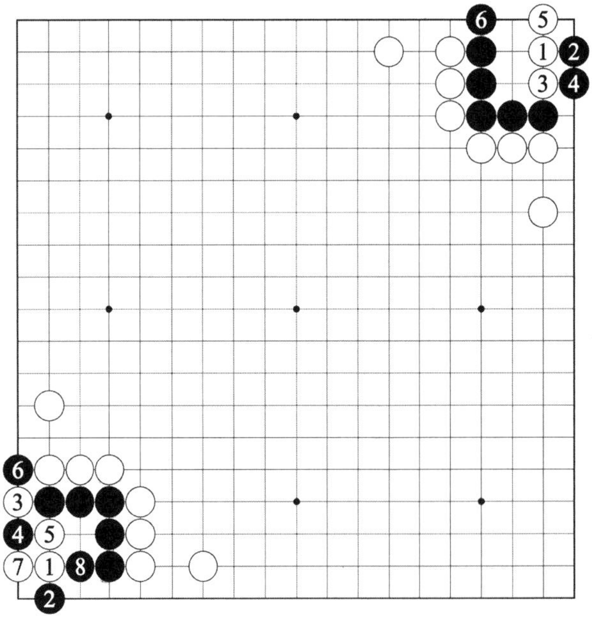

⑨＝③

金柜势

活

变前势

劫杀

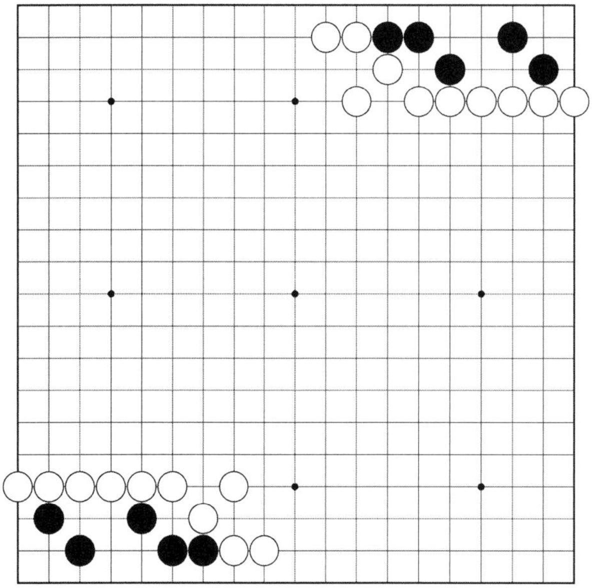

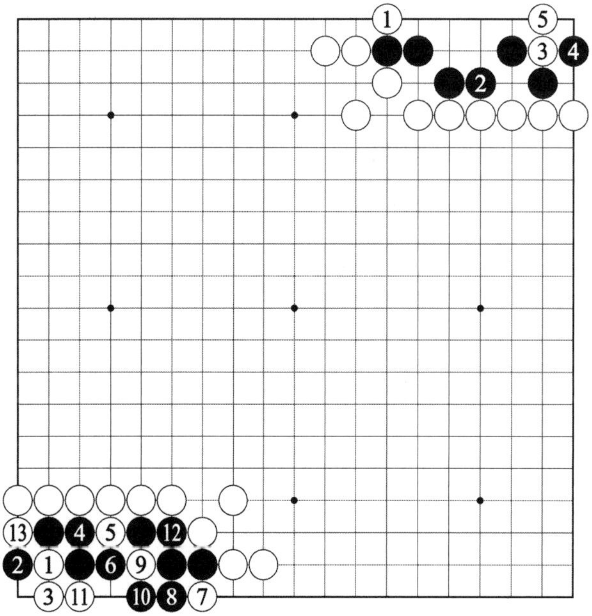

五马势

活

变前势

杀

①、⑦好。

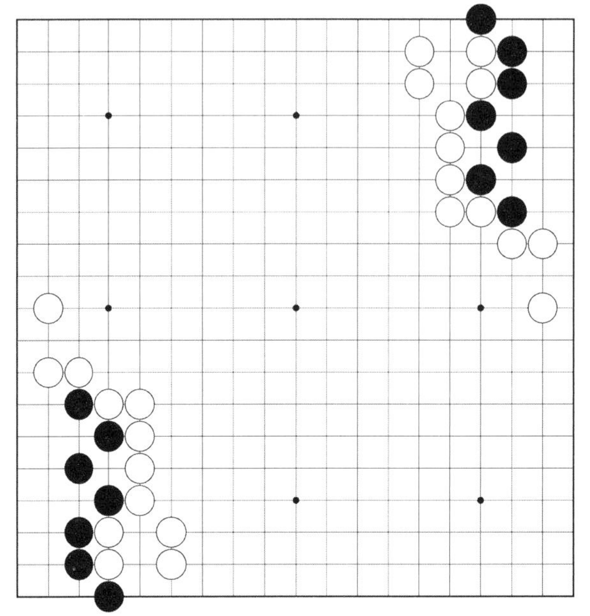

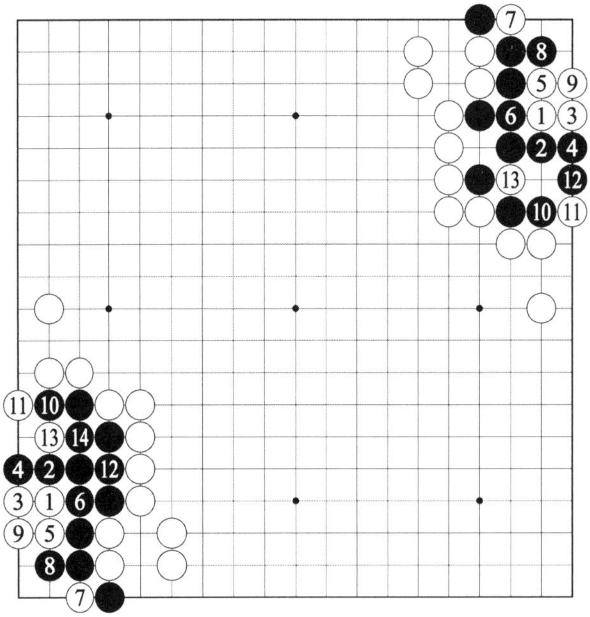

翠竹势

即秋仙七里滩势。

变前势

活

⓬好。

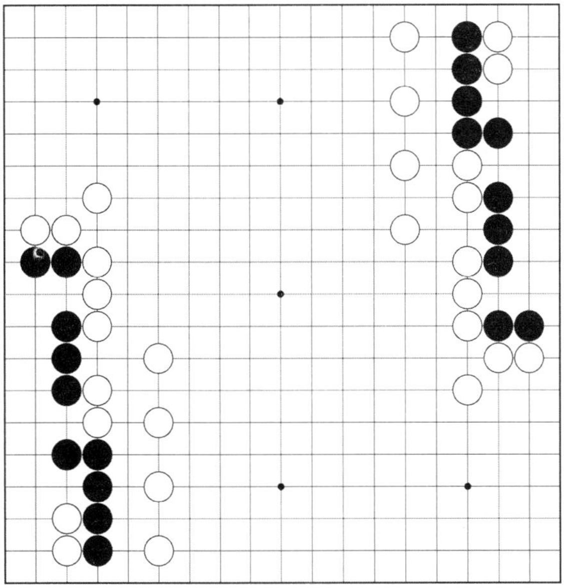

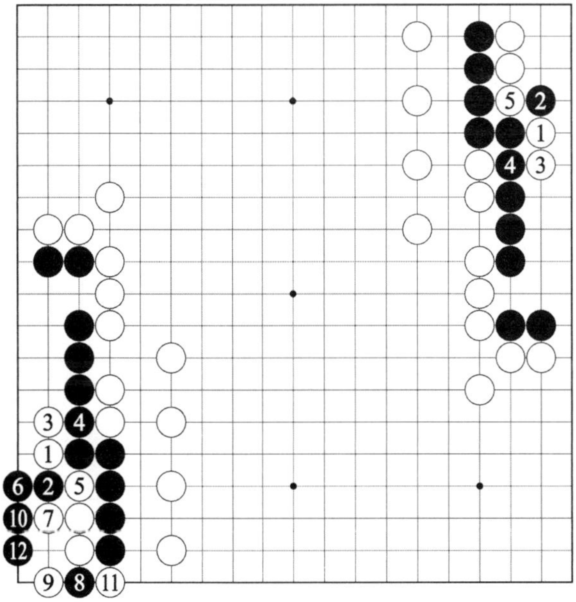

威壮长城势

以下五势出《玉局藏机》。

变前势

❻好。

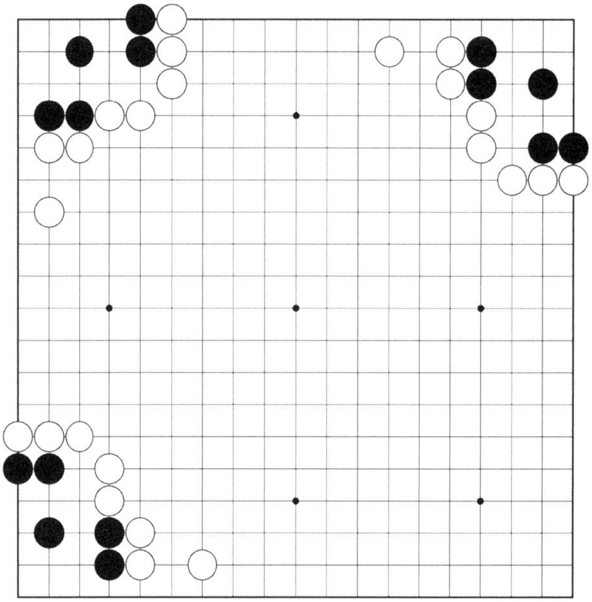

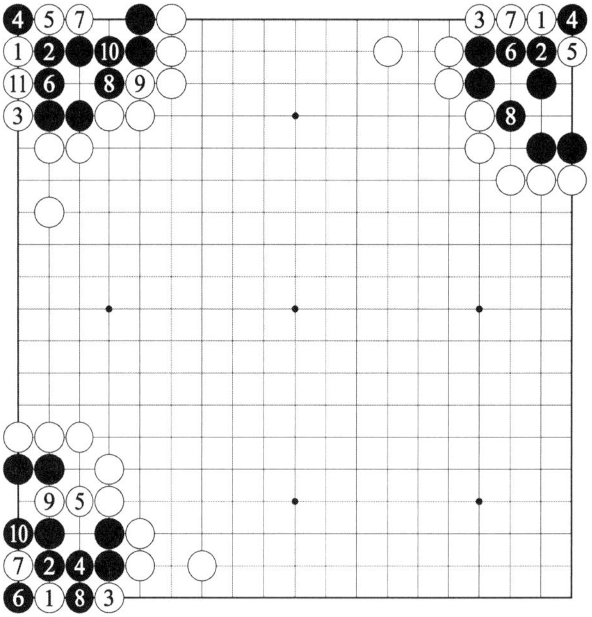

珠联碧落势

变前势

⑦妙。

林符卿变杀。

再变前势

活。

❻好。

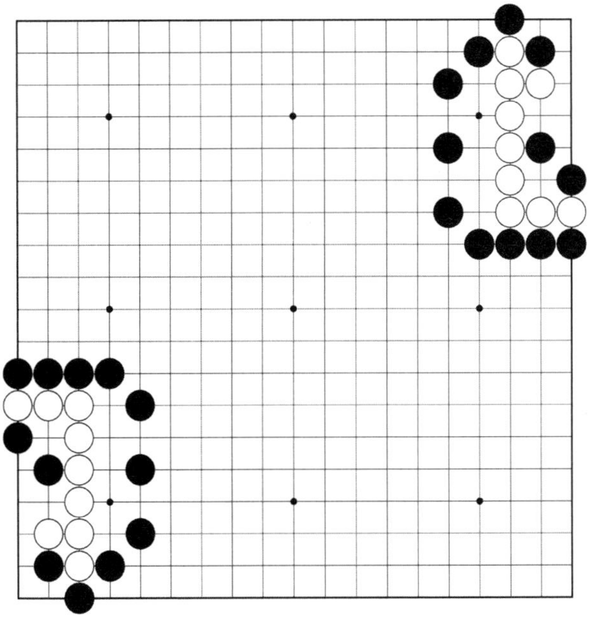

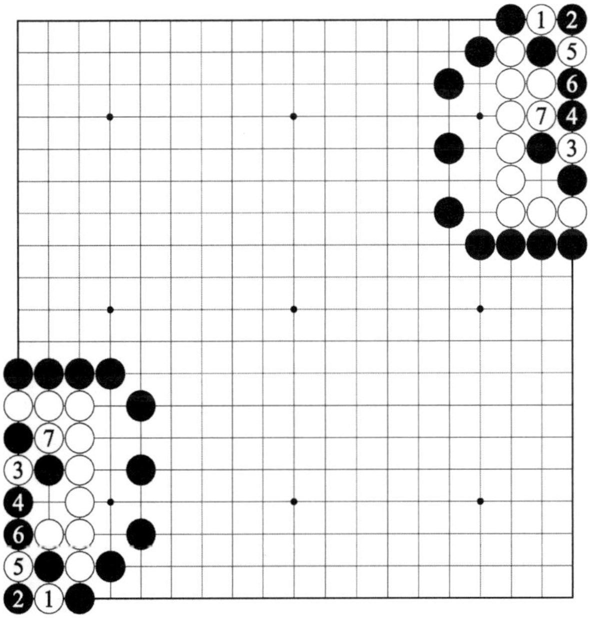

九子化龙势

若续8于六二即杀，故改正于后。

变前势

活

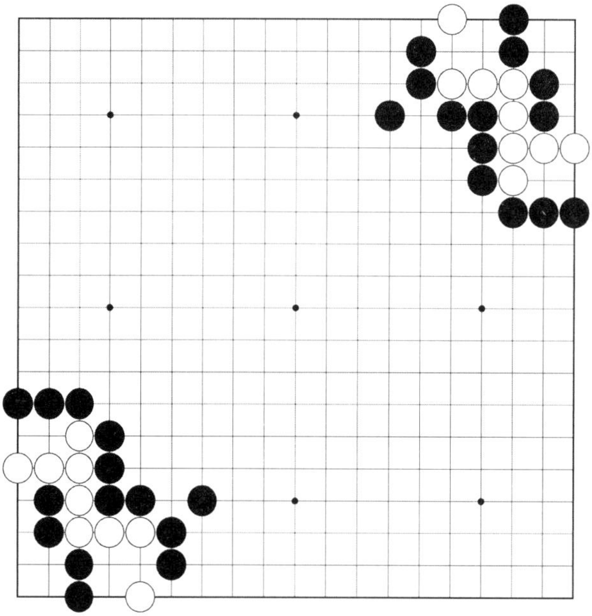

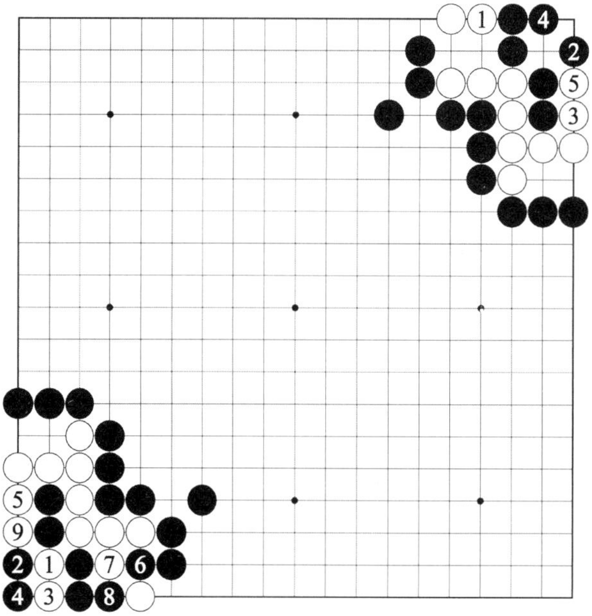

深入摧坚势

变前势

活

①、③好。

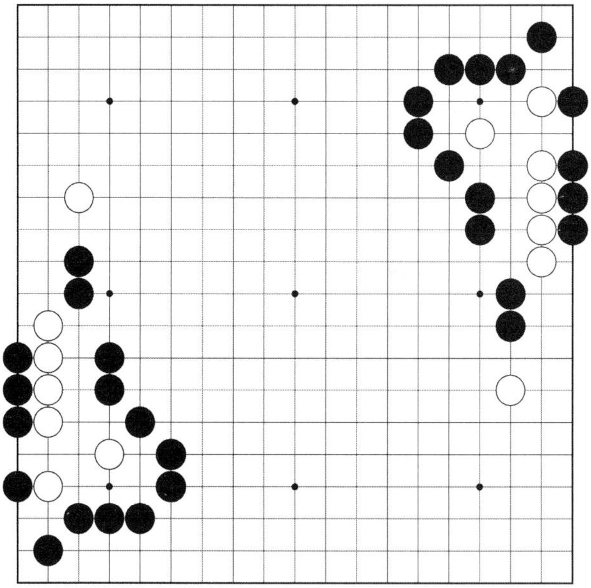

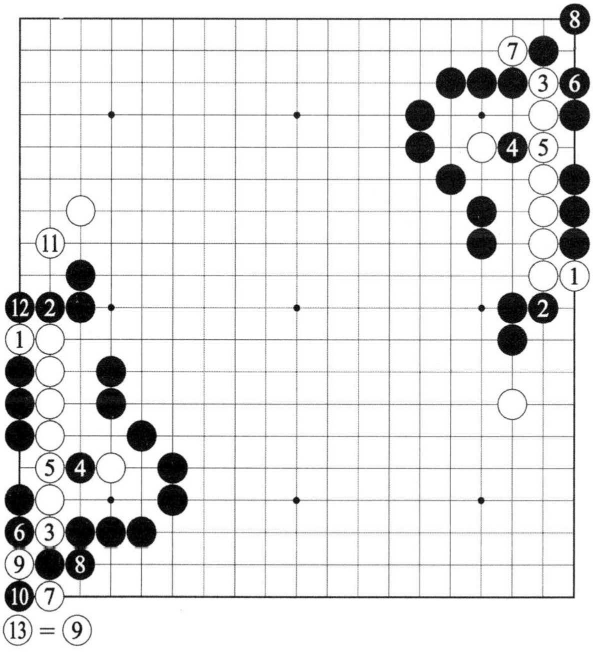

樽俎折冲势

诸谱俱以七着断，即谓白活，此变乃汪心斋所增八着妙而白复杀，故《玉局藏机》表之为最，予病其皆讹，因变劫活于后。

变前势

⑦好。

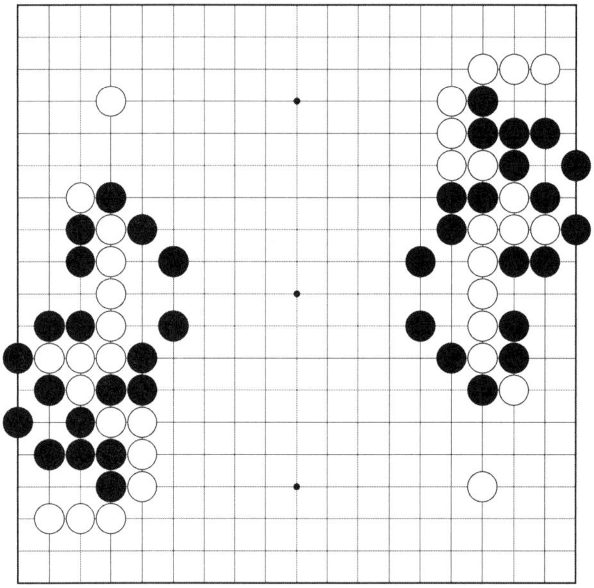

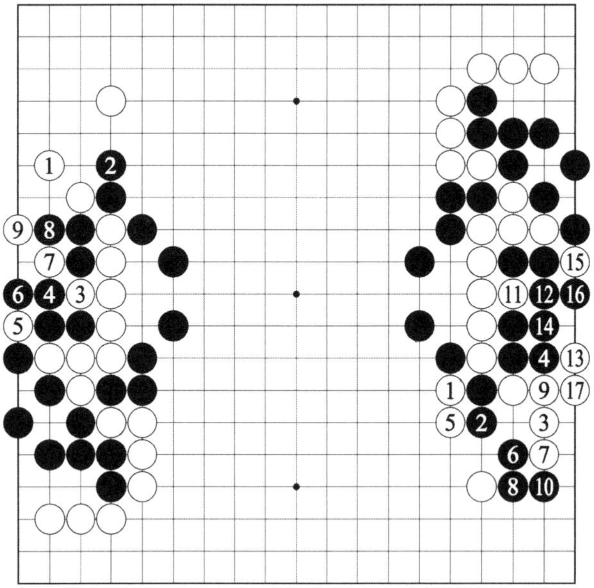

赫眼类第二十六势

以下二势出订谱。

变前势

前势若置❹于五二，则白反杀。范君辅变此势极当。①、⑤、⑦俱妙。

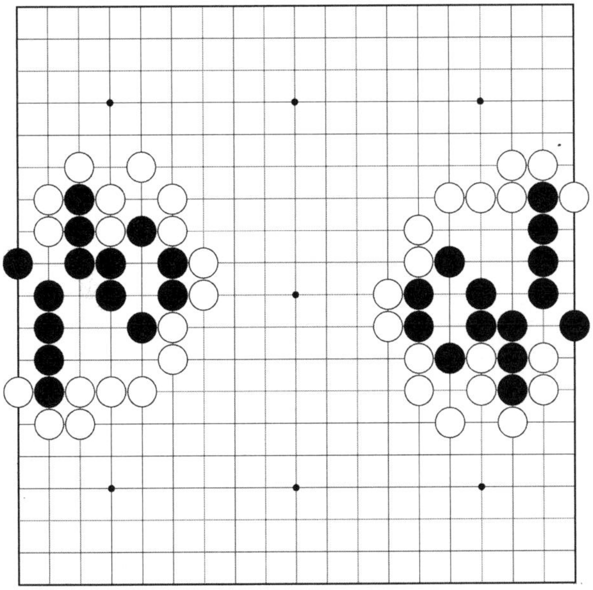

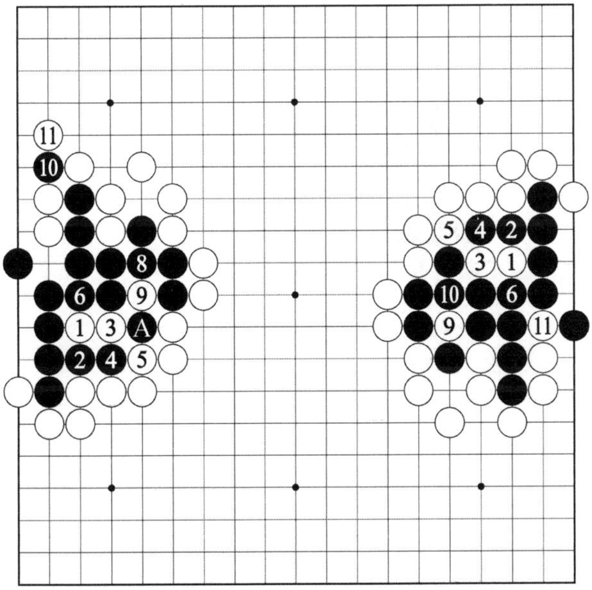

⑦ = ③； ❽ = ①

⑦ = ③； ⓬ = Ⓐ

点眼类势

杀

变前势

劫活

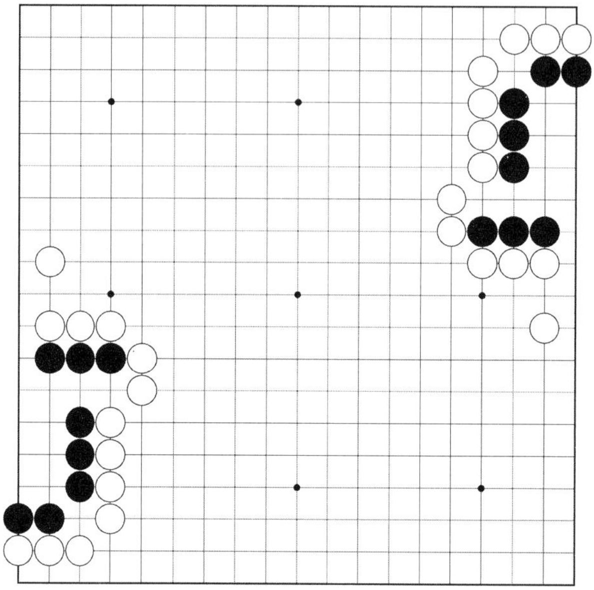

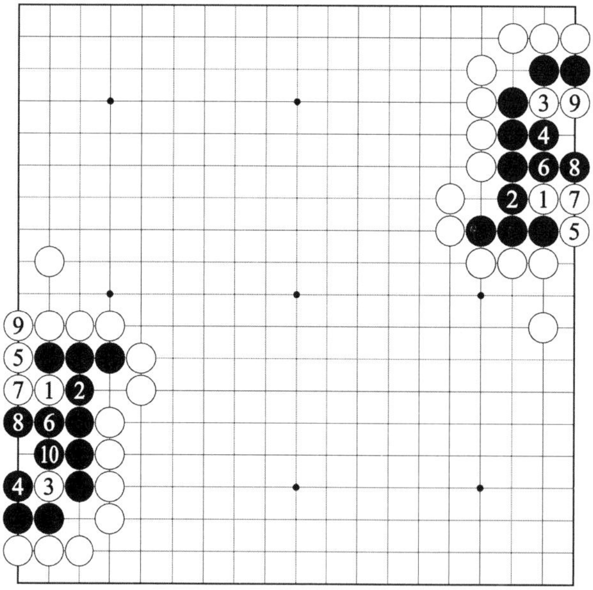

会仙势

出《弈微》。

变前势

活

❹好。

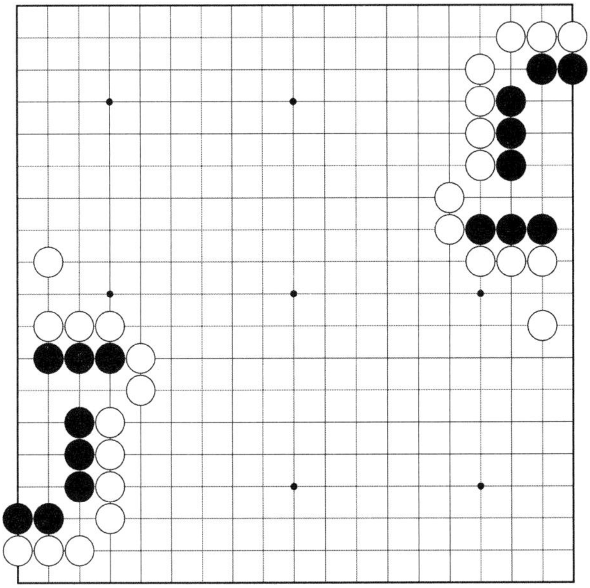

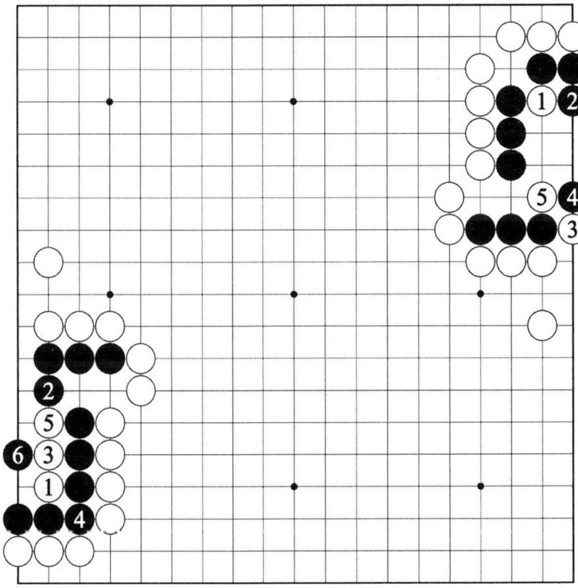

增变前势

杀

出李时养釜。

变前势

活

此盖余谱已成而增者。缘李昆台云有前杀局，复思得此变，乃信弈理之无穷也如此。

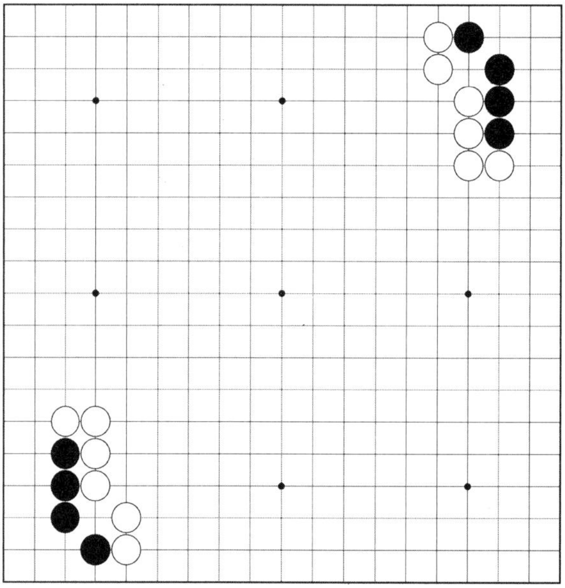

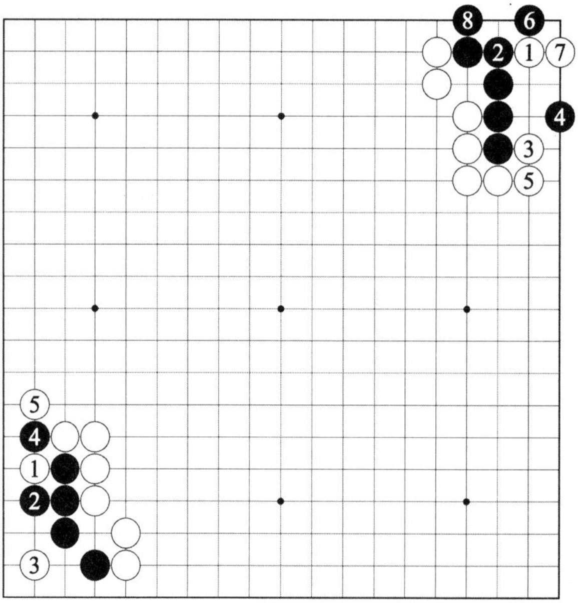

具在四美

以下二势出《弈选》。

变前势

①、③好。

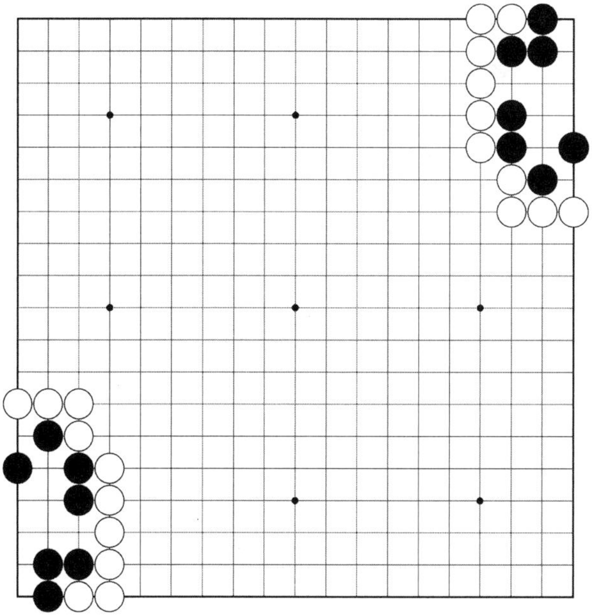

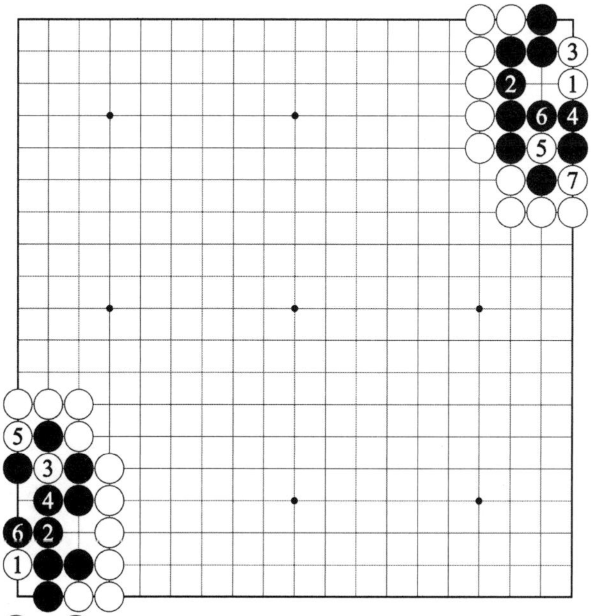

⑦=③

水淹七军势

□□□□于五二，则持活，此应非□□。

变前势

劫杀

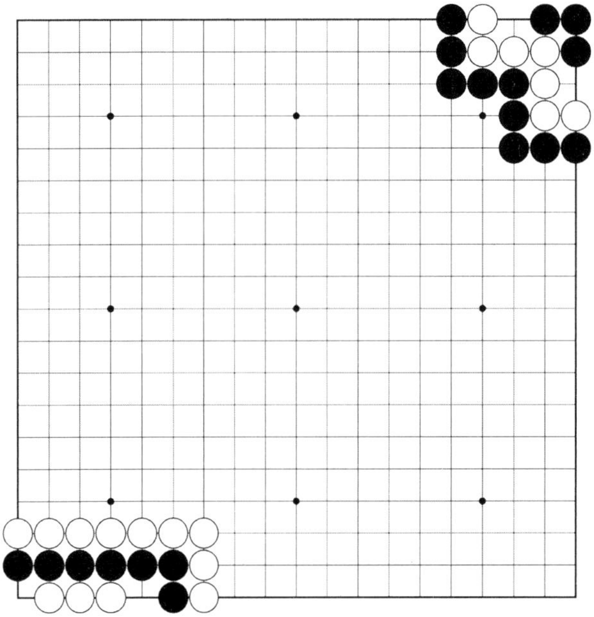

《经》云：角盘曲四，局终乃亡。盖谓局中劫可尽补而提手终是得先，故自亡耳。若同局一有小持即成，必不能补之劫而均为两持。弈者不可不察。

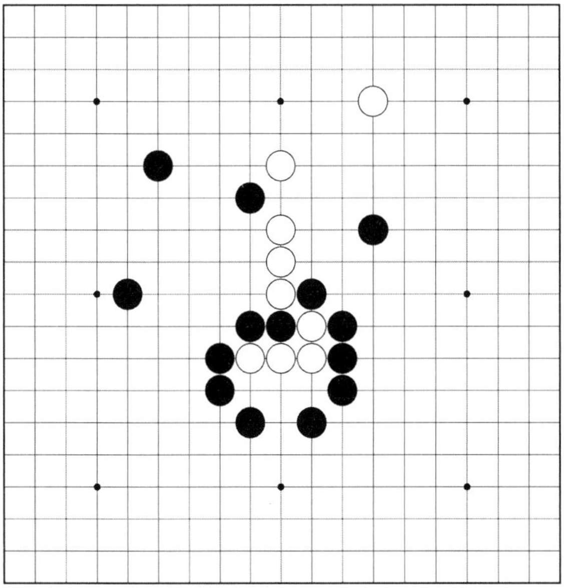

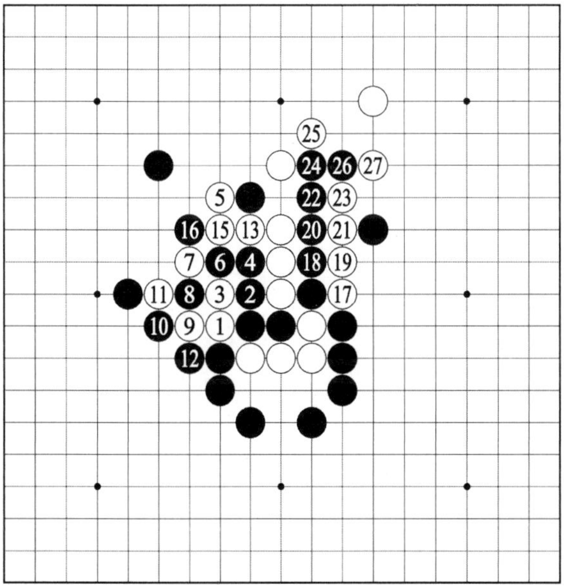

⓮＝❽

腹心势

以下八势出《适情录》。

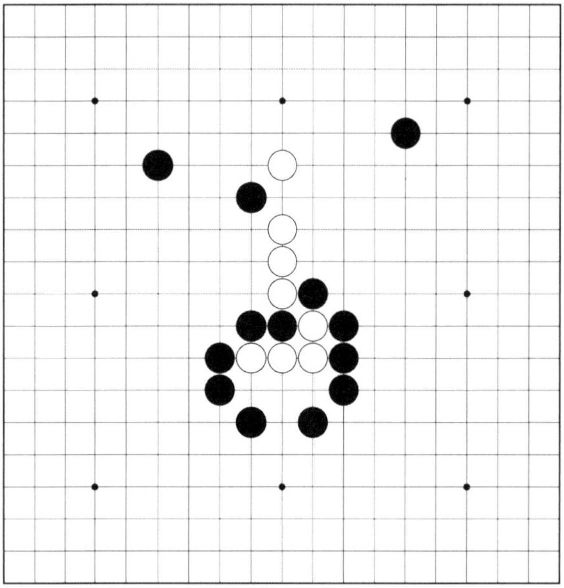

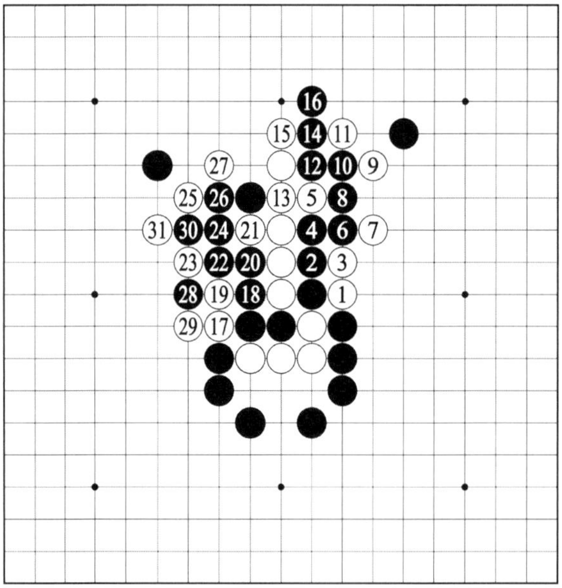
16
15
14
11
27
12
10
9
25
26
13
5
8
31
30
24
21
4
6
7
23
22
20
2
3
28
19
18
1
29
17

第二势

⑤、⑨妙。

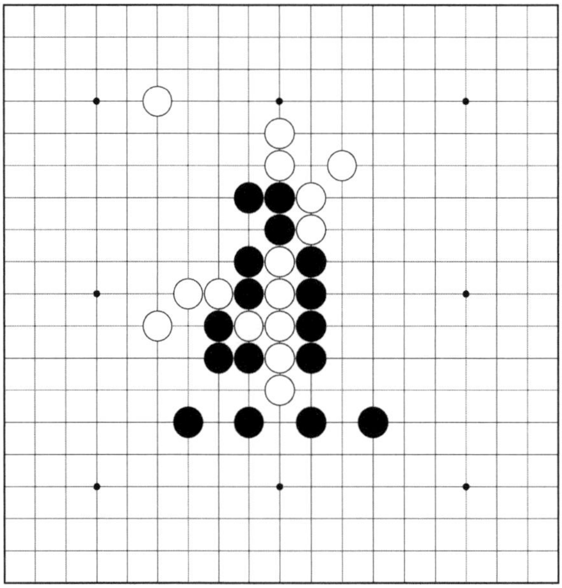

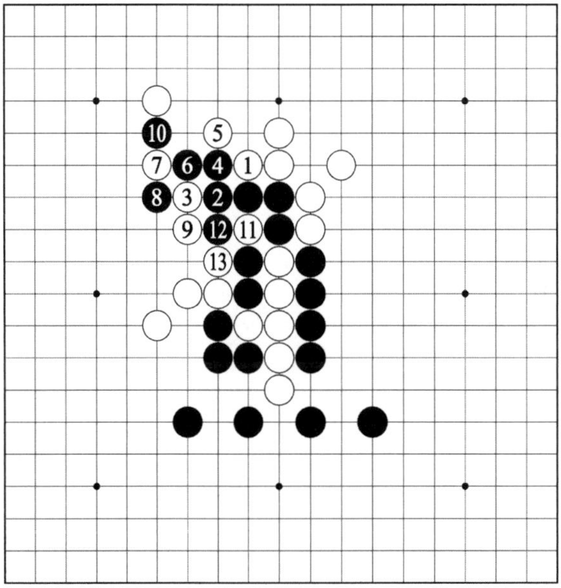

第三势

①、③好。

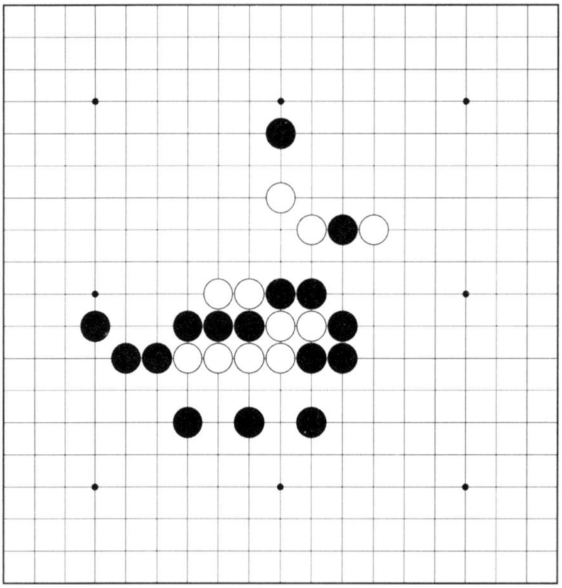

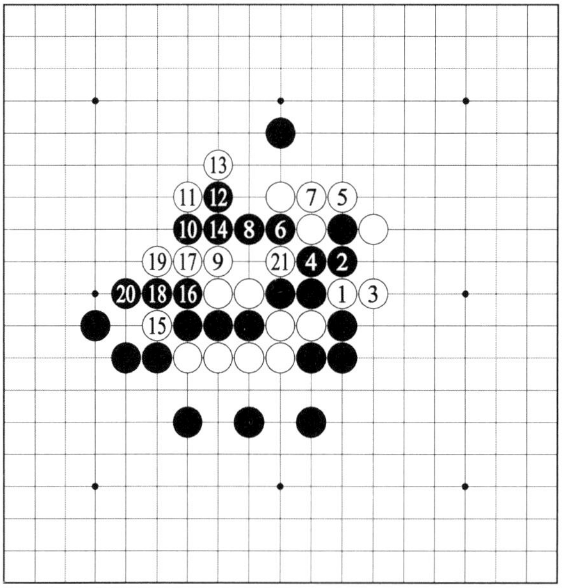

第四势

⑨、⑪、⑬俱妙。

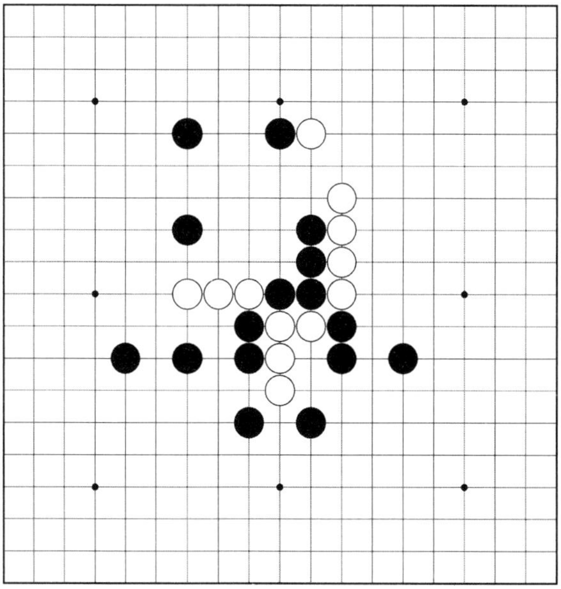

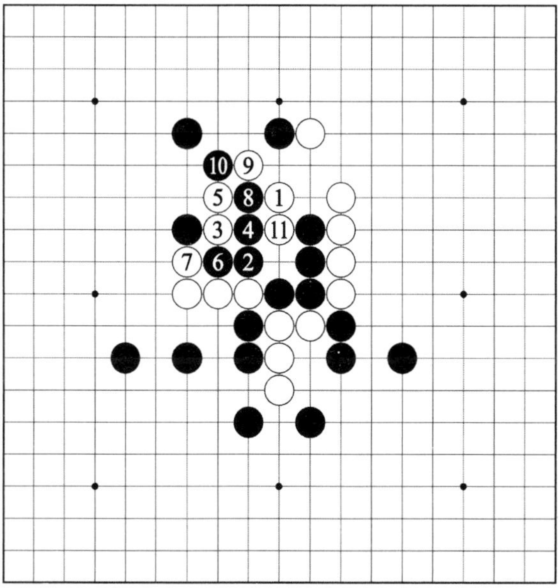

第五势

①、③妙。

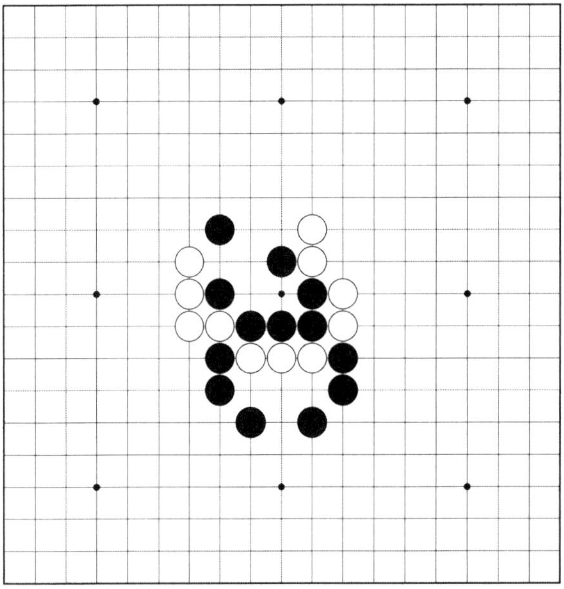

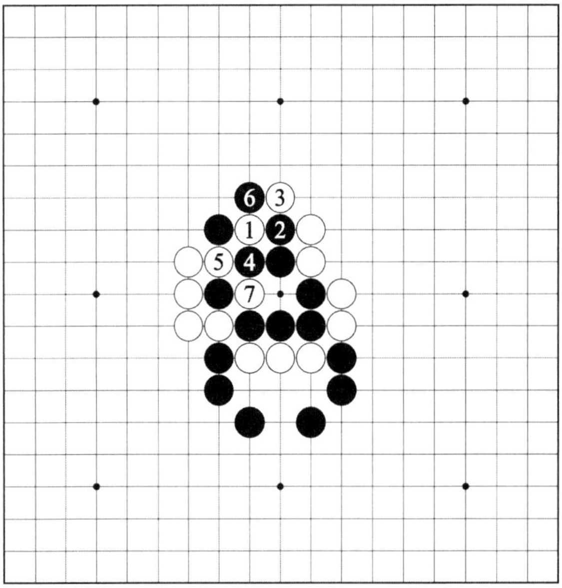

第六势

①、⑤妙。

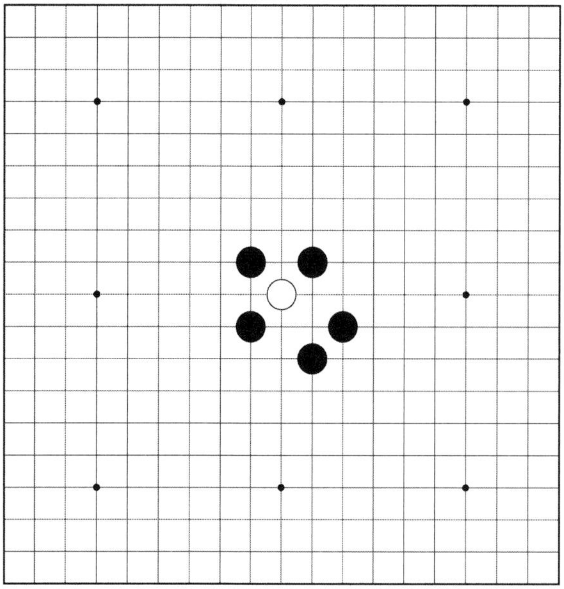

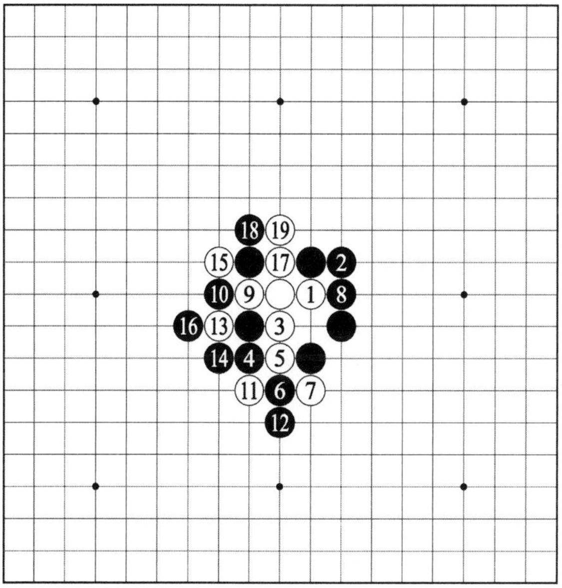

第七势

①、③妙。

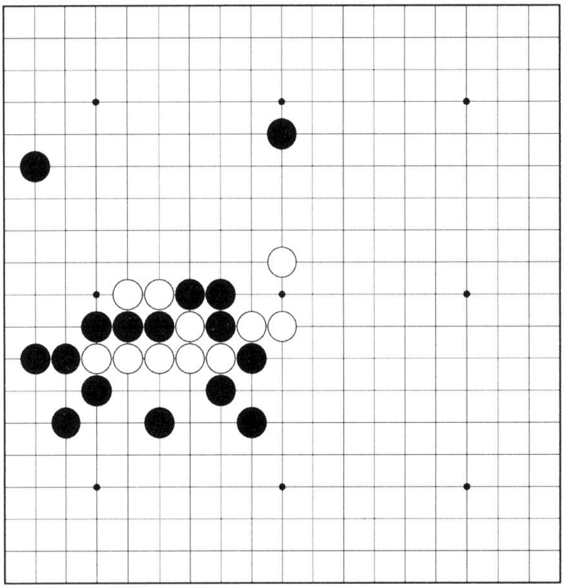

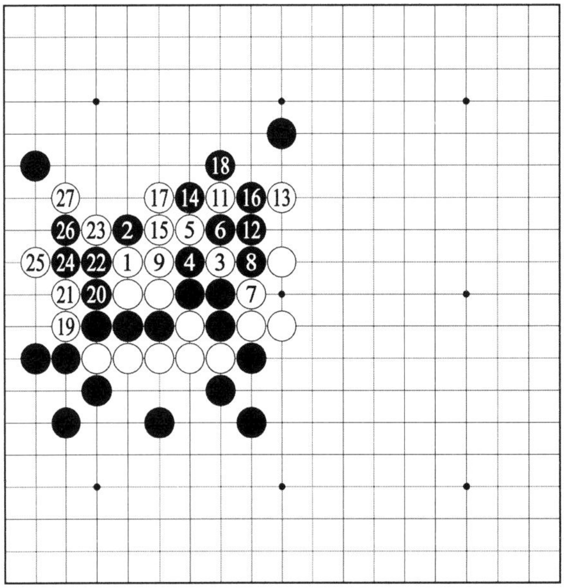

❿＝③

第八势

①妙。

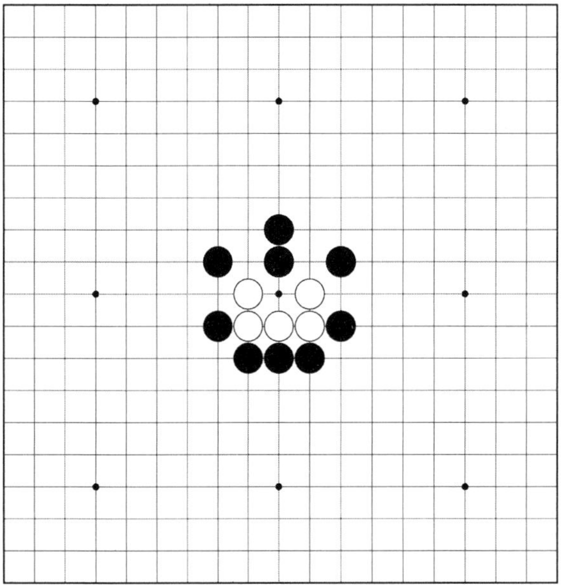

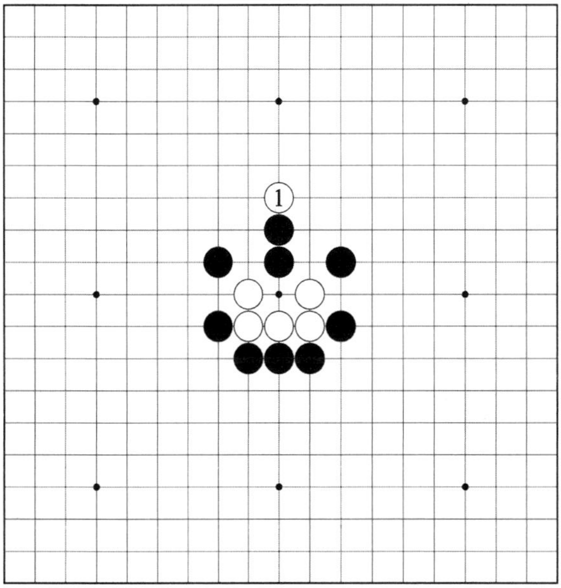

金龟

以下二十三势出《秋仙遗谱》。

①妙。

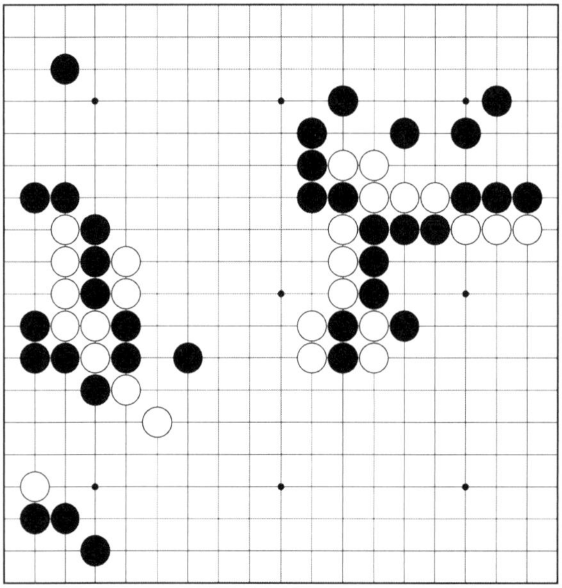

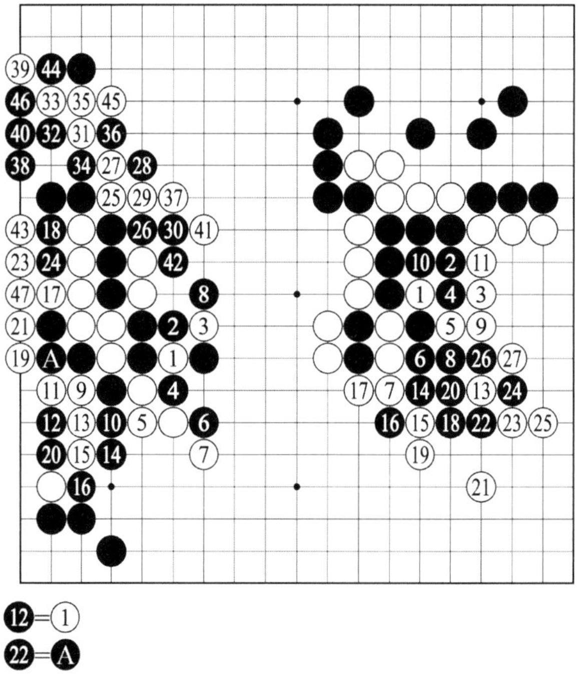

擒纵

《弈选》名鼓鬣翻云

幽玄

此第三变势子似有心设套，无足取者，但㊴能使既亡而复存，故录之。

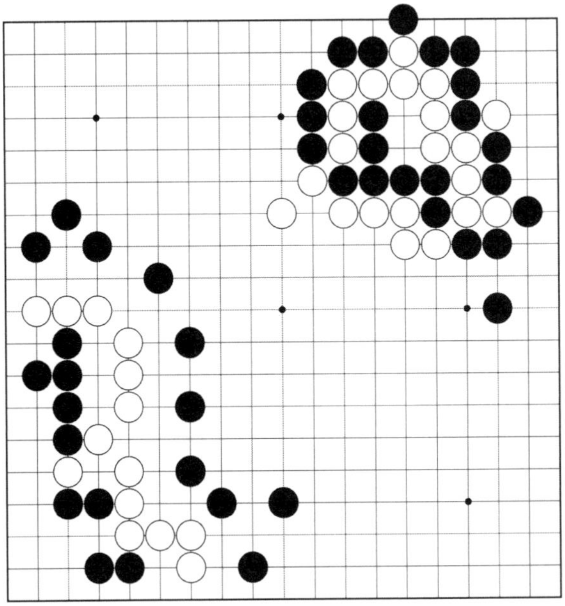

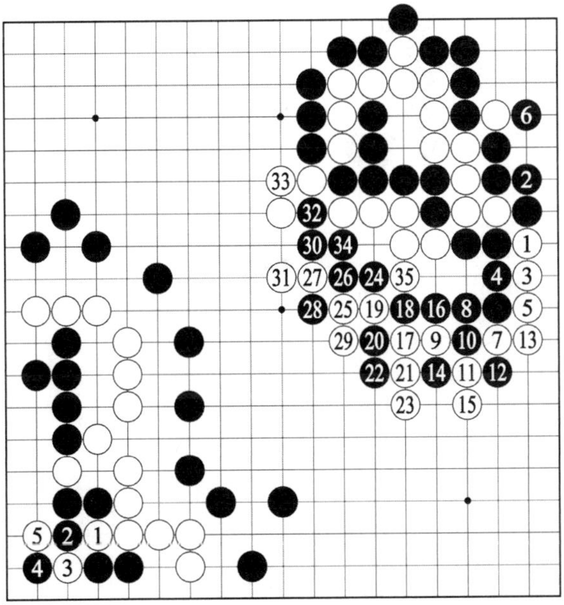

奇计解持

《弈选》名破壁飞腾

⑨妙。

出水

③、⑤妙。

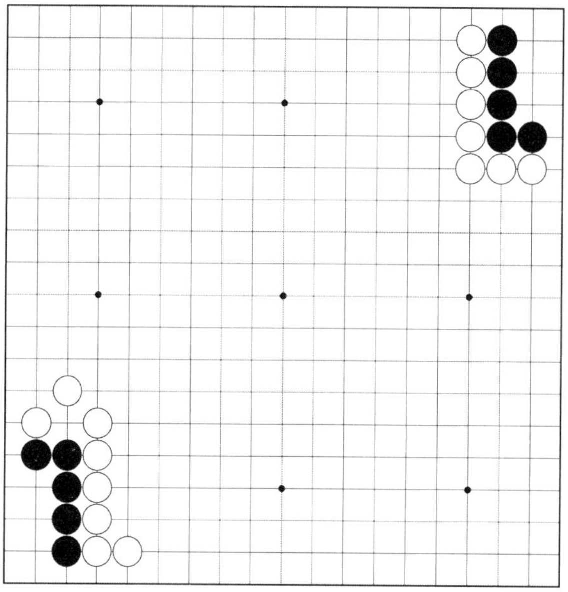

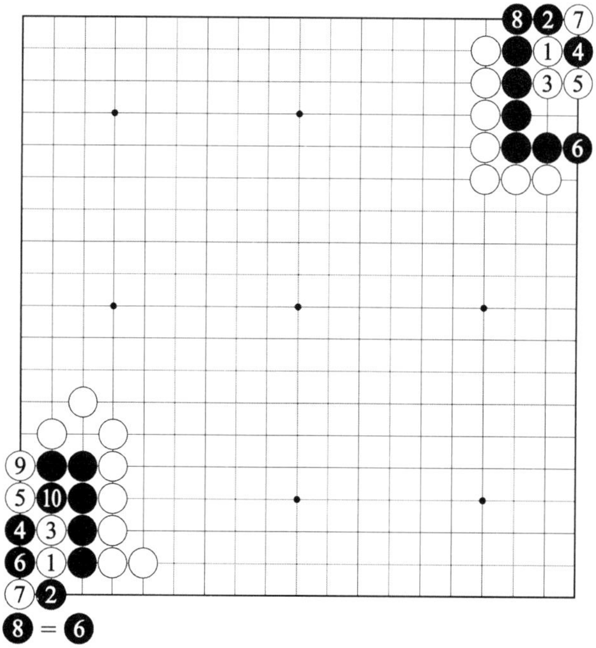

胜算

❻妙。

妙算

❹、❻妙。

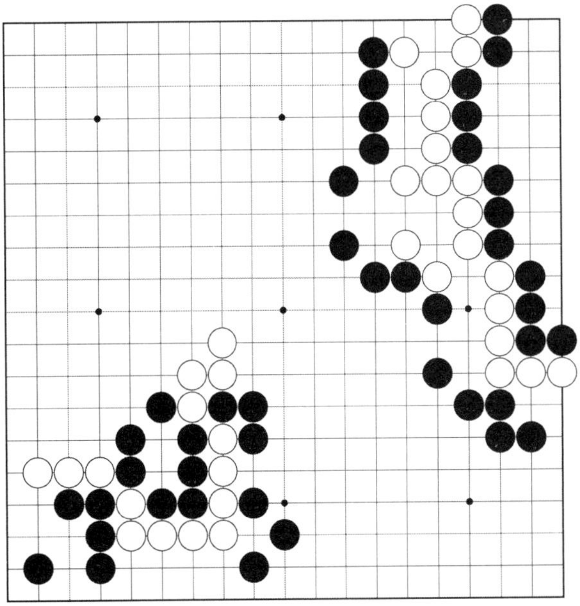

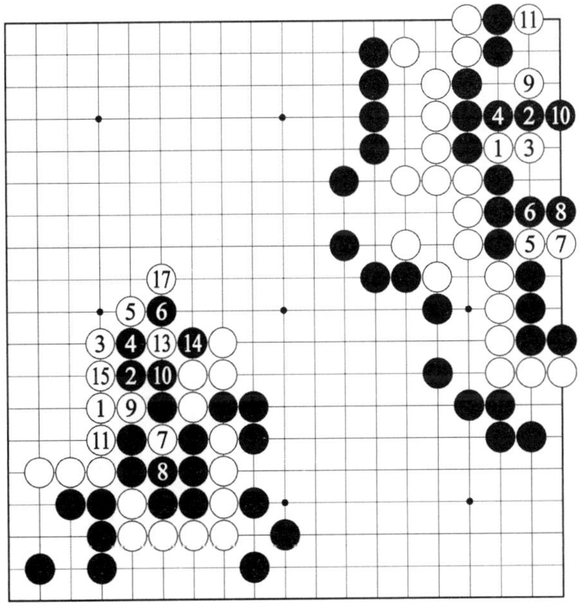

跨海

⑪妙。

八龙

❶❷ = ⑦; ❶❻ = ⑬

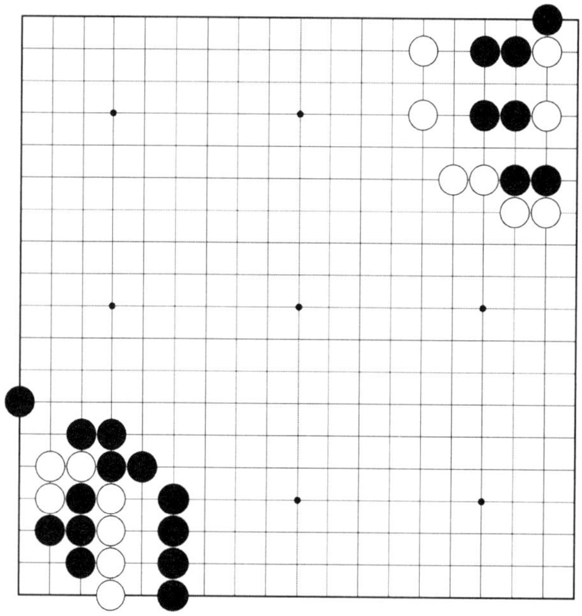

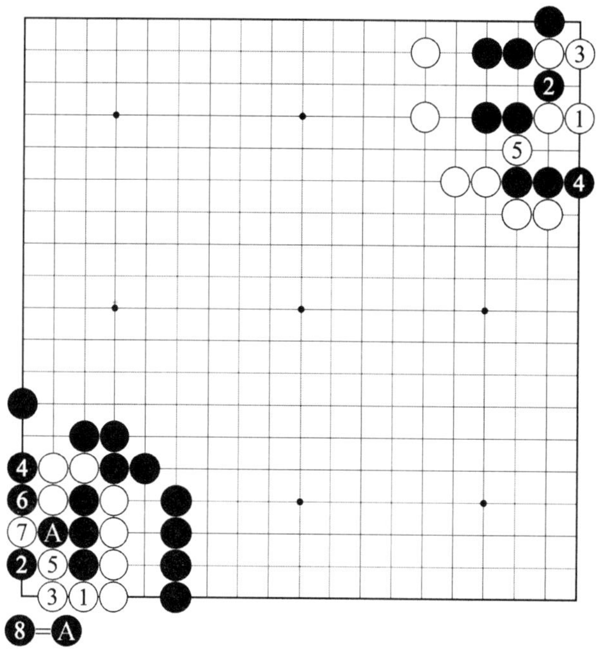

相如归璧

①妙。

四皓游蓬莱

《弈选》名盘根错节

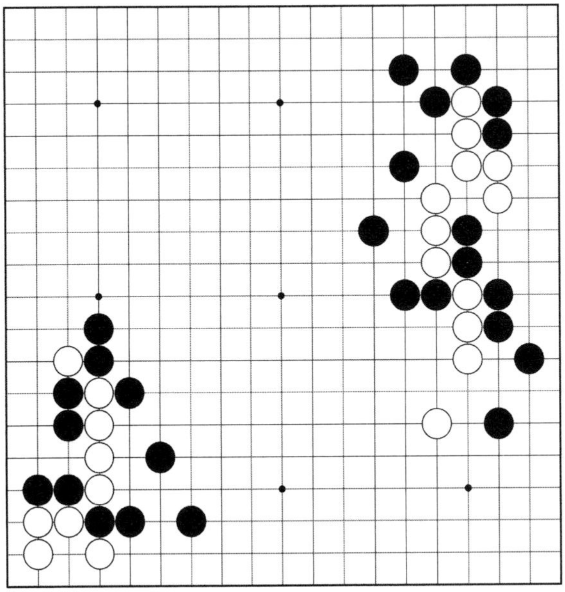

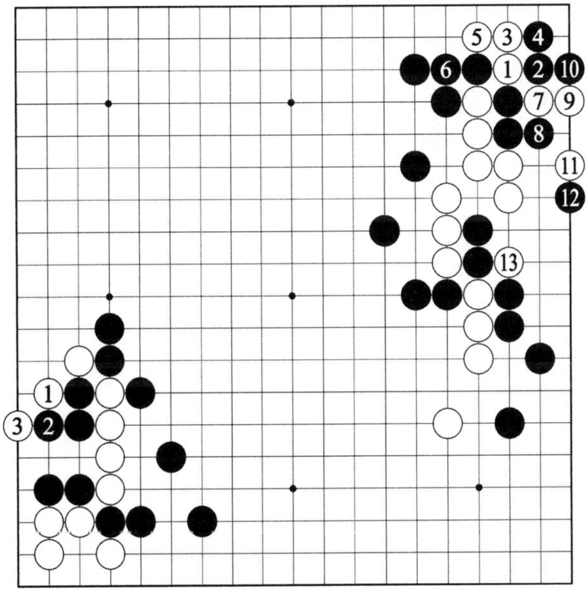

清远

⑨、⑪、⑬好。

斗牛

《弈选》名随机胸□

③妙。

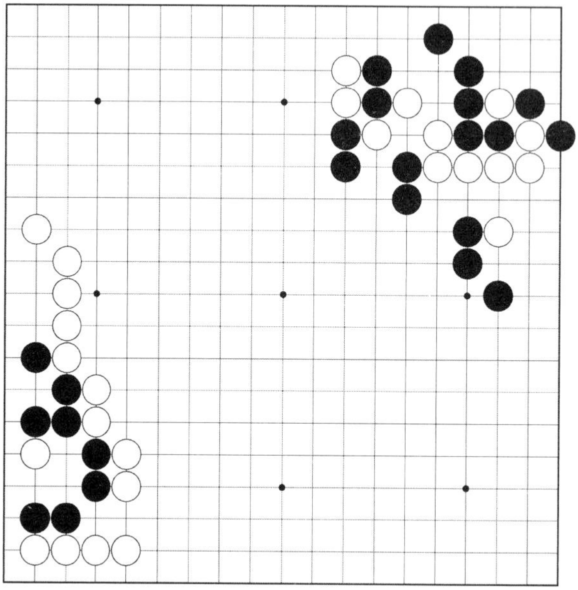

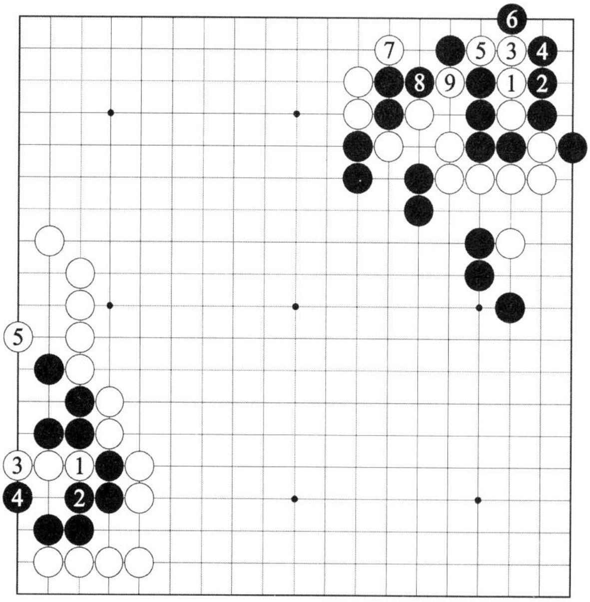

穿萍

⑤好。

武略

③妙。

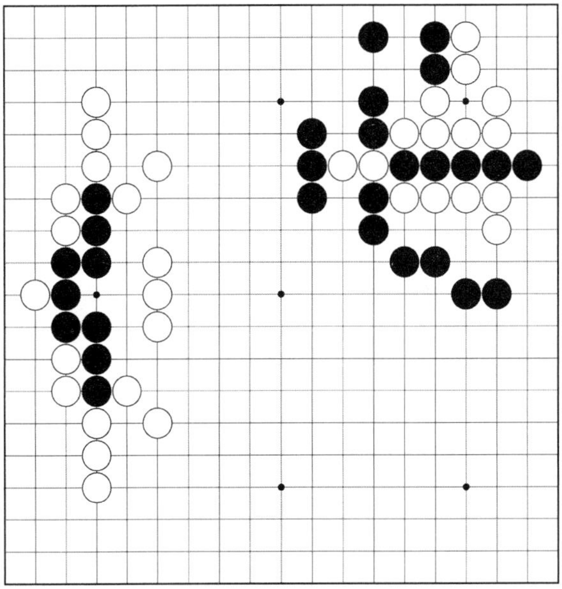

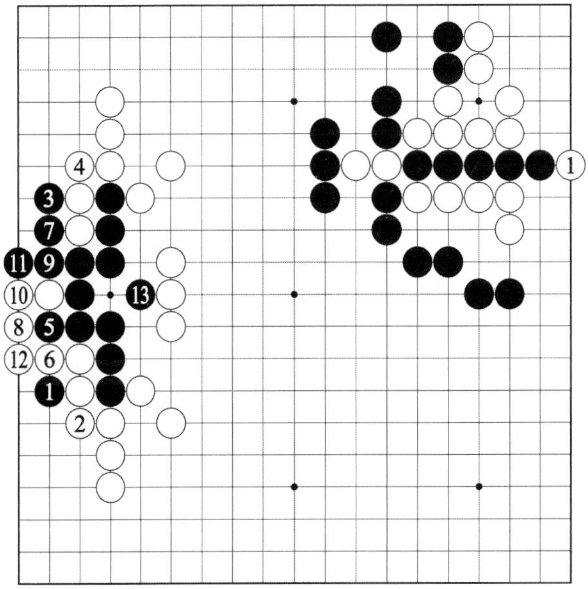

圯桥

《弈选》名一夫当关

黄河九曲

①、③妙。

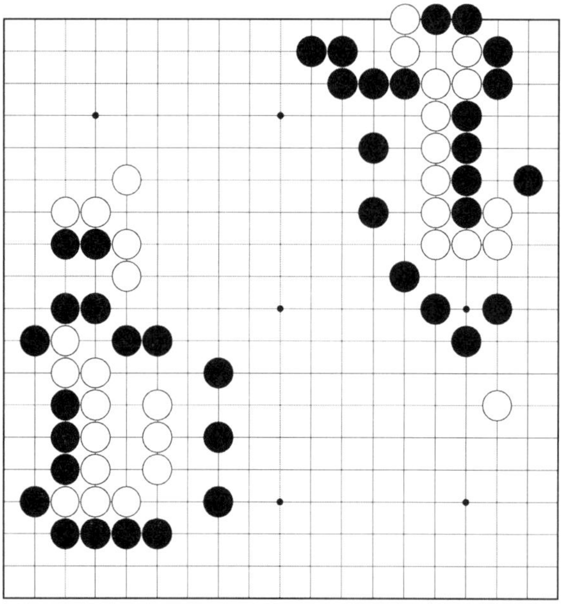

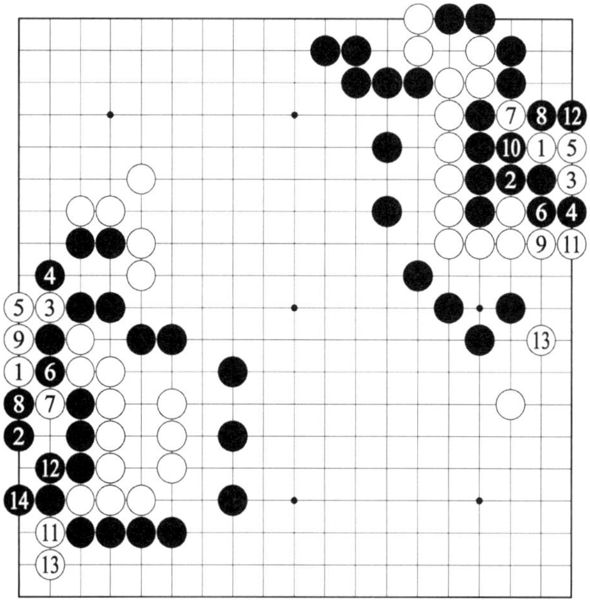

❿＝❻

隔帘望月

《弈选》名筏渡迷川

长虹饮水

❷及⓮妙，故杀，否则劫活矣，因录之。

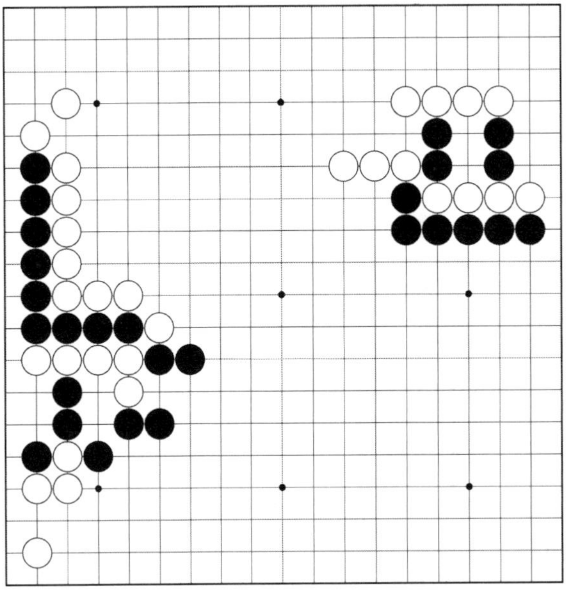

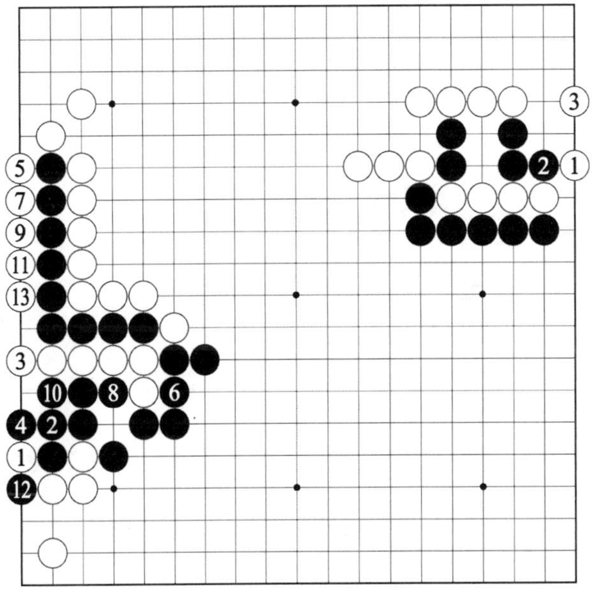

白鹤

《弈选》名投鞭断流

③妙。

破阵

《弈选》名珠还合浦

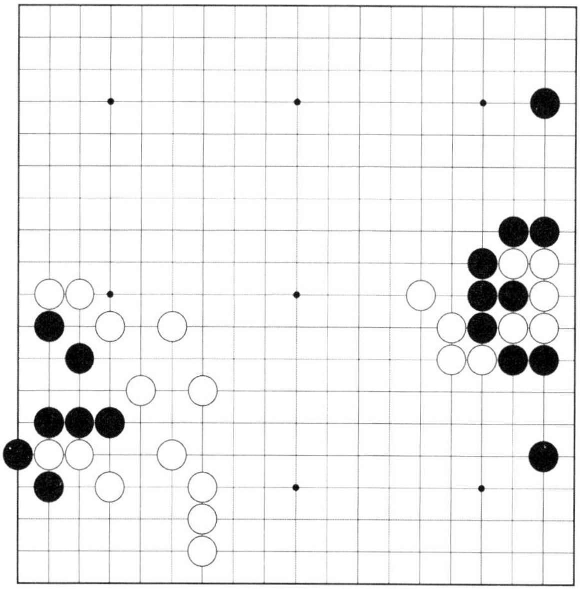

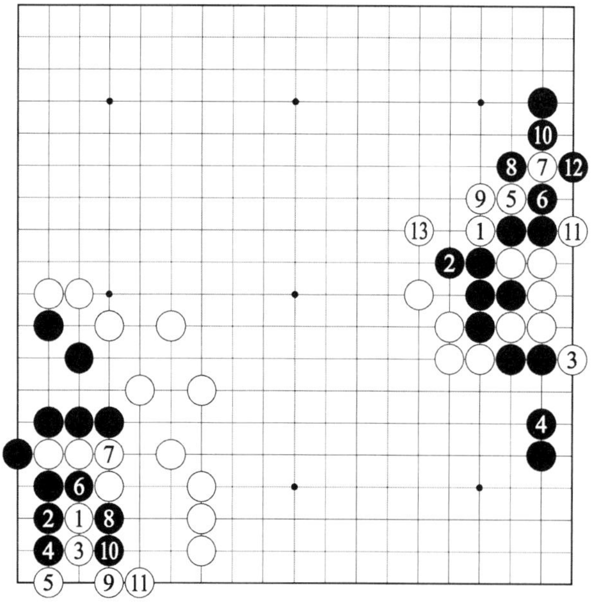

五云

⑦妙。

暗度陈仓

以下二变出《弈选》

⑨妙。

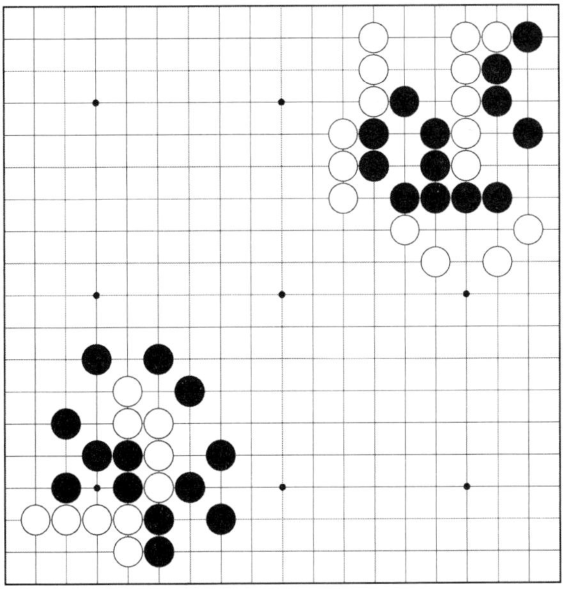

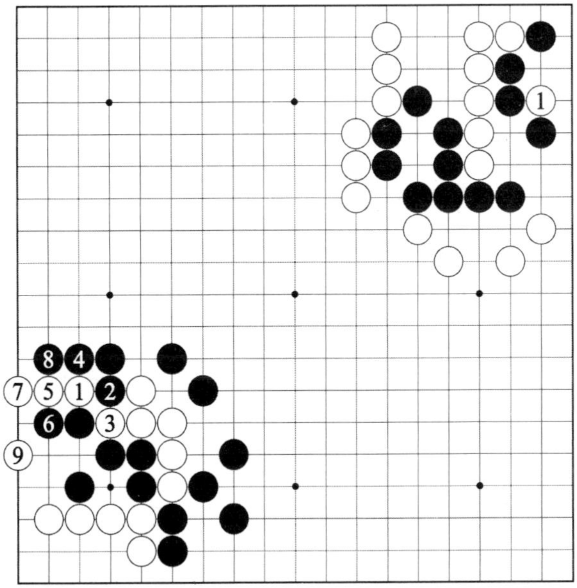

单骑降虏

①妙。

入阵

⑦、⑨妙。

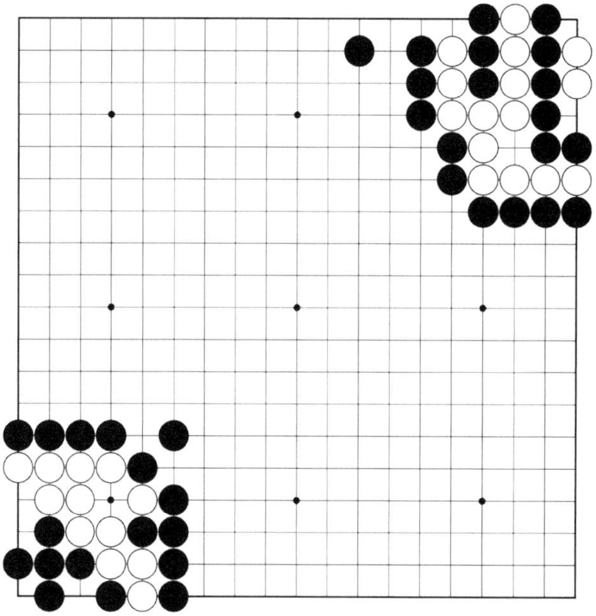

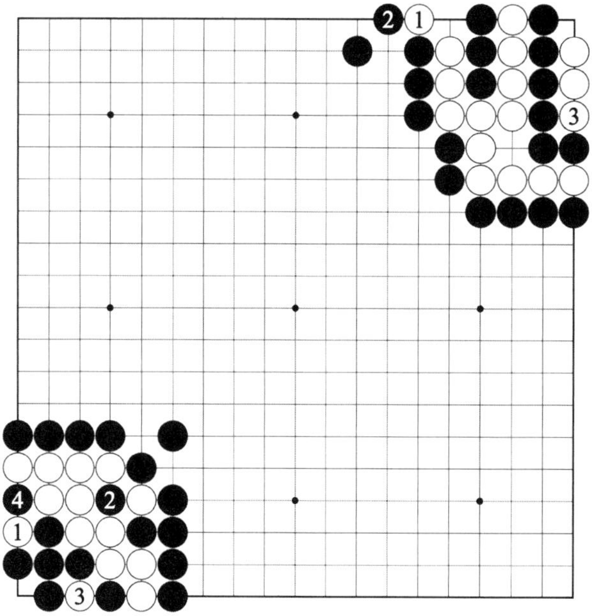

巧持

以下八势出《弈微》

①妙。

妙持

①妙。

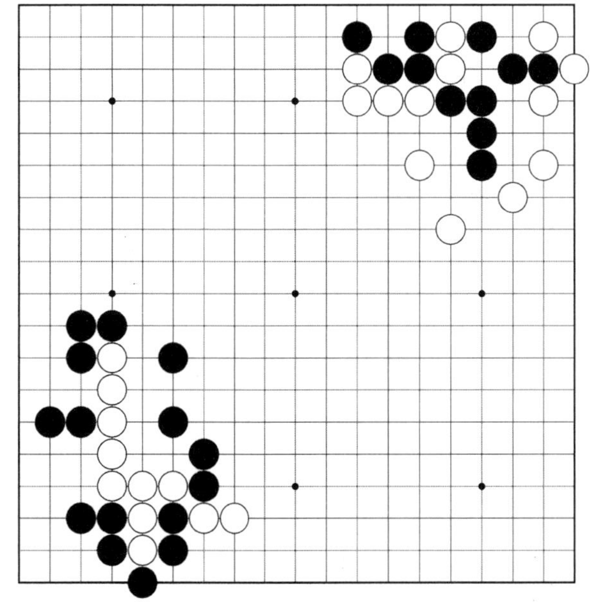

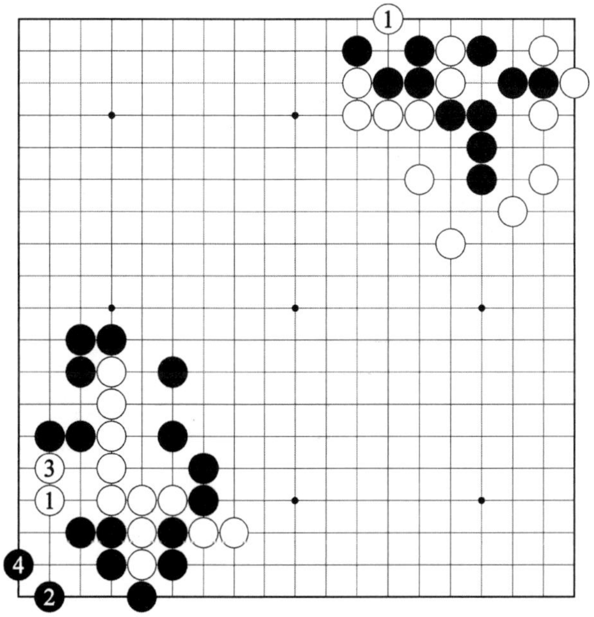

春涛

①妙。

斩蛇

❷、❹妙。

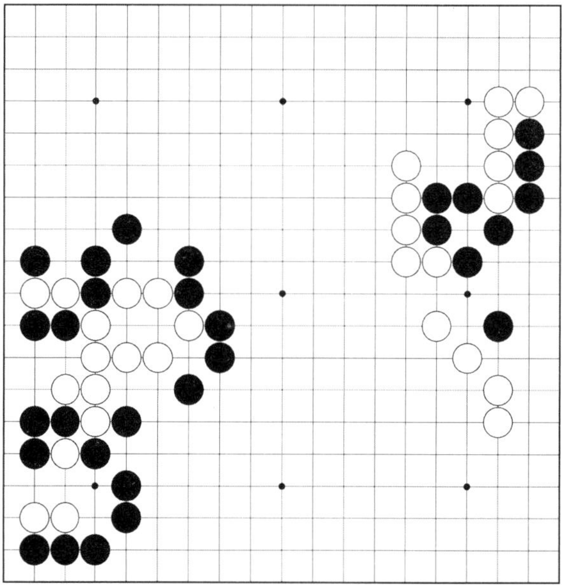

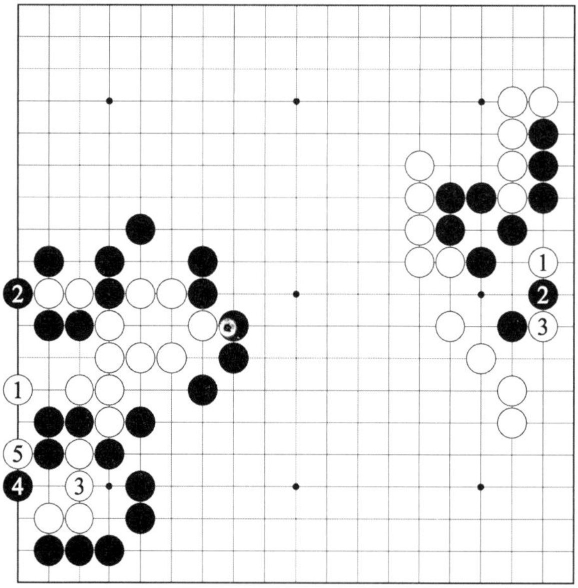

月宫

③妙。

玉蝀

①、⑤妙。

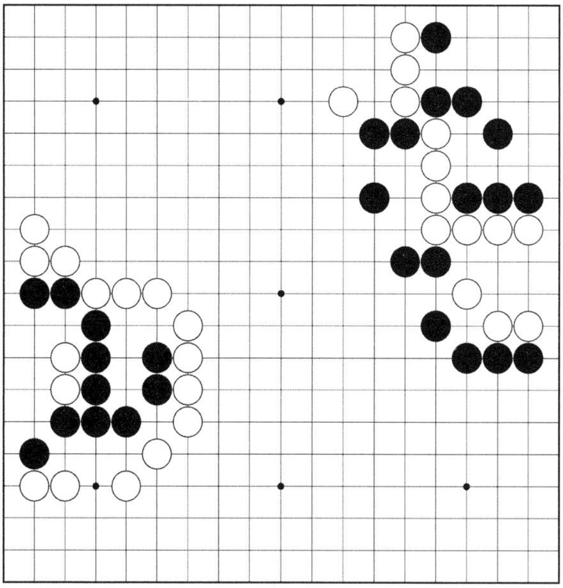

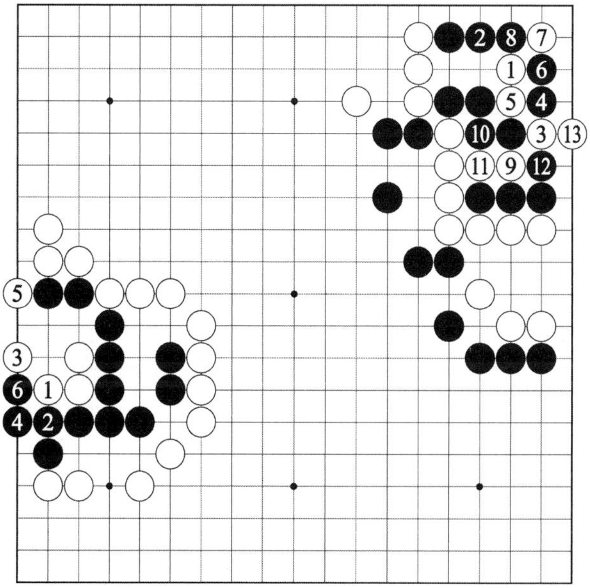

七里滩

《弈选》名攻其必应

⑦妙。

明珠

《弈选》名行行且止

❹、❻妙。

弈薮

（明）苏之轼编

大地集团（香港）文化传媒有限公司　点校制谱

清初赵时腴翻刻本

点校说明

《弈薮》，明代苏之轼编，初刊于天启二年（1622），由程明宗刊印。分礼、乐、射、御、书、数等六卷。礼册载万历至天启间知名文士陈继儒、徐大化等所赠诗、文、序、引、跋等多篇，并附有编者注释的《棋经十三篇》。乐册载满局四十局，皆出自名手对局，由编者作部分修订。射册载全局二十局，是编者与同时代国手对局的实战纪录。御册介绍前代流行棋式。书册载侵分手段。数册选录局部残局死活一百余例。部分资料采摭自《弈微》、《弈玄》、《弈选》、《媿杜集》、《弈彀》、《玉局藏机》等明谱，搜罗较广，曾被称为“推古今第一”（见清康熙三十二年《休宁县志·方技》）。全书印刷精美，为三色墨套色印本。

《弈薮》在明、清翻版较多，本次点校采用的底本是苏之轼晚年请赵时腴邀请一众国手重新校定的刊印本。该本删除明版所有诗文、序文，全局增补到75局，其它内容也有相应增减。

序

陆象山初不解奕，一旦悟河雒之旨，遂出国工上。王积薪夜宿山中，闻老媪往复数言，世亦无能敌之者。二人之骤悟虽同，然王殆有神助，若陆之天解，尤非揣摩所易及。世论常以奕之理，原于《易》，通于兵。盖阴阳消息之运用，不外动静方圆之机宜。故有久于行间而不得其略，有甫登坛而即握其胜者。正如谢家都督与车骑，同为阶庭玉树，一几变出意外，一以八千众，破淮淝百万之师。此中相去不知几十道，宁仅争后先着哉！余友苏子亦瞻，幼擅斯技，发始燥，即于邵奉常坐中，攘群贤之扇箑。一时所称国工，莫不惊其神骏，而畏其锋。则亦瞻亦自谓疑禀宿习，有不知其然者。然余闻亦瞻虽神悟，其于古人图阵，殚精竭思而后造于微。观其所编《奕薮》，则当日精神之所寄可知已。初亦瞻过余，余方濡首制举言，未遑穷其旨趣。及余成小筑于练水之上，欲与亦瞻周旋，而亦瞻病且倦矣。因以生平所蒐辑者，属予重爲较定，以永其传。余谓必如陆王之天解神授，庶能舍筏而忘筌。然世罕睹其人，则斯编之津梁，于时亦曷可少与。同里教弟赵时腴介庵父题于振古堂。

弈薮 卷一

全局部分

海阳亦瞻苏之轼编辑
介庵赵时腴参订
我占黄 恒重校

满局说

弈之力量、智巧，全于满局见之，则兵之酣战也，稍有一意不沉着、一着不工致，寸瑕掩全瑜非完局矣。兹取四十局，亦庶几尽弈之量云。

满局

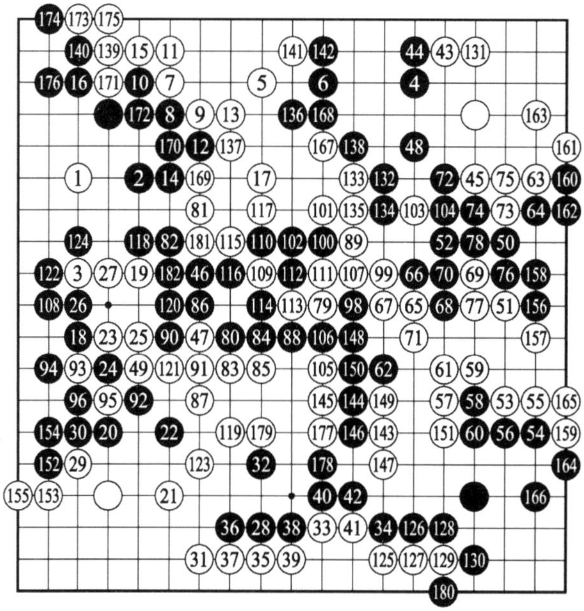

第一局

共 182 着

97=24.

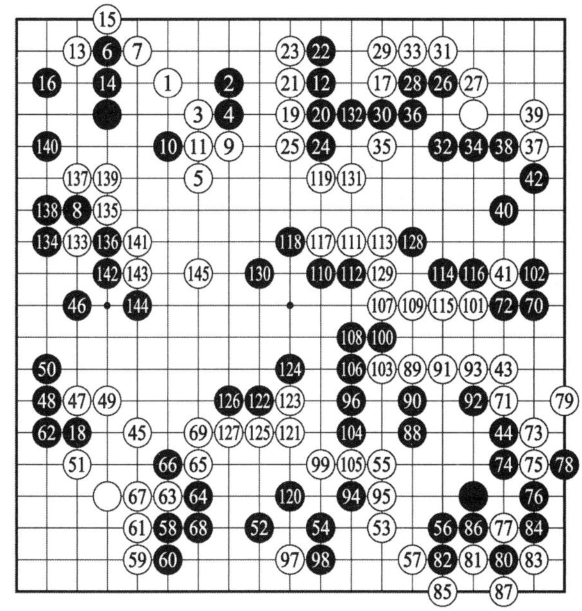

第二局

共 145 着

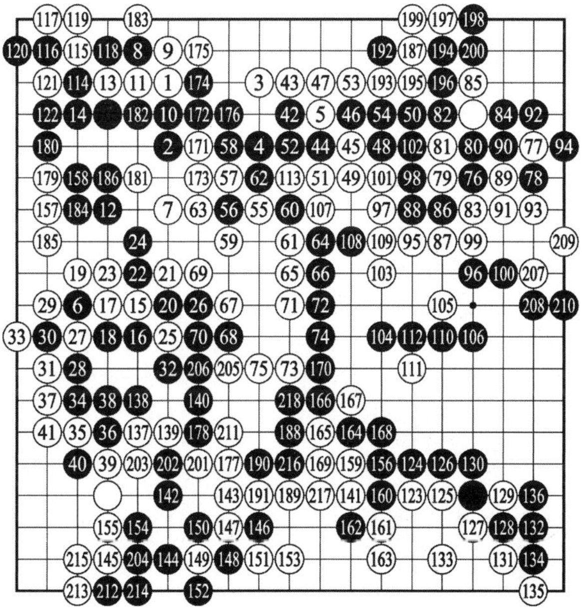

第三局

共 218 着

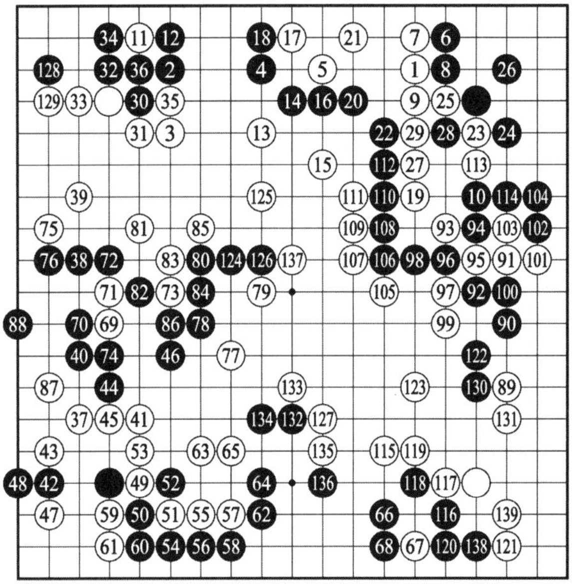

第四局

共 139 着

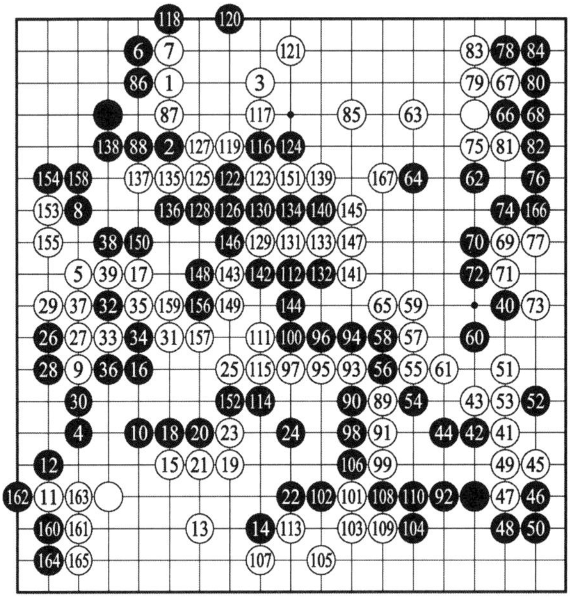

第五局

共 167 着

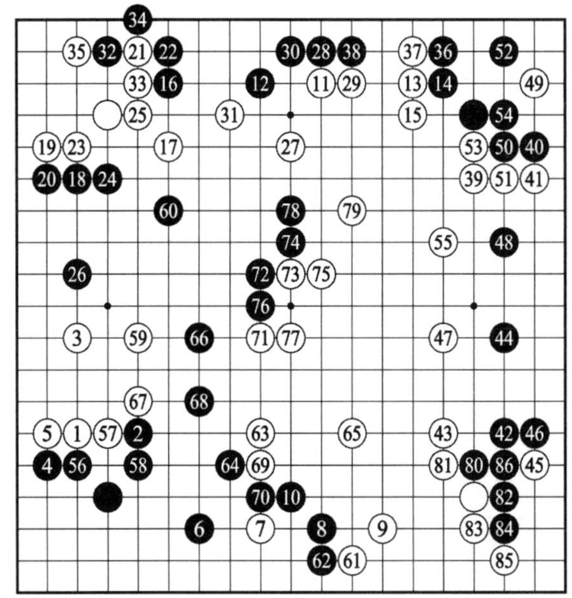

第六局

共 97 着

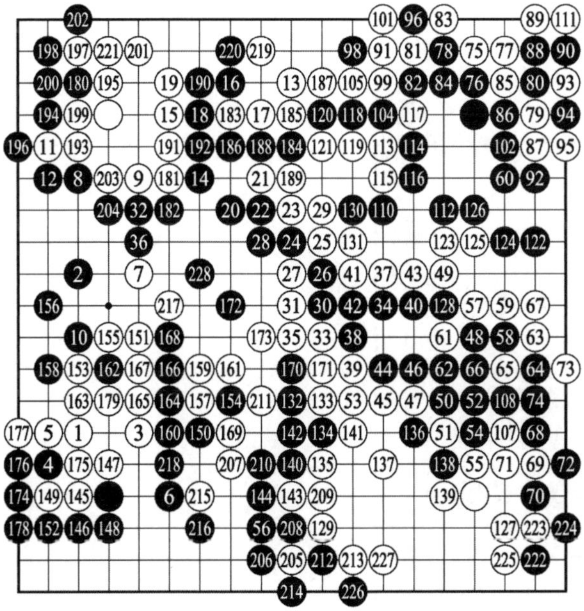

第七局

共 228 着

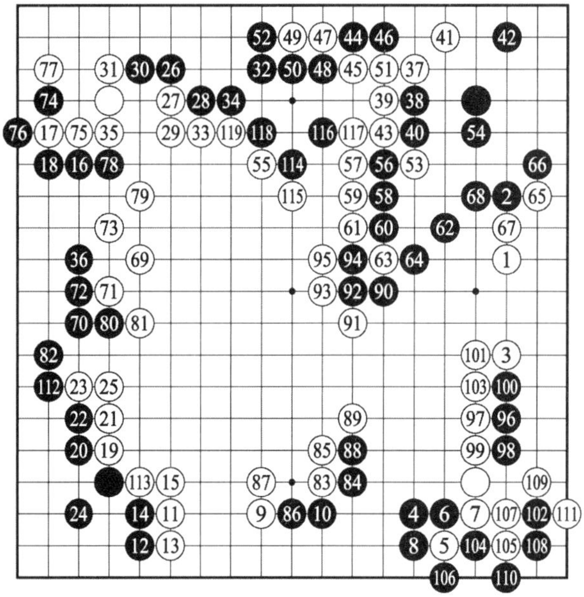

第八局

共 119 着

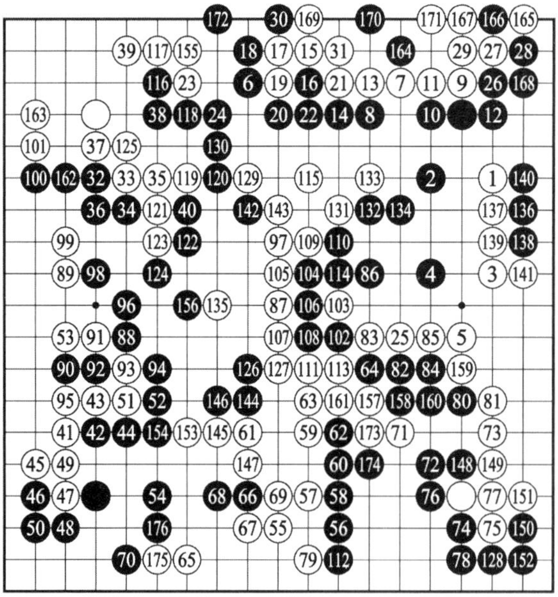

第九局

共 176 着

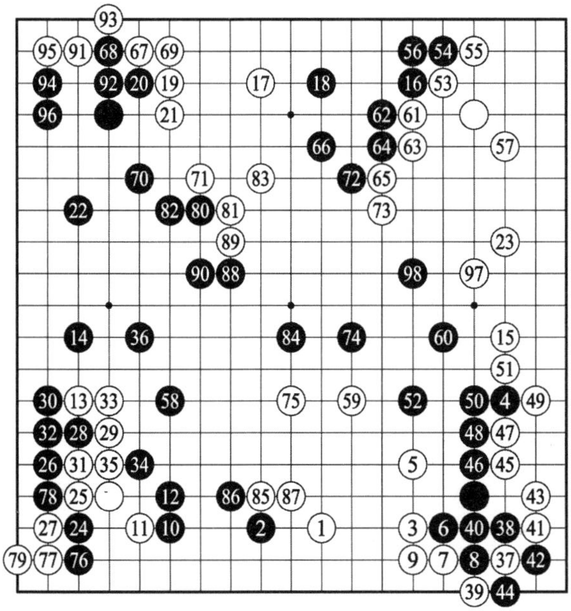

第十局

共 98 着

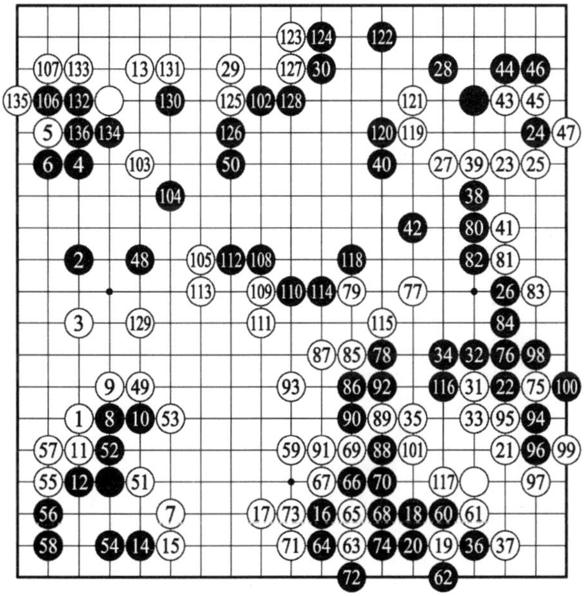

第十一局

共 136 着

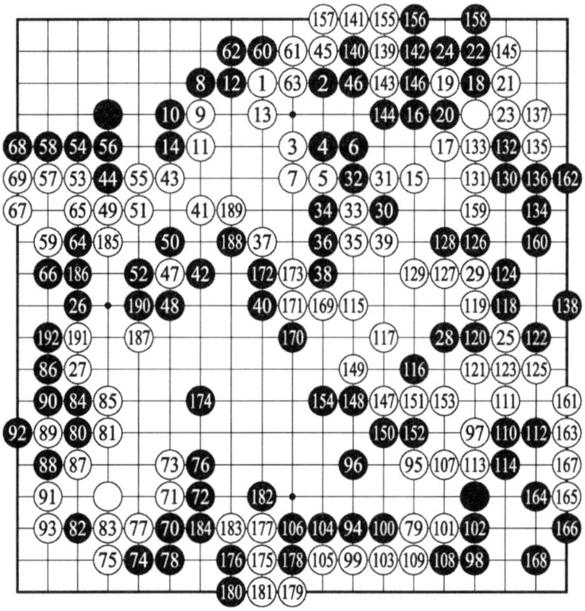

第十二局

共 192 着

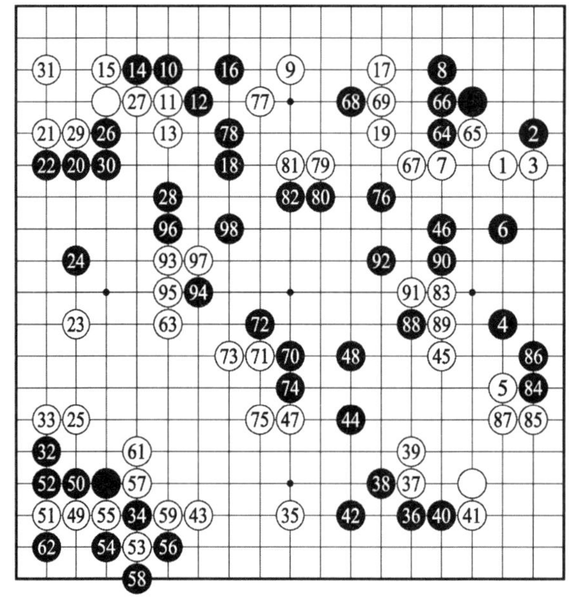

第十三局

共 98 着

❻⓪=⑤③.

第十四局

共 226 着

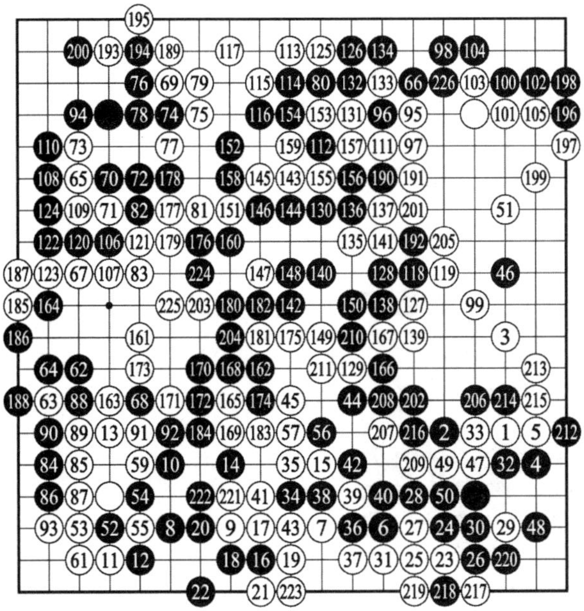

58=52, 60=55.

第十五局

共 133 着

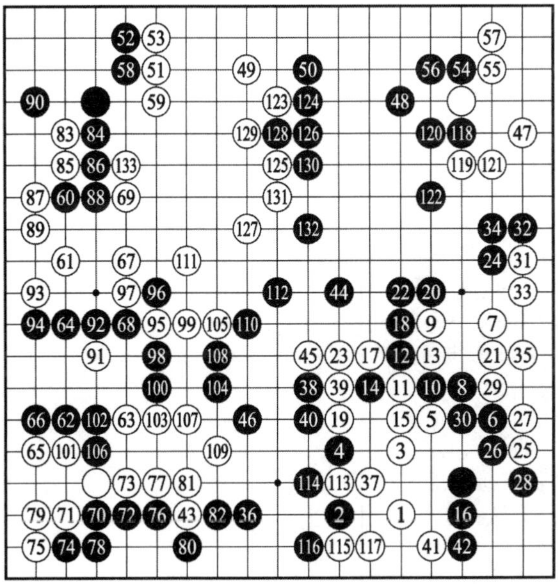

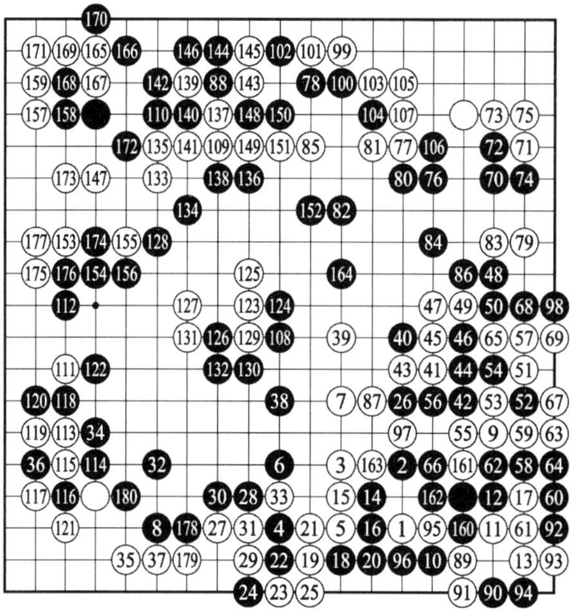

第十六局

共 180 着

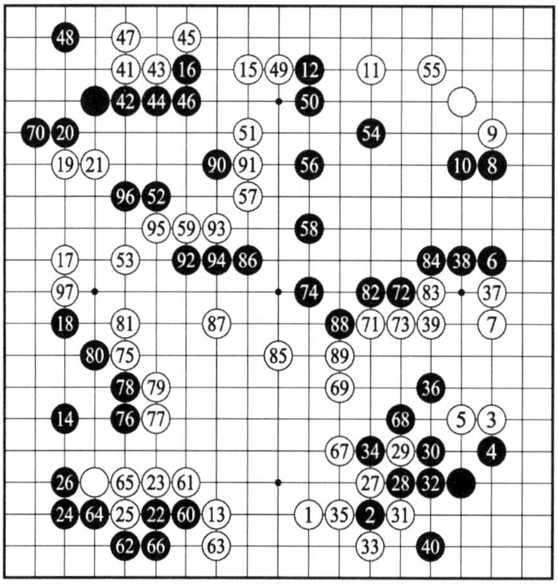

第十七局

共 97 着

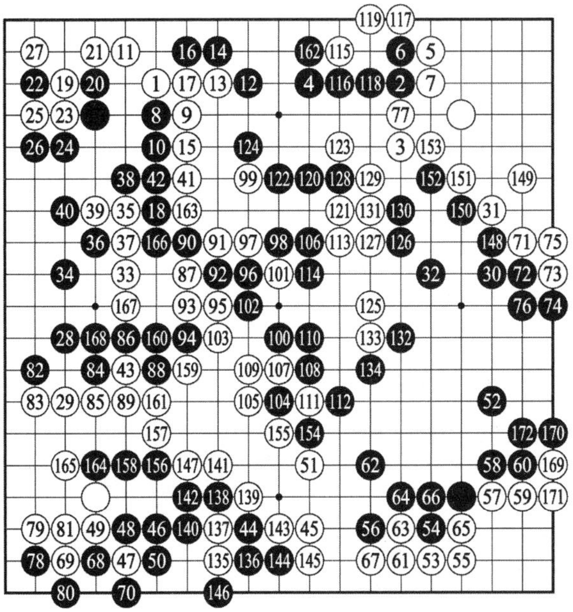

第十八局

共 172 着

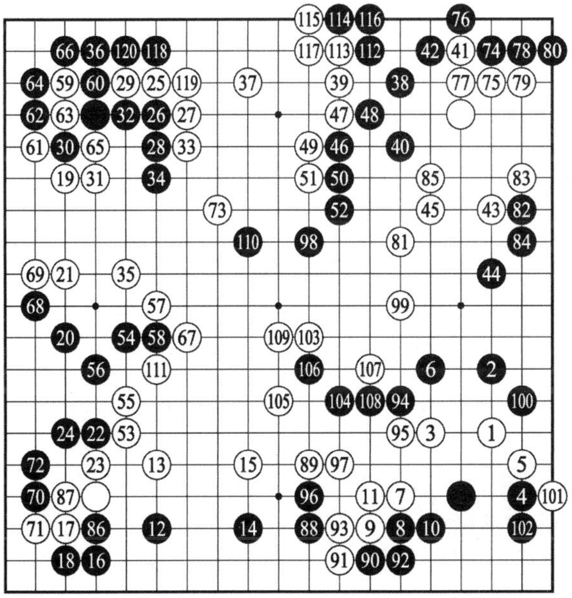

第十九局

共 120

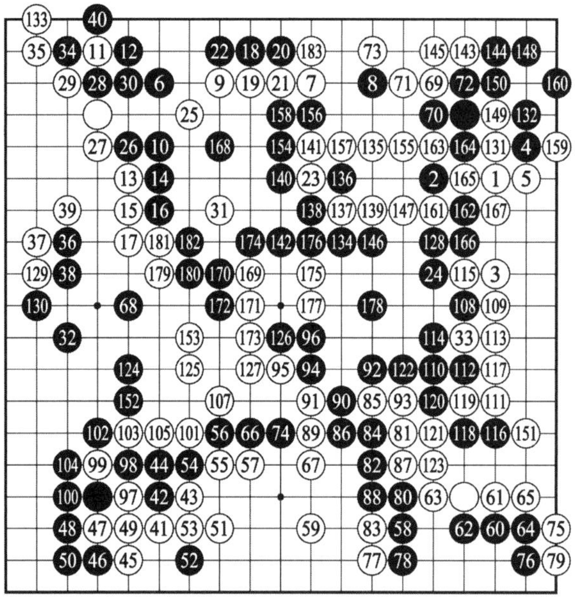

=.

第二十局

共 183 着

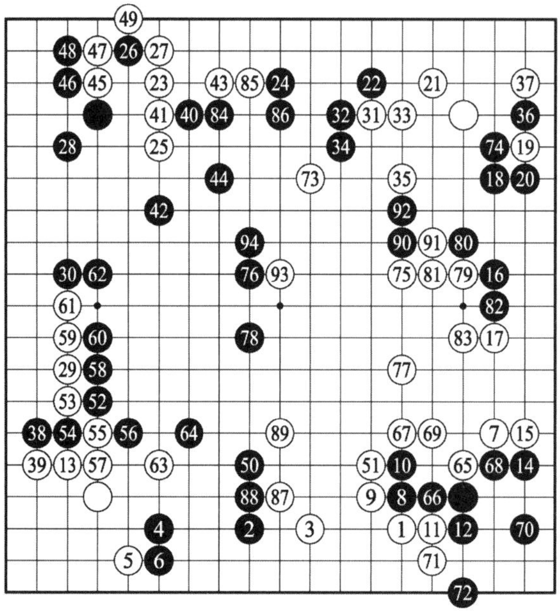

第二十一局

共 94 着

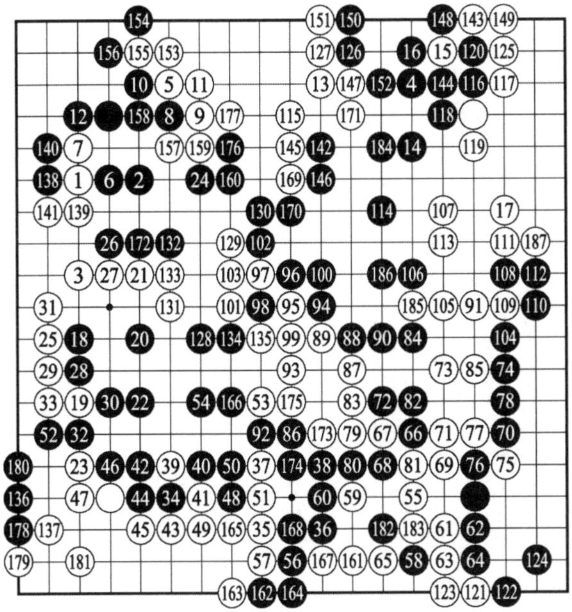

第二十二局

共 187 着

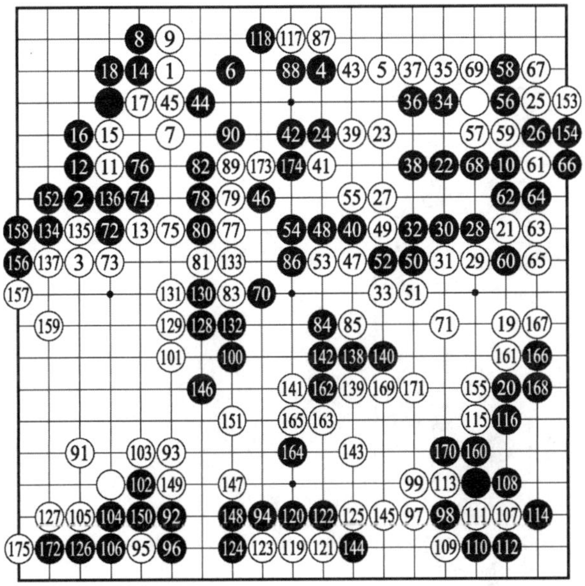

第二十三局

共 175 着

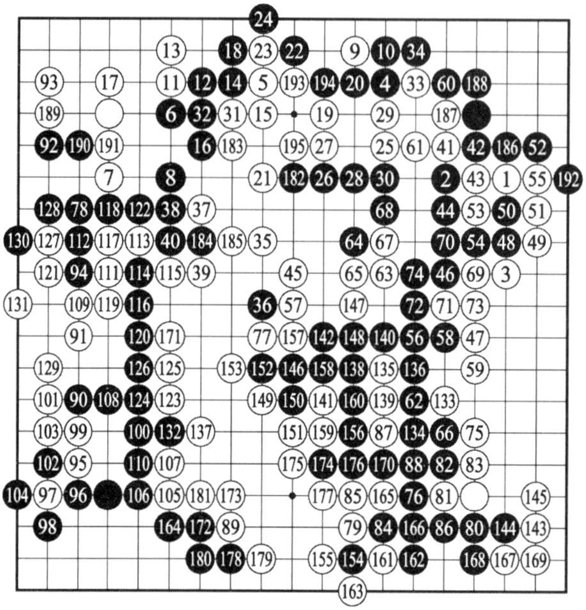

第二十四局

共 195 着

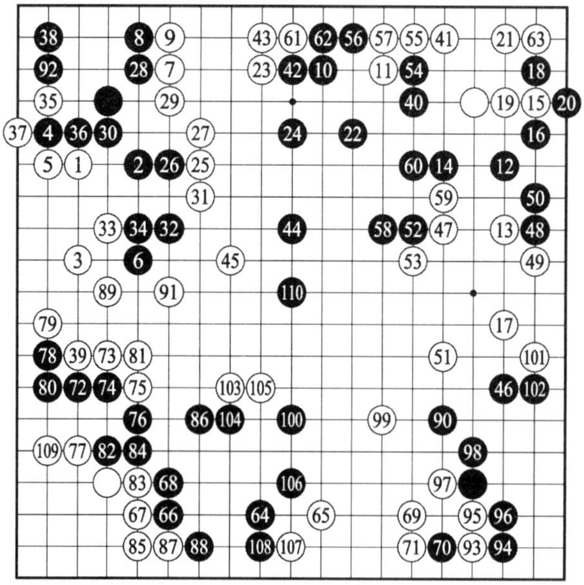

第二十五局

共 110 着

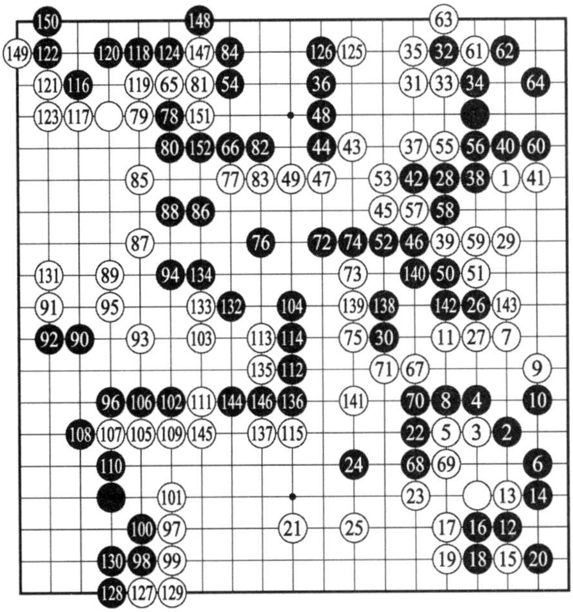

第二十六局

共 152 着

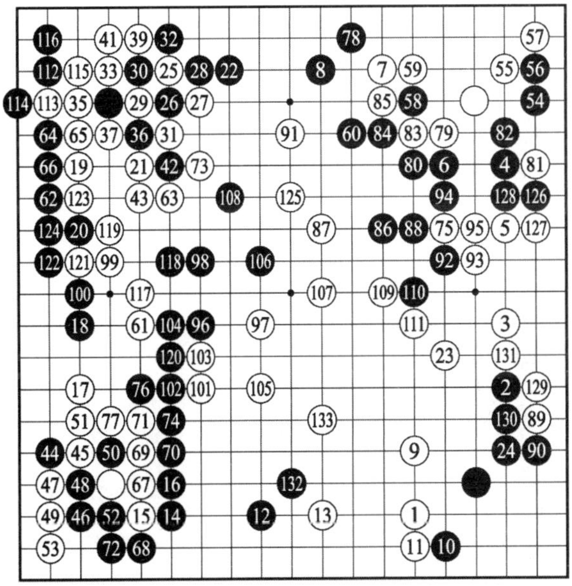

第二十七局

共 133 着

34=26，38=29，40=25.

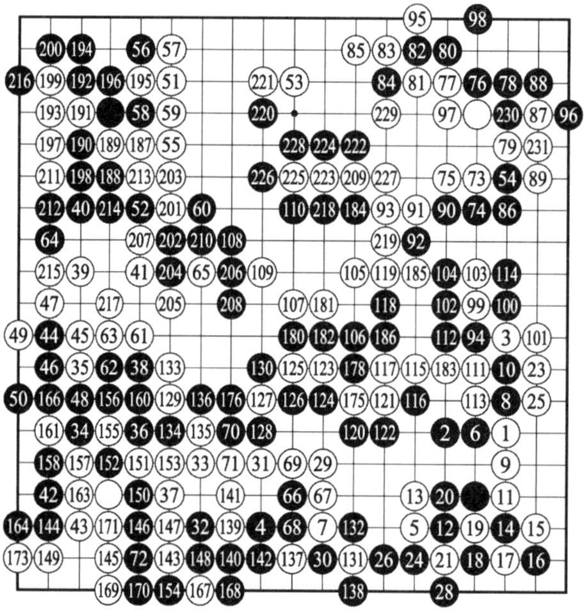

22=14，27=19，159=155，162=152，165=155，172=167，
174=152，177=155，179=152.

第二十八局

共 231 着

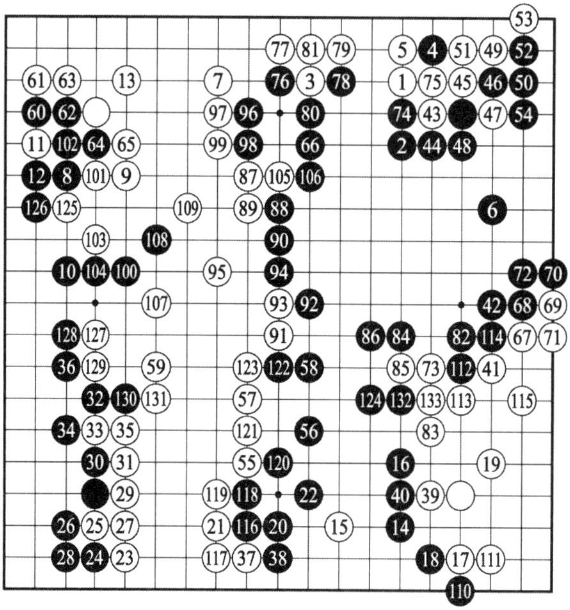

第二十九局

共 133 着

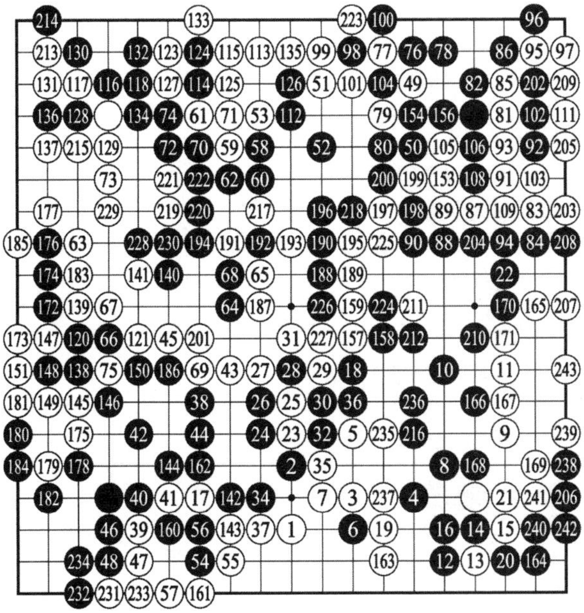

33=28, 107=77, 110=104, 119=77, 122=104, 152=75, 155=77.

第三十局

共 243 着

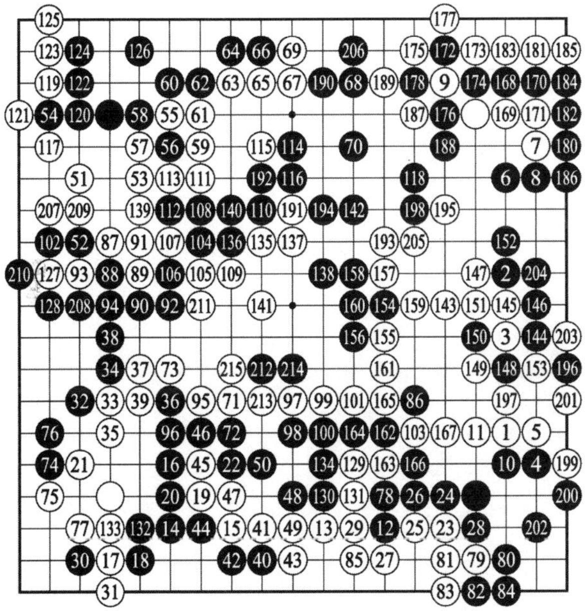

179=172.

第三十一局

共 215 着

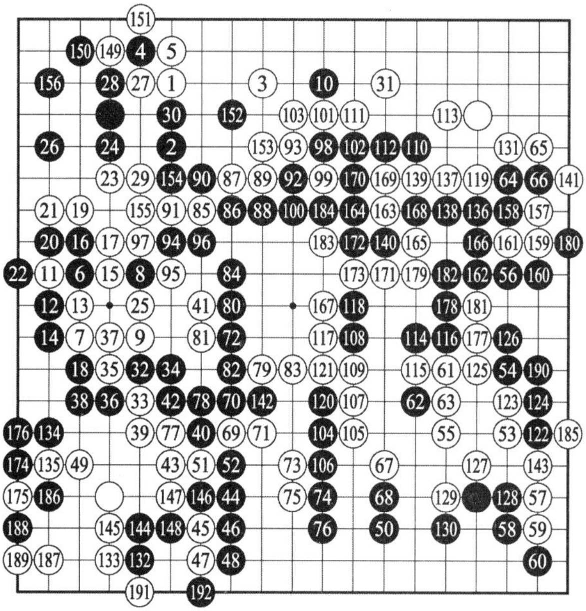

第三十二局

共 192 着

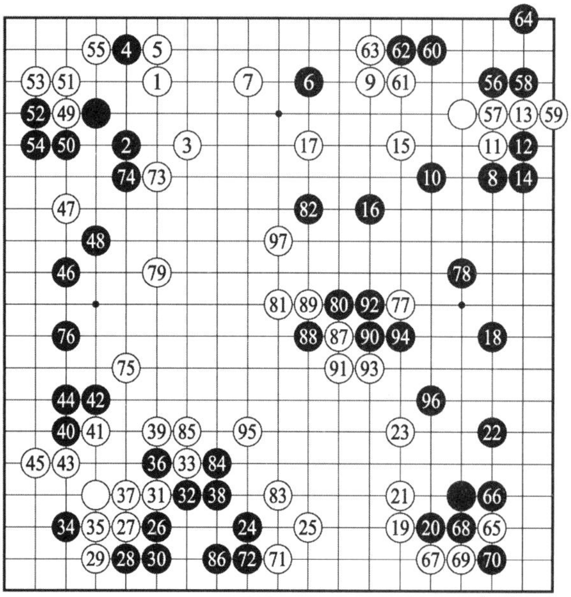

第三十三局

共 97 着

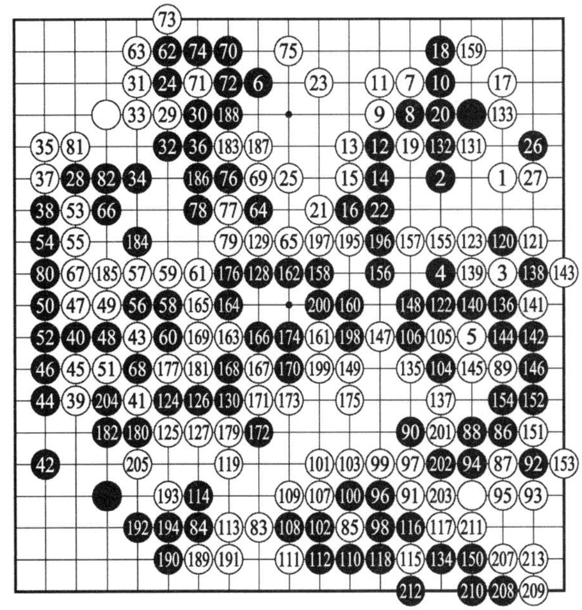

178=43，206=124.

第三十四局

共 213 着

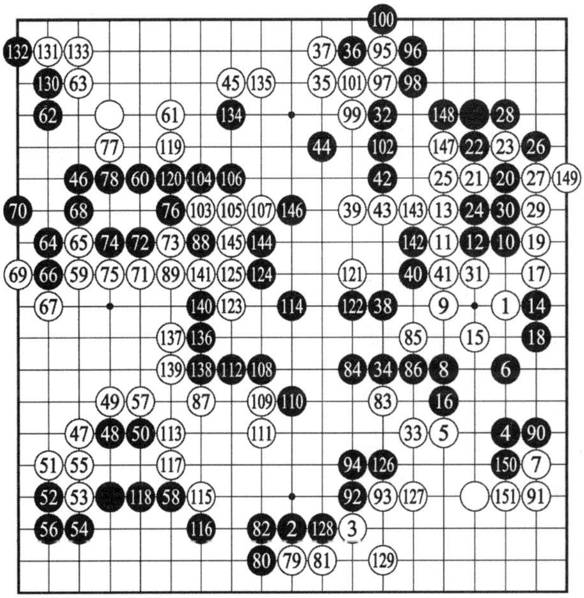

第三十五局

共 152 着

第三十六局

共 199 着

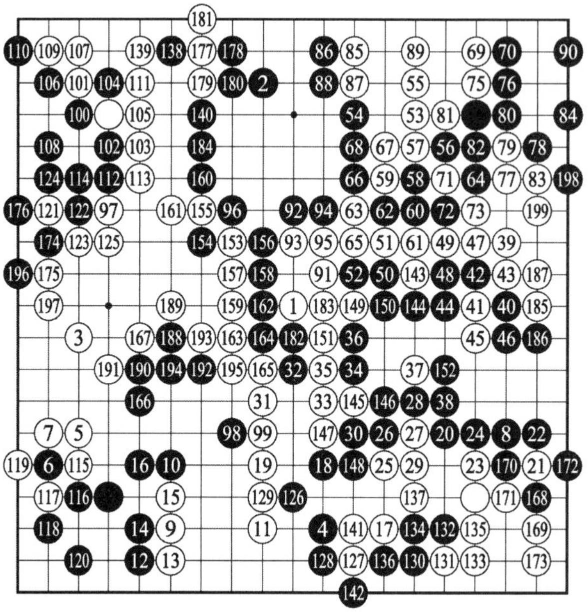

❼❹=⑦①.

第三十七局

共 126 着

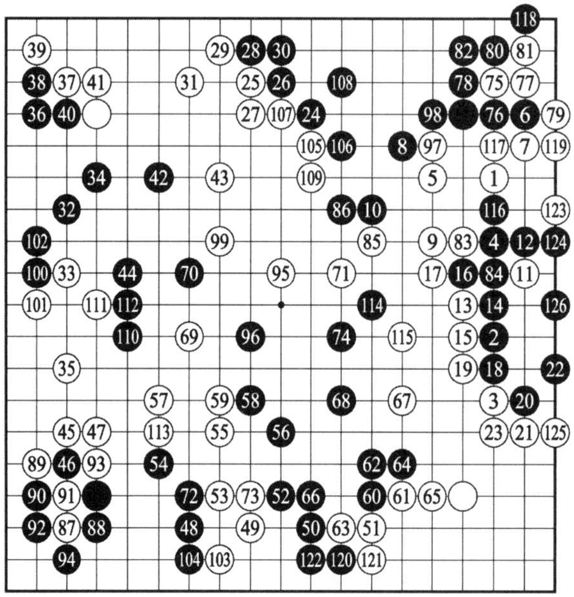

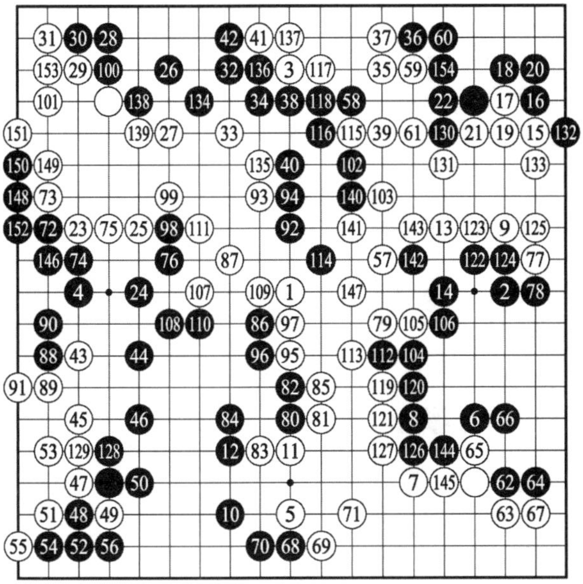

第三十八局

共 154 着

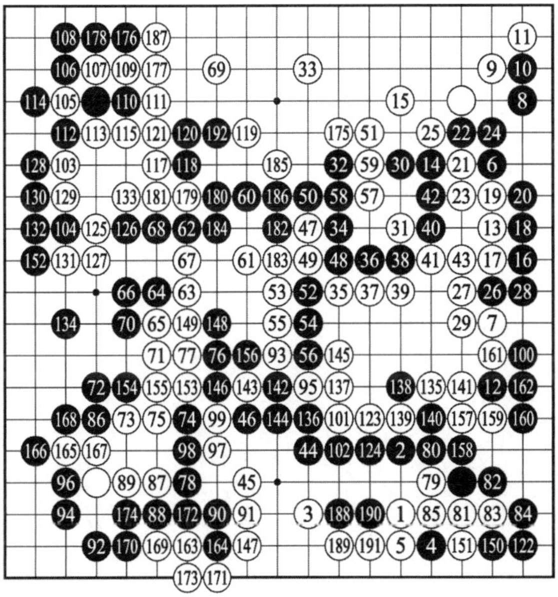

第三十九局

共 192 着

116=105.

第四十局

共 202 着

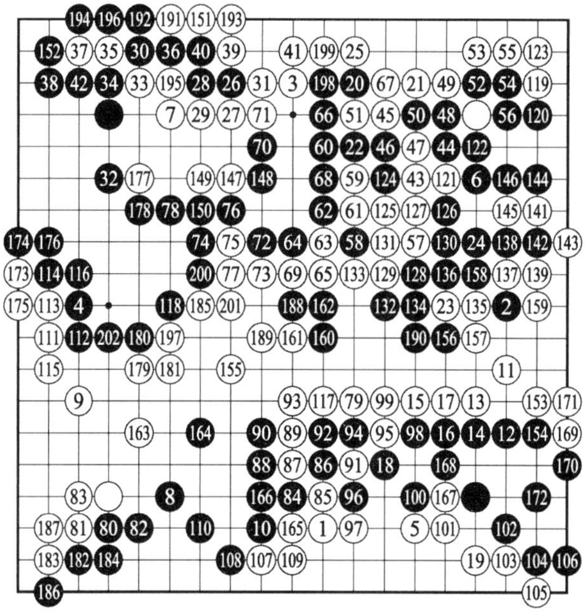

140=91.

弈薮　卷二

起手部分

海阳亦瞻苏之轼编辑
天醉赵朖参订
仲芳汪应桂校正

起手说

弈之起手，犹兵之布阵也。中央四隅听人下手，但一不合拍，即无以启变化之门，须分布得势，然后奇正纵横，一任后来变幻。兹特取七类共一百三十二变，固初学入门之第一义也。

六三类

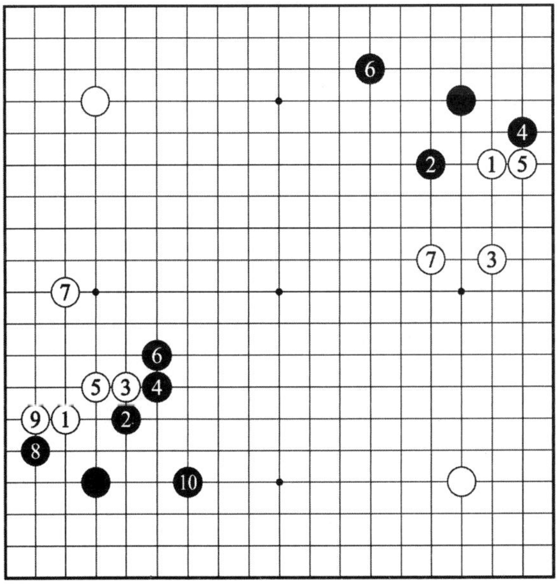

镇神头

此势最难，非如此着着相顾，则不得力。

⑦妙

二变

③、⑤妙，❻妙

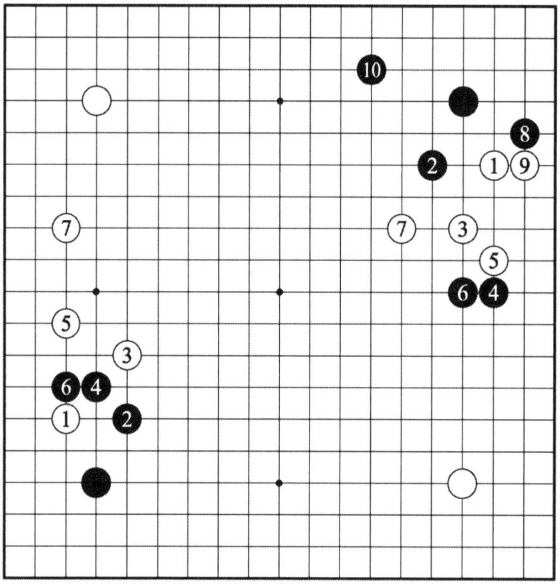

三变

❹着有侵断之意，❽与❿包角。

四变

③着设套，①着虽若弃，实未弃也。

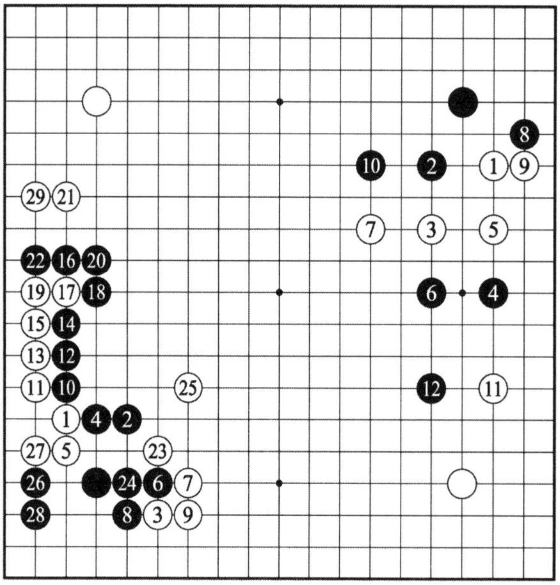

五变

⑪得先松之法。

六变

㉙互相顾守。

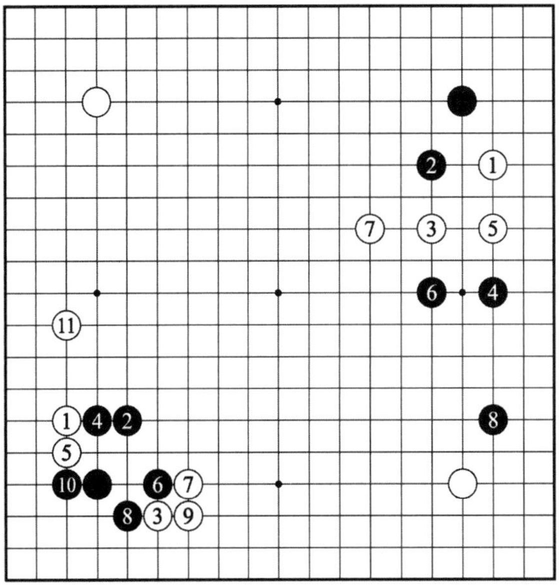

七变

❽妙。

八变

❿着先自保，守以待敌，得以坚攻瑕之法。

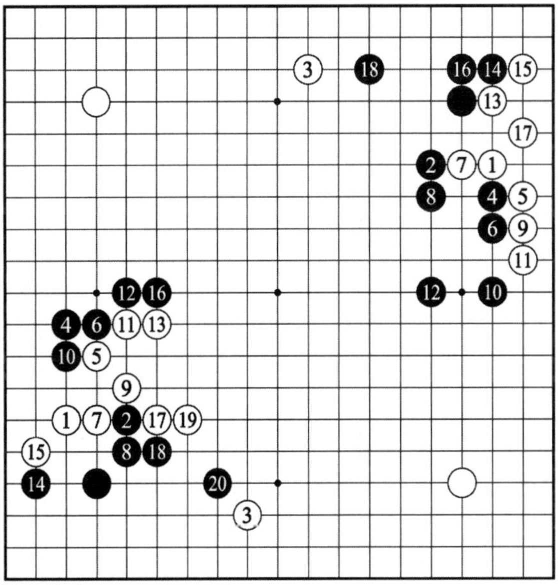

九变

③着以不变应万变。

十变

③妙，❹着应罩妙。

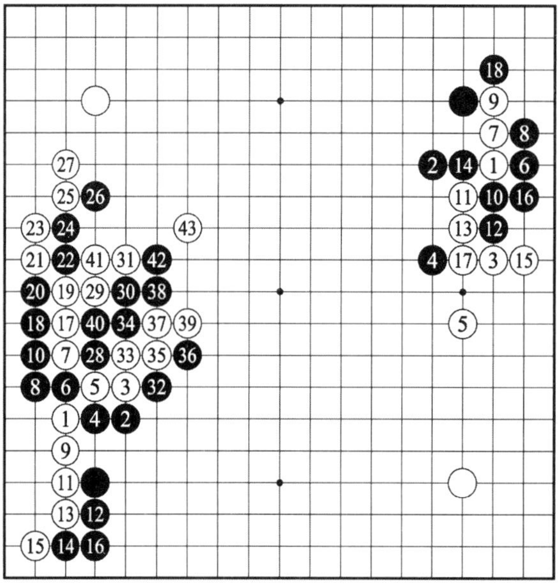

十一变

出《秋仙》，❽妙。

十二变

㉚妙，㊸一子解双征。

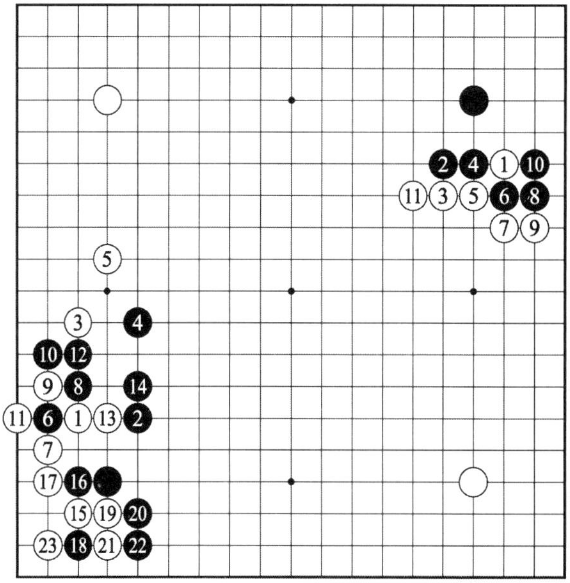

十三变

弃子之妙宜以为法。

十四变

出《秋仙》，⓲在先收，可法。

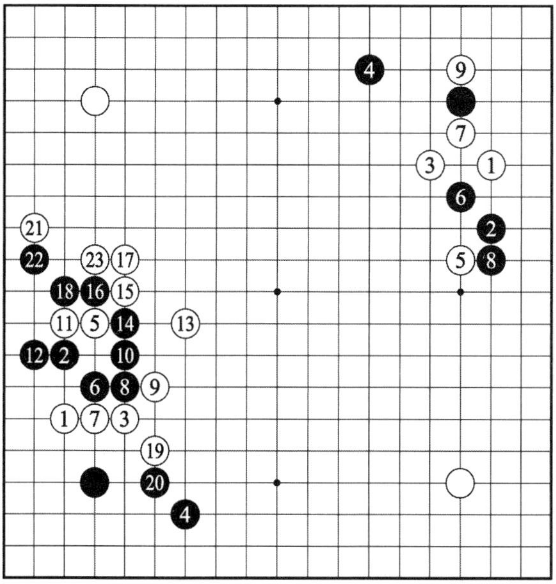

卷帘边

卷帘设套之巧，不可不知。

⑦妙，⑨妙。

二变

若22着于三八，则受套。

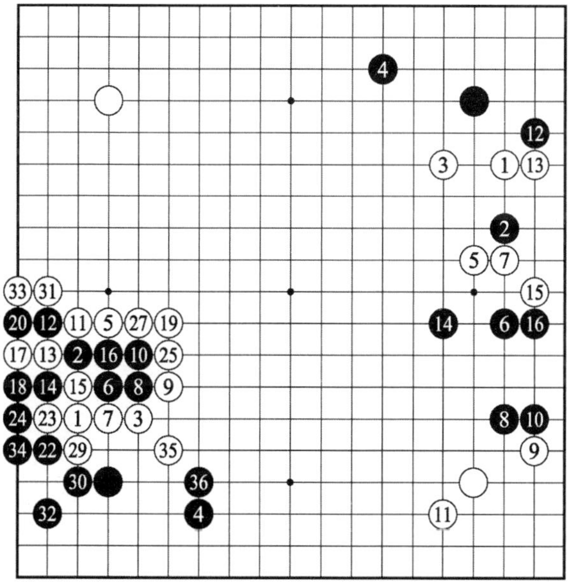

三变

卷帘数变，非败则势失，皆因❷着以落套之故耳，此变弃子则势不失，而胜负未分，宜法。

四变

㉑=⑬，㉖=⑰，㉘=⑬.

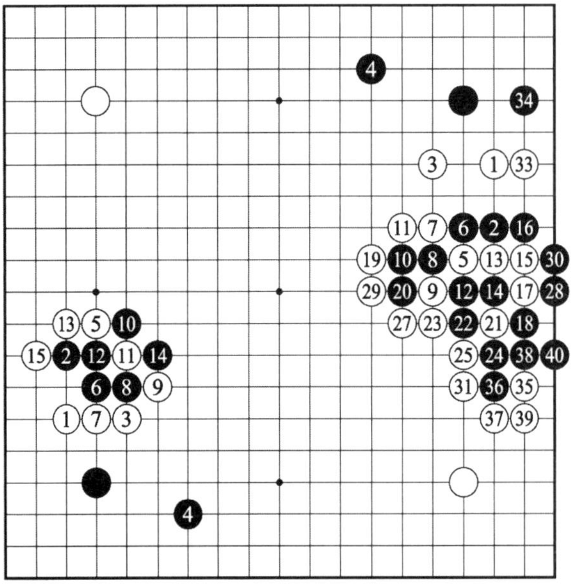

❻=㉑，❸❷=❽.

五变

㉛弃子争先，妙。

六变

❻着之侵，此势最忌。

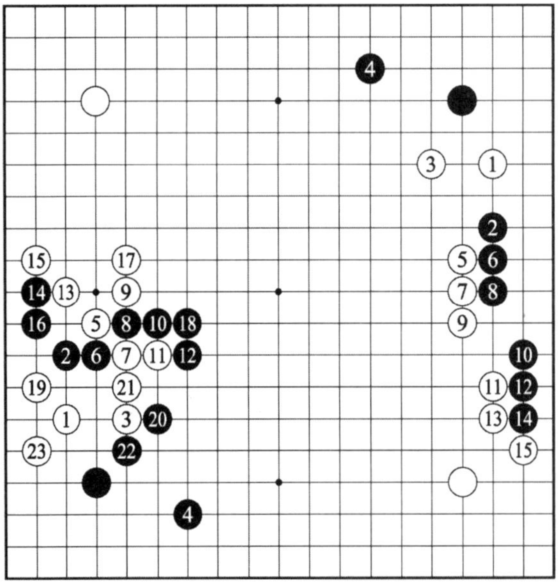

七变

白得势。

八变

⑰妙，㉓妙。

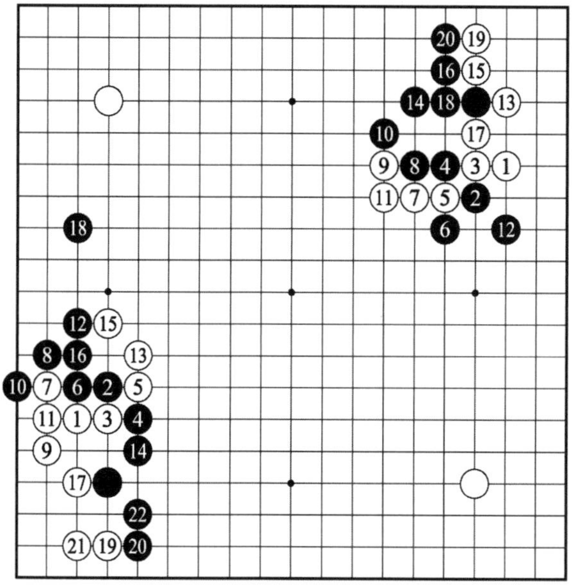

倒垂莲

⓮不入套，最妙。

二变

两分，⑰妙。

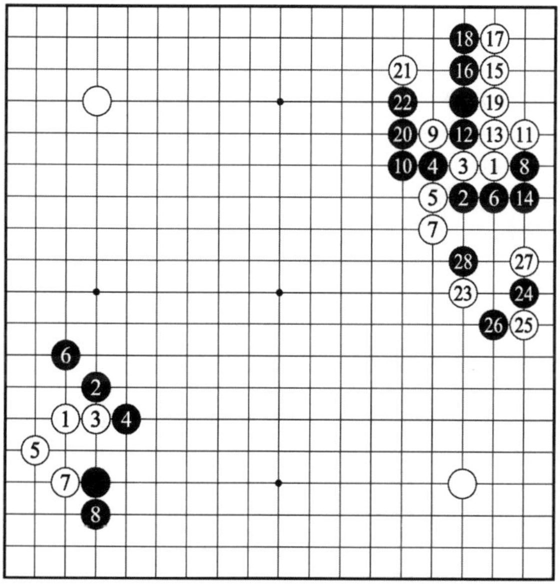

三变

❷、❽妙。

四变

⑤、⑦妙。

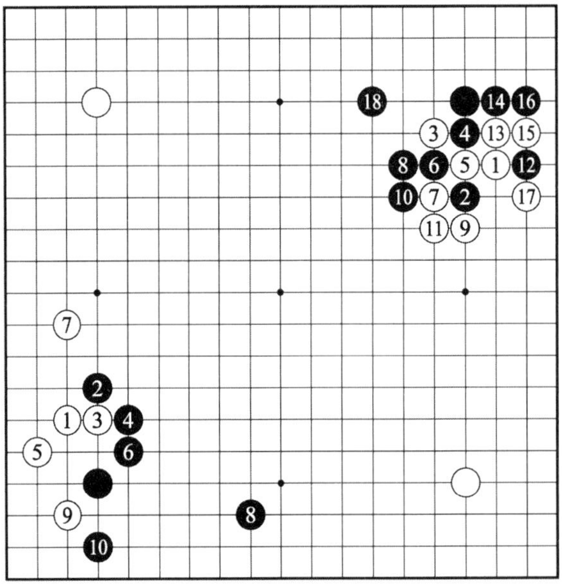

五变

⑫好。

六变

⑤妙。

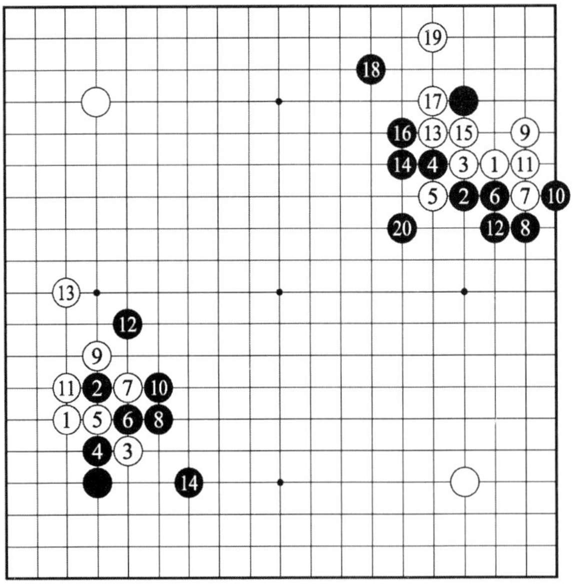

七变

⑫实粘，得外势。

八变

两分。

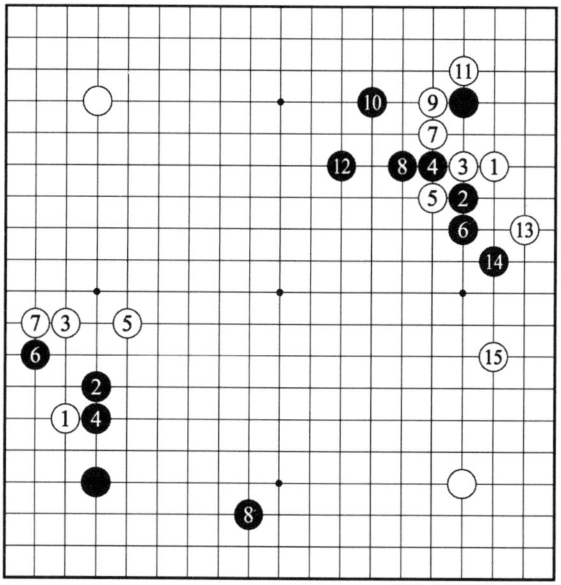

九变

❻着弃角欠美，且固腹费力。

十变

③、⑤妙。

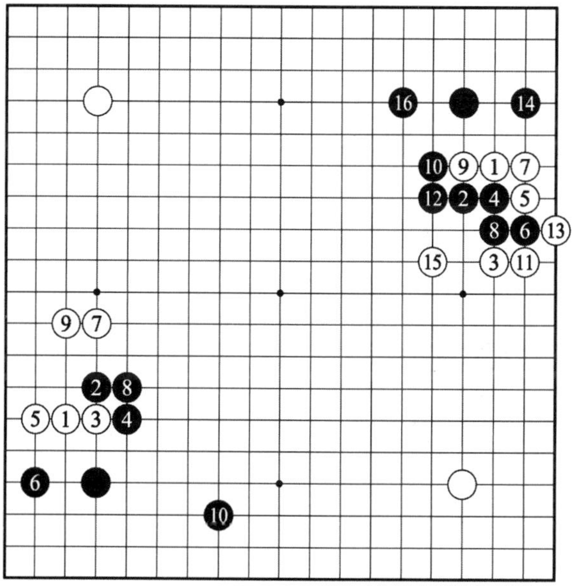

十一变

⑪妙。

十二变

❻、⑦妙

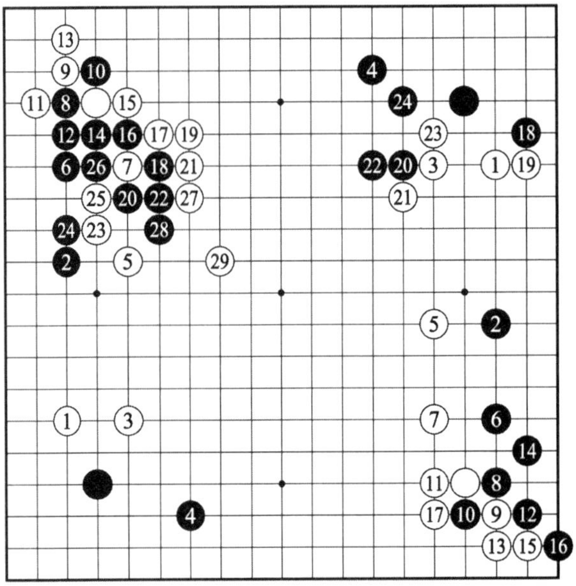

转换边

势极新巧，惟对手者识之。

二变

⑪及㉓妙，㉙得势。

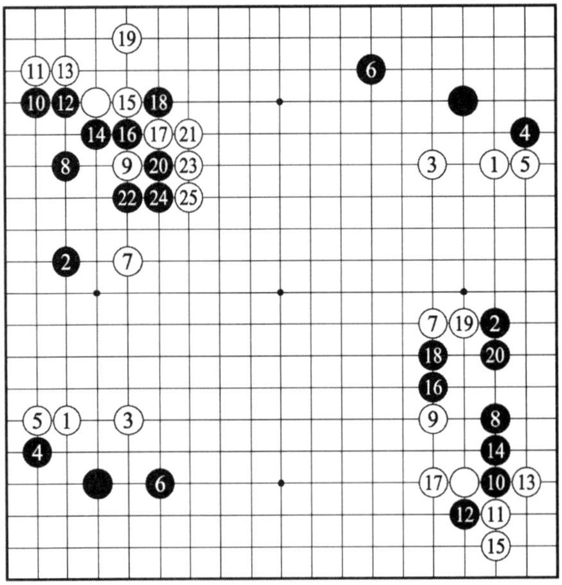

三变

❶⑯不冲，尤先出，妙。

四变

⑲、㉕妙。

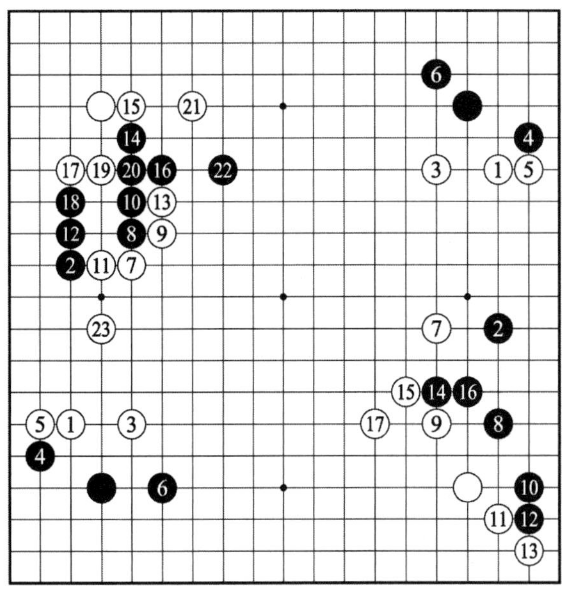

五变

两分，⓰好。

六变

白取势。

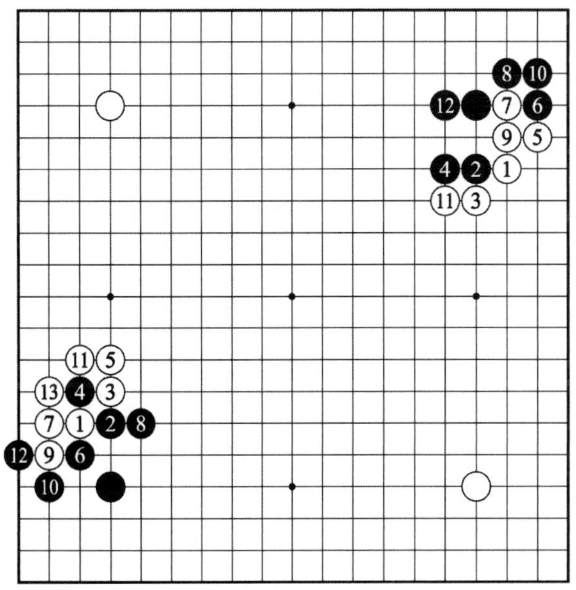

倚盖势

实角在受子得力对敌，不宜拘泥，遇方向而取者，胜。

二变

此势⑤着套法，在四五则成弃三子稳角。❽妙。

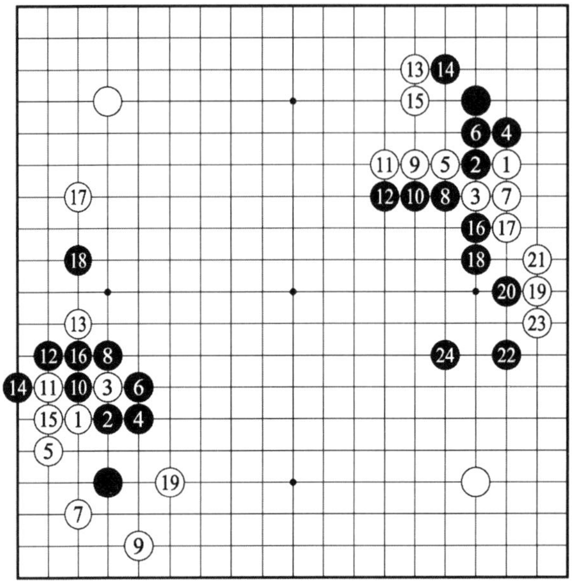

三变

两分。

四变

即《秋仙》定光图。

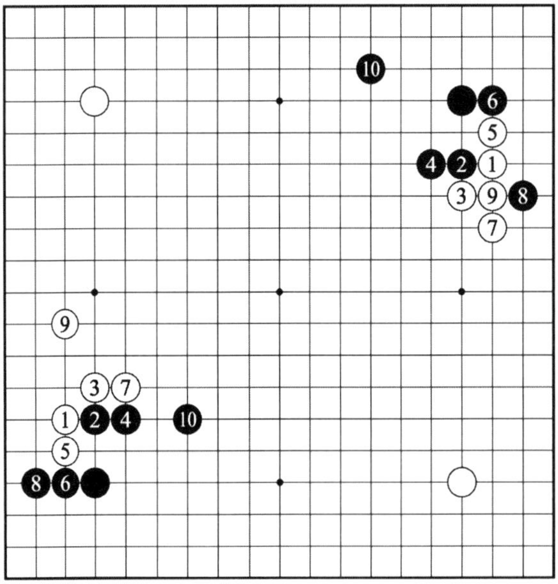

五变

❽妙。

六变

❽直立，妙。

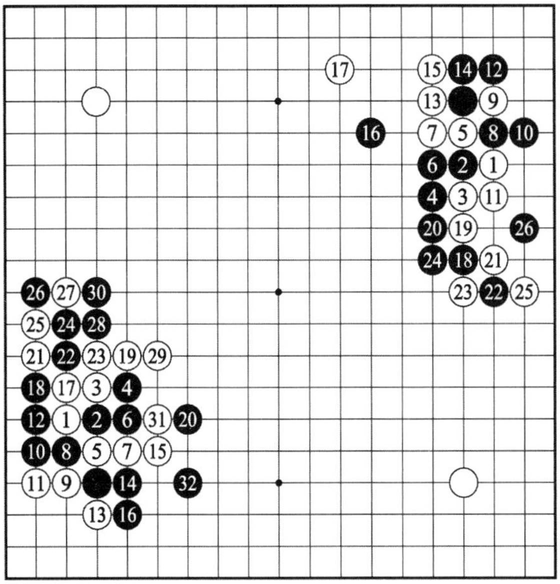

大压梁

受子保隅任意变幻，甚得力。

16妙，26妙。

二变

16好，20好，26妙。

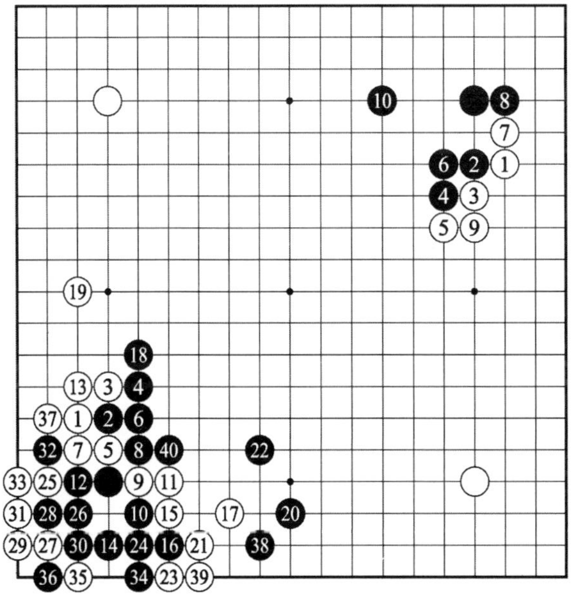

三变

两分。

四变

诸谱止于29定局，因其意而演之，至于40着復胜遂增而录之。

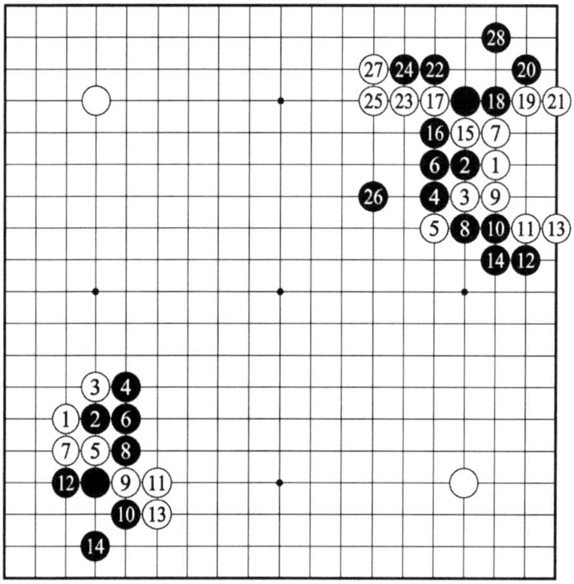

五变

⑬及㉑两竖，妙。

六变

旧谱皆因贪乱击，反失已成之角，必❹着则两分。

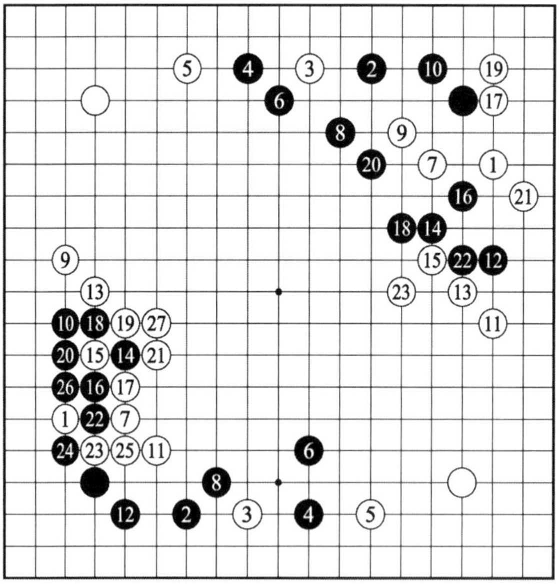

守城

出《弈薮》，⑮好。

二变

⓰好。

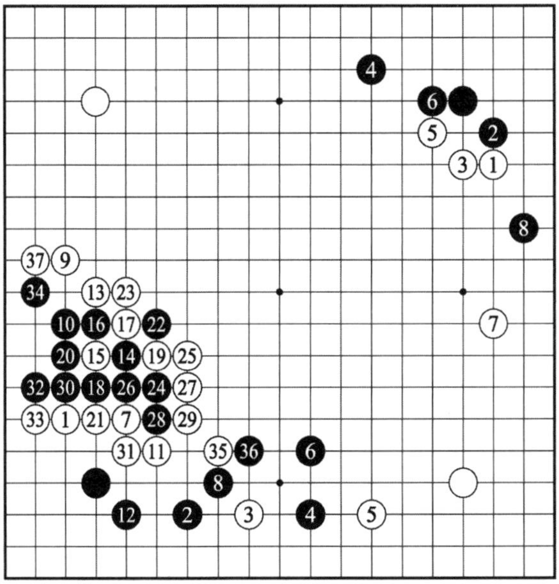

三变

❷、⑤俱弱，❽妙。

四变

32好。

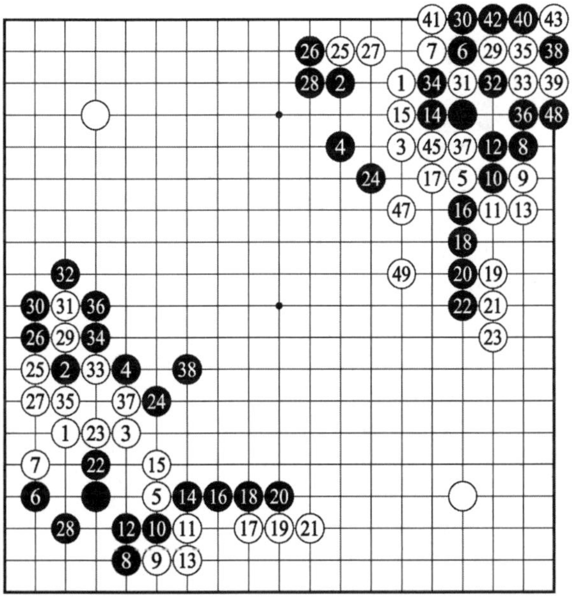

44=31，46=38.

起好手

诸谱非失外势则内受劫，盖绿13着之恋子也。

二变

28着内而自守，30着外而得势。深可为法。

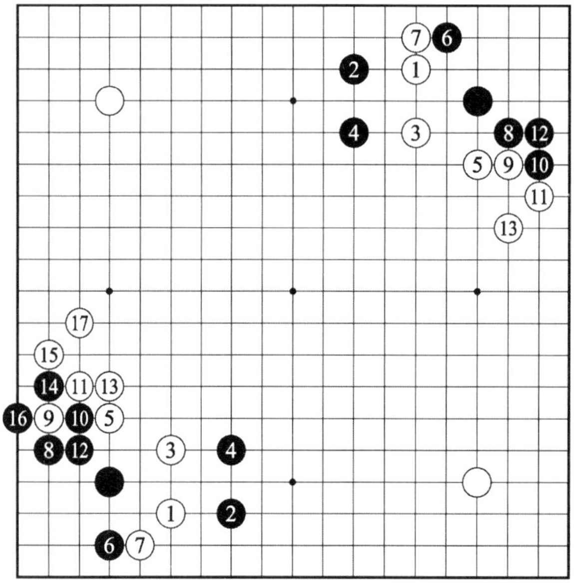

三变

❻妙。

四变

⑬妙。

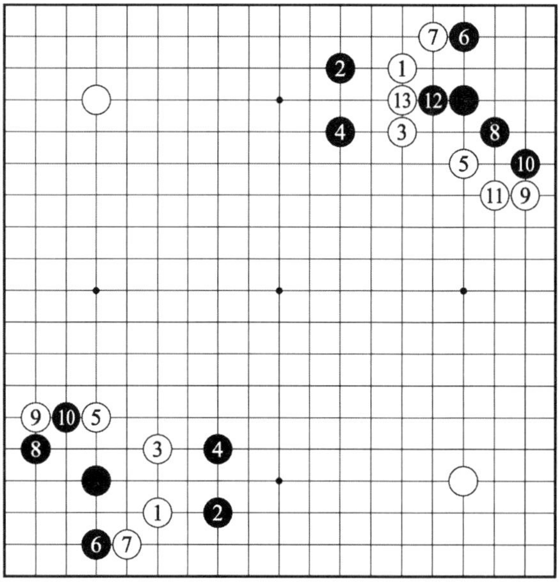

五变

⑨妙。

六变

⑪破法妙。

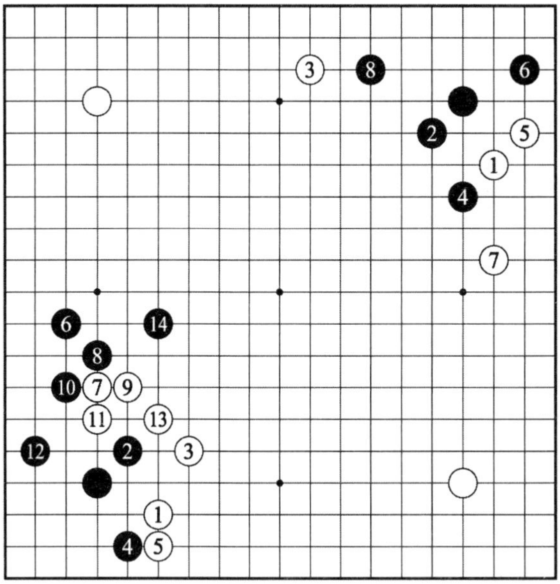

七变

③、⑤妙。

八变

❽妙，⓬妙。

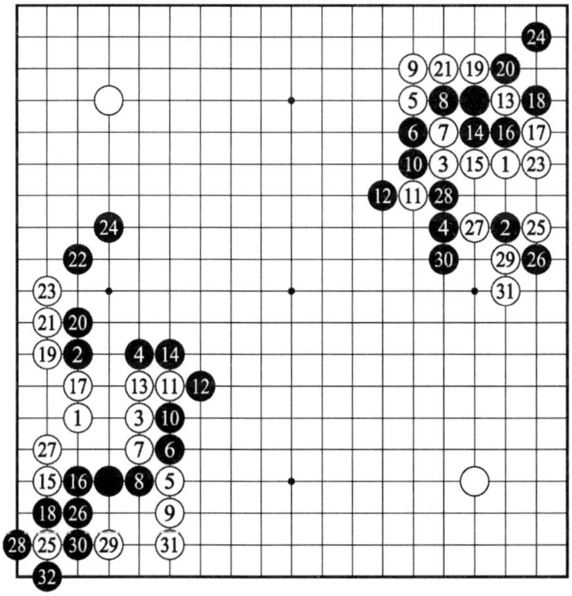

❷❷=⑬.

大角图

❷❽在松路则胜负未分，后三变在九四上乱击则败。

❷❽好。

二变

㉕妙。

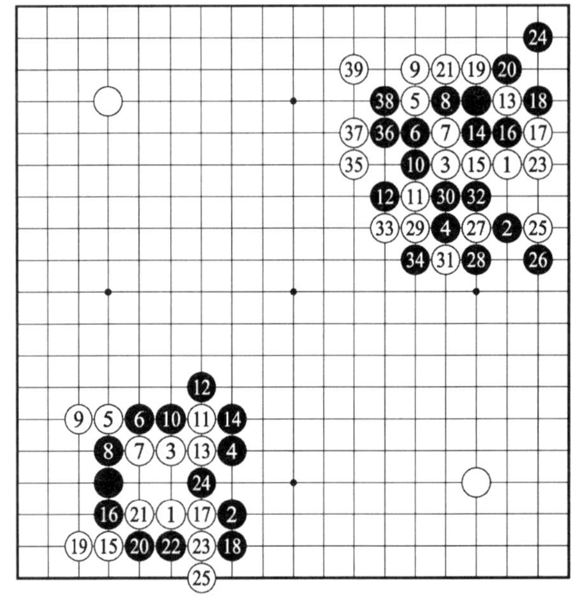

❷=⑬.

三变

此变与前互看。

四变

㉕妙。

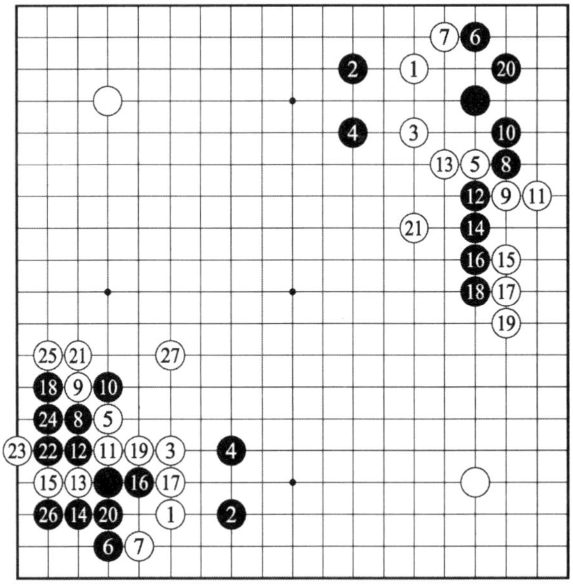

小角图

⑪好。

二变

⑪好。

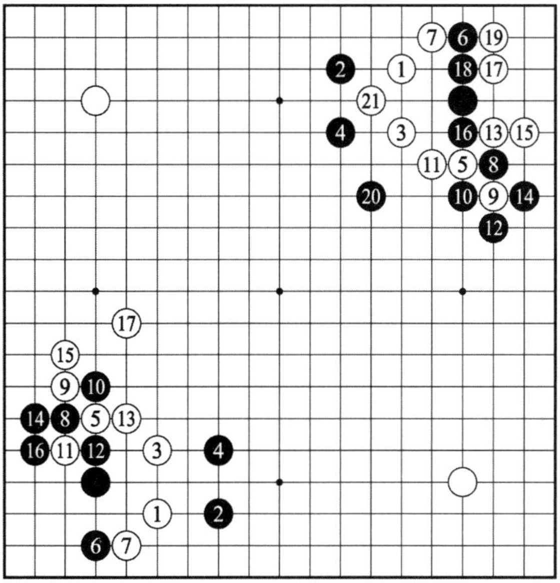

三变

出《适情录》，㉑妙。

四变

⓬妙。

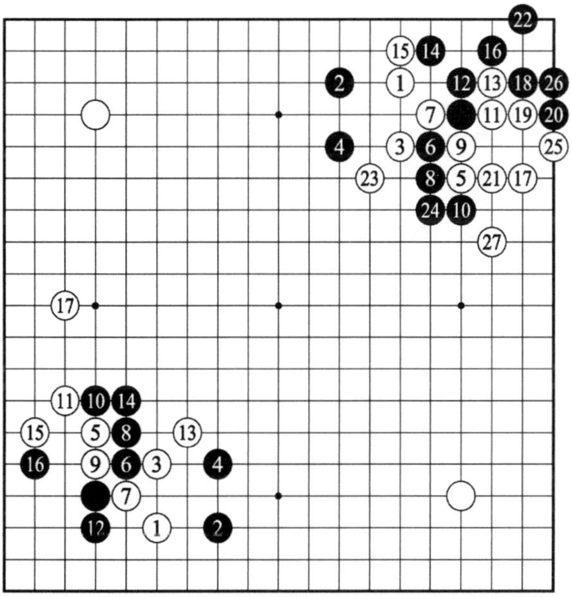

背绰角

即伏兵图，彼此先后有序，机变俱优。

二变

⑮妙。

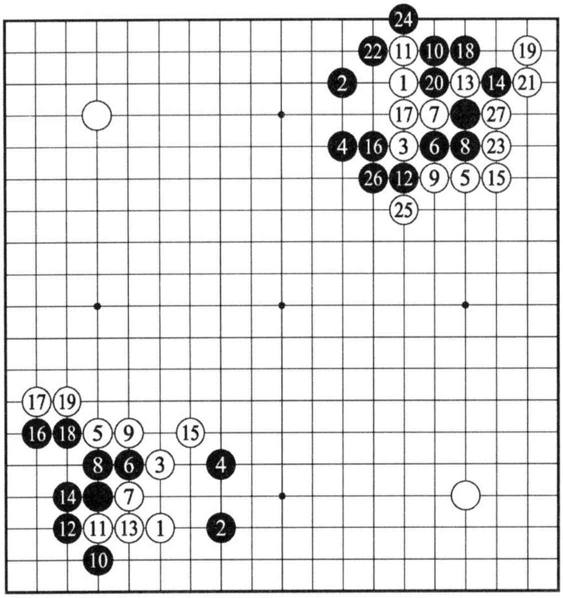

三变

即入神图，惟此变弃取可法。

⑲妙极。

四变

两分。

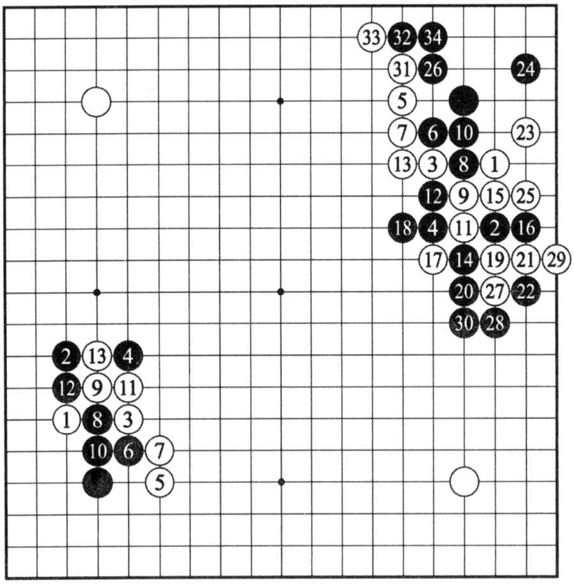

立仁角

诸谱虽多，总不若此变两分为妥。❷❹退而自守何其逸也。

二变

⑪着妙，弃内取外，彼此两分，不必执一变化可知。

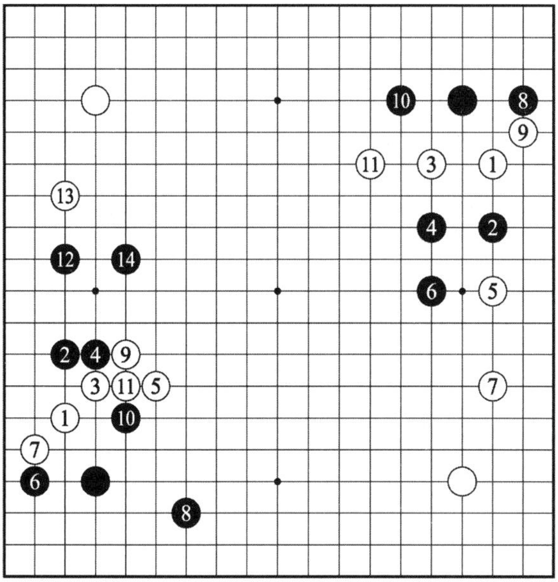

三变

❿妙。

四变

③妙。

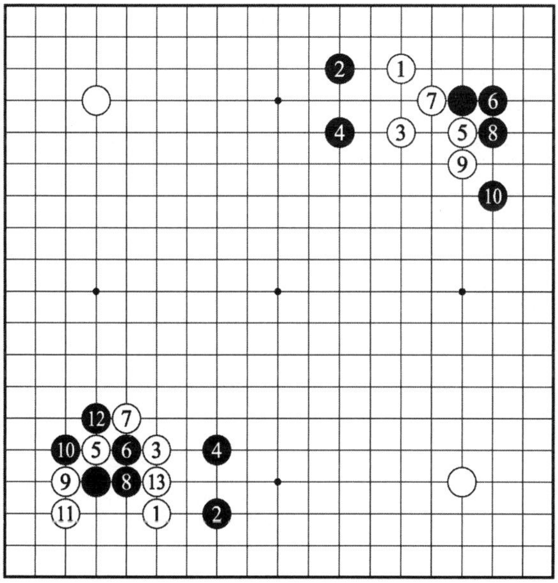

金井栏

两分可法。❻妙。

二变

⑨妙，⑪好。

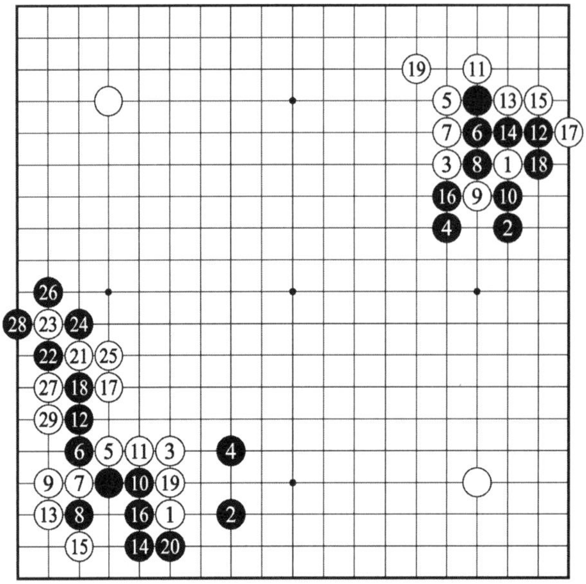

三变

12好。

四变

此势有序，可谓入壳。

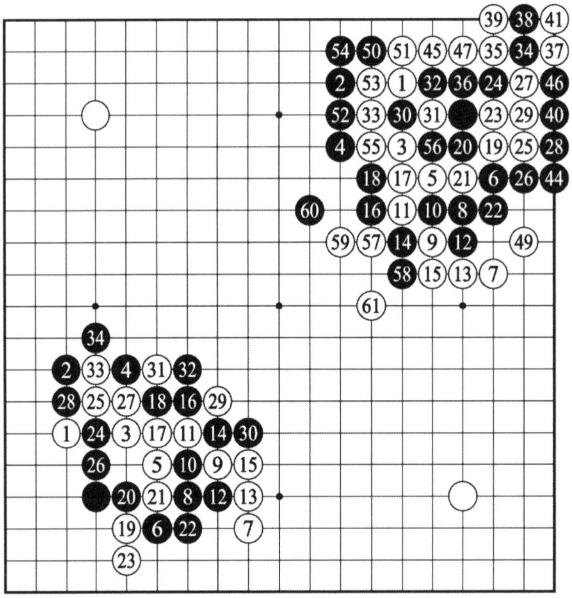

42=34，43=38，48=34.

钓竿势

惟《适情录》此变奇正跌出，可以开人机巧，足以为楷。

二变

观此变，便识设套。

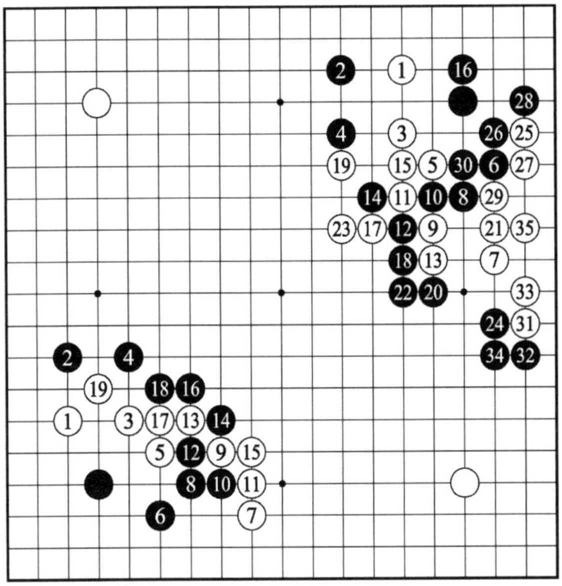

三变

出《适情录》，❶⑯妙极，㉕妙。

四变

⑲先觑，以逸待劳，则黑势破矣。

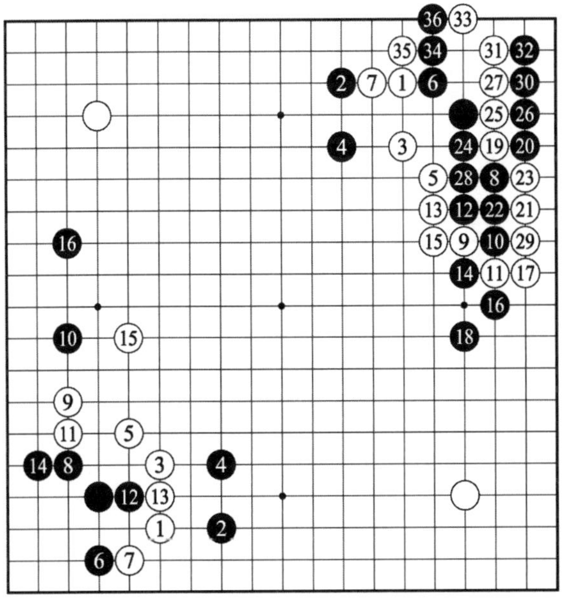

五变

此势⑲先行，在十二反不能立下，以成千斤坠，取此变便知巧胜当以行为戒。

六变

❽妙。

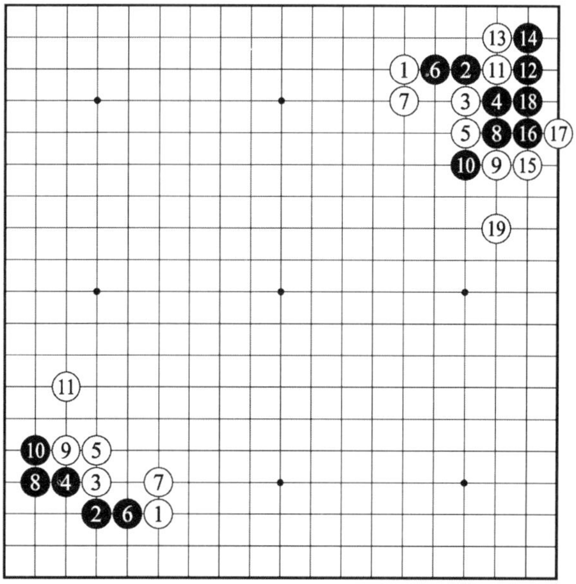

空花角

⑲好。

二变

❽好，⑨好。

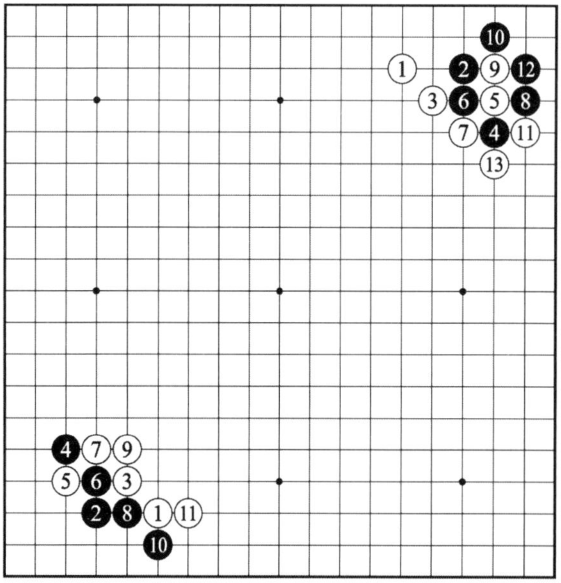

三变

⑨好。

四变

❽好，⓬好。

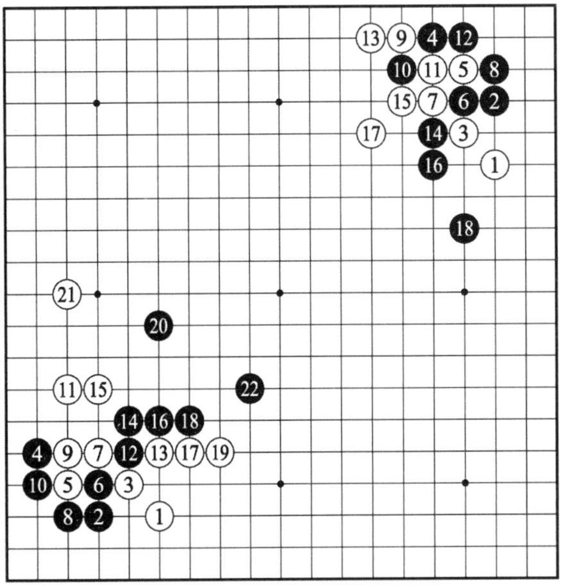

五变

六变

⑪好。

六四类

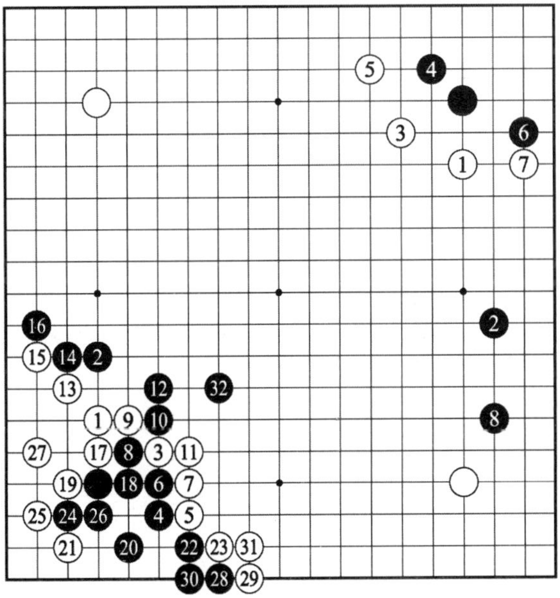

平角图

❹妙。

二变

惟⓴着活，余着俱难。

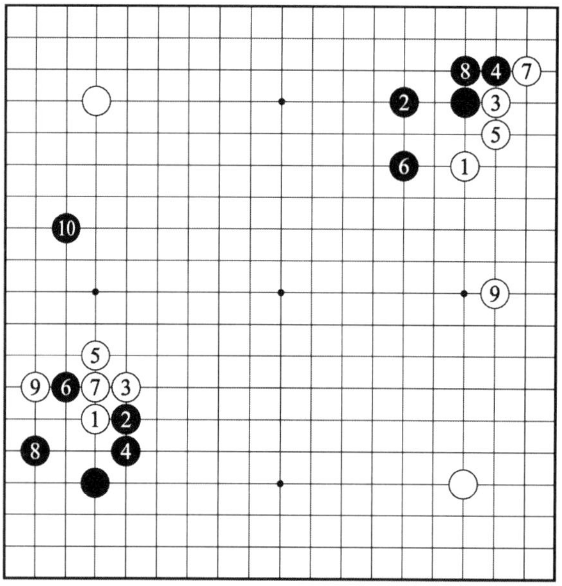

三变

❻妙。

四变

❽妙。

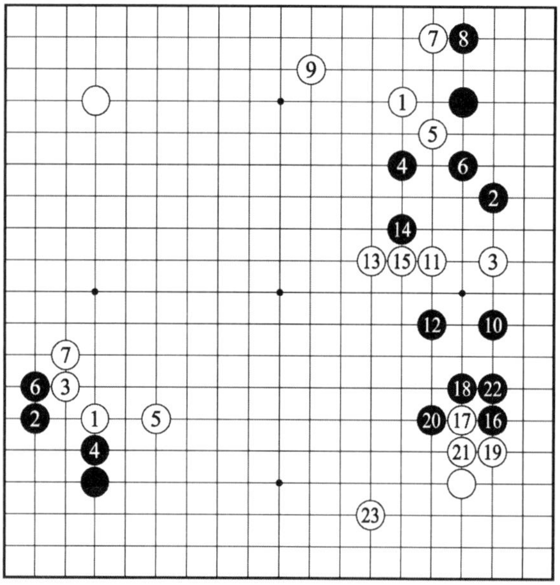

飞关角

❹妙。

破象眼

原评❷着设网，人多于五三穿，即堕术中，今于七三尖，则角未实外势未伤，极是。

七三类

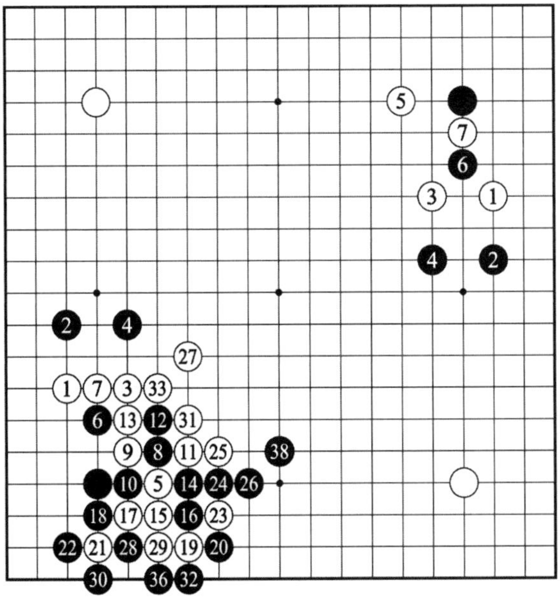

34=8，35=12，37=8.

斜飞

出《媲杜集》。7妙极。

二变

出《适情录》。

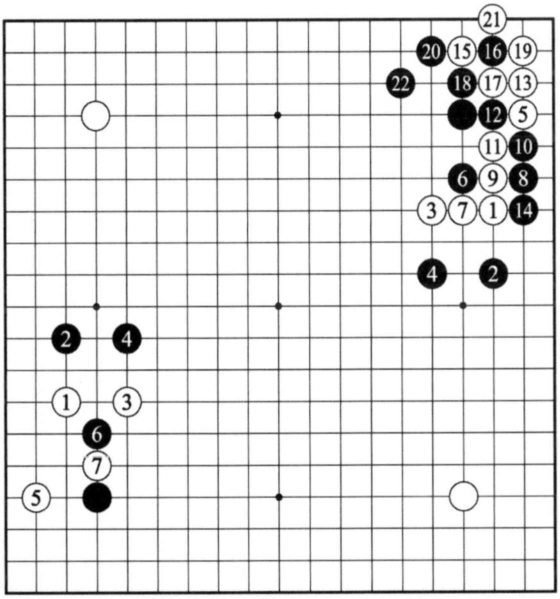

三变

8妙，16好。

四变

7妙极。

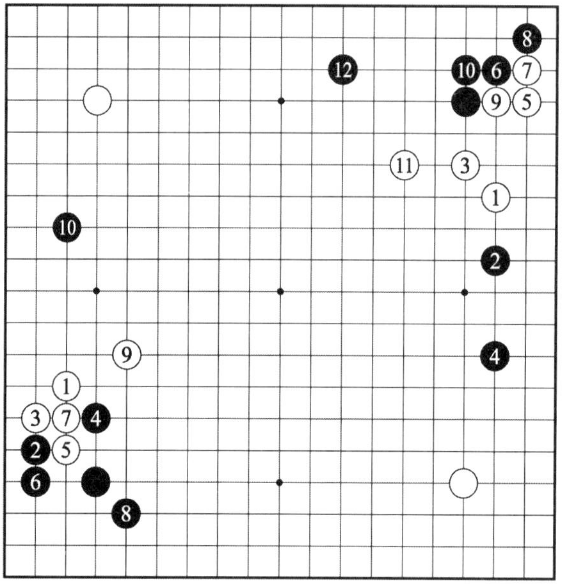

五变

③妙

六变

七四类

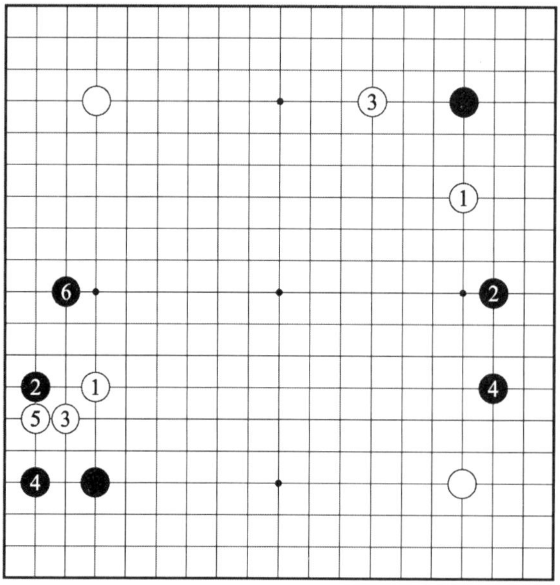

拆二

二变

❷妙

九三类

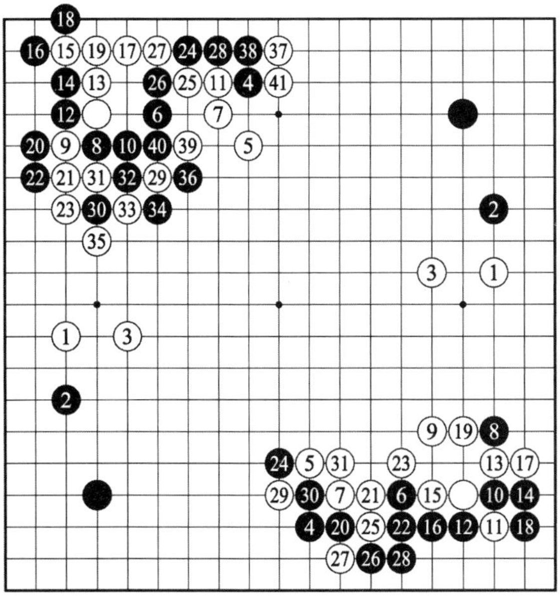

取胜边

出《弈彀》，四变着着精奇，各有妙境，至转换处，益见细密，非是善弈者不能，其奥妙可知。③、⑤、⑦奇思，❽、⑨健有力，㉛先屈后伸之妙。

二变

③、⑤、⑦有力量，⑪妙，㉔好，㉙至㊶有心思。

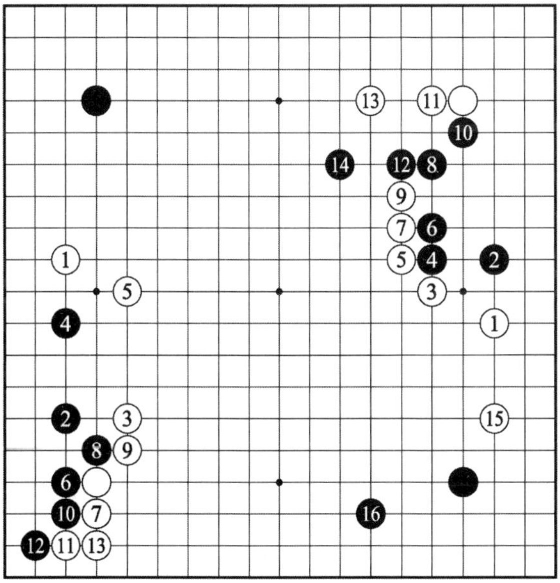

三变

出《弈玄》，③飞妙，⑨不入而外觑，有意思。

四变

③与⑤有互相应之法，❻入角，弃外取内，得先手，亦是两分。

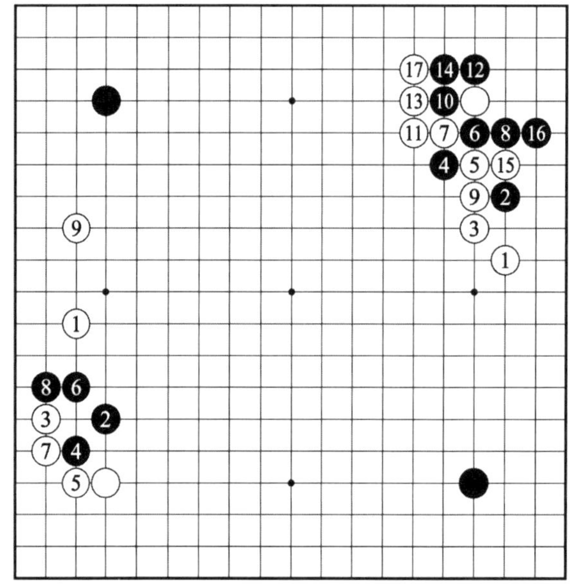

铁网

诸变皆因投早，以致势失，诚然二变而势不伤，较之诸变为简，可法。

二变

❻妙。

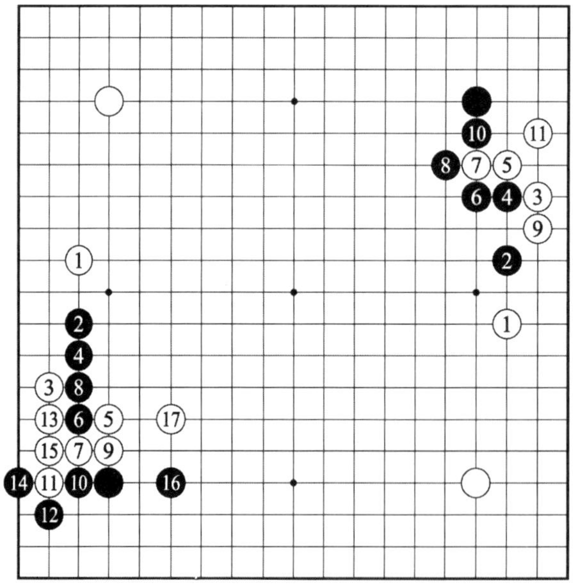

挑战

③好。

二变

⑦妙。

十三类

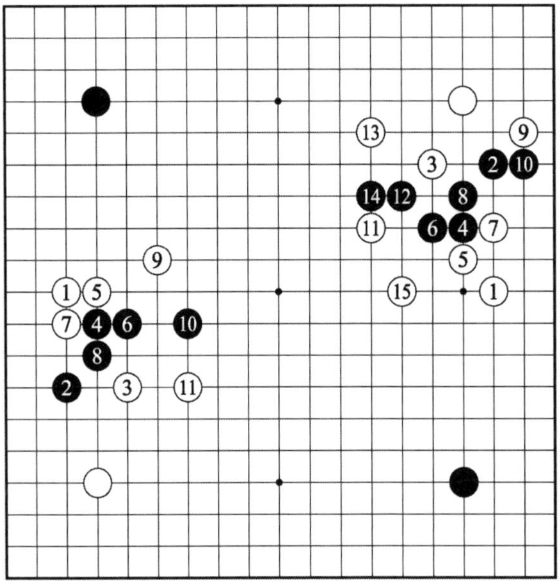

一变

王友谅、李棊童对局图，因投早失势，今改之虚罩使其中促宜法。

二变

此刘得显图，急于收法，其失宜矣，今于布置取势简便宜法。

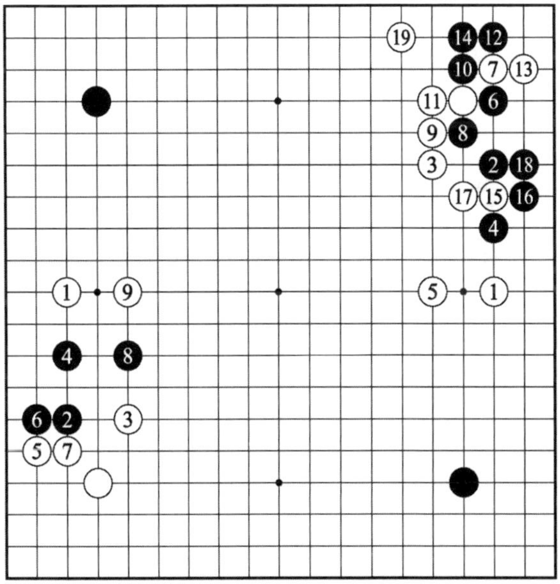

三变

⓮好，⑮妙。

四变

⑦妙

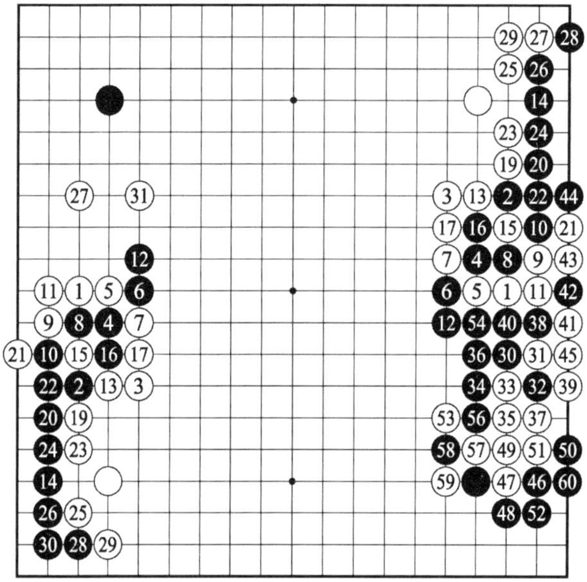

玉屏风

二变

㉗妙极。

❽=⑮，(55)=❷.

❽=⑮.

十四类

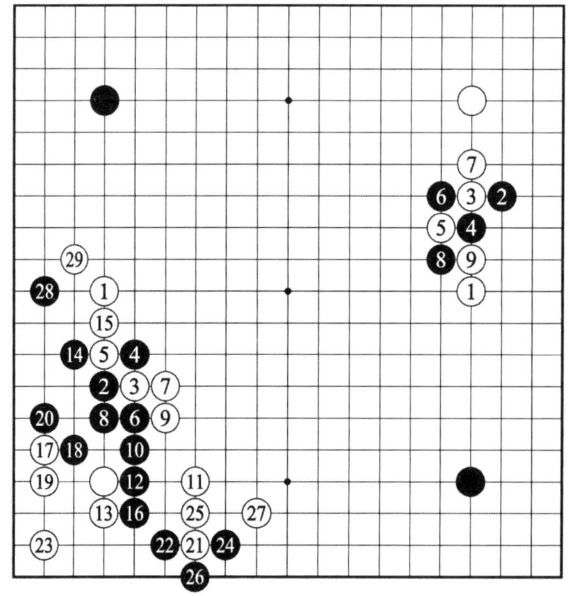

玉栏杆

⑨妙。

二变

③好。

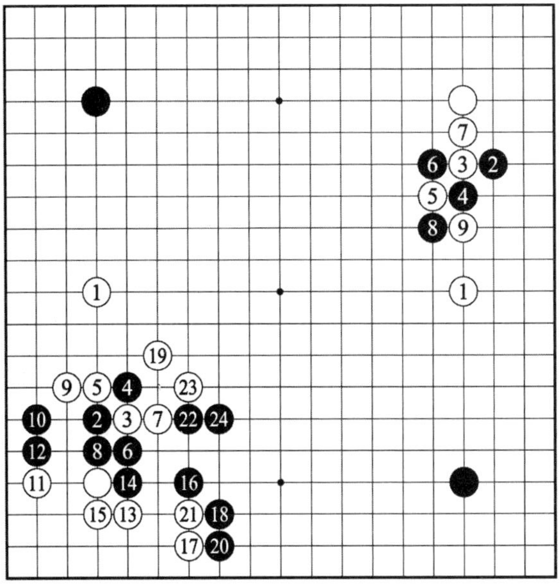

三变

⑨妙。

四变

⑪妙。

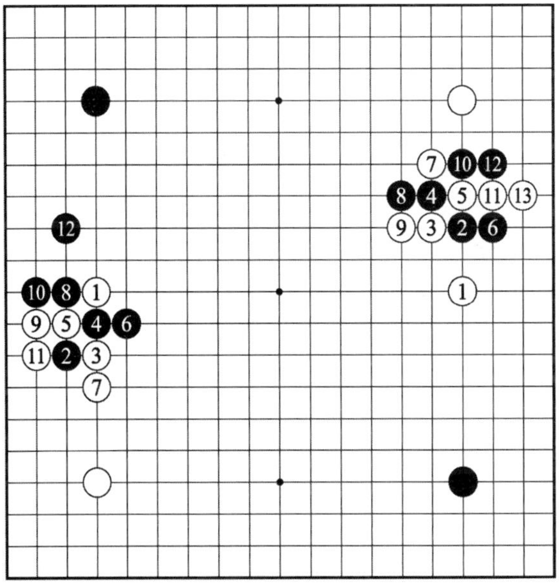

五变

❿妙，⑨妙。

六变

⑦妙。

弈薮　卷三

侵分部分

海阳亦瞻苏之轼编辑
又吕赵端参订
华阳幼清汪一廉校正

侵分说

潜师入境者曰侵入，而分彼之势也，必有隙可投，然后可因而分之，若徒实彼虚，而无益于我势，益孤矣，君子奚取焉。兹取七十二变，在审势者得之。

侵分类

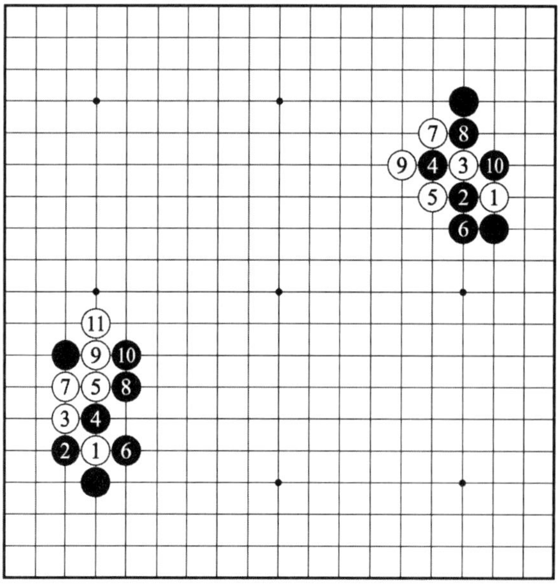

一变

❹、❽好。

二变

③好。

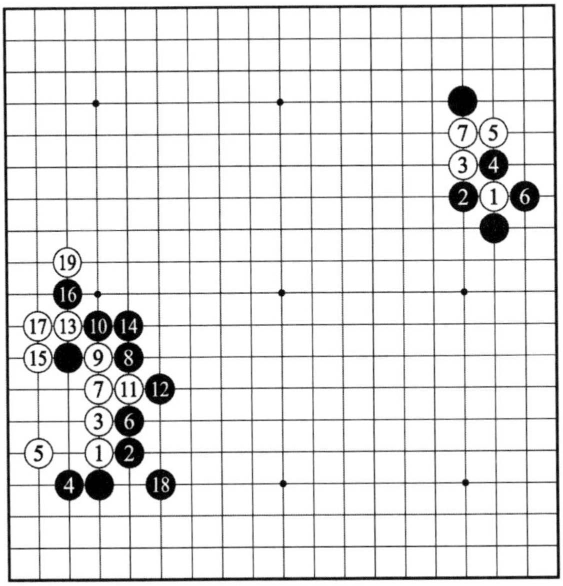

三变

①好。

四变

❽妙，⑲妙。

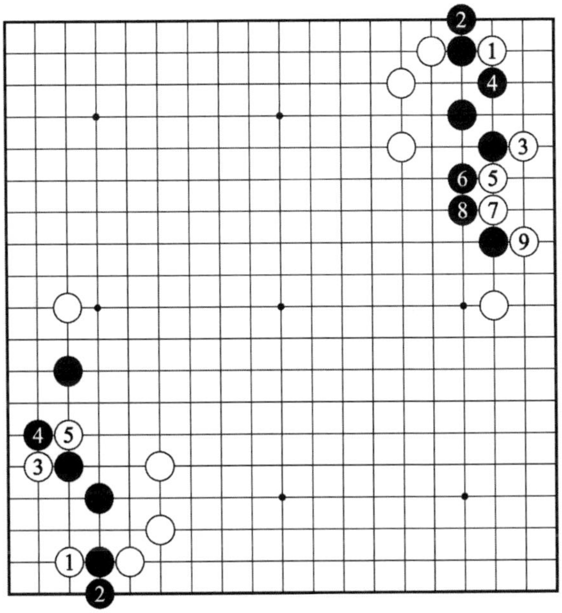

五变

❹好。

六变

⑤好。

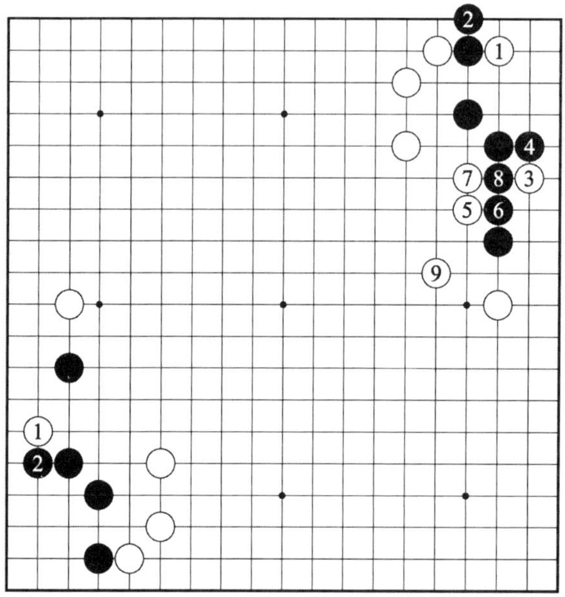

七变

⑤好。

八变

①、❷好

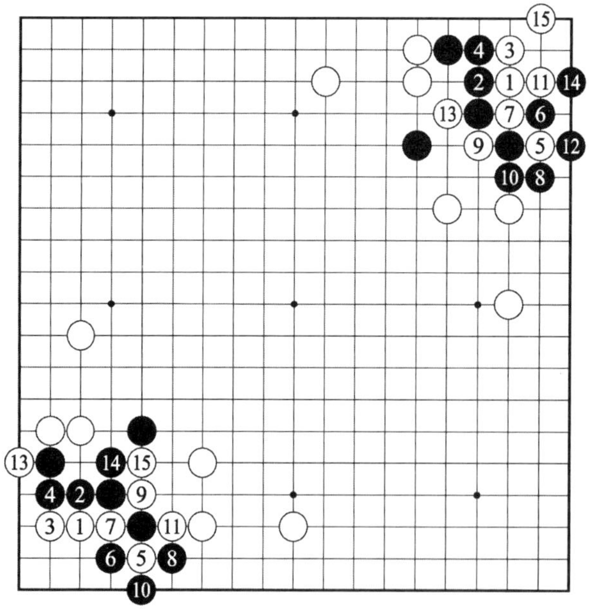

❿=⑤.

九变

⑮妙极。

十变

⑬妙极。

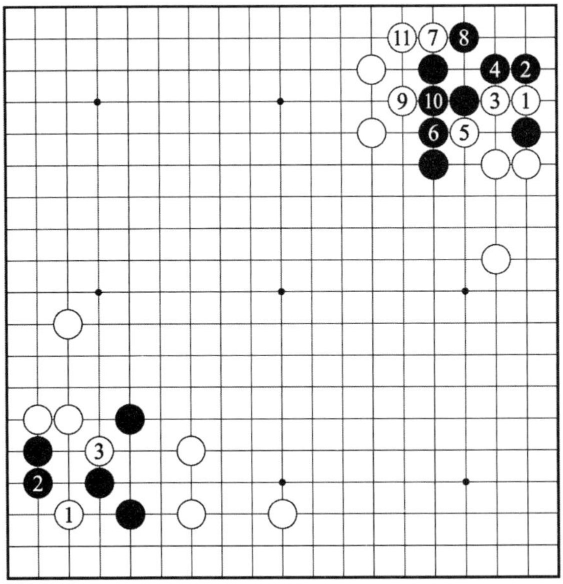

十一变

⑦妙。

十二变

③好

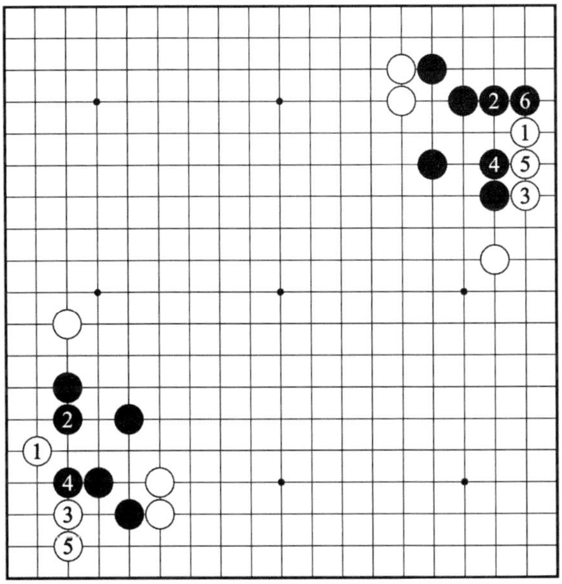

十三变

①好。

十四变

⑤好。

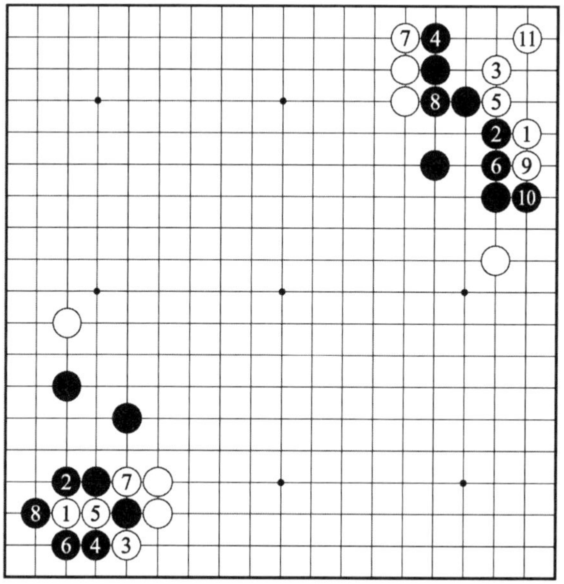

十五变

⑪好。

十六变

❹好。

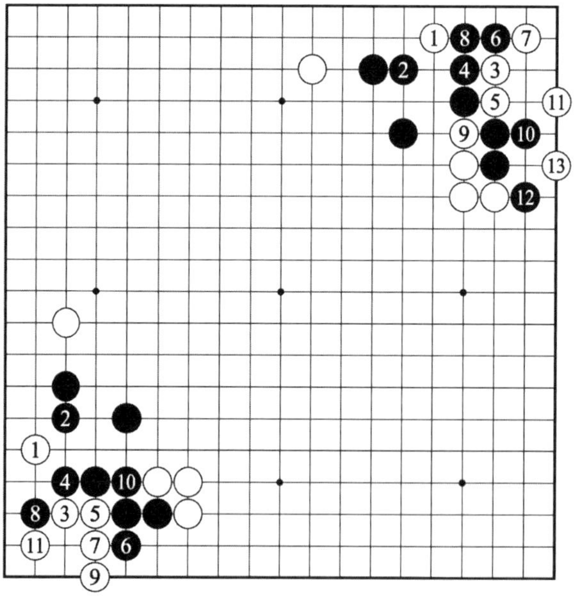

十七变

即破铁角，⑪妙，⑬妙。

十八变

⑦、⑨妙。

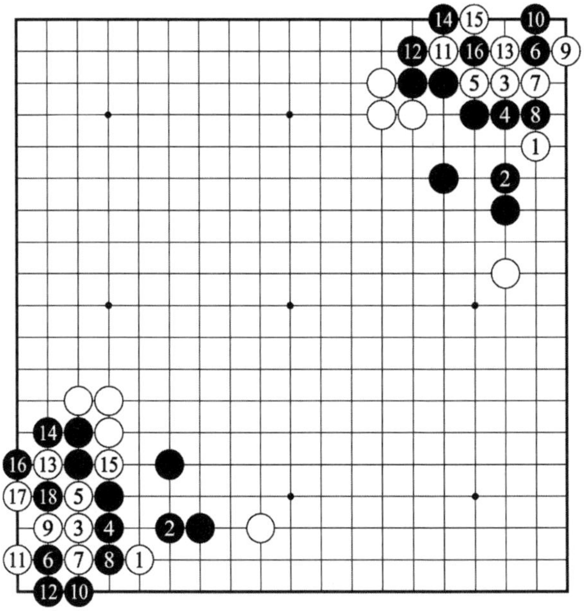

十九变

❻妙，⑬好，劫活。

二十变

⑨好，劫活。

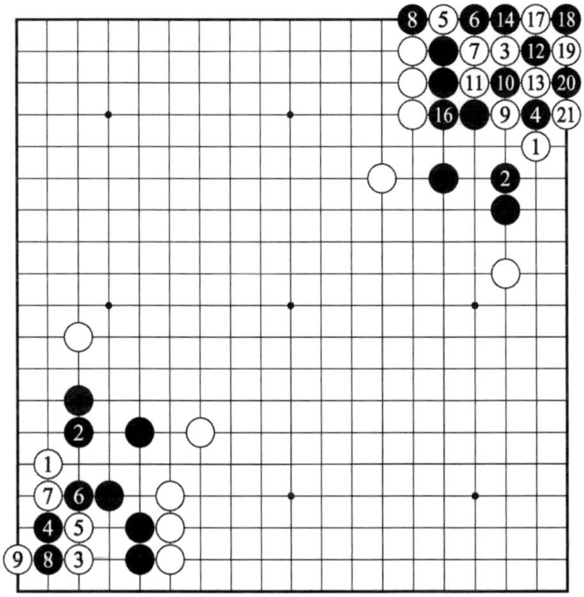

⑮=❿.

二十一变

二十二变

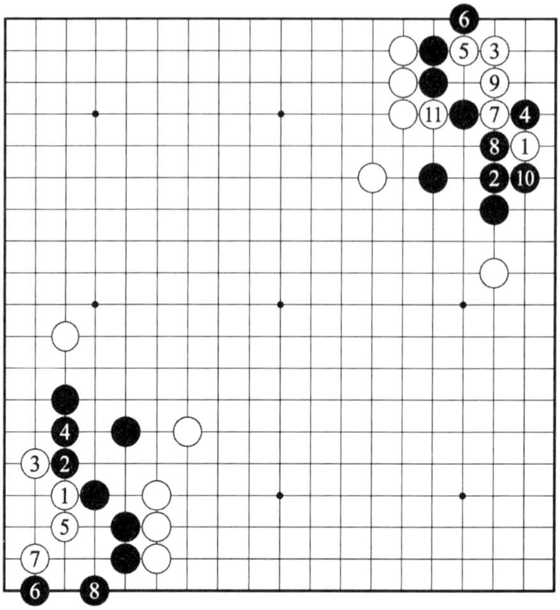

二十三变

出《弈微》。

二十四变

❽妙。

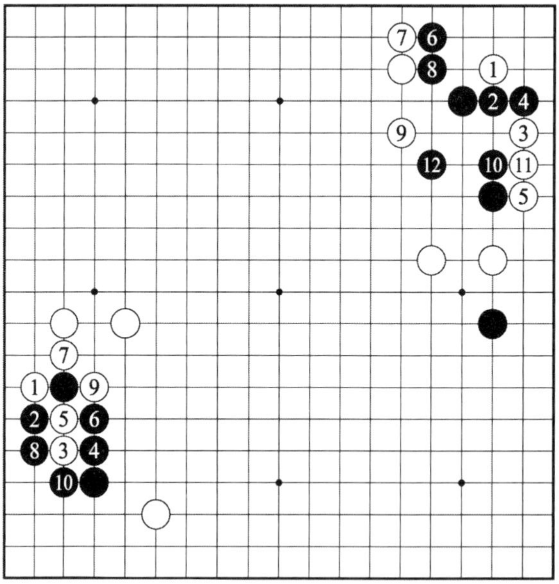

二十九变

三十变

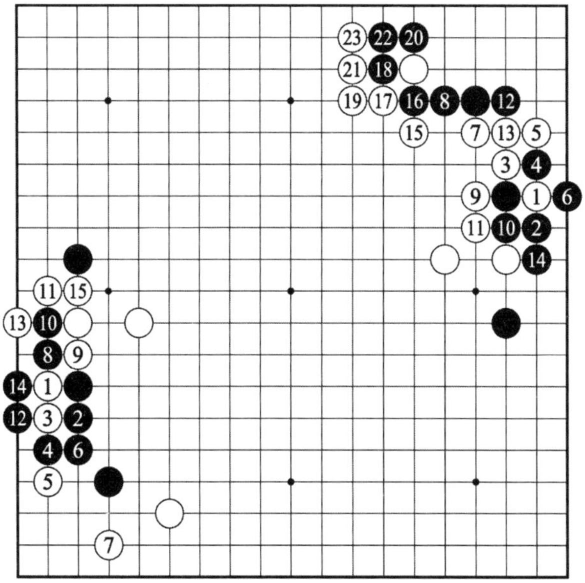

三十一变

三十二变

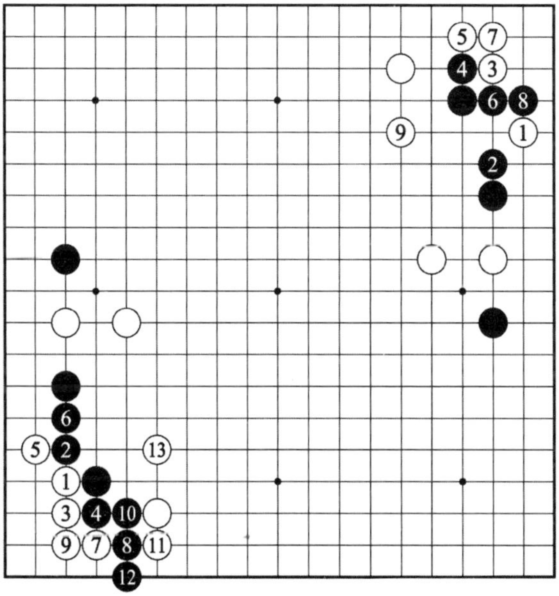

三十三变

三十四变

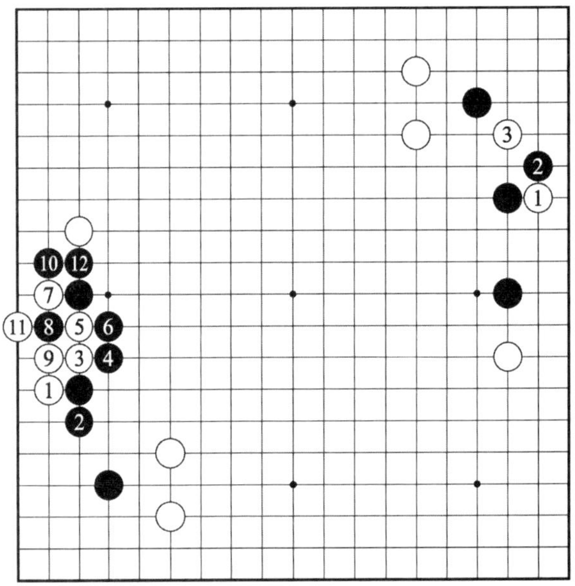

三十五变

①、③妙。

三十六变

①好。

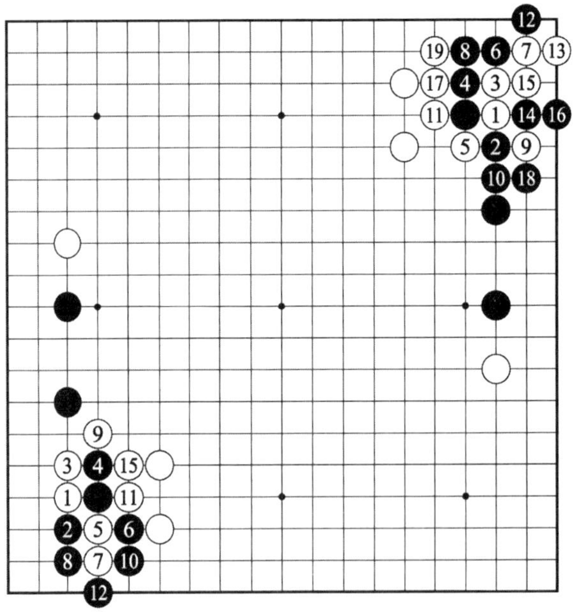

三十七变

三十八变

⑬=⑤，⓮=⑦.

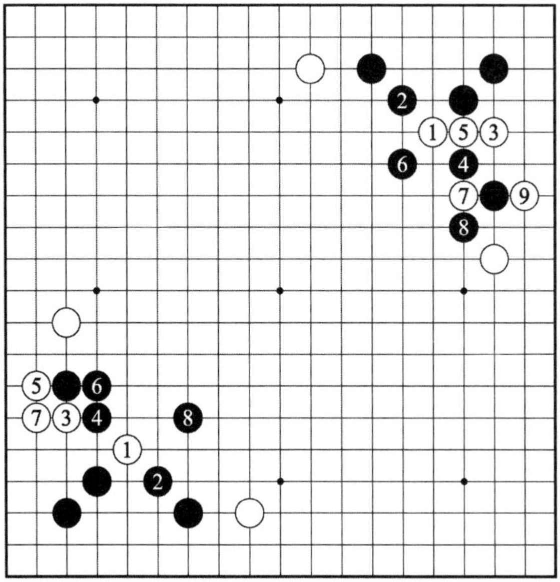

三十九变

四十变

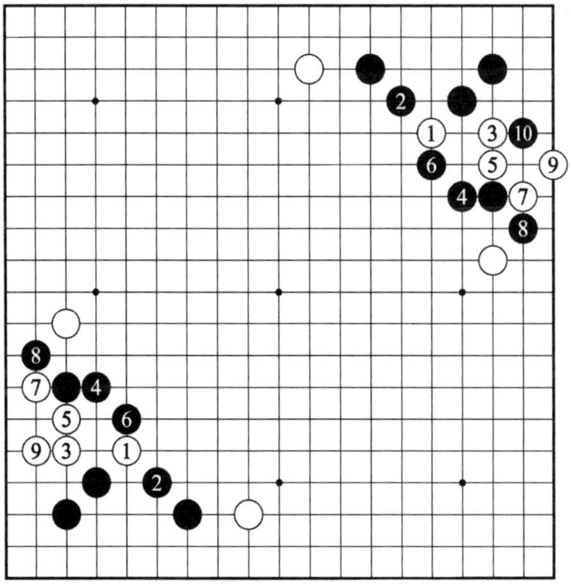

四十一变

❹、❻妙，❿点法妙。

四十二变

⑨妙方可劫活。

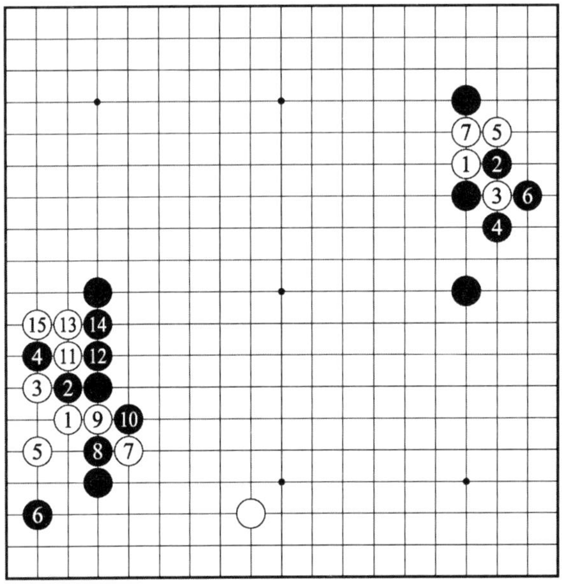

四十三变

四十四变

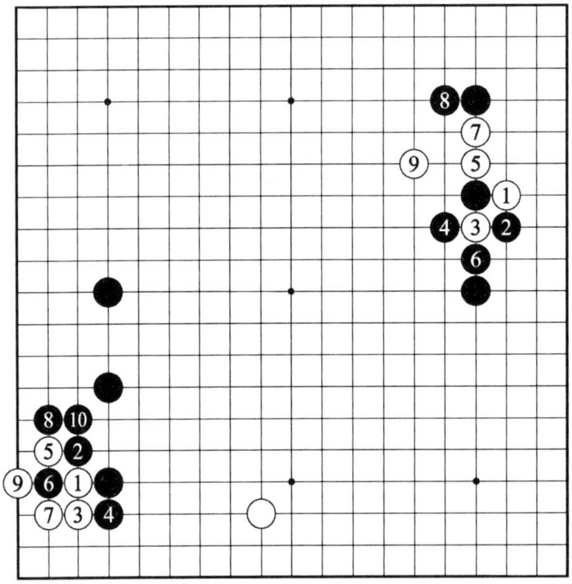

四十五变

四十六变

❻好。

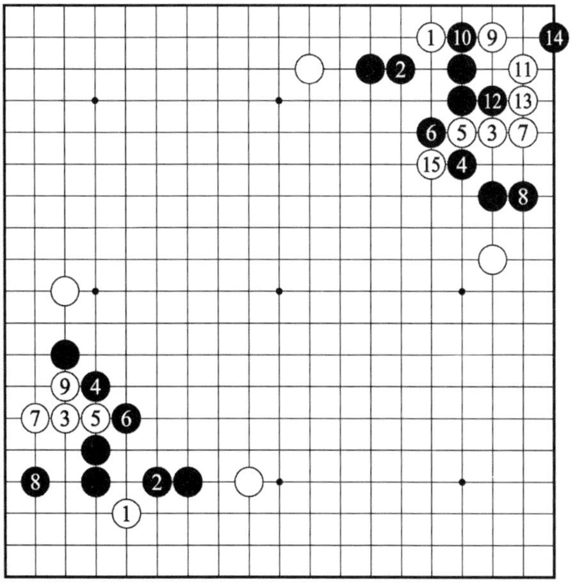

四十七变

⑨妙。

四十八变

⑨妙。

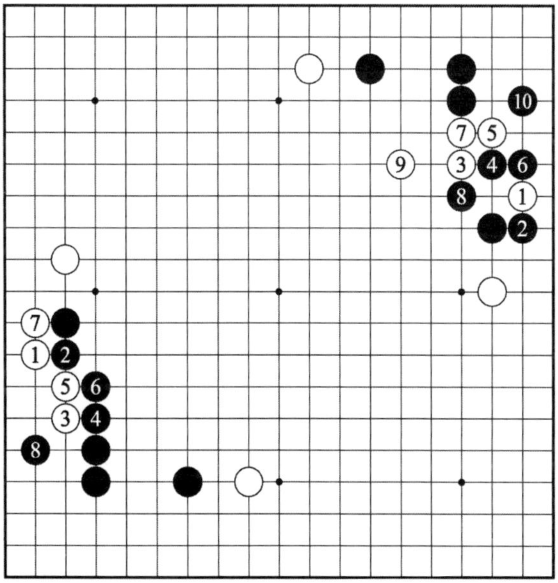

四十九变

五十变

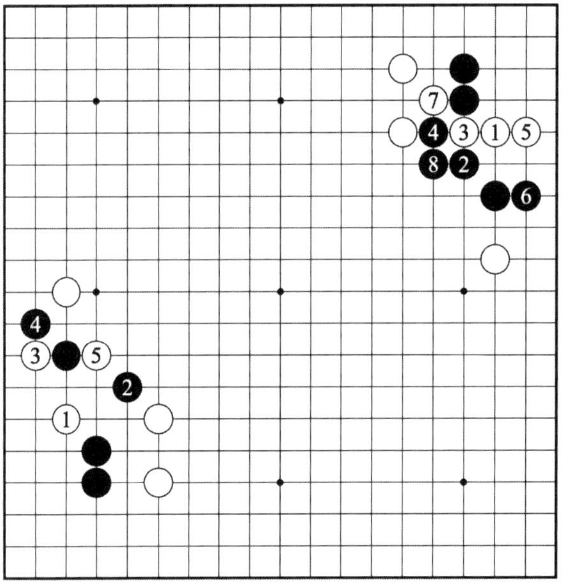

五十一变

⑤妙。

五十二变

⑤妙。

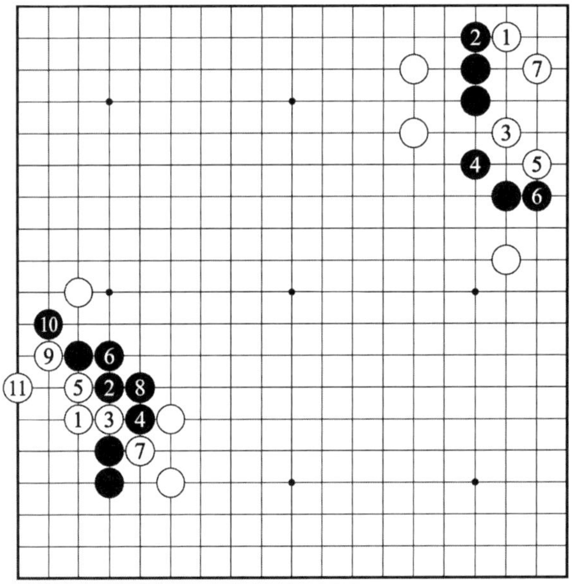

五十三变

⑤妙。

五十四变

⑤妙。

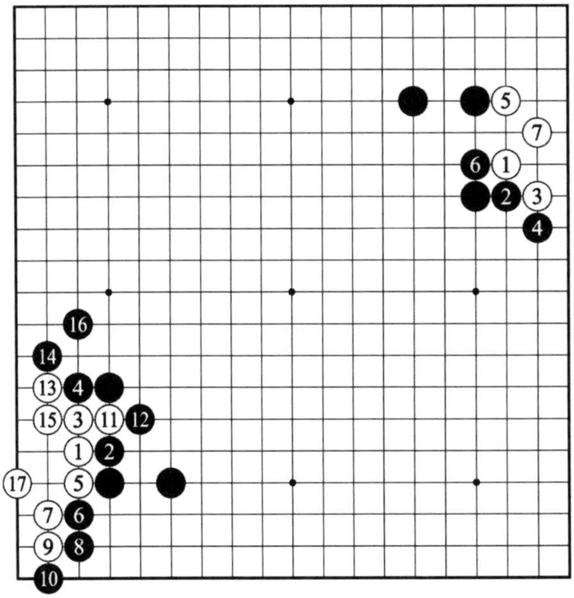

五十五变

⑦妙。

五十六变

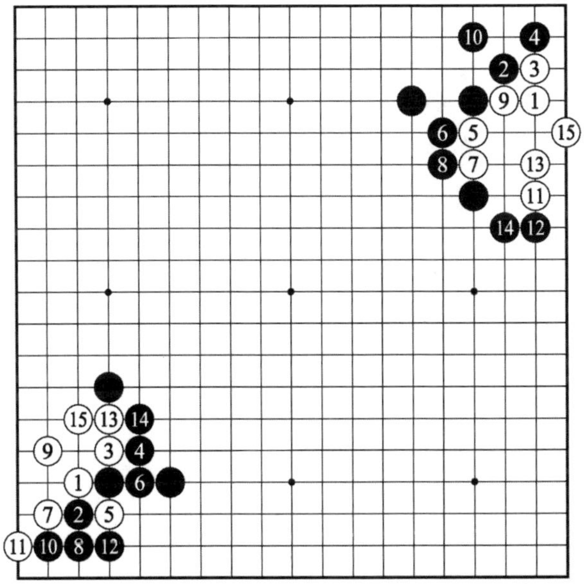

五十七变

出《适情录》。

五十八变

⑮妙。

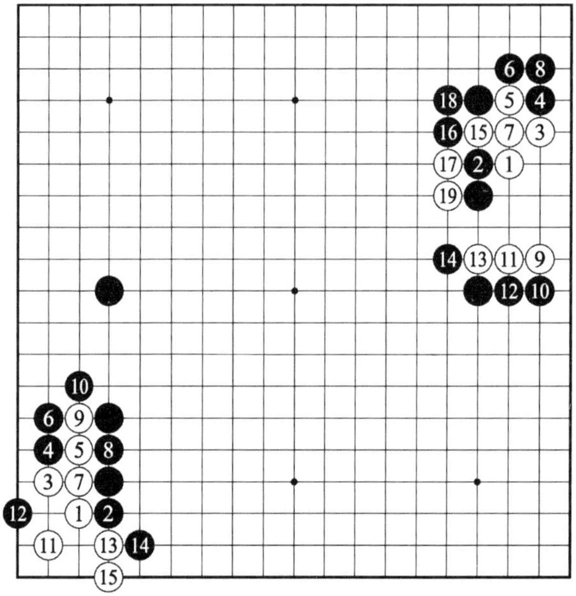

五十九变

③妙。

六十变

⑪妙。

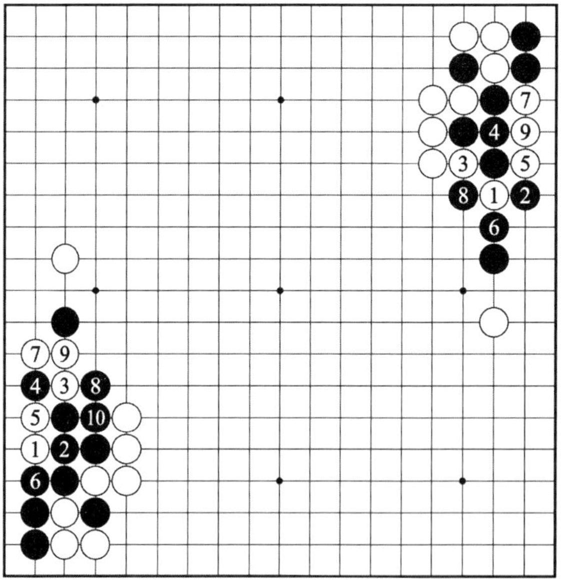

六十一变

⑤妙。

六十二变

⑤妙。

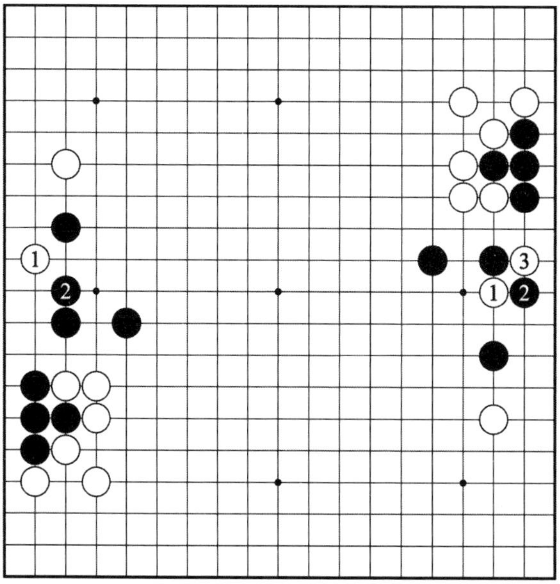

六十三变

③妙。

六十四变

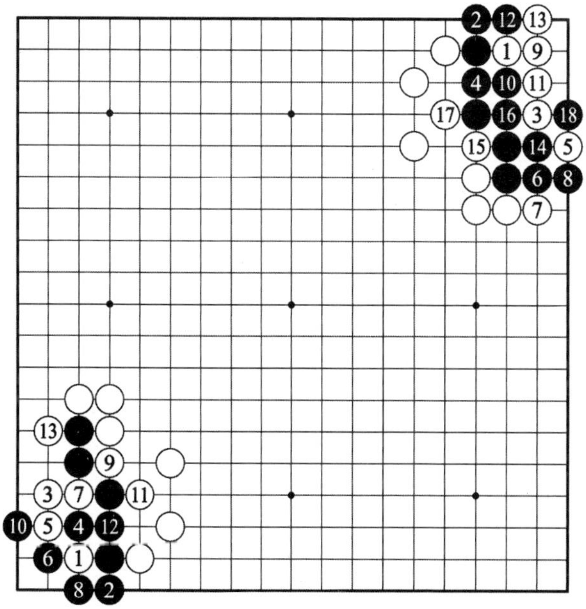

六十五变

⑤好收法。

六十六变

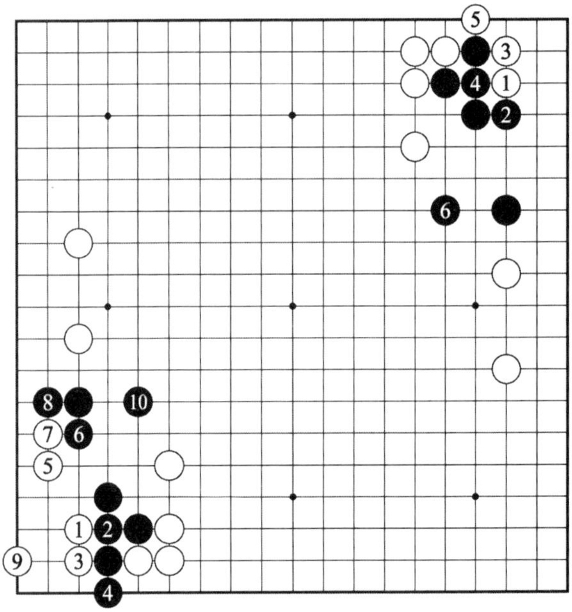

六十七变

六十八变

扭十字类

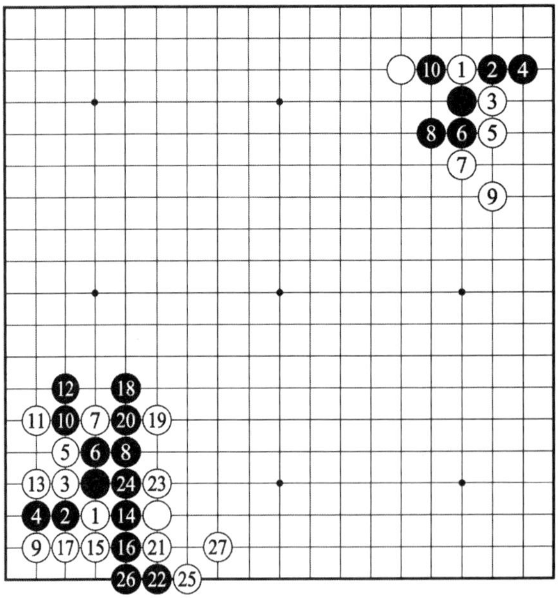

一变

二变

⑨妙极。

弈薮　卷四

残局部分

海阳亦瞻苏之轼编辑
汉年汪嘉禾参订
广侯赵竑校正

残局说

残局者起手满局所未尽之意，奇兵也，生而之死，死而致生，全在于此，使非死可以生，生必不死，则亦无取此局为矣。取一百二十四变，而弈无余蕴矣。

边得而失类

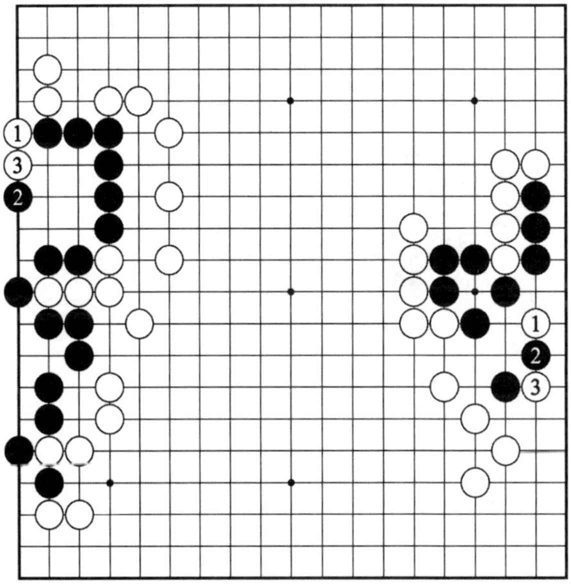

一变

❷妙

二变

③妙。❷着若置于八一，可变劫。

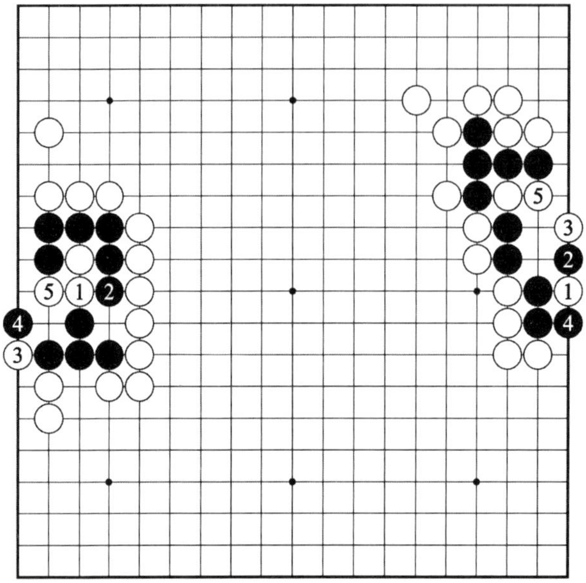

三变

①妙，若❹着在八二，则成劫。

四变

①、③妙。

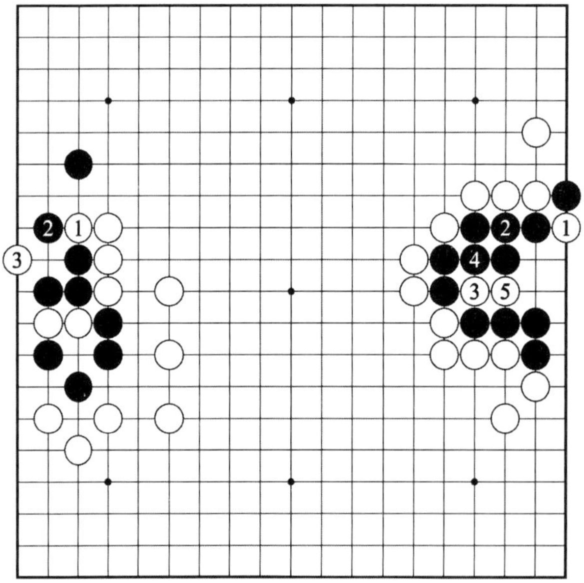

五变

①、⑤妙。

六变

③妙。

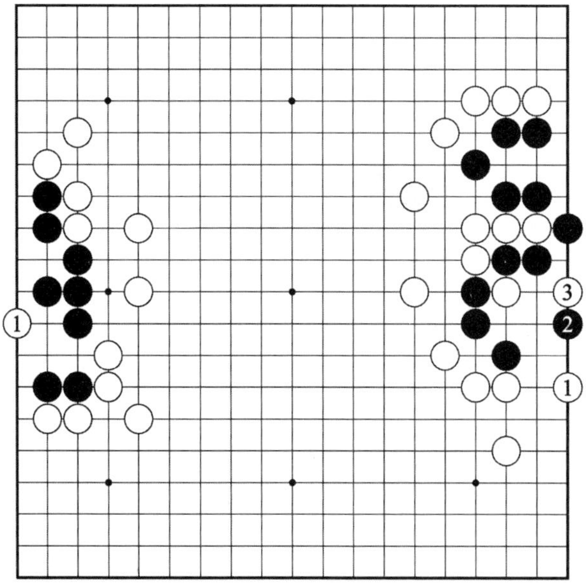

七变

①、③妙。

八变

①妙。

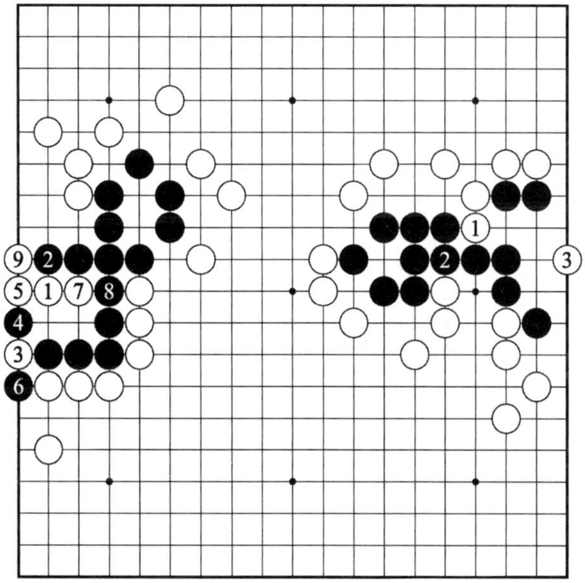

九变

③妙。

十变

③妙。

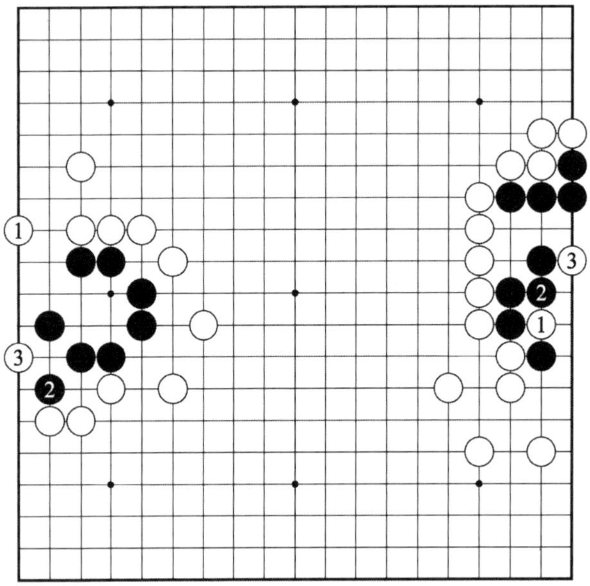

十一变

①、③妙。

十二变

①、③妙。

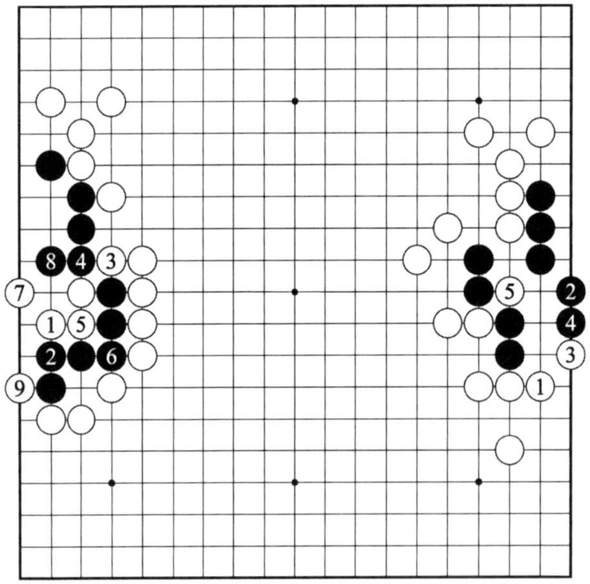

十三变

⑤好。

十四变

⑦妙。

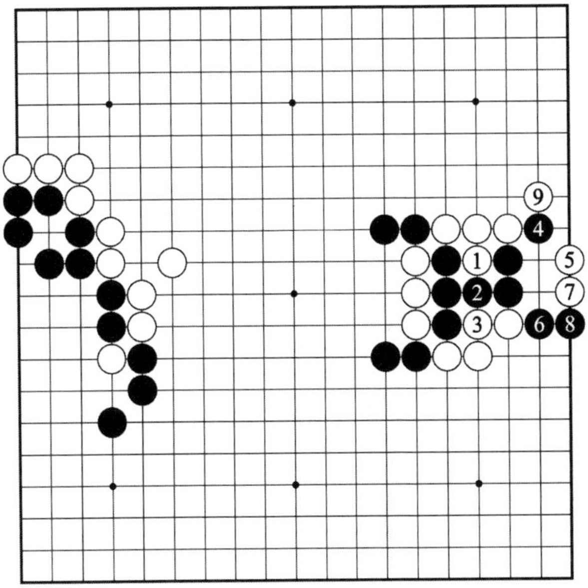

十五变

⑤好。

十六变

①妙。

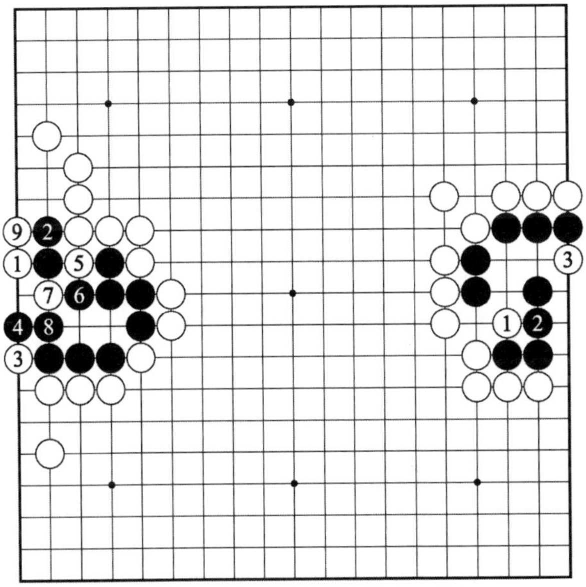

十七变

③好。

十八变

③好。

边失而得类

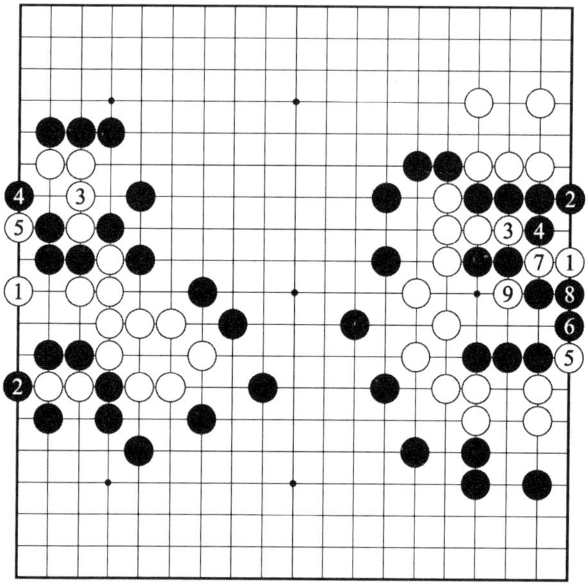

一变

①妙。

二变

①妙极。

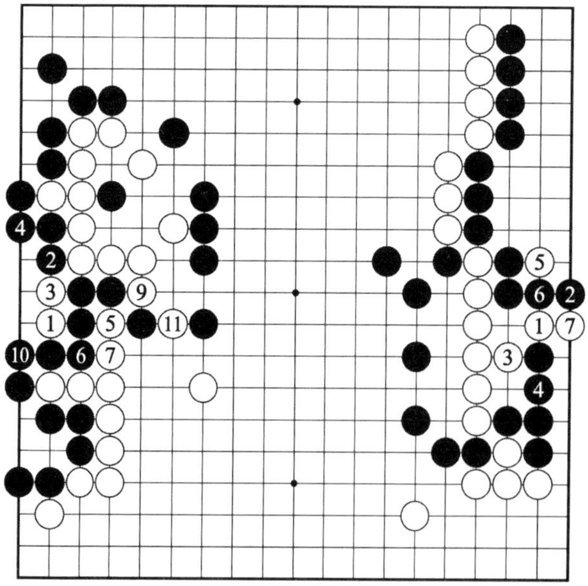

三变

⑤妙，有一变不用劫活。

四变

①、⑤妙。

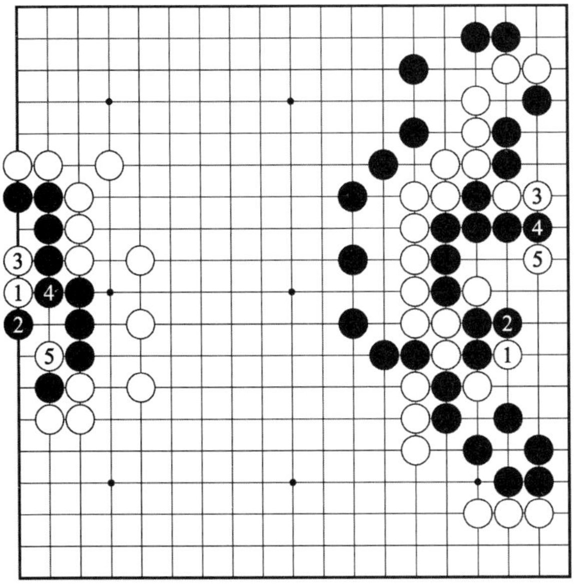

五变

⑤妙。

六变

③好。

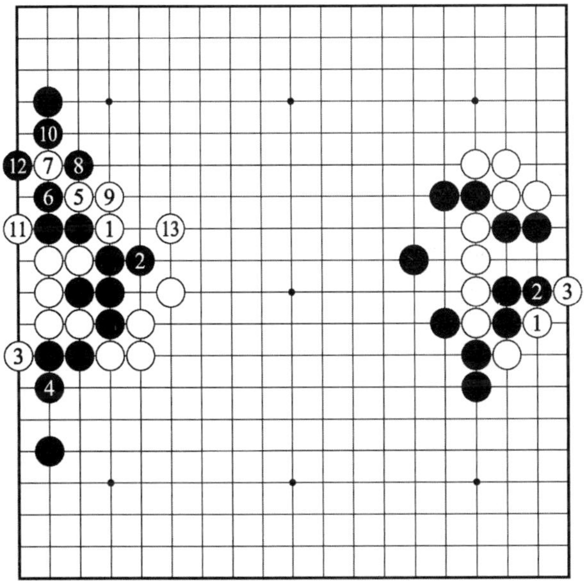

七变

③好。

八变

③、⑦好。

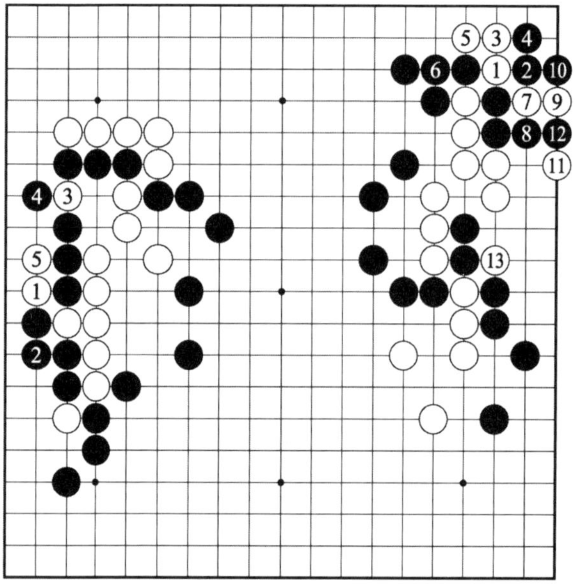

九变

⑪好，⓬着若于七一可劫。

十变

⑤好。

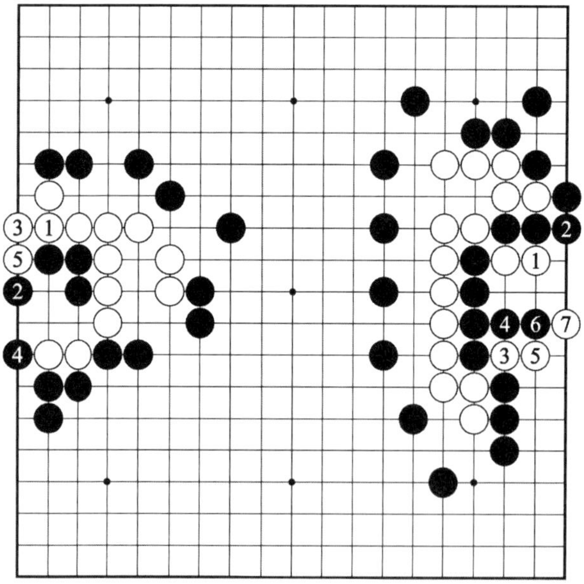

十一变

⑦好。

十二变

③、⑤好。

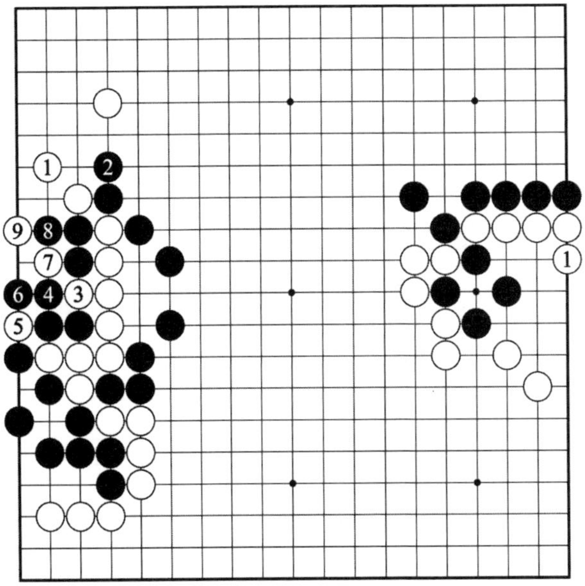

十三变

①妙。

十四变

①好。

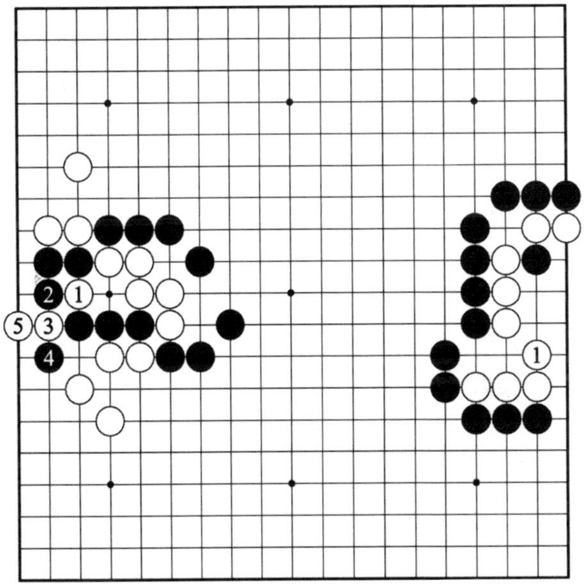

十五变

①妙。

十六变

③好。

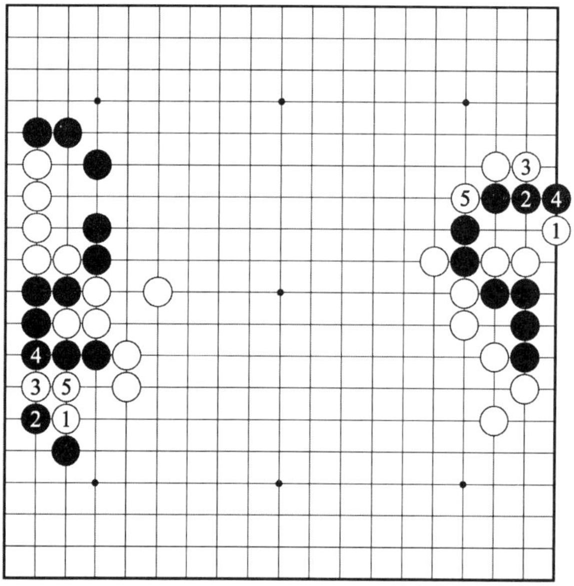

十七变

①好。

十八变

③好。

角得而失类

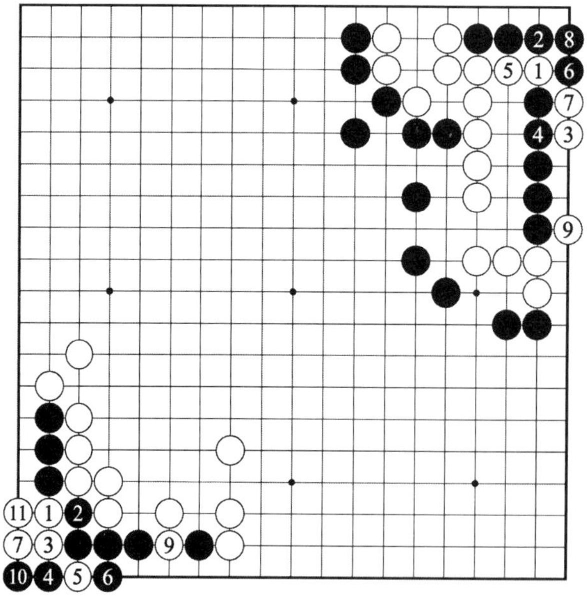

❽=⑤.

一变

③妙。

二变

❹着若置于二一可变劫。

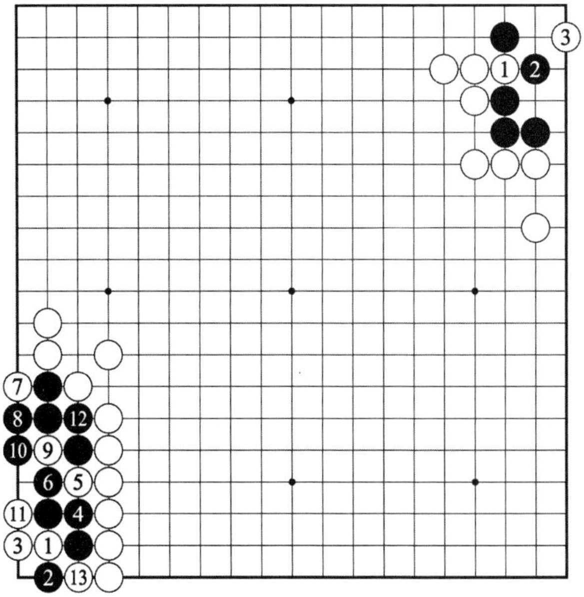

三变

③妙。

四变

⑦妙。

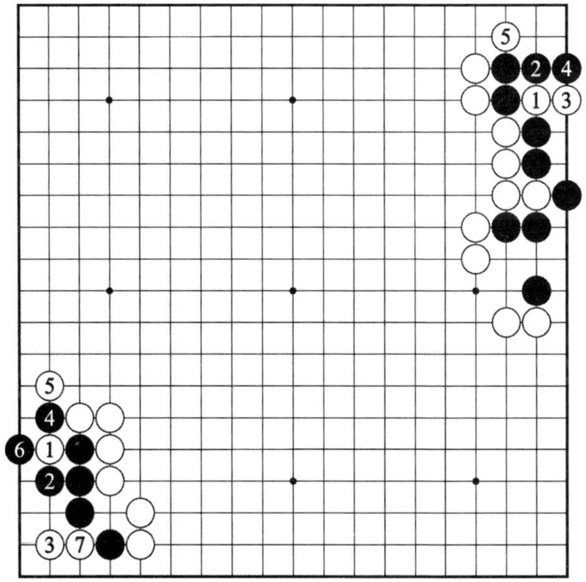

五变

①、③妙。

六变

③妙。

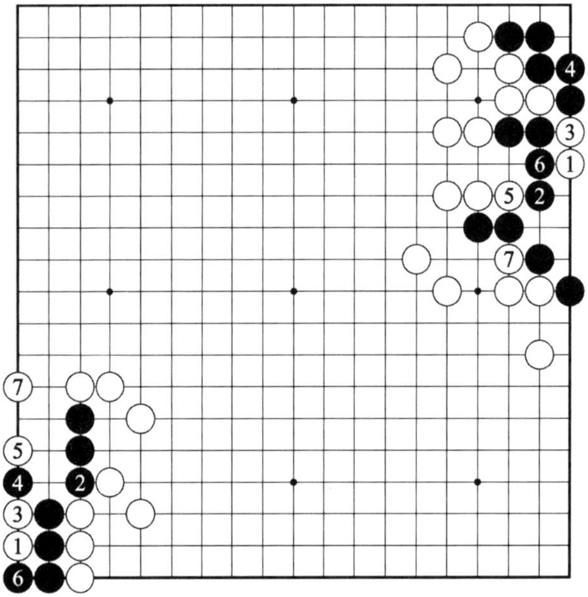

七变

①妙极

八变

❻着若于二五可劫活。

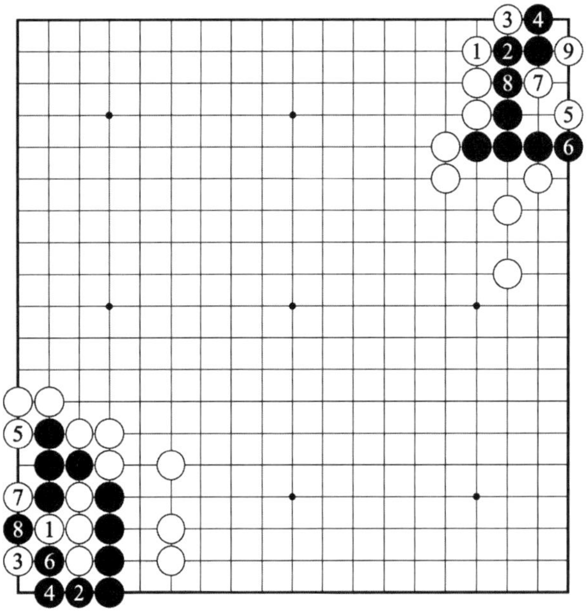

⑨=①.

九变

①、⑤妙。

十变

③妙。

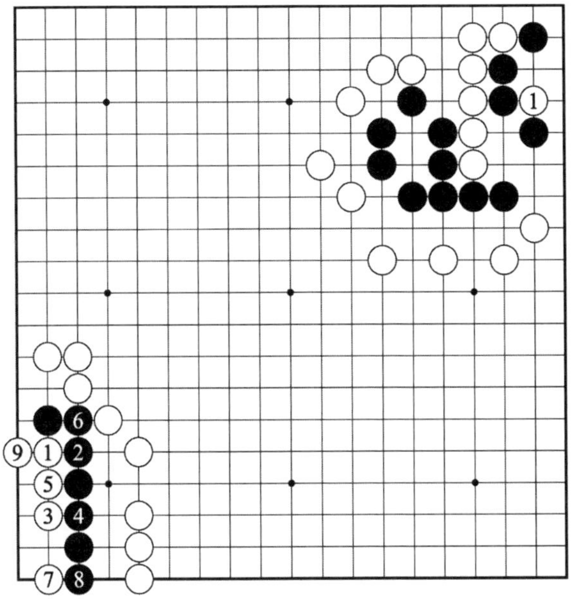

十一变

①妙。

十二变

⑦妙。

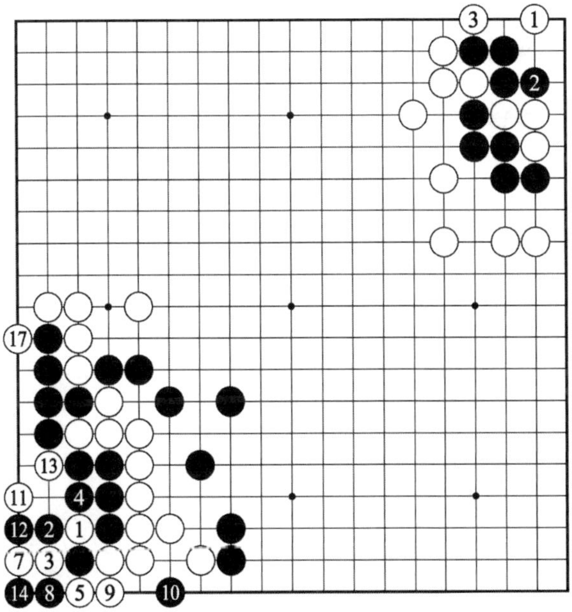

❻=①，⑮=③，⓰=⑦.

十三变

①妙，❷着拙，故杀。若于二二即劫矣。

十四变

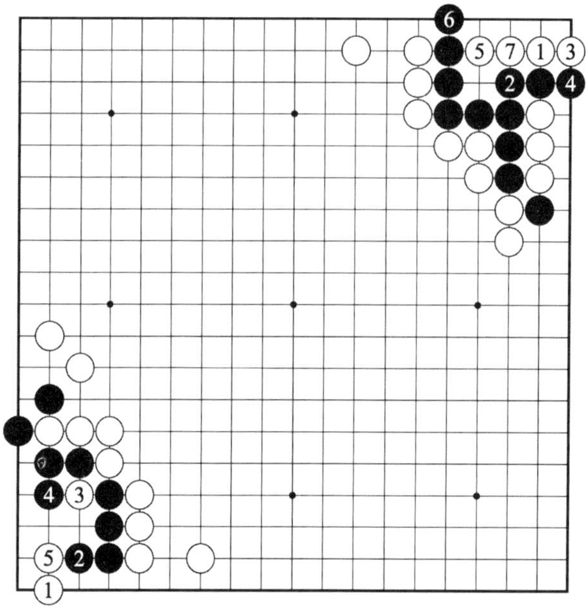

十五变

③妙。

十六变

①妙，❷着若于二二，❹着在三三，可劫活。

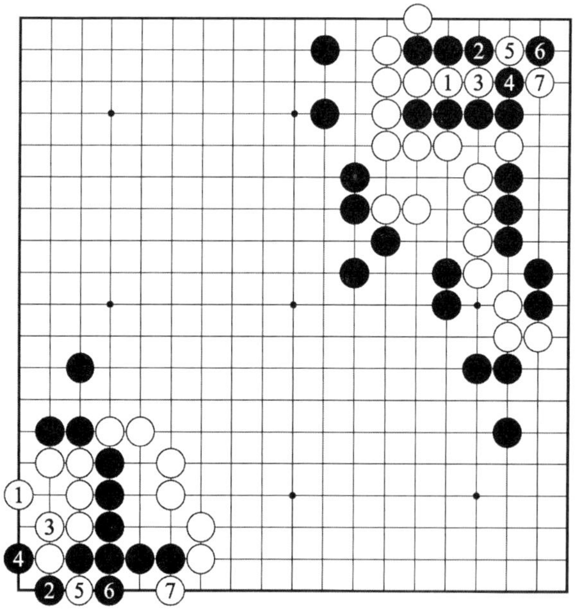

十七变

⑦妙。

十八变

①妙。

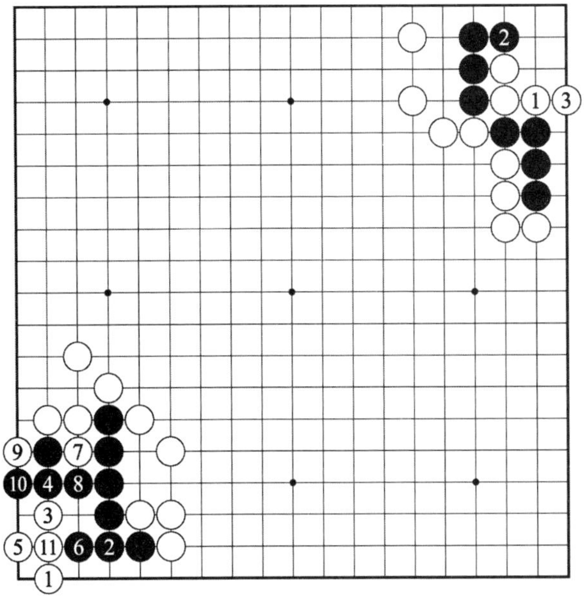

十九变

③妙。

二十变

①妙极，❷着在于三二即劫。

角失而得类

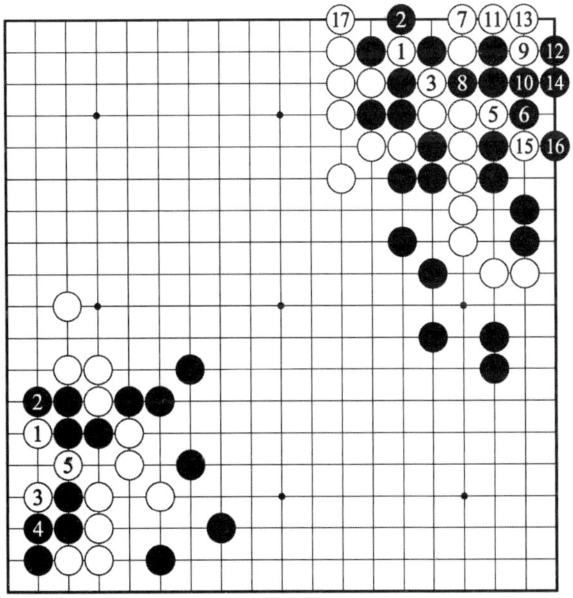

❹=①.

一变

⑨妙。

二变

①妙。

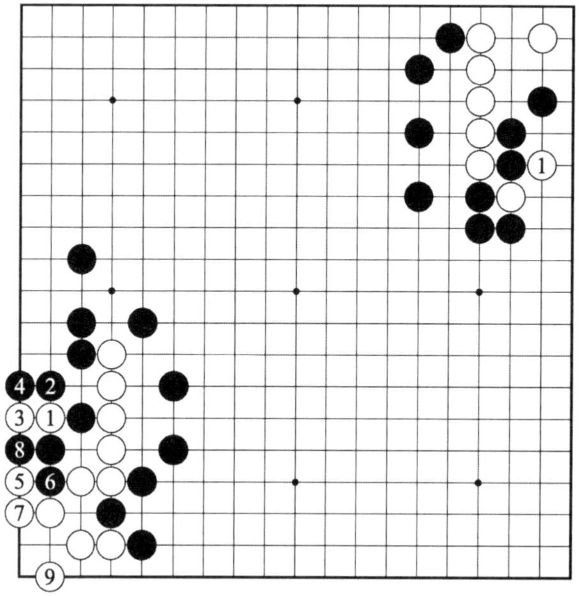

三变

①妙。

四变

①、③妙。

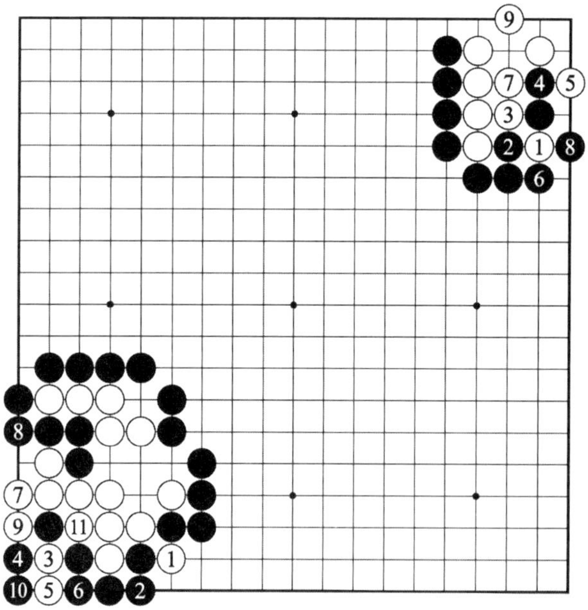

五变

⑤好。

六变

⑪妙。

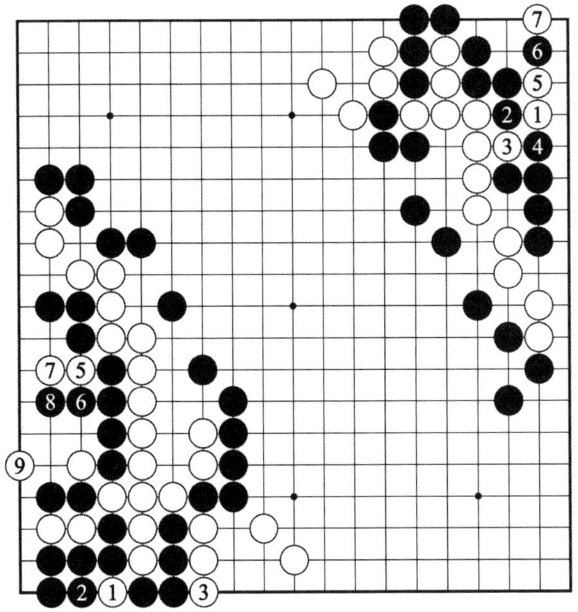

❹=①.

七变

⑦妙。

八变

⑨妙。

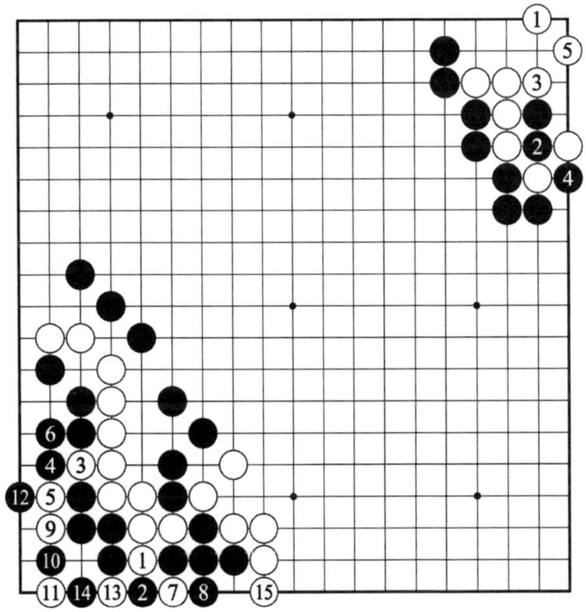

九变

①好。

十变

⑪妙。

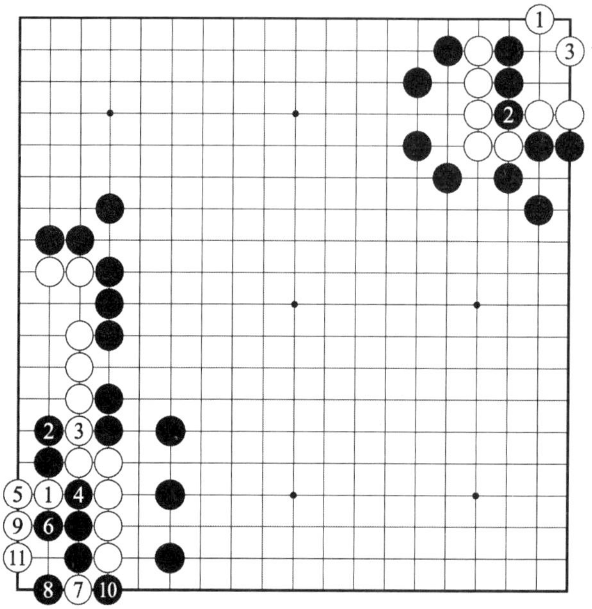

十一变

①妙。

十二变

⑤妙。

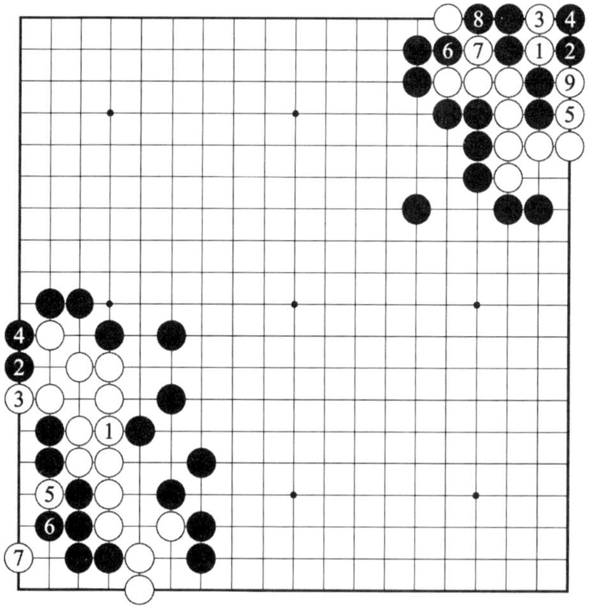

十三变

③妙。

十四变

⑦妙。

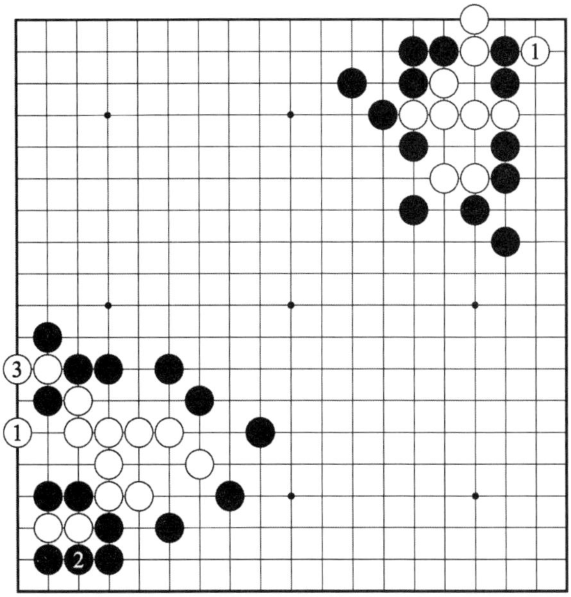

十五变

①好。

十六变

①妙，❷着置于一五即变劫。

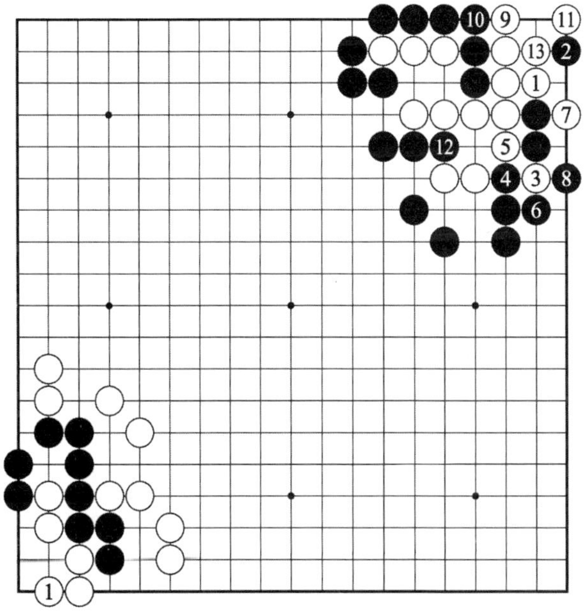

十七变

⑪好。

十八变

①妙。

长生类

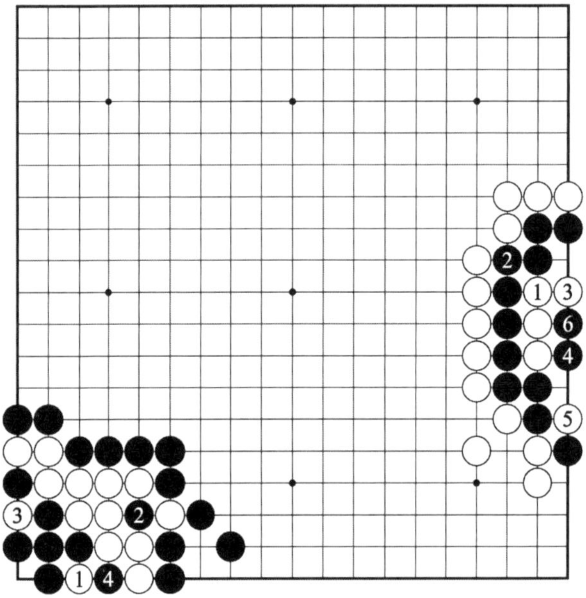

长生之势，未必巧合，亦须识得。

一变

❻好。

二变

妙持。

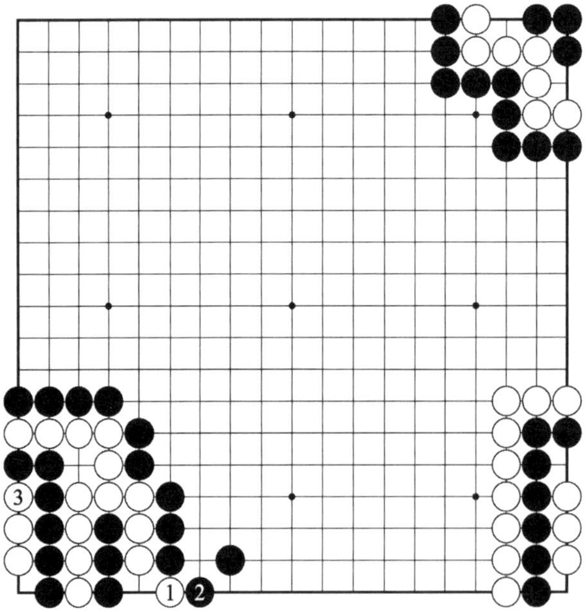

三变

经云：角盘曲四，局终乃亡。盖谓：局中劫可尽补，而提终是得先，故自亡耳。若同局一有小持，即成必不能补之劫，而均为两持，弈者不可不察。

四变

巧持。

没入类

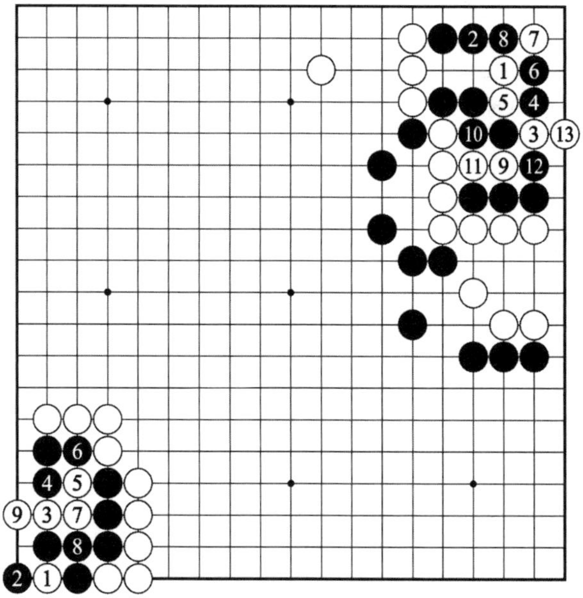

一变

⑦妙。

二变

①妙，❷在三三即劫。

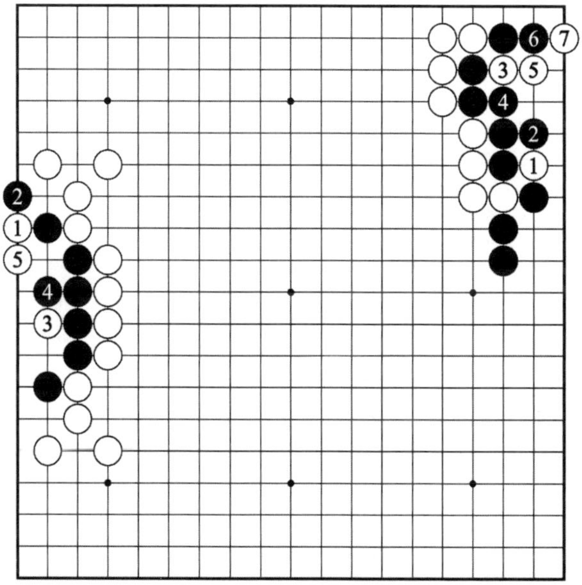

三变

①妙。

四变

③妙。

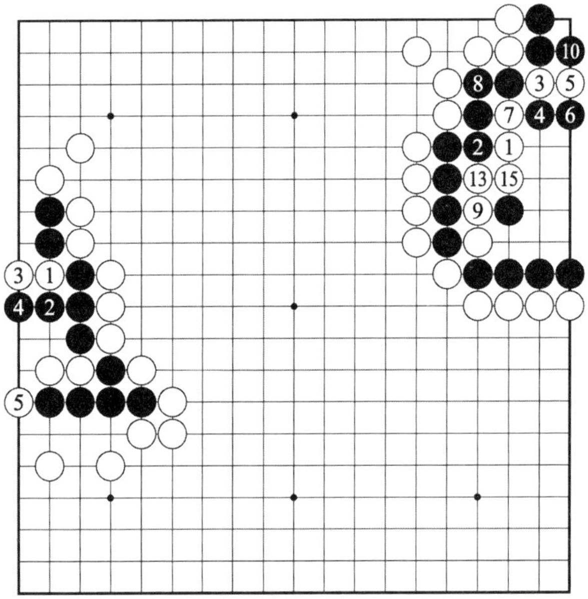

⑪=③，⓬=⑤，⓮=③.

五变

六变

③妙。

点聚类

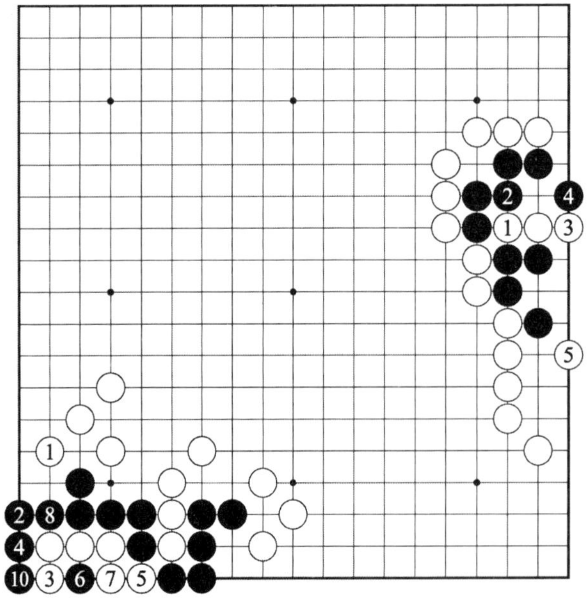

⑨=❻，⑪=⑤.

一变

⑤好。

二变

⑨同❻妙。

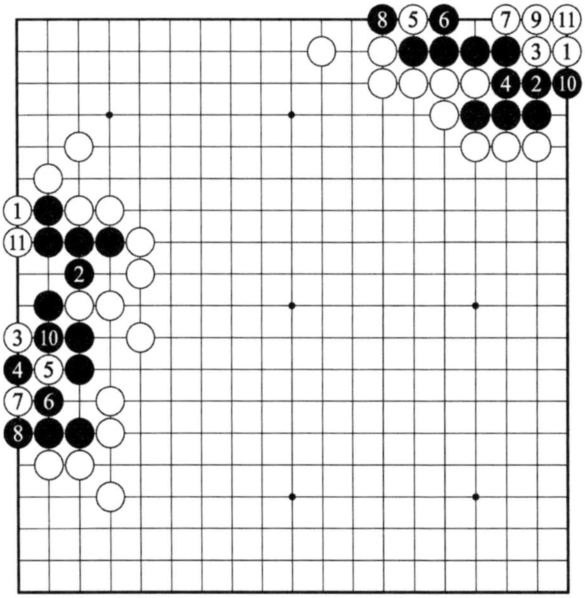

三变

⑪妙。

四变

①、③妙。

⑨=❹.

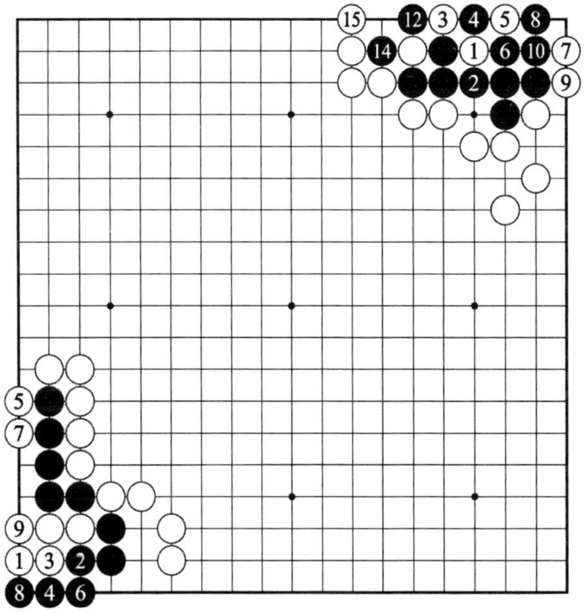

五变

六变

①、⑨好。

⑪⑬=❹.

嚇眼类

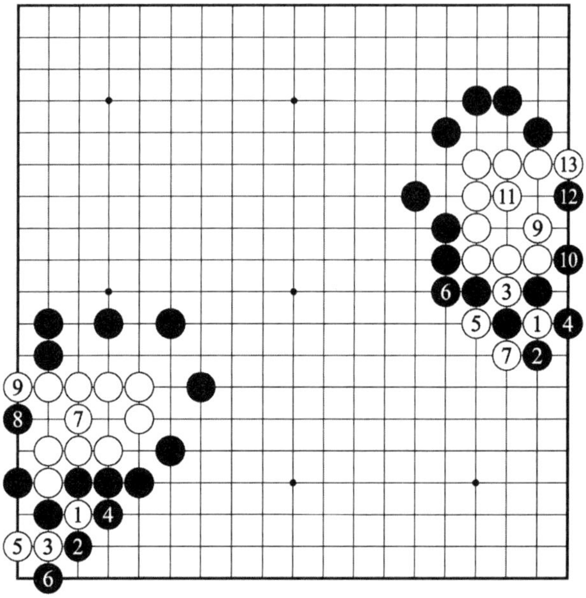

一变

①妙。

二变

⑤好，若点变劫。

❽=①.

夭眼类

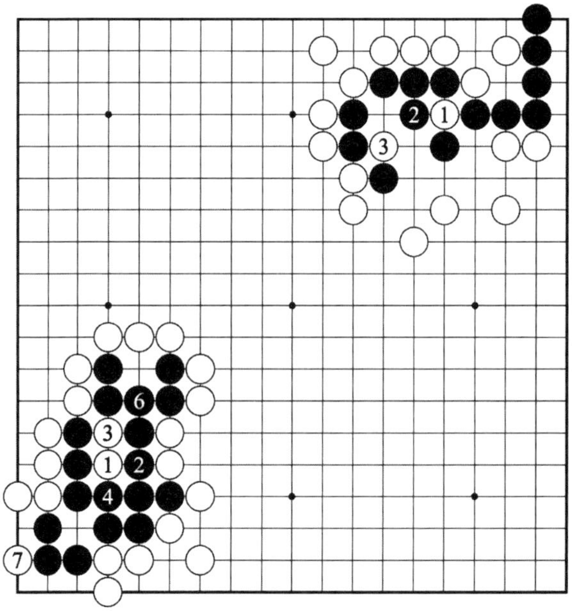

一变

①妙。

二变

⑤同③妙。

⑤=③.

交颈类

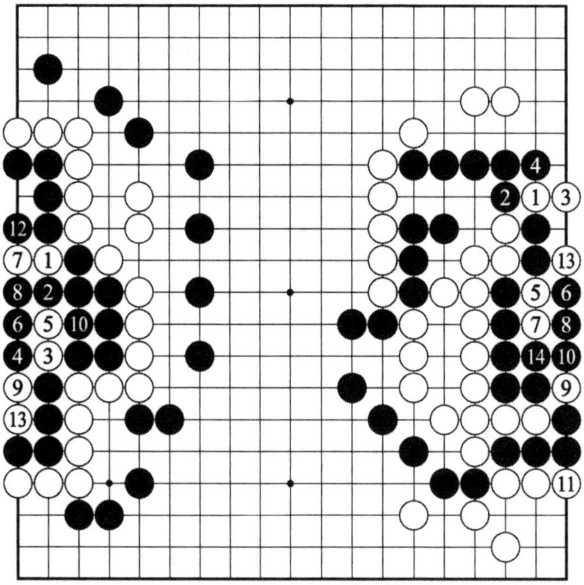

一变

二变

⓬=⑨，⑮=⑤.
⑪=③.

打劫类

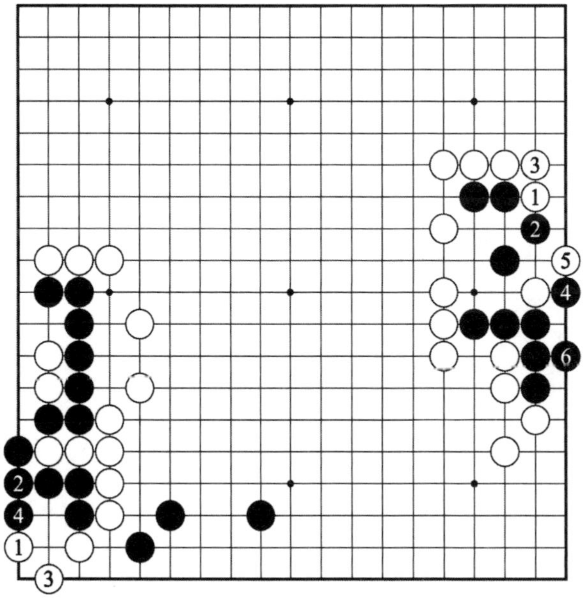

一变

❻好。

二变

❷好。

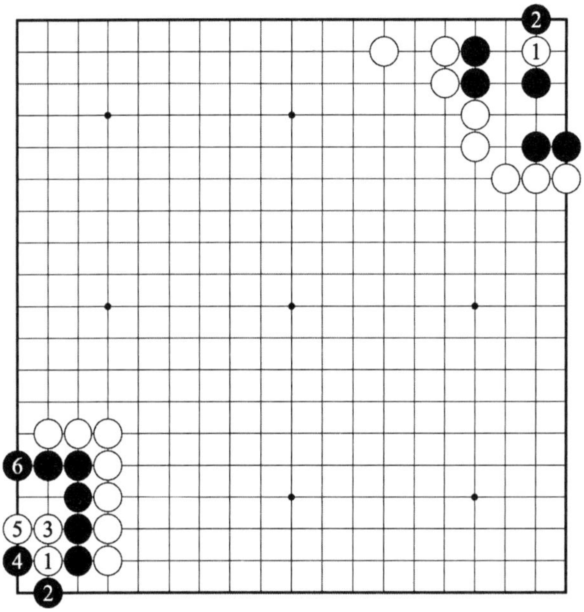

三变

❷好。

四变

❻好。

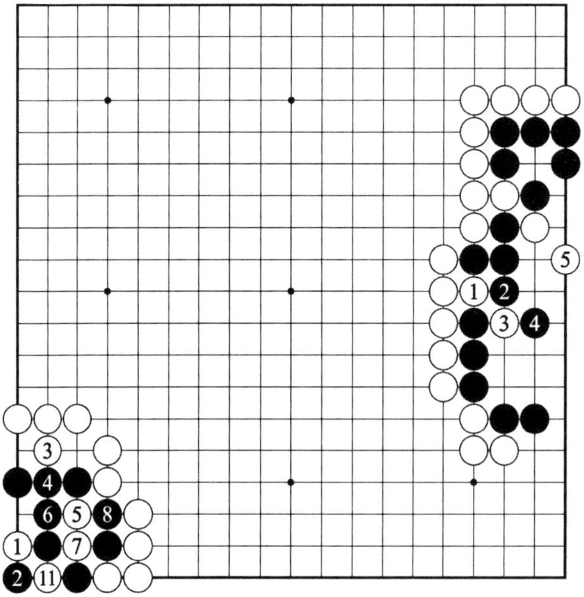

⑨=⑦，❿=⑤.

五变

⑤妙。

六变

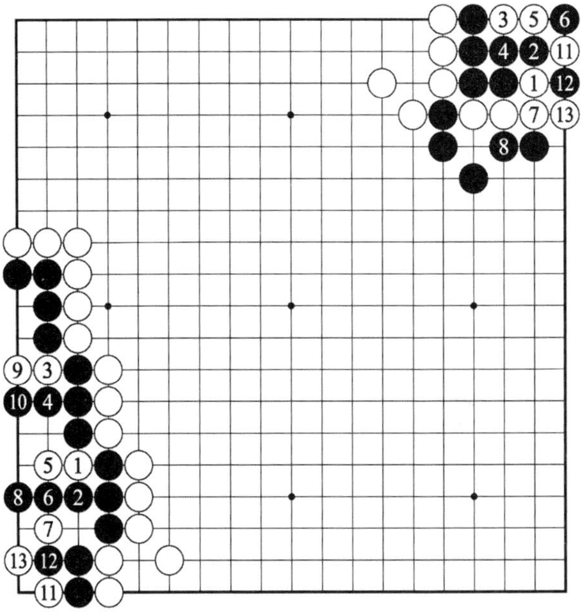

⑨=⑤，❿=③.

七变

⑤妙。

八变

⑪妙。

跌法类

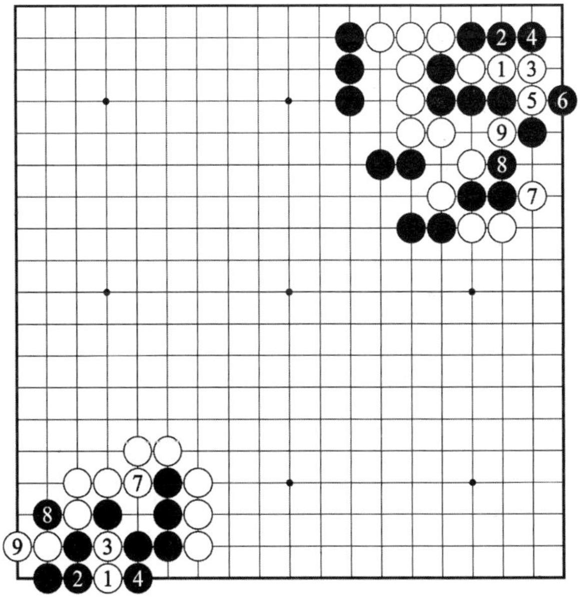

⑤=③，❻=①.

一变

⑤好。

二变

❻着拙故杀，若在四五可变劫。

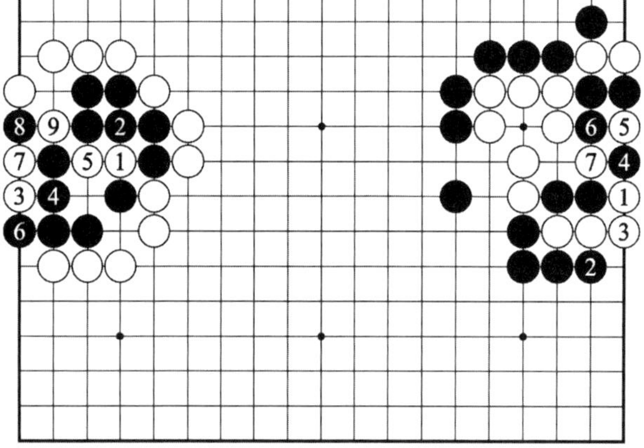

三变

①好。

四变

⑦好。

过渡类

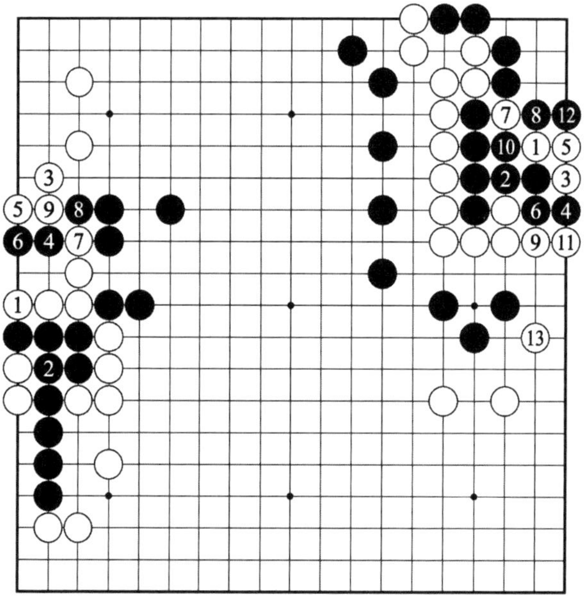

一变

①好。

二变

③、⑤妙。

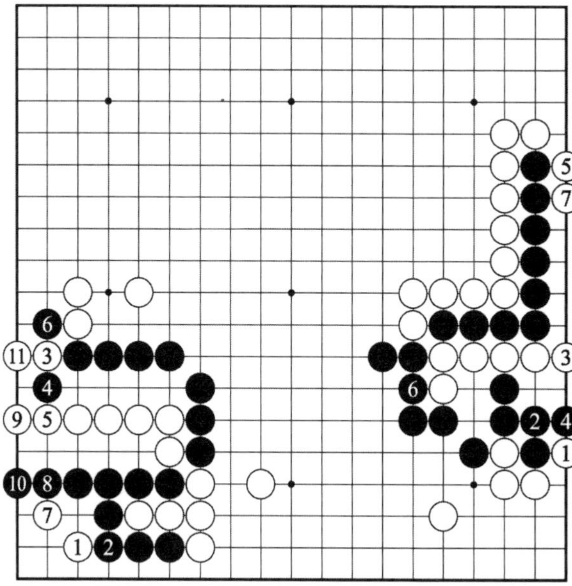

三变

①、③妙。

四变

⑨妙。

脱骨类

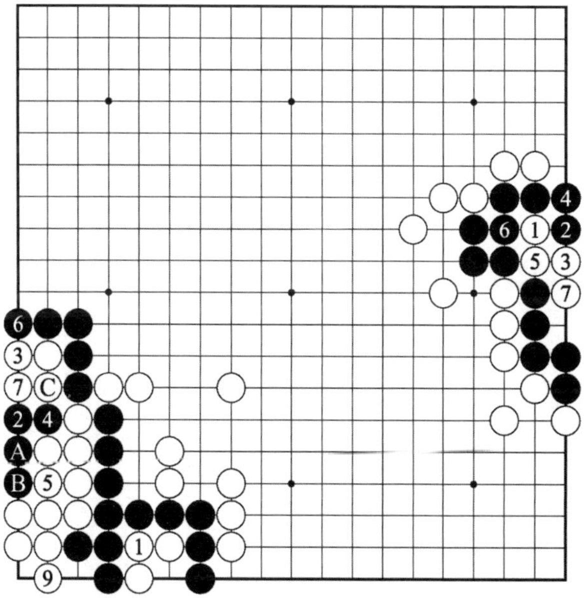

❽=Ⓐ，❿=❹，⑪=Ⓑ，⓬=❷，⑬=Ⓒ.

一变

⑦妙。

二变

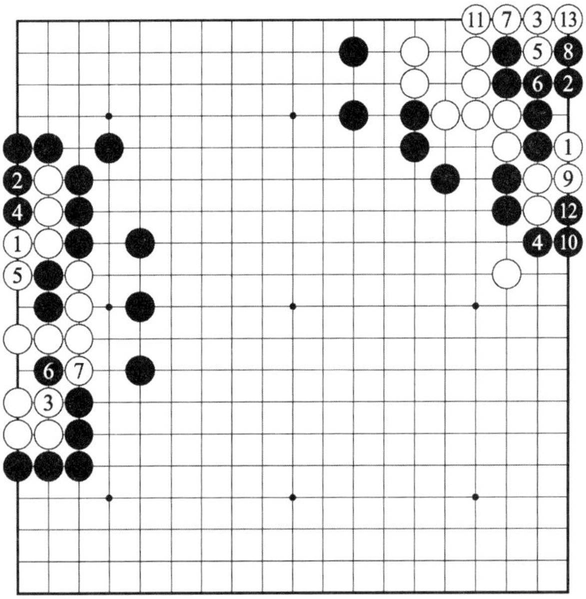

三变

③妙，❹在二二成劫。

四变

①妙极。

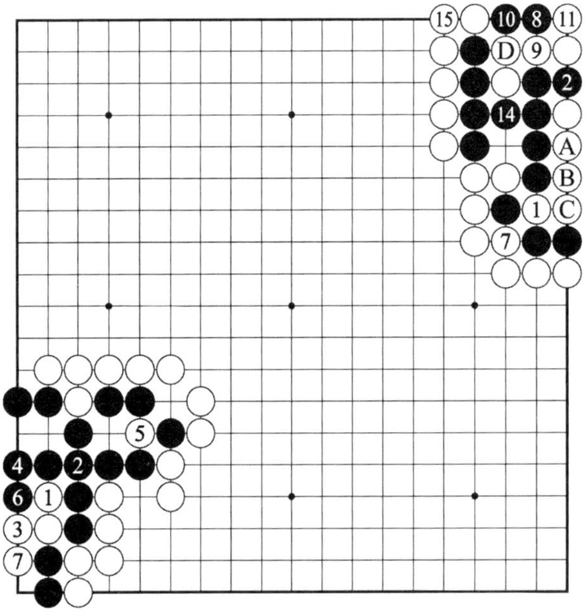

③=Ⓐ，❹=Ⓑ，⑤=①，❻=Ⓒ，⓬=❿，⑬=❽，
⓰=❿，⑰=Ⓓ.

五变

六变

③妙，❹在六一成劫。

征捞类

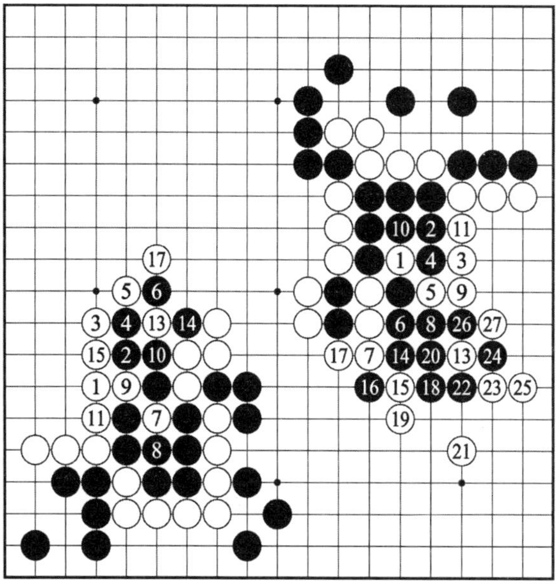

一变

二变

❶❷=①.

❶❷=⑦，❶❻=⑬.

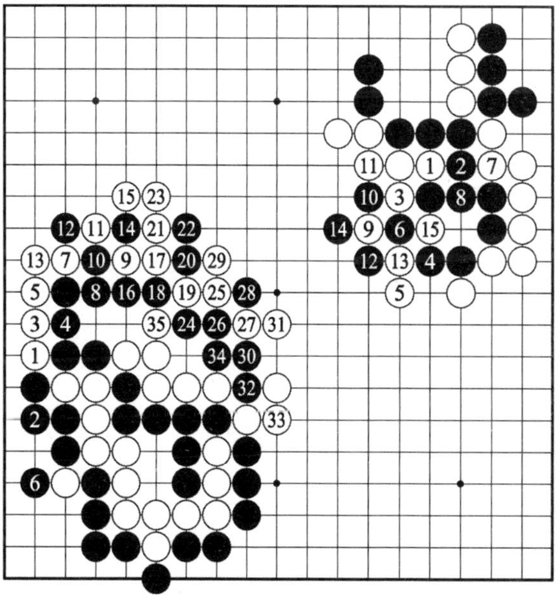

三变

⑤好。

四变

⑨好。

弈薮　卷五

受子部分

海阳亦瞻苏之轼编辑
旭汪应曦参订
太征程云骏校正

受二子说

弈家智均力敌，则不必有所受。受二子者，先着之不足，又更先焉。两壁互有所置，政如兵家以弱敌强，或不能无所借资以为封垒地耳，然以智力不敌而受二子，兹更续集十五局，以佐智力之所不逮。

受二子

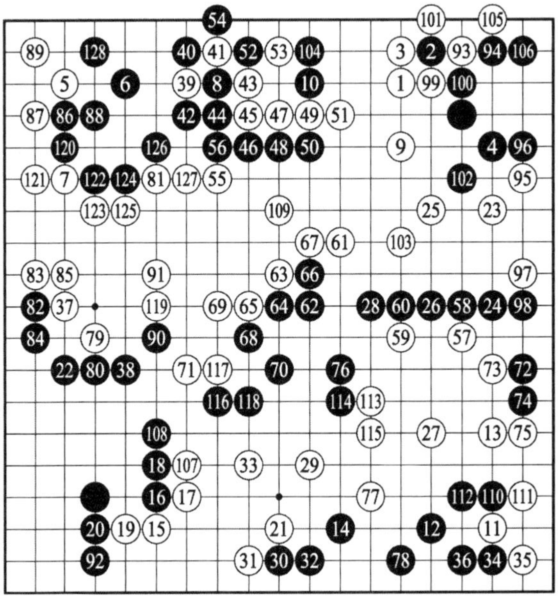

第一局

共 128 着

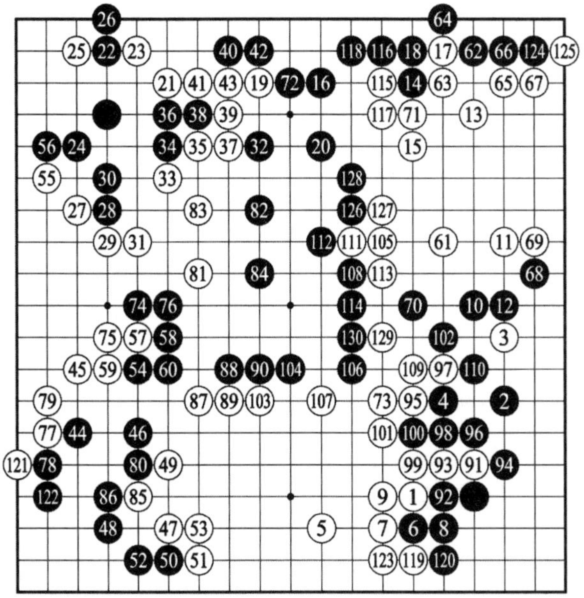

第二局

共 130 着

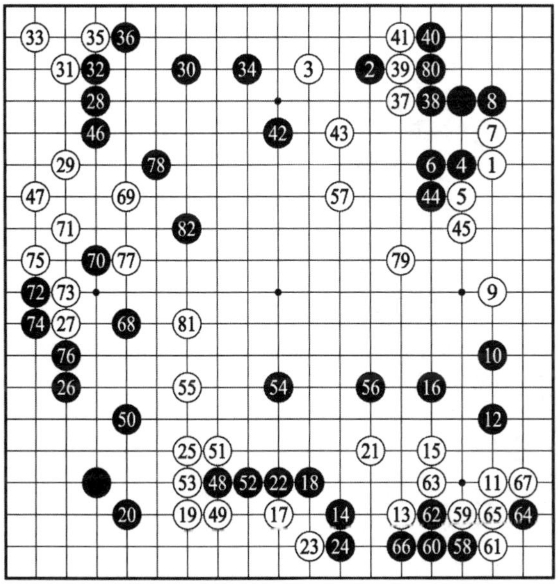

第三局

共 82 着

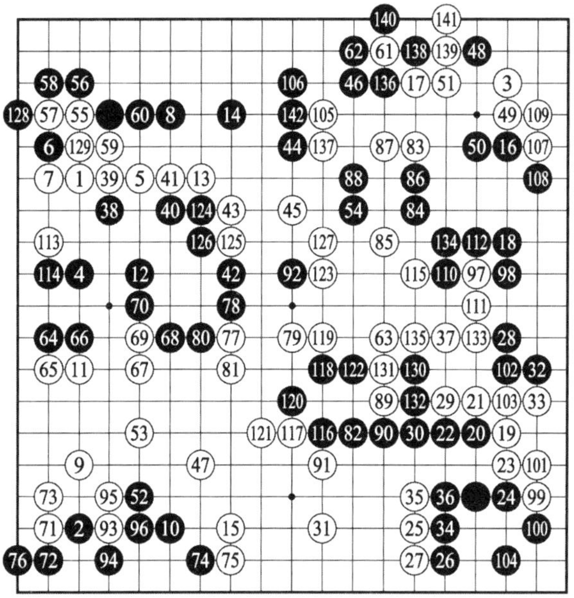

第四局

共 142 着

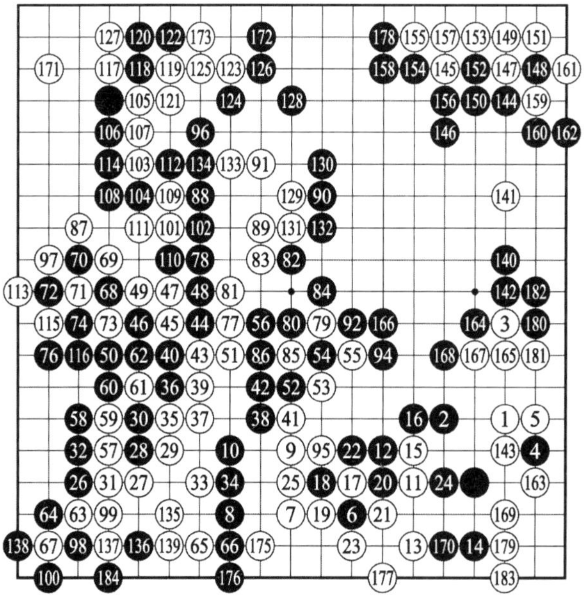

第五局

共 184 着

75=68, 93=54, 174=17.

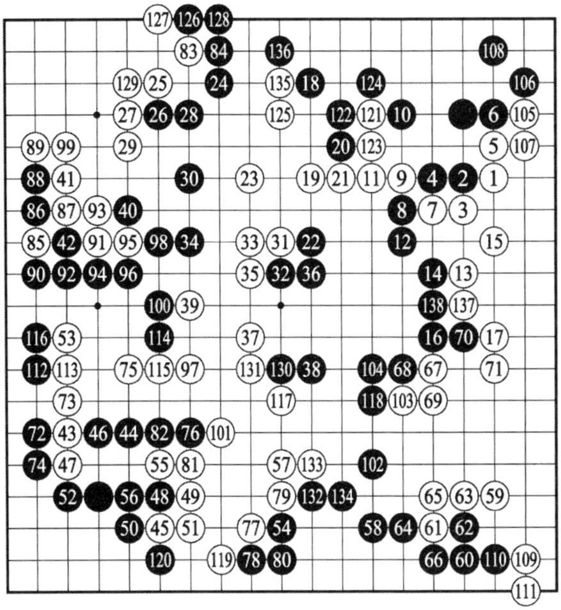

第六局

共 138 着

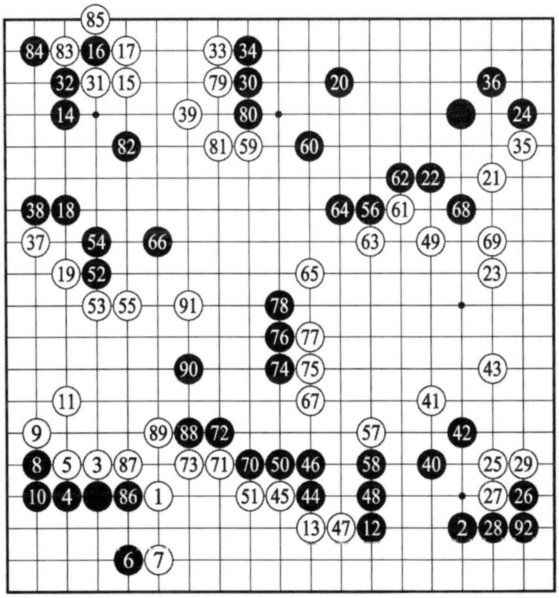

第七局

共 92 着

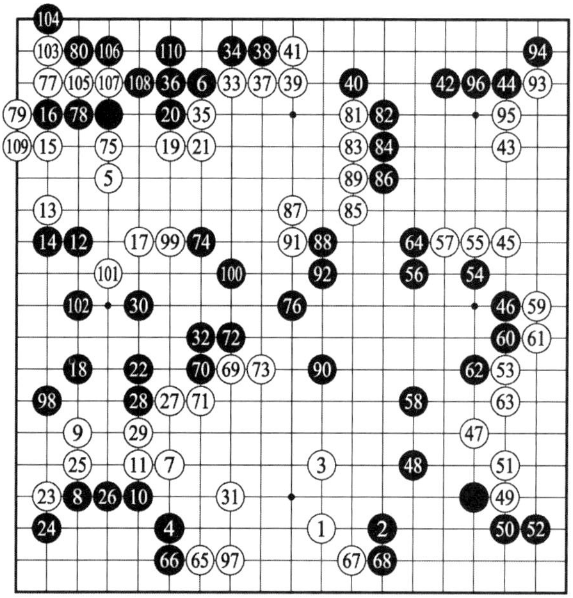

第八局

共 110 着

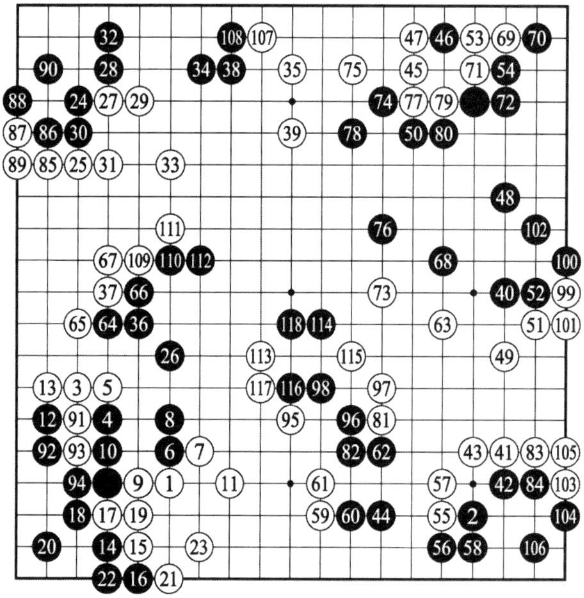

第九局

共 118 着

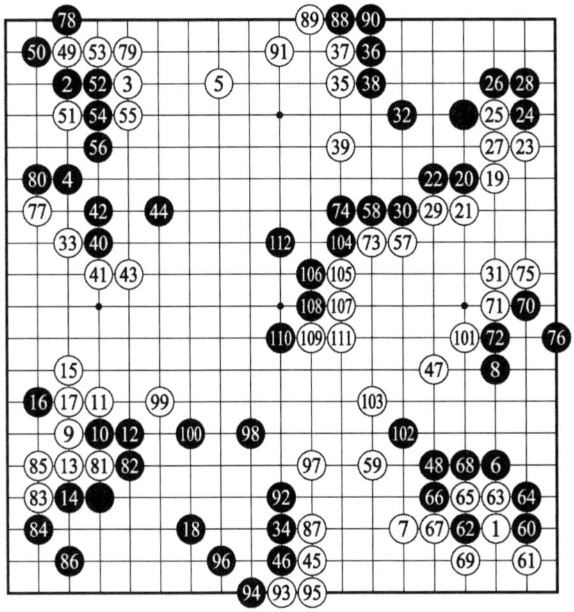

第十局

共 112 着

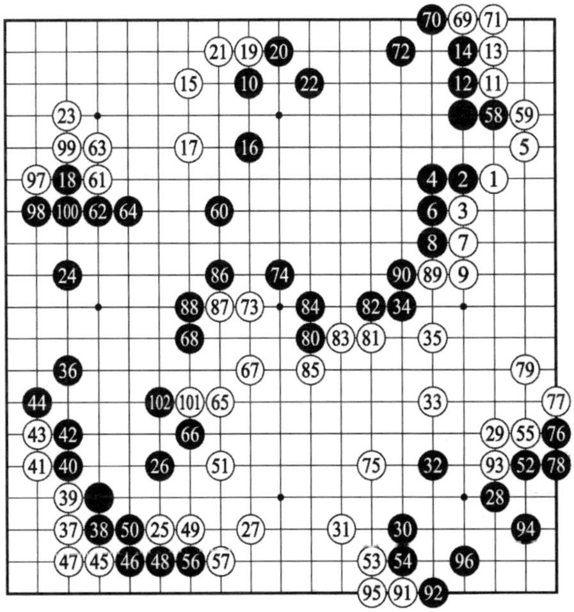

第十一局

共 102 着

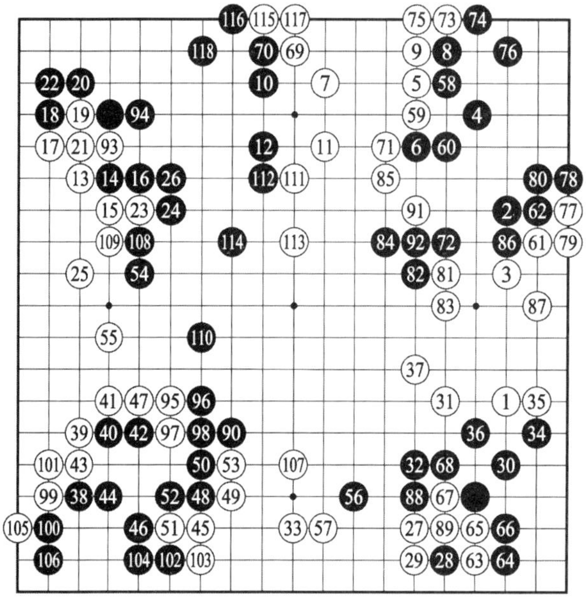

第十二局

共 118 着

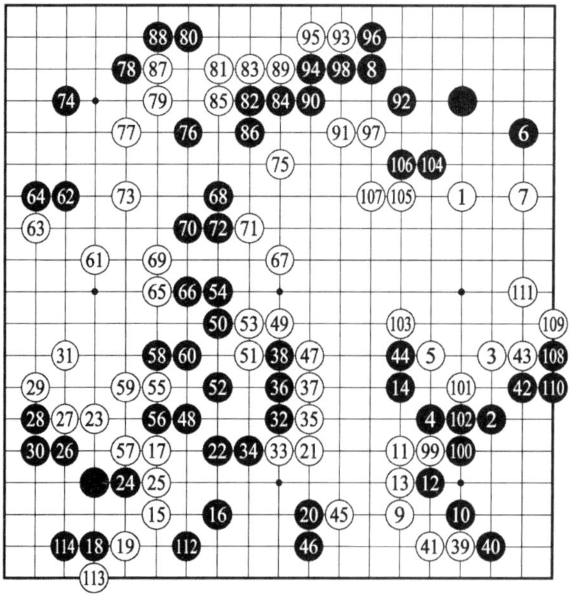

第十三局

共 114 着

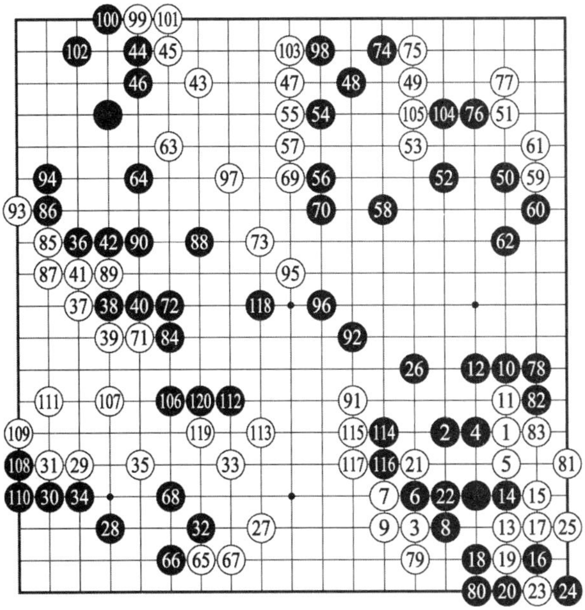

第十四局

共120着

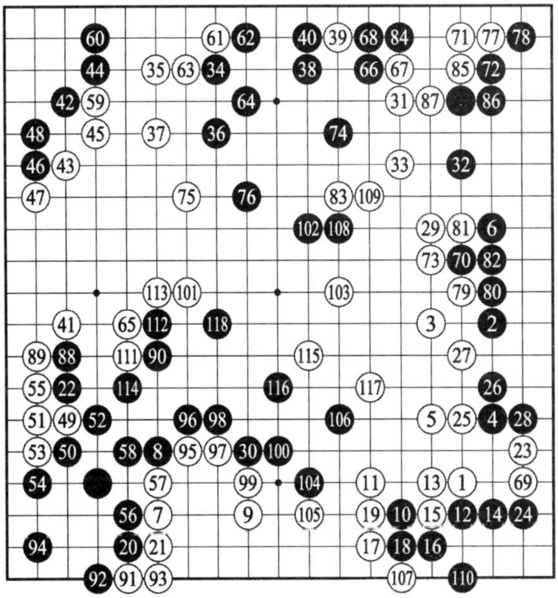

第十五局

共118着

弈薮

受子部分

海阳亦瞻苏之轼编辑

受三子说

受二子矣，业集受者之局矣，而智与力尤不敌，于是乎复置一子于中，曰：受三子。昔楚黄歇说秦昭王曰：王之地一经天下，要绝两海。兹亦有一经两绝之意焉，十局之集，政以佐受者东西之笼盖。

受三子

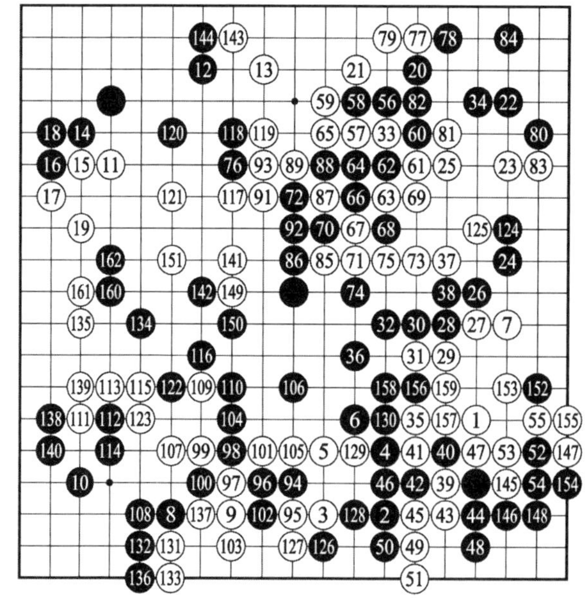

第一局

共 162 着

90=87.

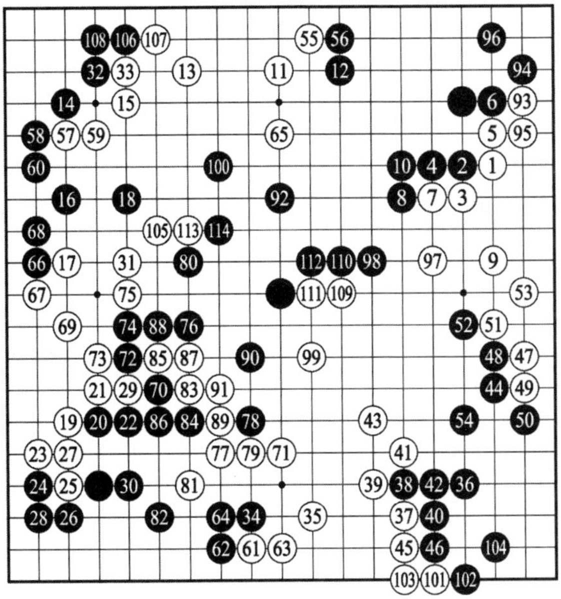

第二局

共 114 着

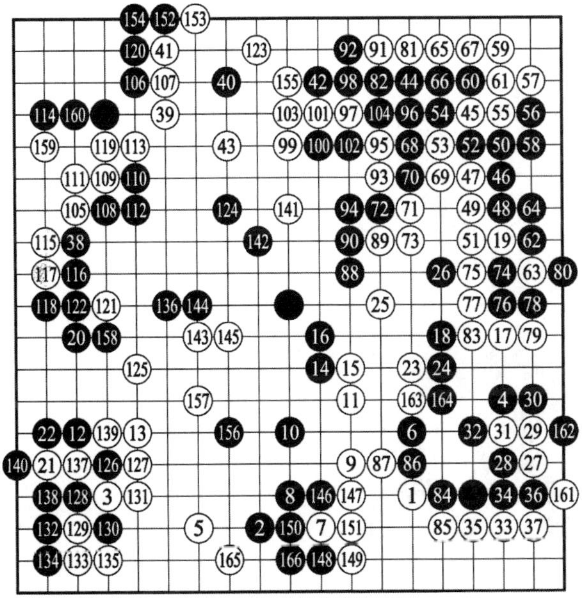

第三局

共 166 着

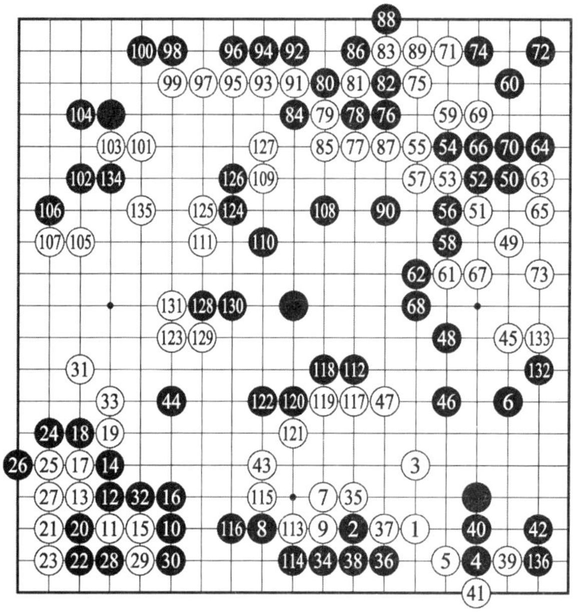

第四局

共136着

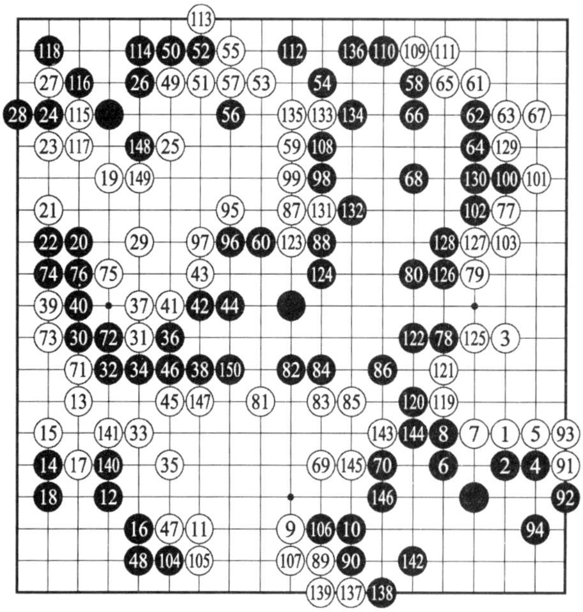

第五局

共150着

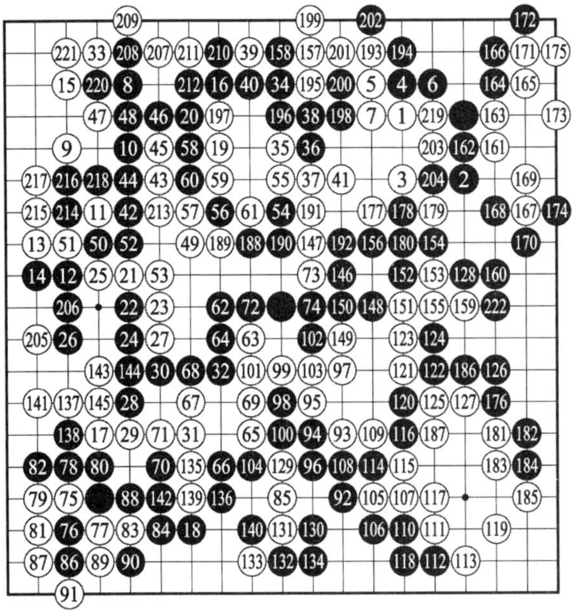

第六局

共 222 着

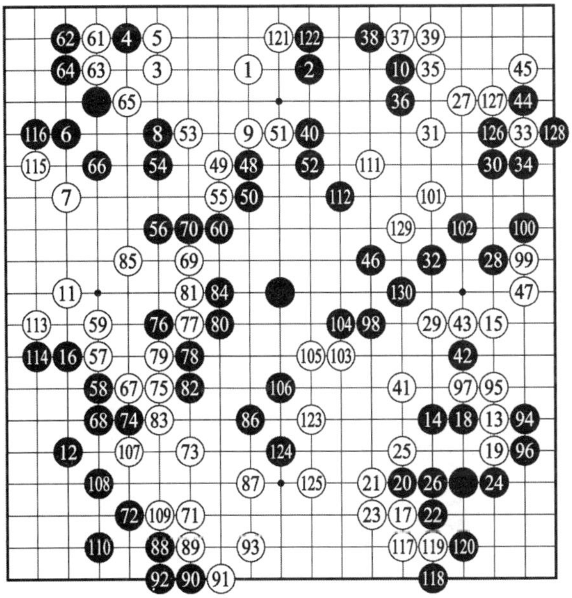

第七局

共 130 着

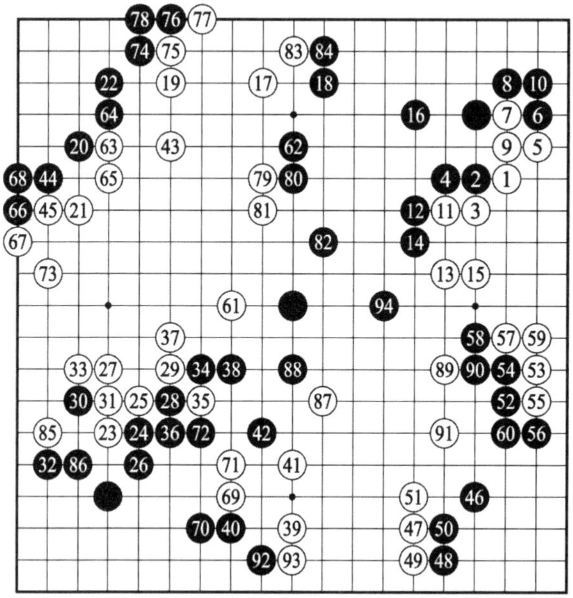

第八局

共 94 着

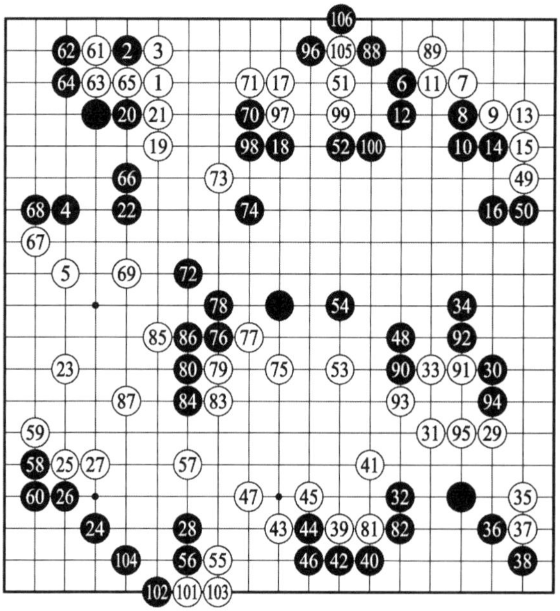

第九局

共 106 着

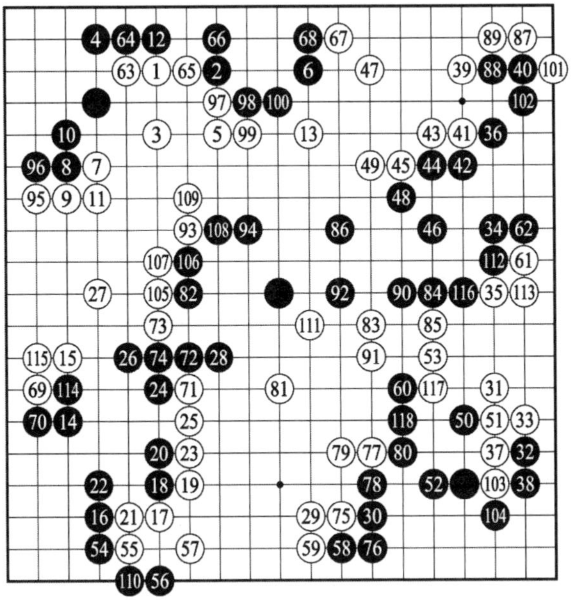

第十局

共 118 着

弈薮　卷六

受子部分

海阳亦瞻苏之轼编辑
君明汪应试校正

受四子说

兵法虽曰：多不如精。又曰：寡不敌众。王将军伐荆，不常用六十万乎。四壁各有所置，此亦王将军之意也。然弈家谓饶三给四。兹业受四子矣，倘不有受者之局，吾乌知断流之苻鞭，不以风角为劲敌。

受四子

第一局

共220着

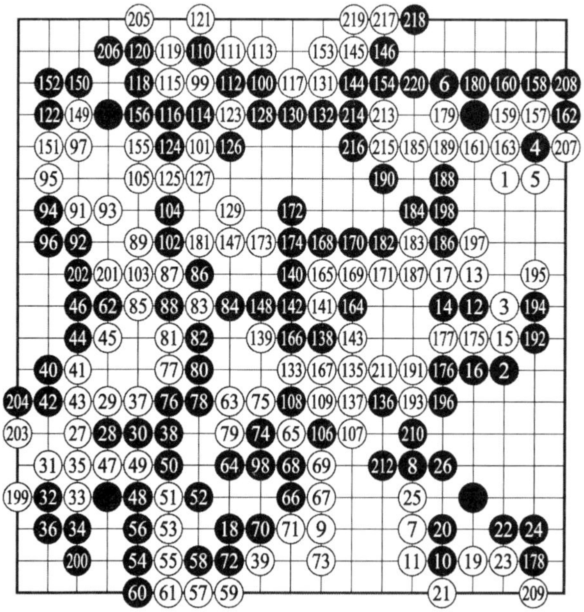

90=83，134=65.

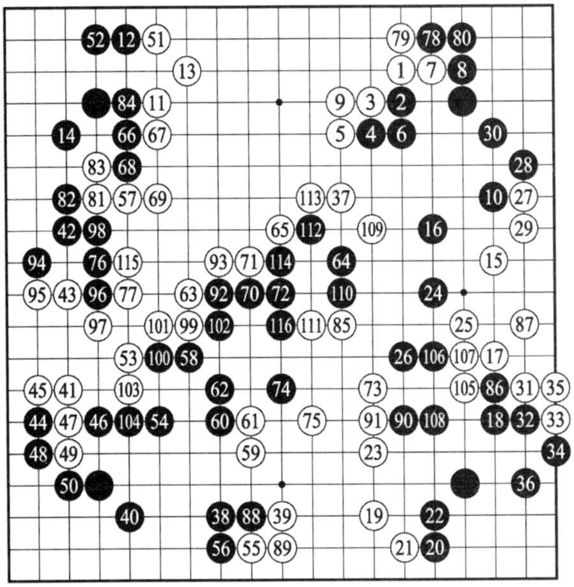

第二局

共116着

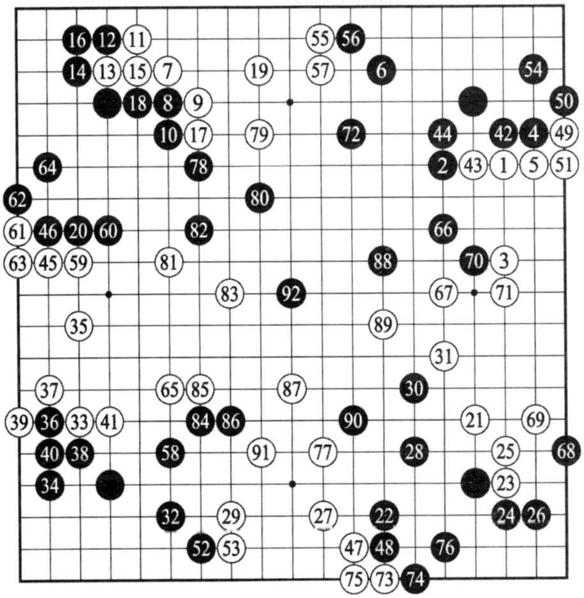

第三局

共92着

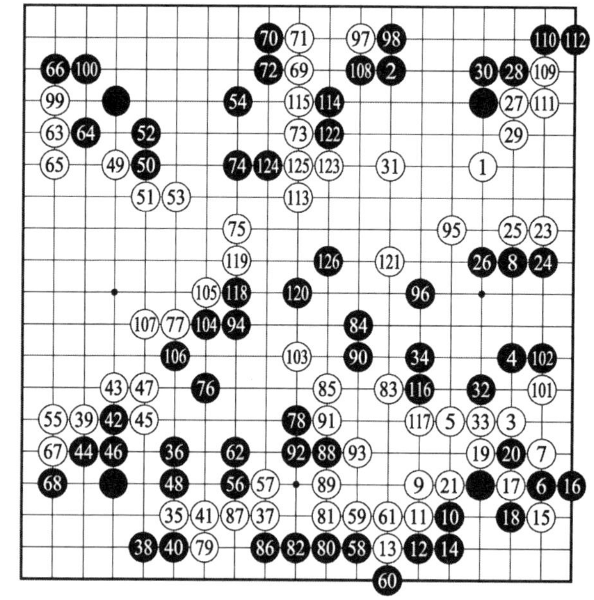

22=17.

第四局

共126着

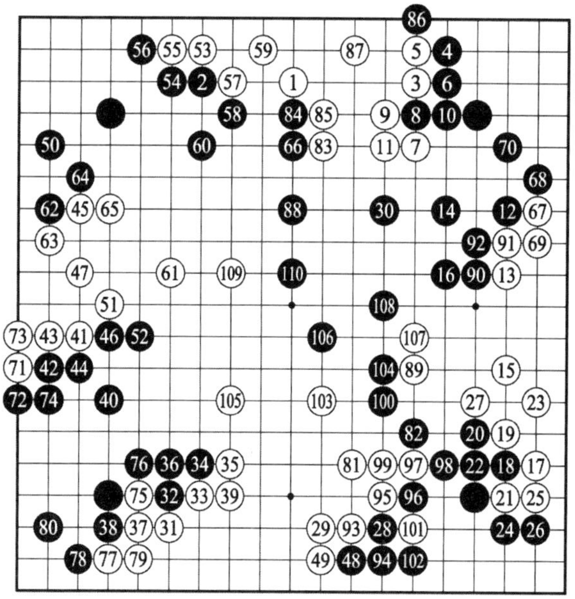

第五局

共110着

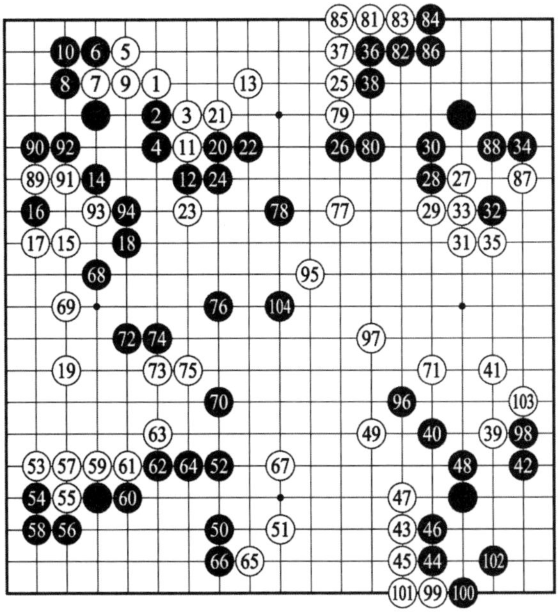

第六局

共 104 着

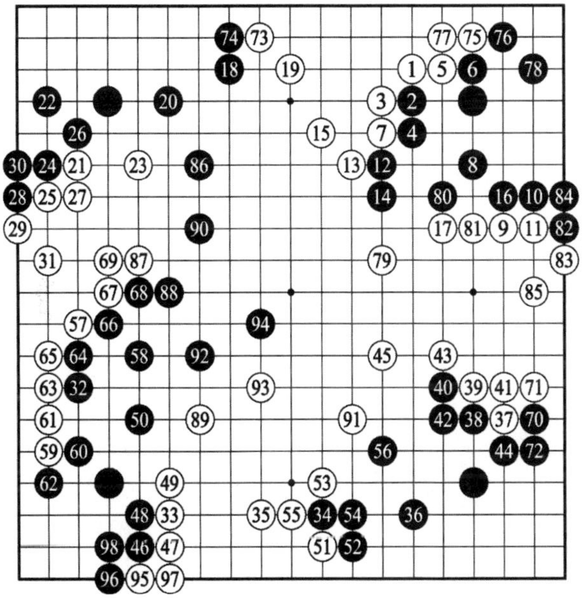

第七局

共 98 着

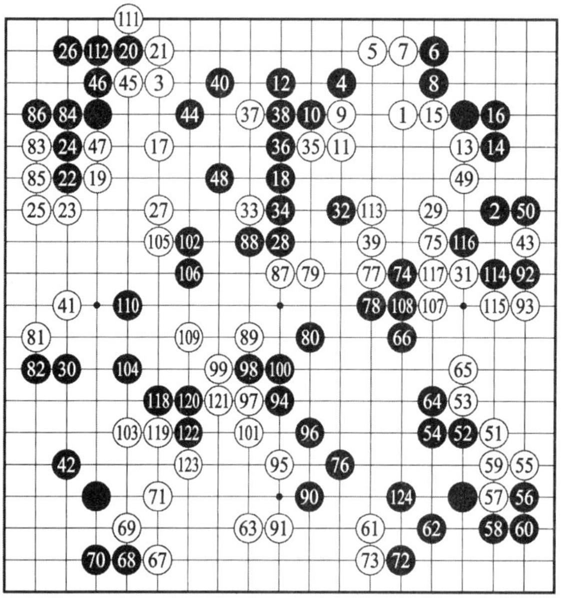

第八局

共 124 着

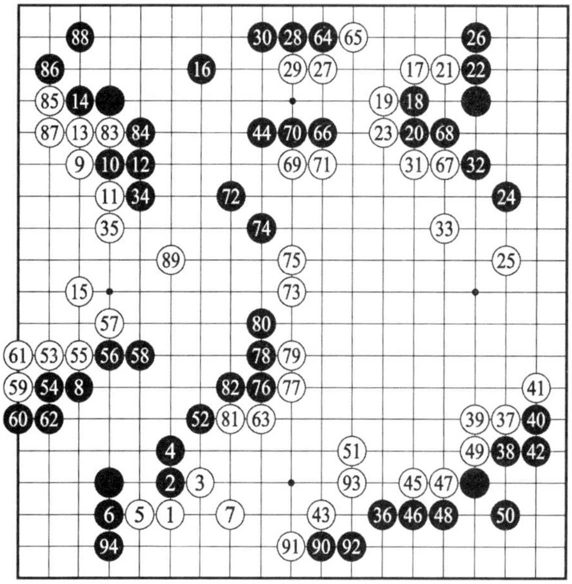

第九局

共 94 着

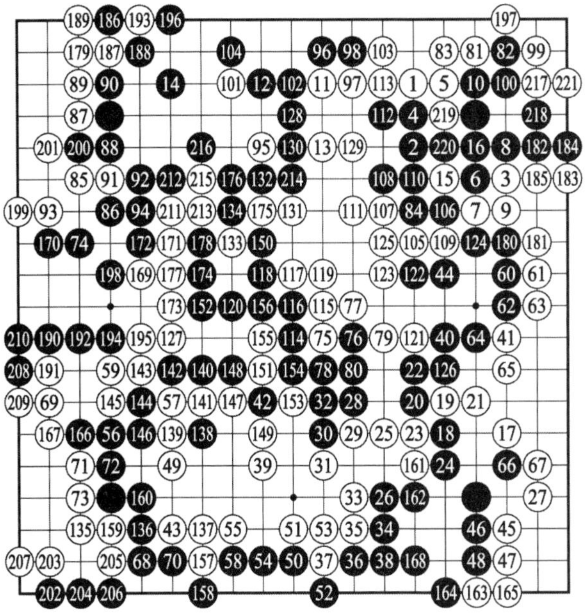

第十局

共 221 着

弈时初编

（明）周元服　汪幼清　辑

大地集团（香港）文化传媒有限公司　点校制谱

明末崇祯年间周元服、汪幼清选评刊刻本

点校说明

《弈时初编》，明末周元服、汪幼清选评，张得一、陈旻昭鉴定。刊于崇祯年间，有陈丹衷序文一篇。本次点校底本采用的是国家图书馆出版《中国历代围棋棋谱》中收录的版本，序文缺两页。原谱两卷，上卷选刊明代李养泉、程汝亮、王玄所、范君甫、林符卿等名手二十八局，底本缺七局，现查找其它资料补全。下卷分起手三十五变（底本缺第二十四变）、侵分三十九变，以及残局四十三变（底本缺第一变）。

凡例

自有弈谱来，所选全图俱出旧谱，不无沿习涉套。兹所选皆当代国手对局，最得意者得若干局，间以己意评断之，从时好也。

起手数种，旧多强立名目，如立仁、象眼、钓竿之类。兹选皆取其常用者而错陈之，亦不取旧目□□，但以起手二字冠之，或三六或十三，以及诸势，随手所投，成法故在也。

侵分乃谱中胜场，诸刻俱寥寥数局，不尽其致。兹选广搜诸国手而列之，大都皆局中应有者而后入选，若局中不应有，所不载也。

残局内尽有奇巧，诸国手多于此处见长，或在眼前不及见，或出人意表而咤以为神。兹所选大都近是。至旧日所标俗名，如九子化龙、黄河九曲之类，殊发一笑，今尽削去。

弈时初编

全局部分

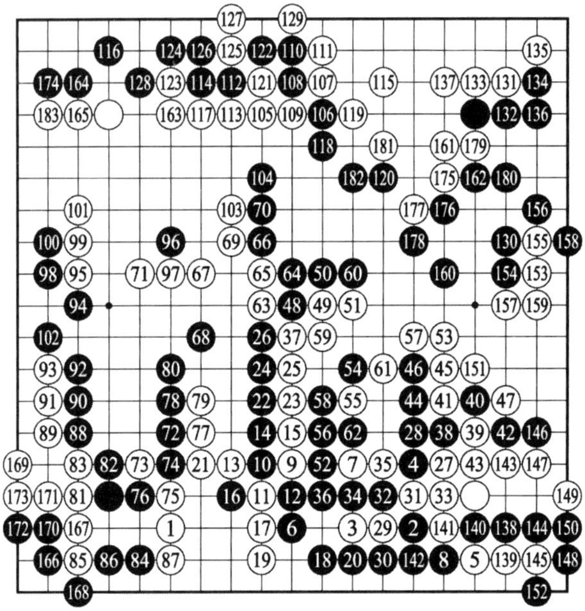

新图全局

程白水

李养泉

共183着

弈时全图一

通局取舍各尽其妙。第❺❽雍皋如谓其不当冲，宜于七八上粘，仍不失先手，极是。⑬过法、⑧①取角、①②⑤断边皆是紧要关节。至❶❹❻之成独立，①④⑨做眼之法真是一奇一正无容议矣。

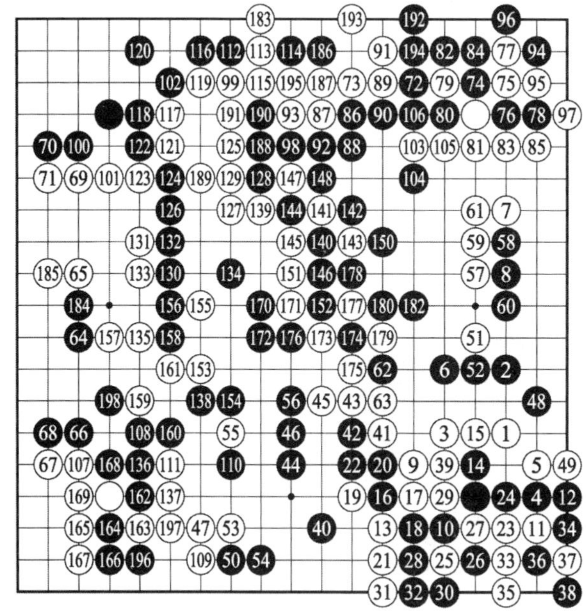

新图全局

程白水

李养泉

共 198 着

弈时全图二

149=144，181=174.

局极细审。自16着争起，以后正奇跌出，非老手不能。51之侵即合57之收。55张势，79打而角始无虞，91破彼眼而获断，107、109闲中自补。159两意之妙皆可观。第193当在十三粘，195又当在一七，虽小疵不可不为道破。176之打虽小差而114虚夹亦可取。

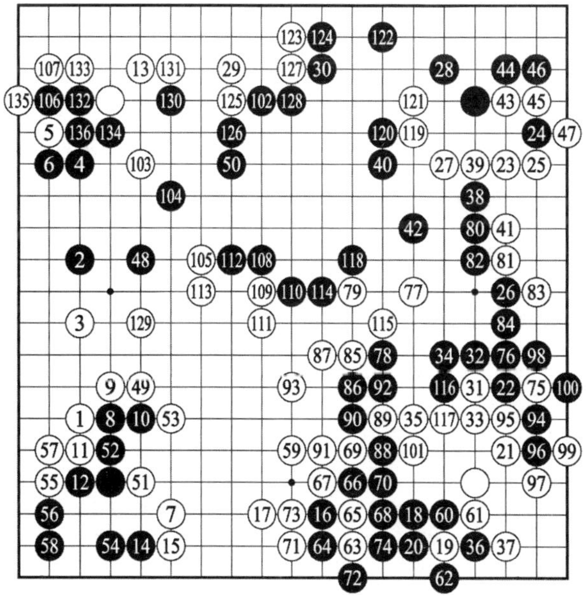

新图全局

程白水

李养泉

共 136 着

弈时全图三

此等局当于广大中求之试看。黑自❹⓪以后虚收之妙。而白自㉛至㊸次第天然局而得实。而后77方敢斜飞入腹，真名手也。惜二公出子未尽脱耳。黑130先侵亦小有意。

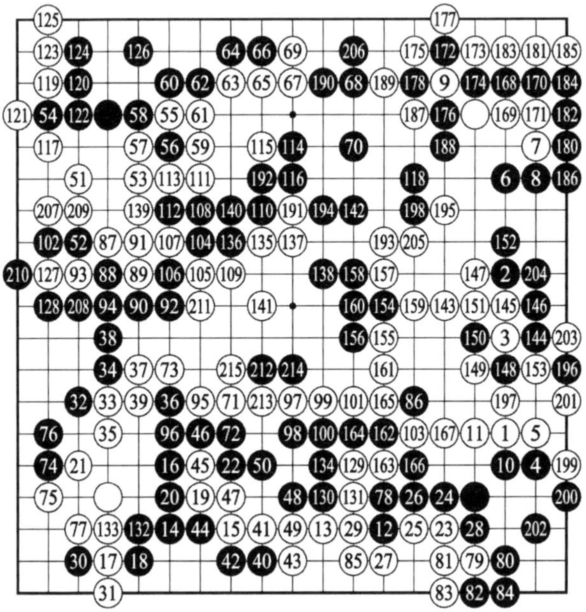

179=172.

新图全局

程白水
李养泉
共 215 着
弈时全图四

右局起手甚正，中盘取舍各尽其妙，非细心之极，何以有此。黑36单关，138先侵，而后收，亦好，但78收角亦当单关，才是。白71、73有次序。105跨出，以后着着皆得。观者最宜究心。

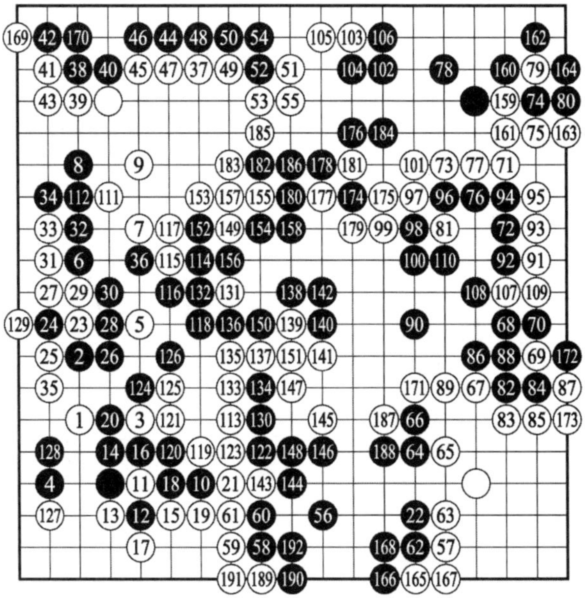

新图全局

程白水
李养泉
共192着
弈时全图五

白⑤着之应，似欲收腹。而⑬、㉕反转换于边角至后逾见其密，但黑❸❽侵角太早，而❼❻、❾❹以下数着不免伤于弱。

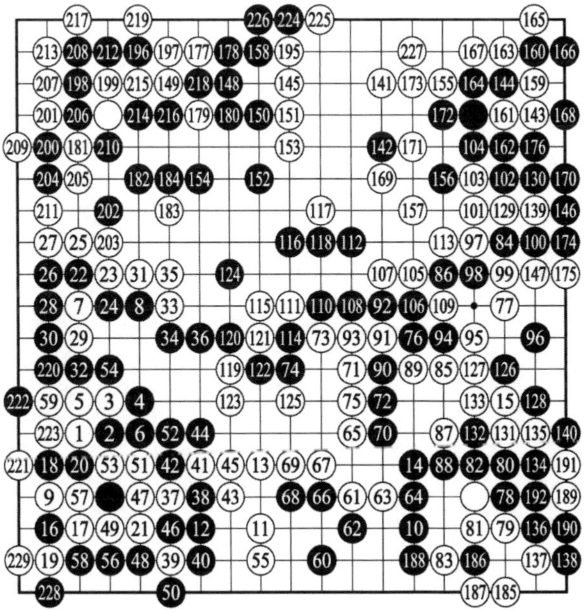

⑲③=⑲①，❶❾❹=⑱⑨.

新图全局

王玄所 先
朱玉廷
共229着
弈时全图六

通局纵横反覆，无不极其致。白㉓弃内取外，㊼跨出生，⑩⑤之巧甚妙。但⑩③觉多事，而黑❶❸❹应，甚正。白遂失。已有⑮⑨白收黑角，而黑❶❾❻亦借意收白角，可谓两敌相当者矣。

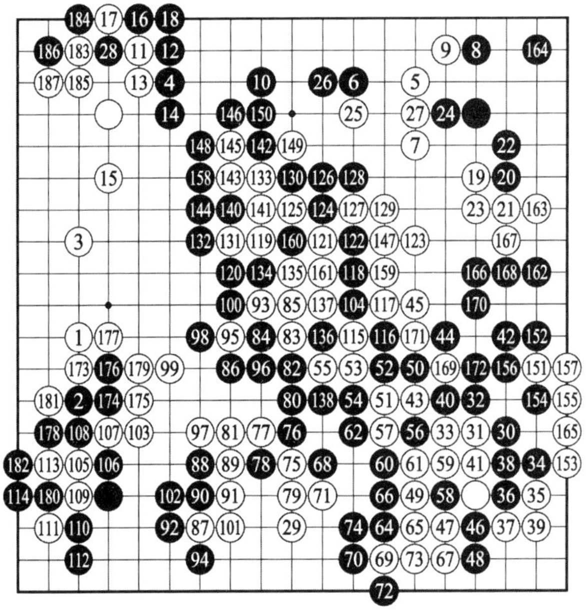

新图全局

王玄所 先
范君甫
共 187 着
弈时全图七

⑥③=❺❻，⑬⑨=❶❸❻.

天然之局，天然之奇想。当日运神时，尤在烂柯先一着耳。❺❻至❻❽分开，白势其妙人能知之而不知，本于❹❻之先断，至此白势孤矣。若跳拆二便非敌手，而⑦①之尖，步步紧聚，似有制白之意，故不致大屈非胸富兵甲者不能，若❶❻、❷❽失两先手，当为起手贪小之戒。

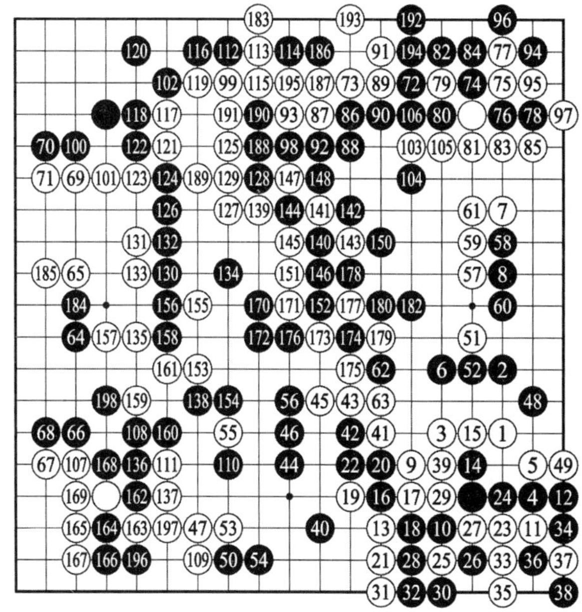

新图全局

程白水
李养泉
共198着
弈时全图八

149=144，181=174.

局极细密，自16着争起以后，奇正迭出，非老手不能。51之侵即含57之收，55张势，79打，而角始无虞。91破彼眼而护断107、109闲中自补，159两意之妙皆可，观第193当在十三粘，195又当在一七，虽小疵不可不为道破。

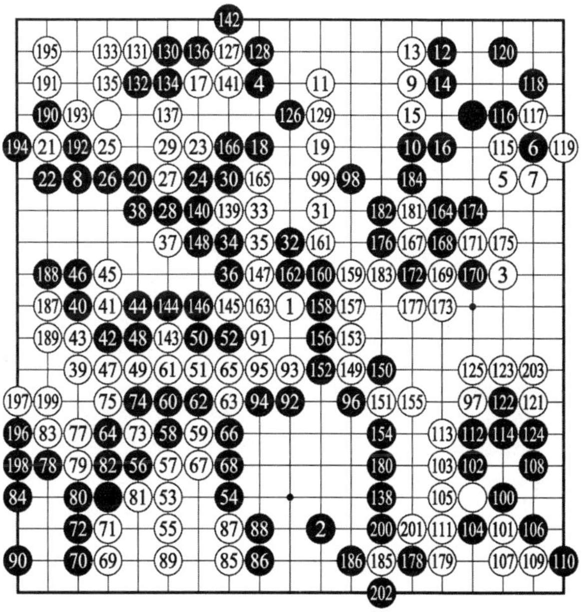

新图全局

范君甫
林符卿
共203着
弈时全图九

76=73.

气象宏大，弈之正派。56着有力量，121妆法好，124不打亦好。

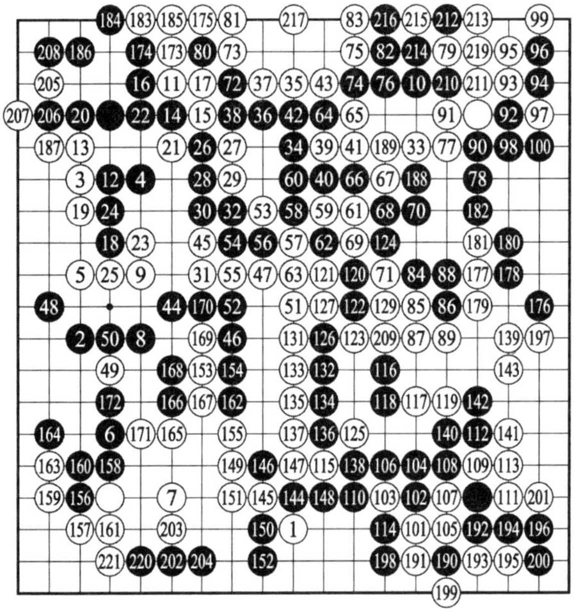

新图全局

林符卿

江君甫

共 221 着

弈时全图十

128=62，130=69，218=212.

此局当看其取舍得失。如31罩、34投之不当，纵取一子所失多矣。52侵之不当，而白53之奈甚得力，然74断籍以收角，106之变反以得边，亦146之力也。

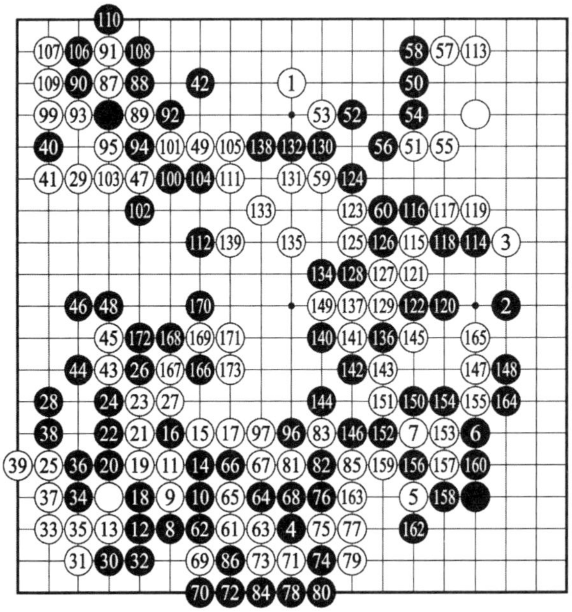

新图全局

林符卿

江君甫

共 173 着

弈时全图十一

98=89，161=156.

此战局也。70夹与96打至144天然相应，妙甚。100搬断、130虚斡、150跨出俱妙。

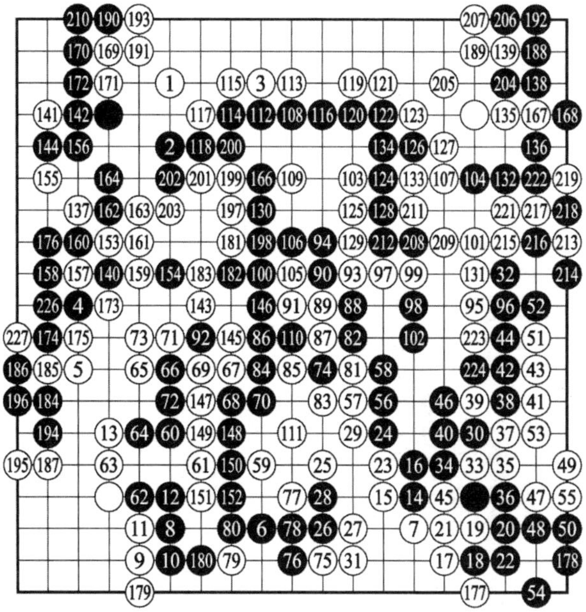

新图全局

过百龄 先

林符卿

共229着

弈时全图十二

(165)=(74)，(220)=(213)，(225)=(157).

局亦正，但黑(32)宜在七七直行，(33)不先打，而先斡亦妙，(54)贪，宜在三五打，弃一子而得先，更妙。(69)因形而变，(101)制敌而先，(108)不深入以有(104)之投也，(110)攻彼而护断，争(112)之收也，皆可法。

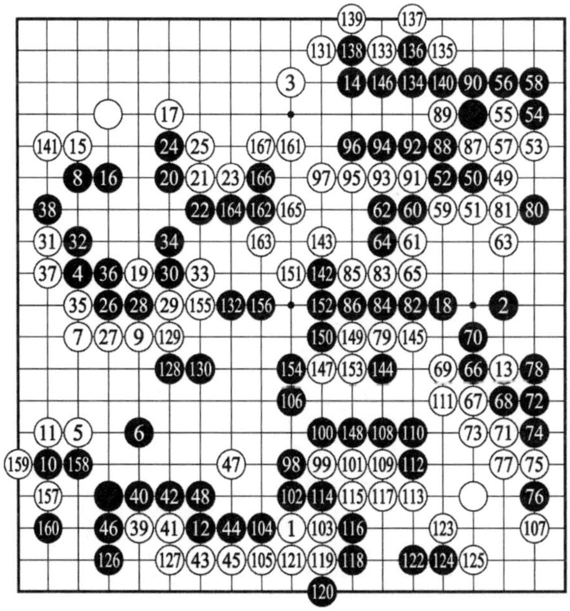

新图全局

林符卿

郑野雪

共167着

弈时全图十三

起手布置失阵而后战也，贵在严整。而❷❻之侵是奕中打病，而犯之何也。❾❷在❾❹位上复打更妙。⓫⓰借获断之意多得官子亦可取。

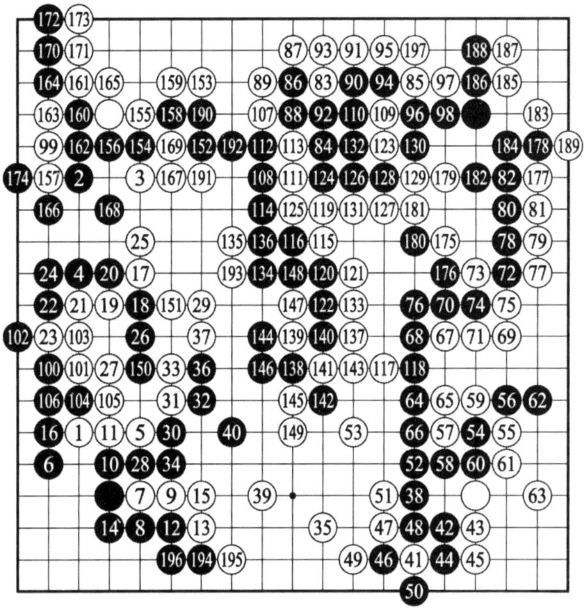

新图全局

林符卿
过百龄
共 197 着
弈时全图十四

右局与他局迥异，起手即挑，白㉙不封黑头，而斜飞，任黑断出，而取其子亦有见，至㊾外打断，便有许多波澜，⑽以后着着皆奇，催坚之力如此，但⒁自可不应而稳角，与夫⒂贪行失角，不免为此局之瑕。

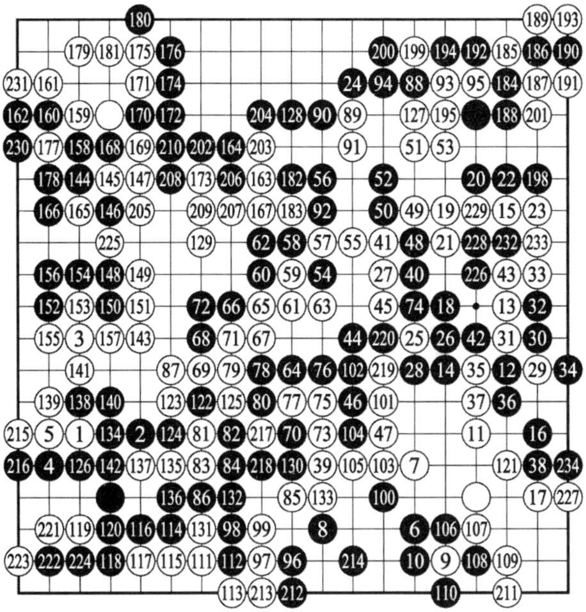

新图全局

林符卿

过百龄

共234着

弈时全图十五

❶96=❶86，⑲7=❶90.

局中连达且不必言。然黑❺0之断，而白腹背受敌矣。看他不惟两全，而且分开，黑势俱见力量。㉕、㉗取势、㉙撇边，⑧9托出皆好。且㊴不拆二，而于㊴接去觉省事，但伤于弱耳。

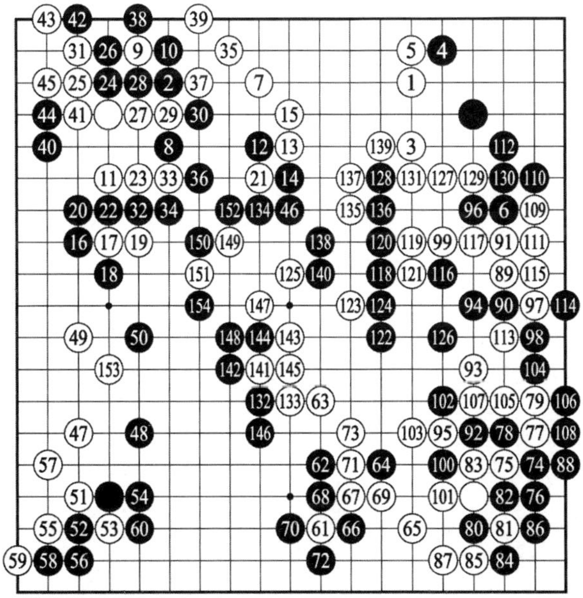

新图全局

许敬仲

朱玉亭

共154着

弈时全图十六

右局取势得体，而攻守或異至细微处，无不尽其致可以为式矣。白㉟、135先侵后收甚好。黑90紧捱至104走过甚巧。总之此等局面分毫苟且不得，非老手不能。

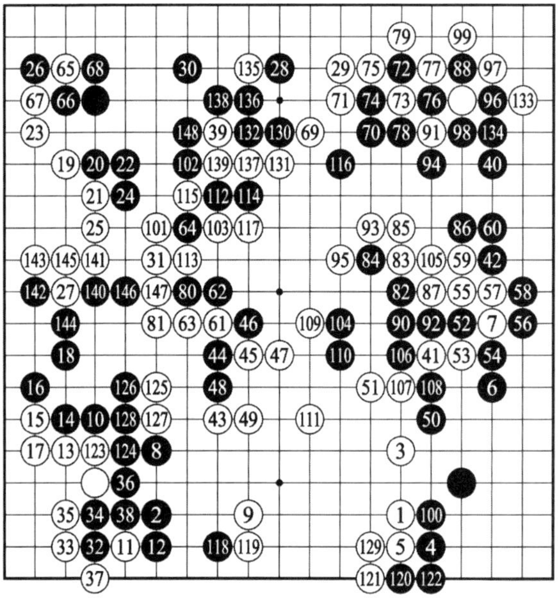

新图全局

许敬仲
郑野雪
共 148 着
弈时全图十七

89=73.

局中取舍各有其见，而白㊴从空而投手煞亦得，则有135之妙也，黑52跨过似得便宜，至后反不觉，以角劫受亏耳。

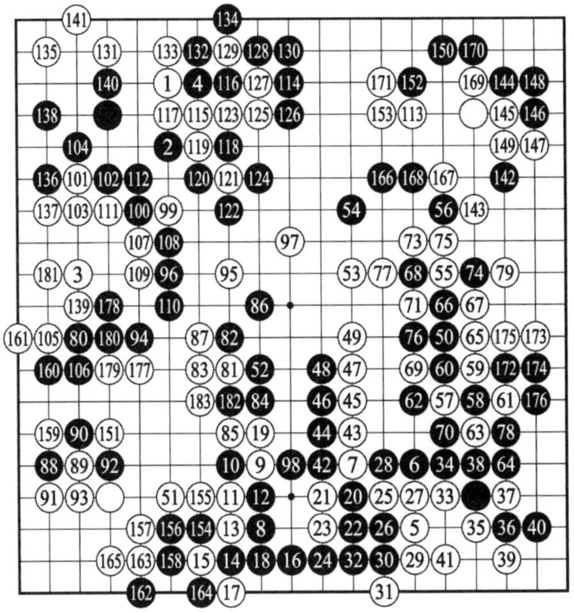

新图全局

郑野雪

许敬仲

共183着

弈时全图十八

72=58.

黑54、56太疏阔。故57之分便受白制。至115之变，两处生眼，毫无粘染，亦所难者。

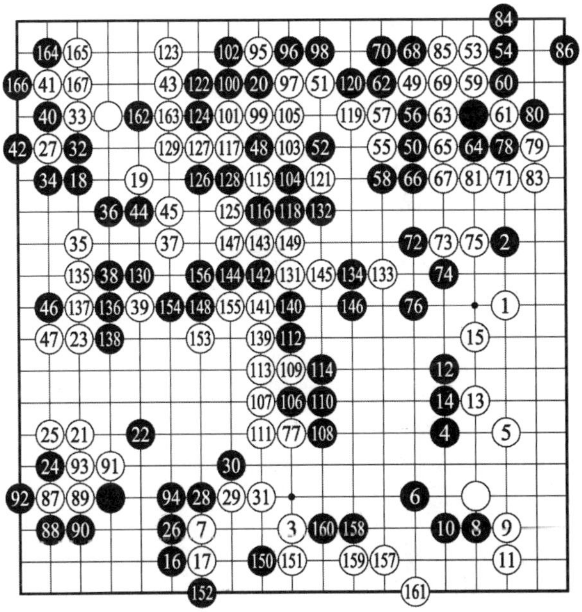

新图全局

郑野雪 先

许敬仲

共167着

弈时全图十九

82=61.

此与后局起得怪怪奇奇，妙在有似疏略，而次第收来反觉严整，可见力量。然此泒极难，所谓不可无一不可有二。黑28搬、38关、112紧捱收腹俱好。

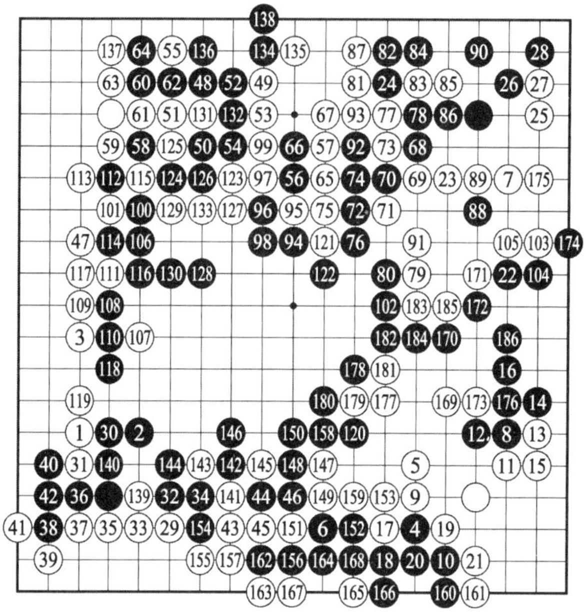

新图全局

郑野雪
江君甫 先
共186着
弈时全图廿

右局于危处愈见其闲，可为善战者不乱也。而黑腹之成，以112之巧也，白129、147两断俱妙，137不打劫，盖恐伤于己，且已劫，又多故也。

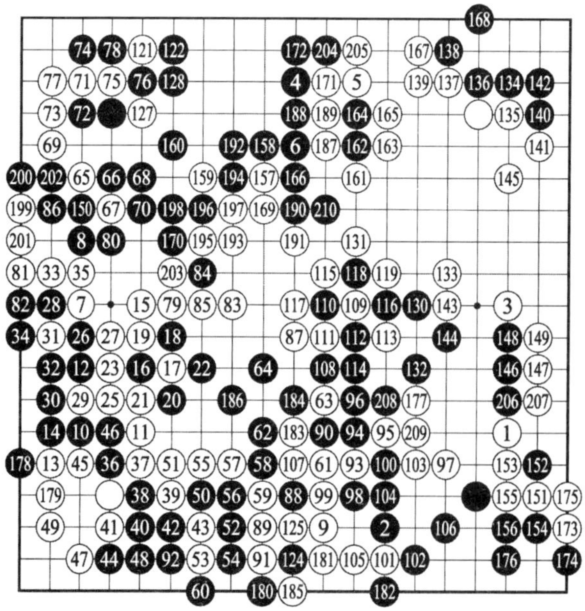

新图全局

郑野雪
周元服
共210着
弈时全图廿一

24=17，120=110，123=109，126=110，129=109.

弈中玄机贵藏。黑90之出便是藏机之妙。而98之尖使白不敢妄动。而角实可谓深心之极。原评。

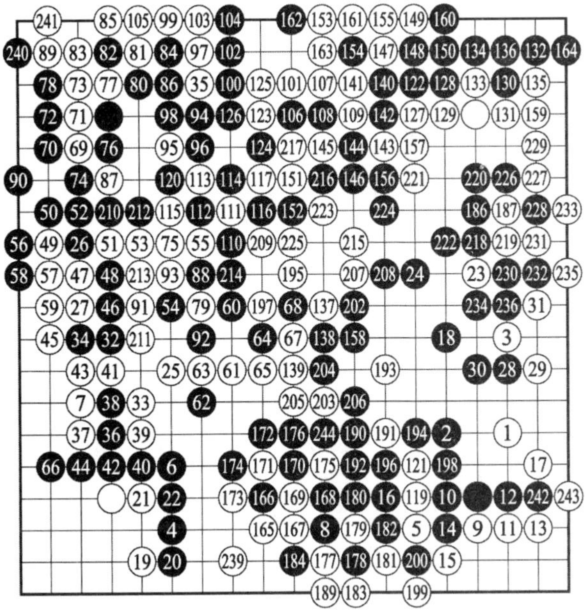

新图全局

郑野雪

周元服

共210着

弈时全图廿二

118=112，185=179，188=178，201=5，237=111，238=116.

30着以前用正。30着以后用奇。东五南九不可端倪。32、38两侵俱好。112断甚有力。138打，弃去分白两处，至158方归着。至196又复弃而取边，神好。不测如此。原评。

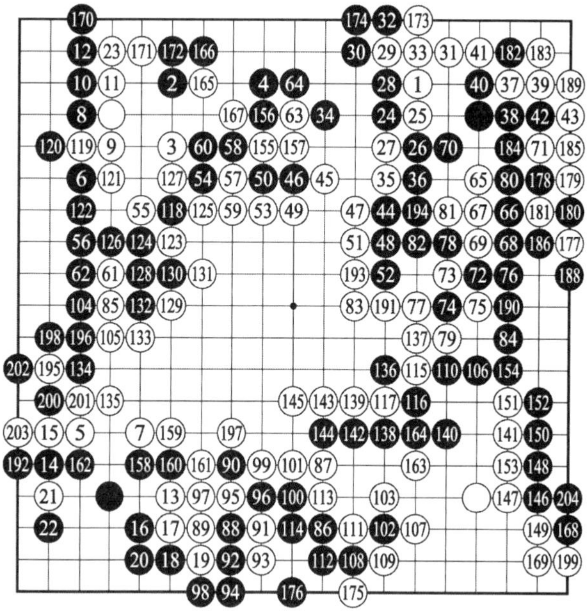

新图全局

周元服
郑野雪
共 204 着
弈时全图廿三

187=180.

通局转变不可模拟。57斡，而有63之巧，55侵边获断，65侵法，74弃子，83、87收腹，91夹，103托，俱妙。黑94立亦妙。原评。

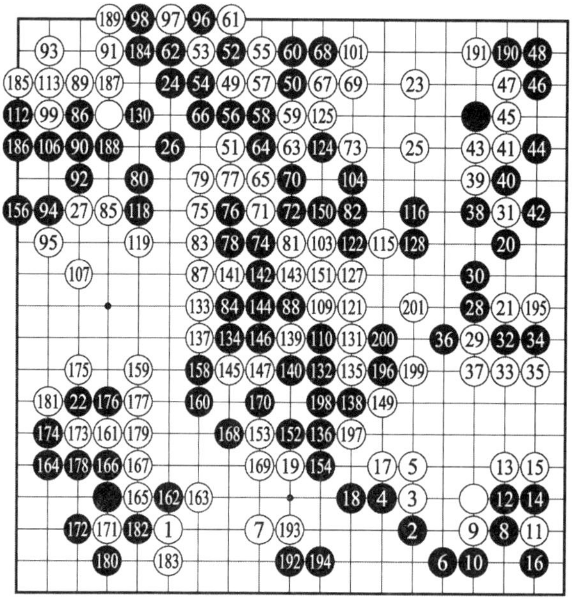

新图全局

周元服
郑野雪
共 201 着
弈时全图廿四

100=96，102=52，105=53，108=52，111=53，114=52，117=53，120=52，123=53，126=52，129=53，148=139，155=97，157=96.

起手新脱㉛分法至争处，次序毫忽不拘。⑬⑨断收甚远，而⑮⑨、⑯①之用意与⑳①着俱妙。原评。

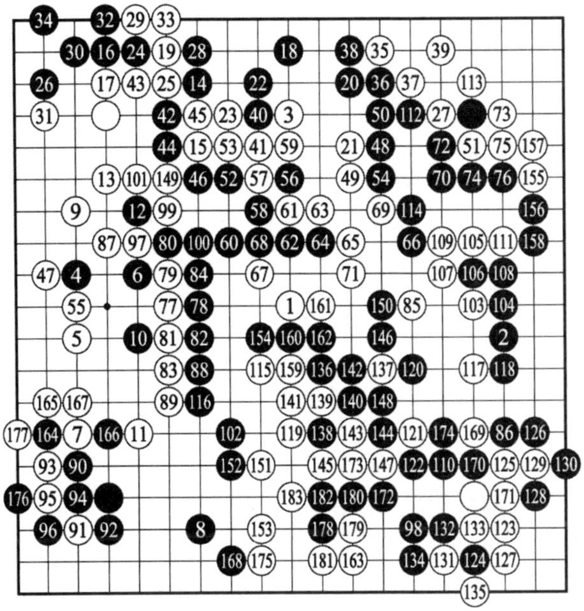

新图全局

汪幼清

许在中

共183着

弈时全图廿五

⑬脱可以观变。㊸若弃子即余❹❹着上盖。❸❹当失于❹❷着上，搬出使白不敢弃子，然后做眼何如存正。自㉗妙、㊺老成，❼⓪与❼❽、❶❸❻俱称劲敌。

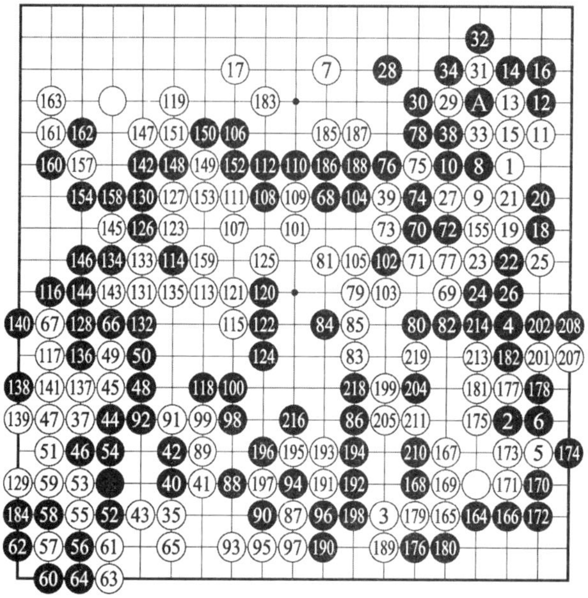

新图全局

汪幼清 先
许在中
共219着
弈时全图廿六

36=A，156=75，200=94，203=197，206=94，209=197，
212=94，215=197，217=94.

黑36、38提起二子似觉屑。至68、70主客之形既分，功守之势遂异。所谓据实乘虚。88用意深远，揽成此局控制之用，白子即活，仍于闲中补疏为密。学者于此细观，可知攻与守之故矣。旻昭评。

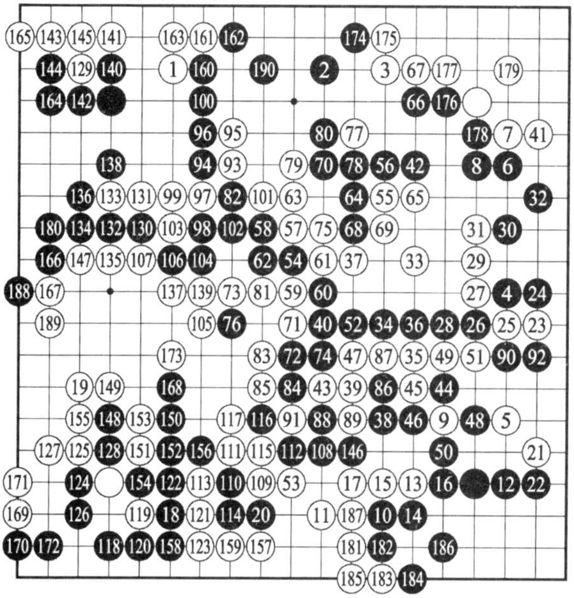

新图全局

盛大有
吴孔祚
共190着
弈时全图廿七

❷❻搬、㉗断是。❹❽、❺⓪先提一子后接，妙。(59)夹，(71)行，好。❽❽搬，❾⓪断俱好。❶⓪❽、(109)取舍活动。❶③⓪断收。(135)紧靠各有心思。(169)又宜在❶⑦⓪位为是。—公调评。

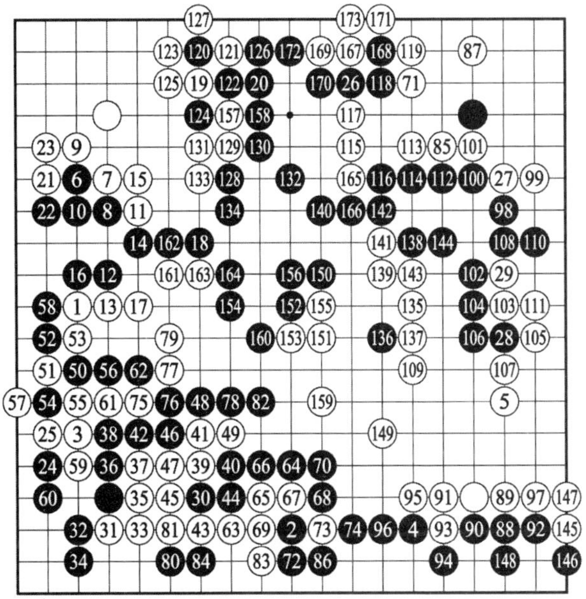

新图全局

吴孔祚

盛大有

共 173 着

弈时全图廿八

㉑、㉓可缓，宜争先是。㉛分早，以至❺⓪之投失去一块。❺❻好、(73)细、(81)宜出是。❽❹妙、❽❻老成。黑起局失手，后局收法整密，非力量不能。—公调评。

弈时初编

起手部分

起手图

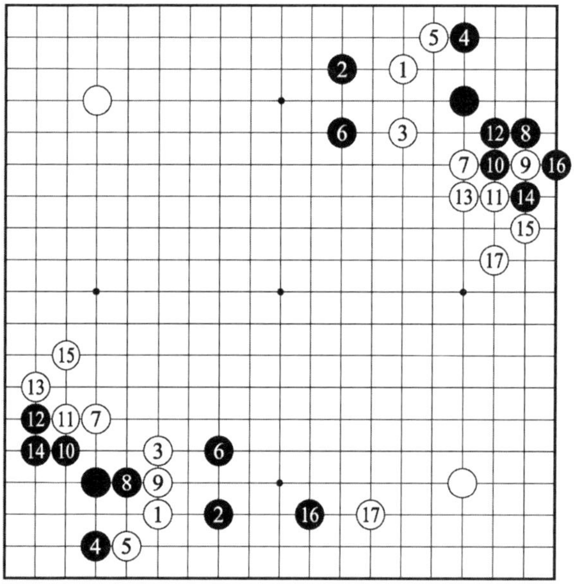

弈时起手一

⑬接上，弃一子得势，甚妙。

❽妙，免劫收变见侵分后。

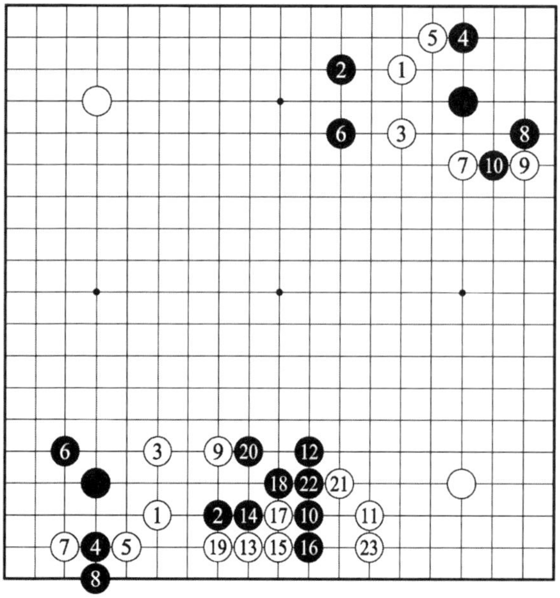

弈时起手二

⑪破法，免入套

㉓固角好

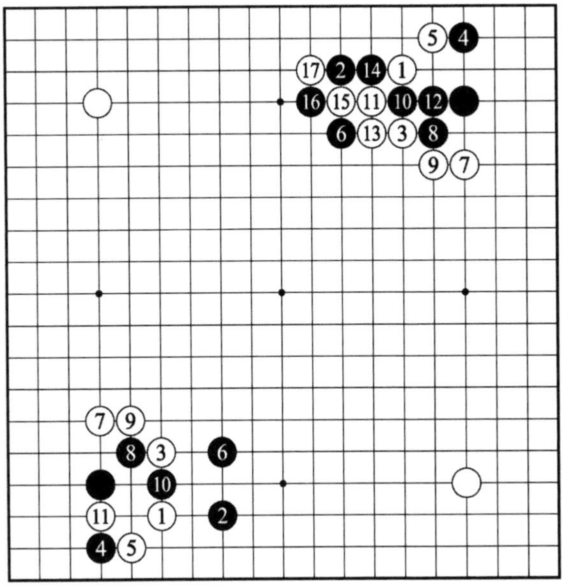

弈时起手三

白弃子不粘滞，甚妙

⑪亦好，以后任人取舍变之

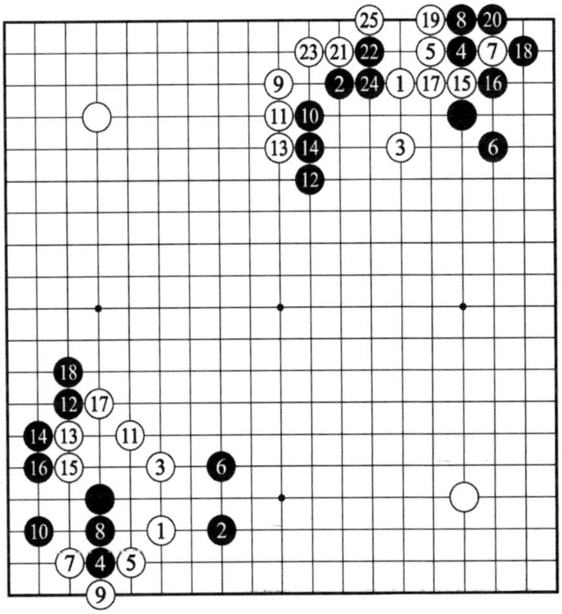

弈时起手四

此势为㉓、㉕过法而设

⓬起前一步好

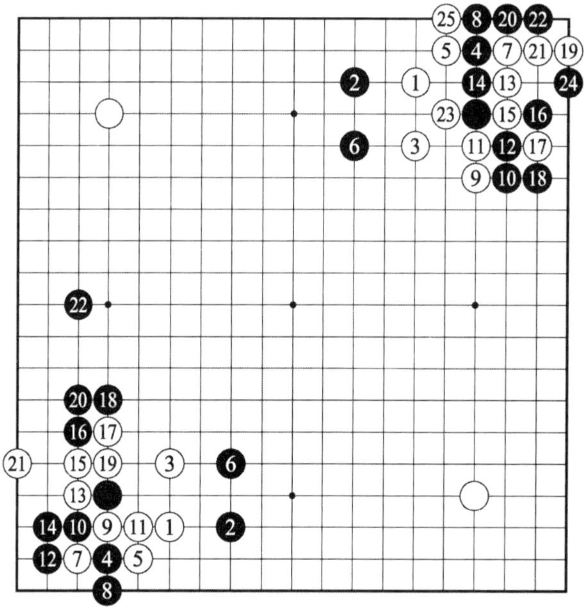

弈时起手五

⑰断，⑲单关，俱妙

❻得力

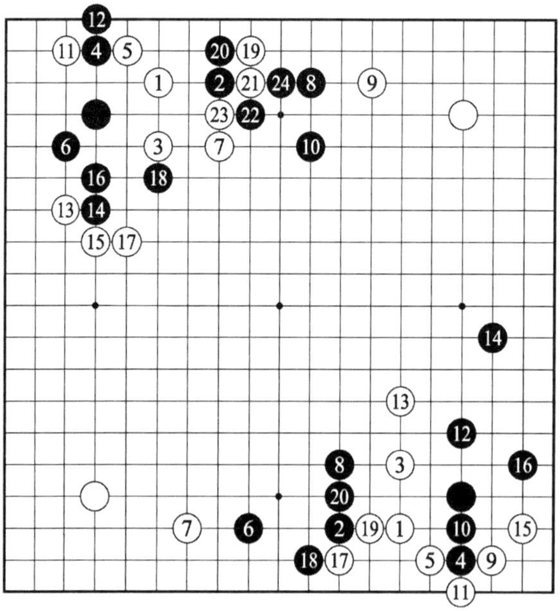

弈时起手六

出子收法，无限波澜

⑰、⑲护断，得先法也

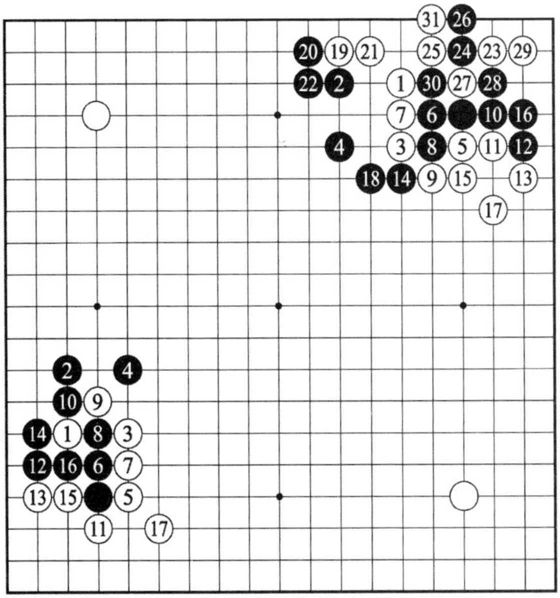

弈时起手七

此势必白外有引着用之方当，不然黑㉒不接，于㉕应角，则白反受杀，存此者盖因白㉓做眼之妙也，黑如㉖不立，而贪杀于二二上夹，则角活，仍得先手。

⑰、㉓妙。

大概六三起手二着之应，非宜以上诸势施于数着之后，则有余用于起手则不足。

此势变法甚多，于侵分内见之⑦妙。

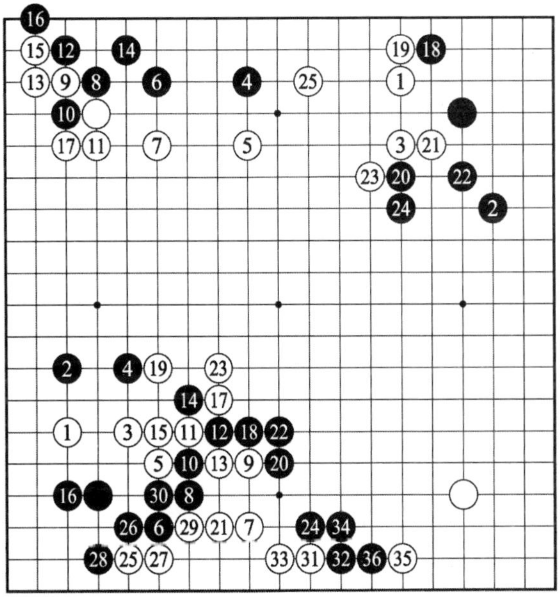

弈时起手八

⑳好

㉕点角取眼，妙甚，㉟亦有意思。

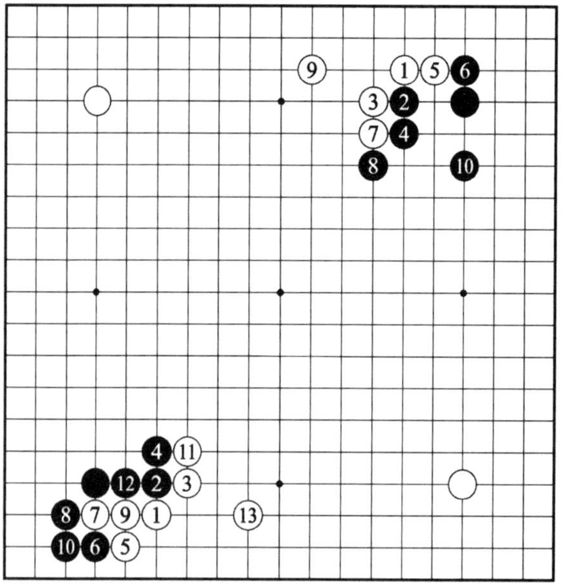

弈时起手九

❷势甚正。

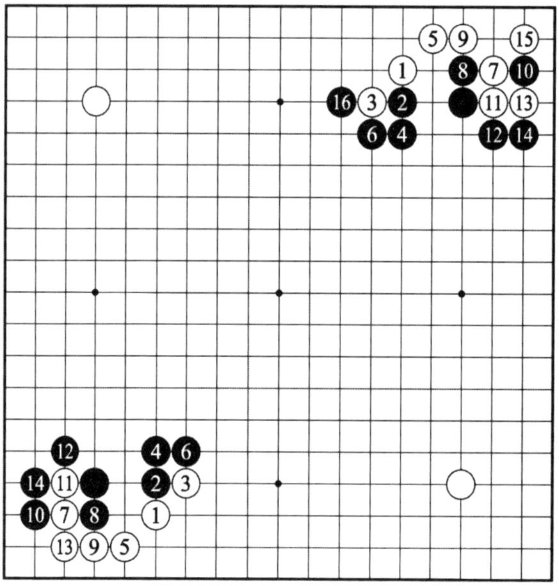

弈时起手十

❿着取先法

⑬接亦是一变

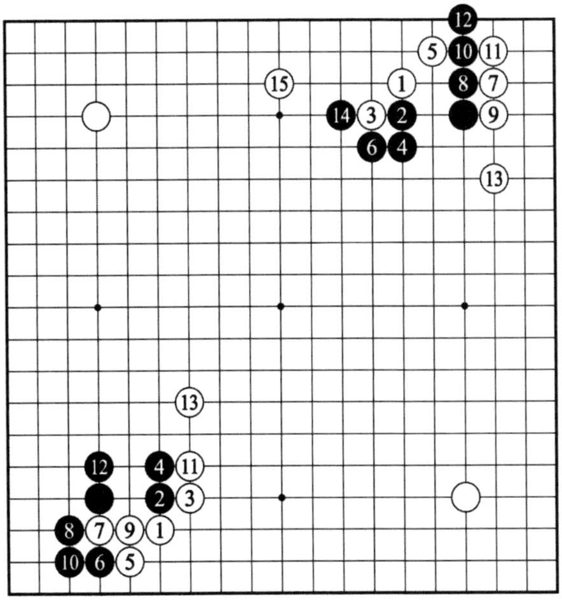

弈时起手十一

❽着之冲，宜看局面，否则⑨着之变黑反受制。

⓬着稳当。

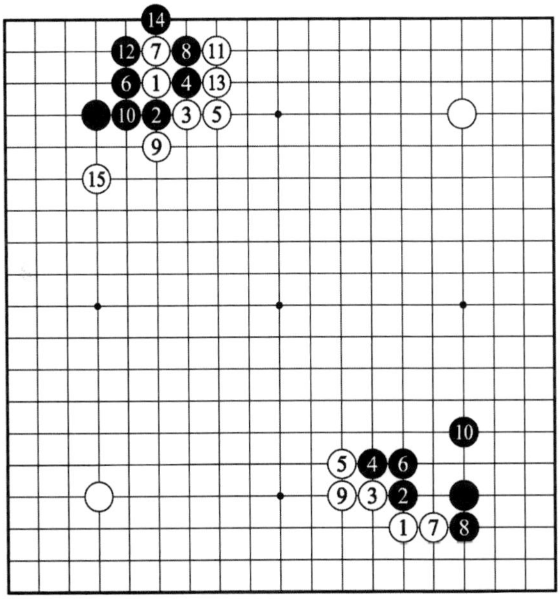

弈时起手十二

弃子收法甚妙，然在黑亦可弃二子而争先，宜看局势为之可也

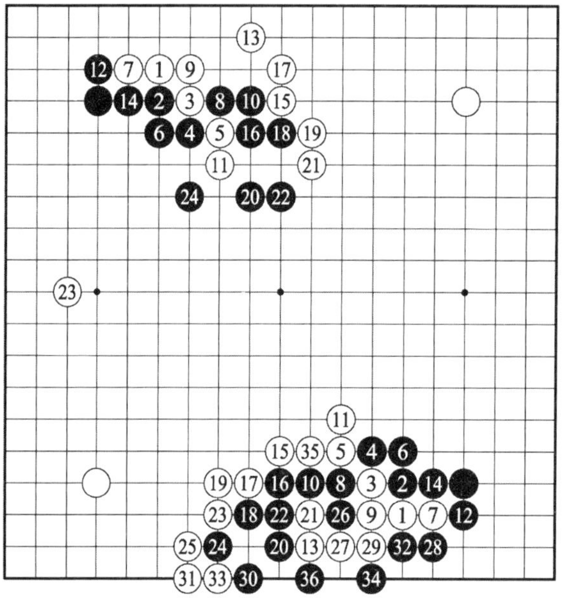

弈时起手十三

余尝对局得二势，觉去泥古之病，故存之。

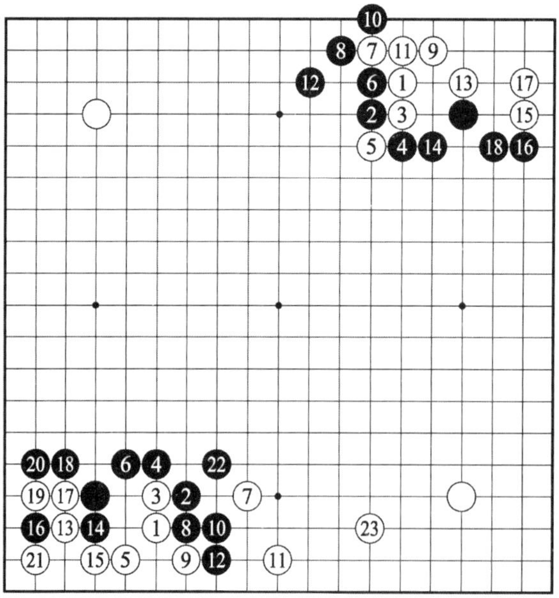

弈时起手十四

白⑬不于九四上托，免黑单关，亦是变意。

⑤甚新

弈时起手十五

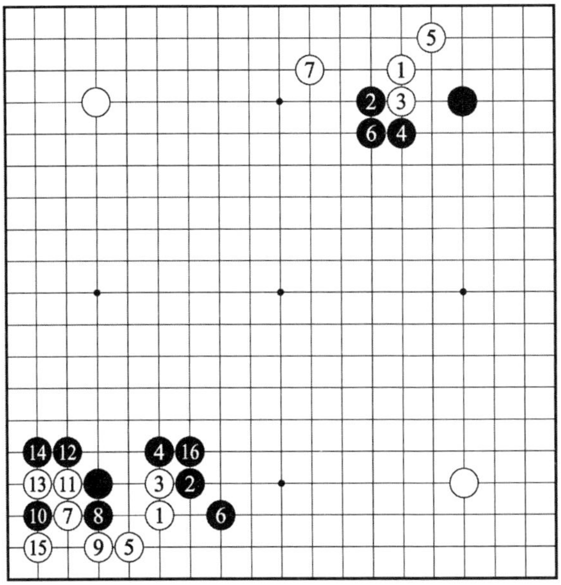

❻亦好

弈时起手十六

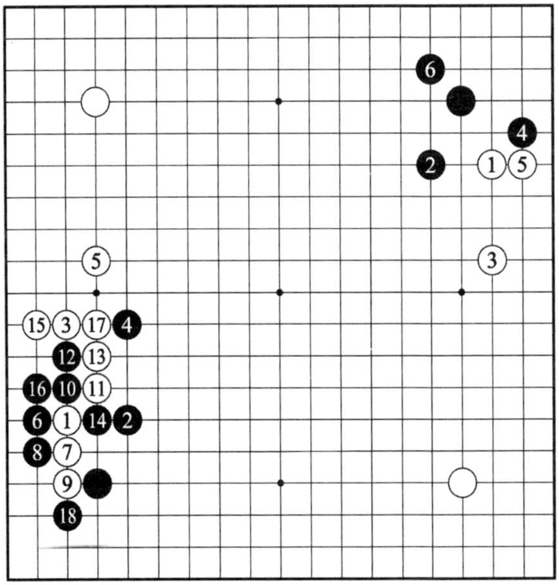

❻妙，然此变白虽失数子亦不为弱

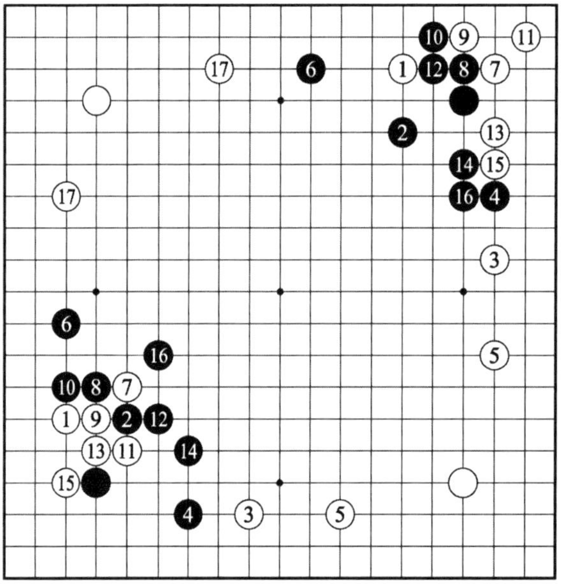

弈时起手十七

③着不应，妙甚。⑦好。

以下数变皆应手失势可见镇神头之难。

⑮自在

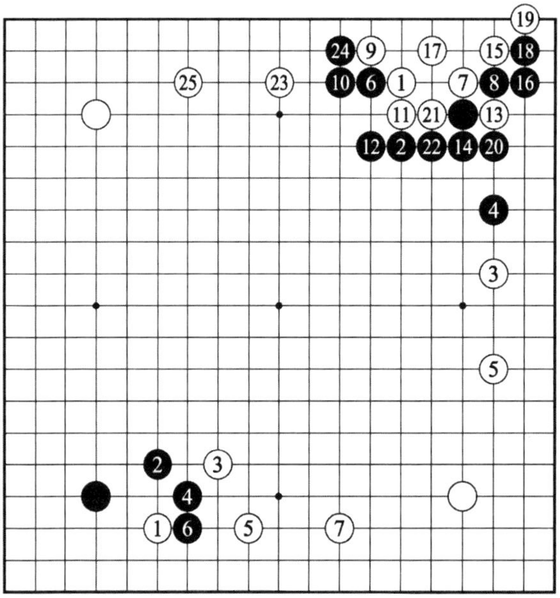

弈时起手十八

活在内，得先手，妙。

③着套切不可犯，且①着仍有变。

弈时起手十九

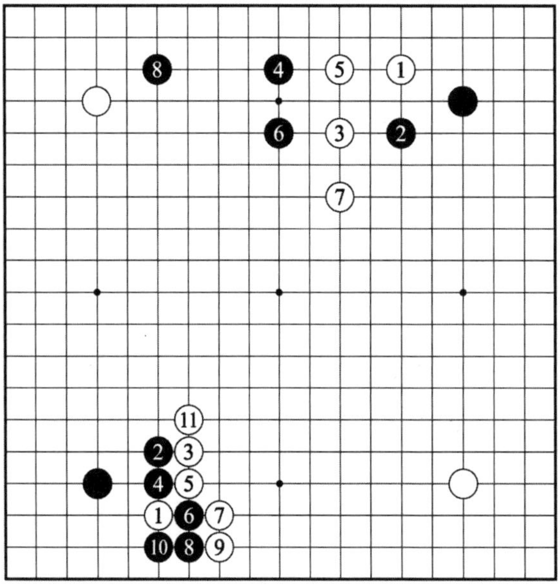

❽不顾角而跳拆，③亦好。

弃子妙法。

弈时起手二十

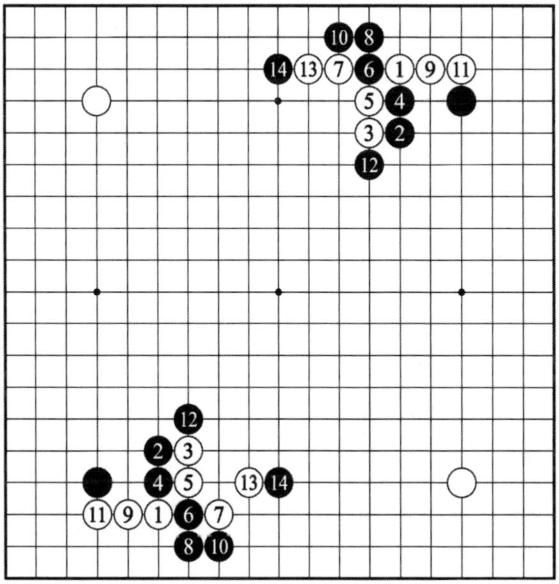

观二势之妙觉一子解双征反多事，然在当时转败为功，亦有可取。

⓬、⓮妙。

⓮妙

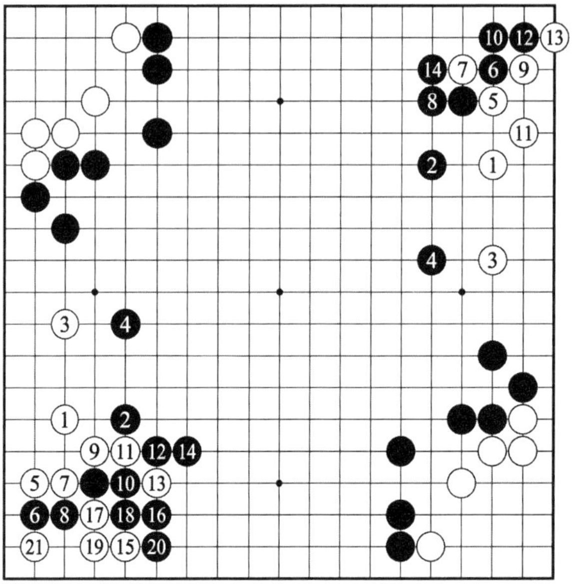

弈时起手二十一

以下数变，皆有妙用，但遇此局面，当作此想，犯套处，亦须省得。

⑮妙

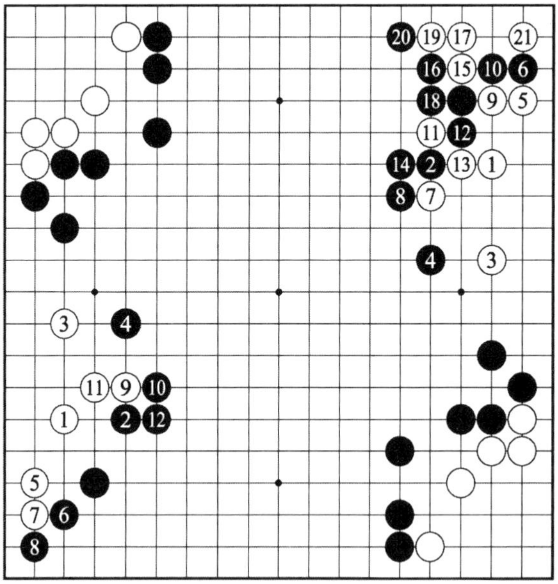

弈时起手二十二

⑦妙，⑨、⑪有次序。

正变。

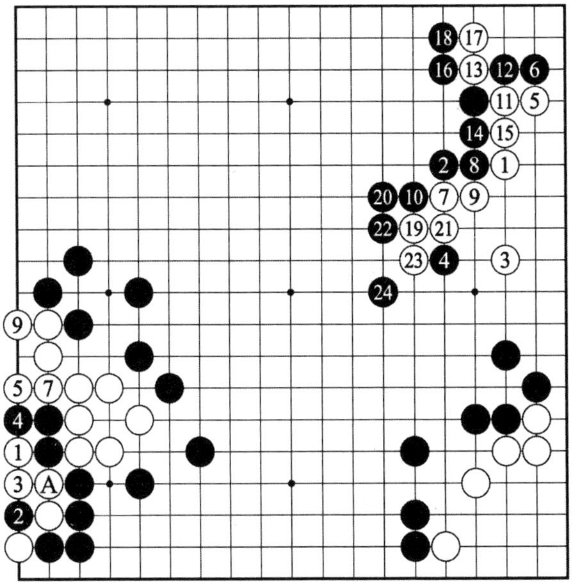

6=2，8=A.

（3）　　　　（1）

弈时起手二十三

8、14妙，24好。

①妙。

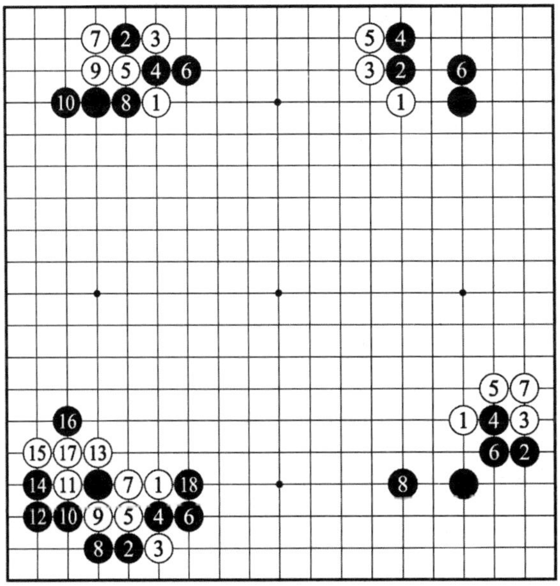

（4）　　　　（2）

弈时起手二十四

（1）4好

（2）6妙，白须防断手

（3）10妙

（4）14、16、18俱好

（3）　　（1）

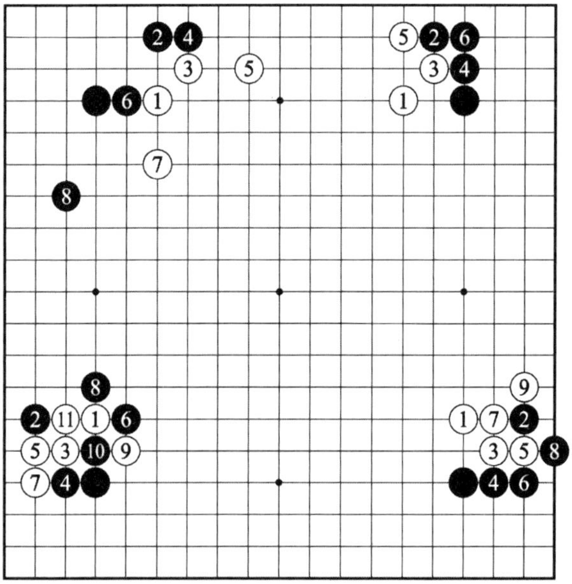

（4）　　（2）

弈时起手二十五

（1）❻着不打，方有侵手。

（2）⑦亦好。

（3）❻好。

（4）❻多事，⑦好。⑪以后任变。

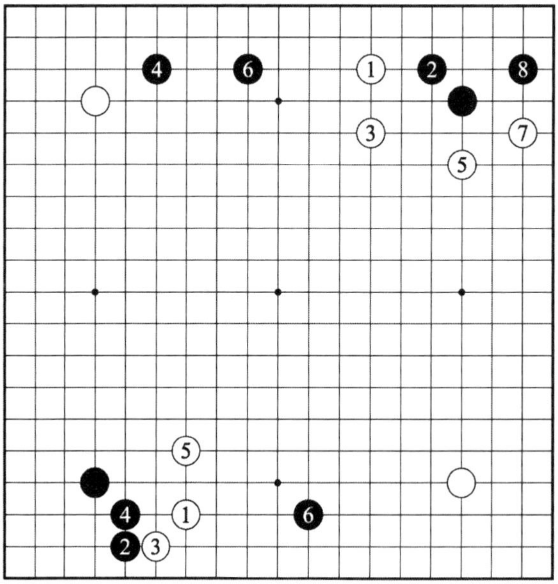

弈时起手二十六

③着不应角，妙

❷好

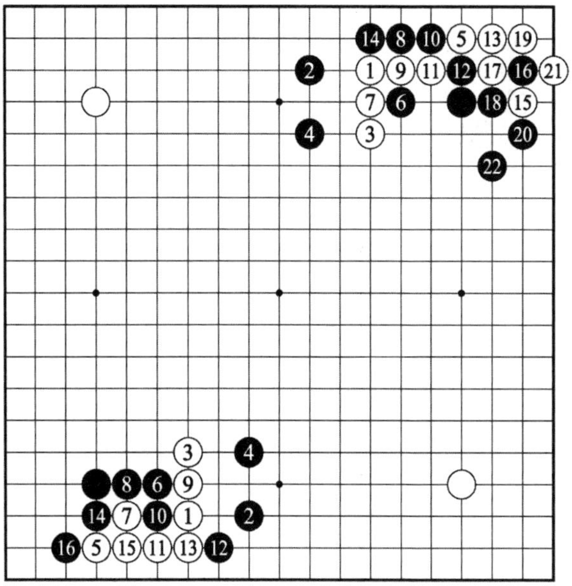

弈时起手二十七

❻、❽、⓰俱妙

亦是着着守角

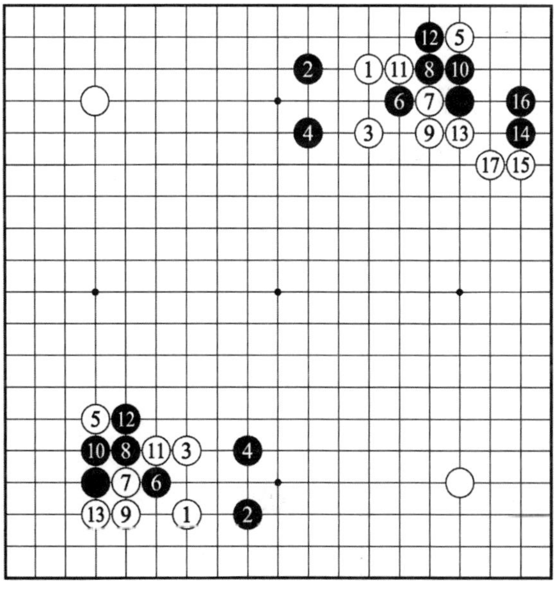

弈时起手二十八

以下三变皆⑦之妙

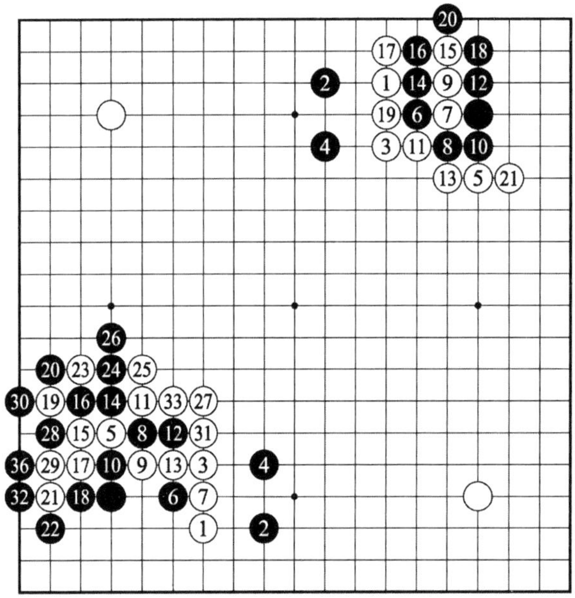

❸❹=❽，㉟=⓬.

弈时起手二十九

⑲、㉓好

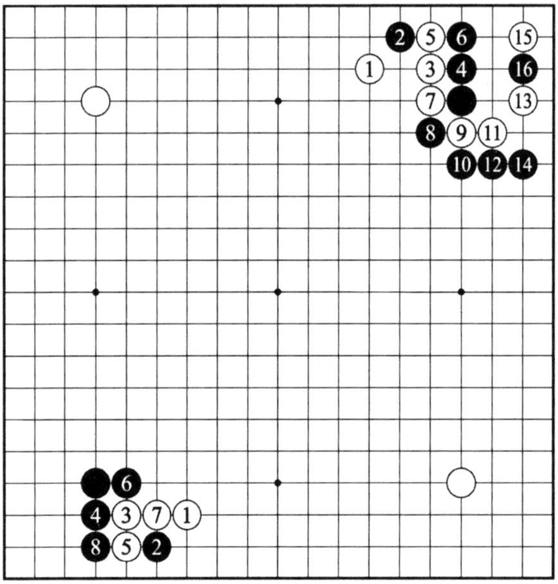

弈时起手三十

❷好。

此势③着最忌

❻好

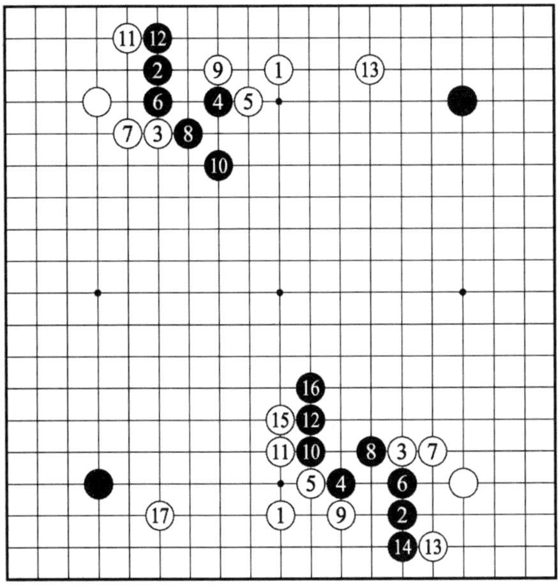

弈时起手三十一

❻变以得势为主，❿着有意思。

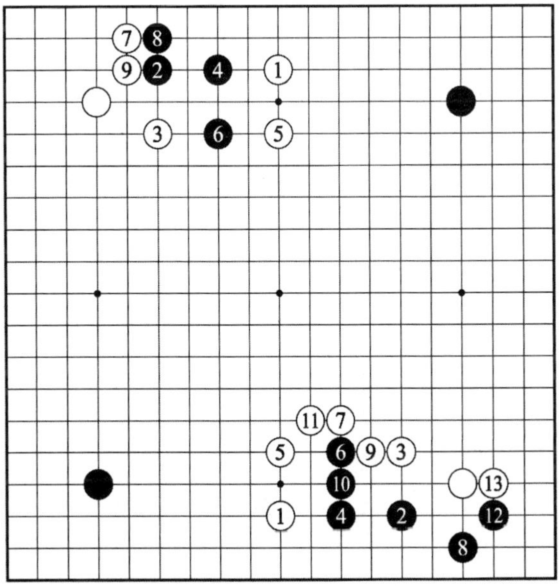

弈时起手三十二

⑨着联络之意

⑨守角，妙。

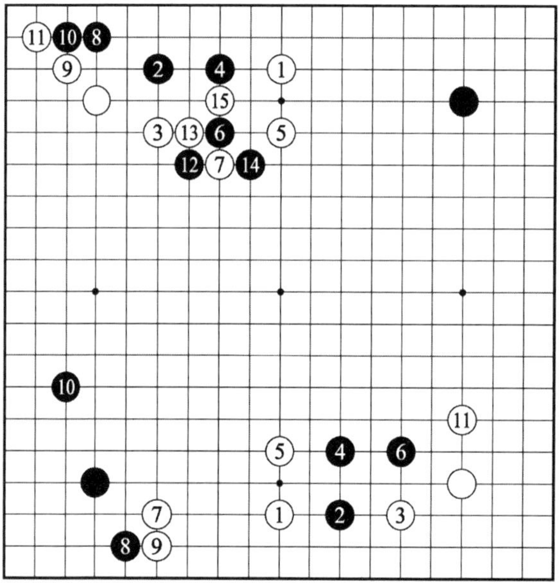

弈时起手三十三

⑦着有力

次序好

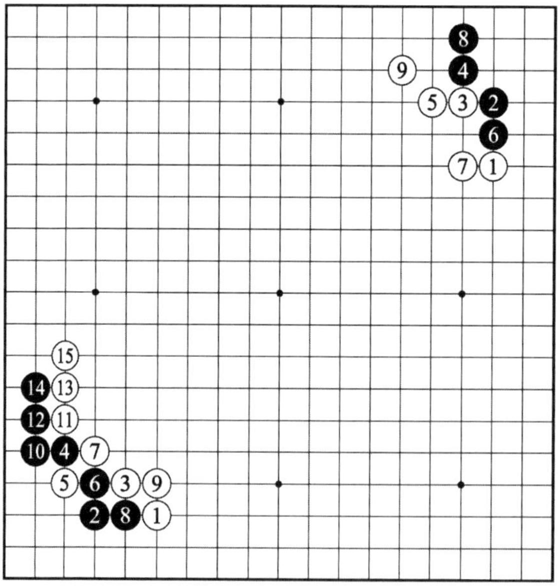

弈时起手三十四

空花角图

❽妙、⑨好

❽好、⑨好、⑪好

二势⑨着俱与《奕正》不同，觉更妥当。

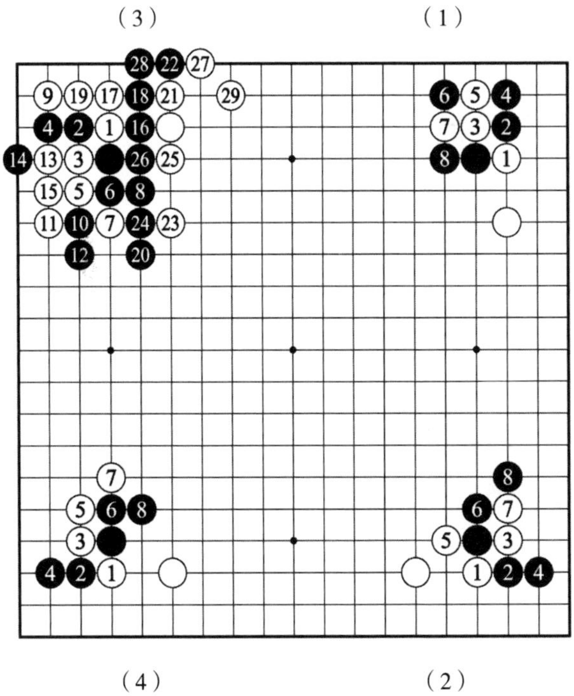

弈时起手三十五终

扭十字角图

（1）❹、❻妙

（2）❽好

（3）⑨妙

（4）❽好

弈时初编

侵分部分

侵分图

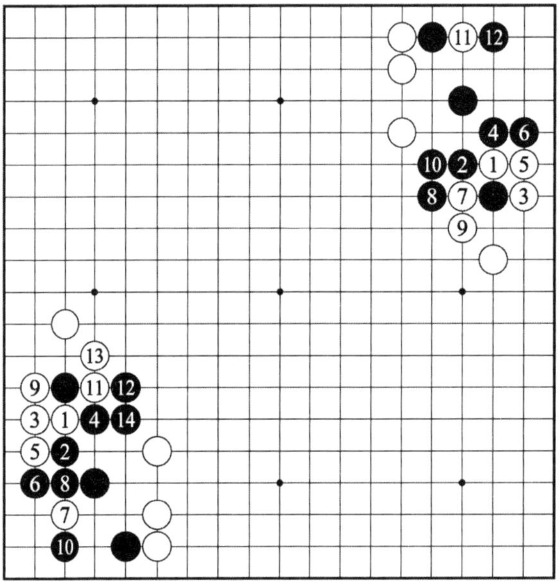

弈时侵分一

①妙

以上二势，生外孤子之眼，则一着当如此分

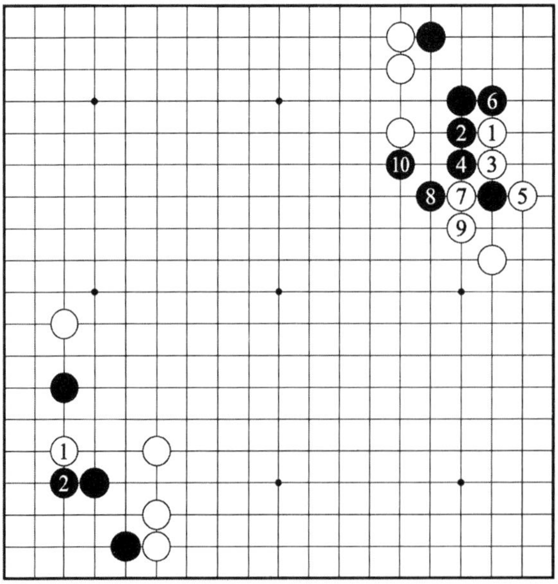

弈时侵分二

❷着之变看外局势，如何盖欲白破碎之意

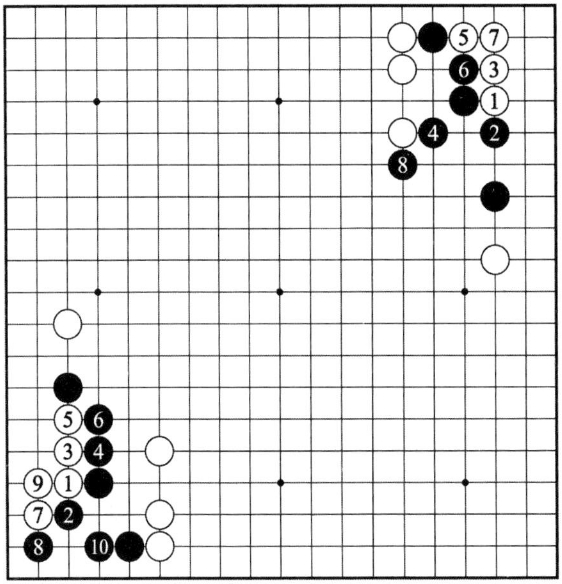

弈时侵分三

❹、❻好

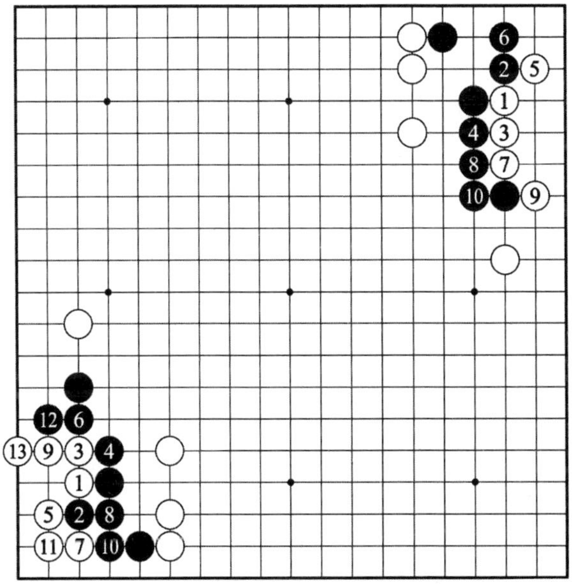

弈时侵分四

⑤先撇亦好，使黑不敢搪角，❿着亦有不按于内六二上先断，使白不能连，去者甚妙，但看外无断手方可。

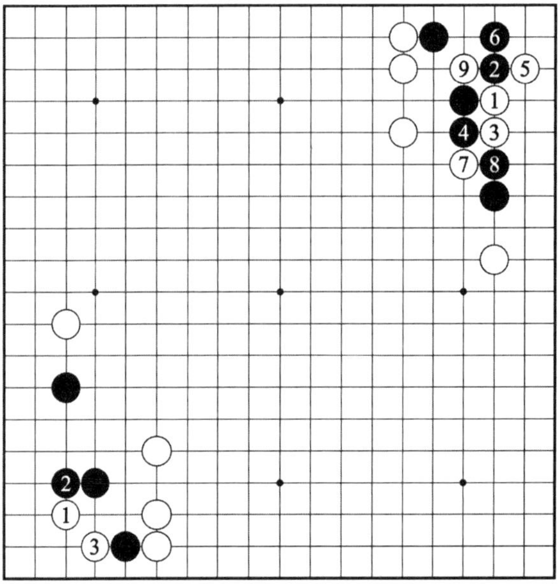

弈时侵分五

⑨妙

黑角外无生路，❷当如是

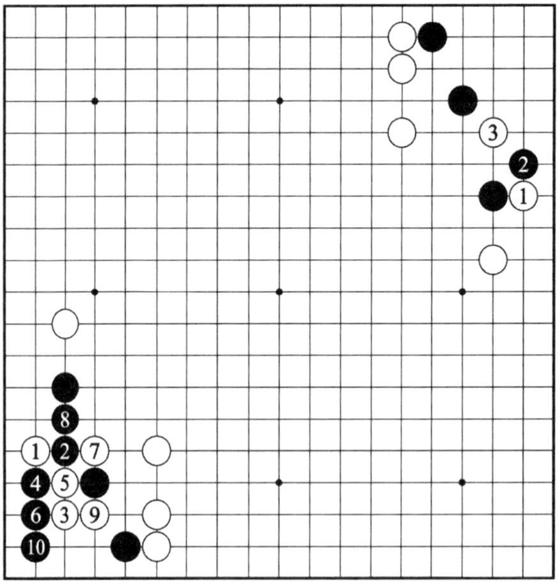

弈时侵分六

③妙，套着，所当知之。

❻好、❿好

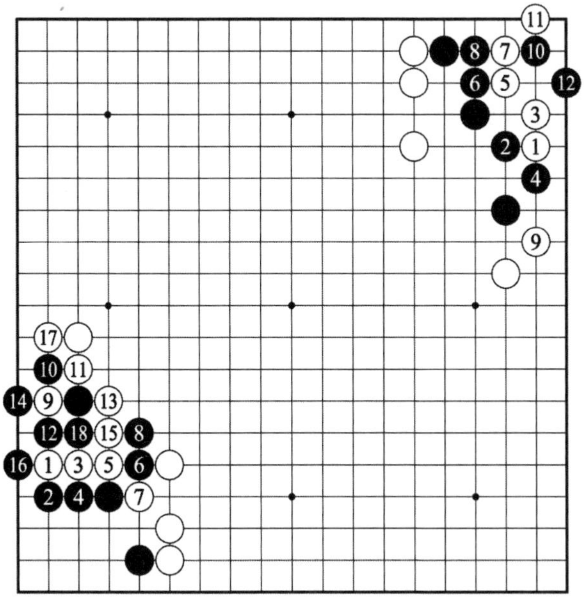

弈时侵分七

倘白外实，则黑❷着之应甚危，⑨着固有意，而角成劫，以⑨着活角，亦得。

❻好。③倘斡则变成前，⓬局势

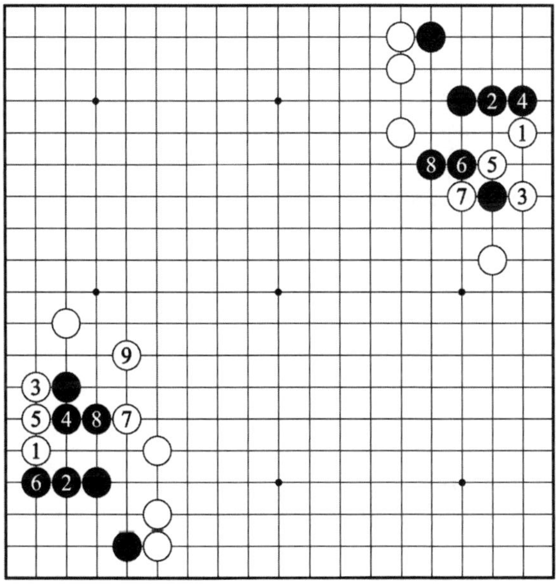

弈时侵分八

侵分盖以外局定，而后用此皆盖侵分之体耳，若云此二变有破绽，则失之远矣。

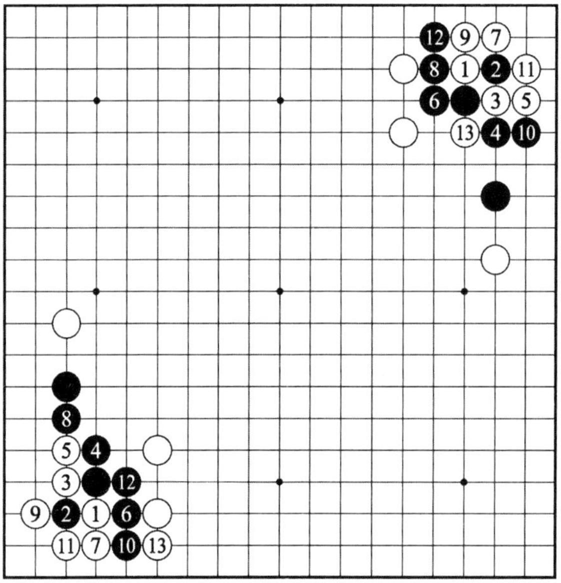

弈时侵分九

以下⓮势遇局起手即分，甚妙。

⑬随已势而施，不必执此

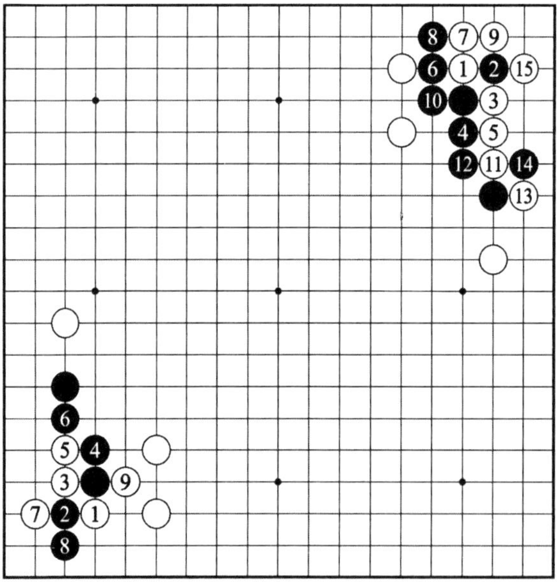

弈时侵分十

⑮好。

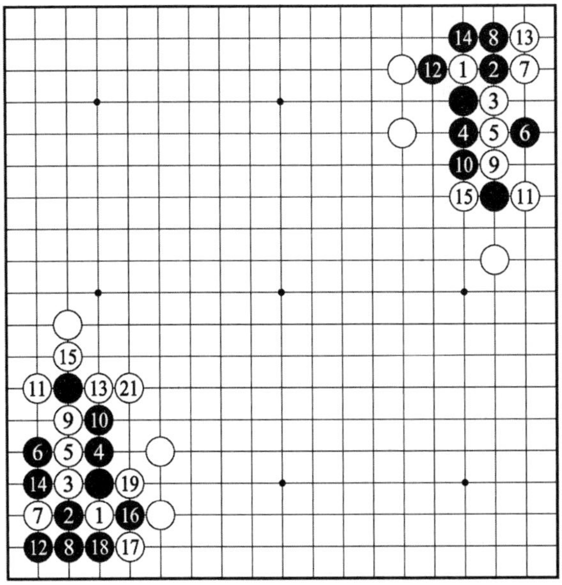

❷=①.

弈时侵分十一

❻妙。

⑮妙，先防劫方得⑲、㉑之收。

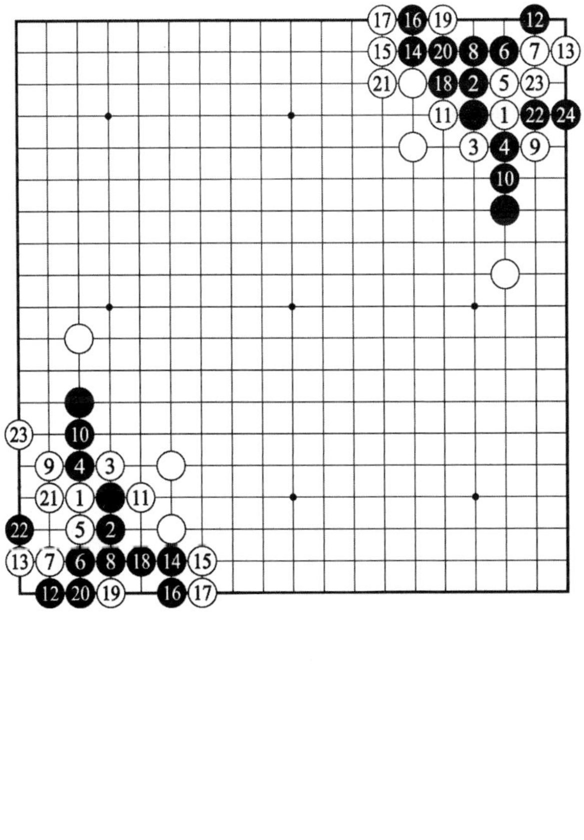

弈时侵分十二

⓲好方得两持

㉓妙甚，⓲失先手，故杀。

弈时侵分十三

⑬不打，自接，妙。

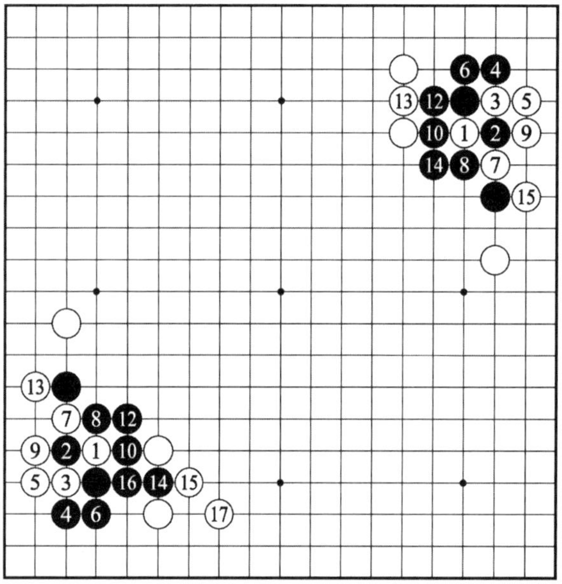

⑪=❷.　　⑪=❷.

弈时侵分十四

❽着在二三可盘过。

⑰好

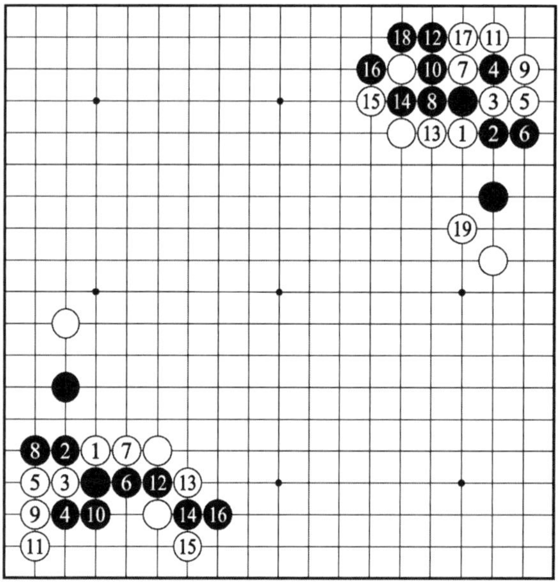

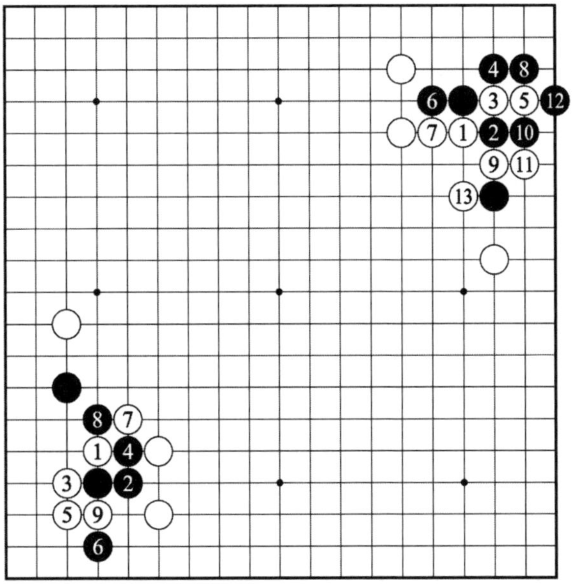

弈时侵分十五

⑦妙

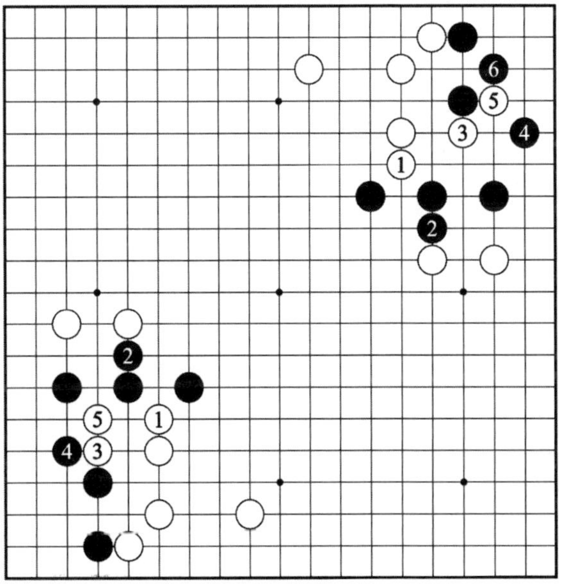

弈时侵分十六

❷、❹、❻俱妙。

录此以见上变❹着之妙。

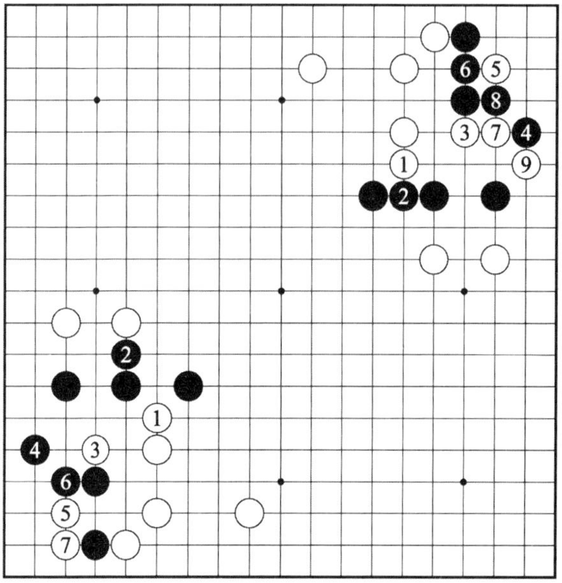

弈时侵分十七

⑤好，❻拙，故分断不及下变。

⑦好

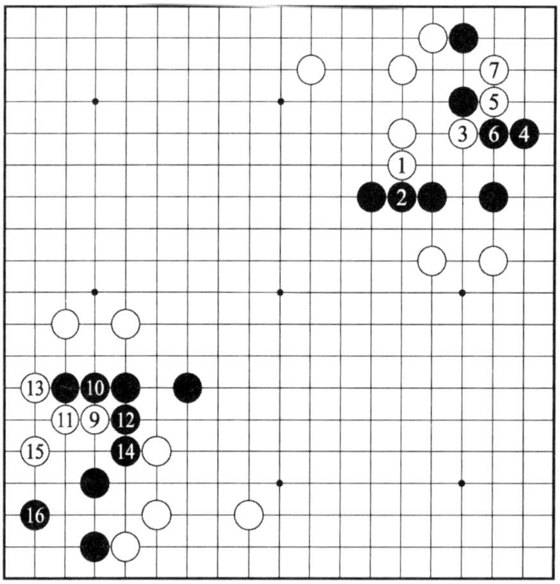

弈时侵分十八

⑤、⑦妙。

以上六变大概角中太虚两关入腹便是疏漏。

❷接太拙。

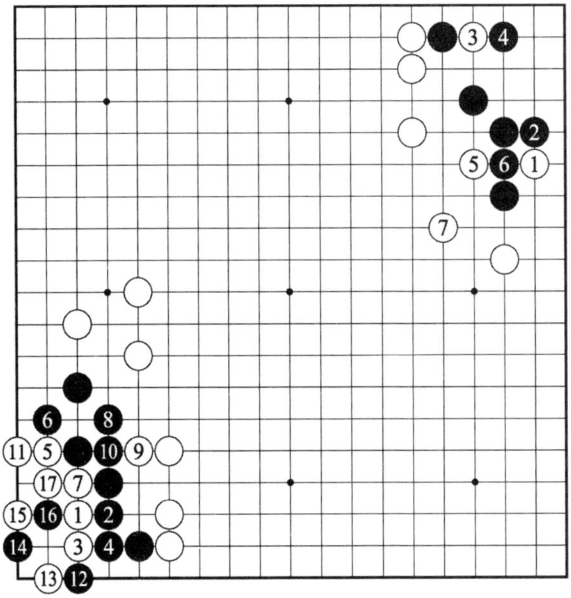

弈时侵分十九

①、③之妙，一以收角，一以存眼，最浅最深，然在起手得用，若中半以后便有后变法⑤、⑦见收法，然不必汲汲，得闲则收可也。

⑦妙

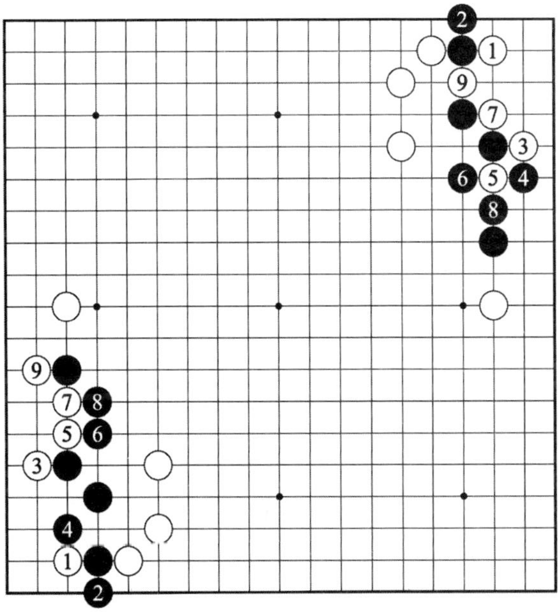

弈时侵分二十

以上二势，当于五四上先侵，而后跳拆二，庶免此病；看侵分，要当先知受病之原。

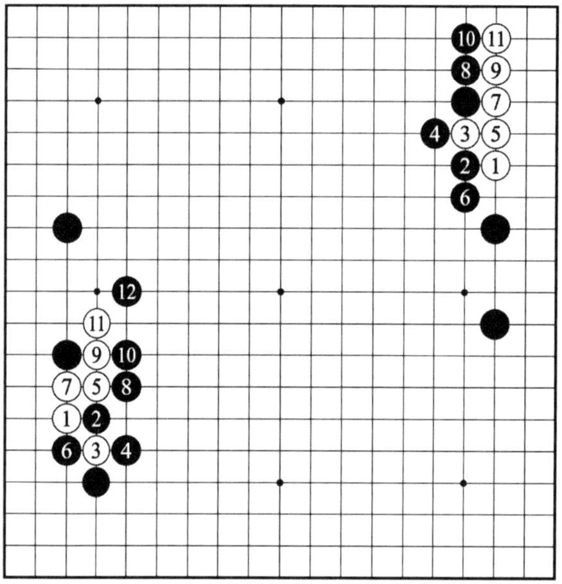

弈时侵分二十一

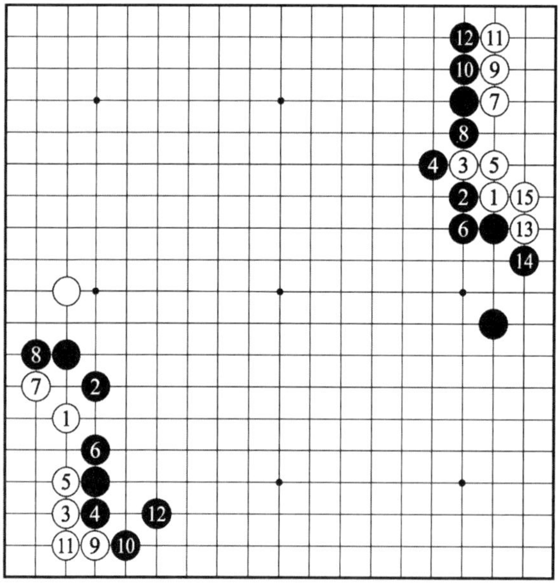

弈时侵分二十二

❹好

❷着之失，最不宜。

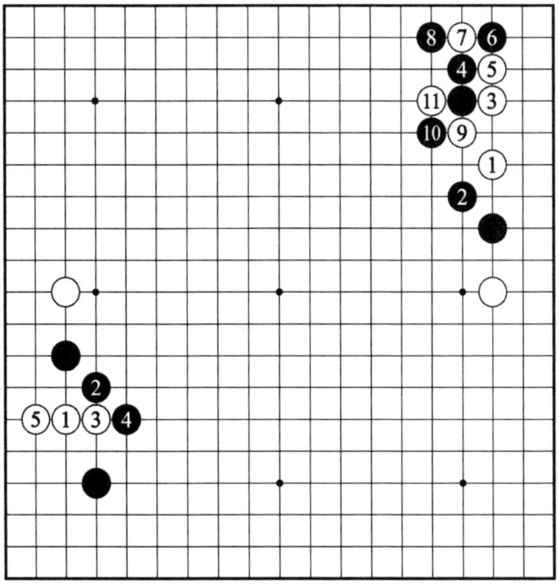

弈时侵分二十三

❽着亦所忌。

⑤妙

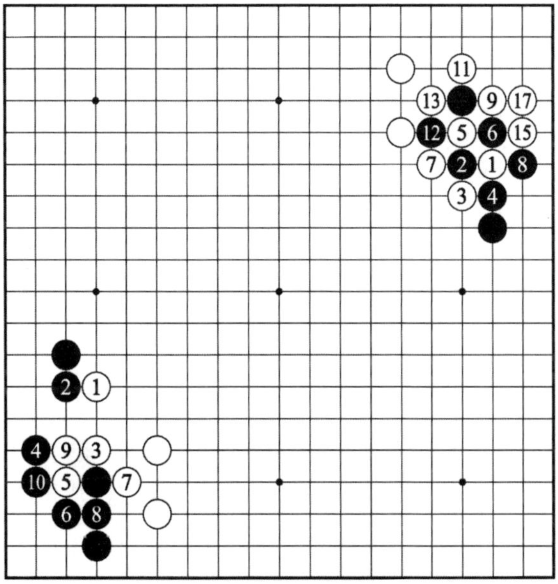

弈时侵分二十四

⑨以后俱好。

❹好

❿=❷，⓮=⑤，⓰=①.

弈时侵分二十五

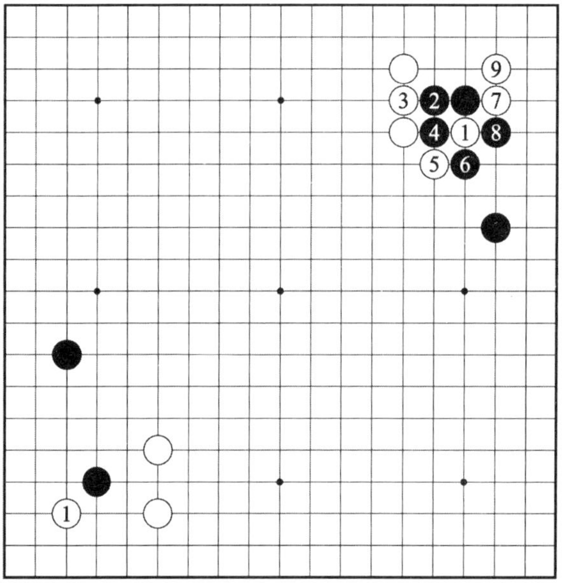

❻拙，⑦好

①着正，分手。

弈时侵分二十六

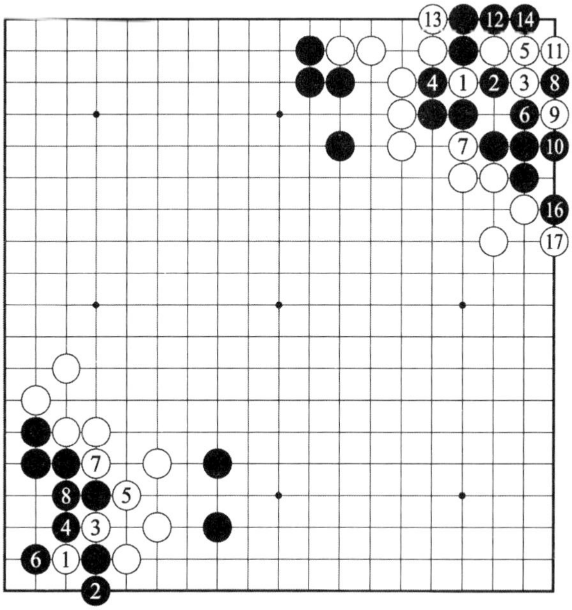

⑮=⑨.

⓰好，死夹劫。

此后势争一劫，然❽着或可不接，得先手，以其无损于角也。

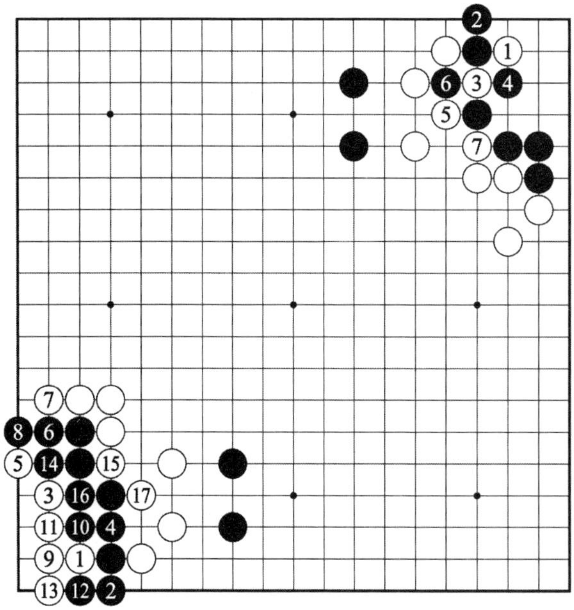

弈时侵分二十七

第一变四五上先侵，免劫收。

⑤好，收法。

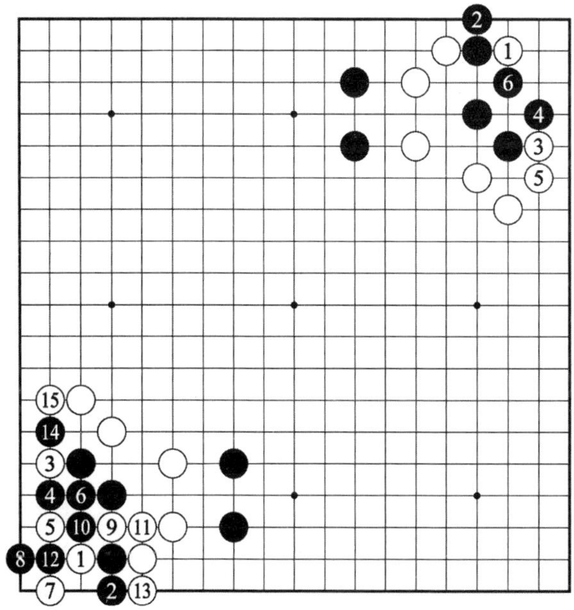

弈时侵分二十八

③妙

⑤妙、⑦妙。

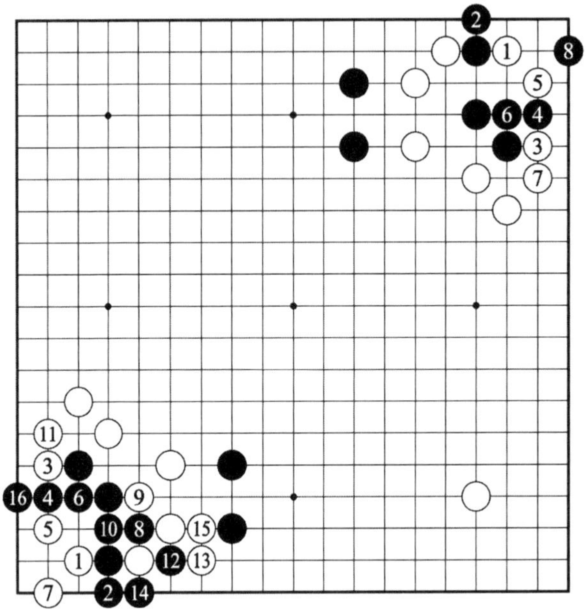

弈时侵分二十九

❽妙

录此见❽着之妙。

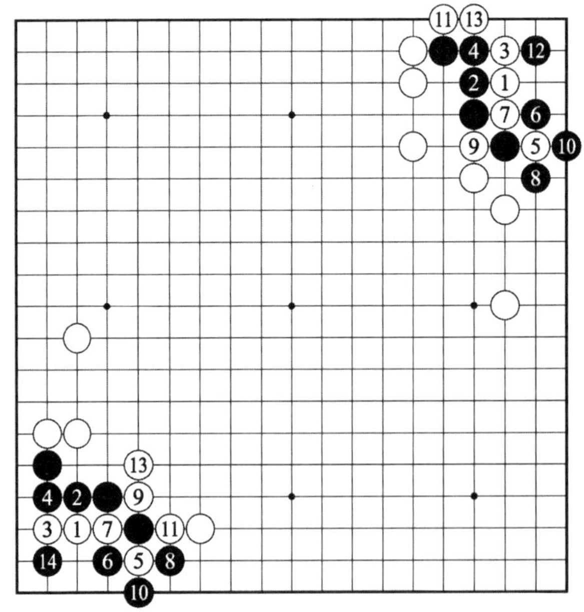

⓬=⑤.

弈时侵分三十

⑪妙，白虽分数子，黑得先手，未甚吃亏。

欲成外势而得先手，则从此变盖白五六上少一单关，故不在角之拘拘也。

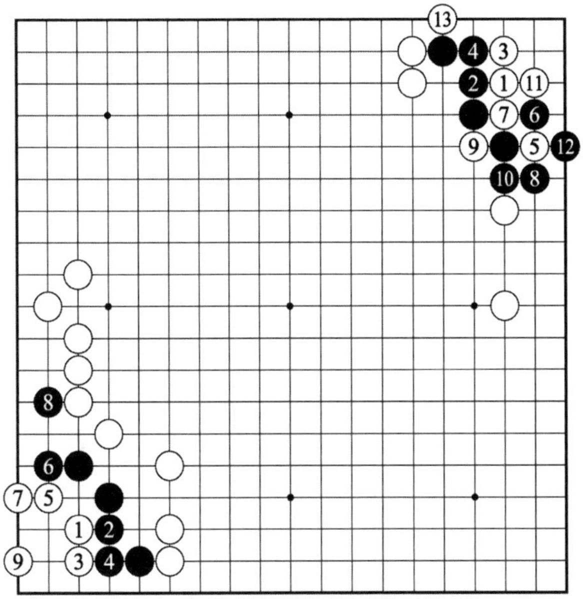

弈时侵分三十一

多⑪之打又当取角与前式同。

⑦妙，外二路有子便是杀局，须防之。

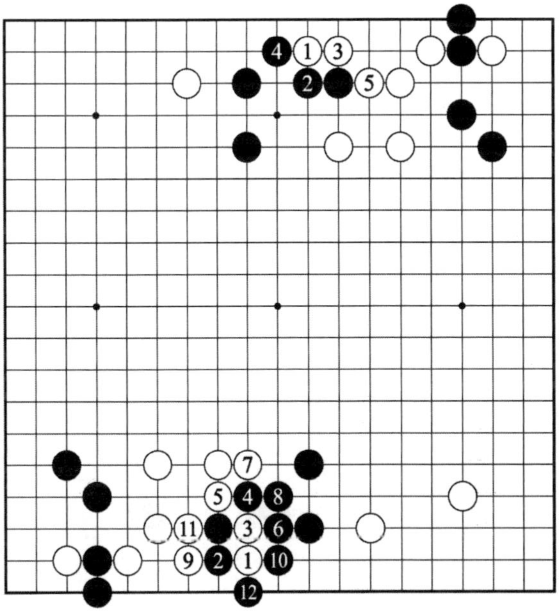

弈时侵分三十二

①妙

以上二势，白自生根，如白外不受杀，则③着应当⓬上尖入变之。

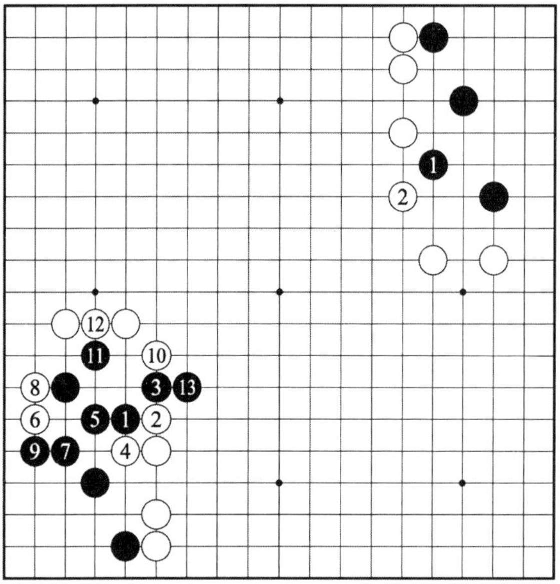

弈时侵分三十三

❷妙

录此以见上变❷之妙。

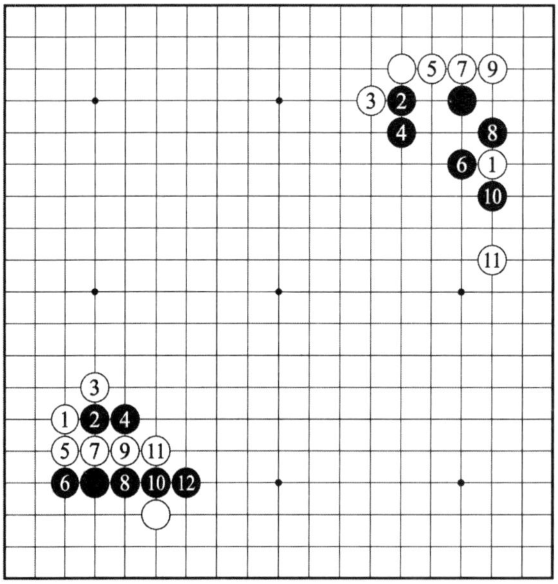

弈时侵分三十四

⑦、⑨、⑪俱妙。

❽松，妙；⓬妙。

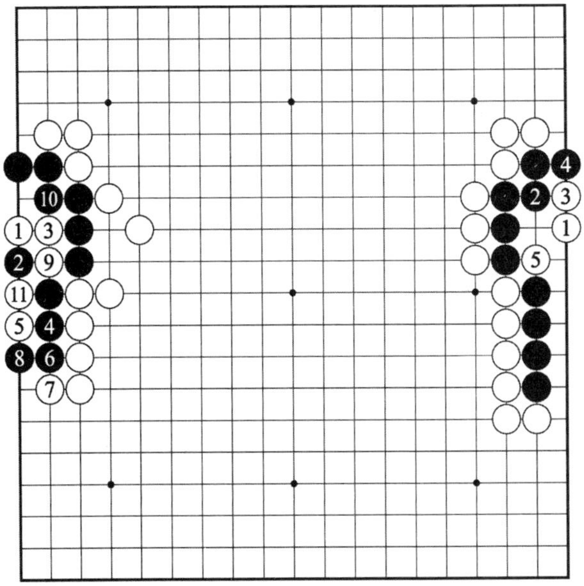

弈时侵分三十五

①、③好。

①、⑤好。

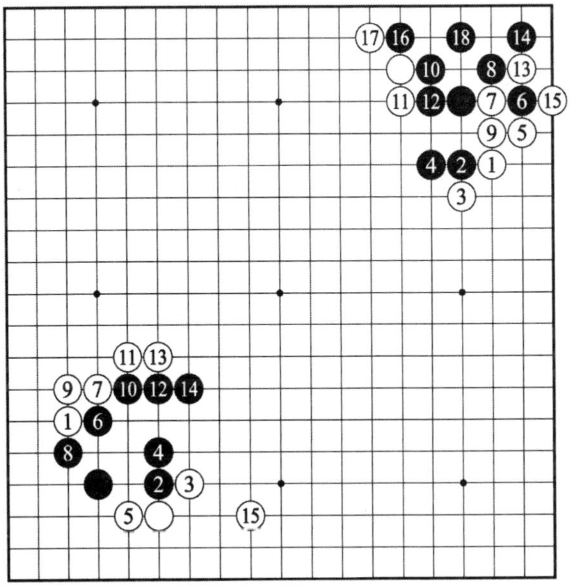

弈时侵分三十六

⑯好

亦有好用此者，余以为角中受分终是一病。

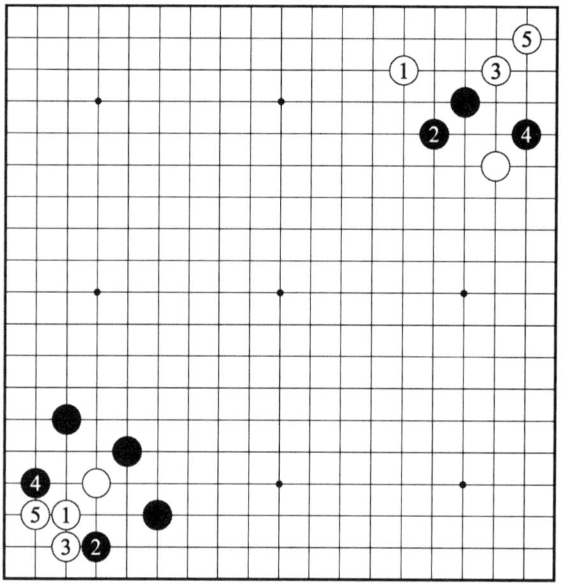

弈时侵分三十七

❷着之应亦多，而③、⑤取角甚妙。

外曰围实。则一着角必活。

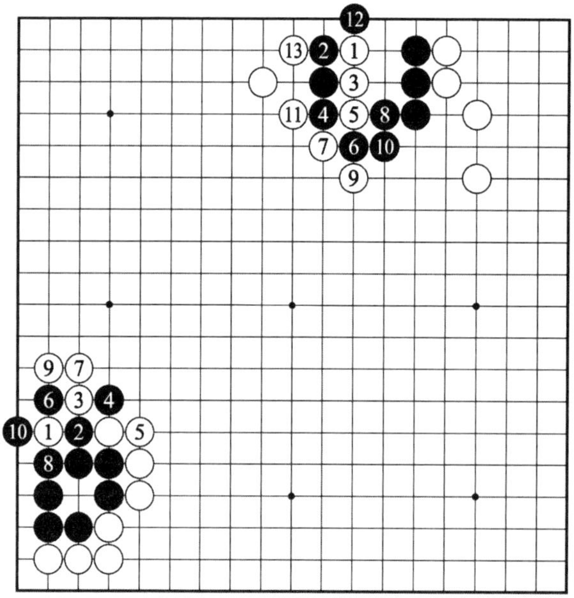

弈时侵分三十八

盖欲人知，此收法之妙，若呆定以此式有变则政痴，人说梦耳。
以下六式未入残局，以所必有者，故附于此。
⑦断好

①妙

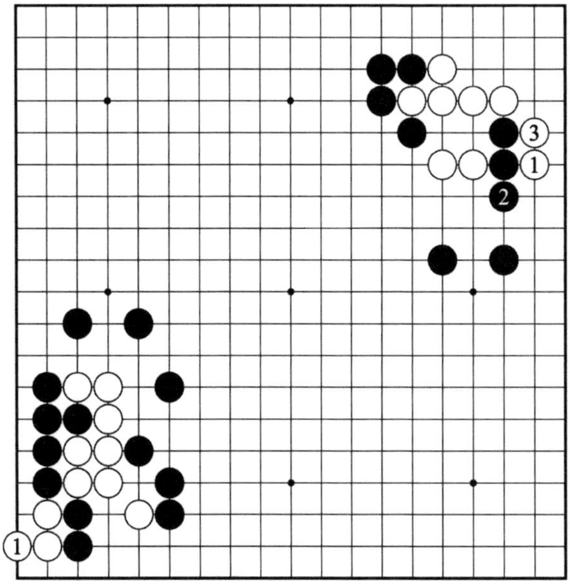

弈时侵分三十九

①妙。如❷在二五打断，任黑小活，更便宜

①活法妙，免劫杀。

终

弈时初编

残局部分

弈时残局一

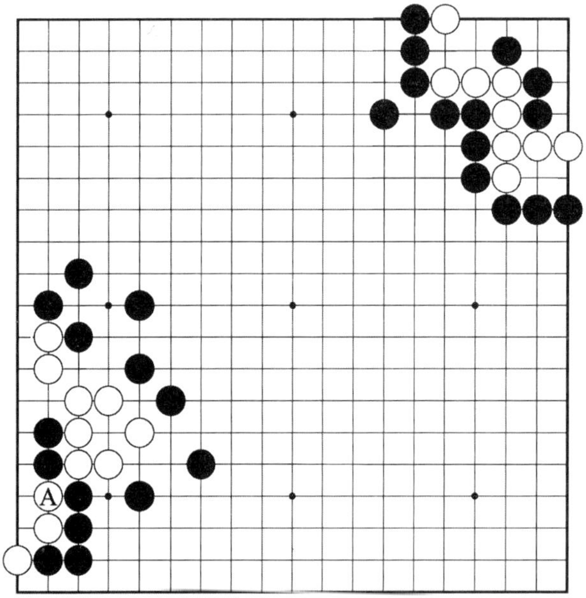

❻=❷，❽=Ⓐ.

①、③、⑨俱妙

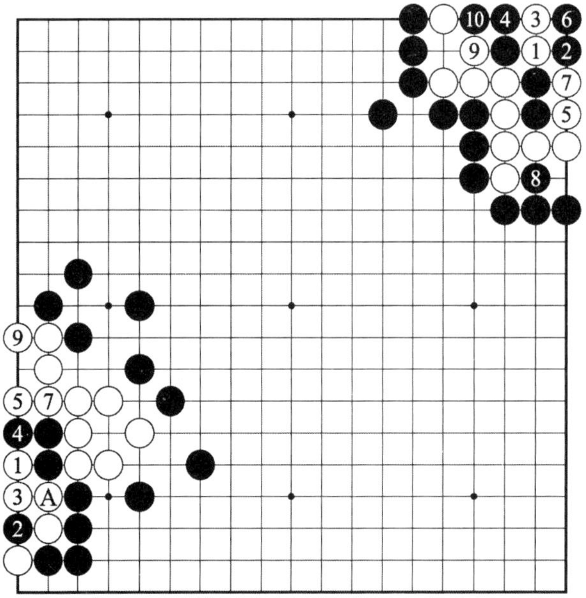

①妙

❻=❷，❽=Ⓐ.

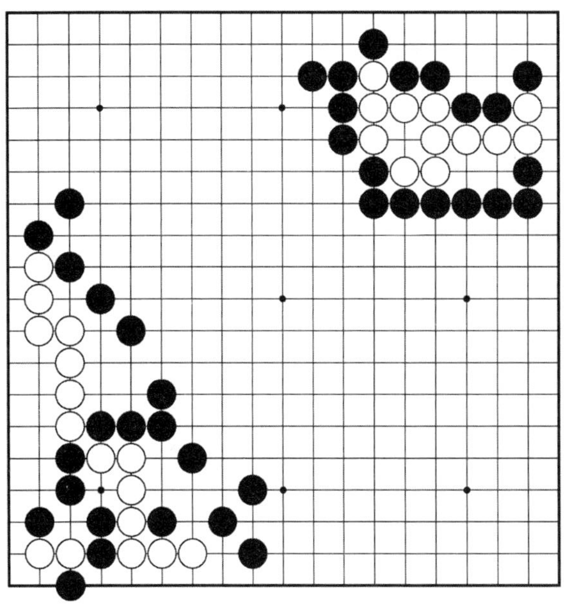

弈时残局二

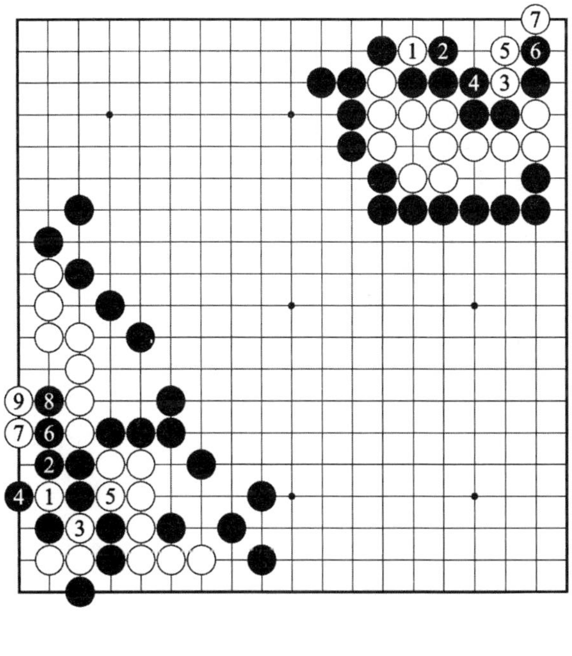

①妙

①妙

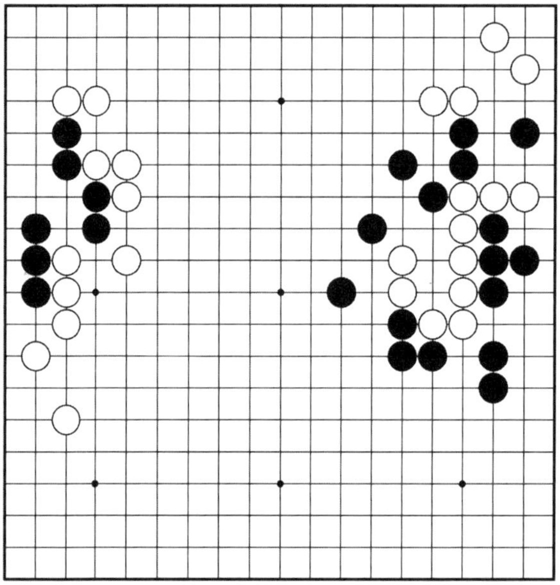

弈时残局三

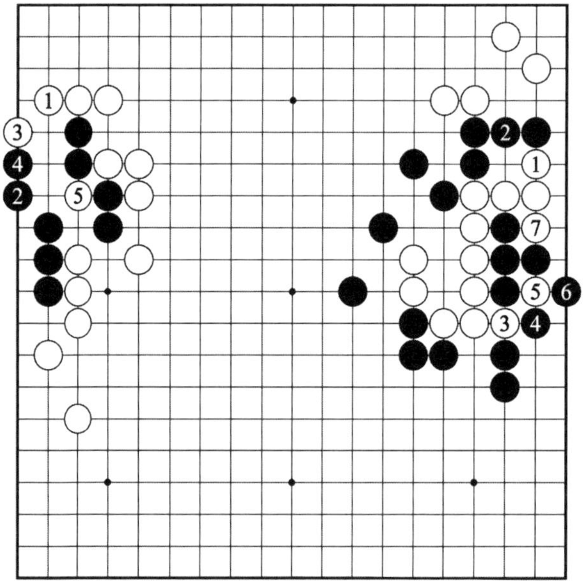

⑤妙甚

③、⑤妙

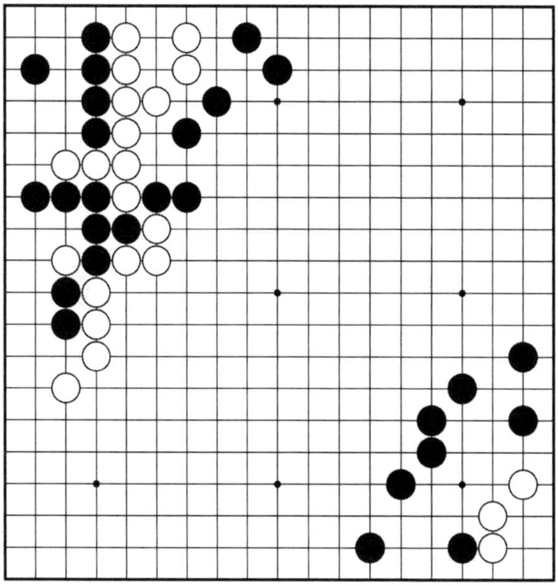

弈时残局四

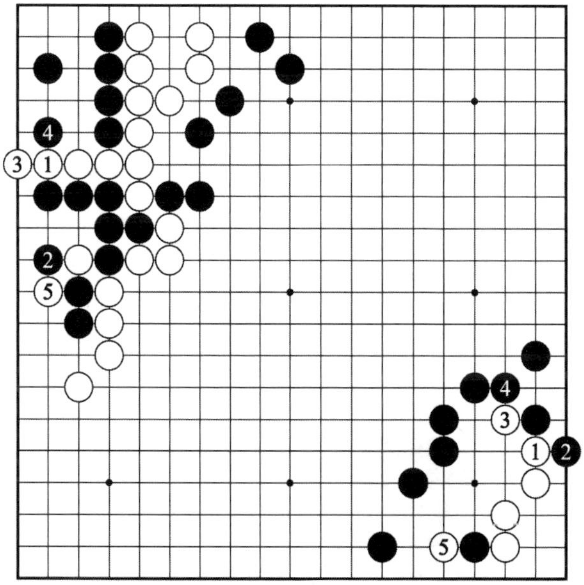

⑤好

⑤已妙矣，余意应在二八更妙

③妙甚

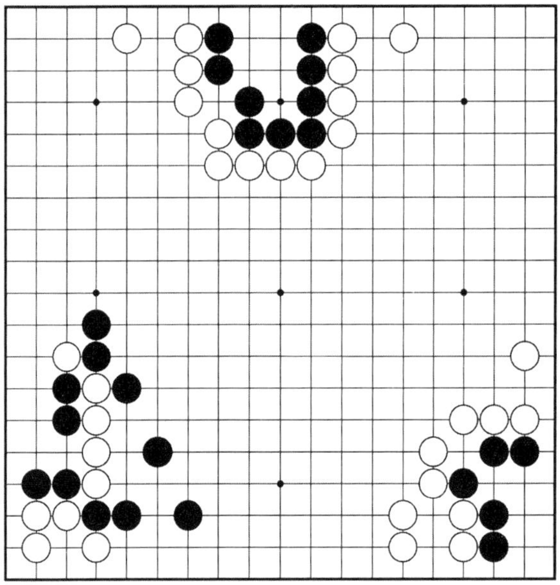

弈时残局五

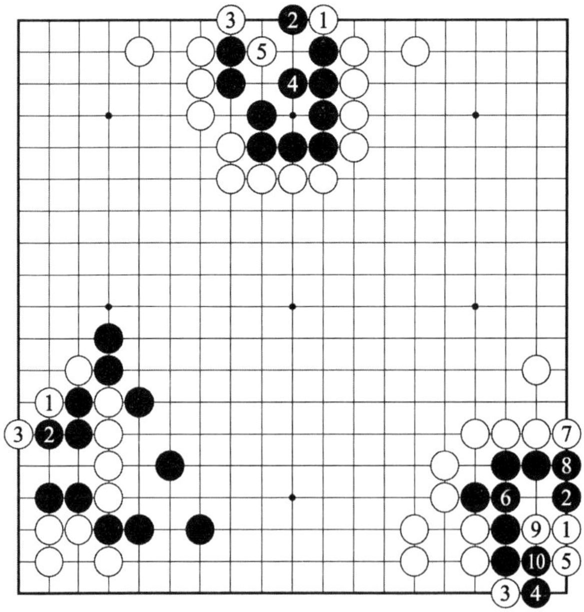

❻好

①、③妙

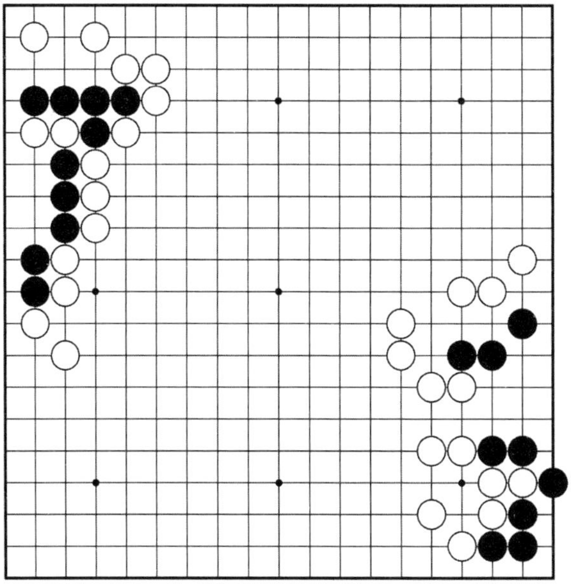

弈时残局六

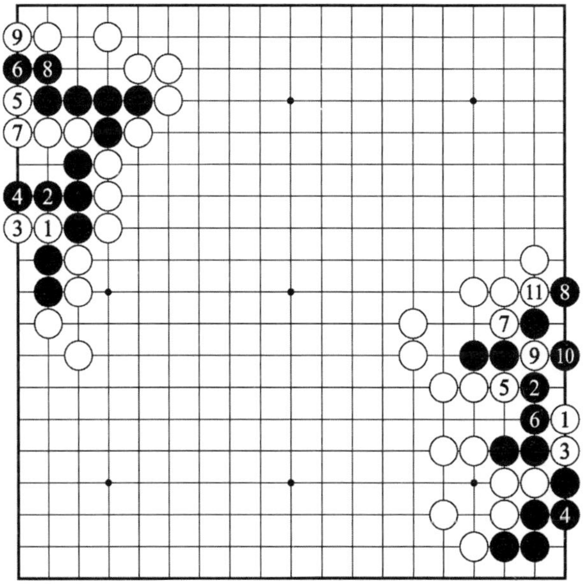

①、③、⑤妙

①、⑤妙甚

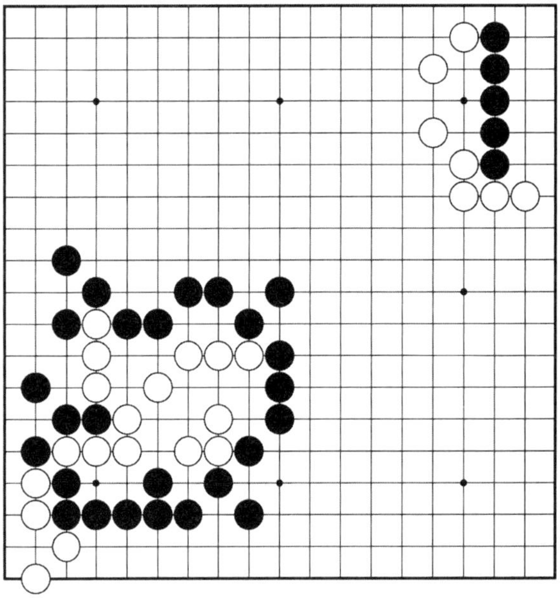

弈时残局七

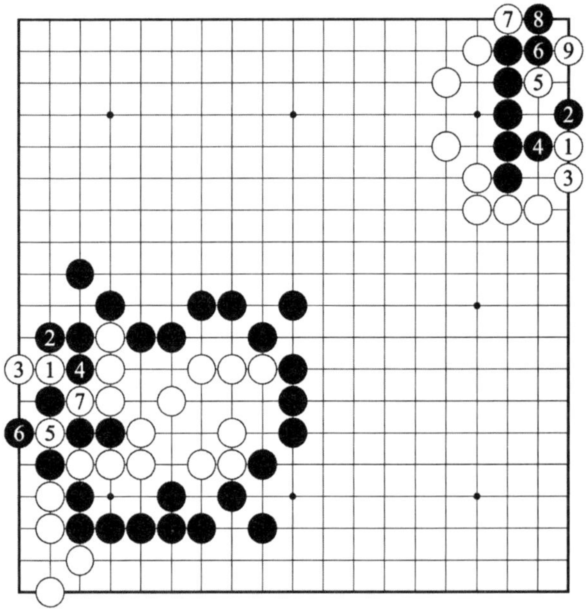

①好

③妙

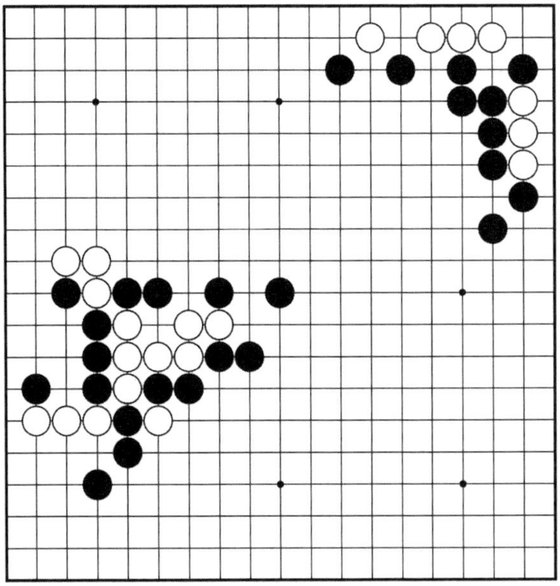

弈时残局八

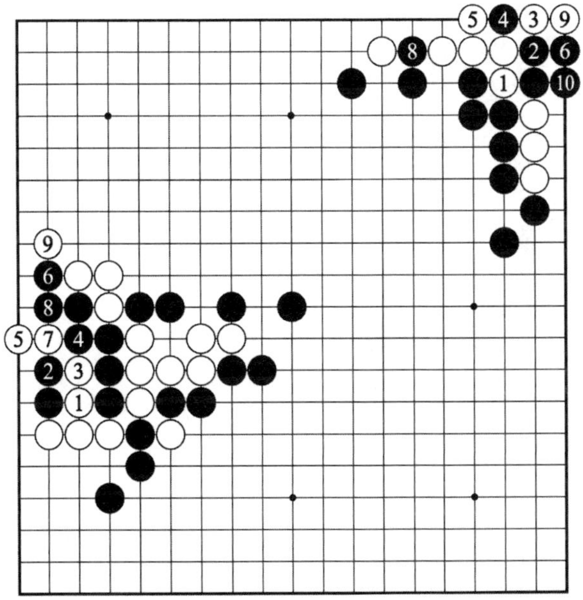

⑦=❹.

《弈正》云：置③着于二一可变劫活，余调就此变投，⑤着于一三则劫更美。

①、⑤好

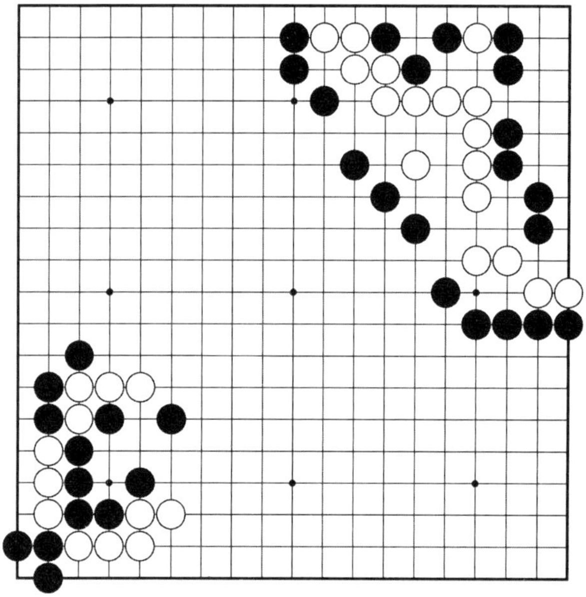

弈时残局九

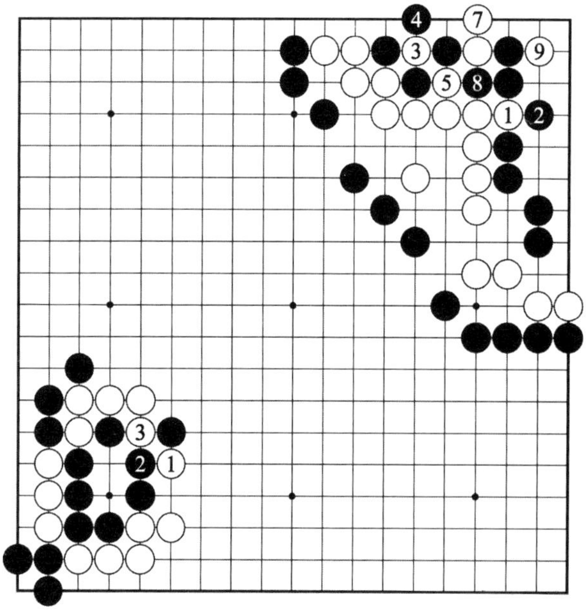

③、⑦好

①妙

❻=③.

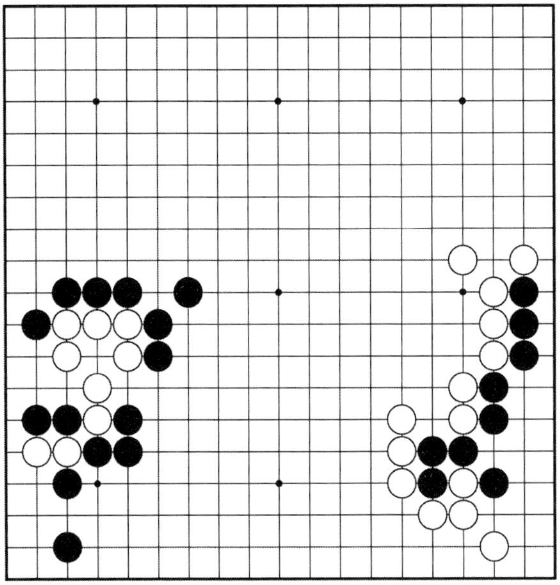

弈时残局十

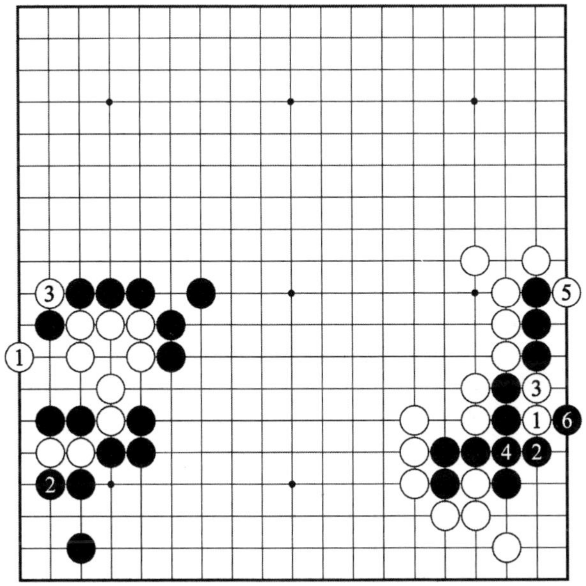

①妙

①妙

弈时残局十一

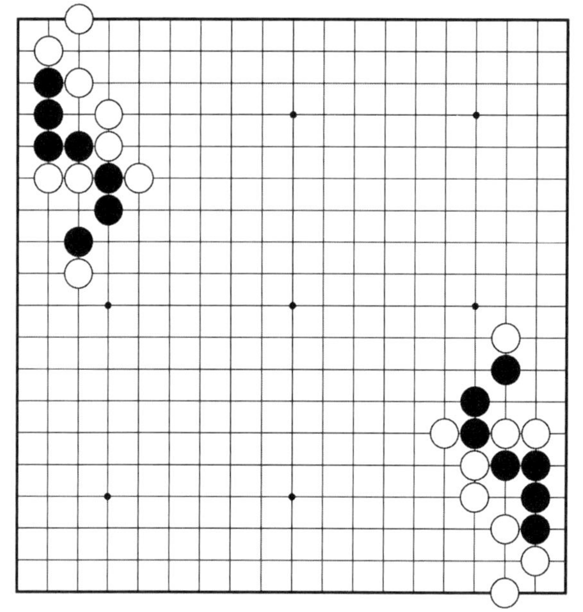

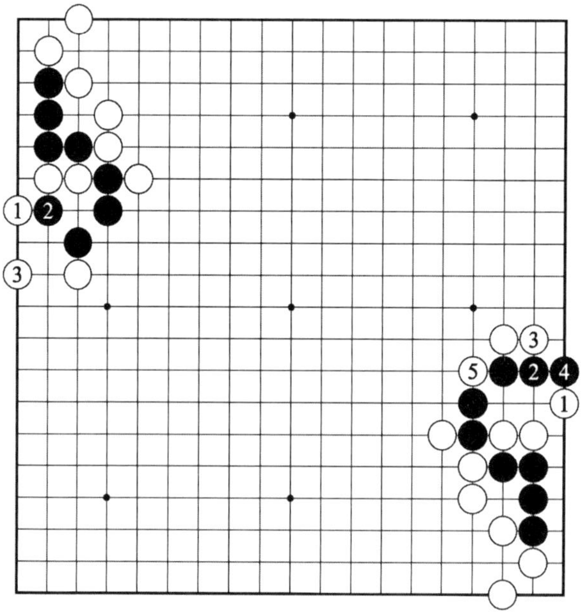

③妙

①妙

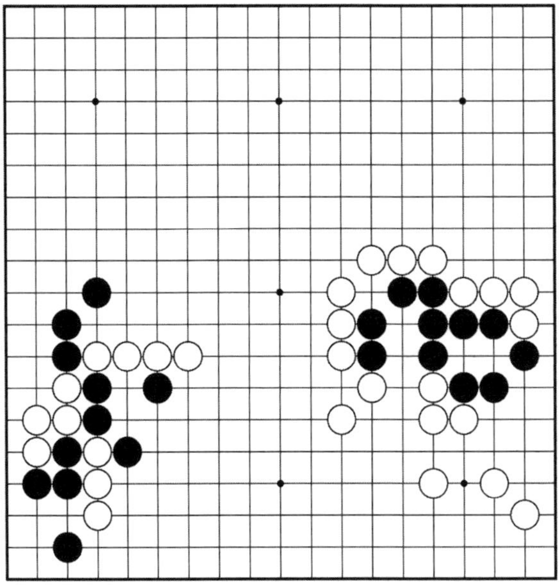

弈时残局十二

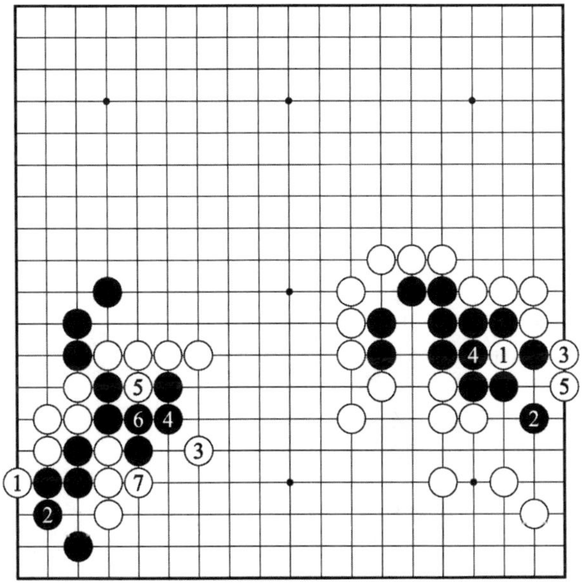

❹在一七可变劫

①、③好

弈时残局十三

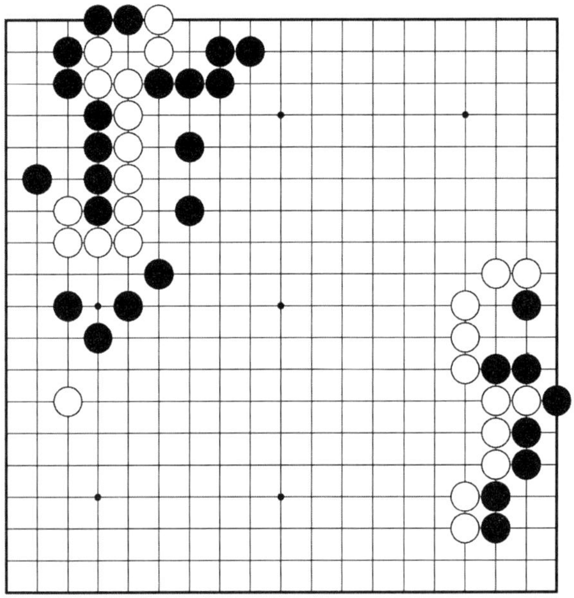

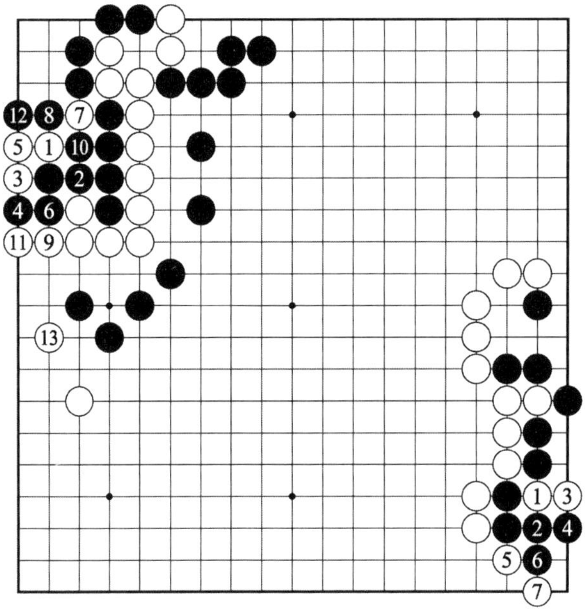

①、③好

③好

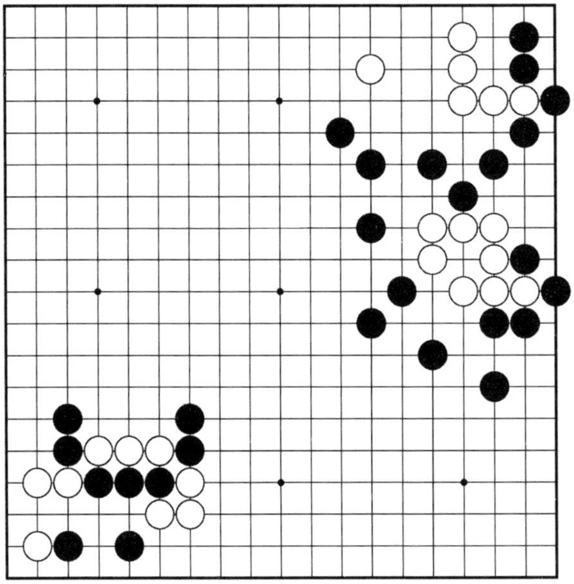

弈时残局十四

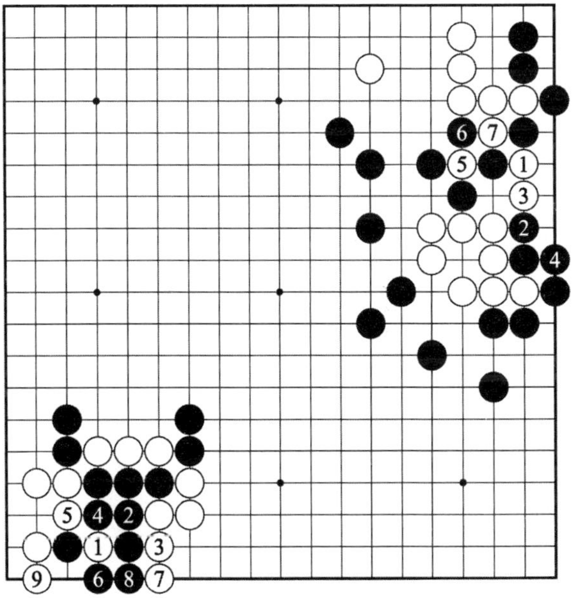

①妙极，⑤好

①妙

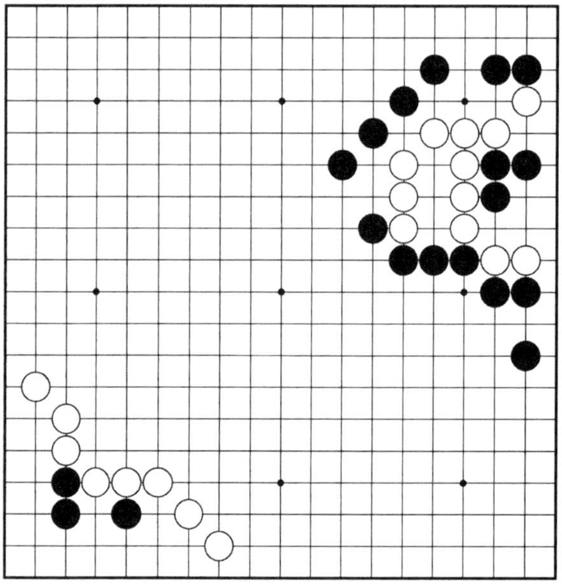

弈时残局十五

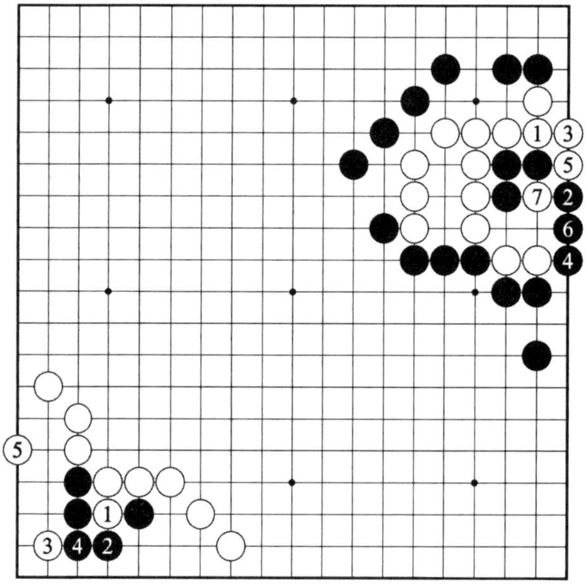

③妙

⑤好

弈时残局十六

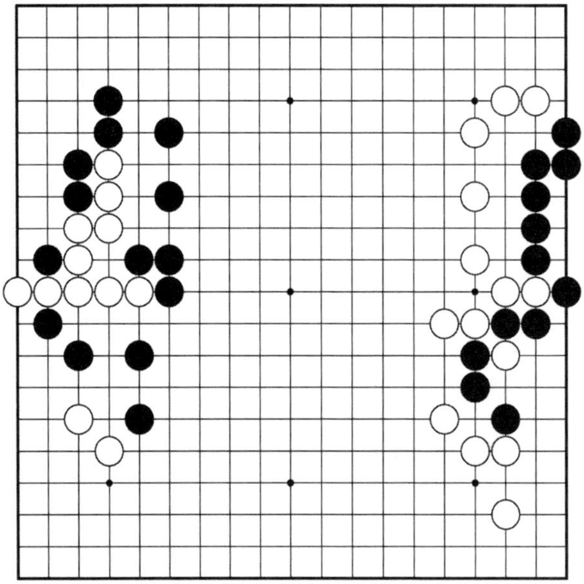

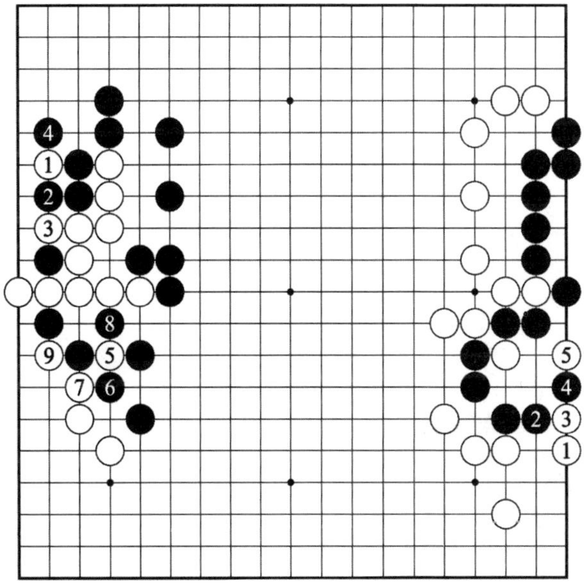

①妙极

①好，⑨过法妙

弈时残局十七

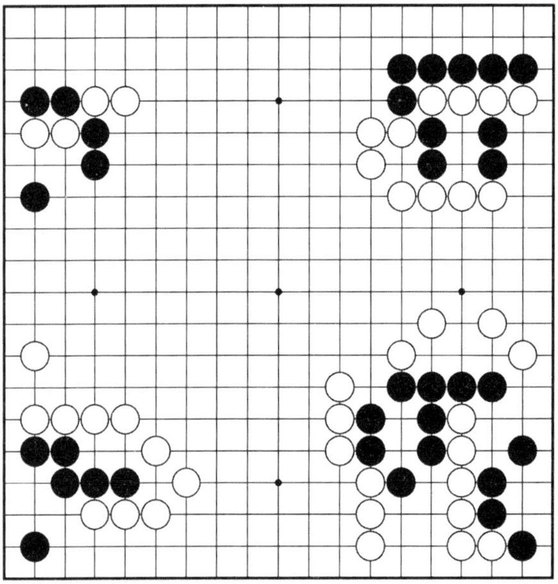

（3）　　　　（1）

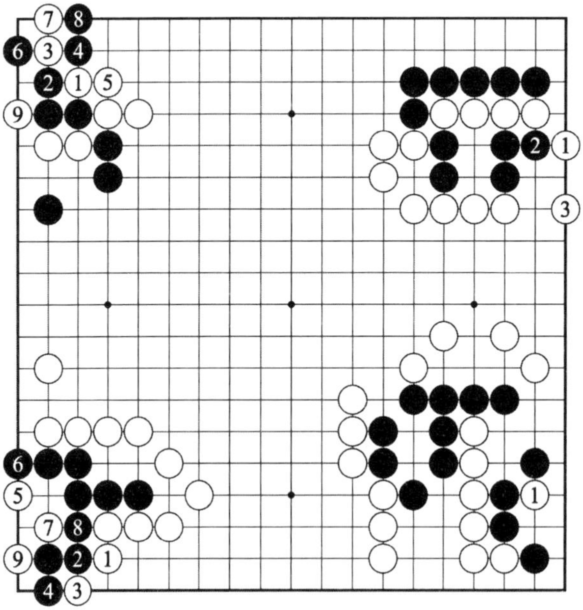

（4）　　　　（2）

（1）①、③妙

（2）①妙甚

（3）③好、⑦好

（4）①好

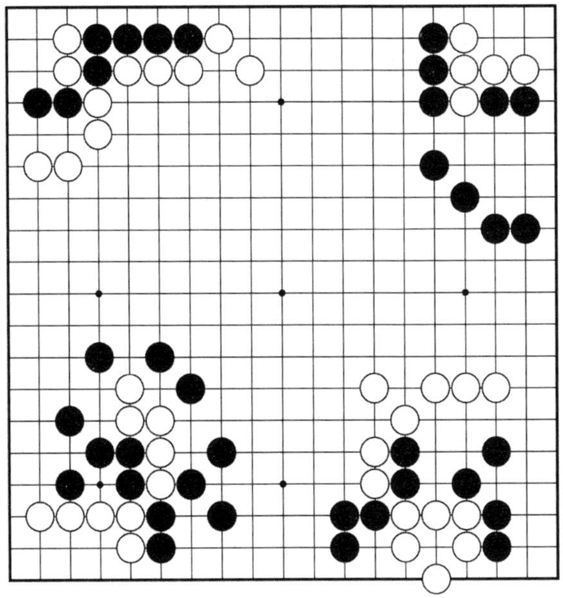

（3）　　（1）

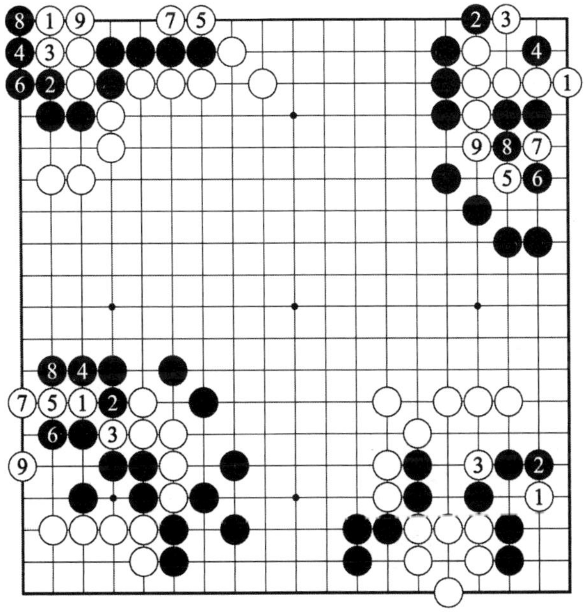

（4）　　（2）

弈时残局十八

（1）①妙、⑤妙

（2）③妙

（3）①妙

（4）⑦、⑨妙

弈时残局十九

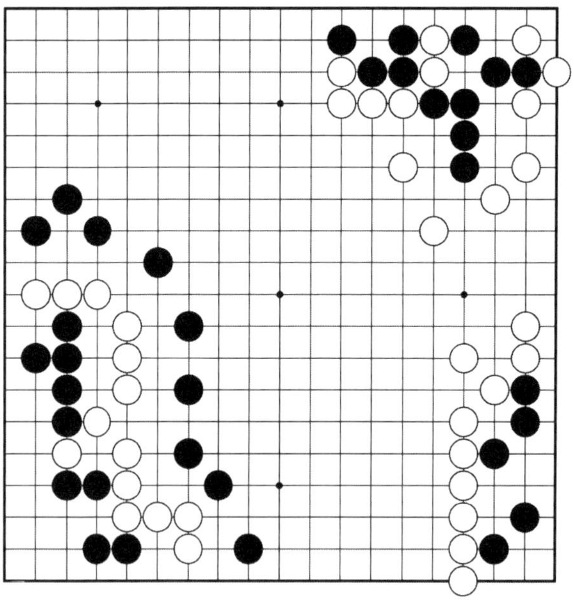

（1）

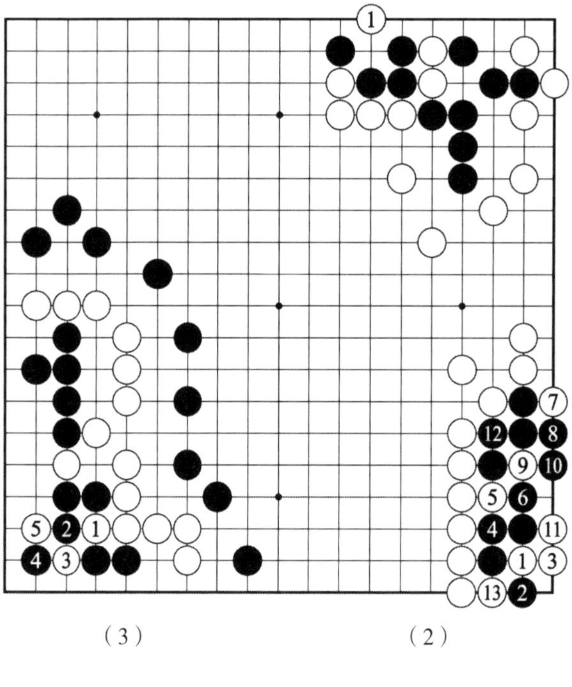

（3）　　（2）

（1）①妙

（2）①妙、⑪妙

（3）③、⑤妙

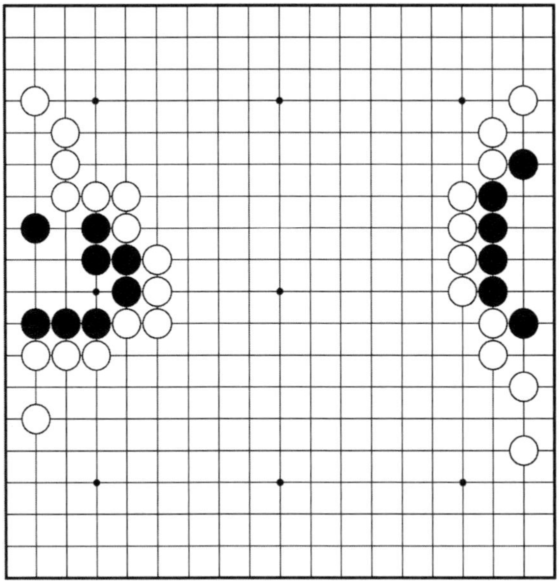

弈时残局二十

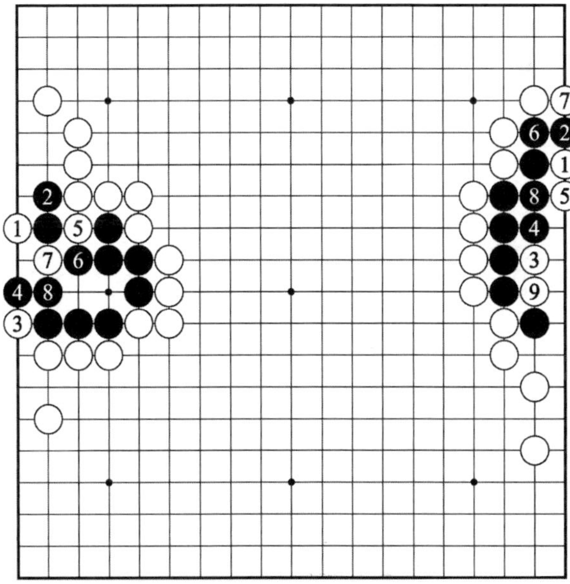

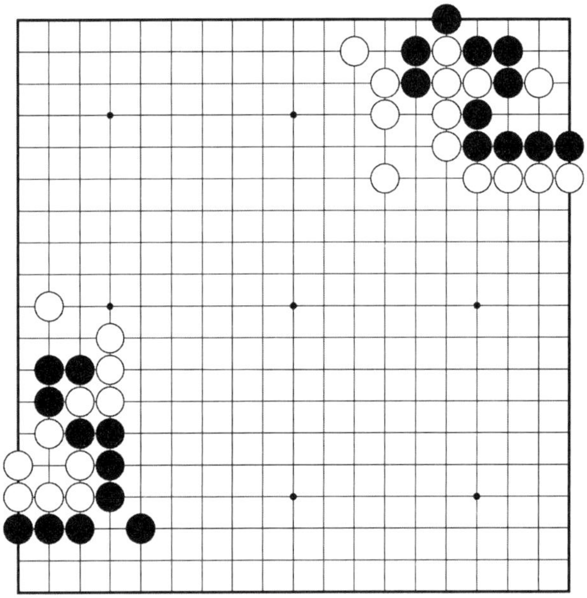

弈时残局二十一

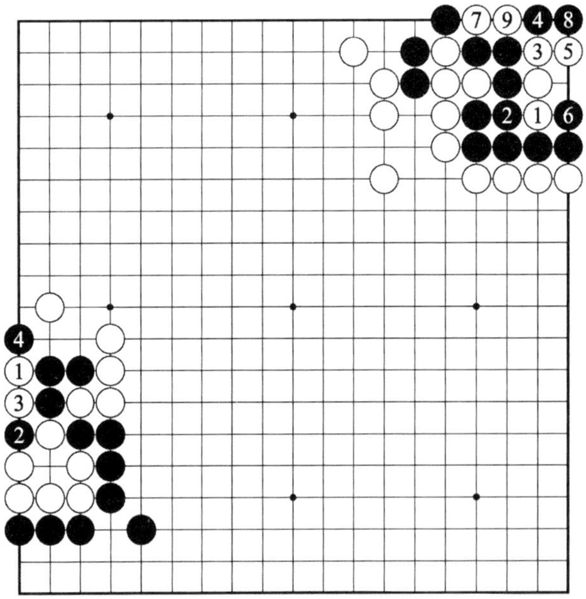

❽妙极，长生劫

❷妙

❿=❹，⑪=⑦，⓬=❽.

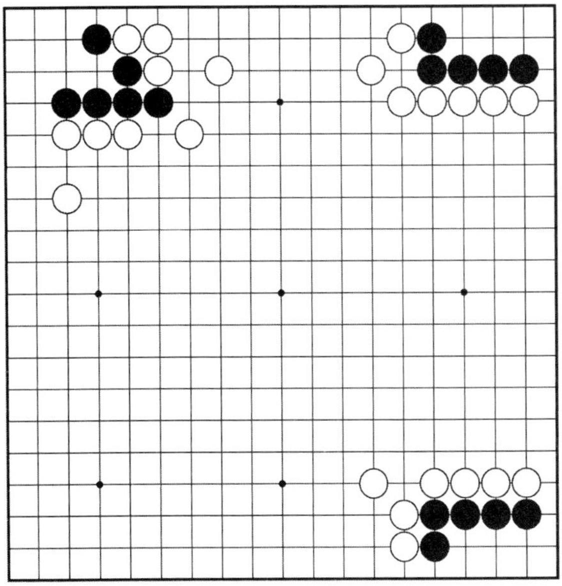

弈时残局二十二

（3）　　（1）

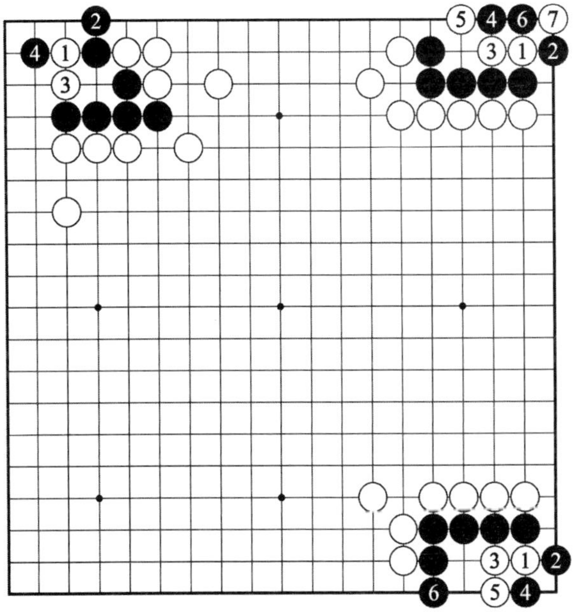

（2）

（1）❷势以外宽一着见变化，❹、❻妙

（2）❻好

（3）❹好

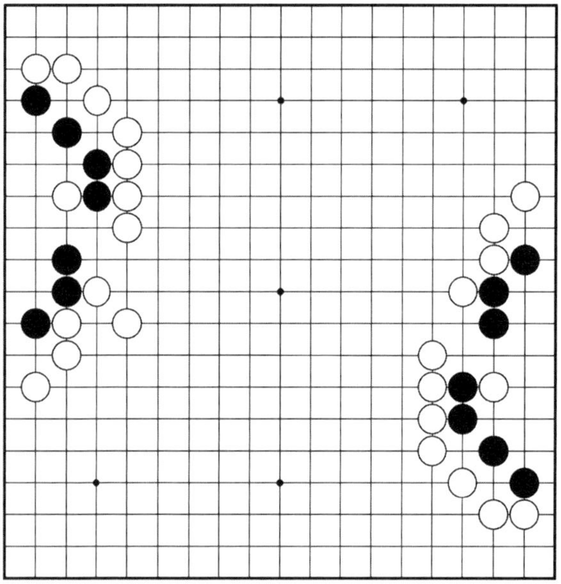

弈时残局二十三

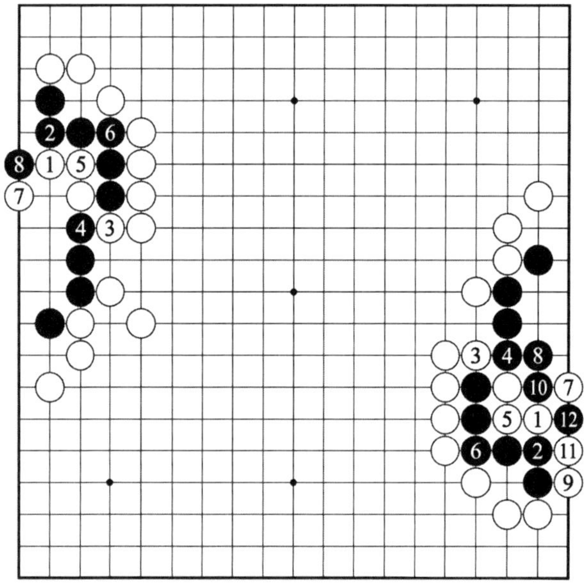

变前势，❽妙，劫

⑬=①。

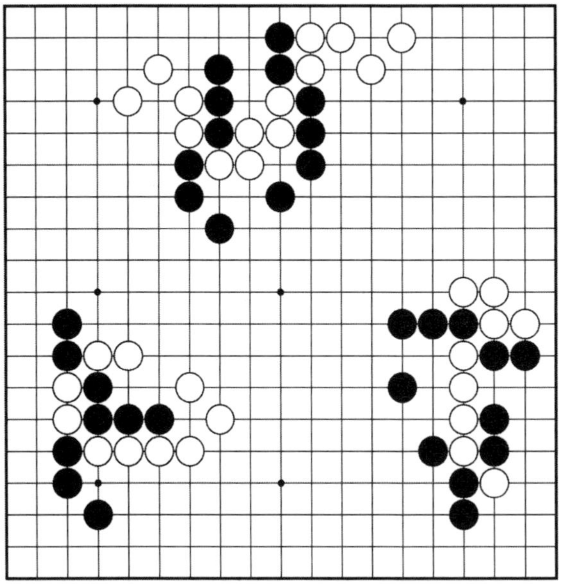

弈时残局二十四

（2）

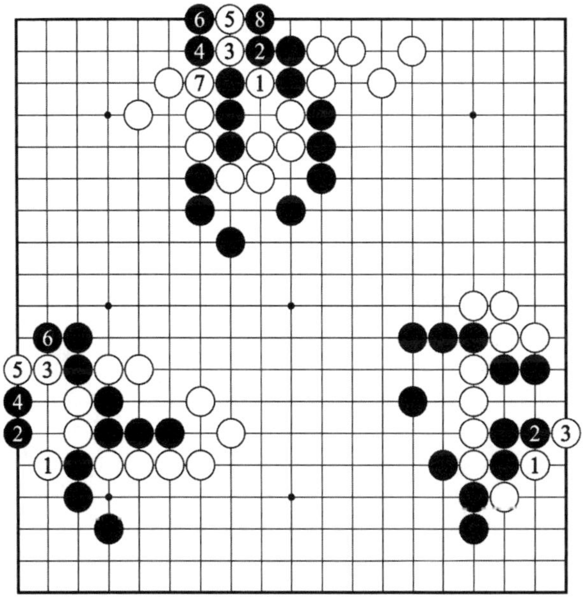

（1）①、③妙

（2）③妙

（3）❷妙、❹妙

（3）　　⑨=③.　　（1）

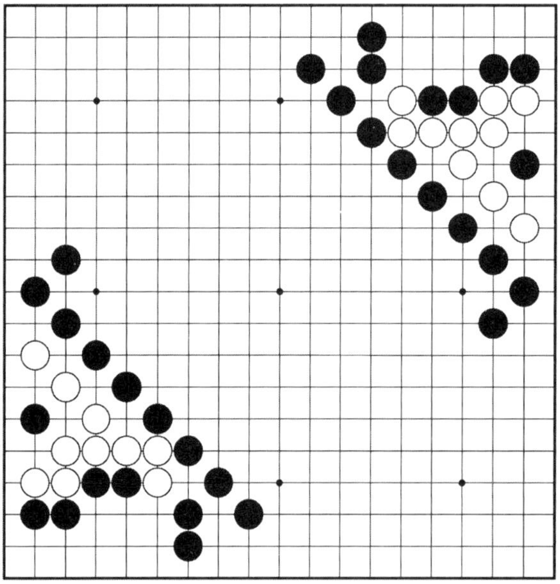

弈时残局二十五

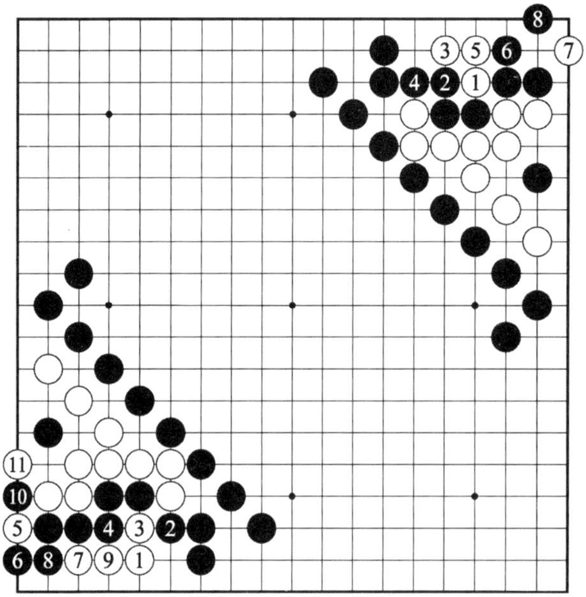

原势❽在一三致成劫，雍变杀亦误，余更正之于后

⑦妙极

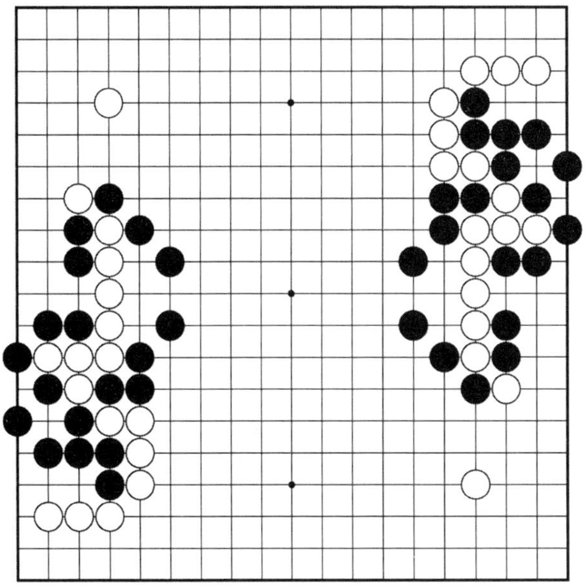

弈时残局二十六

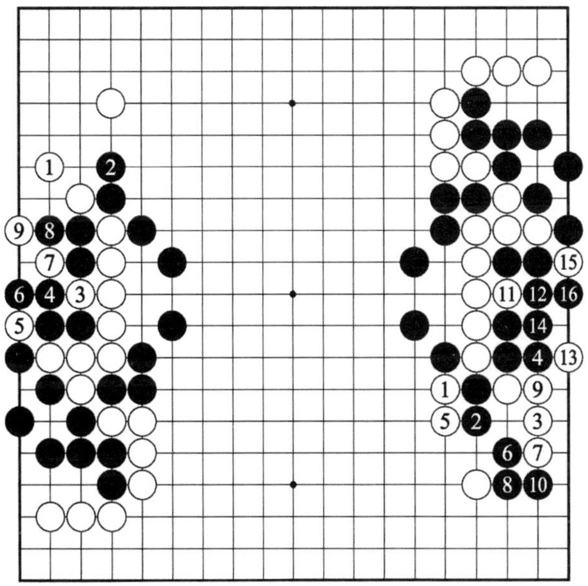

此原势也，雍皞如谓：黑置❹着于五二，则白反杀诚然。

此范君辅变前势，雍谓其极当者，余尝见友人黄享斯，演此势之妙不但范失而并雍失之矣，故增录于后。

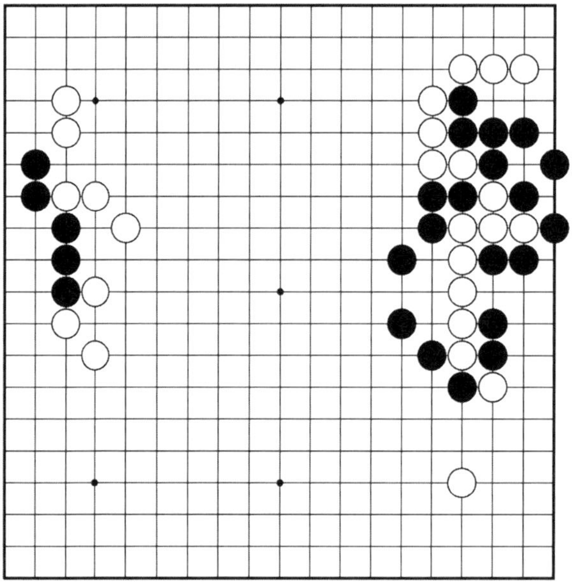

弈时残局二十七

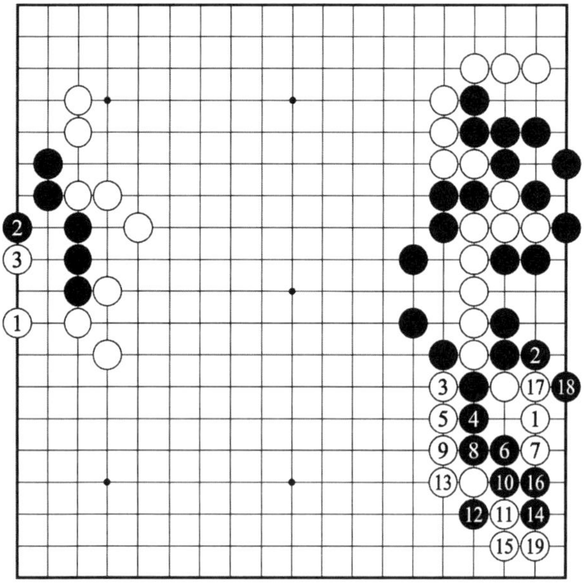

❷、❽妙，变前势

①妙甚

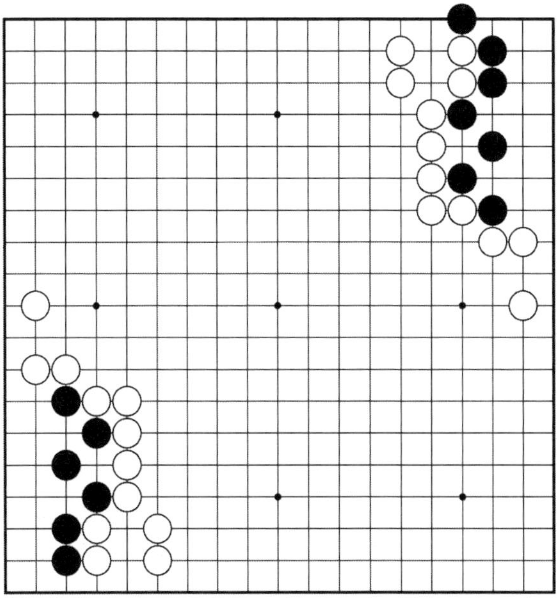

弈时残局二十八

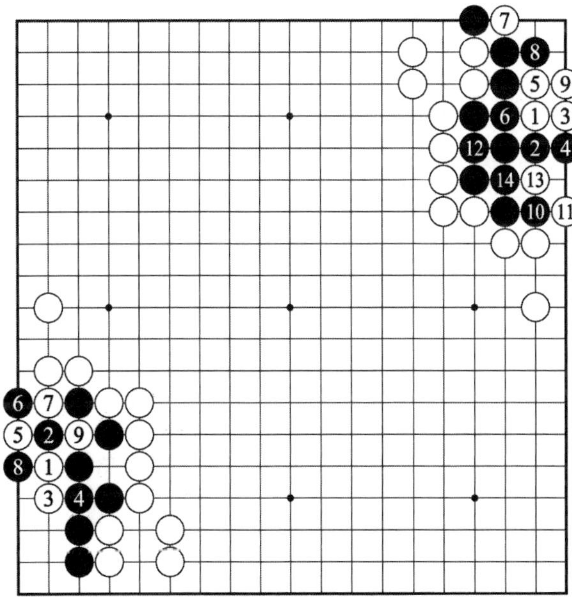

原势⓬在一六，至迭杀，雍变活亦因其误而正之，然劫杀局也，故变于后。

①好

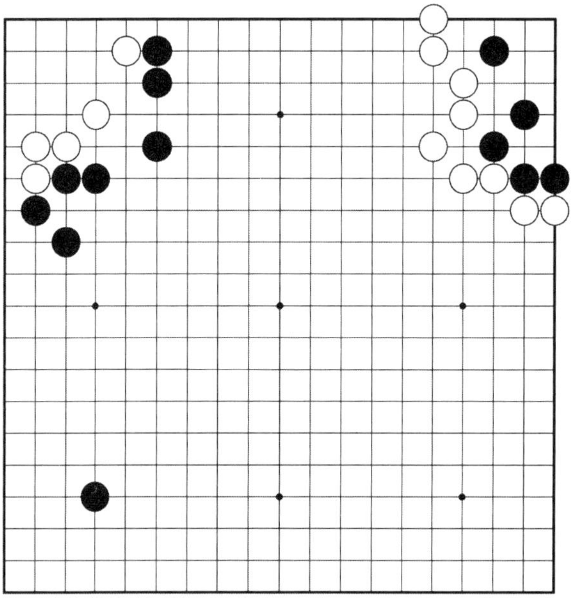

弈时残局二十九

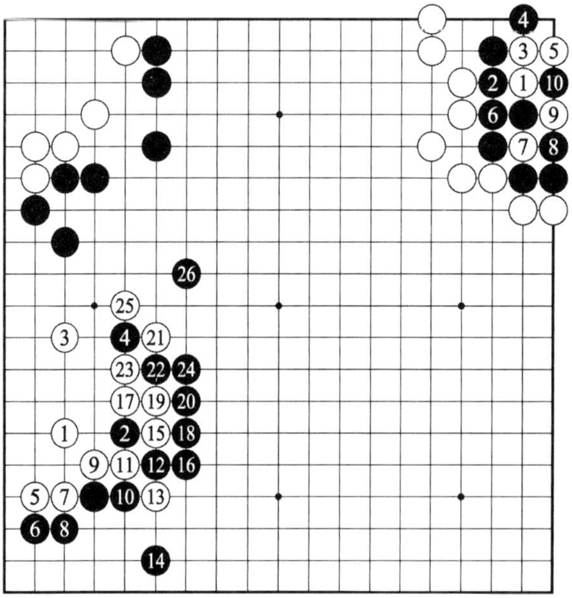

原势❻在一四至杀，雍皞如变劫活，固是，余谓其皆非，故变劫杀于后。

以上二势，㉔、㉖亦有不收而于别处下手者。⓮好。

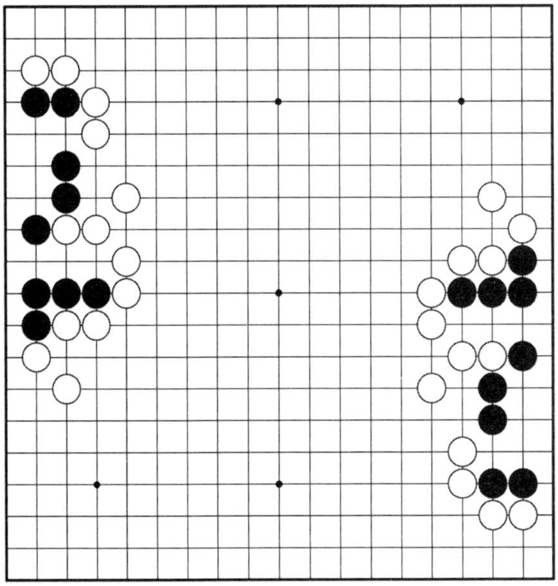

弈时残局三十

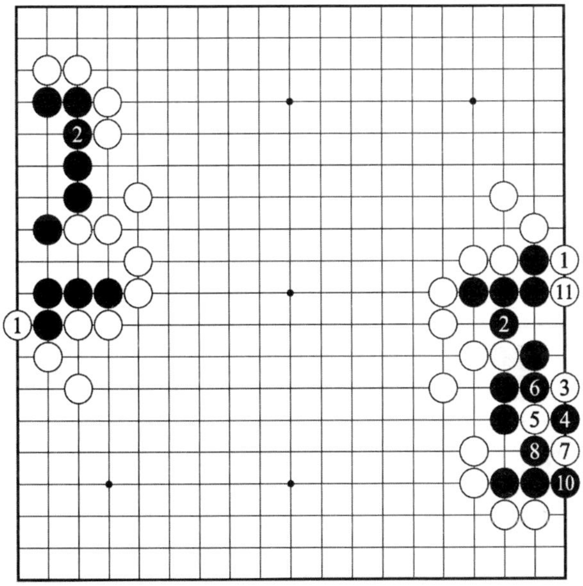

❷好。《弈薮》中亦有前局从杀，今变二着实接便是活局矣。

⑨=❹.

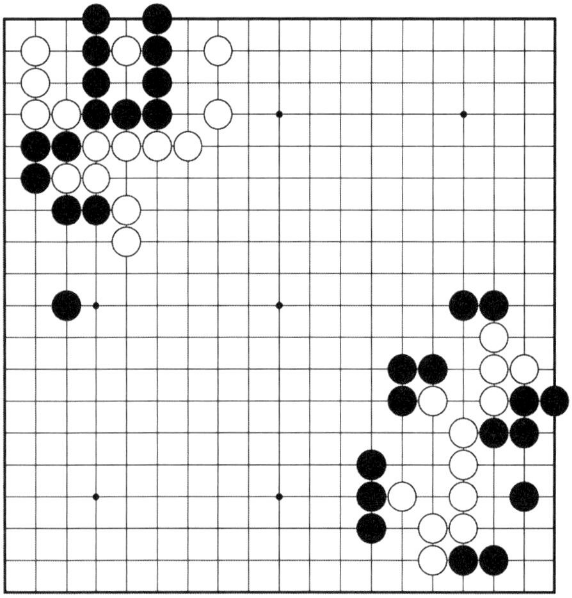

弈时残局三十一

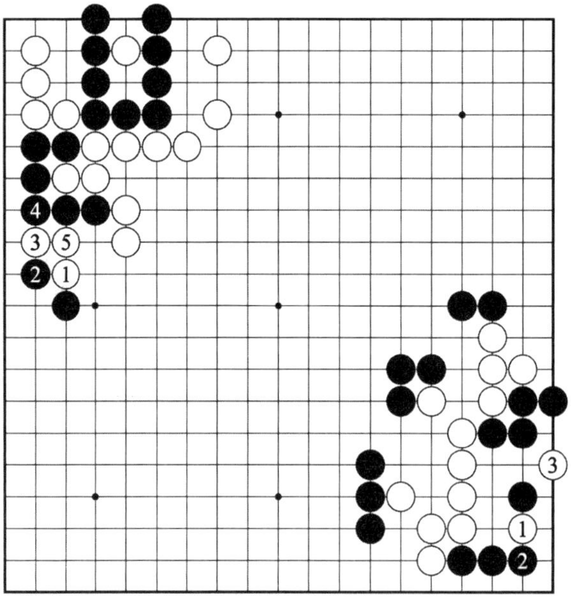

①、③好

③好

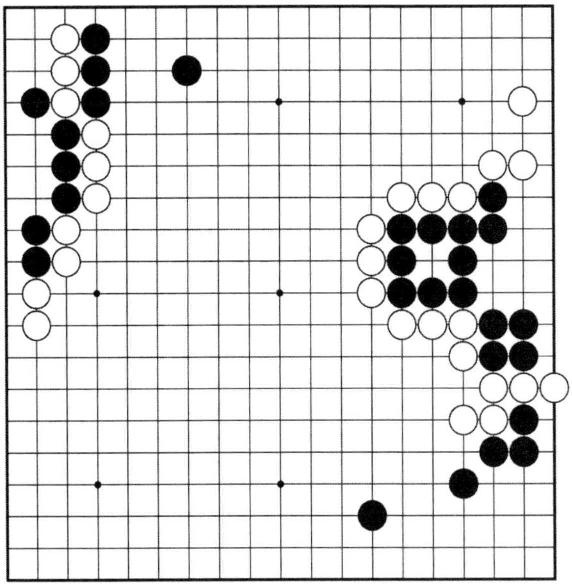

弈时残局三十二

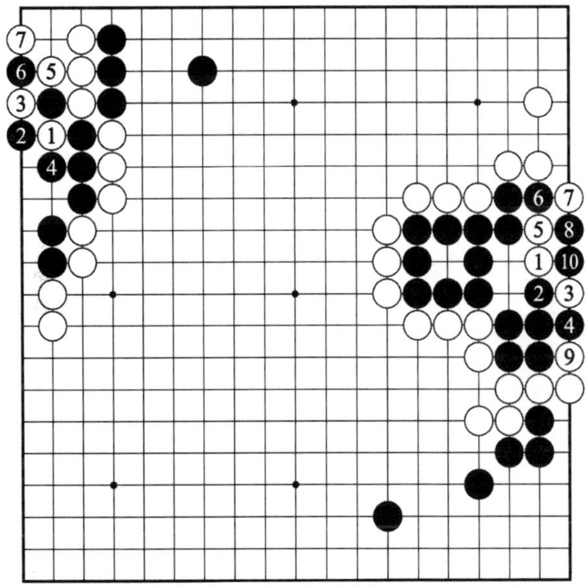

③妙

③好、⑨好

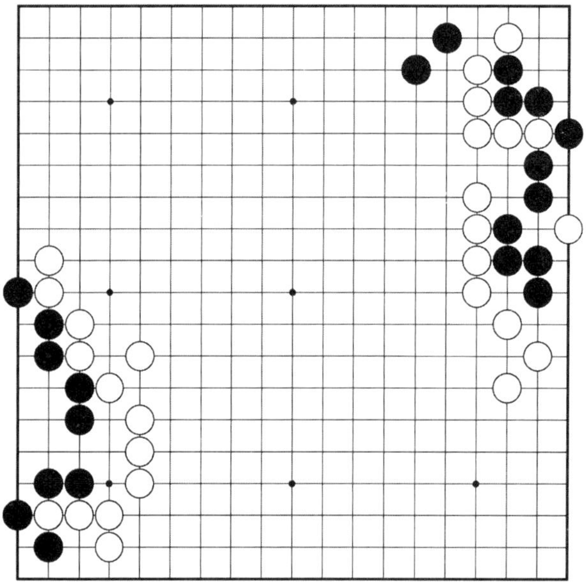

弈时残局三十三

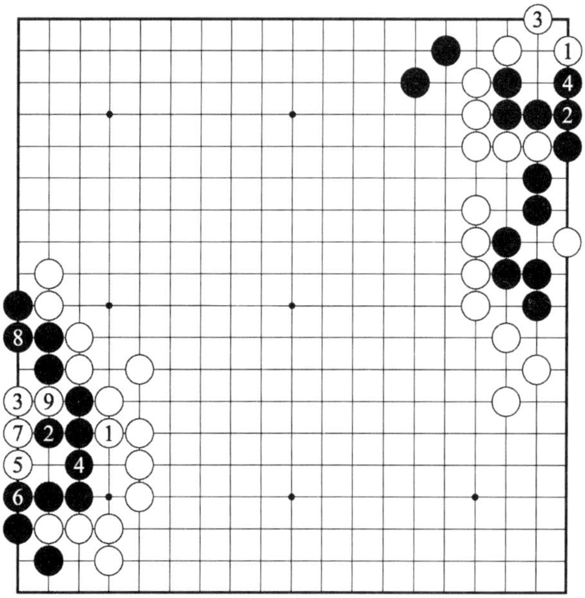

❷妙

①冷甚妙甚，⑨妙。

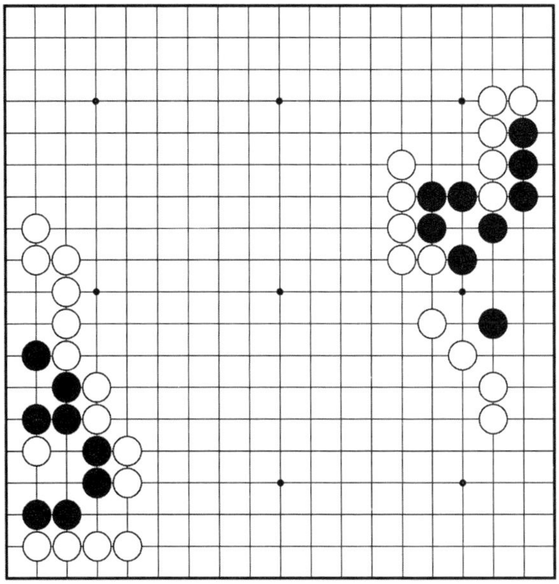

弈时残局三十四

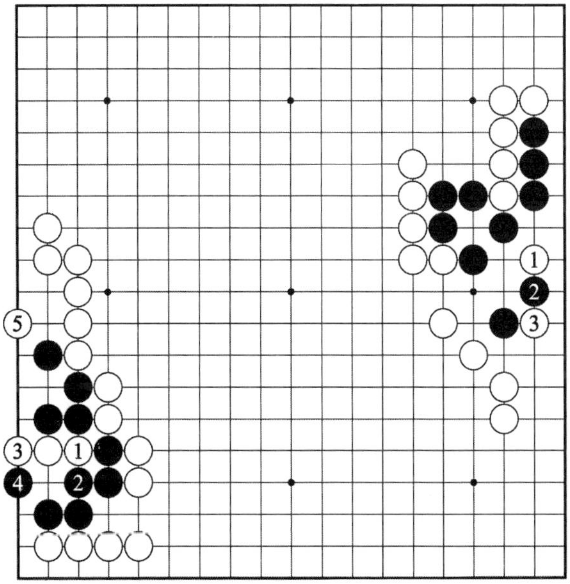

③妙极，杀。❹在边打，③成劫。

如❷在一五可成劫。

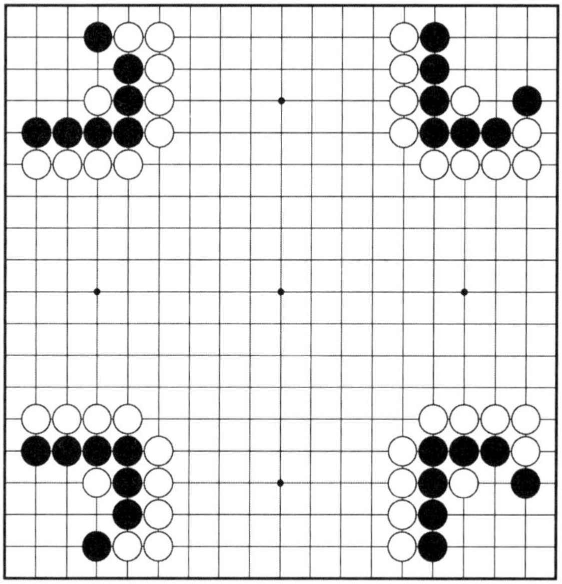

弈时残局三十五

（3）　　（1）

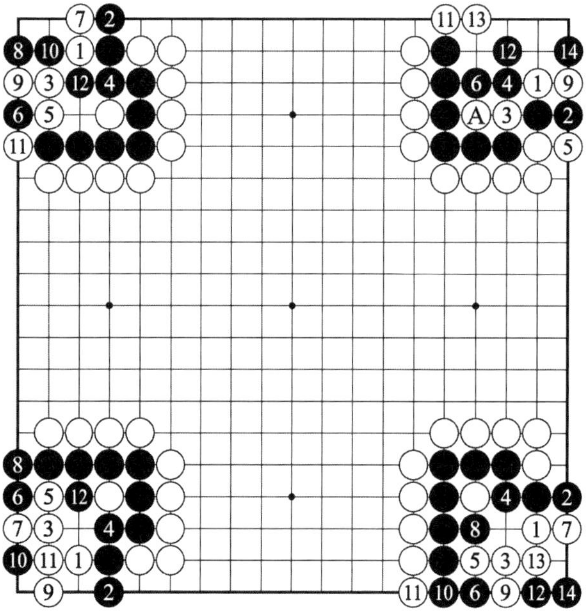

⑦=③，❽=Ⓐ，❿=③.

（4）　　（2）

（1）此烂柯图角原势也。过百龄变亦觉未当，故余复变于后。

（2）过变。

（3）❽、❿好。

（4）⑨好，必此变方妥。

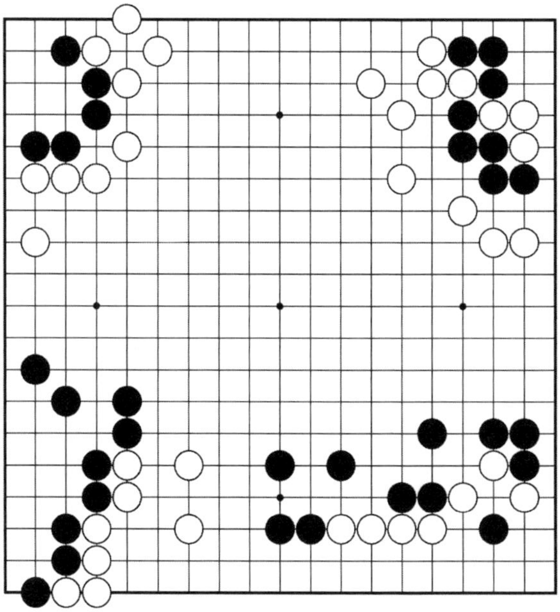

弈时残局三十六

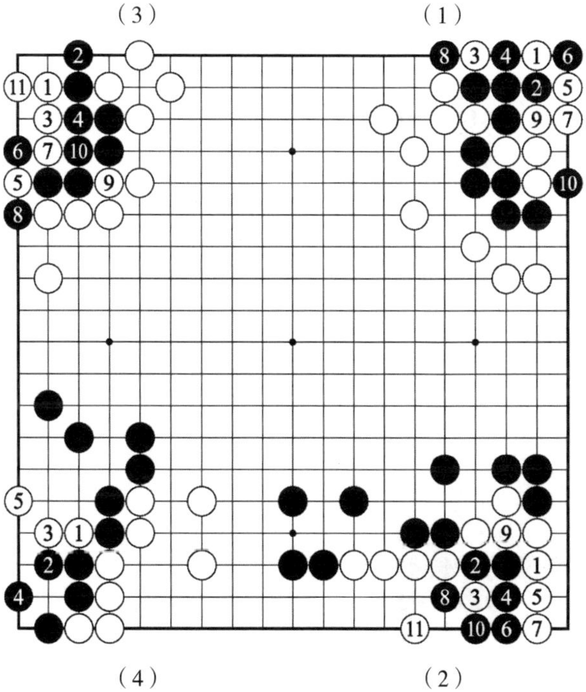

（1）①妙，劫。

（2）③妙、⑪妙。出过百龄《官子谱》十势。

（3）⑤、⑦、⑨妙。

（4）⑤妙。出过（注：出过，出自过百龄《官子谱》之意，下同）。

弈时残局三十七

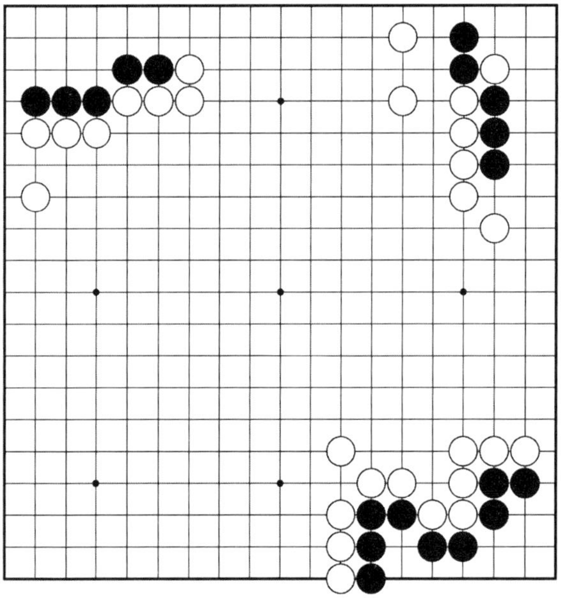

（3）　　（1）

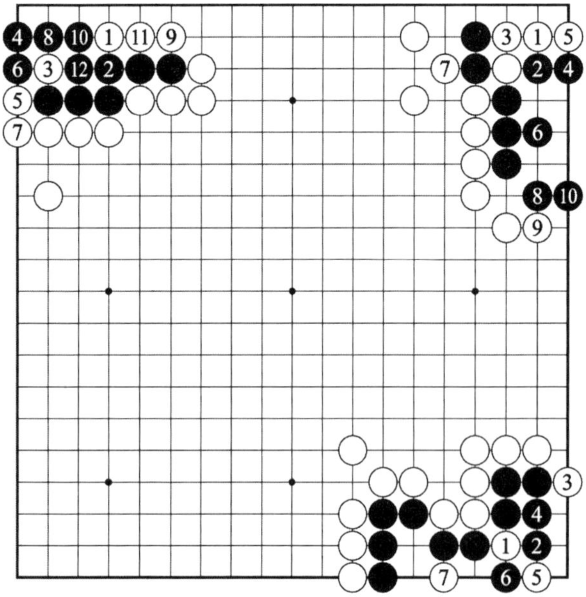

（2）

（1）①好。出过。

（2）①、⑦好。出过。

（3）出过。

弈时残局三十八

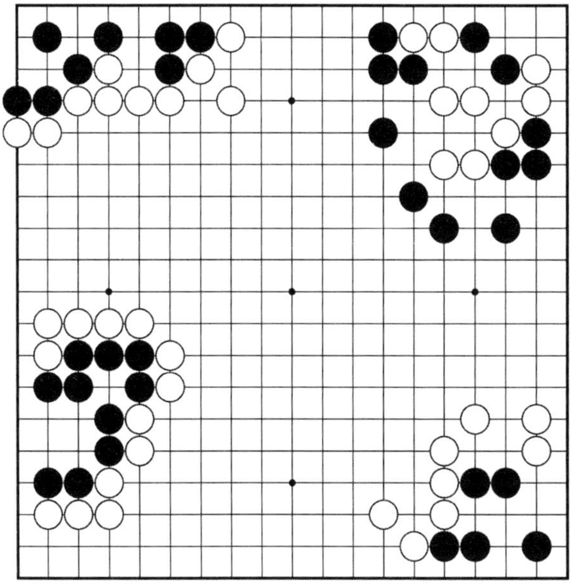

（3）　　　　　　（1）

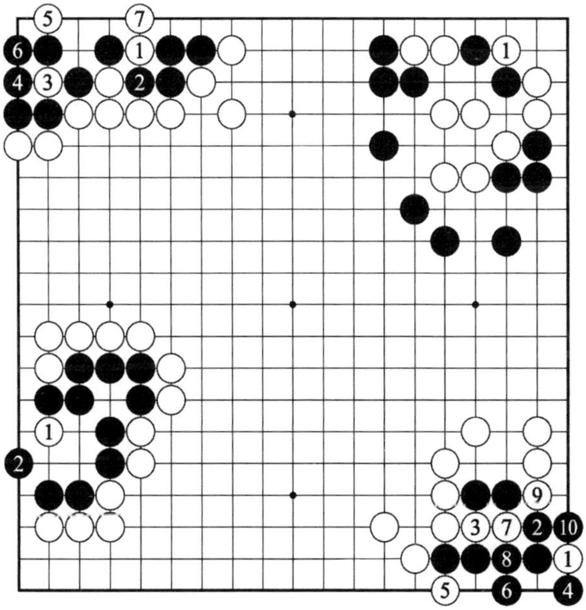

（4）　　　　　　（2）

（1）出过。

（2）❹妙。出过。

（3）出过。①、③、⑤、⑦俱好。

（4）❷好。

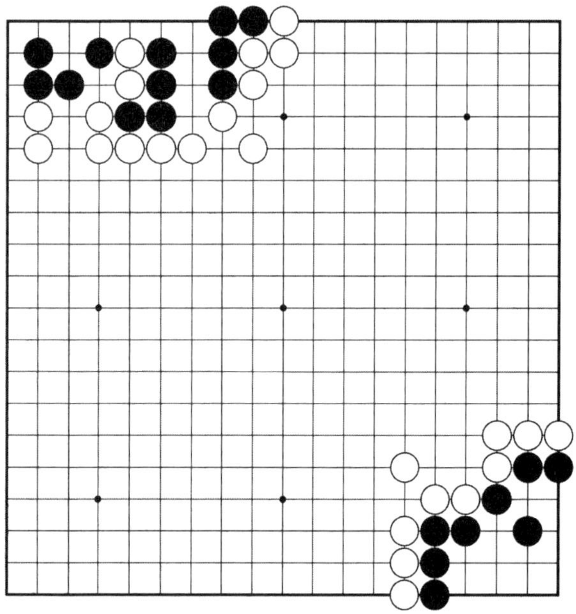

弈时残局三十九

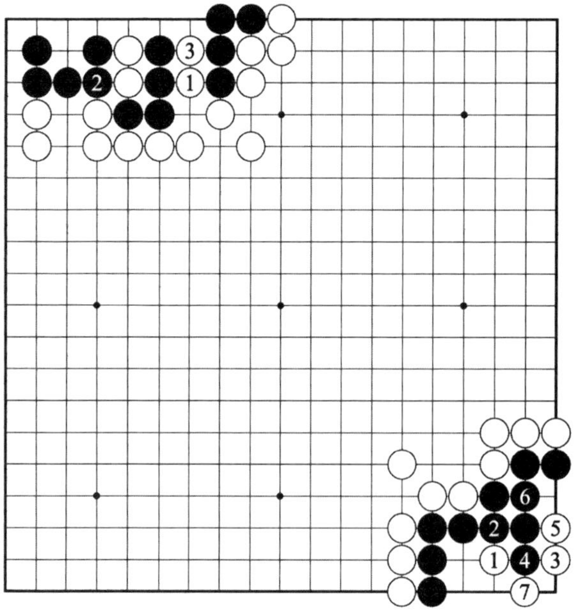

①好。出过。

③、⑤妙。

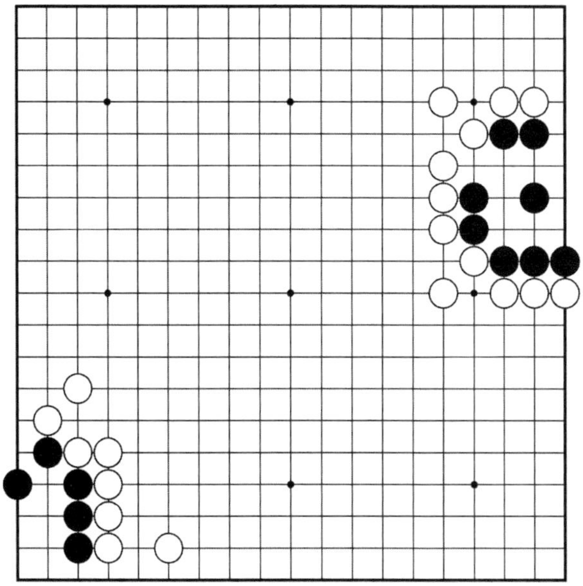

弈时残局四十

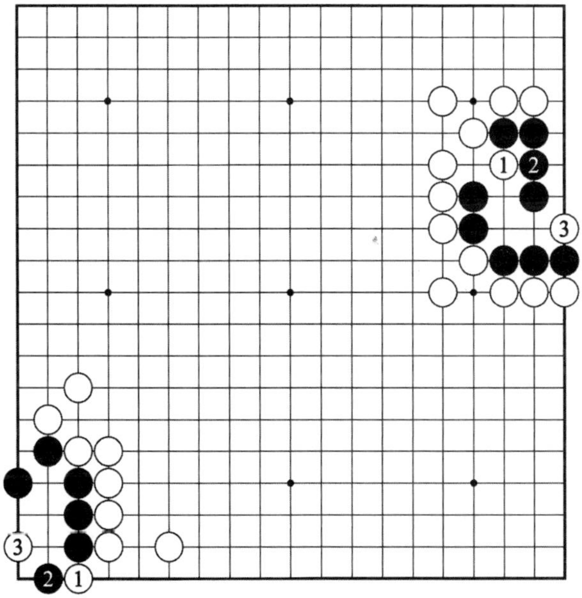

③好。

③好。

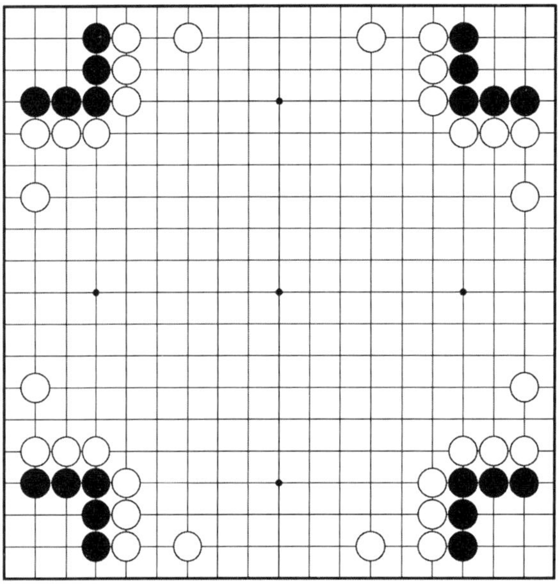

弈时残局四十一

（3）　（1）

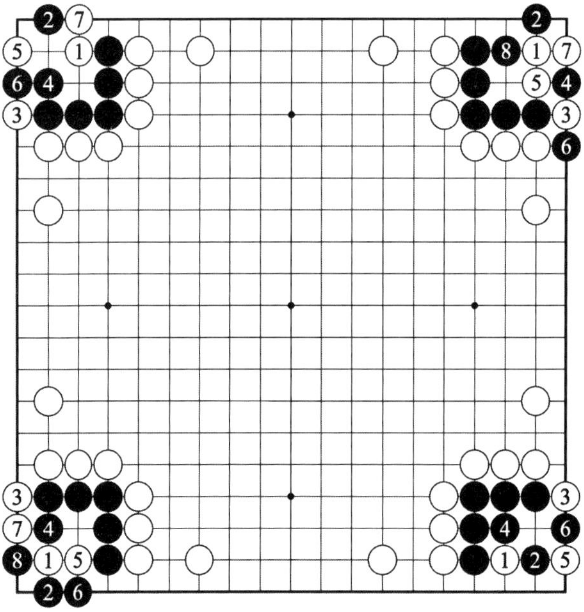

（4）　（2）

（1）雍论谓此势当如此劫杀，余谓要从此变，则置⑤着于❽位上，则成聚。

（2）③好，此变劫方是。

（3）⑦妙，杀。

（4）劫。

弈时残局四十二

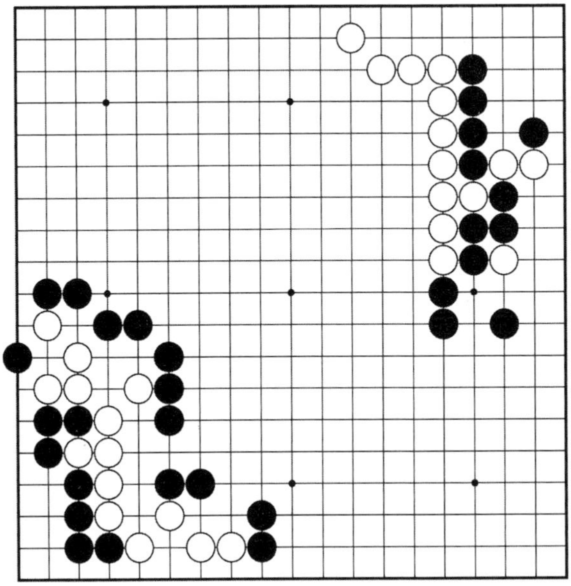

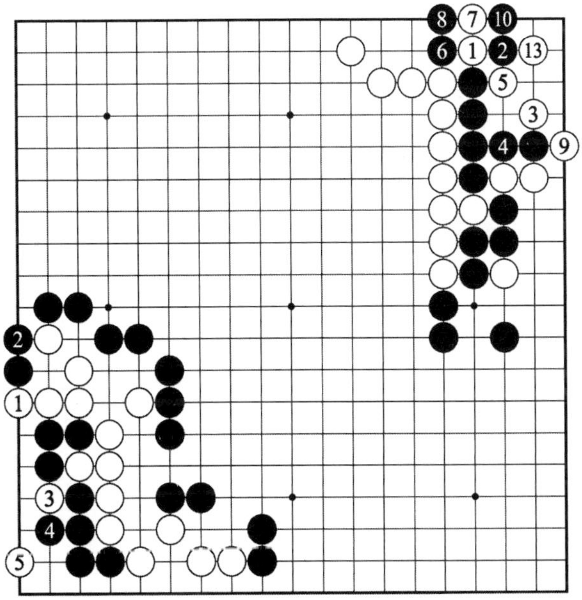

⑪=①，⓬=⑦.

（1）此续《弈薮》第一局苏朱对局角也。苏撇角，朱漫应，而苏竟接之，朱角得无恙，而局胜予病其疏漏，故变此而为拈出非敢徽名要，亦尽棋之道而已矣。

（2）③、⑤妙。

弈时残局四十三

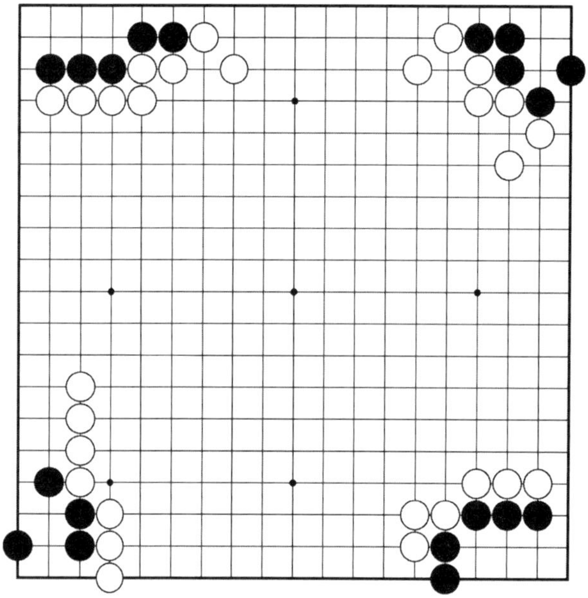

（3）　　　　（1）

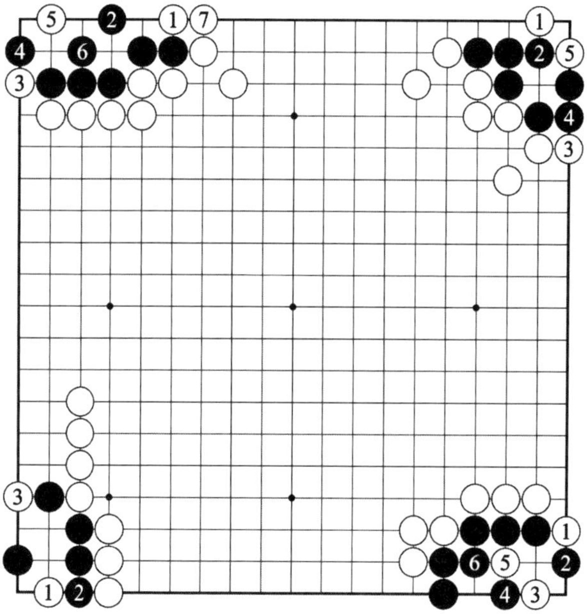

（4）　　　　（2）

（1）劫。

（2）劫。

（3）⑤妙。

（4）③妙。

弈选

（明）岑乾　辑

大地集团（香港）文化传媒有限公司　点校制谱

明隆庆年间徐中行翻刻本

点校说明

《弈选》，明代岑乾辑，一卷。卷首有姚江叶逢春序文一篇。书后茅积稺跋文一篇。内容主要分为两部分，前半部分为古代定式，后半部分为死活定势。本谱独立单行本未见，流传至今的均为天目山人徐中行（1517—1578）撰《欣赏续编》中收录本，《欣赏续编》共十卷，分别为：诗法、弈选、绘妙、词评、曲藻、十友、茶谱、色谱、牌谱、修真，所以本谱又名《欣赏弈选》。

岑乾，明朝时期围棋国手，时与方新、蔡学海并称。浙江余姚人。《绍兴府志》上说，余姚一向风行围棋。岑乾很小的时候，跟随父亲游武林（今杭州），一出去就是一天，家里人不知道他玩什么，为何如此着迷。后来他才告诉家里人，是和一些孩子下棋。长大以后，棋下得更好了，他便进了京城。一班达官贵人都请他去下棋，一时名声大震。当时，号称“天下第一手”的颜伦住在京城，他已是龙钟老叟，也把岑乾请去下棋，但败在岑乾手下。但岑乾赢他也是经过一番鏖战的。岑乾曾对别人说，“我与颜伦下棋，必须闭门静养十天才可以”。可惜，这位早熟的棋手不到四十岁就亡故了。

《国朝弈谱目录》、《弇言类抄》等古籍均未提及《弈选》，只有明末书画鉴赏家、木刻家冯元仲编写的《弈旦评》中有记载：“《围棋故事》一卷，则我高皇帝著也。他若《石室秘传》、《橘叟玄谈》、《秋仙遗谱》、《适情录》、《弈萃搜玄》、《玉局藏机》以及《弈征》、《弈选》、《弈正》，皆弈中之鸿生钜儒也。”《弈旦评》是概述我国明代及之前历代围棋状况的重要文献论著，将《弈选》与《秋仙遗谱》、《适情录》等名著相提并论，且用上“弈中之鸿生钜儒”的评价，可见《弈选》在明代的地位相当高。

本次点校采用的底本是国家图书馆出版《中国历代围棋棋谱》中收录的版本，但该版序文有缺字，且无落款，现已查找其它版本资料补全；死活部分的图势错误较多，比如第二局“机深”图形无法识别，参照其它版本补全，其图势只有4手，解说却有“八妙”字样，类似错漏无法考证，本次点校故任其旧。再比如类似“檠天”的失题死活势，本次点校均进行了更正，特此说明。

弈选序

岑生，余邑人也，幼以奕奇，北游燕邸，诸名手咸自引为不及，缙绅大夫争延之。生所在，奕辄往焉，亡不啧啧，名由此益显。生好观古奕谱，而采其精者，置为一帙，曰《奕选》，出以视余。余深惟奕有谱，犹医之方、兵之法也，而精之者在专。刘孔昭云：奕秋，善奕也。当奕之思，有吹笙过者，乍而听之，则奕败矣。余夙亦酣究于兹，自谓竟所至，可无二手，而它又滥志觚锥，未陟其巅，则窃自悔之。生聪明过人，修雅好古，诸艺皆绝。假令移此志道，不难入室。然而得此名于缙绅间，则愧余□滥志而无成者，岂若生操兹以有闻于后，傥亦有犹贤之意乎？初，生之父客于武林，时生甫儿童，俱焉。或竟日他往，家人怪之，生曰：有群儿呼与奕。自是顿异。昔中郎文章独擅，人曰非遇异人，则得异书，即一艺成名，皆天所建。谂是则昔人所纪积薪之事，非谩也。万历丙子秋姚江叶游春识。

大铁网

（3）　　（1）

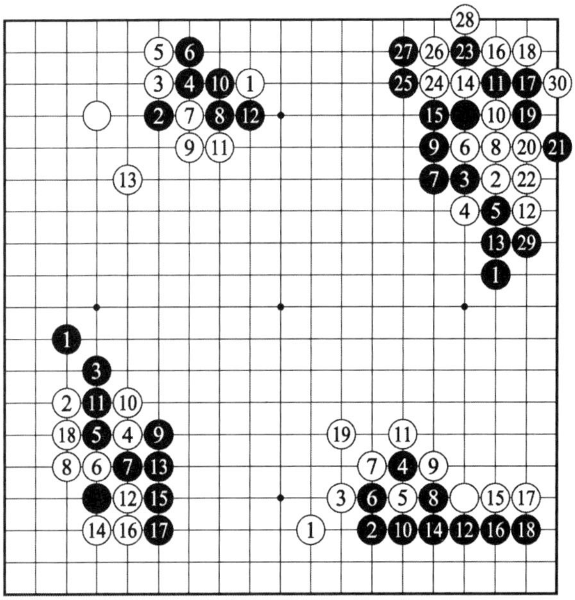

⑬=⑤.　（4）　　（2）

（1）一变

⑲、㉓好

（2）二变

③好

（3）三变

③好

（4）四变

⑨好

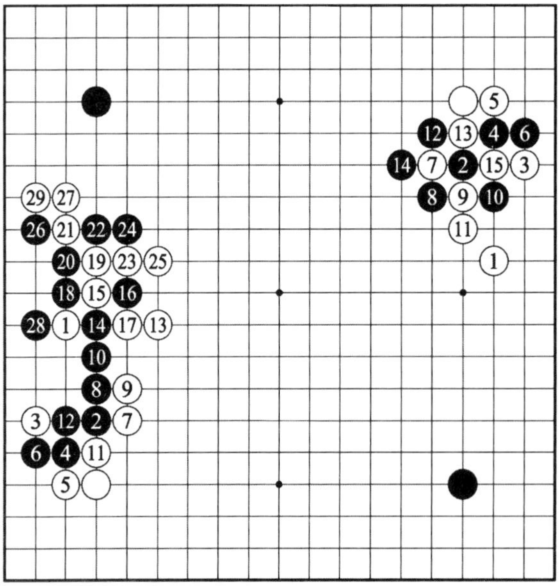

五变

③好

六变

⑬、㉑好

大卷帘

（3）　　　　　　　　（1）

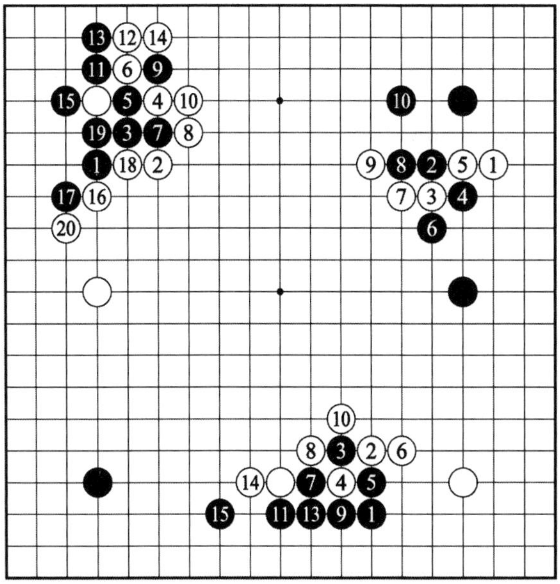

⑫=④　　　　　　　　（2）

（1）一变

❻好

（2）二变

⑥好

（3）三变

❸、④好

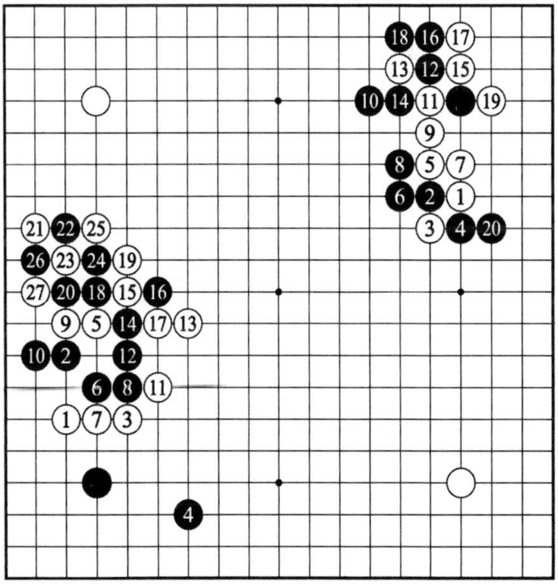

四变

⓴好

卷帘边

一变

⑨、㉑好

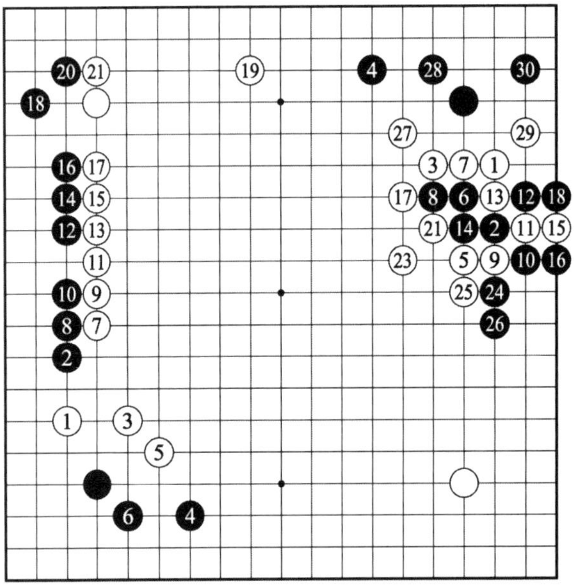

二变

⑪好

三变

⑤好

⑲=⑪，❷⓪=⑮，❷❷=⑪.

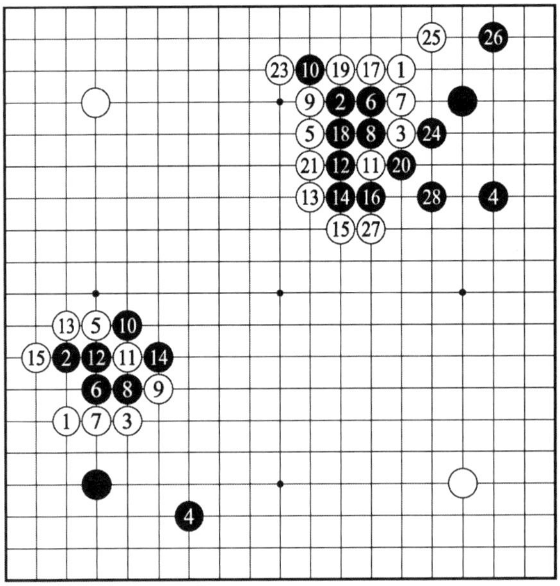

四变

⑬好

五变

⑪、⑬好

❷❷=⑪.

金井栏

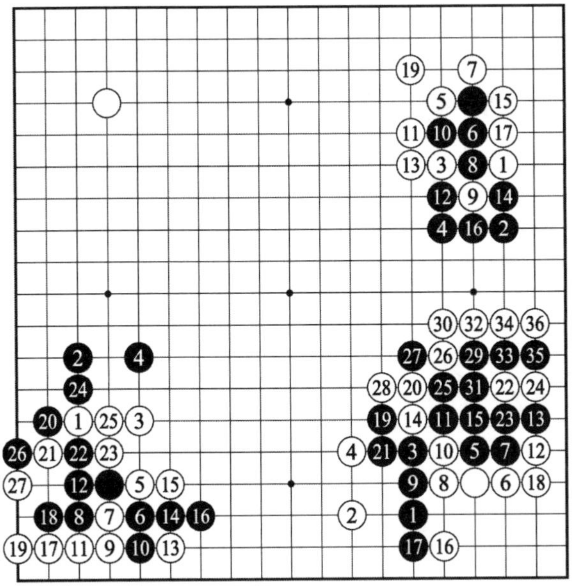

一变

⑦好

二变

⑫、⑭好

三变

⑬、⑲好

⓲=⑨

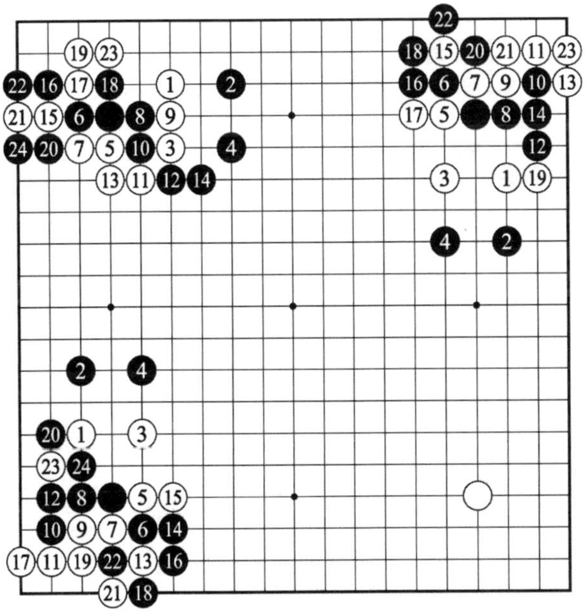

四变

㉓好

五变

⑰好

六变

⑰好

㉕=⑮.

㉕=⑬.

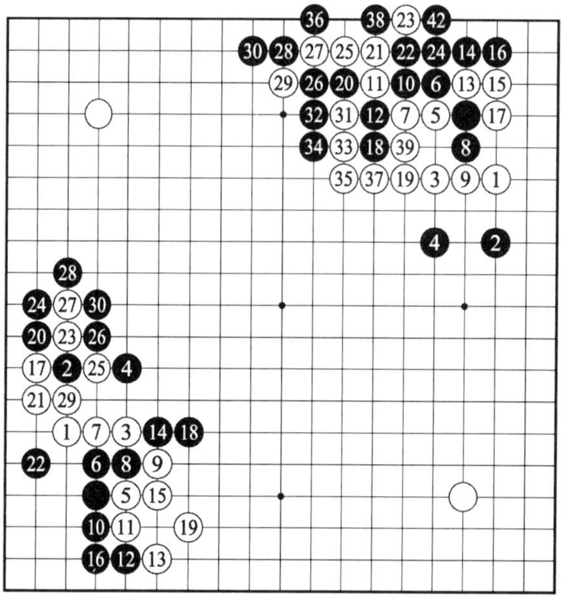

七变

过意好

八变

10、24好

40=12，41=18.

钓竿图

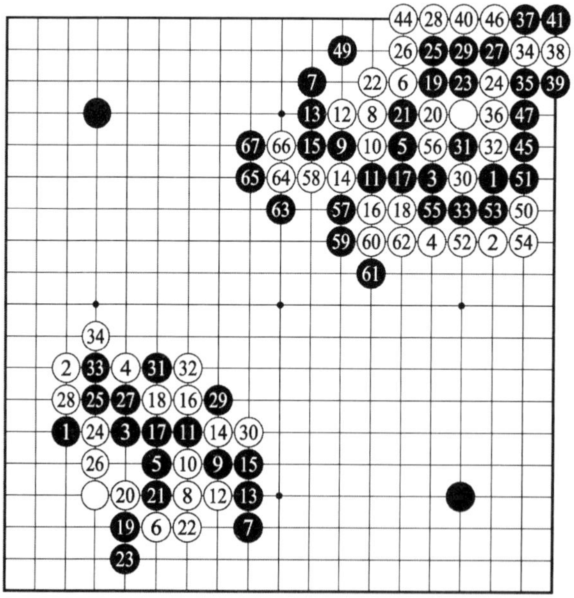

一变

30好

二变

24好

42=34，43=38，48=34.

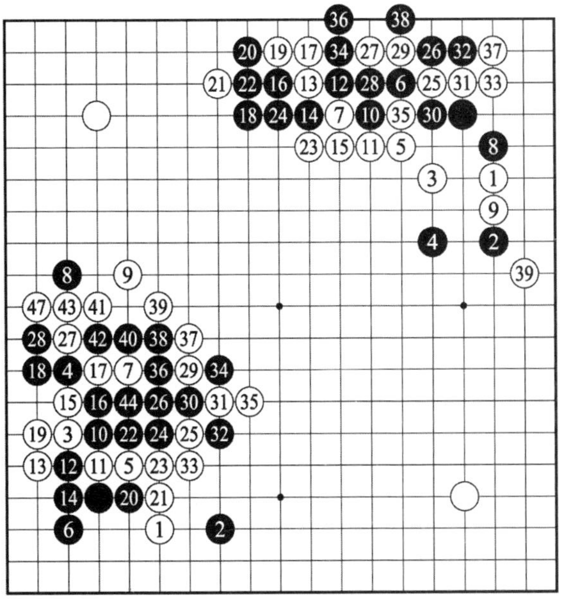

三变

⑲、㉑、㉓讨便宜可法

弩箭图

一变

㊶好

㊺=⑰，46=⑦.

铁重关

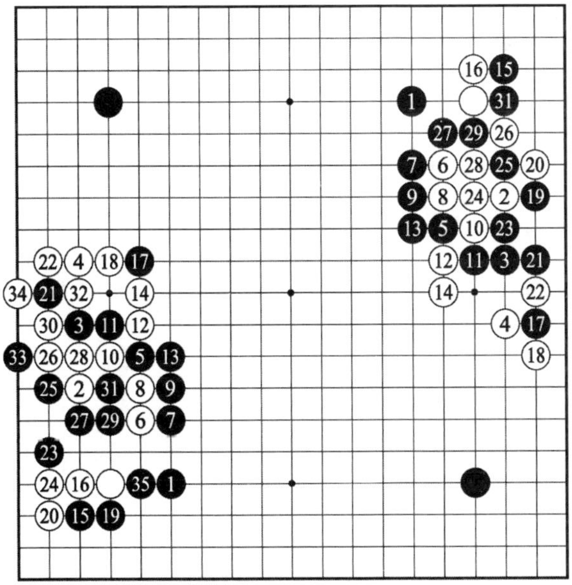

一变

15、21好

二变

17好

㉚=25.

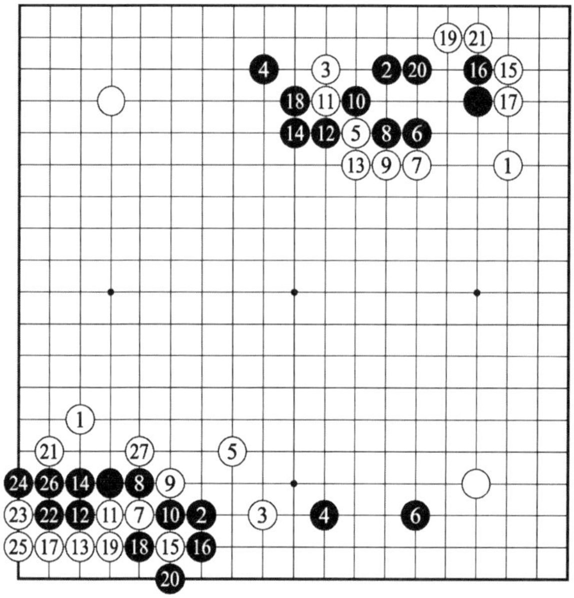

三变

⑮、⑲好

四变

⑮好

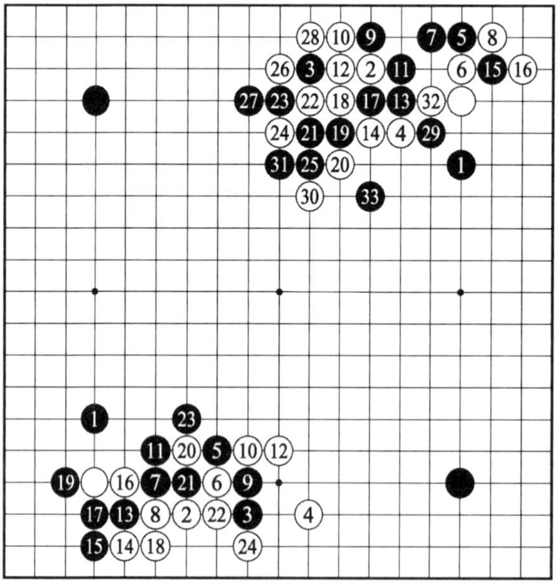

五变

❸❸好

六变

⓫好

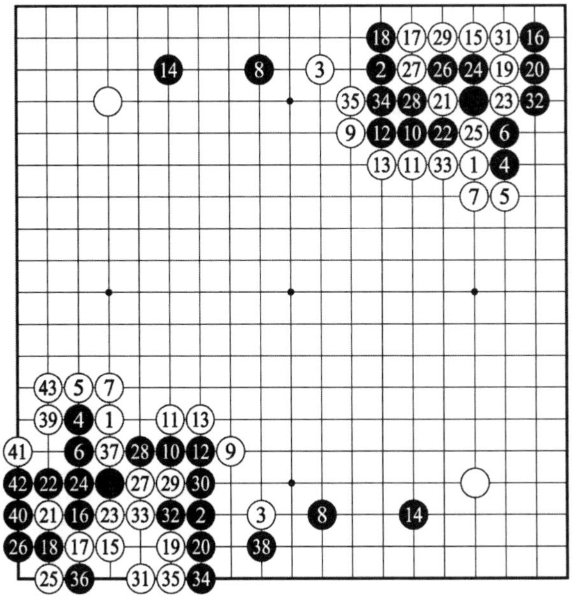

30=21.

七变

15好

八变

21好

大角图

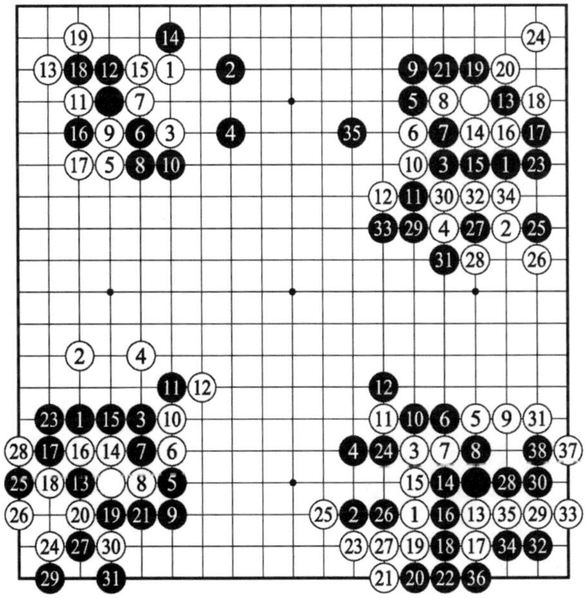

（1）22=13.

（2）22=13.

（1）一变

13、24、27好

（2）二变

17、37好

（3）三变

13好

（4）四变

25好

（3）　　（1）

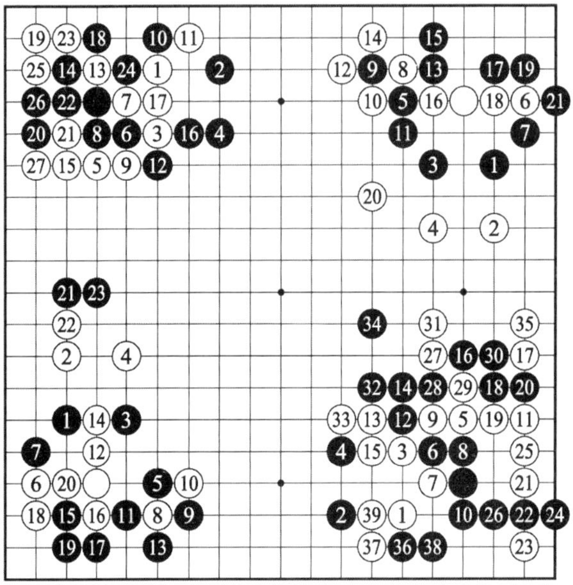

（4）　　（2）

（1）五变

⑫、⑳好

（2）六变

㉕好

（3）七变

⑲好

（4）八变

⓭取舍得宜，㉑借势颇通

（3）　　（1）

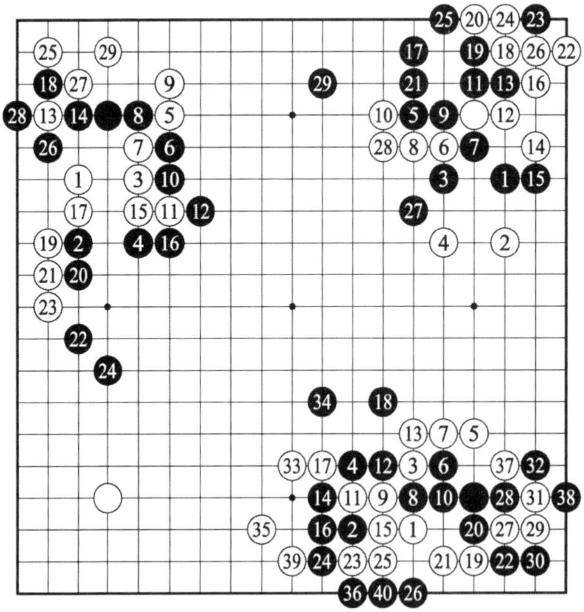

（2）

（1）九变

⑭、⑳好

（2）十变

⑪好

（3）十一变

㉕好

镇神头

（3）　　　　（1）

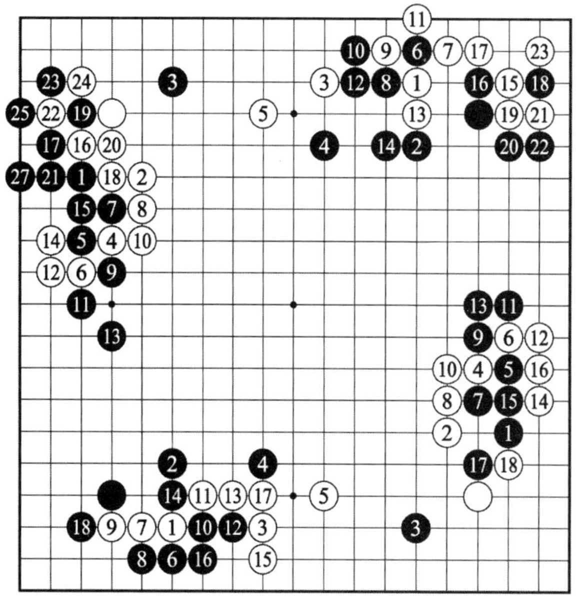

㉖=⓳.　（4）　　　　（2）

（1）一变

❻、⓲好

（2）二变

⑱好

（3）三变

27好

（4）四变

❻好

（5）

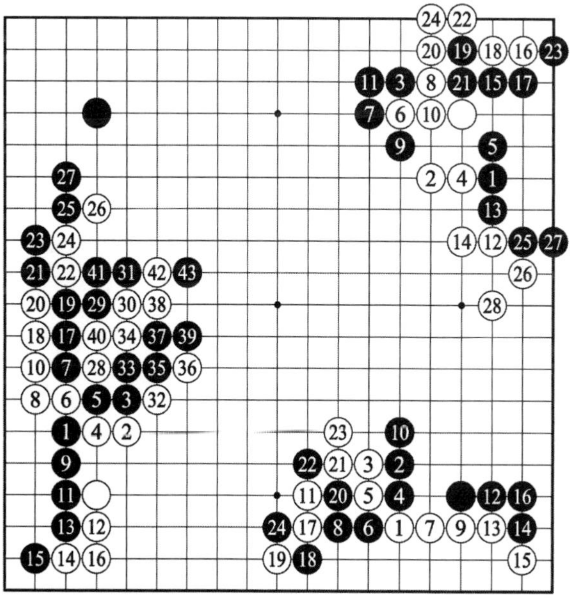

（7）　　　　（6）

（5）五变

⑯好

（6）六变

⓬好

（7）七变

㉚、43好

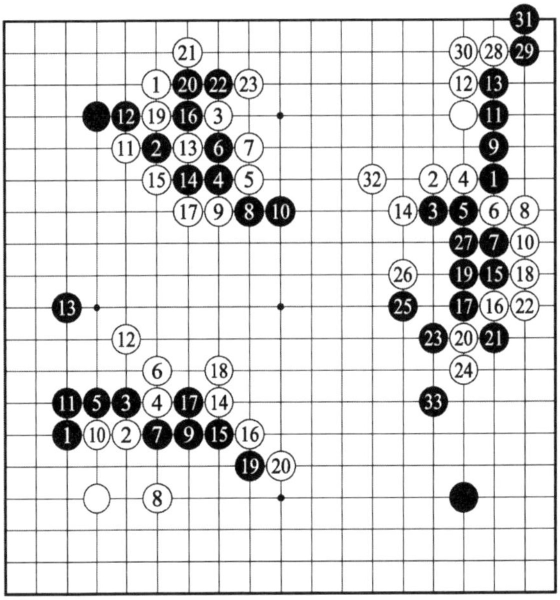

❽=⑬.

八变

⑭、⑯好

九变

⑪好

十变

⑧、⑫好

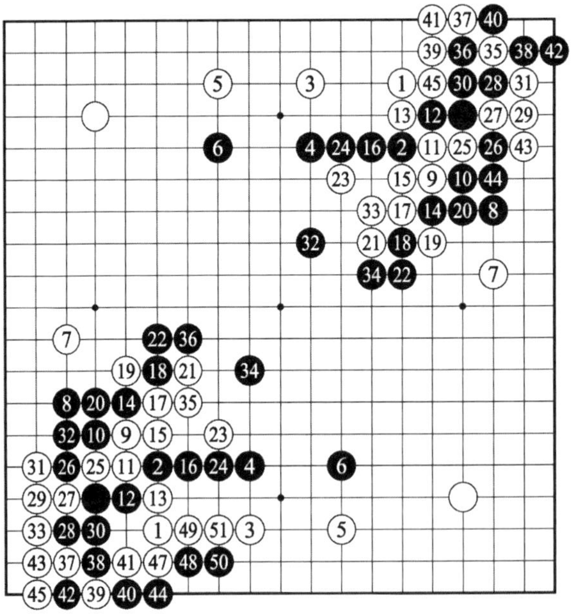

㊻=㊴.

十一变

㉜、㉟好

十二变

⑦、㉞、㊺好

倚盖角

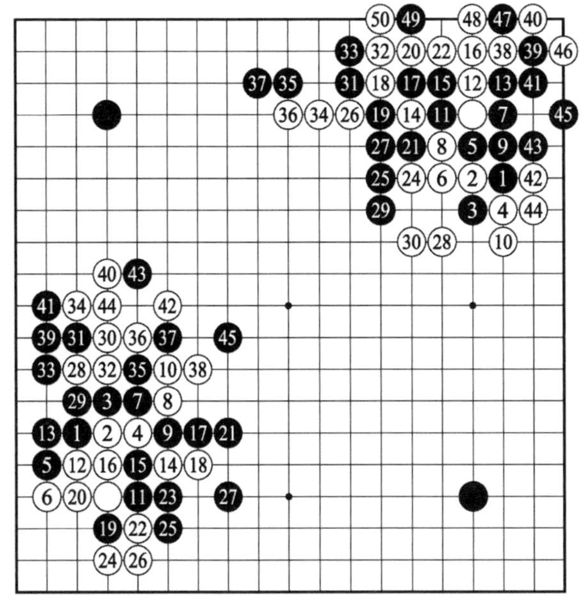

23=14.

一变

13、14、16好

二变

11、31好

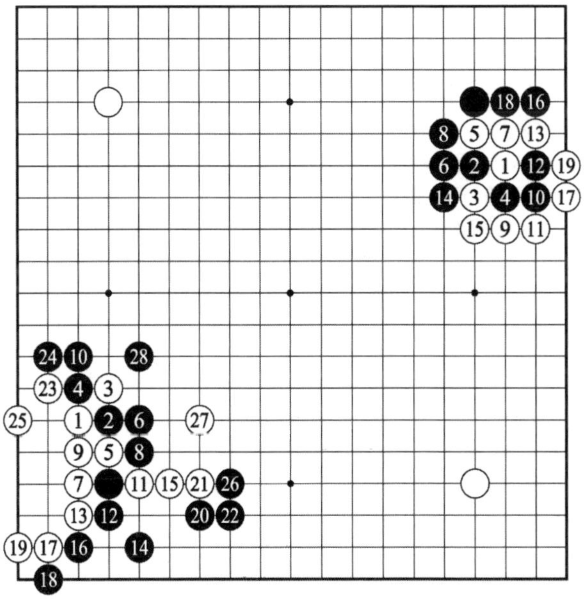

三变

4、12好

四变

14好

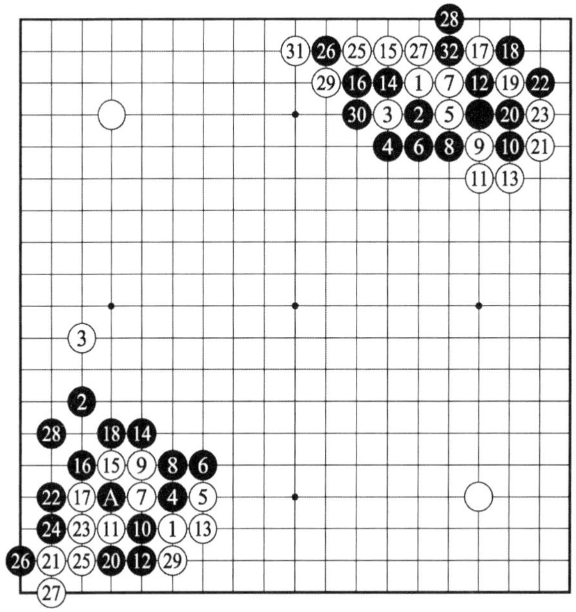

24=19.

19=A.

五变

19、26好

六变

14、16、21好

倒垂莲

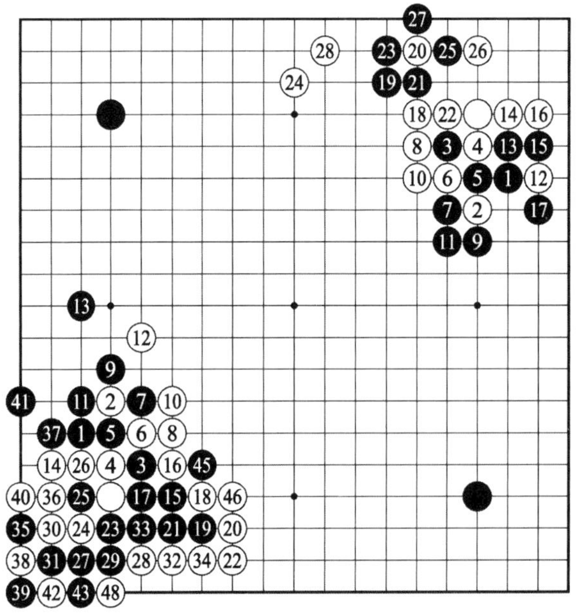

44=38，47=35.

一变

12、20、24好

二变

48好

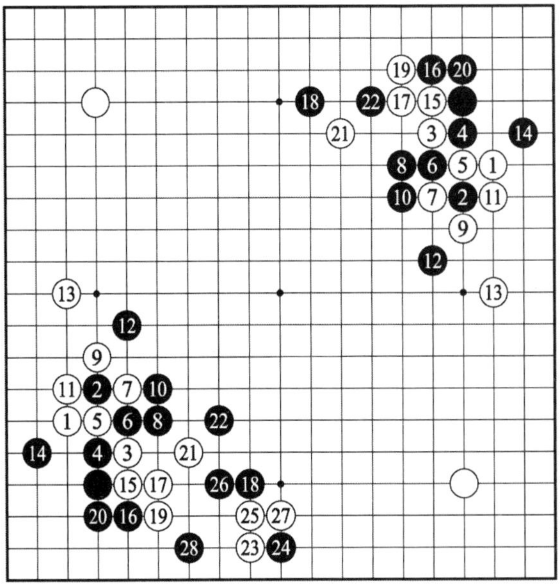

三变

18好

四变

26好

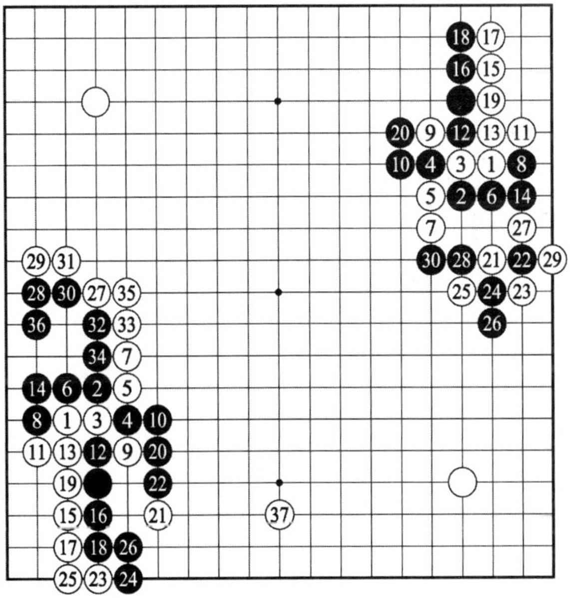

五变

24好

六变

21好

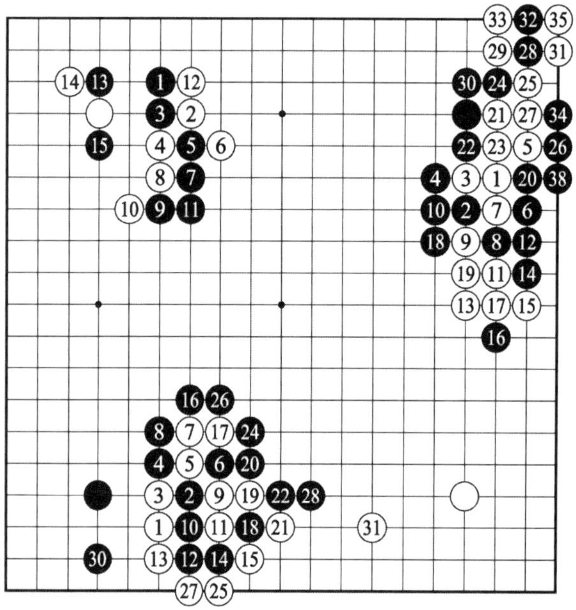

❸❻=❷❽，㊲=❸❷.
㉓=❶❽，㉙=⑤.

七变

❻、❷❽好

八变

❶❺好

九变

❻、❽好

侵分图

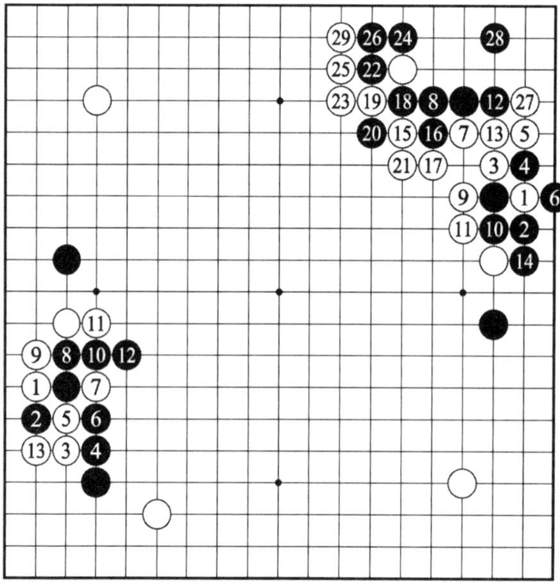

一变

③好

二变

③好

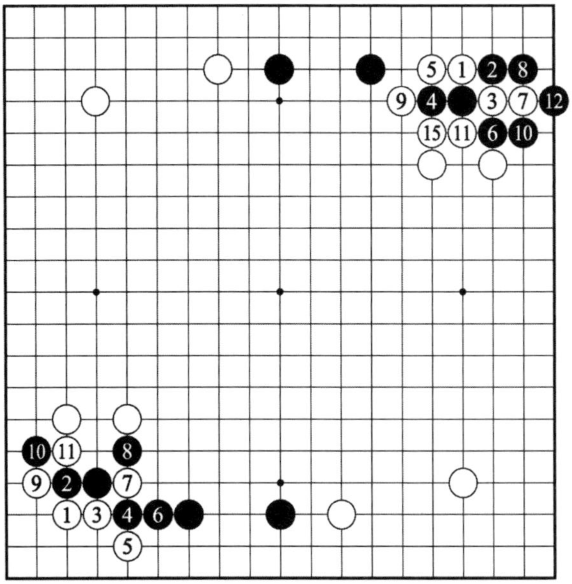

三变

⑨好

四变

⑪好

⑬=③，⓮=⑦.

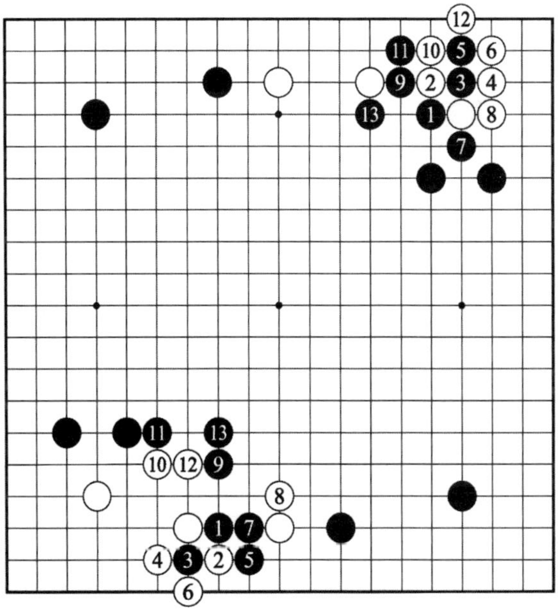

五变

❸好

六变

❶、❸好

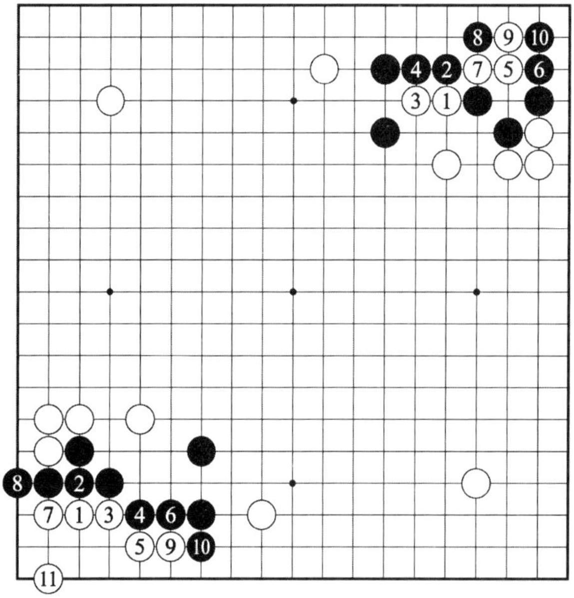

七变

❻、❽好

八变

先后有序

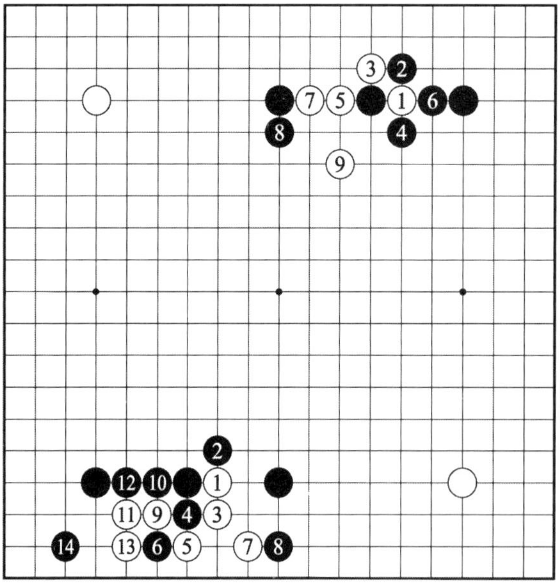

九变

⑦好

十变

⑤好

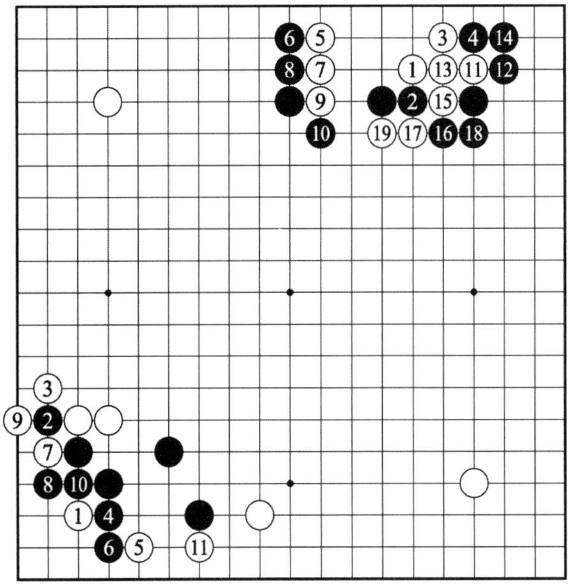

十一变

先后得宜

十二变

⑤好

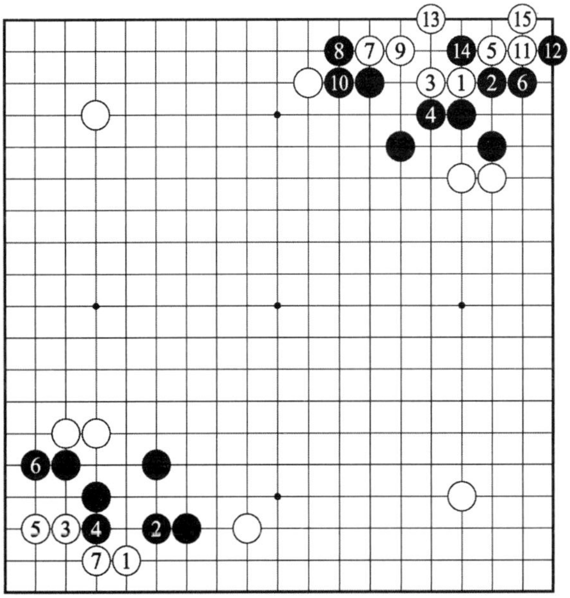

十三变

①、⑮好

十四变

⑤好

全图

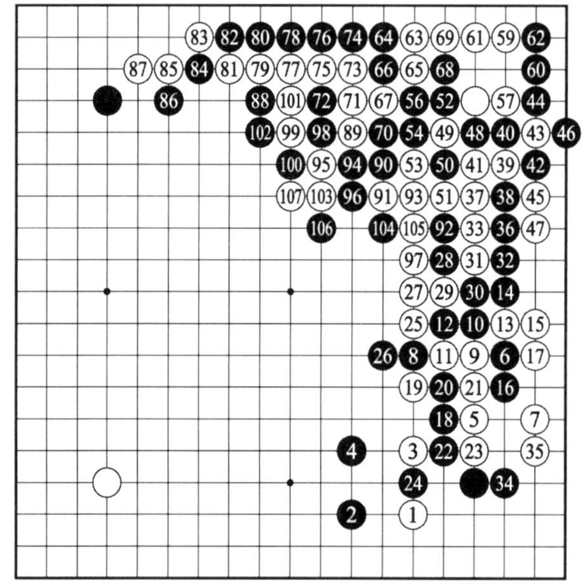

55=50，58=43，108=98.

一局

108着

19、40、54、72、88、92、98俱好

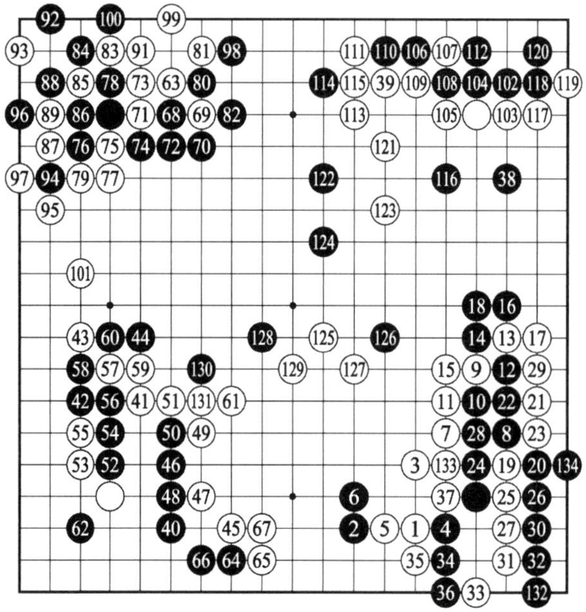

90=85.

二局

134着

33、92、94、96、107俱妙

四角俱切角

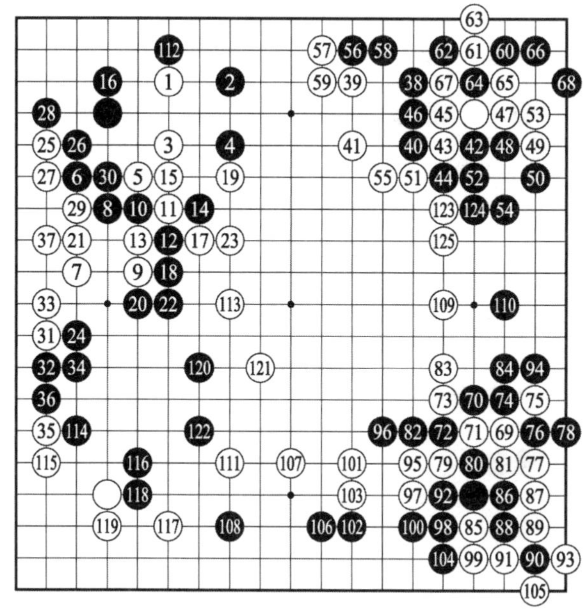

三局

125 着

25、35、60、68、85、90

俱妙

白隐然取腹之意可法

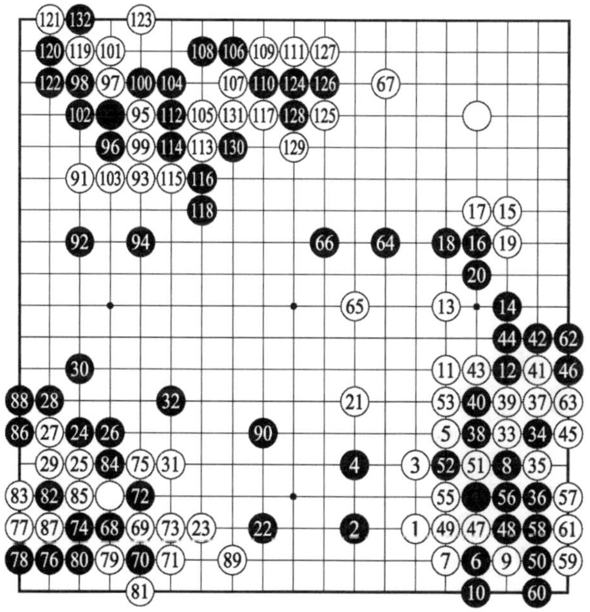

54=51.

四局

132 着

47、78、82、123、130俱妙

三角先后虽有小疵，而错综之意颇奇

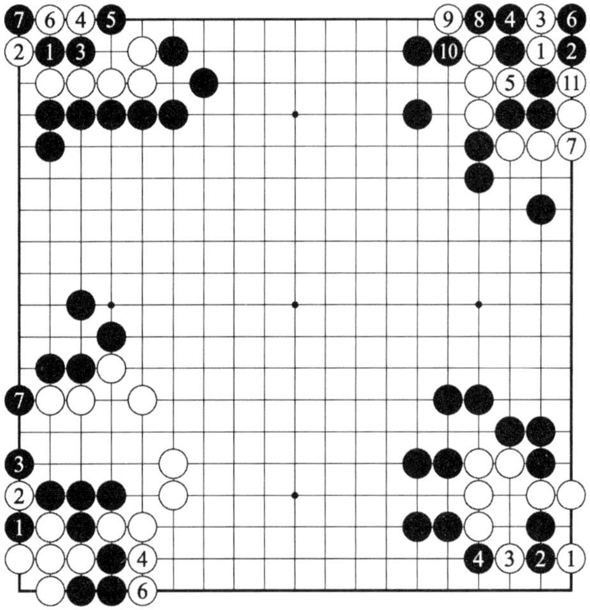

斗底

①、⑦、⑨妙

机深

❽妙（图势仅有 4 手）

妙算

④、⑥妙

巧过

❶妙

（3）⑧=⑥.

（4）❺=❶.

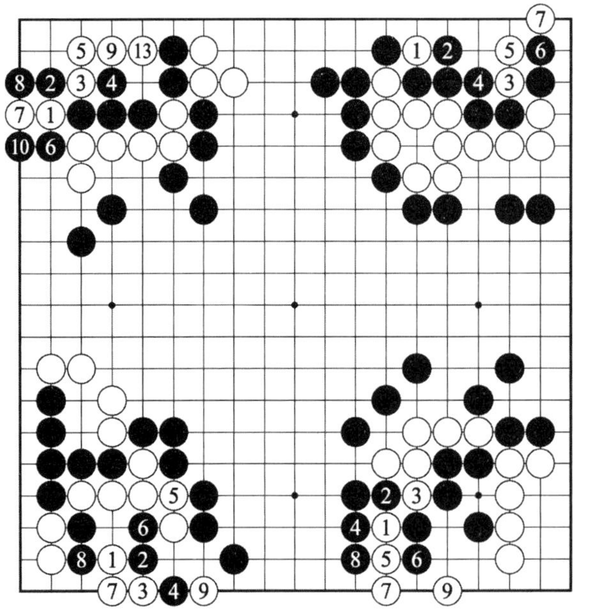

鸿沟

①妙

入神

⑦、⑨妙

笼鹇

③妙

翻云

③、⑤妙

（3）⑪=①，⓬=⑦.

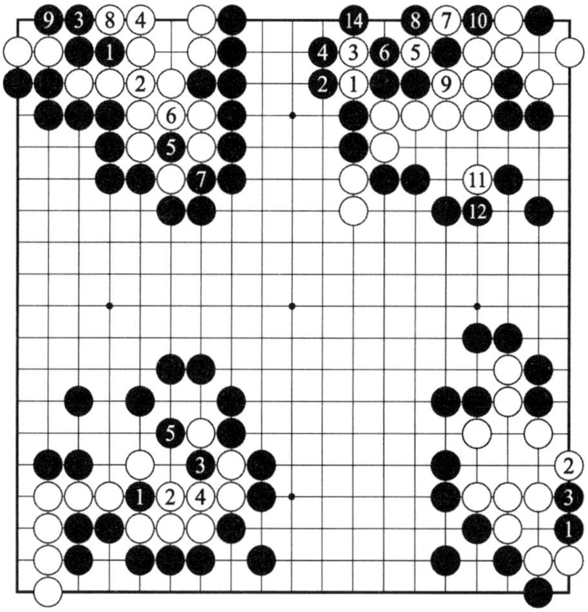

桧柏

⑤妙

武韬

❶、❸妙

鹜鸦

❸、❾妙

斩蛟

❶妙

⑬=⑦, ⑮=⑤.

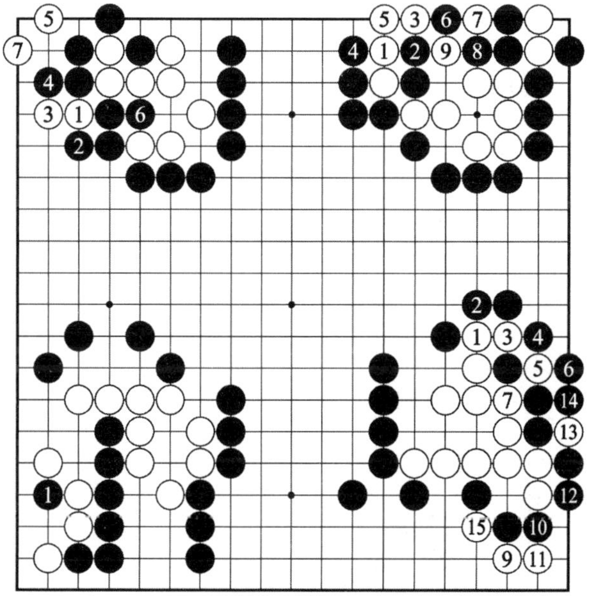

迷仙

③、⑦妙

合璧

⑤、⑨妙

再生

①、⑤、⑦妙

银河

①妙

❽=⑤.

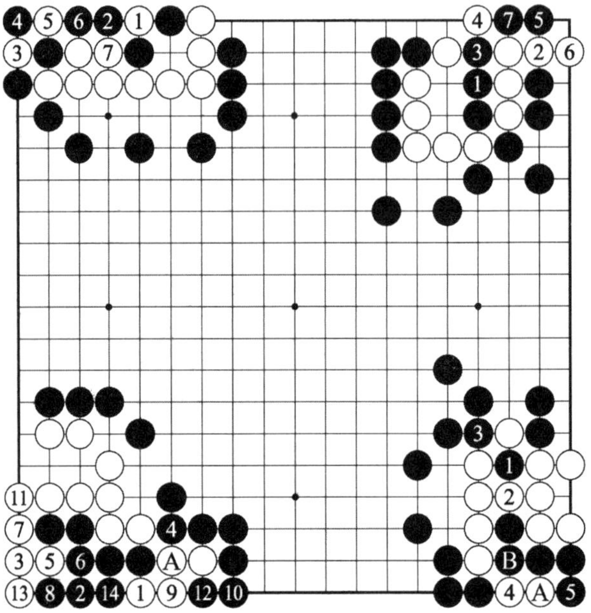

⑥=④，❼=Ⓐ，⑧=④，❾=Ⓑ.
⑮=Ⓐ.

唧枚

❺妙

檠天

❶妙

扑蝶

①妙

登真

③、⑨妙

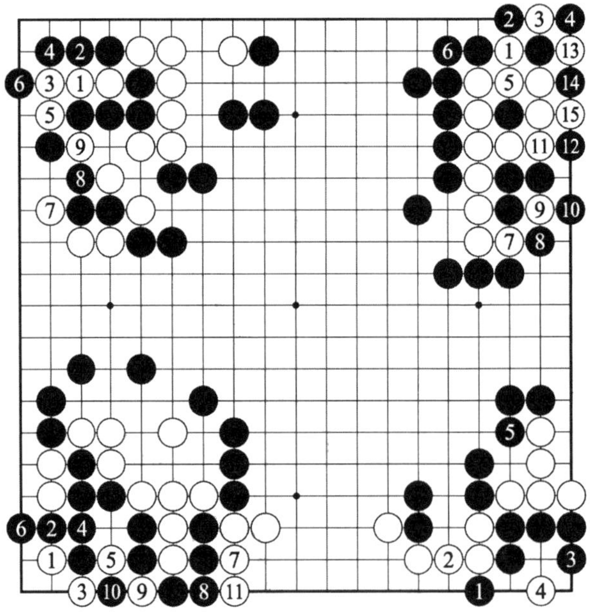

炼丹

③、⑨妙

金茎

❸妙

穿萍

⑤妙

入妙

③好

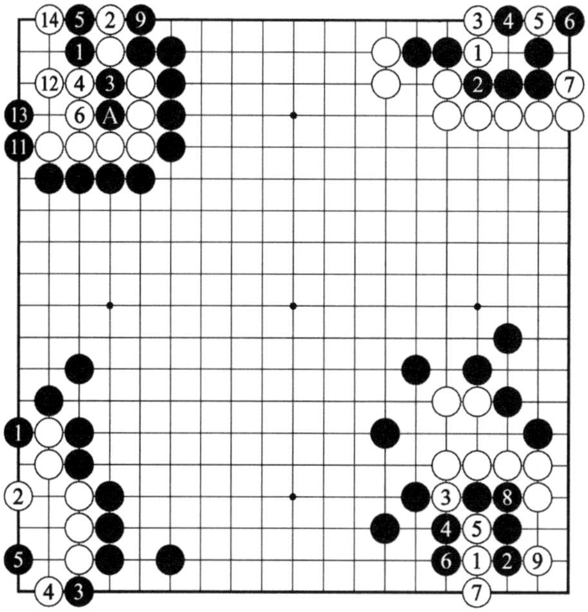

❼=❸, ⑧=Ⓐ, ⑩=❸.

沉舟

⑤妙

翠禽

①妙

难想

⑭妙

猪嘴

❺妙

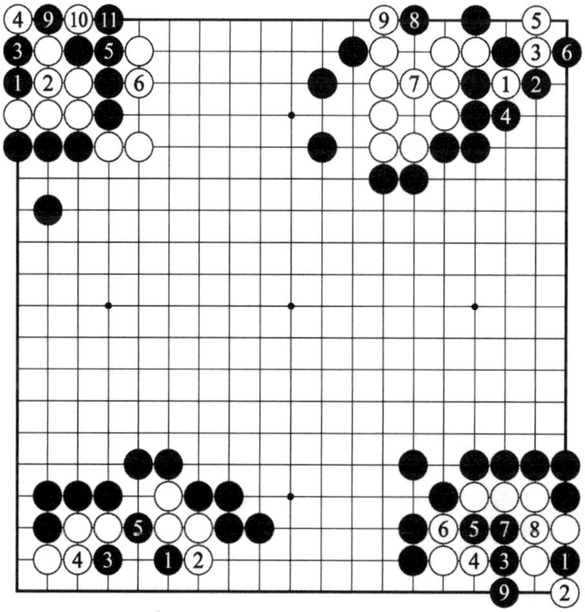

❼=❸, ⑧=❶.

金钩

①、③、⑤、⑦妙

通玄

❶妙

绕角

❸、❼妙

思玄

❶、❸妙

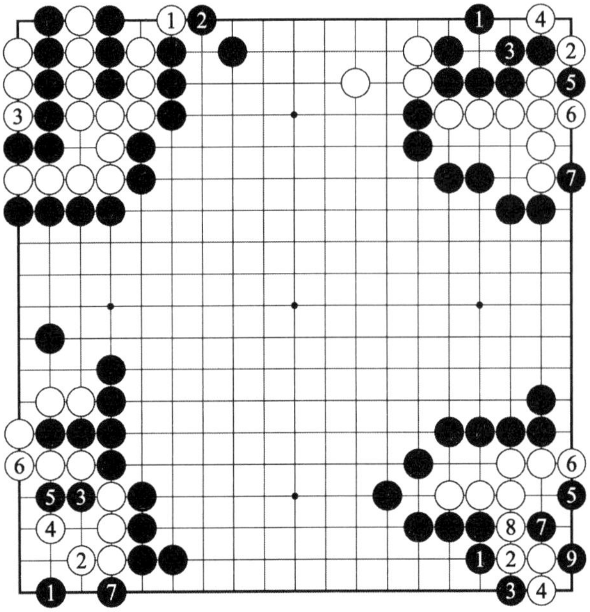

五岳

❶妙

困龙

❶妙

斗力

①、③妙
两持奇特

破屏

❸妙

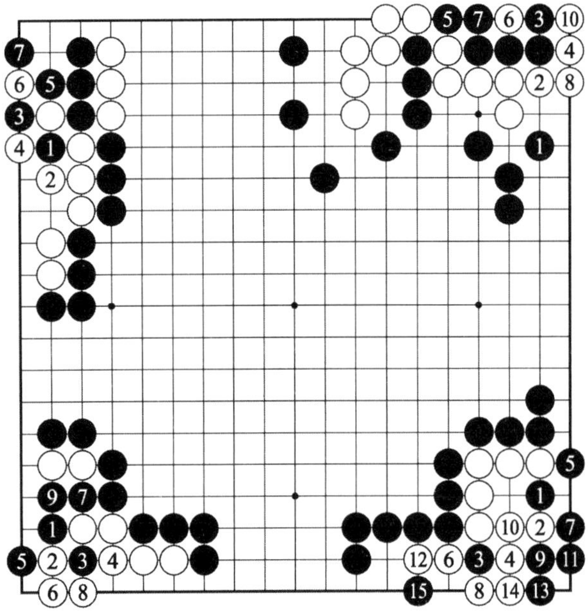

流觞

⑥、❾妙

无疑

❼妙

神出

❸妙

白猿

❶、❸妙

❾=⑥，⓫=❺.

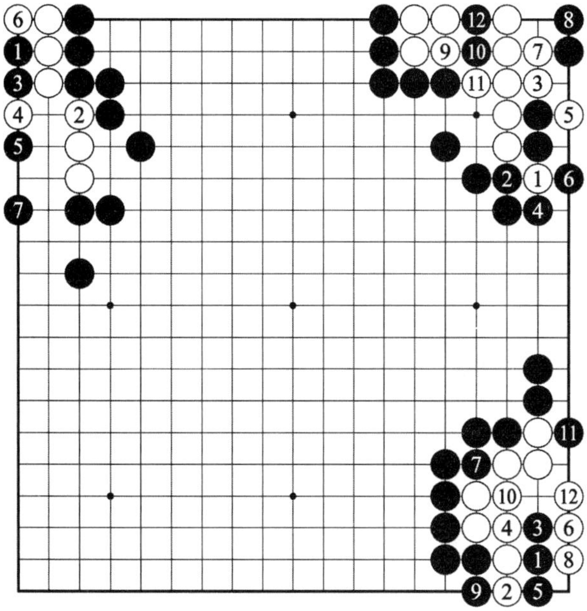

⑬=⑨.

跨凤

⑦、⑪妙

采樵

⑥、⑧妙

遇仙

❶、❸妙

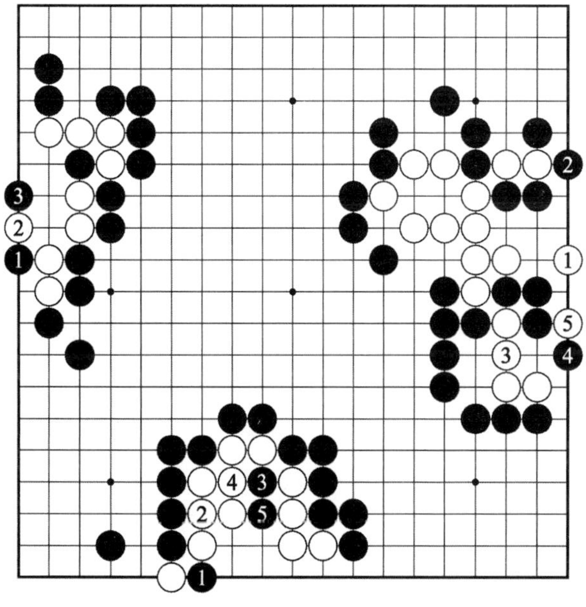

玉蝀

①、⑤妙

独行

❶妙

进讲

❶、❺妙

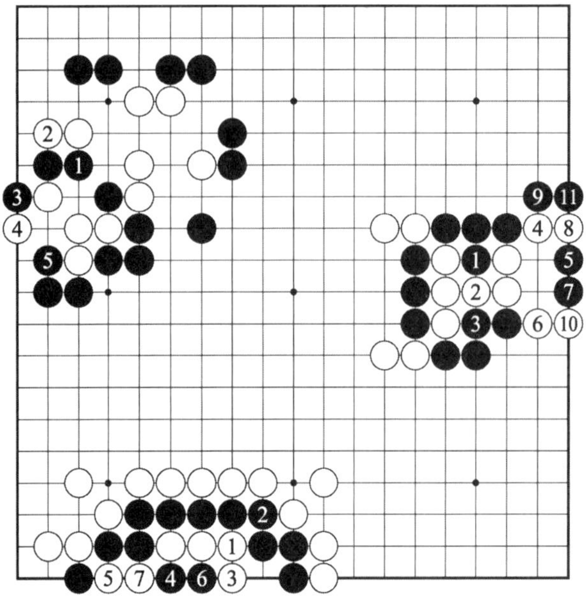

❽=❹，⑨=⑤，❿=❻.

钓鳌

❺、❼、⓫妙

苍鹰

❸、❺妙

长生

❻妙

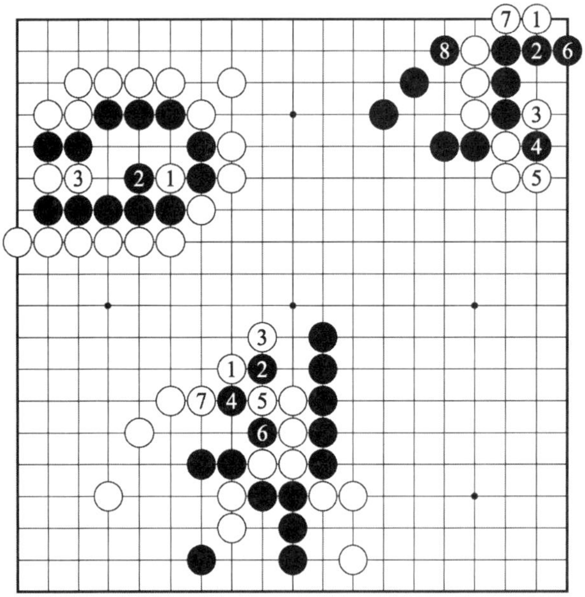

常用

❹、❻妙

筑坛

③妙

陷虎

⑤、⑦妙

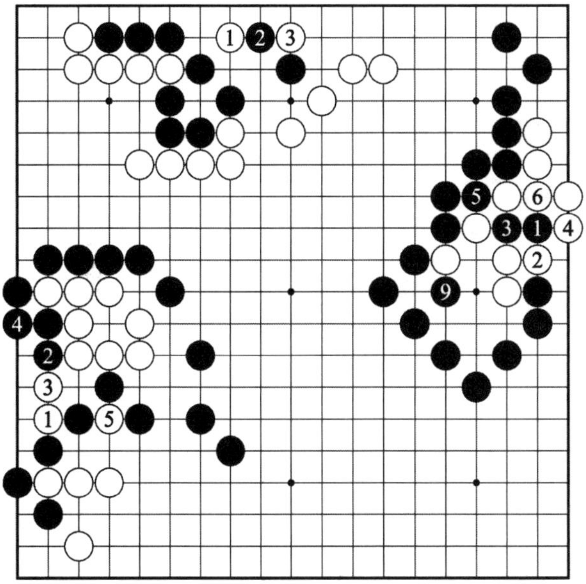

八士

❸、❼妙

月宫

③妙

八元

①妙

❼=❸，⑧=❶.

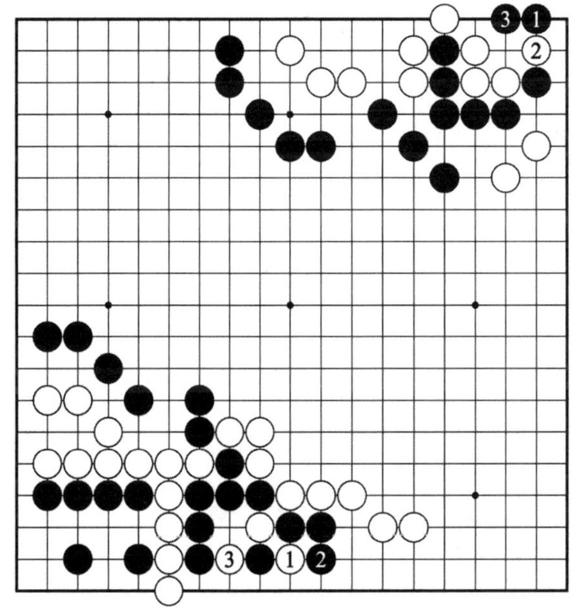

三山

❶妙

腾空

①妙

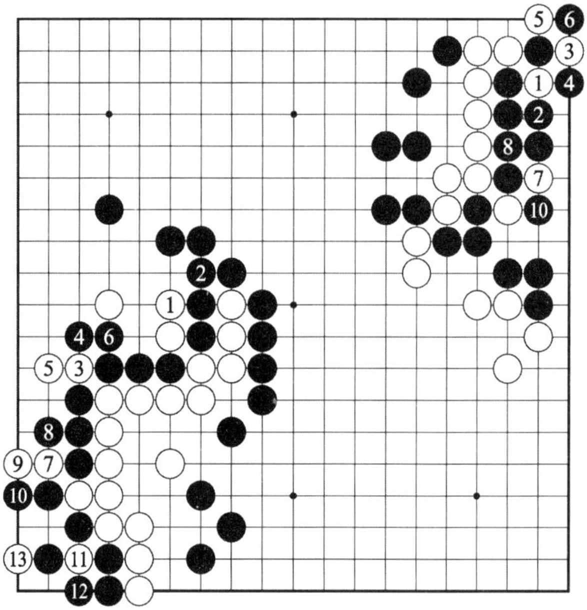

⑨=③，⑪=①.

荻麟

①、③妙

杝源

⑦、⑪妙

若❿在六一上，则⑪在⑬上即胜矣

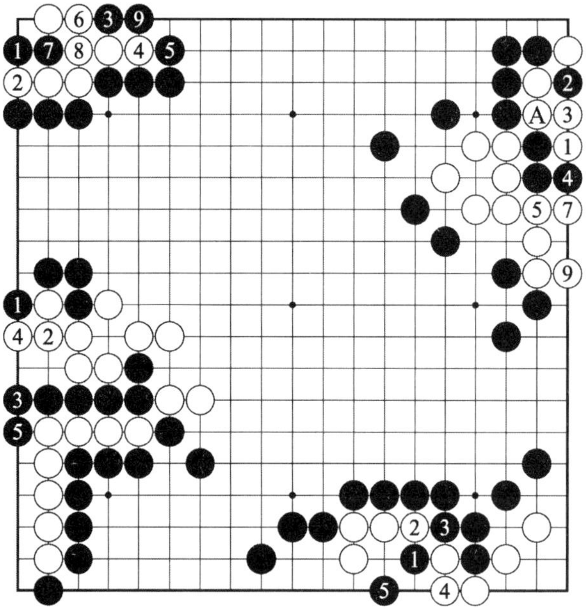

❻=❷，❽=Ⓐ.

熙春

①妙

巧云

②妙

小巧

❸妙

破阵

❶、❸妙

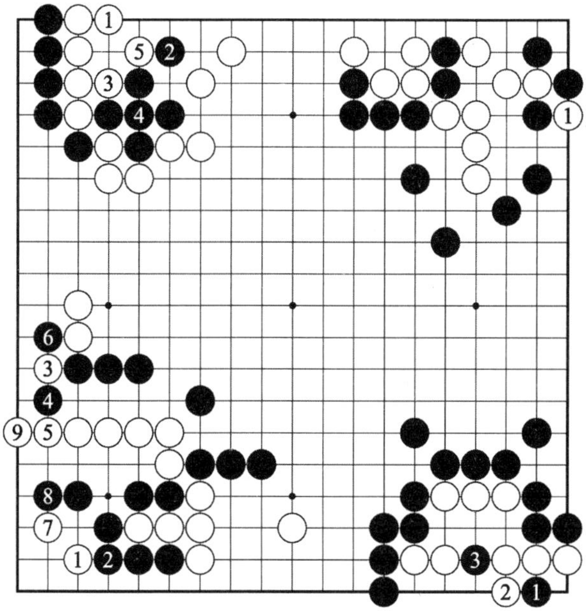

春淘

①妙

神迹

❶、❺妙

大巧

①妙

得陇

③妙

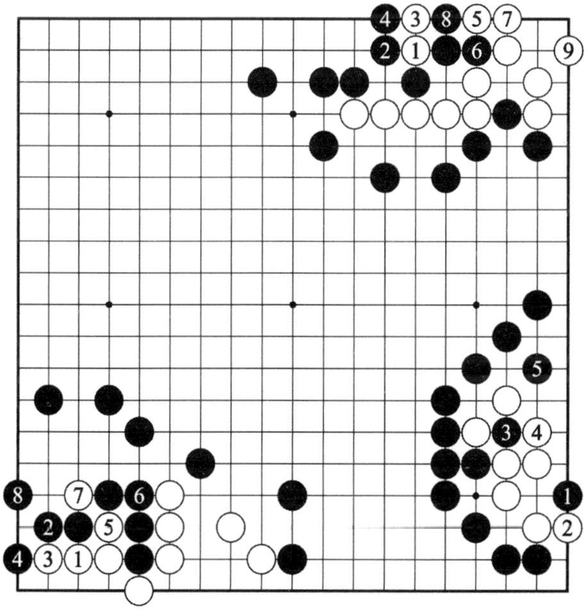

非常

①、③妙

五子

❸妙

镇神

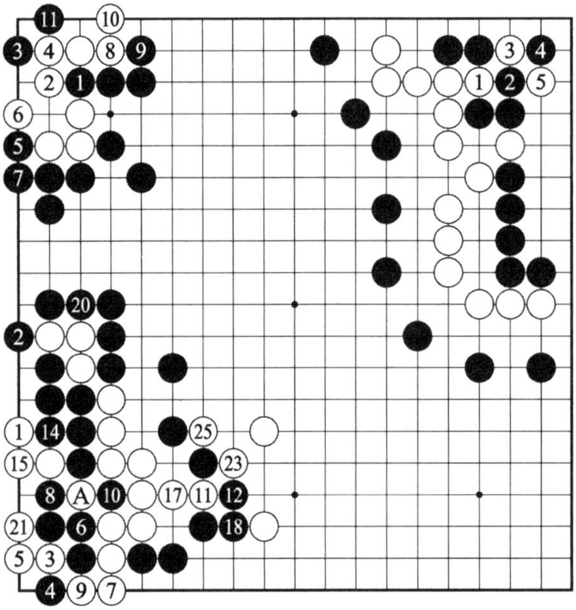

⑬=Ⓐ，⓰=❿，⑲=Ⓐ，㉒=❿，㉔=Ⓐ.

破浪

③、⑤妙

天鸡

❸妙

老松

①、③妙，劫胜

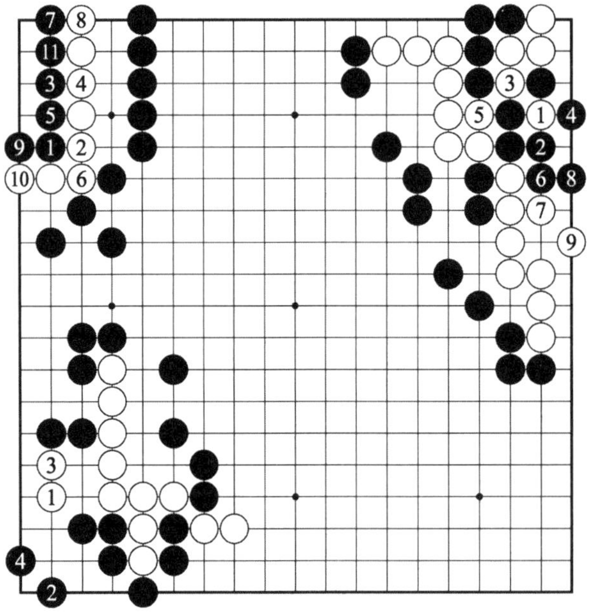

鲸涛

①妙

拔蛇

②妙

三星

再变

⑦妙

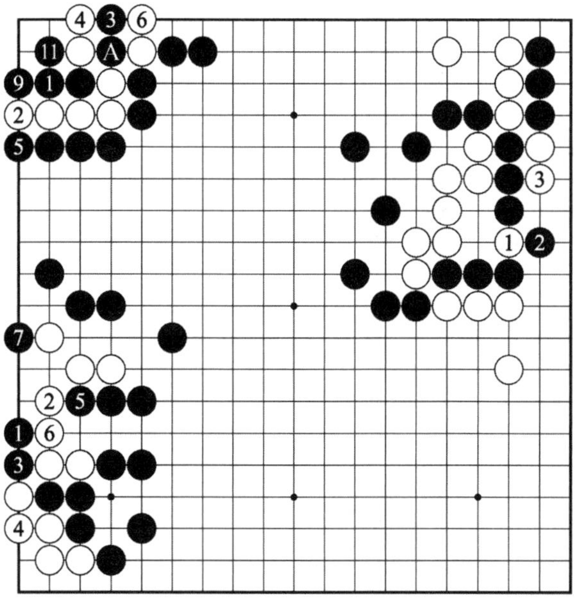

倒戈

①、③妙

争功

❸妙

造玄

❸妙

❼=🅐, ⑧=❸, ⑩=🅐.

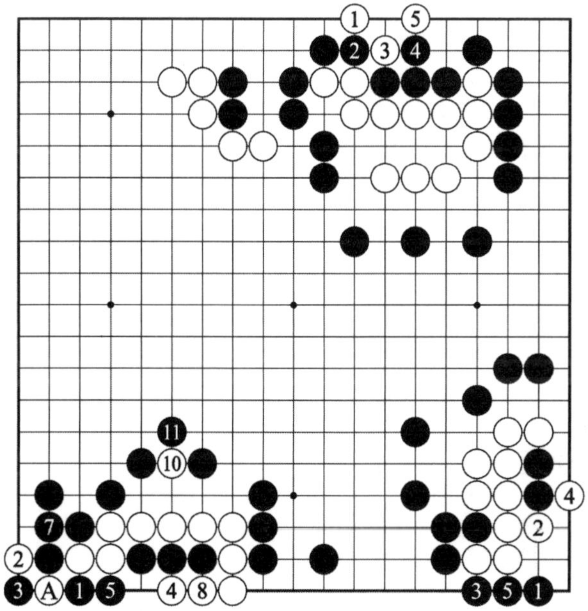

长虹

①妙

决策

❶妙

九子

⑧妙

⑥=Ⓐ, ❾=❸, ⑫=Ⓐ.

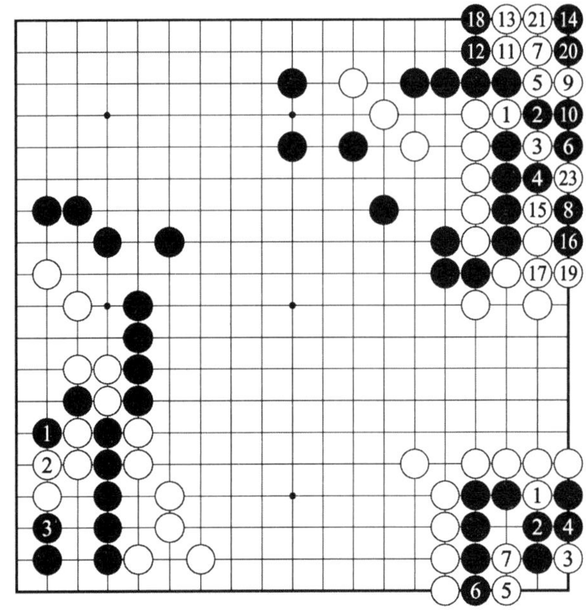

㉒=⓴，㉔=❽，㉕=⓰，㉖=⓮，㉗=㉓.

八龙

⑪、⑬、㉑妙

深渊

①妙

六奇

❶妙

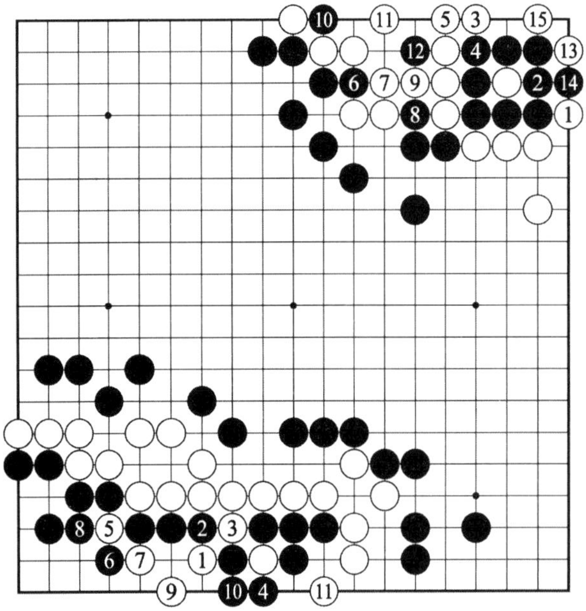

金牛

①、③妙

尽解

⑨妙

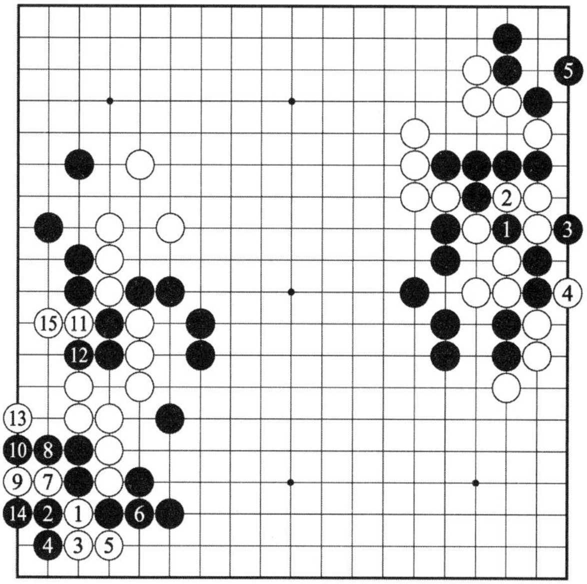

说剑

❸妙

清远

①妙

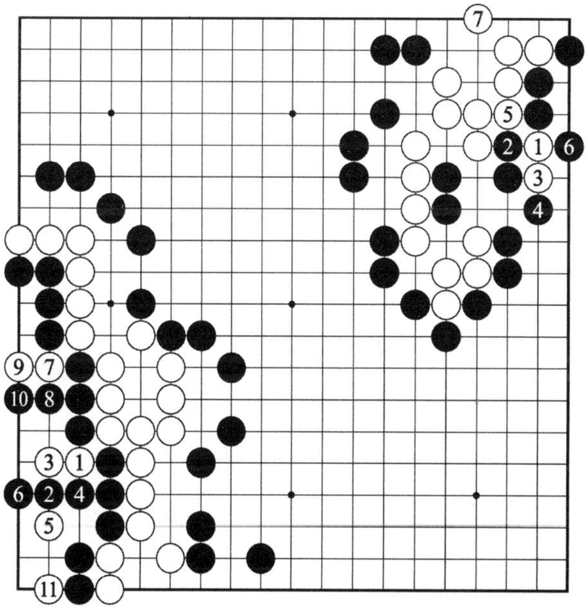

化生

①、③、⑦妙

乘槎

⑤、⑪妙

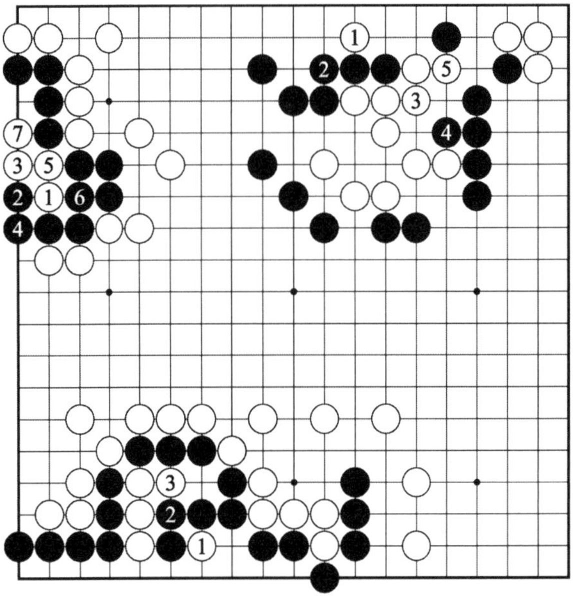

双金

①妙

运筹

①妙

金鱼

⑦妙

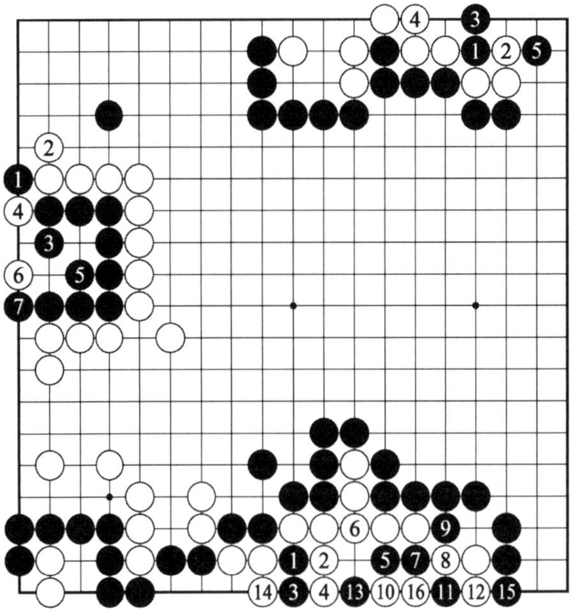

⓱=⓫.

三岛

❶、❺妙

龙韬

❶、❺、⓫、⓭妙

八俊

❸妙

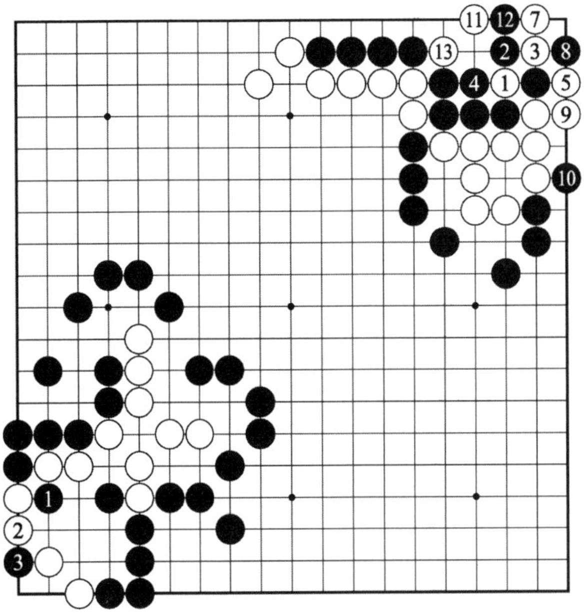

联珠

⑦妙

紫鸾

❸妙

❻=①.

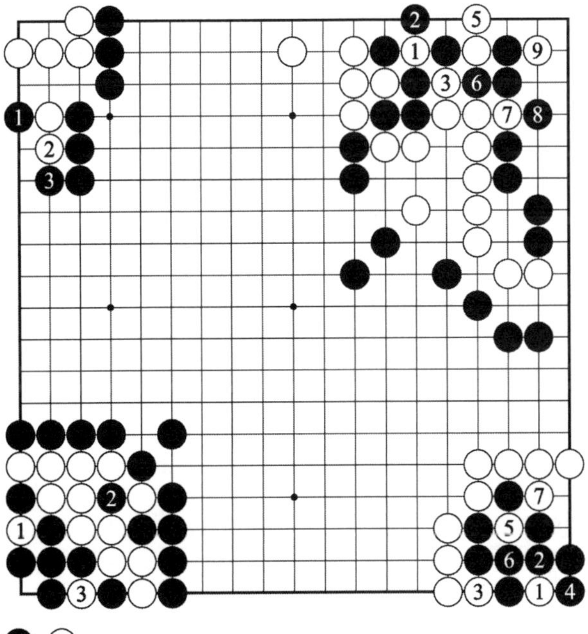

贯石

①妙

金丹

①妙

妙持

星网

❹=①.

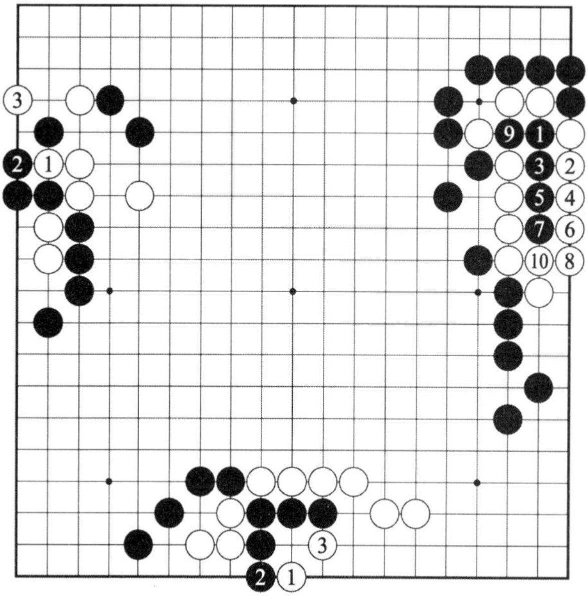

金兴

❾妙

垂云

③妙

四时

①妙

⓫=❺.

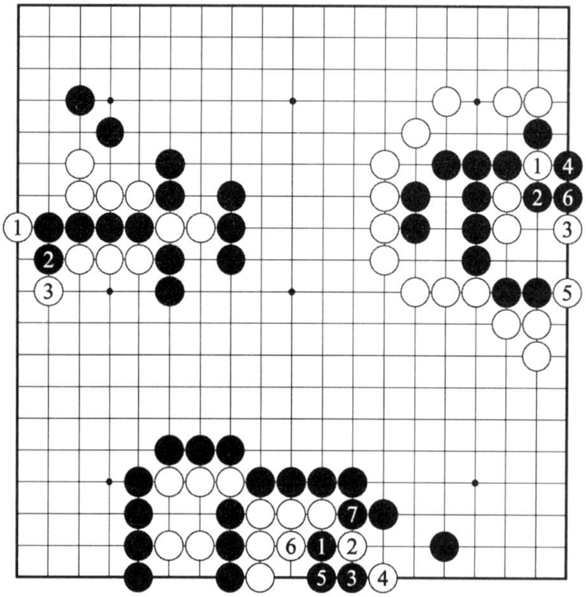

明珠

❹妙

过桥

❶妙

玉兔

①、③妙

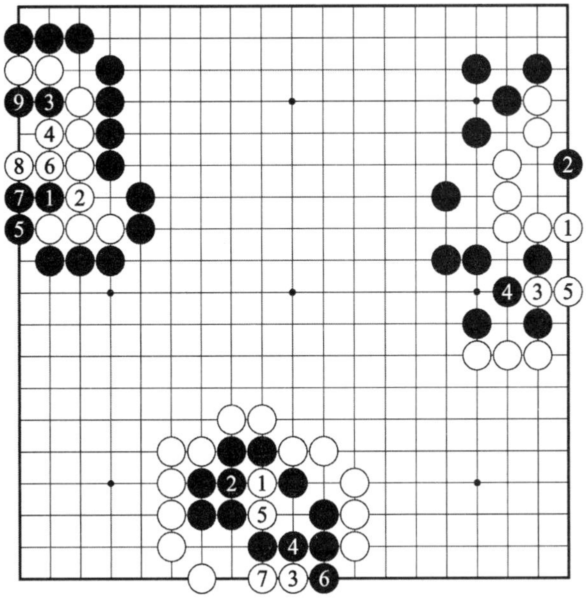

突围

③妙

会仙

❷妙

小捷

❺、❼妙

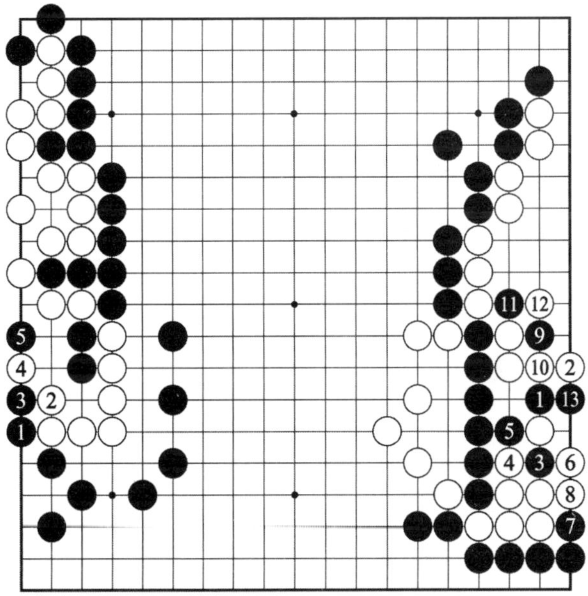

祁山

❾妙

吉祥

❶、❸妙

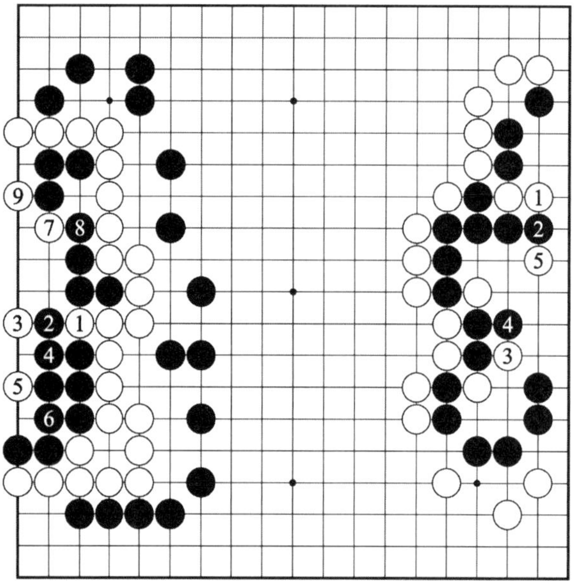

三奇

⑤妙

玄玄

③、⑤妙

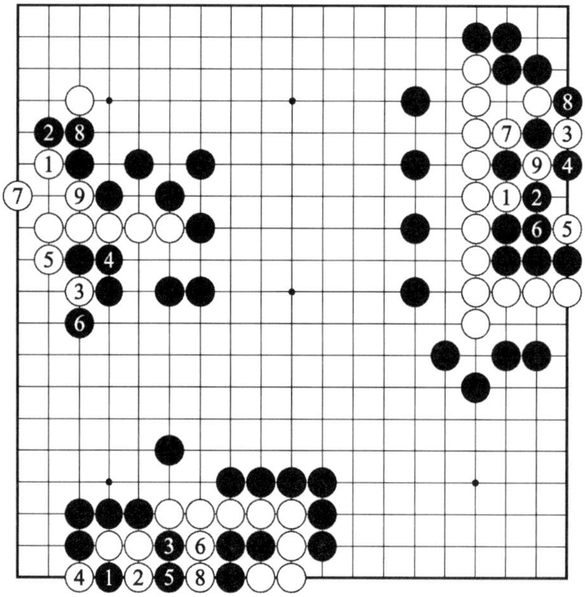

❼=❶.

困脱

③妙

透窗

③、⑦妙

抱璞

②妙

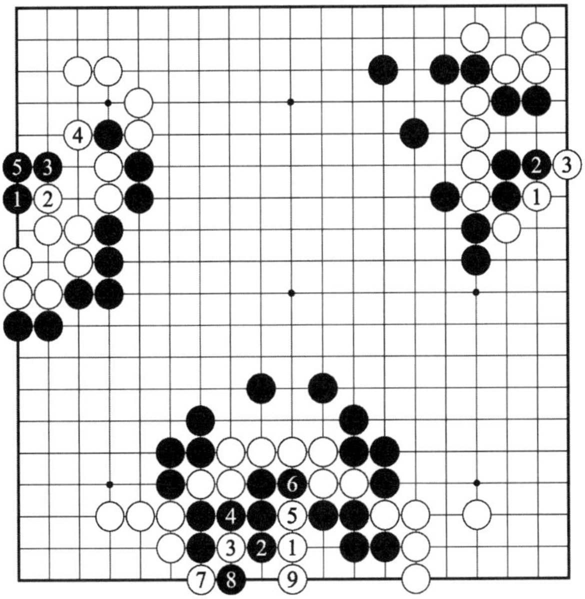

斗牛

③妙

宝珠

①妙

八仙

❸妙

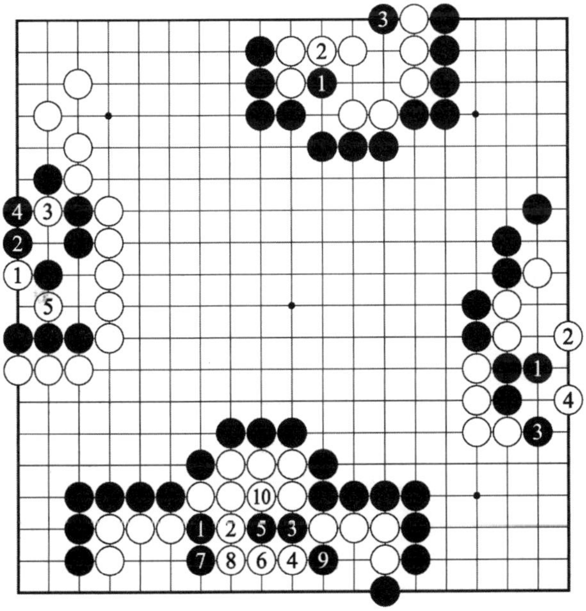

遗金

❸妙

三生

②、④妙

七夕

奇妙

通妙

⓫=❸.

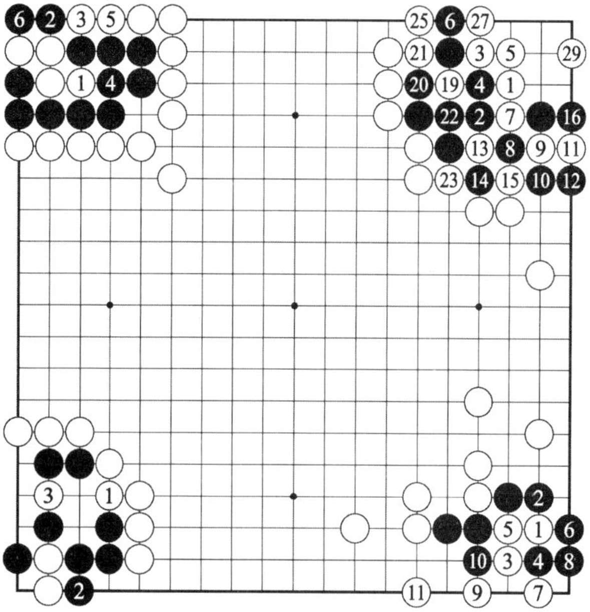

17=9, 18=11, 24=13, 26=19, 28=9.

四皓

13、19妙

黄鹤

9妙

重荣

3妙

得隽

3妙

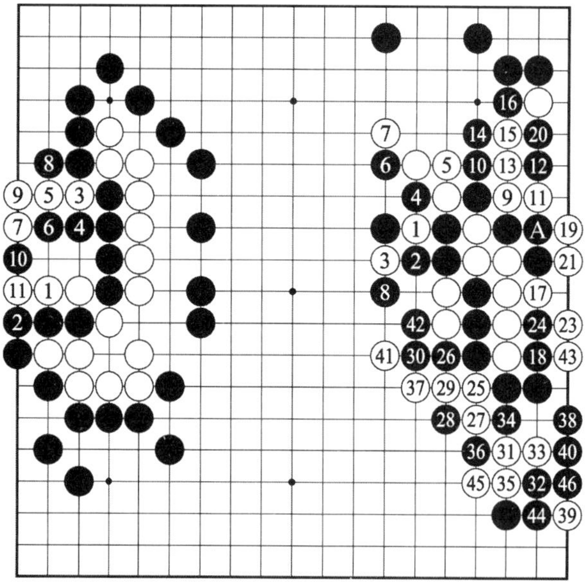

22=A.

幽玄

28、39妙

偷营

7妙

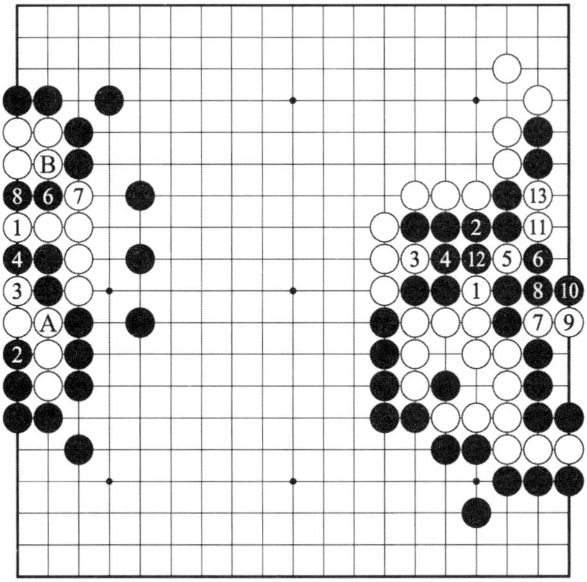

骄兵

⑨、⑪妙

太乙

⑤=Ⓐ, ⑨=Ⓑ.

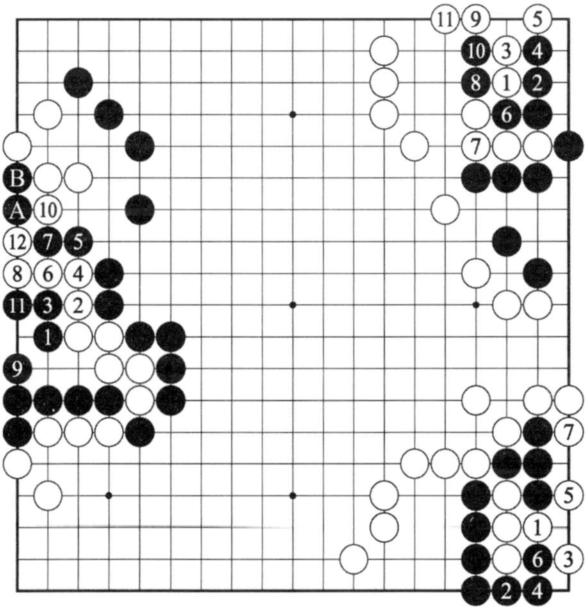

诈降

⑪妙

悟仙

③妙

用松

⓭=Ⓐ, ⑭=Ⓑ.

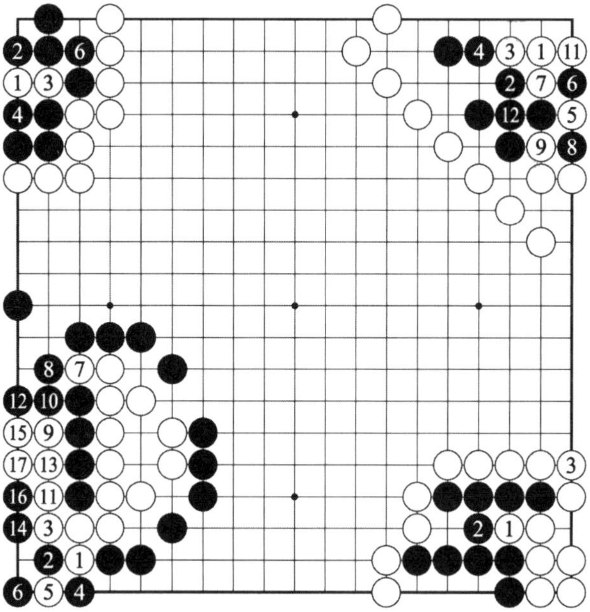

夏云

金印

①妙

铁匣

玄妙

⑤妙

❿=⑤.

⑤=③，⑦=①.

⑤=③.

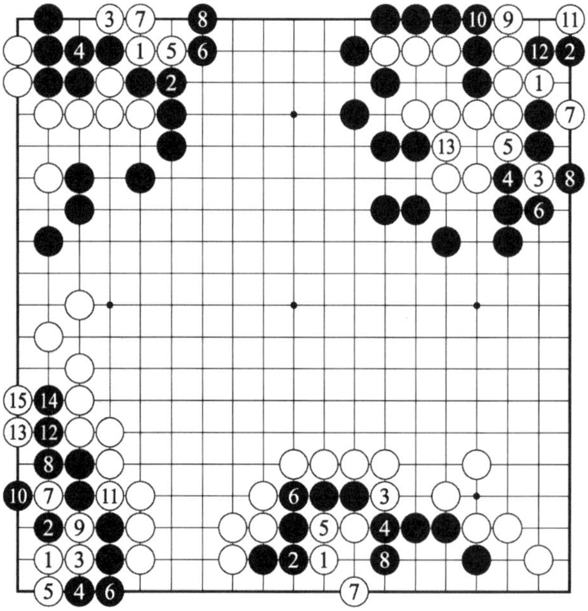

十曜

⑰妙

飞跃

⑦妙

蜕骨

⑦妙

破敌

❷妙

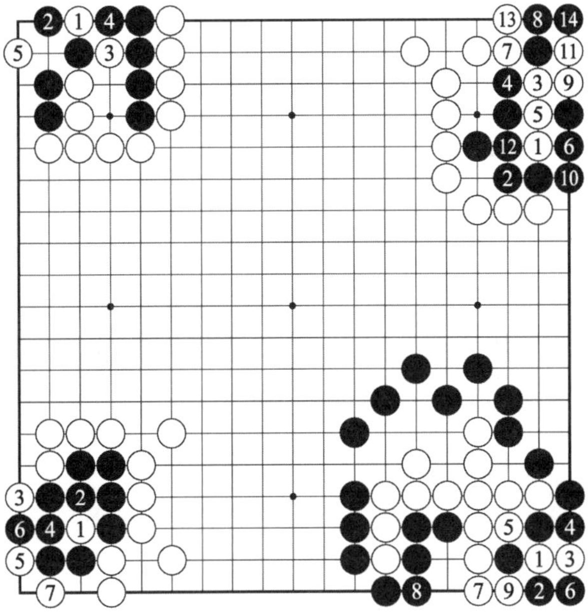

⑮=③.

五马

①、③妙

芙蓉

①、⑦妙

单井

⑤妙

玉井

⑤妙

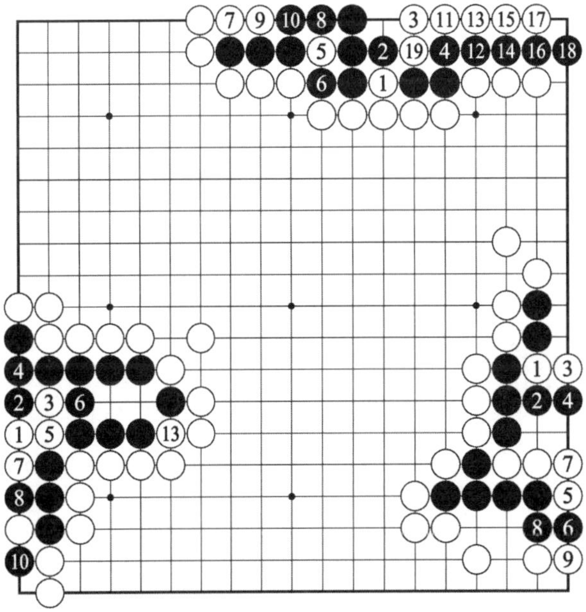

⑨=⑤，⑪=①，⓬=③.

玉关

③、❹妙

分忧

①、⑤妙

海岛

①妙

跋

王荆公与人对奕，未尝致思，其势将败，辄以手乱局，作诗曰：莫将戏事扰真情，且可随缘道我赢。似乎能忘情于得丧者矣。而又曰：讳输宁断头，悔悟仍批颊。则固有不尽然者。岂前以自文其一时之拙，而终不能掩其真于所忽耶？嗟乎！今之人，其处事而应务，大都如此，不特一艺为然耳。余于奕不能不好，不可曰真好；不敢曰知，不可谓不知。胜固欣然，败亦可喜。盖任其所感，而我无心也。昔有僧说法云：从前十九路，迷误几多人。此诚有得于奕之旨者乎？是编精而不陋，简而有则，具初学之阶梯，而国手名世，亦不出此。故录之，以备斋中之观赏云。吴兴茅翁积穉延父书于芝园曲水轩中。

眉山墅隐

（清）汪汉年　辑　　徐星友　程兰如　合评

大地集团（香港）文化传媒有限公司　点校制谱

清王存善汇编本

点校说明

眉山，在今杭州吴山广场一带，风景秀丽，而《眉山墅隐》则是记录清代发生在杭州眉山的一段中国历史上唯一围棋循环赛的棋谱。本谱在清代数部棋谱中均有提及，但从未刊印过。现代人对该弈谱的了解，最早来自1989年11月上海辞书出版社出版，赵之云编著的《围棋词典》，其中对《眉山墅隐》弈谱的评注如下："《眉山墅隐》围棋书谱。清徐星友、程兰如评本。一册。选载清代棋手汪汉年、周东侯、程仲容、盛大有六十局棋谱，（即四人相互各分先十局）其中五十五局有评语（包括温佩良补评数局）。据徐致章《弈墨·序言》记述：清顺治十六年（1659年），徐致章抵杭州监督税收，其时，汪、周、程，盛亦相继至杭州对弈，并刻谱刊行。此说与此谱所载棋人，棋谱及对局情况相符。清毛孝光（见《弈理妙悟·序》）邓元鏸（见《国朝弈谱目录》）皆称《眉山墅隐》作者为汪汉年，但汪著本未见。据两种有嘉庆二十四年（1819年）程爱函《跋》的钞本所述：此谱稿本存程兰如之子程枫麓处，曾先后经徐星友、程兰如评解。大约汪汉年仅是主要对局者与棋谱收集者。本谱至晚清始被收入《寄青霞馆弈选续编》刊行。"

古人受各方面条件所限，错误在所难免，以及生僻字不少，本着尊重传统文化的原则，除参考其他资料补全缺字等内容外，点校故任其旧。喜欢《眉山墅隐》更深层次研究、校勘的读者可参阅当代围棋规则研究专家陈祖源老师的编校本《眉山墅隐》（2017年3月上海文化出版社出版）。在此也向陈祖源老师对《眉山墅隐》研究、以及对中国古代围棋研究的付出与贡献，深表敬意和感谢。

序

乾隆乙卯初秋，予从上长林胡敬孚先生处借得此谱，手录一过，以寄闲情。今鲍石渠先生欲得之，将以付梓。予因手钞此本以珍藏，而以原本赠之。时嘉庆己卯年三月也。爱函程鉎自识。

跋文

右徐星友先生评眉山墅隐一册，予既重钞毕，因忆仲升先生之言曰：昔者兰如先生尝以徐评为未尽善，其评汉年各局，尤多妄下雌黄。盖汉年天分高，用意曲，其精微奥妙之着，尚有非徐氏所能猝喻者，安可轻加评驳。于是将六十局中徐评反复讨论，谁是谁非，粘签于旁，一一尽变而以指出，经十余年而后成，最为详细。其子枫麓兄一日持出以示余，嘱予誊清。余甚欣然。未半月，枫麓兄意忽中变，将谱携回。迨后问之，答曰：为虹梁人借去矣。仲升先生之言如此。今此谱评语尚缺五局，玩其句法，不足于盛大有，皆与兼山堂相类，当是徐氏原本。而胡敬孚先生以为卽兰如先生复位之本，是亦未可知也。嘉庆二十四年岁在己卯夏四月初七戊辰程爱函跋于维扬之寓斋。

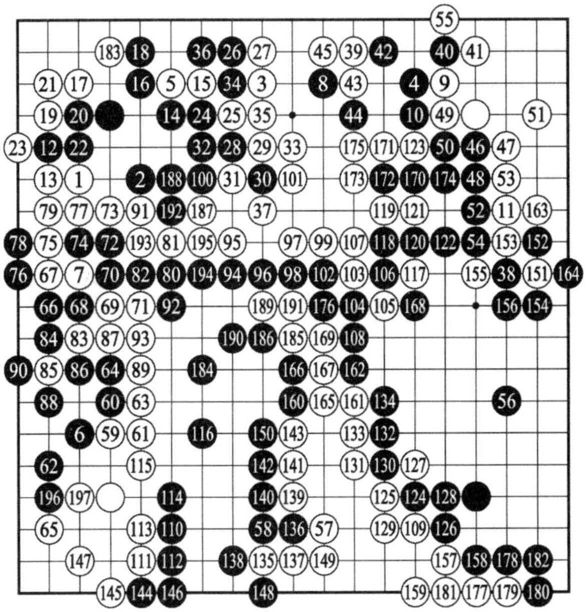

汪汉年（白）周东侯（黑）胜
197着

❷用镇神头，尚沿林、过习气。⓬、⑮虽另有着法，已为镇神头牵绊，落第二义矣。⑮退。⑰点角见小，不识局面，当㉔位扳。㉔长。㉖点。㉘、㉚两扳，次第非不清楚安逸，但意象索然。㉔当83位拆二。37宜101位打，老成干净。㉚乃残子，何足染指。39当44位飞。40当先尖后虎。43落得于55位先打。46、48是。51当实粘。55低。56当58位置子，或用双飞燕，皆得大意，57、58皆正。59亦可着65当85位大飞，黑若飞角则借以孤58之一子。72宜85位补。73粗率，当83、85两扳，黑86位打，白十一路盘渡，然后于73位尖，黑累已重，自难两全，83位扳，黑若在75位转换，白虽弃角子，黑仍后手，官子尚有余波，大小殊不用相侔，黑不敢转换，白势遂张。95宜187位虎。96实长，数子便宜取尽。100不必当，即于102位长，白若扳，黑断，变化较多。100既打，则102又当104位飞矣。116镇静，得大意。117当127位关，即欲打，亦当先于151位托。134至142，不易之着。150既长，则144误，俱可不必官子小损。

此局白39点，55打，皆为37征一子而弥缝，黑不必引出征子已收其利矣。73不细。76、78两着反为黑有。83至91仅能两全，黑活边已畅。95至99，一等不展，以至于负。⓴本寻常之着，而竟以此着收功者，白不善洗发自致之也。

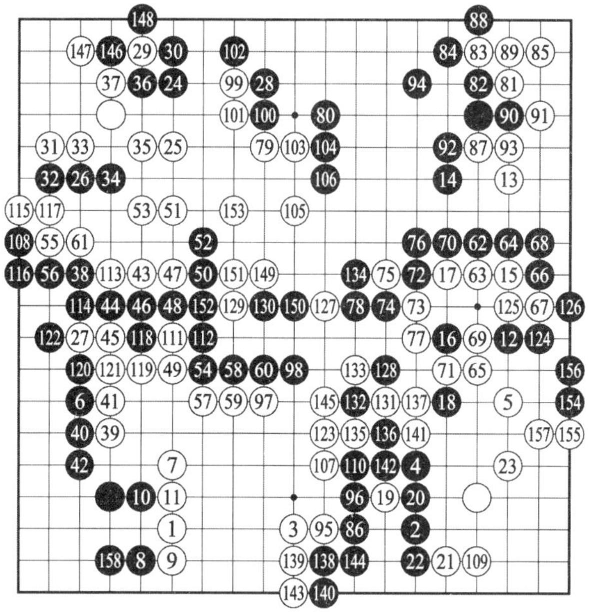

周东侯（白）汪汉年（黑）
158着

7关，白虽拆三之地已坚，然8搪，10觑，亦早。14至18亦可着。24当先于157位点，白廿五路搪，黑109位夹点，以防断夹以存眼，然后于24投。25刁气，当去角三九路两分。26当28位拆二。27仍当三九路投子。29至35鄙塞之甚，当于40位分，黑盖，白扳，黑打，白粘，黑41位粘，白五二路行，黑拦，白于38位关，置双飞于不问，则所以应双飞也。39仍宜40位侵渡争先。43罩，为45而设，然49仍须补，受50、52两捺，局面有伤。54至60得大意。61大。63宜64位搪。65宜66位立，黑搪，白于70位转头，再于94位置子。65至77费尽全力，仅得通连，殊失便宜。78缓，若照应入角四子，亦当97位转头。80不明大小，当去角小尖实角，白亦不敢深入，所侵有限，或103位飞，皆紧。86当144位关，白如95位平，黑于四三路得一子，白如138位尖，则黑于九四路飞，较畅。78至93先手活透，大极。97至106不易之着。109好。124大。132欠老成。133断，反有波澜，黑略伤官子，当133位双飞，然矣无补于输赢也。

此局黑本欲成大块，然80不补角，又不于103位飞拦，白既有79之侵，87又活一大角，是，欲大反小矣。如86、96、110之类枯涩无聊，皆不先事绸缪所致，大概机锋既迫，则精密相引，若苟图安逸，从何制胜负者，固减色而胜者，亦无所见长也。

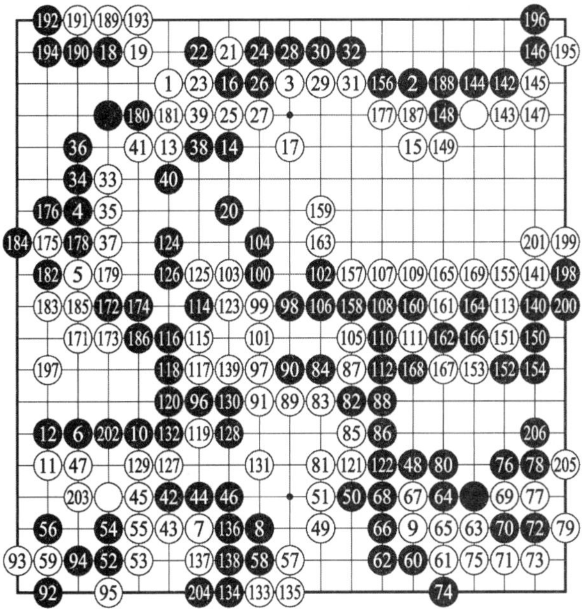

汪汉年（白）周东侯（黑）
206着

170=111.

11可缓。13正。14乃东侯创体，他人无此着法，懒予每见敌势张处必势空投，子从天而来，亦是。此类《秋仙汇选》名之曰：“钓大块法，亦不经之论，本无成算，非制胜运筹之着。”15另有作用，若在27位尖，亦正。18、20静以待动。21稳。22至32借以通连。33至37老成干净，两得其便，若以正论，22当五六路飞，先整大势，以制五之孤子二着，一子虽单薄，然生气尚多。38、40落得。42当时。45当54位补角争先为要。48必镇。50当81位罩。54、56不必反凑白57一尖。57落得。59促气好。60用意。61当132位压出，使黑经营两处，变化自多，权衡在手，不拘拘于活角，始有忘筌境界。70必断。71、73坚忍，然76、78先手封头，白亦失利。82有远神。83至101紧。103争先。107、109弃二子，是。110、113早，当118位带侵带补，黑欲图活，甚难措手。111留为163收，便宜较多。125当七八路尖，黑必于六七路应，白126位扳，黑五九路扳，白128位退，黑127位连，白十六路得一子活透，黑如不应，白遂有无限便宜。142有次序。148不必。155当于169位虎。162当177位长。嗣后彼此皆不易之着。

此局36当37位扳，白178位断，黑36位补，白五八路打，黑于68位用倒垂莲含引出孤子，白有顾忌，庶几取偿他处，乃汉年所长。此处机关相含正当用之。

㊱既退孤子，黑亦置之度外，但㊷封，㊽镇，82、96逼至104连，未尝不为四子而发，譬之风水相遭，自然成文，才有属意，便有穿凿。然意到神行，部署整严，亦不失为大家，白老成持重，黑所以不能制胜。

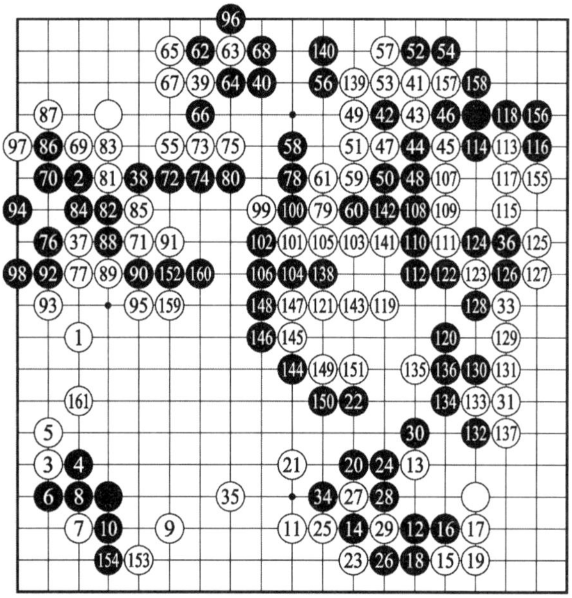

周东侯（白）汪汉年（黑）
161着

32=14.

两分起手，③大飞侵角，起于懒予，周东侯尝用之，汉年应法，皆不得要领。❹是。⑦觑。❽年。⑨投六三。❿搪。⑪或拆二拆三，白颇如意。东侯、大有亦有此局。⑦觑，大有于六三路行极峭拔操纵之致，详在《兼山堂谱评》中。⑪亦是。⓬当⓮位置子，意象灵动，不宜投三六，使白有镇神，借以实角实拆三。㉖、㉘不必打劫，亦无粘劫之理，一提两提已甚。㉝、㉟自在。㊲、㊴是。㊷用倒垂莲亦可着。㊺正应。㊿至60一定之着。61弱，当78位关。70当101位飞，白不能溃围而出庶几先发制人。76不必，托白如挖断，黑冲出得一子，活而且畅，仍有八七一关之大，官子81断，95征一子，96仍落后手，白大得便宜。103当105位粘。107涉险，当140位托存眼，黑防跨断，再于109位点，黑107位打，白七四路长，分角而外子不伤。114、116为着法所误，当118位搪。124当129位先关后断。133、135

紧。144至150粗率，无姿态。144当152位长，白大块未活，必不敢征。既得三子，尚有余波。今白已活透，索然无余蕴矣。161当再长，此必争之着，竟置之不问，何耶？《眉山墅隐》皆刻全局，官子不遗。此局161补，黑必于十七路转头，白仍可取胜而中止不完者殆，必有错误故也。

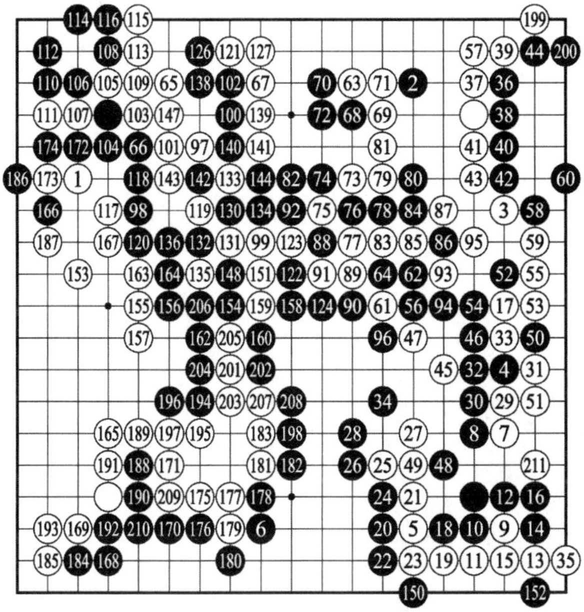

汪汉年（白）周东侯（黑）
211着

125=75，128=88，129=86，137=75，145=142，146=88，149=75，161=88.

7投六三。9点角，尚沿旧习，至于先有五着立子弃取，操纵皆在黑手则更不宜。7当176位大飞，神理具足。12当19位扳，外势雄整。17当时。18当20位碰，白18位平，黑22位立。36躁，当平角投六三。42宜先于44位搪角。52粗率无思致，当56位飞，白三九扳角，四五分断，意在实拆三之地，使黑后手活角。52顶，遂入其元中，若在56位虚飞，破彼牢笼移步换形之际一着顿置，即不能如意矣。57先手，至63借意取实地，大得便宜。65当于中十三拆三，局面在此不在重叠拆二。66是。68、70落得生波。75不老成，当76位长。76至78不易之着。88随手当91位封，局面遂幡然一变，枯子如唾，余弃之犹恐不速，况恋之耶？

100、102好。110多事，当172位冲，白长，黑174位长，白110位打，黑粘，白112位得三子，黑于122位扳，白断，黑124位封，白提劫，黑于126位寻劫，白应，黑提，白粘，黑二八路扳，白拦，再于130位关。整暇严密，处处皆妥，况寻劫之处白应在六二路黑，黑有一四路扳角之便宜。白若应在113位，又于67之一子不相照应，白颇减色。126当130位寻劫，白131位封，照原着去。137提劫，黑142位拆，白提，黑七六路打，白如142位粘，黑尚可联络。140至148，所谓着着见将以此制胜则优。150转换。151打出，白已胜定，何须营为耶。150、153是。155见机。158缓，宜先于172位冲，白搪，再于三八路跨，白冲，黑断，白打，黑打，白粘，黑163位粘，白断，黑于165位平关。163不必觑，官子皆正。

此局黑通盘挑战，如巧匠矜能不肯寻常，但寻理在寻常之处者，又不容机械百出甚矣。寻常二字，为难能也。

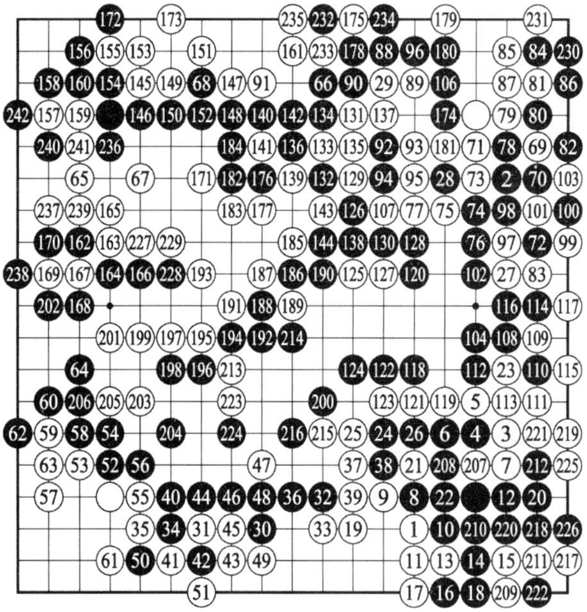

周东侯（白）汪汉年（黑）
242着

105=100.

4至20双飞正变，其应法起于懒子，汪周与懒子对垒后始归于正。嗣后汪因形用变，烦尽其思，而周或15不夹，角子119位长之类，皆未能醇净，亦天性之偏未能尽化故也。25颇当27位拆。26宜111位觑，白粘，再于116位逼。30、31

是。35当40位捺，无变。36、38不必，宜40位长，先断后打，封头，变化较多。47有操纵。57、59虎。60搪，意谓白于206位先断后补有余不尽，若不可断，57当四三路粘，为是。65、67正。72当时。77当83位搪，轻重停匀。78当83位行，白未活透，自然掣肘。88紧。91多事。92、94落得。96小，当148位尖。97至105不是，既不能制黑，岂有三落后手而得四着官子之理。106小。110粗率。111当十四路挖，黑不能两全。113宜十五路觑，迟则不及。119至123不必。129当130位粘。132低，当133位先点后封，白遂成败局。138当139位粘。148低，当152位长，白151位扳，黑176位打，白亦惟有照旧着去，而黑得先手于十七路双打收净，已胜定矣。154当165位觑，白粘，再于240位飞，白搪，然后154位转头，黑觑，白如不粘而于239位长，黑163位退，白谋生局促，黑势益坚。163至169成眼，好。174粗，当183位觑，再于去角二四路虎，黑势浑成，平角又存极大，官子则胜定矣。175、179粗严。182图活。185借以破腹。186至198彼此一定之着。199粗，当202位行，黑拦，白十四路打，黑盘，白先手提一子，然后于200位尖，213姑为尝试，未有成算。214随手当215位封，老成无毙，便宜一着。此局白胜半子。214若在215位封，则半子输赢殊未定也。

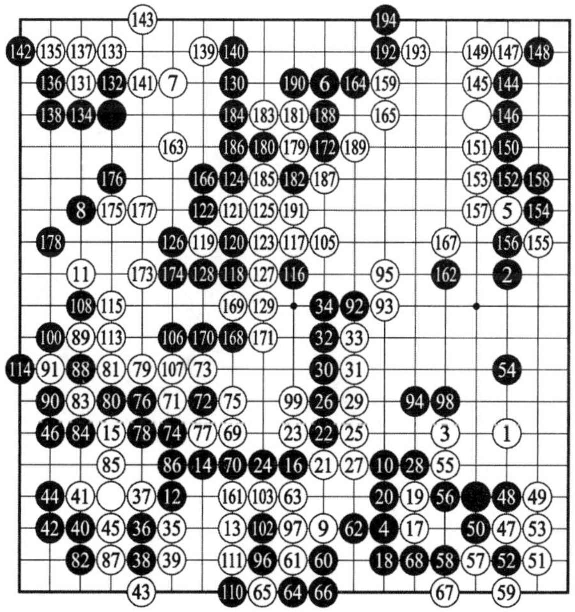

汪汉年（白）周东侯（黑）

194着

101=83，104=88，109=83，112=88，160=65.

此局如⓬平关，⓰罩，●76反打，●82不于八八路扳之类，黑非不知镇静，盖意在错综图变耳。东侯尝言：“工力悉敌者，彼既掌先手，制胜不易，当用偏锋以乱之。”此非定论，用偏我已受病，何暇制人？若偏锋制胜，则非劲敌矣。晚年言：“制胜之机，一言可决，以至诚为主宰，折肱后方有此悟极为醇，遂而精力已不副，所以有闻道贵早之说，理无二致要不外此。”

❻正。❿局面变体。⑪若在⑬位拆二，亦是正兵，今不拆于三九，置子见解另有高处。⓬平关。⓰罩，避熟趋生，但白有⑰侵，㉑、㉓关断，㉟托，弃取在白，命意失宜。⑮有情。⑰至㉓紧。●22当㉓位长，白长，黑●26位扳。白如㉕位长，黑九四路挖断。白如○63位虎，黑㉙位长。●24当九六路打，白○99位长，黑●24位粘，白㉕位打，黑四九路隔断，白●26位提一子，黑●28位转头弃●26之一子稍轻，白势虽张，尚存●94位关出，黑盖失之于初，本难舒展，虽不便宜，庶乎得转换之正。●26必长。●30宜○99位吃。㉟是。●36当七三路虎，白打，黑●36位打，白提一子，白㊲位粘，通连颇畅，白拆二尚可分断。㊴当四七路打，黑●86位粘，白㊺位拦角，黑●102位关，白㊴位得角，实地较多。●40至●46沿边活角，甚小。㊺得二子，益无顾忌。㊸细。㊼得角，大。●54亦属无聊。○55至●66一定之着。●74当八八路扳。●76打出。●78若能于○107位复打，则气势雄壮。既不敢打劫，白势益固。●82宜●88位扳，白拦，黑粘，白须防断，黑可得先。●90当○91位立。●92当九六路通连，●92转头为●94关，●98连而设，固失于弱，亦昧胜负之机。○99大极。●100至●114未尝不极力腾挪，总无补于事。●116亦非恋子，意在借走相机脱卸转换。○117当○125位飞，黑以窘迫利于弃，白势既张，使黑欲弃不能欲走，局促便宜无量。●120至●128灵变。○123当于●166位打，黑长，再于○123位挤，则黑虽弃腹子，外犹未净。○131点角。●134让渡皆是。●144好。○147至○159净。●162即当●164位平，白长，再于●172位关。○165随手当○175位压，黑欲联络，则白必取尽便宜。○189当先于二八路撇。

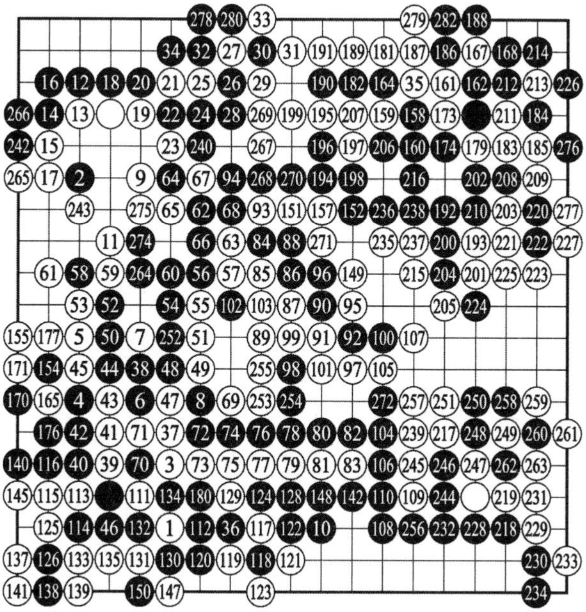

周东侯（白）汪汉年（黑）
283着

127=118，136=70，143=111，144=1，146=70，153=111，
156=70，163=111，166=70，169=111，172=70，175=111，
178=70，241=64，273=249，281=30，283=165.

6、8两关，虽另出手眼，究非局面之正。11小，当108位飞，或35位布置。17宜粘。20当21位关。21宜24位关。27当28位打，黑长，白于27位打，黑29位长，白269位长，黑32位吃，白34位长，黑67位长，白十三路吃，黑30位长，白提，黑31位长，白199位粘，黑190位扳，白195位长，黑182位长，白五二路活，仍是先手。30是，若在32位，白即34位打，黑30位打，白提，黑征一子，白五二路先手活透，仍有远引征子之利。31至35亦有沉郁顿挫之致。36当177位托。50当51位先打一着再冲。65当68位长，黑67位粘，再于275位觑，黑粘，然后于69位得一子。70以孤子未连，不得不于此生情。71必粘。74至83彼此不易。84至106各有成算。107弱，当110位扳，黑绪多更难措手。109早，当122位关，黑扳，白断得一子。113断。115、117、119至145先得一角，安心弃子转换，极淋漓酣畅之妙。120至146是。150自恃无劫，落得先手取数子。152至164算就劫之多少，不肯无因自补，以示弱亦见精练，但164当165位粘。182粗，当183位打，再于182位长，争先于208位实行数着，先得实地，黑残子白亦不能尽得。194当197位成眼。195落得。218当219位托，着法甚多。224细。

○239当●244位粘。

此局白负半子，若于●244位粘，白胜半子。总计●244、●246、●256、●272，黑得官子四着。○239若在●244位，则●256一着为白所占，黑○257位一尖一长，○245位冲，仅得三子。黑收功于●224打一着，○273不得不提，防黑一打一虎，遂负半子。

此局黑白布置，皆未醇净。白势已重，当未雨绸缪，先于○167位托，至六九打，黑已成负局。○11本白赘着，黑子落其度内一变而为劲旅，均非上乘运筹。白失于○107，不于●110位扳。●108连，稍为振作，虽腾挪变化，终落第二义，然彼此不肯示弱一着，退后一步，必穷其义而后止其峭拔挺厉，固自极一时之胜也。

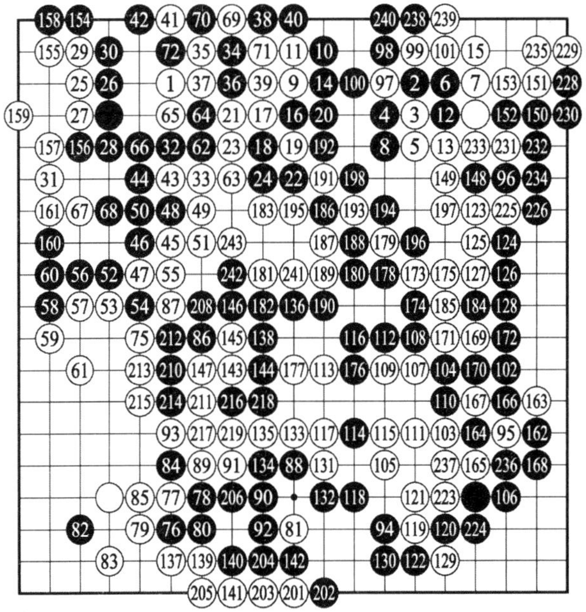

周东侯（白）汪汉年（黑）
243着

○73=○69，●74=●34，○199=○19，●200=●186，○207=○193，○209=○97，●220=●186，○221=●22，○222=●164，○227=●2.

○3压，○9拆三，兼逼限拆地，着法起于东侯，不作倚盖用，乃局面变体，亦有思致。○15强，若在○123位补，气势较畅。●12先冲后补有序，如补后再冲，白即让二子矣。●22小，当五三路尖，白○65位长，黑○67位大飞为正。○25当投双飞，得局面大意。●26当○27位让渡，争先拆三，安逸。●32、●34细。●36生断。○41伏去路皆好。○43至●50不易之着。●56滞，当○161位顶，白两处碍手应法不能舒展，操纵在我，狭路相持，一步一变。56至60仍是熟调，供应粗率不精炼。68当三八路虎，更宜官子。69当25位得一子存劫，黑关系甚大，任黑得五子，仍是后手，白尚有官子便宜，所失甚微通连，黑遂无挂碍。76不可缓。77当三八路逼，黑84位关，白91位关，运筹全局为要。81是。86、88畅。89当时。90、92不得不退。93、94各得一子，转换各得其便。95、96必着。102、104紧。105有情。106扼要皆好。115当八五路长。116觑。117宜十七路尖，照旧着去而后于136位飞，118位补，此处黑得便宜，但白123至127侵弱黑边。131、133大而安逸，亦有成算。134可缓，当136位飞。137、138大。140当204位立，便宜两着。143落得先手168位尖。145至153不易之着。162通连，大。163扳。164不得不挖。167提一子，借以生情。169点，至173关，着法皆妙。176不必。181、183紧。186至196不易之着。201落得206位先冲便宜一着。209当211位补。210至218先手得数子，大极。225当230位扳，此局白官子不细，黑仍有负子半者，前局受伤故也。

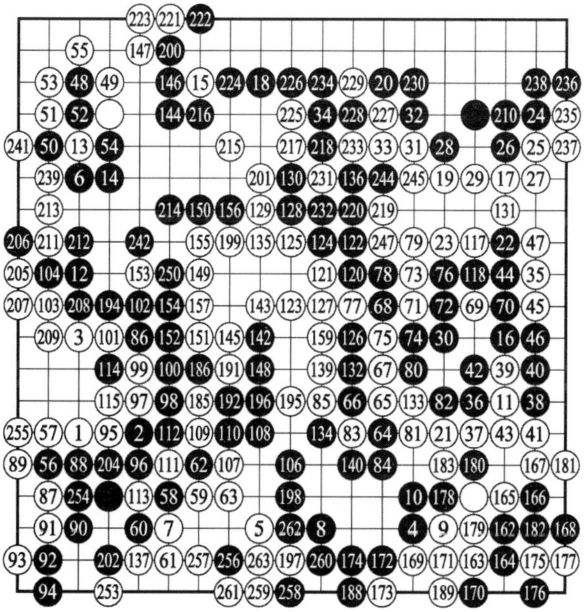

汪汉年（白）周东侯（黑）

264着

105=13，116=58，119=113，138=58，141=113，158=58，160=83，161=113，184=58，187=113，190=58，193=62，203=113，240=52，243=13，246=50，248=231，249=13，251=48，252=58，264=113.

2镇神，东侯尝用之，虽屏旧习不用，相机运筹，究与起手不宜。**8**、**12**拆二，是。(17)当**230**位投六三为正。(19)、(21)攻孤子正着。**24**至**28**亦可着。(29)当(245)位长。(29)粘，(31)扳，非不老成，而黑占地亦宽，注意攻黑先有局促之弊。**30**不可缓。**34**自在。(35)至**42**皆是。**44**当(45)位虎存眼。**48**紧。(49)搪。(51)扳。(55)渡，黑势张而角地促，白失便宜，尚受(29)、(31)之累。**56**至**62**安顿从容。**64**飞。**66**扳。**68**出头有理有致。(71)当(83)位断，使黑左右顾盼，难以两全。**72**冲。**76**、**80**成眼。(83)、(85)得一子，各有成算。**86**当时。(91)不必，当(95)位长。**92**当八二路点，熟调最易随手不可不检。(107)当**108**位封。**108**紧峭。(123)误当(127)位粘。(131)不得不补。**132**通连大极。**144**当(145)位长，去白眼地，使彼谋生，操纵在手。(147)至(151)一定之着。(153)当(155)位平，黑若**156**位长，白五九路关。(165)随手当(169)位虎。**166**当(179)位断，白(171)位粘，黑(175)位做眼，白成负局。**188**寻劫粗当(189)位长。**200**大。**202**当(213)位粘。(205)小，当去角三三路点，黑粘，再于**238**位夹过。**214**不可缓。(215)至(227)有次序。**264**不必粘，当七五路搪。

此局黑运用不息，有力量有气魄，酣畅淋漓。白惟以拙应而一先之力自在。**188**若在(189)位长，尚存宽一着劫成持，局中大官子颇多，白若防持落后手，则胜负尚在未定。**188**随手搪，遂成辘轳劫，反折官子，然擅场处有自得之乐，不当以成败论也。

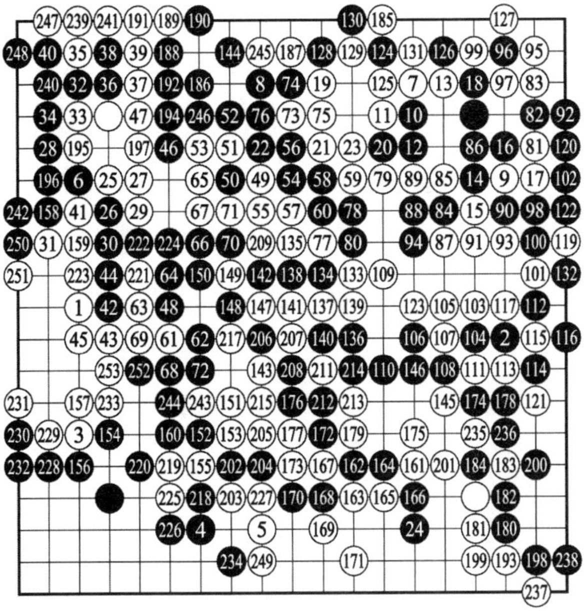

汪汉年（白）盛大有（黑）
253着

118=115, 210=149, 216=211.

汉年尝用十三起手，非局面之正着。2宜在157位置子，白41位退，拆则小，不拆，黑投三六，白自限拆地。9不宜双飞，黑两边已有2、8之两子，黑压受制，难于舒展。10至18正应。19仍当进角。20至23不易之着。24当27位关，安逸。25至31紧。32进角，是。41当52位觑，黑粘，再于55位罩。31逼黑飞角，注意孤黑8、22之二子，当运筹攻逼，方得大意，岂为断二子经营耶。44粘，46觑，48关皆好。49、51紧。53恋子，当71位反打，黑提，白67位长，黑54位打，白粘，黑占，白78位关，纵横如意。61当65位老成。62宜246位打，黑弃五子甚小，白二子关系通盘。72大。92当98位立，白92位打，黑粘，白120位粘，黑95位夹，先手活透，再于94位双。106当120位活。109粗，当146位断，黑若123位封，白111位打，黑长，白113位长，白有119位打，一着急先手松气，黑不能保全二子。黑若不于123位封，而于112位尖，白丁九七路反打，黑123位长，白九六路打，黑长，白长，黑139位长，白再长，黑137位长，白134位粘，黑142位长，白138位虎，黑外势虽张，边子已不能全。111因109已误，勉强生波，亦无运用成竹。112当174位征，白于115位关，黑126位先打一着，再于117位长，白113位引出征一子，黑114位打，白长，黑112位打，白不过于119位打，再于112位成劫，白劫多黑劫少，若弃子转换，黑以两处未活之块又得白十数子，便宜多矣。114粗，当115位实粘，白立，黑114位行，白145位打，黑粘，白121位搪，黑178位吃，白粘，黑长，白二六路长，黑183位长，白200位长，黑182位长，白如吃五子，黑175位收，白若于175位尖出，黑于九三路断，先手收净已成胜局。124至130存眼地，细。236至246用意。151落得于209位随手打。156当157位捺，白必于七二路托，争先于161位关，扼要。162是。164当168位扳，变化较多。166断。167扳，至179各得二子，皆有深算。184当199位扳角，大，余皆细密。

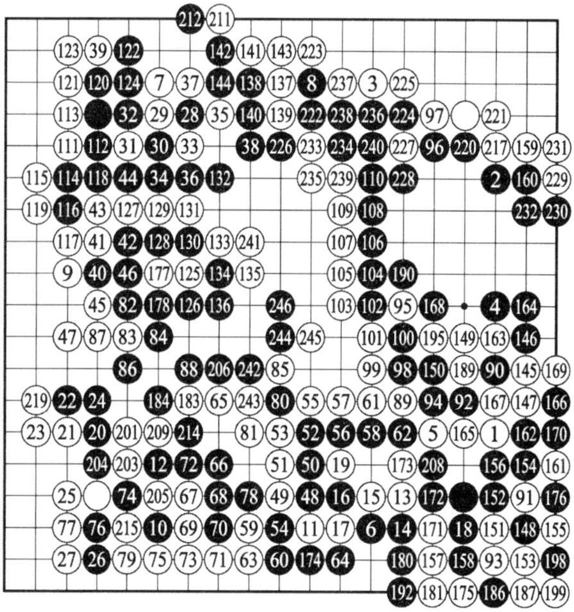

盛大有（白）汪汉年（黑）
246着

179=161，182=176，185=161，188=176，191=161，193=186，194=176，196=95，197=161，200=176，202=148，207=91，210=148，213=91，216=148，218=198.

9当11位置子。10好。13当22位大飞，不可，甘受封角以致势弱。16有余不尽。27当67位先觑后搪，本不必留，落得觑一着。37宜八五路粘。39进角见小，黑遂浑成无顾忌。45当127位冲，自28至40皆为引征而发，此处白不能如意，稍涉勉强，局面遂变机械，已萌又在此而不在彼，不当仅贪小利，使黑引出征子。49当67位觑，黑如205位粘，白49位打，黑长，白51位长，黑52位长，白53位长，黑54位断，白60位反打，黑59位长，白55位先手封头，再于63位长，黑70位长，白69位冲断，净弃四子，然后84位飞出，黑不必敢于205位粘，不过于54位扳，白205位冲断，黑难略得便宜，而白清脱自由，不失转换之正。55仍当60位打，黑长，再于55位打，黑长，白57位打，黑长，白61位封，黑173位得二子，白62位吃，黑提，再于70位顶，黑63位转头，白71位夹，黑78位长，白66位封，如此洗脱，方为酣畅。62有远神。65当242位补。66侵断入彀。75宜78位粘，通连气势稍壮，盘渡仅官子便宜有限。80当时。86宜十二路觑。89缓，不得。90紧。91、93不能忍。94似无紧要而气沉力厚，人多忽之。95亦属无聊。98精密。99虽可不弃一子，然亦枯窘。102至110大极。111飞，至143连边得角，截黑一子，取舍得宜。129当137位飞，看黑应以为应，较有变化。145当159位飞，黑拦，再于220位冲，黑搪，然后于145位托，黑拦，白167位挤，黑粘，再于151位补。161至175成劫，亦有腾挪，黑因本身劫多，一着不让，操算精密。205落得先提劫，收局皆不易之着，大有自成一家，局面欠醇正。龙士言：“盛当局中窘迫之际，亦有生机，本领自有过人处，而此局无所见长，亦属败笔。”

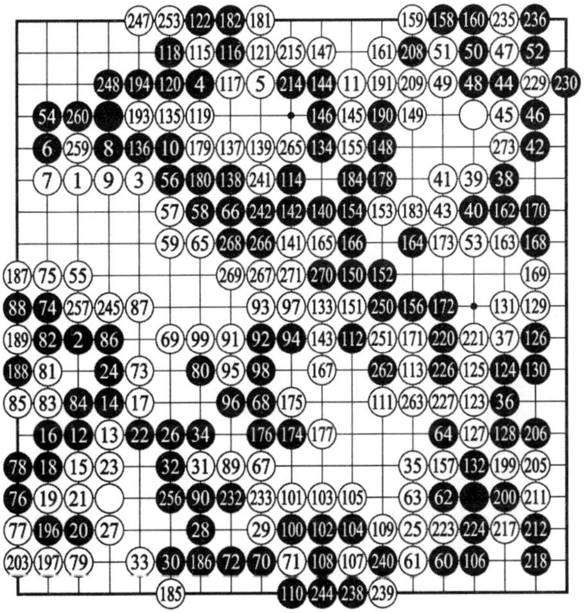

汪汉年（白）盛大有（黑）
273着

192=188，195=189，198=188，201=189，202=196，204=188，207=189，210=188，213=189，216=188，219=189，222=188，225=189，228=188，231=189，234=188，237=189，243=107，246=188，249=189，252=188，254=115，255=189，258=188，261=189，264=188，272=189.

❻搪，❽觑，❿关，始于大有，但⑦、⑨两着白壁垒已坚。⑪拆，大而安逸，起手经营一角，失局面大旨。⑬至㉓亦属赘着，病在自妨变化。㉕正。❷❻落空，当三六路投子，白㉗位补，黑活拆二拆三，皆得局面之正。❷❽为❷❻牵绊，不得不然。㉙紧。❸⓿不必。㉟当128位双飞紧峭。❹❽宜229位粘，争先于53位出头为是。53迂缓，当217位点角。❺❹至59彼此不易。❻⓿至❻❹不可缓。65落得转头。67、69是。❼⓿无聊。71低，当❼❷位扳，黑断，白打，黑打，白粘，黑101位长，白103位扳，黑不敢再扳，不过于十五路长，仅得白二枯子，瘦削已甚，仍失先手，已成败局。77当196位退。85多事，当❽❻位虎，黑85位扳，白十三路封，黑89位补，争先于100位粘，白处处皆安逸，占地亦宽，黑未活透，尚有便宜。97仍当100位粘。100至112大极。114当133位虎。115宜139位关，黑弥缝连络局促受亏。124至132应法，是。134至139彼此粗率之极。135若于241位顶，即可断下二子。136如在八四路断，庶可两全，然亦大折官子。137仍可断即侵，亦当先于139位关，黑未有呆应，不至有140之虎。156当157位粘，先得实子，仍有余意。167至184官子皆细。256当寻劫，此处黑白皆限于劫，黑宜算定劫之多少，竟占官子，顺手补劫，白亦不敢轻易寻劫，恐损官子，全在此处定半子胜负。盖黑自114注意侵进，皆是单着，未有便宜。今256以补劫之故，又有单着，遂负半子。

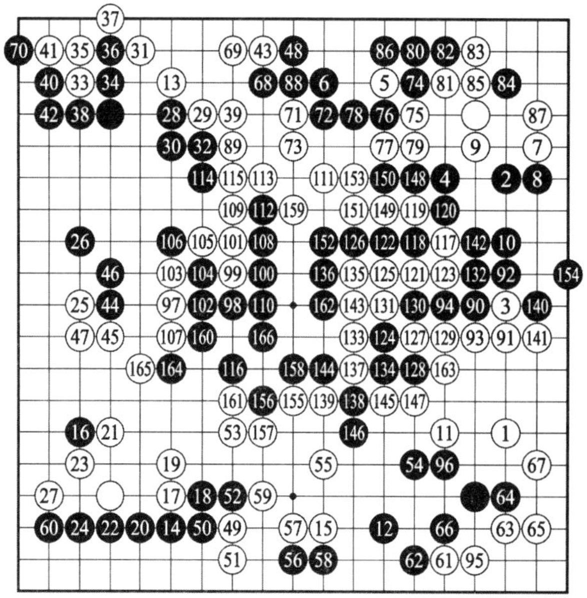

盛大有（白）汪汉年（黑）

166着

❿不粘而关，虽成眼地，然路路皆懈粘应，气势已壮，何患无根，实粘为正。⑪是。⓮布子清楚。22当七四路扳，得角见小，遂致局面不舒。㉓是。24无谓百龄有此局，24于㉗位飞，白搪，黑于三四路补，亦非正兵，然尚有余波，不致枯滞。㉕当三九路两分。26是。㉗当30位关。32必着。㉟当36位连，黑40位夹，白㉟位粘，黑搪，然后于㊴位出头为正。40当69位大飞，不飞扳角，何异官子。㊸宜68位小尖。44、46好。㊾、51紧。54当四五路觑，白粘，黑67位关，白搪，然后于54位补，白拆三已固，落得实角。56当五四路冲，白搪，黑三四路打，白粘，再于60位搪。56、58皆不必，黑角未坚，反觉受累。61至67得角，大。70当74位侵，白75位盖，黑86位渡，意象灵动，变化在我。70率意扳。71点。72不得不长，至86得一子。87固角，兼攻四子。88连。89双关，殊不能制白。72竟成单关着。70是官子，短兵相接，间不容缓，以单着之类制敌得乎。91是。97大。98凭空分势，懒予尝有此一着，皆属勉强，予甚不取。此局若于绝无生发，亦是无聊。99至110皆不可易。112何须着尽，留之尚有余意，当126位通连。116不可解。117点，黑亦难于措手。120当121位退，着法颇多，尚可腾挪。今被121打出，黑既不能制白三子，逼仄无转身之地，两处谋生，更为受窘。144不得不弃。149当152位断。156至166藏打一着，急于求活，仅能成眼，皆可略而勿论也。157当158位吃，黑长，白提，黑157位长，白顶，黑五八路断，白六七路长，黑气势紧，无救。大凡一局之中有紧策之处，虽有误着致败，瑕瑜不相掩，皆可入选。此局黑无寸长可录，固当存之，以为粗浮者戒。

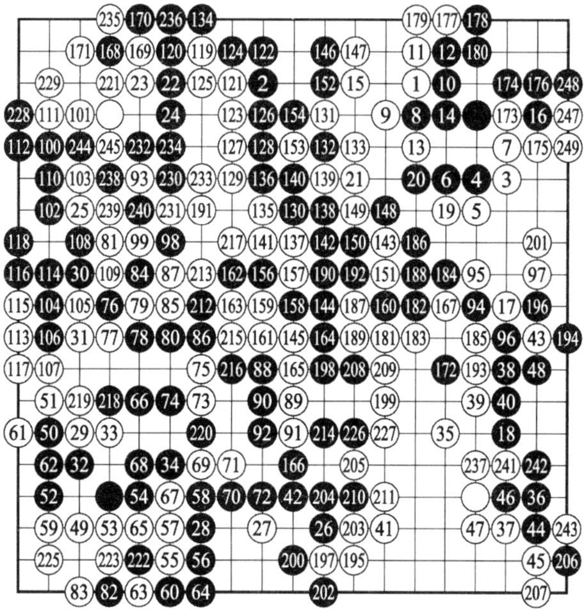

汪汉年（白）盛大有（黑）

249 着

155=132，224=63，246=93.

大有每十二搪角居多，故汉年尝用双飞燕，亦知彼知己之一端也。18当26位两分。19宜125位大飞，黑128位关，白再于19位长。21飞，占地兼逼二子，映带有情。22不可缓。26正。27亦可着。29至34皆是。35当41位大飞，制18一子，着法甚多，不必用镇，白限于地，亦不便宜。36至48是。49当93位飞。41弃27一子，局面两分，复妒大侵角，不无矛盾。50、52是。56当222位关，白后手活角，黑势已固，再于103位侵渡，白局遂削弱支离。60、64粗，反胜冲断一病。66不得不然。67至71落得。73当78位关，黑虽应，不能净得白三子，再于81位尖。73、75图81尖而设，此是我固有之着，何须全力运筹。76尖，84反打，88罩，皆是。89、91亦不必。93宜竟于99位补净。94、96落得六顿。99当于213位长，不肯甘受两封。100当三三路点角，白若201位让渡，黑有213位两封，又先手得数子，黑大得便宜。白如不让渡，黑图活颇从容而外势不伤。今虽活于内，已失213位两封，先手在白。119点，殊费经营，权衡不得其当。101不使黑进角老到。113至117汉年习气，不必着尽。121当122位关，制黑少一变。120、122是。124至134因白走而走，遂不枯寂。136当137长。142当149位封。146落得。148当151位捺，着法灵动，制黑亦难。

148仅图**152**位存眼，然(151)位长，反觉碍手。**156**当**160**位关。**158**冲，黑既不敢于(161)位打，防白**190**位冲断。**160**不得不补。(161)粘，通连大极。**172**当(209)位关，成眼。(181)至(193)取尽便宜。(195)当**196**占，收局官子皆细。

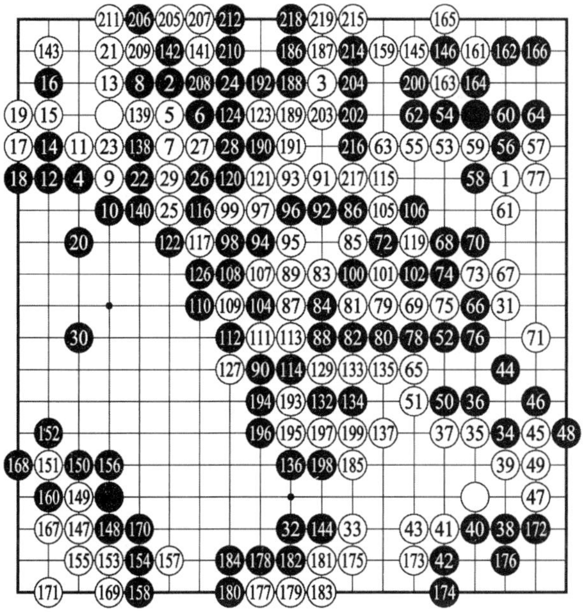

盛大有（白）汪汉年（黑）
219着

(103)=**100**，**118**=**104**，(125)=(109)，**128**=**104**，**130**=(109)，(131)=**72**，
(201)=**146**，(213)=**206**.

应双飞，大有此局最为正当，然亦有空谷足音，大有生平对局不数见也。(25)当(141)位先觑后关。**26**虽先手，绝无余蕴，懒予有避此着，不用所见诚是。**30**缓不得。(31)得大意。**32**宜**144**两分为正。(33)当七三路大飞。**34**必投。(35)为(33)牵绊。**38**躁，宜(49)位小尖。**42**既取角，**44**又当于去角用镇神头，局面整暇，得入界宜缓之意。**52**当(65)位扳，当此局势，黑利于脱卸，轻便不宜沾滞。(53)乃大有派头，此处亦可用。**54**当**100**位飞。**64**本是大着，但白势已重，孤子无援，当(65)位虎。(65)长，黑欲弃不可走，又毫无接境，大难措手。**66**至**72**终属勉强。**68**不于(79)位飞，避白于(73)位转头，不能舒展，然所失在前，虽稍为屈抑，何碍？仍当(79)位飞。(73)冲断，是。**78**至**82**出头，不能两全，所伤已重。(83)宜**84**位长。**86**不是，白势已重，不应复恋，当(137)位觑，白粘，再于(87)位长，白补，黑于(173)位长，白搪，黑七四路点，白粘，黑于198位封。91有成见。107至112得一子，成辘轳劫。116至124不得不连。125复提，遂有127、129两断，皆有胜算。131当217位封。137得数子，胜负已定。144当补平角。147、156不易之着，白先手活角，稍得便宜。159当173位取角。

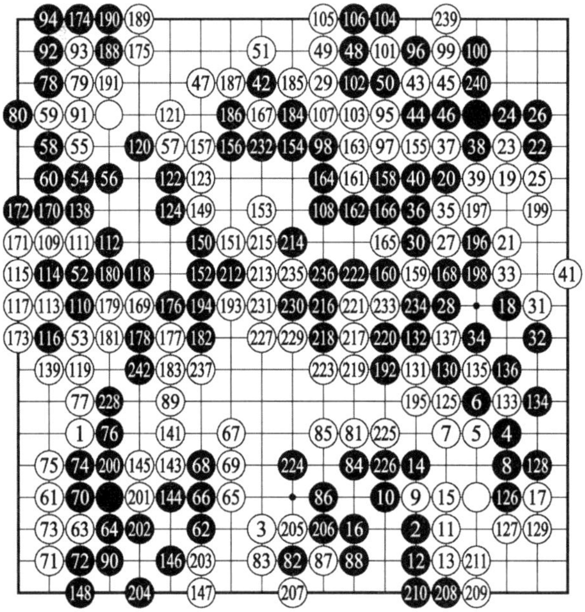

盛大有（白）汪汉年（黑）
243着

140=130，142=6，238=42，241=167，243=42.

5当9位压。13宜126位搪。19当29位两分，得局面大意。21仍当29位置子，先整大局，黑补不净。23、25不必。29是。31至41谋生滞甚，当159位扳，黑断，白36位打，黑必截白数子，白先提一子，争先110位拆，气势雄壮，黑难于布子，白意不甘心于23、25，已实黑角，故不肯弃，然所屈者小而所伸者大，更不宜护痛也。以正论之，30当42位投子。44当45位尖，44得一子，48、50再得二子，未免重叠，白47大飞，51渡，不小于弃二子。52正。53当平角三六路双飞布置，兼攻逼方有变化。55当58位飞，黑搪，再于55位长，此着乃大有长技而此处独用尖。58、60老成简练，得以退为进之义。61仍宜双飞，意象固稍减于前，然不失为正着。66至76紧。78大。81至89虽张势，亦无实际。91不必粘。94似小实大。95好。97当102位打，黑粘，白99位转头，黑99位打，白粘，黑100位补，白164位飞，黑两处活透侵断，何为不过弱。黑势张，白势适可而止，无可经营之处，寻常即是上乘。97长。98侵，反破白势。101至107徒折官子。103当提一子过渡，先占实地。109、110皆好。111至119虽侵渡数子，黑亦带补带侵，彼此相当。125当154位扳实地。131当136位先侵，探其答意，以为进止，移步换形，端在此类。143寻劫，误。148当202位成眼。149至154皆是。155当158位进一步，黑修补不舒展，自有便宜。今弃159、165二子，167仍须补，得不偿失。184当先于189位关，便宜一着。216当235位长，侵收皆是。

大有于双飞燕总是一副应法，如61进角，65尖，67关，性情如此，自成一家。但性情各有所偏，以义理充之淘汰尽净者，殊难数见也。

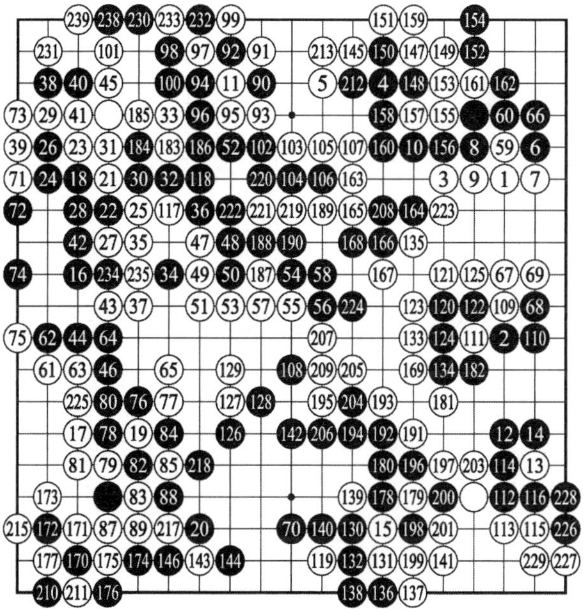

汪汉年（白）盛大有（黑）
239着

86=19，202=179，214=170，216=211，236=232，237=92.

6至10搪角，大有当家本色中局另有运用，又当别论。起手止于实角，别无余意，失局面大旨。12是。19关。21压。23虎，为弥缝大块而亦无制胜之处，当44位拆二为正。27反打，好；若29位虎应，便迂。30、32是。34、36紧。39当42位先冲。38既存活角之利，白当借以侵眼。45迂缓，当47位关，黑48位扳，白(49)位长，黑防，白断，不敢再于[50]位长，惟于(221)位虎应，白[50]位转，黑(187)位虎，白(57)位扳，争先于(61)位飞，(65)位封。(71)、(73)两着仍在我，黑角虽活亦小。[70]大。(71)至(75)落得。[76]不能忍，当活。[90]侵透，殊不老成。(93)当(95)位长，黑打，白(93)位打，黑粘，白盖，黑(213)位渡，白于(189)位觑，腹中孤子殊不舒展。(101)当二五路粘。(103)当[114]位固角。[104]至[108]一定之着。[112]关。[114]粘。[116]得一子似拙，然白颇难修饰，又存[120]位觑断白一子，用意亦妙。(117)细。[130]入彀。(131)老成。(135)大。(143)当先于九四路呆进一步。(145)尖。[146]不应，至(169)长，官子大小相当。[170]侵，有成算。(171)是。[174]至[206]皆是。(207)于(211)位提一子亦可。[210]当劫是。[224]当先于(225)位冲，再于[226]位扳。

此局(39)不于[42]位先冲。(45)见小，(51)遂不得不长。(55)、(57)虽争先，然[52]借补含分白边。[58]粘，黑势亦壮。(61)至(65)，后手连络拆地，又为[70]所占。(101)不尖而立。(103)至(107)得地有限。[108]飞，白边子亦暗伤。[120]觑。(121)弃一子，受病在先，不得不然。[130]关，白若应在[132]位，黑如[198]位夹，白(201)位尖，黑不便宜；黑不于[198]位夹，在四三路断。白若四二路反打通连，白遂瘦削。若白在(201)位打，黑长，白长，黑于[200]位打，白(203)位长，黑(197)位打，白长，黑七四路打，白六五路长，黑(191)位打，白(181)位长，黑[134]位打，白七六路长，黑(193)位打，白(169)位长，黑(133)位打，白长，黑十七路反打，白(205)位连，黑八五路破眼，白(135)位捺，黑[164]位冲，白(223)位得一子，黑九六路提一子，白亦提，黑一六路扳，白搪，黑九一路扳，白七三路做眼，黑八二路挖，白遂无救，虽尚存(135)位扳，黑[164]位冲，白于(167)位成劫，终属勉强。此处两家各有深算，皆[130]警策，官子便宜。

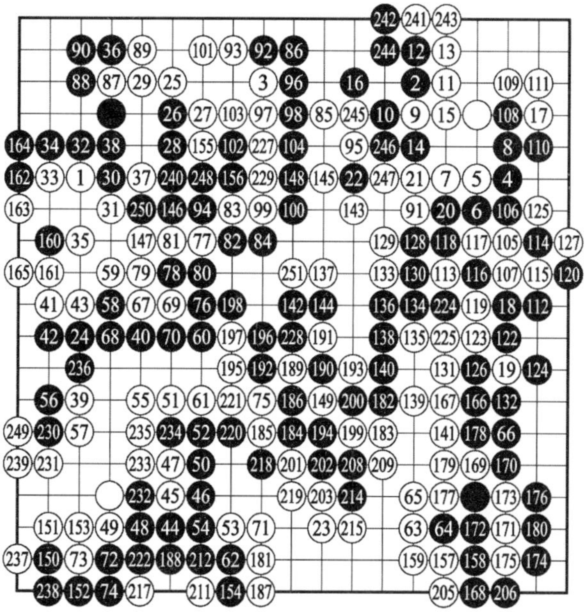

盛大有（白）汪汉年（黑）

251着

121=116，204=190，207=149，210=190，213=149，216=190，223=149，226=190.

大有应双飞，如13搪，19投子，或于66位投，皆不是。20、22亦安逸。23、24皆正。26至36不易。白5至17而意迴，别以36搪后，白限于地，尚有余波。41当155位长，黑240位长，再于81位飞，图活见小。44是。47当48位虎，黑188位立，白50位扳，黑两处经营，自收孤子之利。53落得。60当69位虎，眼地宽舒，不至受逼。62老成。63至66皆是。67当69位觑，黑粘，白八九路飞。67多打反致累坠。72、74成眼，兼得实地。75懈，仍当八九路飞，黑不能连，何须隔断。77至83辗转支吾不能制黑，皆为67钝置。85不是，当87位冲，89位拦，再于179位拦，黑立，白一六路点，黑虎，白185位拦，黑215位应，然后于去角二九路飞。86紧。91当99位长，黑扳，白断，黑亦未妥，自能争先活边，不至局促。95当96位行，为正。94已断。99何必长。白85至103，白似无成见。101当227位长，黑104位长，白十八路断，内是活局，外有余波。104安逸，白虽得先，所损亦不小。105、107分边，是。108、110可缓。111不灵警，当118位封，黑111位提一子，白113位双，角子有限，当以角子为饵，转换白地得势，再于125位扳，黑仍须成眼，所余几何。112至124紧。125粗，当一九路点，黑二九路粘，白二七路扳，黑132位打，白粘，黑二六路得一子，白然后于135位打，黑128位出头，白十九路觑，白盖连19之一子，外势稍整，黑经营联络，稍不舒展，白遂便宜。129至144不易之着。160多事折半着，官子若防白扳角，何不于164位立，亦是急先手。176粗，当二一路立，便宜一着。184至204成劫，有成算。250误，《眉山墅隐》序若谓失着，不改是也。

此局黑边上三着，本是孤子。47不虎。51关。55护断。57退，譬之狭港，来往交臂而过，不能收孤子之利者，未出空地面故也。大凡制孤子在我，则屏去碍累，方得纵横如意。125不先点后打，应酬至141方净也。

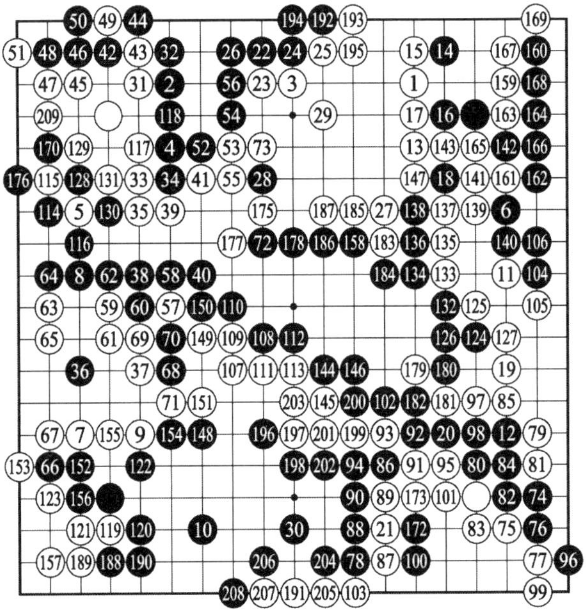

汪汉年（白）盛大有（黑）
209着

171=5，174=128.

14当172位双飞，得局面之正。19落得拆二。22当180位关，白74位关，黑尖，白123位关，黑147位长，为正。22大飞侵拆三，盛、周常用之，而应法皆不得其要。22飞。23当31位尖，黑或扳或立，白再于23位盖，黑占地既促，眼位亦窘。26粗，宜56位扳，白54位扳，黑七三路连，白扳，黑虎，白上角既虚，黑遂于45位点角，不但实子多得并八着一子，饶有生机。31紧。35滞，宜39位扳，紧峭。41当56位行。43至56皆一定之着。57至69得一子，是。74、78两飞琐细，无紧要。大有以此为长城，殆根于禀性。79多事，当87位搪，黑88位长，白亦长，老成无毙，黑四子尚须弥缝。80是。86当87位侵，白搪，再于96位扳。102当于124位兼补兼侵，白关系甚重，不敢恋战，自有波澜，岂如许经营，仅得白一子而足耶。白既有79位托，又有103位扳，得地较多。104好。107至113紧。119得角，细。140不必。142当163位应。158宜去角二四路双关实地。161当163位挤，任黑作何应法，白或得先手，或多得子许，总不出白范围。176见小，当八七路打，白关系大块不敢提28一子。黑先取现在便宜，黑所系甚轻，盘内大着甚多打劫，何碍？况局已负，更应如是也。199小，当206位尖。

此局黑不运筹于26之时，生气遂觉索然。30拆，非不正当，然脉络已失，非源头活水也。又如28飞，本无实际，白不于56位行，不无为之摇动，必欲隔断一子，断亦何益，置若罔闻则高矣。

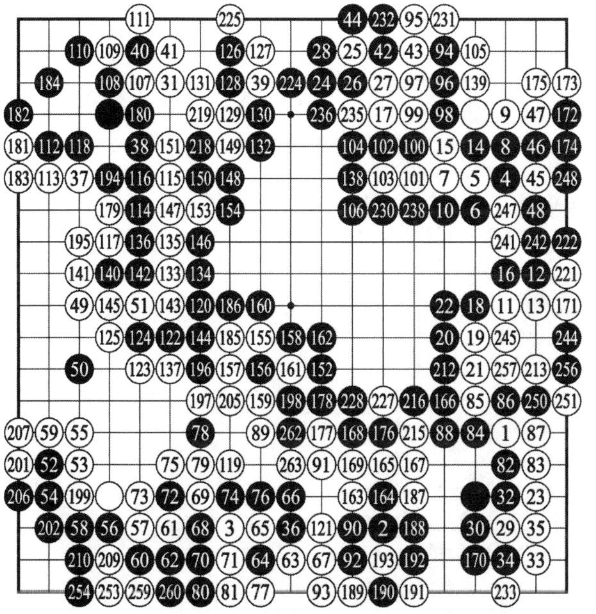

汪汉年（白）程仲容（黑）
264着

200=190，203=193，204=156，208=190，211=193，214=190，
217=193，220=190，223=193，226=190，229=193，234=190，
237=193，239=98，240=190，243=193，246=190，249=193，
252=190，255=193，258=190，261=193，264=190.

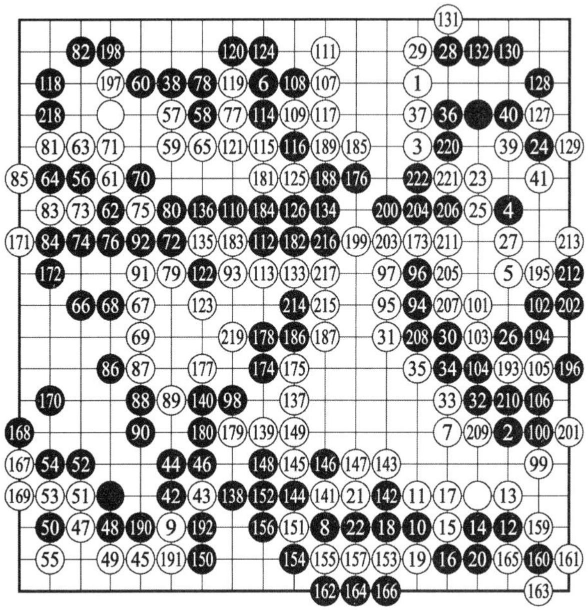

●158=○151.

汪汉年（白）程仲容（黑）
222 着

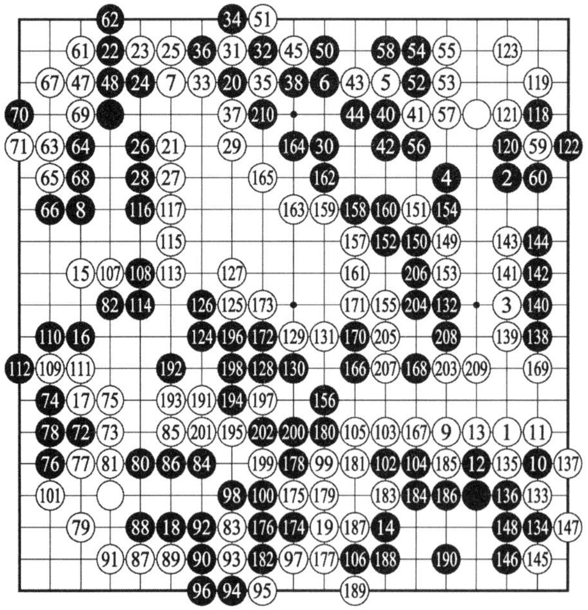

○39=○31, ●46=●20, ○49=○31.

程仲容（白）汪汉年（黑）
210 着

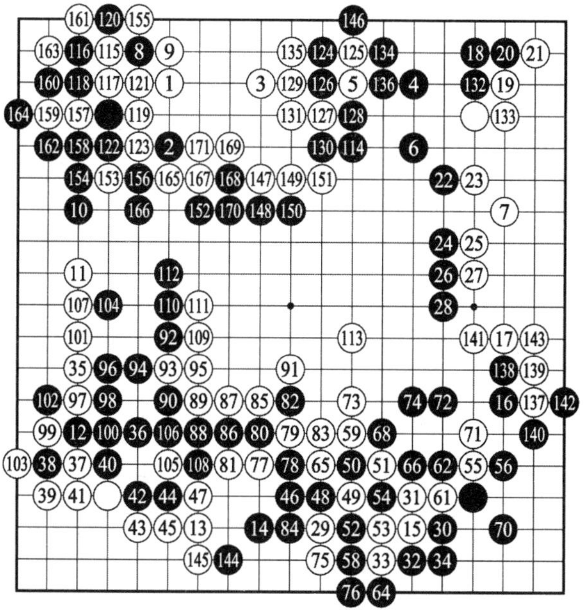

57=49，60=54，63=49，67=54，69=50.

汪汉年（白）程仲容（黑）
171着

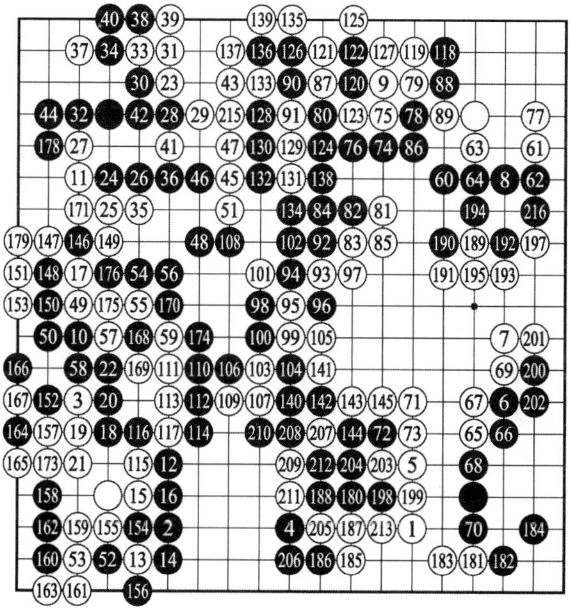

172=164，177=146，196=91，214=207.

程仲容（白）汪汉年（黑）
216着

18当七三路大飞，不受双飞燕为正。37当41位打，黑粘，白90位补。45、46皆是。49不必先顶，当51位长。51力量。54至59不易之着，但白未活边，操纵在黑，亦属碍手。61、63早。69当四八路连，黑四着一子已在逼白之地，此处益当持重。70弱，当五六路扳出，黑势壮，白绪多，任白作何腾挪，黑皆据胜。72无益，反为白补病。74至77皆是。80缓而小，既有76长，白地已限，当110位大飞逼白；白174位长，黑八九路扳，白局促谋生，黑遂处处清楚。91粗，当121位立，黑当118位长，依此着去至129，然后于101位粘，亦难于连络。107长，黑遂可于109位长，白更掣肘。107至117截断数子，大极。118不细，当二四路尖，白惟119位立，黑再于120位打，照旧着去，白不敢于136位吃，恐黑于18位一挤一吃，再于二二路一关得角，只得如此着去，则黑先得二子，角中尚存两活。153粗率，当166位点。154不细，当九一路打，白179位粘，黑157位行，白173位拦，黑165位扳，白158位退，黑166位作眼，白174位扑，然后紧气，白勉强成持，黑尚多一劫在手，白遂成败局。154若竟九一路打，白粘，黑157位行，白搪，黑166位做眼，白扳，亦成两持，皆因153不于166位点之故。160落得于161位一扳一长，便宜三着。168不必扑，自紧一着气。204当207位粘。

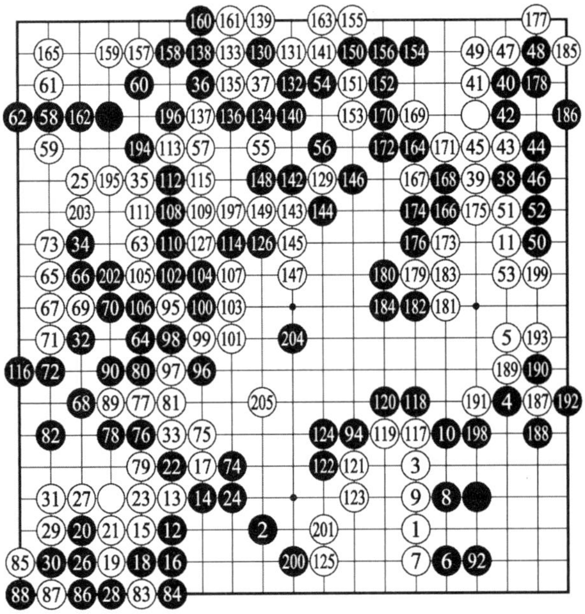

汪汉年（白）程仲容（黑）
205着

91=87，93=83，128=95.

●6至●10搪角，乃大有着法，自成一家，非局面之正。○13至○23汉年尝用，亦属敷衍。○25是。●26僻见，当六三路投。○29、○31必着。○33不紧峭，宜●66位拆二，先据要地。●38当三六路置子。○39是。○47当○49位立。●54当○57位关。○55、○57懈，当●140位尖，黑四九路长，白●56位扳，黑扳，白●146位渡，白势已固，当运筹攻逼。●60落得于四七路先觑。○65当●72位侵。●66至●78一定之着。●80当○81位断，白○97位打，黑●80位打，白提，黑●98位长，一气呵成，孤子始无后患。○83至○87紧峭。●92缓，当八六路觑，寻劫局中无劫，白寻劫即钝置一着。●104若提，白收不净。●108当○109位关，白入角之子未活，此处白应生波，不当使白收净。●112不必。○117至○123是。●124当○125位飞，较有操纵。●126是。○129草率，当○145位捺，白腹四子甚轻，黑●54、●56二子极重，当制黑不能渡为安。黑如●130位渡，白○131位扳，至○141位长，黑●148位关，白●142位扳，黑自掣肘，总之使黑谋生，则●114、●126二子自为我所有，谓取中府而藏外府也。●130渡。○131不得不板。●144提一子，大极，至●150扳，翻然一变，黑遂操胜势。○157勉强。●158、●160、●162粗甚。●158当○159位虎，白●172位尖，黑○163位扑，白●170位挤，黑○169位虎，白拦，黑一七路提，白六三路挖，黑吃，白去角五二路紧气，黑○155位粘，白十一路粘，黑●160位立，先手拦一子，又提三子，局已胜定，白○163位补，黑●164位飞，上角白未能净得，或随身打劫，或于○159位扳活一半，皆在黑手。●166当●182位关，白殊费经营，无论得白与否，自应如此着去。

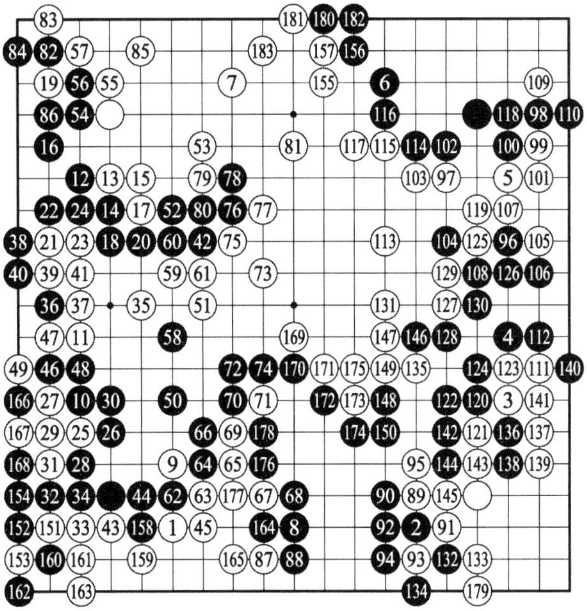

程仲容（白）汪汉年（黑）

183着

20当41位补，较逸。22当36位点。25当26位封，老成。26至34不易之着。36不必着尽，当48位挤，白立，再于42位关，白46位占，黑于43位补。46落得。50当62位冲，白搪，黑断，无重叠之毙。52当58位先觑，然后52位虎。53不是，当六四路补。62断迟，已为50钝置。65是。72当74位扳，短兵相接，岂可如此迂缓。82当九四路飞，白九五路断，黑八五路冲，白断，再于82位得一子，安顿在前，因时应手，亦不折官子。88可不应，当九六路冲，白搪，黑打，白占，黑于七九路长，着法自多。90当132位尖。92亦当93位立，窘促太甚，不似作家。93好。95缓，当126位拆二。100、102不必当144位关，侵角有限，白防九六路冲断，亦须弥缝。105、107不必，即当113位镇。123至127细。130粗率，当131位飞，生眼，兼侵白腹。132当147位关，白扳，黑149位长，白补，黑或139位侵角，否则于132位提一子，争先于十二路大飞，官子便宜。136至144不必，即当于146位冲，白搪，再于148位关，白占，黑于142位冲，任白作何应，黑150位双角中终不能净。151不必。155打。166当十十路飞，落得侵进两着，然后于166位得四子。169至175大。

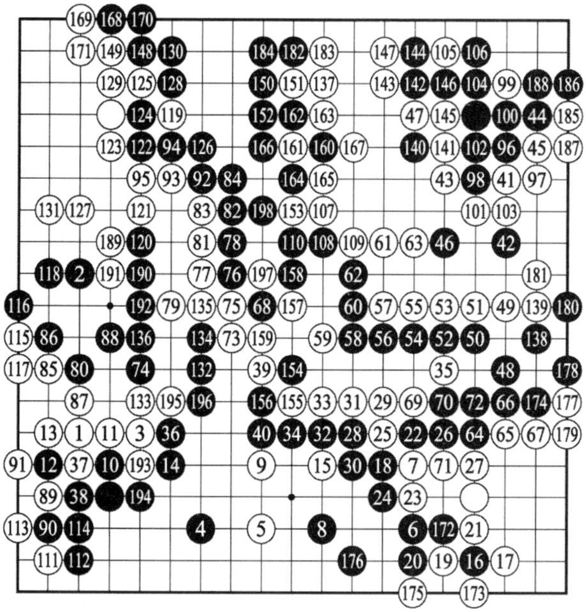

汪汉年（白）程仲容（黑）
198着

⑦镇，⑨关，左右可封，汉年尝用之，亦属敷衍，不见精警。❿当⑮位关，白七五路封，黑四三路补，为正。⓲宜三三路扳，白㉑位断，黑二二路打，白⑲位打，黑提，白171位占，黑于三五路关，先取白角残子，尚有余意。⑲是。⓴不必搪。㉓当71位退，黑30位平，白四九路侵，黑三八路补，白㊲位冲，黑搪，再于二七路托，看黑应法，然后于十三路补，老成妥协。㉙至㉟稍伤实地，且失先手。40当于去角九三路置子。㊶是。㊼当九三路成大块。㊾勉强，当53位关，黑㊾位关，白63位盖，白势浑成，黑犹须补。51至75大势既为黑侵，而白反成孤子，受累殊深。65、67必着。78当197位粘，似退实进。92落得于117位打劫，进止在我，否则于122位隔断，自有作用。96是。99不必。102随手当104位补，留为141位做劫之用。110当153位扳。120不必觑。129当130位打，黑长，白亦长，黑长，白再长。135不必。136多应，当137位拆。138当169位飞，白尖，再于150位拆。140至146虽得一子，白亦干净，不须于此处经营，仍当150位拆。152当184位立。153当161位关。154至158不必，当于160位飞。172反折一着。178不必打，当180位扳。

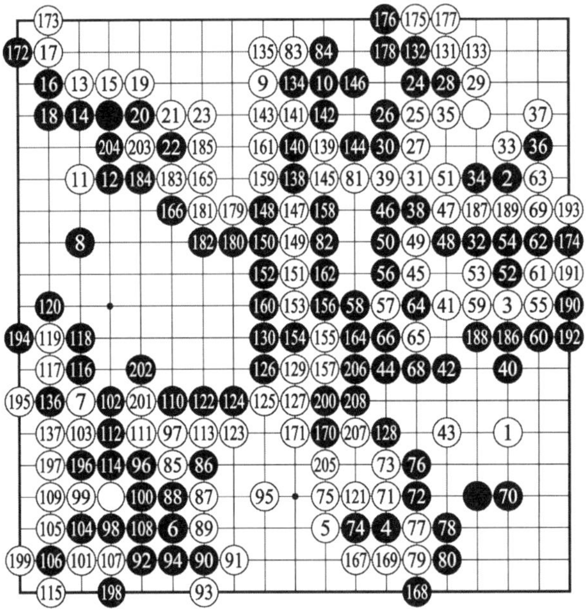

(67)=●64，(163)=●138.

汪汉年（白）程仲容（黑）
208着

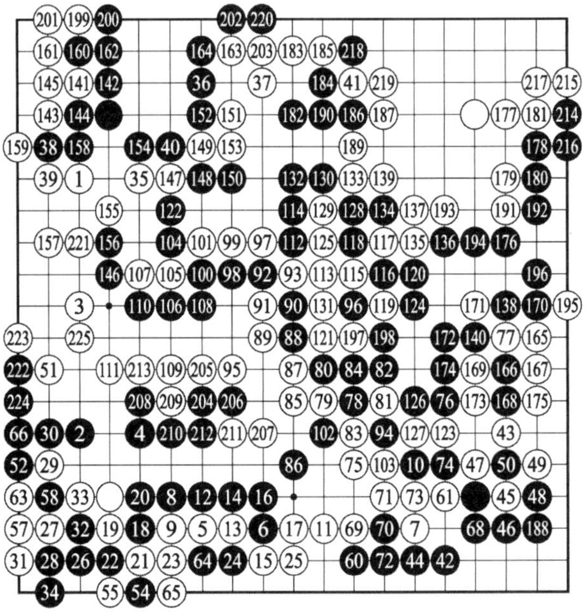

(53)=(45)，●56=●50，(59)=(45)，●62=●50，(67)=(45).

程仲容（白）汪汉年（黑）
225着

○13、○15不是，当○19位补。●20当○23位扳，白如●64位搪，黑一七路打，白占，黑●20位占，得角无变。白若●20位打，黑●24位先手两收，再于○25位得一子，更为雄畅。●24不当时。○25落空，当一八路平打。○29至○31不必着尽。●40小，当长角头三六。●42、●44琐细。●42当○179位置子。●44当○77位逼。○43宜七七投两分。○45当○77位拆二，先据要地。○49当●50位粘。○51不细。●52不须应，当○45位粘劫，白若●66位投，黑●224位打，白于○63位作劫，亦殊迂缓，所谓刻舟求剑矣。●60仍当○77位置子。○81宜●102位退。●86宜○87位长，任白或长或关，再于九三路逼。●90当●94位得一子，白●50位占，黑粘，白○95位虎，黑争先于九三路逼。●94宜●96位关。●96缓，不得。○97、○99是。●100至●122潦草，既不能制白，●102则不须断，白已活透，黑随便落得于●126位先手提一子。今置之不问，遂使白○121得二子。○123复得二子，白绝无挂碍，益位豪纵。●118不是，当●120位长，白●128位虎，黑●122位得三子，设白九七路长，黑●132位长，白●128位虎，黑●122位长，白●150位虎，黑●146位吃，白○147位冲，黑○155位觑，白必于三九路连，黑于四六路冲，白○151位尖，黑●126位提，白九五路活，黑○133位转头，白虎，黑扳，白长，黑九三路逼，且含五五路跨进之大着，如此着去，方为雄畅。●138、●140局面不谐，复弃三子，而黑●122位得三子。●156复得二子，譬之吐余，何足染指耶。●150当四七路觑。●158当去角三三路点角。●180当○181位进一步。●196当○197位占，然胜负亦不在此，可略也。

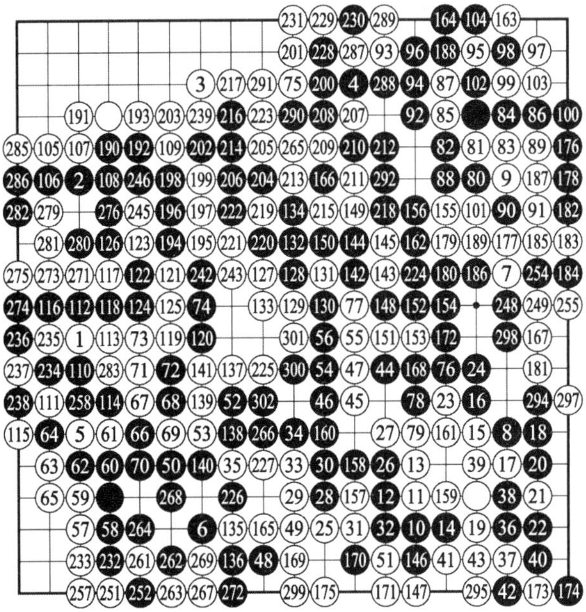

盛大有（白）周东侯（黑）
302 着

240=219，241=237，244=238，247=237，250=238，253=237，
256=238，259=64，260=237，270=252，277=123，278=245，
284=123，293=166，296=173.

起手四着即以八三自大，懒予、东侯尝用之，未得局面之正。汉年、大有殊少此一节，优于二周。5当9位投六三。4已动机不应，寻常布置。9宜32位大飞。10紧。11当15位压。23仍宜五一路撇，黑虎，白43位立，黑虽成边，亦寻常大着，若妒大块，当运筹于先。23扳。25投，总无成见。26至30不易。36是。40随手，黑已活，何必转头，反使白多一去路，当266位长，再于61位压，白两地牵制，不能展舒，遂操胜势。44罩。46虎。48、50两飞，纷纷运用，皆不扼要。白过渡通连，黑索然无味矣。51镇静。52至56不得不应。57当时。58至71皆是。72长。74飞，亦是正着，若于139位占，亦是劲着。75大。76当77位扳，白眼亦多，岂能制白。77出头，兼破黑势，不以76易77，明矣。81多事，当89位尖。86力量。100虽腾挪，其实见小而伤于巧，当102位打，白188位占，黑103位提一子，白163位渡，黑164位打劫，留176位一打，为寻劫之用，白劫多，且边子未活，颇为掣肘，况白即98位得利占后，黑尚有余波耶。100立。101得一子活透，角存劫活，仍是先手，白遂如意。103不必，当留163一提活角之用。105、109是。110至116

无中生有。110当112位虚顶。116至126不易之着。127好。128至132不肯甘心图活。134拙，当142位先打，白长，黑再于134位长，白144位吃，黑142位行，不但得白三子，且有余波。137至141得四子，大极。157当161位成眼。166当168位占。167至169皆是。204至225，官子皆细密。236至260通连四子，大。266贪，当267位活。267若于166位点，黑提劫，白长，黑吃，白提，黑惟于入角八一路寻劫，白提，黑提劫，白于274位寻劫，黑不敢应，较之两持，便宜实多，前局如100至104水尽山穷，仅得白一小角，144之巧，究伤官子，两处作劫，则不便宜，然转战迭前，鼓声不绝，亦足以豪，惜无补于输赢也。

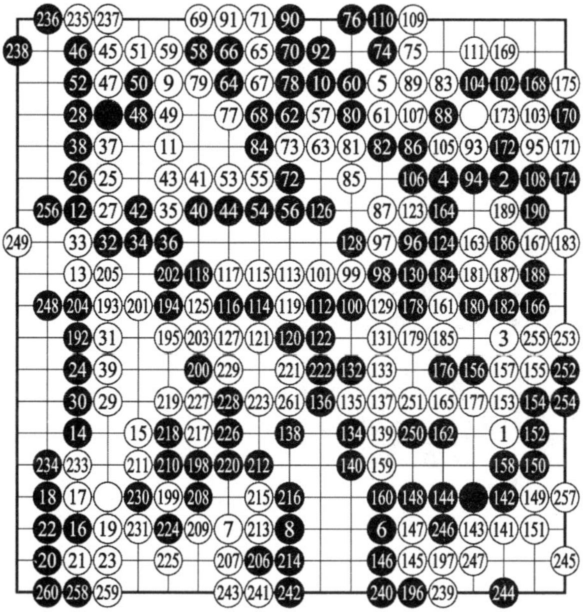

191=186，232=199.

周东侯（白）盛大有（黑）
261着

7、8占地，懒予尝用之，非局面之正着。8小，当14位置子。16点角，乃大有长技，此处亦可用。19当234位扳，让渡，黑遂安逸，白仅大此一处，亦限于地。25至31连络白势。32宜先于39位冲，则34长后即生一断，彼此相制，自有变化。39至44不易之着。45缓，当53位长。46粗率不灵警，当53位转头，白如46位进角，黑50位尖，白48位虎，黑冲，白占，黑打，白49位占，黑59位扳，白必不敢出；此若补，则嫌犯重，不补，则51尖之患仍在，是为45钝置不小也。53至63如意。67、69不老成，当73位连，黑图活，则白处处皆坚，仍得先手，分黑两处，局面雄畅。84分断，黑颇有波澜。87当128位关。93滞，当173位玉柱补角。102至108精警。112至118力量。126弱，当127位长，白如194位长，黑提一子，白若甘心两活，已成负局，若于126位成眼，黑193位关，白难两全；白如不于194位长，于202位打，黑占，白201位虎，黑提一子，白亦不敢于126位成眼，防黑195位觑。205冲，白病仍在。129至139虽分两处，不能制黑，黑亦成大块且暗侵，白势总不便宜。141当149位飞。145当146位实行。174低，即当176位如是着去，遂无191位一占之腾挪。盖174自紧一着，气松，则宽一着气故也。

此局127失去数子，虽提二子，实地稍伤，未能制胜。虽141不点，167不关断，正兵收去，亦是黑胜。因174粗率大折官子，白竟以涉险得胜，殊驳不醇。前局如67、69之类着法，有所不能忍，白所长在此，所短亦在此，以退为进之义，故当让懒予擅场也。

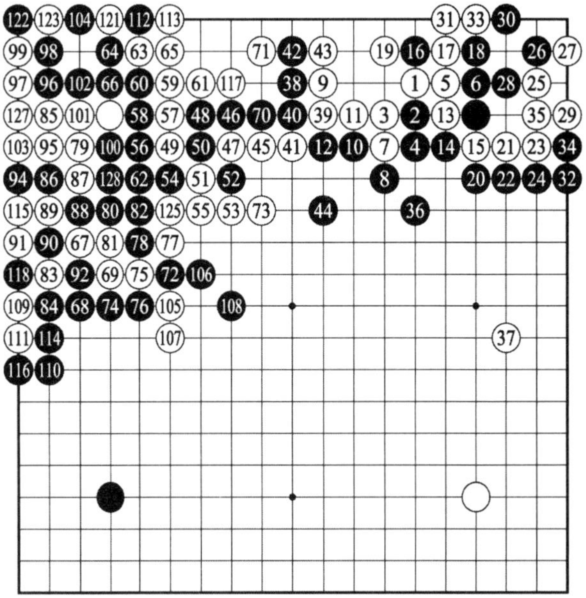

盛大有（白）周东侯（黑）
128着

93=90, 119=109, 120=111, 124=112, 126=122.

倚盖起手，始于过百龄，彼一生以倚盖为长城，其与懒予十局，懒予应倚盖极简练，东侯《弈悟》痛诋之，以白既掌先而后失先失势，未终局而胜负判然，可谓卓见，乃汉年、东侯间亦用之，殆自负其能，以为无往不可，岂必故人其元中始能见长耶？究之余习尚存耳。⑬、⑮必冲断。●16夹，东侯创体，过、周独无此变，内成两持，外势亦整，局面两分，白盖失于随手立，当七三路占，以拙应之；黑便难措手，伯龄于此处必于七三路断，懒予于●18位扳，黑搪，再于⑲位得一子断，防其粘、扳，防其立，均有见于此也。㊲当在八三路投子。●38当于七三路投子，不攻瑕而攻坚，何耶？●40至●44不易之着。●46当(61)位拆，白●50位镇，黑●64位飞，先活于内，而外势不伤。㊾偏僻，当●70位冲，黑关，白冲，黑连，白●50位紧收，黑(57)位长，白㊾位盖，黑长，白封，黑扳，白扳，黑●64位立，白(101)位占，气局雄整，再于三二路搪，仍是先手。●50至●66灵警，转换得角，大于弃数子，残子尚有余波。黑边角，白难于落子，便宜多矣。●72至●78紧峭。(79)至(109)皆一定之着。●110粗，当在●114位退，白(115)位提，黑●112位扳，白搪，黑(111)位搪，白(121)位提，黑●118位提，白●112位占，黑(109)位占，白(127)位占，黑●128位紧，先手在黑，残子于八二路夹，尚可成持，已操胜势。(117)当紧气，黑误于●110，白误于(117)，遂成长生劫。

东侯言：“大有谓若改此处为两持，仍让黑先，再博重采。”东侯欣然对垒完局，白负十余子，大有倔强处于此可见一斑。

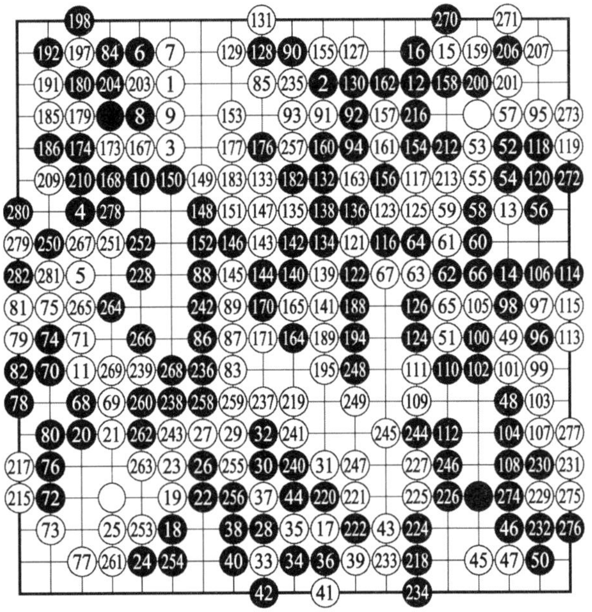

周东侯（白）盛大有（黑）
282着

137=116，166=156，169=163，172=156，175=163，178=156，
181=163，184=156，187=163，190=156，193=163，196=156，
199=163，202=156，205=163，208=156，211=163，214=156，
223=17.

6至10搪角，若中局运筹，又当别论，用于起手，局面失宜。12不可缓。14当18位投六三。19宜224位拆二为正。20当22位扳。21宜253位虎，机动流行，最忌凝滞，不当图大一处。24是。25即为21钝置。29有力。33当104位落子，如黑于43位大飞，白再于33位托，方是。34外扳，是。43虎，至47进角，虽腾挪，亦未有便宜。48先飞后搪，是。52当62位关，运用颇多。53至67不易之着。68活边，至83关，彼此皆是。84当150位长。86影断生情。89当278位捺。90仍当150位长。91、93争先灵警。95当时。96多事，宜即于118位活。107粗，若于108位顶，黑何以两全。116不必。122不得不断。123弃三子，得黑二子，争先于127位点眼，操纵严辣。133若在135位罩，黑虽可以图活，亦属艰窘。今以九七路飞，黑有136打，遂至成劫，然白终有劫之便宜，未尝不是。145冲断，至150连。153虎，皆有成算。168当173位搪，劫少；白若断作劫，必至大折官子。173至209寻劫，彼此皆细。216当217位活，白提劫，黑于七九路顶，白如应，则黑通盘无劫，若于216位吃，黑

八十路吃，白248位长，黑219位占，白249位双，黑扳，白145位虎，又扳，白247位吃，黑七四路长，白提，黑121位走，白120位占，黑断，白140位提，黑155位占，先得边子，白吃未净，黑胜定矣。218至228侵收皆紧。229净。235大。257当266位双。261当262位搪。

此局白胜半子，白如不使162位冲，可多胜子许，《眉山墅隐》刻本。100于106位寻劫。101若不应于216位得一子，黑遂无救。东侯言此抄录者误，今改正在此谱，后者季心雪《弈墨》、东侯《弈悟》、大有《弈府阳秋》皆抑人扬己，各有存私。此谱随弈随梓一秉至公他，如《不古编》有改窜之疵，《弈慧》、《弈涂》、《弈通》之类更不足道。《眉山》一谱虽不无利钝然，大方正派，无纤巧之习，固当俯视诸谱也。

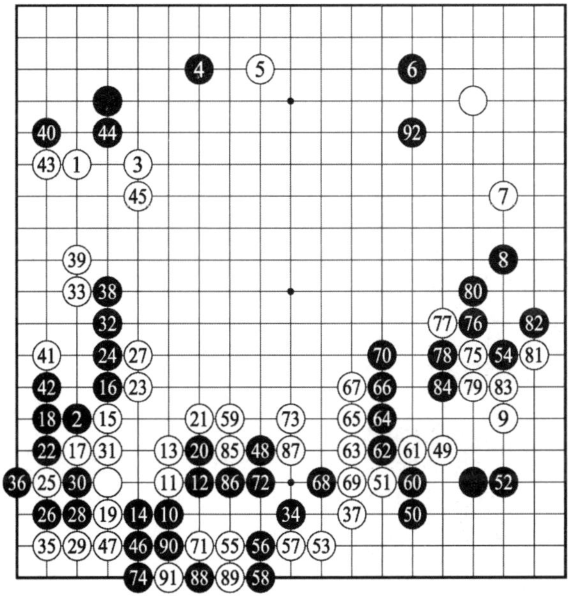

盛大有（白）周东侯（黑）
93着

93=88.

5至10皆正。20当26位进角。21躁，当实行，黑不能两顾，操纵在白。23为护断而扳，黑边已逸。27赘着，宜九三路攻。33仍当九三路攻逼。21、23两扳，遂至失角，已非局面之正，九三路攻逼，尚不失为良图，岂如许经营，为33拆三而设耶？且黑已活透，益觉无味。34大极。35不必。42老成。48自在。49飞。51尖，大有一生僻见。50、52是，黑角已实，白病自存。53迂拙，宜拆二。54当于59位虎，此处任白修补，亦不净。55、57总属勉强。59本属大着，今恐53数着落空，为其牵绊，益不可缓。60至70紧。63不得不弃。74是，若于八三路做眼，白85位冲，黑88位托，白74位扳，黑86位成眼，白87位破眼，黑十四路占，白90位渡，黑必于91位扑，白提二子，黑再扑，白于一十路打，则全杀矣。75至83敷衍无成竹，宜即于85位冲，打劫。77若于九二路断，尚有着头。92是。93别无生发，亦必占之着，此后黑于去角三三路点，白已成败局，不能挽回矣。

此局21至27一筹不展，失势失先，局面羸削已甚。55注意一处。60冲，已失去数子，白53尖，59长，93占，反三落后手，仅得黑数子，窒塞不通变，焉得不败？《眉山墅隐》对局官子亦皆收完，有局已胜定，为官子误而反负者，皆不讳而刻之，最为有见观者，自能辨别正，不必讳也，亦有半句而止者，必后局狼藉太甚，故削去，不刻于此局，已见一斑，余可类推也。

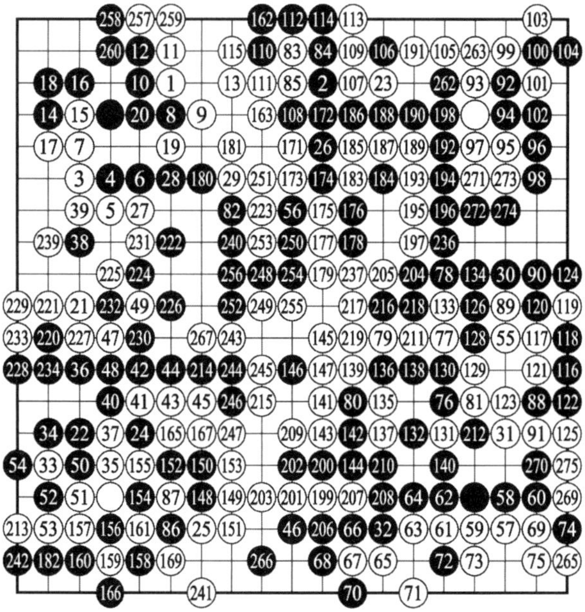

周东侯（白）盛大有（黑）
275着

127=119，164=156，168=87，170=161，235=49，238=232，
261=49，264=232，268=49.

③即双飞，机枢已动，黑当运筹全局，大有应法如⓬搪，皆不得要领，其左右两压，吴善于黄龙士以其有通盘神理，不仅在一隅也。⑮先冲搪，然后十九打，东侯尝言“若⑲位先打后冲，则⓲可不应，白虽于⓲位得一子不劲，黑双关已固，故也”，所见诚是。22当平角九三路两分。㉓紧。㉗、㉙安逸。30是。36好，意在侵白拆地。㊲至㊺不必，当55位拆，冲断虽大，非局面扼要之着。46不可缓。㊾滞，虽防侵，亦当220位夹。50落得于220位尖，黑已活透，得一子见小，宜入角三五路尖，逼白孤子。55正着。56飞，乃大有派头，究浮而不实，当273位拆二。57宜274位大飞点角多事。60不使白扳，亦有运用。61至80不易。81虽补，亦不净，仍当274位大飞。88好。92点角警拔。93至105亦老成，然黑先手分角，黑得便宜。110粗率，当112位扳，白成眼稍不自在，黑势自实。116搜根，亦未有成算。125随手当131位虎。126是，如占白于134位挖，不能制白。127仍当131位虎，短兵相接，移步换形，最忌成见格于胸中。133落得先于199位点，黑必占，照旧着去，颇多运用在后。135关。136挖，至145虎，彼此严密。148至160，白以腹子未妥，不无牵制，黑借以成劫，遂得实子。162以白劫殊少，不得不于此地寻劫。171即于黑寻劫之处生情。175断，至197得三子，亦足以偿其所失，皆有姿致。183当先于200位实行，收势既紧，亦多得子许。199至211皆好。214大。215当220位尖。236当262位寻劫。251不必，嗣后官子皆不易之着。此局黑白虽有瑕瑜之处，然着法严整，气象自佳，一气清通，不事雕饰，彼小家数未得望其项背也。

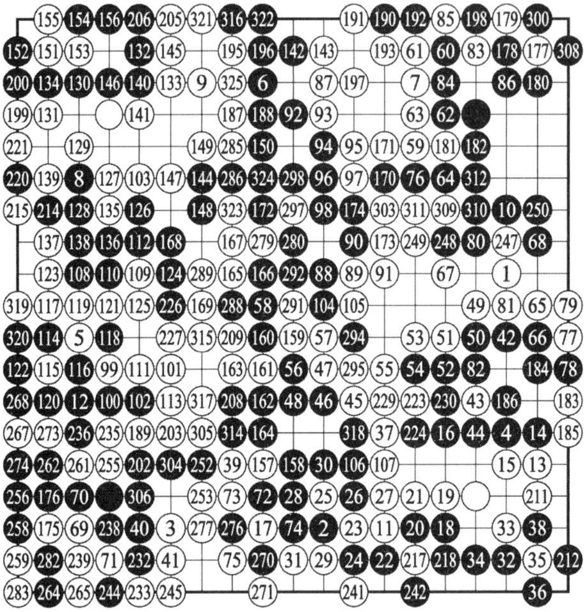

盛大有（白）周东侯（黑）
325着

194=192，201=85，204=198，207=85，210=198，213=85，
216=198，219=85，222=198，225=85，228=198，231=85，
234=198，237=85，240=198，243=85，246=198，251=85，
254=198，257=85，260=198，263=85，266=198，269=85，
272=198，275=85，278=198，281=85，284=198，287=85，
290=198，293=85，296=198，299=85，301=190，302=198，
307=179，313=198.

起手至12皆正。13、15早，所谓施行未成，不可先动。18当67位笼罩，先发制人。24、25盖以有15长，不肯甘心于27位占，或四三路搪，反为15牵绊，益觉支离。26当74位长，白28位盖，黑270位扳，白复扳，黑于四三路进角，白虽有虚势，补亦不净，似拙实强。38是。39亦是正兵，但此际宜于八三路逼，黑紧峭。40落得。42安逸。52当十五路断，彼此相制，自有变化，稍弱则懈。53至58皆是。59扼要。60当84位尖，白或扳或立，再于64位飞。65至68必着。69缓，当108位觑。72、74当时。76有脉络。77当84位冲，黑搪，再于230位捺，黑搪，白挤，黑占，方不失序。80细。82宜于二七路补。83当84位冲。87是。88、90不必，即宜92位尖，94位投，有余不尽，白若弥缝，黑势益固。99尖。101关，乃大有派以正论。99当103位镇，黑108位拆，白九五路关为正。106、107皆误。

107若在124位双，黑遂落后手，不应于二七路夹，黑不能救。111、112净。114不能忍，当175位扳，官子亦是大着。120既不敢于121位占，黑仅提一子图活。123行，遂伤拆地。127、129必着。130点角，至144飞。150虎，精警有致。183当二七路夹，两持便宜一着。187细。190点。191让黑渡好寻劫，彼此皆细。238当258位扳，局中黑劫多寻劫，不应更折官子。

此局着法严审，理路亦清，如两峰对峙，雨水分流，各有高深，乏倾江倒峡之势者，以工力悉敌之故，予所见前人对局不少千篇，绝无瑕疵者殊少，然吉光片羽自不磨灭，评騭不得不尽其所见，就正大方不可以其有所指摘而忽之也。

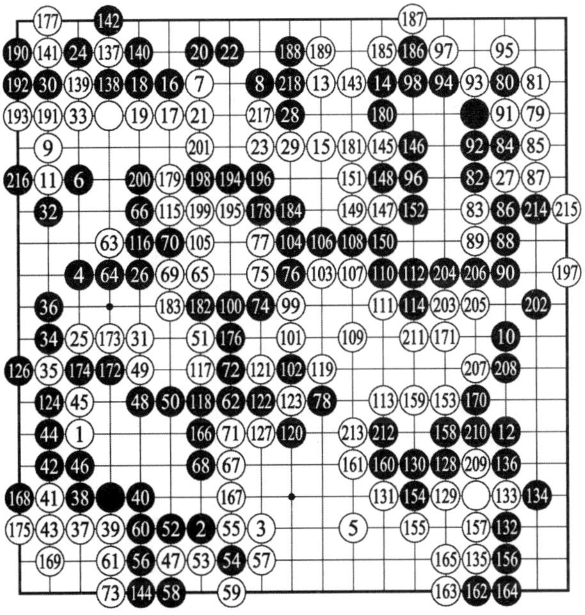

盛大有（白）周东侯（黑）
218着

125=102.

5小。6当12位投六三。10宜11位搪，10不搪而两分拆二，不过改换着法，别无运用。13、14正。15当25位拆二，关照十一搜根，神气始足。16当平角，用倒垂莲先整大局，白角纵补，亦不净。17至23皆是。15牵绊。24当28位觑，白如29位占，黑可不应，遂于174位拆，白若九四路占，黑29位冲，白封，黑138位进角，白25位逼，黑196位断，因形运变，庶几流行不滞。25大。26不可缓。

○27是。●28落得。○29老成。●30为孤子而发，意在借走，但迂缓不近情，当○31位关，白六五路关，黑●46位尖，白●42位扳，黑虎，白占，再于○35位点为正。○33镇静有味。●34、●36亦属无聊。○37点角，不得大意，当○137位关，黑冲，白断，黑●140位打，白于平角五五路飞，黑●40位搪，白○63位觑，黑占，白七四路平，黑占，白○65位罩，攻逼及时，方收其利。○47当●60位实行。●48、●50必着。●52当●56位关，无变。○55、○57既吃一子，则●58当即于○61位得角。○67好。●68当○121位尖，白角存劫，出头亦畅，不须眼地。○69期当于○71位长，黑若于●72位应双关在白，则○69顶，岂不为赘着耶？●74当○195位飞，因走而走，白不沾滞矣。●78亦是。○79当●90位拆二。●82至●88强。●96当二四路复打，此刻两家皆不宜认真，不打则弱。○99生情。●100至○109一定之着。●110当●130位实长有力，白联络尚须经营。●114好。○119紧。●120当○123位占，白于八七路封，黑●144位占，白补角，黑十五路关，眼地尚多，不虑难活，寻劫过渡小就。○135粘。○137断，净得一子，又含断黑二子，大得便宜。●128至●136侵势取角，紧而有序。●144小，当●156位立。○153粗，当●156位先行，黑虎，白再关不应，使黑先手拦角也。○157亦当先于二二路夹，黑占，白双，存一过渡为是。●162大极。此处因白操算不精，黑大得便宜。●160当●168位扳，白○169位虎，黑一二路点，白一三路做眼，黑二一路成劫，以官子为寻劫之用。

此局子许输赢，虽局中尚有大官子，然角子较多打劫，黑又不损官子，不当置之不问也。●178未尝不是，究之不如现在○179位打，●186位隔断为是。●202当○215位关。

盛大有（白）周东侯（黑）
234着

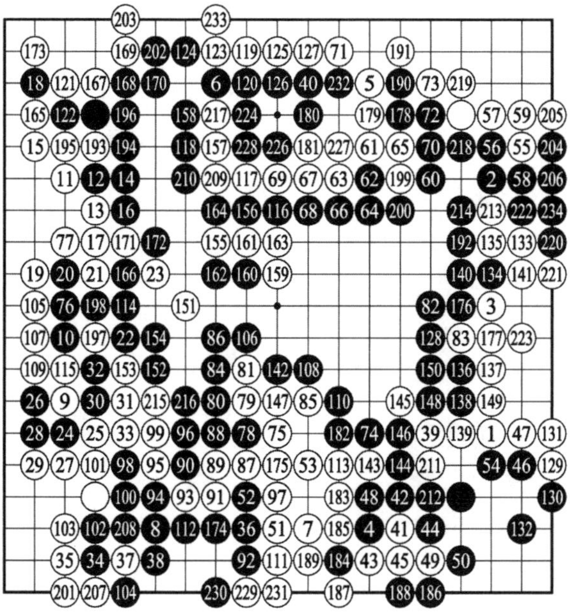

225=32.

4不于60位关。6用八三，乃东侯变体。12亦是。15当195位行为正。16大。19当20位小尖。29当208位尖，看黑应法，白或占九着一子，或弃一子，取舍在我。35当174位拆二，黑103位尖，白112位顶，黑38位立，白94位封，局面舒展，又含一五路立。109扳，搜黑眼地，自有便宜，黑上角既成大块，两处复不受制，白不精严故也。39、40皆正。43宜44位长。44至54不易之着。55是。56不必冲，此类尚沿旧习。70可缓，留为二七路一托之运用。74当时。77当退一步。78至86紧峭有情。92当174位收，白93位冲断，不敢于97位搪，防黑。98至102得一子，于201位扳角争先。97不过175位粘应，总是一样，不使白存一眼地为是。104好胜，当于207位立角，存一劫，虽于已有伤，然其权在我。106当于107位搪，白棋两处未净，岂肯轻弃。116、118是。119当128位长。130当133位点，此处着法甚多，黑未深算，仍以熟调应酬，亦属草率。133至150两得其便。157好。159至163误。166是。170粗，当173位长，得角多于腹子，且已胜定，官子皆不精细。

此局黑64数着虽畅，然亦暗伤边势。106至148成腹，白亦占地处处清楚，黑未有便宜，变化流行不宜注意一处。159若先在165位断，黑必应，再于164位连，仍是白胜，黑弃角转换极是。170若在173位得角，黑遂胜定，不得角而长，致损官子，此局黑胜半子。若183于184位退，201先于204位立，黑难保必胜。

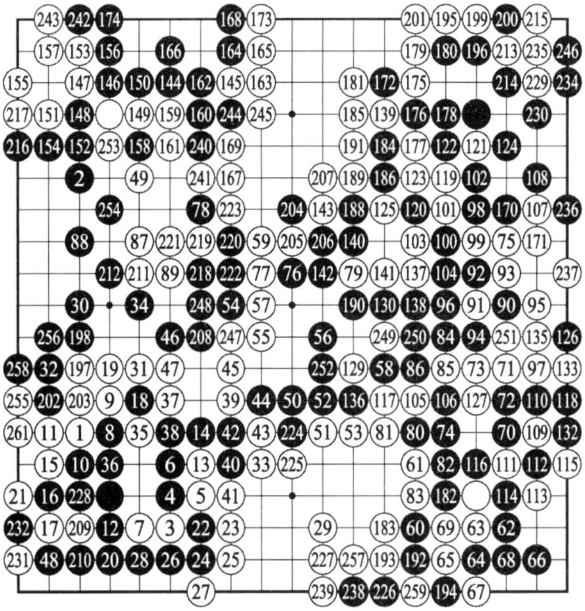

周东侯（白）盛大有（黑）
261着

128=112，131=111，134=112，187=120，233=17，260=226.

13当15位进角，白搪，黑夹，应双飞两压，起于懒子，大有则择之不精，东侯时作变体，不肯照常起手，最当严整，最忌多事。21渡，27扳，29拆二，皆是。30紧。31大而当时。32至48彼此不易。49当212位觑，再于四六路压，黑154位扳，白152位虚，紧峭得情。54、56、58滞，绝无运用。54当132位长，得通盘大意。62不得不点角。65当114位搪，黑虎，白打，黑占，白113位粘，争先于79位逼，白势浑成，黑谋生又借境，胜局已定，以实子计之，黑得角亦大于弃60之一子，且有照应，所得不既多乎。71至75紧。78总无实际。84宜于85位关，白扳，黑虎。87当116位冲，黑111位搪，白四六路冲，黑137位冲，白断，黑105位粘，白91位补，黑137位飞，白120位罩，如此攻逼，方收孤子之利。90至98好。99冲断。103反打。109生劫。117先手分断，细。120有生发。121不是，既不能制黑腹子，反使黑角补净，仅提一子何益，当125位打，黑123位长，白122位长，黑不肯让，征二子必于177位长，白178位长，黑121位占，白三四路扳角，黑214位搪，白三五路占，黑213位立，白八七路占，先整大势，边子甚轻，然黑亦无如我何。133、135图活见小，当八九路先得腹子，仍须打劫，局中黑劫多。143粗，当十十路冲，黑占再关则可得先。144、145皆是。145当152位打，黑长，再于150位打，黑长，白于154位立，黑边子未活，必至掣肘。154当156位靠，存174位立，白角有劫，便于生眼。167、169让活，是。172托。190收，皆好。183落得于四六路打一着。208当213位占。236当237位先点。228当平角一六路打，白占，再于239位关，便宜一着。

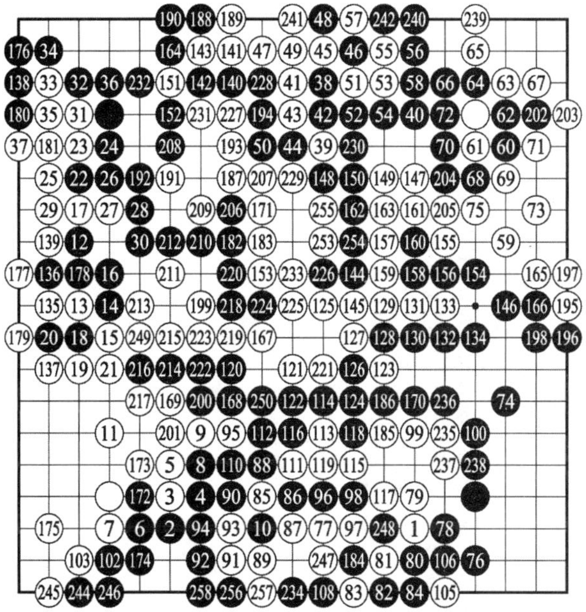

程仲容（白）周东侯（黑）
258着

101=85，104=10，107=85，109=10，243=46，251=81，252=83.

3用倚盖，沿林过旧习。4至10正应。13当151位置子。15当18位退，取先。17太急，如此形势即让子，亦不宜分。30计活老成。32至38取尽便宜，已成胜势。39勉强。40当230位飞。41无聊敷衍，亦无成见。42当43位扳，白断，黑51位退，白更难措手。47宜实占。50是。51至57不得不然。58当61位捺。59落子清楚。60宜于62位托，白63位扳，黑64位断，白如65位打，黑61位反打，白如202位打，黑60位长，白71位长，黑67位得角亦大。62至72皆累着。61至73应法，好。74

当75位长。75打。76至84不运筹攻逼，孤子乃于分内之地争官子益角，近于自负，又当别论。85紧。86至90不易之着。92当94位占，黑102位扳，一样成眼，今多白93觑，95行，遂觉掣肘。108当172位寻劫，白搪，黑提劫，白修补，亦不能净，颇费经营。109至119提通三子，则108落空矣。125当126位实占。126至134好。135大。140、142落得。146似小实大。152至162细。164实子。167无味。170净。174、188大。193当227位夹。199闲着。204本固有之着，略嫌其迟。208紧。214至224皆紧细。

此局白胜白子。234若在去角一五路尖，白242位补，黑二三路断，得白一子，黑遂胜半子。凡侵敌势，务须探本寻源，始有致有情。若一无借境，注意求侵，皆成单着，他处皆为敌所有，岂以侵势为事，胜负置之度外耶？盛大有亦坐此毙，并拈出之。

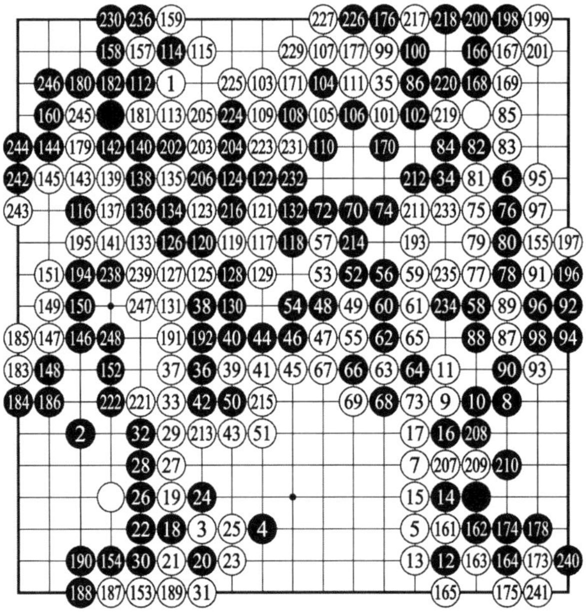

周东侯（白）程仲容（黑）
248着

71=63, 156=89, 172=105, 228=217, 237=114.

9非正着。10至16不是，黑角未实，白势愈坚，当32位关。21弃角成势，好。27当30位行。黑如四三路长，白仍于27位长；黑如27位提一子，白三四路搪，黑五四路封，白32位觑，黑粘，白于五九路飞，更为遒劲。30先手打，大。36

虽可着，不如在191位罩，得入界宜缓之意。37当221位转头，黑222位虎，白九五路关，置之不问，黑遂索然。39亦当247位飞，使黑孤子谋生，自有便宜。39至47注意成大块窒塞，无流行之用，似大实小。40至56借以张势。58收边，是。59亦无成竹。60当215位先冲，再于60位长，短兵相接，一步一变，最忌熟境。72宜74位双关。73净。74当104位约。75多事，黑即粘应，亦无补于事。88至94因有此残局，紧气法不能忍，其实不必，当98位渡，白若93位扳，黑88位冲，不能为患。今白多95一扳成眼，边角遂不碍手。92当先于235位挖，白搪再点，白95扳则黑有192两收之便宜，再吃二子，白亦不敢于101位长矣。109宜143位双飞，拆地自实。114落得。117虽借以生波，亦无成见。118至135皆一定之着。136不能忍，当提。142宜157位占。146不可缓。177当178位行，黑提四子，白210位飞，二六路尖，官子较多，但176缓着，当略而置之也。昔汉年与吴孔祚、周元服对局，多用太极起手，此局9着意颇相类，周、吴以太极起手之故，急于破势，此则急于弥缝一着，所见略同。

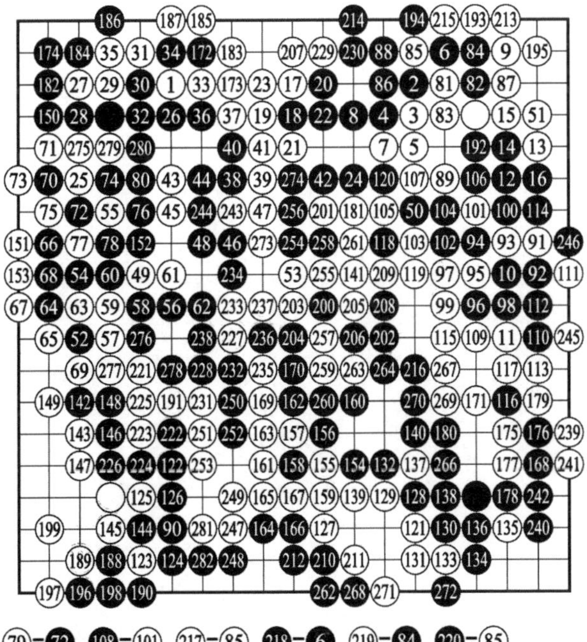

程仲容（白）周东侯（黑）
282着

79=72，108=101，217=85，218=6，219=84，220=85，
265=200.

6当81位实行进角为正。12亦是正着。懒予于23位飞，较逸。14亦当于22位飞。17落得逼。20至24是。27若36位扳，恐堆垛无情，点角灵变。33当34位占。34至40紧。42至49不易之着。52投子入彀。53缓，当54位拆，以逸待劳。56轻忽，当238位置子，白176位关，黑143位拆，舒徐持重，兼得实子。57无成见，当58位长，黑扳，白断，任黑作何应法，白皆据胜势。63弱，当七九路冲，黑紧，白断，黑难措手。65至80一定之着。81自寻后手，其意何居。90亦是。91不是，当175位拆。94泥于熟调，当95位长，白94位长，黑102位扳，白101位退，黑116位逼，白角以活透，残子甚小，黑大势浑成，俱已胜定。99转头。100得二子，皆是。101不必当102位打，黑占，白109位封，黑110位虎，白十一路点，黑若246位打，白112位打，黑提，白113位得一子，黑104位连，白216位补，如白于十一路点，黑于112位占，白照此着去，至117位点后，黑若不于104位连，白先手隔断，甚畅，较为简易明白。120当166位拆。127宜137位关。141弱，当168位点，黑若于178位拦，白于171位得一子，黑棋未净，仍须修补。142当143位投。157不能忍，当158位长。160虎。164、166随手两觑，官子便宜。165宜二九路托。168大。181当188位粘。184、186不须着尽。193不必打。196当三三路断。216当占。237当238位先冲。254当255位先手冲，再于275位搪，黑遂胜半子。

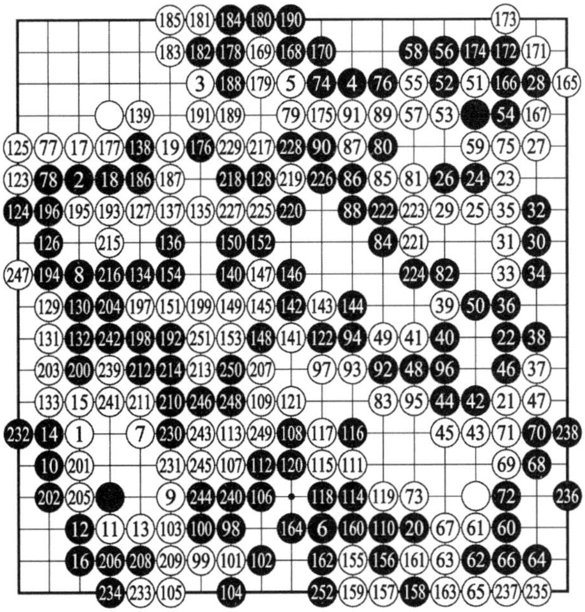

周东侯（白）程仲容（黑）

253着

253=158.

4以八三自大。5拆二，皆非局面之正。6即宜8位拆。9大。11宜14位搪。14既长，15当于16位扳角，黑于15位扳，白于110位逼。17、19早，仍当110位逼，或于23位置子，皆有脉络。24、26亦可着。28、30亦见用意。33当35位占，黑33位扳，白39位罩，气势严整。33不使黑于33位扳，故先争此着，但36补后，白亦索然。37落得。46不必。50当81位长。51当先于67位尖，再于53位靠。52宜53位长。59当81位扳。60至72乃是后手，点角何为。64误。74宜81位长。77缓。78仍当81位长。82当六六路虎。86至90不必。94当100位拆三。101必长。102宜103位冲，白205位断，黑202位打，白209位渡，黑四五路断，白五五路两打反收，黑占，白三九路扳，黑231位打，虽弃一子，亦可以取偿于白之孤子枯滞之境，固当图变。108当112位长。112至120以争先手之故，官子皆为白取尽，而所争之先手仅得白有限之残子。122当138位尖，白搪，再于187位虎。123扳，129飞，皆不纯正。134当187位关，白186位冲，黑177位进，白139位连，黑138位断，白六四路占，黑七六路长，使敌为二子经营，白有波澜，不至供人唯诺。140连。141至149带侵带攻，遂有情致。164当152位打，再于一九路补。168当二一路搪，局中168、175皆大着，白不能尽得，当争急先手未收。200不必，即当于204位虎，不致折去一子。205打。221不细。223若在九九路打，黑占后两打通连，更折官子。

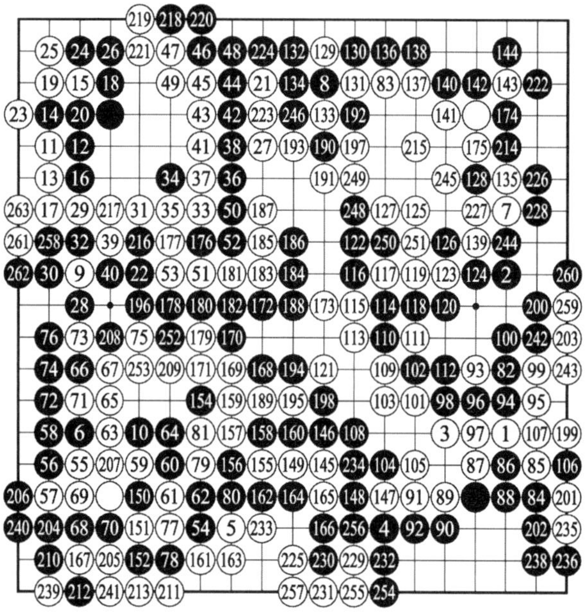

程仲容（白）周东侯（黑）
263着

153=150，237=106，247=190.

6是。10宜29位置子。反起手无故用八三自大，如5着之类，皆不得局面之正。10关，安排分角，白得先取偿于他处，虽分，亦不便宜，使白弥缝修饰，则其病自见。11不应，好。15当16位转头。16、18紧峭。21宜83位飞，安逸。22当137位拆二。27是。28仍宜137位拆。32当34位出头。33当37位封，让黑谋生于内。39不必。40当42位长。41至53不易之着。此处黑限于拆地，不宽转换，稍亏实地。54好。55、57落得。59当77位夹。60当62位长，白64位扳，黑63位占，白79位虎，黑80位转头，白不能一着补净。67当152位补。68、70大。83虽大可缓，当112位关。87至91弈中最忌，宜107位占。104、108琐细不得意，宜109位长，白八七路长，黑于147位转头，白更觉累坠。129当五二路搪角。146宜147位占。150至164虽紧，但黑亦无转身之处，不能制白。165细。167粗，当210位关，一样紧气，何用让黑先手过渡。175当214位打。178当先于204位过渡，再于179位长，白亦不能连络。179至189一定之着。190当191位飞。198不必断，反折官子。225当去角五二路扳。226、228渡，官子便宜。此局运用不息，振宕有神，亦是能品，但镇静不足耳。

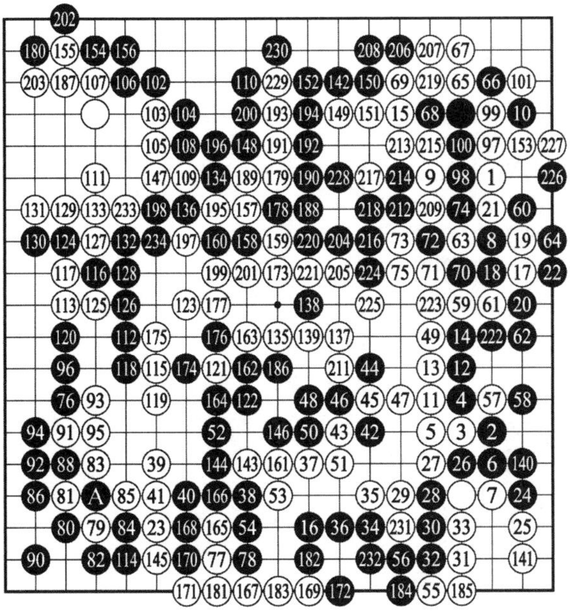

周东侯（白）程仲容（黑）

234 着

87=79，89=A，210=63.

3倚盖，洽林过旧习。6是。8当11位长，机用既在此处，不必他求。11当72位罩为正。16是。17多事。20当六二路跨断，初棋无劫，白难于收拾。22缓，当26位冲断。23正。24至37不易之着。38、40为42而设，亦未有确见。45粗劣，当48位虎，两虎皆有顾忌，白不致受累，彼此相制，遂不枯窘，似险实稳。48大极。50不必。59至63紧。60见小，当61位占。65宜95位罩。79当83位关，黑扳，白于80位点，黑79位长，白82位扳，黑占，白虎。82至97是。97当于上角八三路成大块。103用倚盖，无味，当110位逼。114扼要。120当121位关，白若于175位长，黑再于124位扳，白两处经营，颇难措手。136当于142位拆。137弱，亦当于152位拆，腹棋何患无眼。138不必。143当先于146位虎，不使白腾挪，致折官子。148弱而小，当153位打，白提，再于219位冲，白渡，黑208位尖，争先于154位扳角，绝无渗漏，多得官子。152落得于153位先打。153、154皆大着。157紧峭。162至172皆是。173缓，不得。178断。179反打，至200弃二子，各得其便。181当一六路占，便宜一着，收局皆一定之着。228当于平角九二路先立，白十一路关，黑九一路搪，白九二路补，然后于228位打，此局白胜半子。228若在九二路先立，黑遂胜半子。

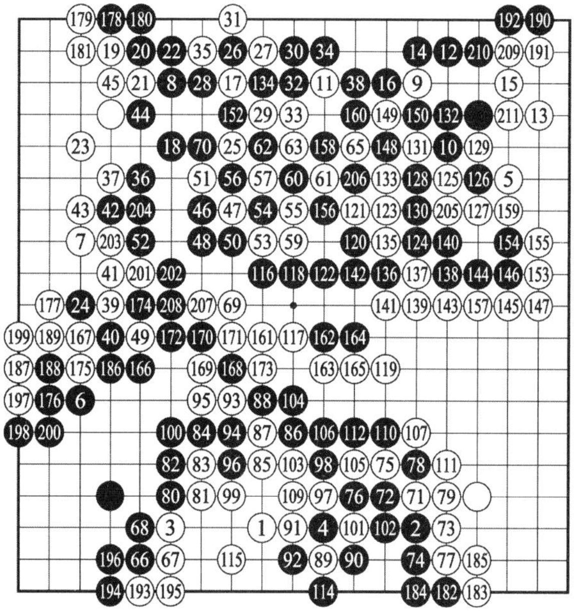

程仲容（白）周东侯（黑）

211着

58=47，64=57，108=4，113=78，151=148.

5投六三。7八三置子，皆非局面之正。8是。13不于14位搪。15得角，起于盛大有，偏僻无意义，不识局面。17宜用倒垂莲，黑长，白扳，任黑或扳或断，白俱得通盘大意。21宜25位关。23既补，21则不须虎。24当25位关。25紧。26至30辗转腾挪，皆属枯境。35不必，当38位长，黑渡，白打。37累坠，仍宜38位长。38有远神。39亦是。42、44落得。49当50位长。54宜116位扳，得通盘神运。54、56得一子。60、62复取一子，白遂通畅无损。62当入角用双飞。71不应，是。76宜先打后长。77当78位占。82如83位扳，白82位打，黑占，白96位打，黑长，白于三八路虎，亦净。85当94位扳，黑如96位断，白85位打，黑99位长，白占，黑87位打，白长，黑九四路打出，白109位反打干净，再于91位占，黑病尚多，难于修饰。黑既不敢断，白遂操纵自如。86灵动。89宜先于110位长。95宜97位打，黑提，白于104位打，黑长，白亦长，黑必落后手，而白于105位封，已成胜局。96粗，当七六路虎，黑两地皆坚，白胶滞更难措手。101提一子，大极。110当115位点，以110为寻劫之用，生机不既饶乎。119当120位断，老成。124当205位关。127、128彼此皆有成算。132当于133位行，白如132位提一子，黑于148位断，白边腹不能净收。白若于❹❽位占，黑再占，白虽冲断，收边不能如意。⑬③至⑮⑨皆一定之着。⑯①当⑰①位补，不至使黑腾挪官子，其余官子皆是。

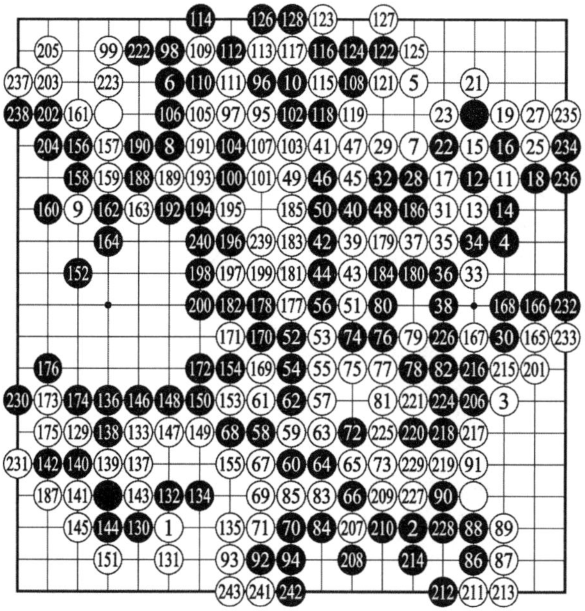

周东侯（白）程仲容（黑）
243着

❷⓿=❶❷，❷❹=⑮，❷❻=⑪，❶❷⓿=⑪⑤.

⑦当❶⓿位拆三。❶⓿是。❶❹至❷❻让白取角，着法最劣。❶❻当⑰位长，总之不是，征子皆宜长，已见周、程，注兹不多赘。❷❽不必。㉙当❸❷位先打后占。㉛多事。㉙不打而长，盖为㉛占地步，此系枯境，不须注意，当⑫⑨位双飞，或❼⓿位拆三，皆正。❸❹至❸❽是。㊴、㊶关。㊺虎，至㊿长，偏僻不伦，为气所使。㊴当㊺位扳，迫黑五六挤，白遂局促。❻⓿亦当67位长。67至71图变。❼❷至❽❷得数子见小。❼❷当73位打，白占，黑❽❹位补，白不能一着补净，利于脱卸，黑当持重应之。83、85得二子，大极。❾⓿当四三路断。❾❷不必。95、97落得。❾❽、99是。101当❶❶❷位转头，黑❶❶❷位渡，白109位挖，黑❶⓿❷位冲，白占，黑❶❶⓿位得一子，白113位打，黑提，白117位长，黑两长，白亦两长，黑107位断，白九七路尖，先取实地，且白存179位占，177位断，影射黑不能征，黑两处弥缝，自当掣肘，此际运筹正当其时。今仅得99一关补角，而❶⓿❽得边颇大，粗率无深致，焉得便宜。

122当123位立。131当132位长。137当实占。143当146位长，黑亦不能两全，而外势不伤。153落得于三八路顶一着，而后再吃二子。162当202位扳，白搪，黑占，黑势重，白不得争先于平角三二路夹，得白一子，实子较多。165、167细。

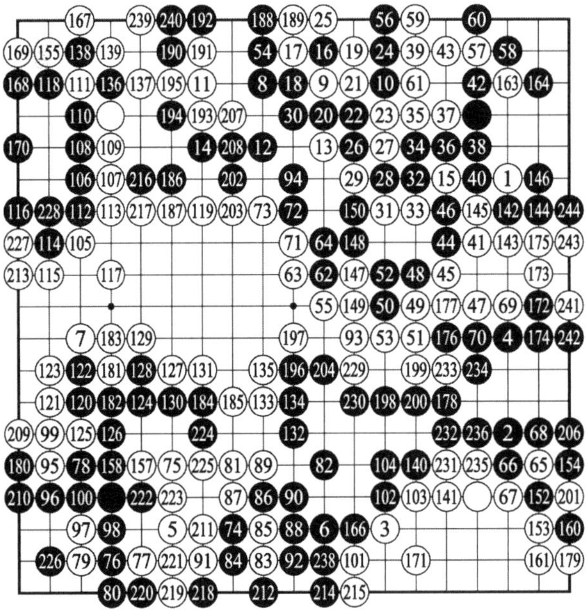

151=111, 156=136, 159=111, 162=136, 165=111, 205=65, 237=152.

程仲容（白）周东侯（黑）
244着

12关，亦林派东侯尝用之，当106位布子为正。15是。16轻佻，当34位飞。17宜35位先飞，黑61位连，白17位扳，黑18位断，依此着去。26长，白三五路扳，黑24位打，白提，黑43位虎，白打，黑占，白28位关，黑42位补，白29位长，黑六九路打，白54位渡，黑七九路长，白四二路飞，黑164位搪，白九三路拆，稳妥舒畅，占地亦宽。今17至39图活，外势已伤。52当53位长。53必着。54虽大可缓。55当66位尖，然后69位搪，黑70位长，白再于145位补，黑55位关，白93位长，黑若不应，白149位冲断，黑亦破碎，白势愈坚。58当一八路吃，角中是两家之棋。59宜61位紧，黑扳，则白应在189位免黑一尖之巧。62当93位扳。71、73不必认真，仍宜85位拆。74缓，不得。83当104位关，白皆通畅，黑尚未妥，不应使黑安逸。93当145位挤，先占实地。97不必长，当即于99位退。黑若135位长，白先得角；黑若97位补，则白于126位关，收净。105当112位补。108至116好。120至135皆一定之着。142实地。143宜144位扳。147亦当八六路先打再挖。151打劫，至167各提一子，大小相当。166仍当寻劫。169当171位应即下，亦当170位点，黑虎，白于213位立，便宜较多。170当于入角七二路先打一着。178落空，当199位收。181当八二路尖。217当226位湾，官子便宜一着，仍是先手。此局官子皆细，若170先打，178在199位扳，亦可取胜。

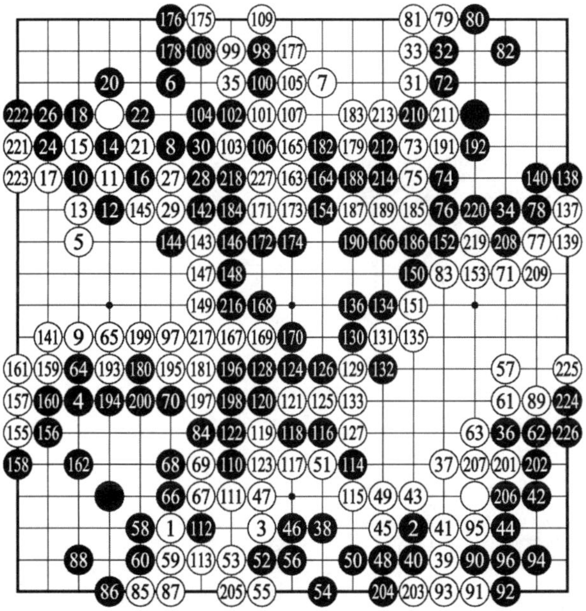

周东侯（白）程仲容（黑）
227着

19=11, 23=14, 25=10, 215=210.

5非。6是。8宜去角三七路置子。9不于五二路搪。22觑，竟拆固是，终不如于31位拆二，得局面之正。10仍当三七路逼，分角见小。15当16位长，黑21位连，白15位打，黑18位打，白提，黑24位打，白占，黑26位占，白20位长，黑三二路关，此后白35位拆，27位行，皆是急于先手，让黑盘渡，着法最劣。35小。41当71位置子。42当43位长，已成之地不当受制，缓急不分，大小亦不论。45当十四路尖。46至54局促失势。55不必。58宜于61位顶，白四八路长，而后于58位尖，白应再于五六路关，白虎，黑双关出头，白势自破，运用殊多。61当62位托，先手封头。70当84位扳。77至81落得。83、84大。85当时。97当上角五二路点过大。98粗。101随手，当102位长出，则黑大失便宜。114当125位虚罩，白有牵制，黑无挂碍，可以深入。118若于110位飞，则白收亦不能净。114至136白成大块，且失先手。142当159位搪，急先手官子最大。148当149位顶。154不是，无因自大，适成其小，白三处侵削，所余几何，当165位长，带收带侵，遂不枯滞。167当168位关，黑216位冲，白虎，黑断，白174位关出，多得官子。此局似平正而近于庸，乏精悍之气故也。

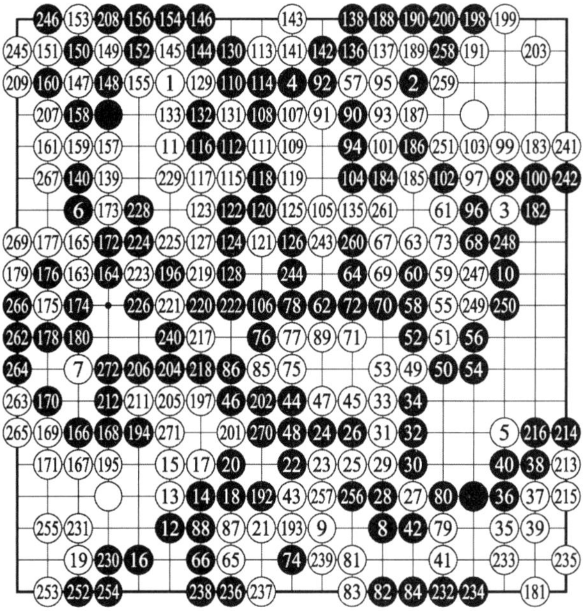

134=131，162=150，210=147，227=196，268=176.

程仲容（白）盛大有（黑）
272着

5宜42位布置为正。20于21位尖，较逸。21不是，当65位飞，争先为要。27腾挪。28、30紧。35既欲点角，31遂当32位打，黑长，白占，黑四七路飞出，白再于35位点，黑地稍促。44至56是。58、60有脉络。61不是，当73位长。62宜63位长，此急先手必争之着，白若应在247位，黑于七六路再长，更劲。63是。67至89一定之着。90当105位飞。96当101位转头，白187位退，黑于105位连络为正。

106当109位得一子。107长，黑遂掣肘。116当132位觑，白或于133位占，或116位挤，黑总在117位断，打劫局中，白劫多，黑劫少，固当打劫图变。118当129位顶。121至127紧。129若于130位渡，黑遂无救，此处彼此皆粗率。138当141位虎，白138位打，黑一九路劫，白穷于劫，黑若188位提，又是极大之官子。147当157位长，黑拦，白于九一路聚，黑149位关，白154位拦。黑若于229位断，白228位尖，黑不能制白；黑若于228位点，白粘，黑196位封，则白气宽一着，亦可吃黑。157不是，当159位扳，黑断，白粘，黑五六路打，白173位长，黑229位断，白228位收，黑吃，白165位扳，则已胜定矣。165当十四路扳。166至180紧峭。184、186细。251当254位扳。

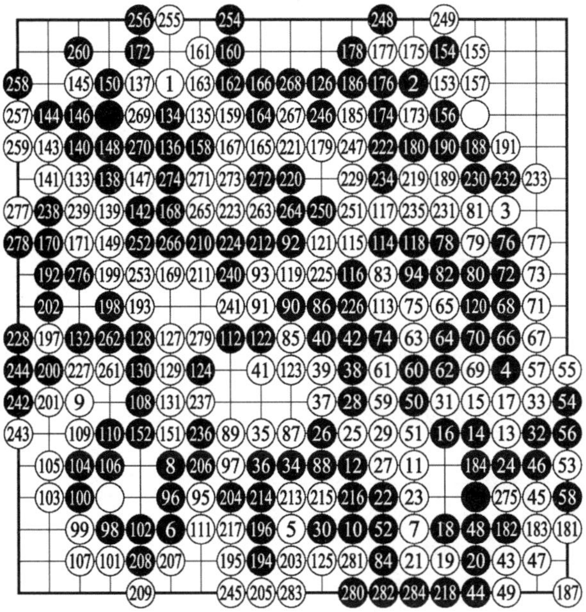

盛大有（白）程仲容（黑）
284着

5中十三布子，大有常用之着，不是正兵。6当应在52位，白若111位拆，逼得其当不拆，黑投六三，则白无拆地。7是。8关。10投拆三，亦属敷衍无成见其。13当34位关。16宜17位断，白284位打，黑长，白五五路连，黑24位得一子，白275位打，黑提，白182位得角，黑51位封，黑势雄整。19当24位进角，移步换形又在此不在彼。18至24紧。30当31位转头，此必争之着，白69位出，再于30位补。31大极。35偏僻，当43位夹，黑44位立，白37位断，黑38位长，白于十七路长，黑二子单薄，处处有病，白遂操纵自如。❸❻见小，当㊲位占。❸❽至❹❷不易之着。㊺当❷❽❹位扑，黑提，再于四五路打，黑❹❽位占，白㊿位打，黑粘，白❻⓪位虎，黑角尚存大劫，较为简洁。❺❷当㊾位紧气。㊼失算，当❺❻位扳，黑打，白占，依盘内之着紧气，白既活角，又先手两持，再于❻❽位补，亦是胜局。㊾至㊼一定之着。❼❽当㊾位实行。❽❹是，不补仍是打劫两持。❾❷、❾❹弱，当㊾位扳。❾❽当㊾位点角，白❾❽位搪，黑(101)位扳，白❷⓪❽位扳，黑占，白占，黑❶⓪⓪位长，白❶⓪❻位长，黑❶⓪❹位长，白(107)位搪，黑(207)位夹，既取白角过渡，仍是大官子。(111)小，宜(153)位尖。(113)至(119)落得。(121)仍当❶❷❷位占。(125)即当于(127)位觑。❶❷❻不可缓。(127)至(131)虽得三子，总不便宜。(133)至❶❺⓪局无余蕴，自无生色。(151)不必。(153)大。(159)当❶❻❻位拆。❶❻❻宜(267)位长。(169)当❷❺❷位转头。(173)、(175)是。❶❽❹让白活角，是。(197)随手，当(265)位封。(203)仍当(265)位封。(223)当❷❷❹位虎。❷❹❷当一四路扑，再于一七路点扑，然后于❷❹❷位扳。

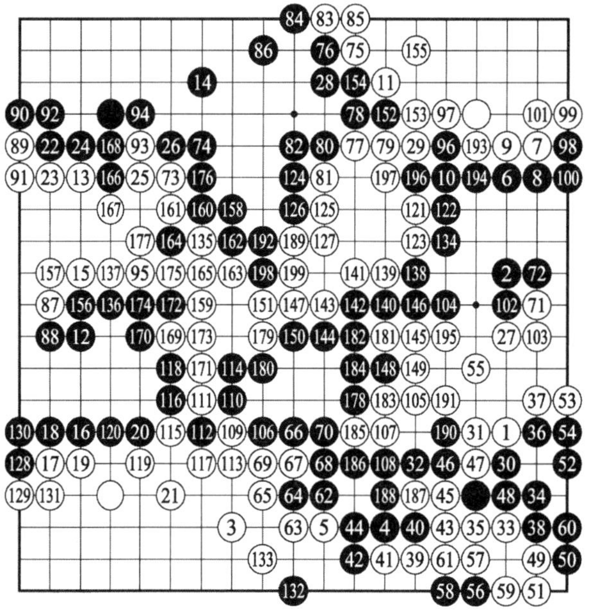

程仲容（白）盛大有（黑）
199 着

③起手即以八三自大，尚是古派。❻当❶❻位投三六。⑦早，东侯言“⑦搪角，黑当六三路置子，机思稍滞，即乘钝置而入”，所见亦高。⑮至㉑白占地从容，

黑未能徵三着之病故也。24、26优于7、9两着。26小，当30位尖。27是。30当73位长。33不宜点角。34、36是。38当45位长，白39位飞，黑61位关，白冲，黑断，白41位长，黑扳，争先于191位飞，白遂掣肘。此亦显而易见，而大有每每不出，此亦好奇太过。42仍当191位飞。45冲断，黑遂破碎。51当60位扑。52至58不得不然。59当61位占，黑若59位破眼，白187位冲出，黑不能两全，若于187位紧，白60位扑，成大眼杀。63无谓而小，当105位飞。60至70是。71当九四路盖。73大。78至82小，当七七路飞。87当156位顶，黑长，再于174位关。96不必冲。102粗，当104位飞，留八二路夹，去白眼地，白尚有顾忌。103占，既已活透，104益觉无情。105至120不易之着。121当122位顶促小，黑地变化亦多。124当176位转头，即有166挖，白颇不舒。166当174位长。192当195位冲。此局平铺直叙，各大一方，绝无神运，极似百龄以前诸人着路。

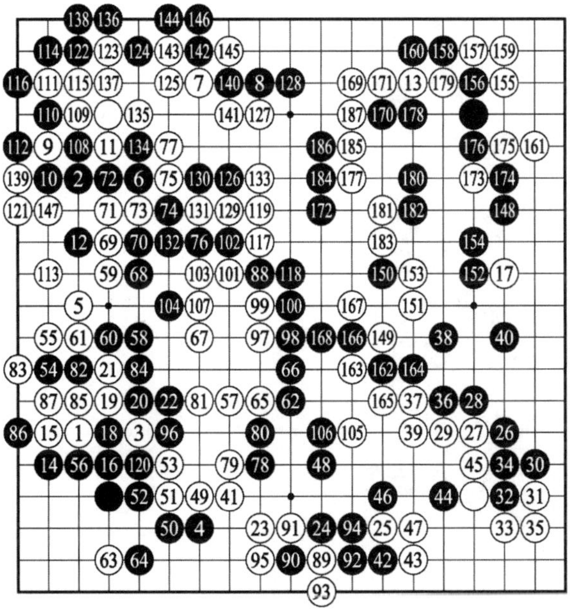

盛大有（白）程仲容（黑）
187着

9、11早。12当72位占关应，以存眼位，然处处疏懈。13是。17亦寻常布置，何得舍已成之大块，宜18位占。18大。20既断，22可缓，当26位投。23当94位布子，大有局面不及汪、周，皆坐此病。29当34位虎，紧峭。31宜36位转头。38滞，当40位补，争先为要。40无益。41虽有作用，不如十四路尖，老成。44不必。53必着。54、56见小，当78位关，白81位飞，黑65位关，攻逼得宜，处处自在。59尖出，黑绪多碍手。67紧。68至76不得不然。78当97位尖，任白作何活法，争先于108位提一子，余皆可略，不必认真。90当92位长。93细。94至104黑犹未净，白已活透，绝无余波。104落得于八九路冲一着。106当十四路虎。114、116看错。122至126勉强。127当136位立。今虽得一子，黑边角连络，仍得先手。149有脉络。152、154注意得白一子小，当去角三五路尖。155点角，好。158当四三路让渡。160当占。161飞，反有波澜。170无益。172当于183位长。184、186不得不连。此处黑大块未活，角子零星不坚，安能制白？嗣后黑不得不于十四路通连，白三五路得二子，仍是先手。

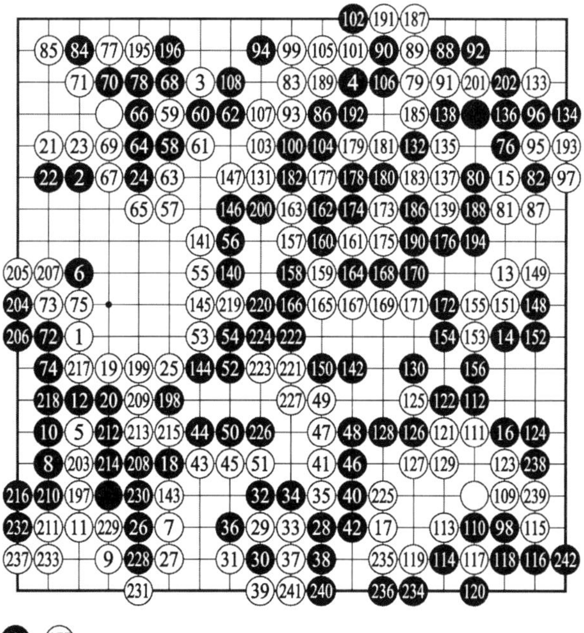

盛大有（白）程仲容（黑）
242着

184=177.

9飞。11得角，大有创体亦属偏见，以大小论。12大于9、11两着，况孤子无援耶，当10位搪。13、15置四着八三于不问，虽不在此判胜负，但针锋不相对。13当15位投。18好。25无聊。30当52位罩。35躁率，宜八四路虎，黑打，白占，联络二子为要。30不必。43见小，当46位转头，黑225位行，白五七路盖，黑四六路长，白111位压，整齐调畅。46、48长，白角已伤。52、54先手逼，白遂操胜势。56不于219位长。60至70转换，黑大得便宜，白通连孤子，不得不然。76当80位压。79勉强。82缓，当188位长，白虎，黑八二路觑，白粘，黑176位扳，白虎，黑再扳，大势浑成。86宜87位行。88、90琐细。92当201位搪，使白图活，黑势愈固，不在搜眼。94当100位扳。116当五四路打。117至129紧，白活透仍得先手，局势遂平，此处黑殊不精警。135关。136不得不补。139长，黑益瘦削。140宜141位冲，存白147位关断之病。143大。144不必。163当165位打，黑占，白164位占，黑势已侵。166至170不易之着，白不能转身，本属无用，白操算不精密，多折官子。225当234位立，此甚浅近，不应粗率至此。

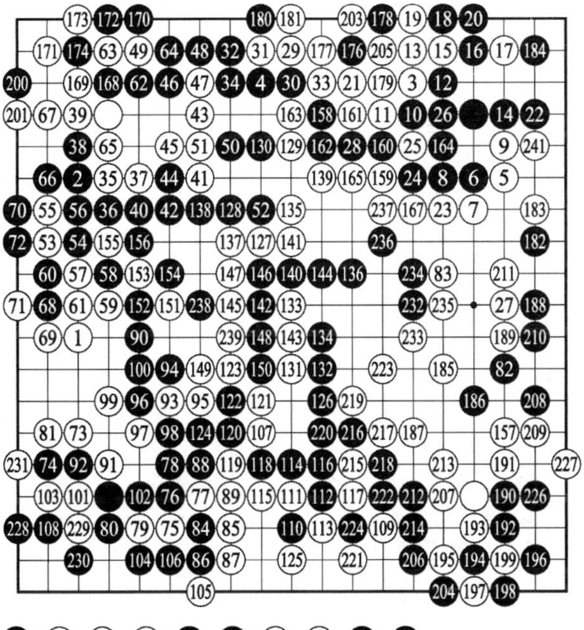

程仲容（白）盛大有（黑）

241着

166=25，175=63，202=194，225=117，240=58.

10至24双飞正变。29是。32当34位长，运用甚多，白若不应，恐黑于177位扳，如31位长，黑47位长，白遂伤势，白若33位补，黑可以不应毫厘千里，不当熟调手滑也。35当73位拆二，得大意。36至51不易之着。52宜62位冲，白63

位退，黑占，白65位连，黑57位补，为正。53多事，当73位拆。66争先于67位投，再于66位搪。75宜81位搪。83当157位逼，此着为补拆地，稍涉固滞，便碍流行。84至90轻率，当110位投。91宜152位出头。94当152位封，黑脱然无累，白未活透，自有便宜。94至102白活透，兼得实子，黑仅得二子。107封。108不得不补，白仍得先，竟以孤子得利，黑何以制胜。109当224位补。110至126便宜有限。127不是，当216位觑，黑双关，再在157位逼，黑如经营82之一子，则黑势自破，况侵黑之处尚多，黑不能一着补净。131至139皆为127所使。140当126位飞。141至149是。151当双关。155随手。158当160位得一子，然后于185位关，存176位点，白尚未活，自能取利于他处。167大极。176至181一定之着。184不得不补。190至196侵角。197打劫，至203复劫，两家各活，皆是。206当五四路断，白得二子为是。

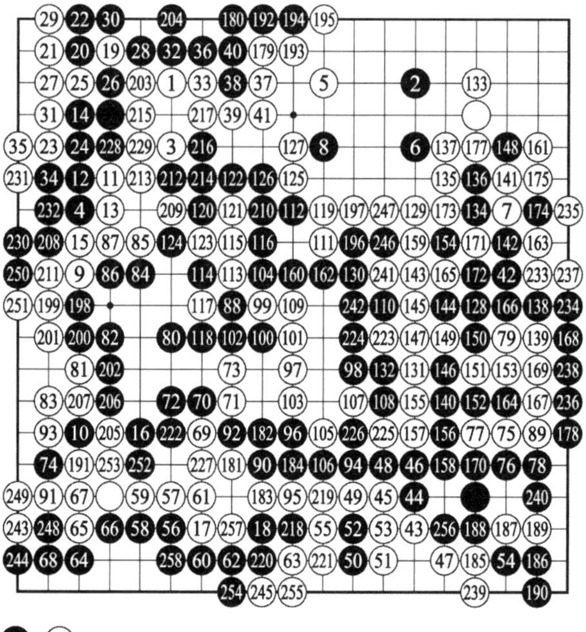

盛大有（白）程仲容（黑）
258着

176=171.

5拆四，未得局面之正，宜拆三。8罩，白不补，防分补，则犯重。15止图连络，未得大意，当16位镇，黑200位拆二，白202位点，变化操纵不泥于一端，有流行之致。16、18是。21夹。23点。27挖，起于大有，偏僻暗劣，或内打外打，取舍在黑，白不能主，颇有用此为长城者何耶？若借以补拆地，○5何必拆四。○37当●38位长，黑长，白拦，黑如在○203位做活，则白得先；黑如○37位断，白○41位打，一直赶下，再于四九路占，应与孤子有情。●44、●46亦可着。○47当●256位长。○51宜○187位飞，既受●50、●52两觑，●54搪角，乃为搜根之用，白颇枯滞。○55当平角五六路飞。●56至●62是。○67当○191位虎，黑○93位立，白●68位扳，黑打，白粘，黑一三路立，白争先于○81位逼，气势雄整。●68大极。●70当●200位拆。●74宜●80位关。○75当●80位罩。●88宜●90位觑。○89迂缓，当●90位补。●94宜○105位飞。●98当○109位逼。○103恋子，当去角三五路尖，再于○135位飞。○113至○123看讹。○117当○123位转头，黑如○119位长，白于●222位双，黑●184位占，白于七五路断，黑气势紧，不敢出此着，若补，白于○119位长，以彼易此，相去远矣。○133位活。○135当●136位扳。●140、●144注意得边子不是，当●148位尖，白活边，黑取腹子，极为简易，何事纷纭。●146至●162两着落后手。○161取角，官子收尽，大小相当。●180当○203位成眼。●212宜○215位冲。

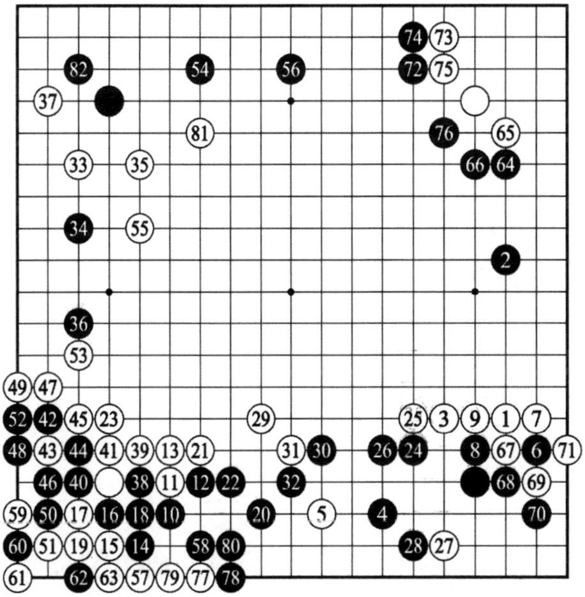

程仲容（白）盛大有（黑）

82着

大有起手六八搪角，后即于●24位关，已非局面之正。今复投六三，白势已坚，黑角仍虚，更无成见。○11当于去角七三路飞逼，否则十三路镇，饶有操纵以黑

6、8两着，白壁垒既坚，气魄更雄。14当实行进角。15宜21位转头，总之黑若以21长为重，14则于十八行，争先取此着。14既尖，白必于21位盖，局严整。15搪角，汉年少时亦尝用之，后绝不染指，盖有见于此也。20当21位长。21、23是。24当上角三九路置子。27、31皆不必。33正着。37当六四路罩，得通盘大意，或于八二路搪，亦是急先手大着。38细。44当47位退。46至53不易之着。54至56皆是。57、59虽大可缓，当去角七三路逼，黑无暇及此，纵欲两持，当于59位扳，不应多57一扳，代黑补净，不然白仍有58位点，黑占，白二八路长，黑难措手。64是。65当三七路大飞，至于尖一着不应，尤为不是。67小，仍当大飞。72迟。73为65碍手，自妨变化。76封头大极。81、82皆是。

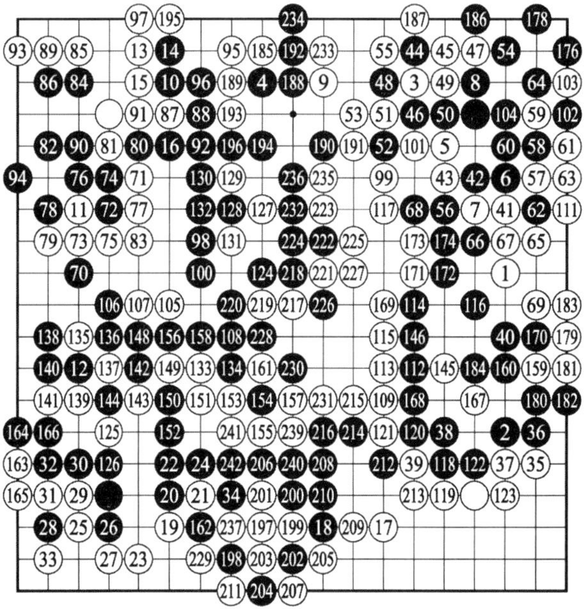

盛大有（白）程仲容（黑）
242着

110=102，147=137，175=59，177=102，238=154.

5、7两飞，13、15搪角，23尖，乃大有派头，始终不变。20为12弥缝。25得角，此处亦可用以十八之置子，占地不宽故也。44亦可着。47当48位长。49至68彼此不易。69不得不尖，致落后手，白遂失利。70大。73当74位搪。74宜75位盖。78至84无成算。83当六八路虎。85宜在91位应，黑87位封，白二四路关，黑●86位夹，白三四路连，黑渡，白打，黑占，白一五路扑，黑提，白立，黑粘，白一二路大飞，先手两持；黑若不于○87封而于○85位立，白冲出，黑绪多，难以收拾，或封或不封，黑皆不能善后，已成败局。○93至○97图活。●94既分白角，●98又先手逼孤子一步一变，移步换形之际不应草率乃尔。●92当●130位虎。○95、●96彼此粗率。●96当○185位立，白总是后手，落得立下。○99缓，当●132位关，黑●128位扳，白○131位断，着法尚多。●100老成。○105、○107皆属无聊敷衍。○109是。●114当●146位实行。●124过虑，何不于●162位提一子，亦是暗补。○127至○131落得。●138当●142位先打，白生机索然。○145潦草，当●146位冲，黑九五路搪，白●168位冲，黑七五路搪，白提，黑●184位封，白○167位打，黑占，白●160位打，黑○159位打，白提，黑三七路总催，白十五路提，黑●184位提，官子便宜，何不为寻劫之用。○147至○157黑愈补愈碎，遂失便宜。○157落得于●158位冲一着。○161见小，当●162位占，黑如○161位占，白●206位觑，黑●242位占，白○199位飞，实子多得。○157木是大着，既打，不必复提，庶几有忘筌之致。●184可缓。○189多事，当●192位渡。●198当○201位盖。○203当○205位断。○223宜○227位退。此局○145若在●146位冲，○161在●162位占，输赢殊未定也。

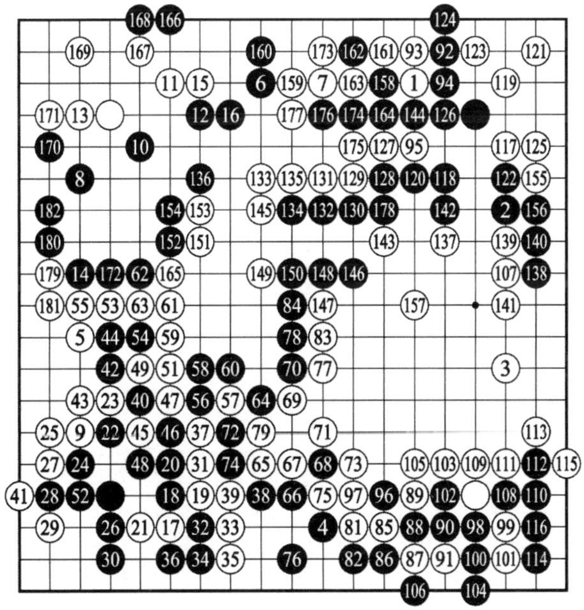

程仲容（白）盛大有（黑）

182着

●50=○45，●80=○57.

三八置子，4用两分，仍是寻常布置，不能攻瑕乘隙，乃大有短处，当88位投六三。10与12两飞，白角已坚，黑势不实，殊属偏僻。11、13是。29当三九路拆。32宜47位扳。38可缓。41当45位打，黑46位打，白47位封，黑提，白49位打，局中无寻劫之处，黑不得不粘，白51位占，气势雄壮。44累坠，宜79位关，脱卸轻便，着法白多。53扳。55占，黑已伤边。56断，不能制白，局面削弱，此处白41渡，黑44长，52占，皆恋枯子，识力不高。66滞，当67位扳，白66位打，黑68位长，让活于内，黑势整齐。72、73是。75提，至87扳，皆一定之着。89、91不是。89当91位行，黑既得二子，复存得角，白已成之地不当无故轻弃。89既打，91则当于十三路一扑两打而后再收，使黑不敢于102位冲，恐白于104位先手盘过，白势重，难以谋生。108至116大。117当147位长。118飞。120长，亦有作用。123不必。126至136不易之着。138不是。139若于六四路挖断，黑难两全。143落得于155位先冲，143多事。153当165位挤。157当178位断，使黑谋生，白遂清楚，可以占地，可以得先。159不必，即当165位挤，此后如159位补，颇折官子，因连失先，大着皆为黑有，乃157贪收大块，固滞不紧峭故也。172大。

图书在版编目（CIP）数据

围棋文献集成.九 / 王国平主编. -- 杭州 :浙江古籍出版社, 2017.10
ISBN 978-7-5540-1094-5

Ⅰ.①围… Ⅱ. ①王… Ⅲ. ①围棋－古谱（棋类运动） Ⅳ.①G891.3

中国版本图书馆CIP数据核字(2017)第220791号

围棋文献集成（九）

王国平　主编

出版发行　浙江古籍出版社
（杭州市体育场路347号　邮编：310006）
网　　址　www.zjguji.com
责任编辑　吴　迪
文字编辑　王振中
责任校对　余　宏
责任印务　楼浩凯
照　　排　浙江时代出版服务有限公司
印　　刷　浙江新华数码印务有限公司
开　　本　710 mm × 1000 mm　1/16
印　　张　40.5
字　　数　610千字
版　　次　2017年10月第1版
印　　次　2017年10月第1次印刷
书　　号　ISBN 978-7-5540-1094-5
定　　价　138.00元